【中华藏书百部】

学术顾问◎汤一介 文怀沙

主编◎徐寒

史记精华

全新校勘精注今译版

【中】

中国书店

晋世家

楚将子玉曰："王遇晋至厚，今知楚急曹、卫而故伐之，是轻王。"王曰："晋侯亡在外十九年，困日久矣，果得反国，险阸尽知之，[1] 能用其民，天之所开，不可当。"子玉请曰："非敢必有功，愿以闲执谗慝之口也。"[2] 楚王怒，少与之兵。于是子玉使宛春告晋：[3]"请复卫侯而封曹，臣亦释宋。"咎犯曰："子玉无礼矣，君取一，[4] 臣取二，[5] 勿许。"先轸曰："定人之谓礼。楚一言定三国，子一言而亡之，我则毋礼。不许楚，是弃宋也。不如私许曹、卫以诱之，执宛春以怒楚，既战而后图之。"晋侯乃囚宛春于卫，且私许复曹、卫。曹、卫告绝于楚。楚得臣怒，击晋师，晋师退。军吏曰："为何退？"文公曰："昔在楚，约退三舍，可倍乎！"楚师欲去，得臣不肯。四月戊辰，宋公、[6] 齐将、[7] 秦将[8] 与晋侯次城濮。[9] 已巳，与楚兵合战，楚兵败，得臣收余兵去。甲午，晋师还至衡雍，[10] 作王宫于践土。[11]

【注释】〔1〕"阸"，同"阨"，通"隘"，要隘，险要。"险阸尽知之"，按《左传》僖公二十八年作"险阻艰难，备尝之矣"，则此"险阸"非仅指险隘要塞，乃泛指各种艰难困苦。〔2〕"闲"，防闲，杜绝。《史记会注考证》引枫山本、三条本无"闲"字。"执"，塞，杜塞。一说为服。"谗慝之口"，恶意伤人的嘴。按《左传》僖公二十七年载楚大夫芳贾云："子玉刚而无礼，不可以治民，过三百乘，其不能以入矣。""谗慝之口"当指芳贾之言。 〔3〕"宛春"，楚国大夫。 〔4〕"君"，国君，指晋文公。"君取一"，指作为国君的晋文公仅得解除宋围一项要求。 〔5〕"臣"，臣子，指子玉。"臣取二"，指作为臣子的子玉取得复卫、封曹两项要求。〔6〕"宋公"，即宋成公，公元前六三六年——前六二〇年在位。详见本书《宋微子世家》。〔7〕"齐将"，指齐军将领国归父和崔夭。 〔8〕"秦将"，指秦军将领小子憖，系秦缪公之子。〔9〕"城濮"，卫国邑名，在今山东鄄城西南临濮集一带。或说在今河南开封陈留附近。 〔10〕"衡雍"，郑国邑名，在今河南原阳西。 〔11〕"王宫"，天子出巡在外接见诸侯朝拜的行宫。《仪礼·觐礼》云："诸侯觐于天子，为宫方三百步，四门；为坛十有二寻，深四尺，加方明于其上。"即此类王宫。"践土"，郑国邑名，在今河南原阳西南。

【译文】楚国将军子玉说："君王对待晋君极为宽厚，如今他明知楚国为曹国、卫国着急而故意攻伐他们，这是轻蔑君王。"楚成王说："晋侯流亡在外十九年，窘困的日子经历过很久了，结果得以返回晋国，艰难险阻全都知晓，善于使用他的百姓，这是上天保佑的结果，不可以阻挡。"子玉请战说："我不敢保证此行必定成功，但愿以此封住那说三道四的嘴。"楚成王很生气，便少给他兵。于是子玉派遣宛春告诉晋侯说："请您恢复卫侯君位和归还曹国土地，臣下就撤除对宋国的包围。"咎犯说："子玉太无礼了，当国君的只能取得一件，而做臣子的却要取得两件，不能答应。"先轸说："安定他人叫做礼。楚人一句话而安定三个国家，而您一句话要灭亡三个国家，那我们就失礼了。不答应楚国，这便是抛弃宋国啊。不如私下答应曹国、卫国的要求来引诱二国，拘捕宛春来激怒楚国，等战事发生再作打算。"晋侯就在卫国拘捕宛春，而且私下答应曹、卫复国。曹国、卫国向楚国宣布绝交。楚将得臣非常恼怒，攻击晋军，晋军后退。军吏问："为什么后退？"晋文公说："从前我在楚国时，曾向楚成王立约，（倘若交战相遇，）晋军后退九十里，难道可以背弃吗？"楚军准备离去，得臣不肯。四月戊辰这天，宋公、齐将、秦将与晋侯扎营在城濮。己巳这天，同楚军交战，楚军大败，得臣收拾残兵离去。甲午这天，晋军返回到衡雍，在践土为周天子建筑王宫。

初，郑助楚，[1]楚败，惧，使人请盟晋侯。晋侯与郑伯盟。[2]

【注释】〔1〕"郑助楚"，本书《郑世家》云："（郑文公）四十一年，助楚击晋。"按《左传》僖公二十八年云："乡役之三月，郑伯如楚致其师。"孔颖达《正义》云："致其师者，致其郑国之师，许以佐楚也。战时虽无郑师，要本心佐楚，故既败而惧。"则郑实未出兵。 〔2〕"郑伯"，指郑文公。

【译文】起初，郑国帮助楚军，楚军溃败，郑君很害怕，派使者向晋侯请求结盟。晋侯与郑伯订立盟约。

五月丁未，献楚俘于周：驷介百乘，[1]徒兵千。[2]天子使王子虎命晋侯为伯，[3]赐大辂，[4]彤弓矢百，[5]玈弓矢千，[6]秬鬯一卣，[7]珪瓒，[8]虎贲三百人。[9]晋侯三辞，然后稽首受之。[10]周作《晋文侯命》：[11]"王若曰：[12]父义和，[13]丕显文、武，[14]能慎明德，[15]昭登于上，[16]布闻在下，[17]维时上帝集厥命于文、武。[18]恤朕身，[19]继予一人永其在位。"[20]于是晋文公称伯。癸亥，王子虎盟诸侯于王庭。[21]

【注释】〔1〕"驷介"，由四匹被甲战马拉的车。〔2〕"徒兵"，步兵。 〔3〕"王子虎"，名虎，氏王叔，谥文，亦称王叔文公，周卿士，任太宰，故又称太宰文公，死于公元前六二四年。"命"，策命，即册命，周天子封赏诸侯、大臣并登录简册的仪式。此用作动词，指举行策命仪式。"伯"，方伯，侯伯，诸侯之长。 〔4〕"大辂"，亦作"大路"，一种天子特有的高级车乘。《周礼·春官·巾车》谓王有五路：玉路、金路、象路、革路、木路，又谓金路可用来赏赐同姓。《礼记·乐记》云："所谓大辂者，天子之车也……则所以赠诸侯也。"则此"大辂"似即金路。"辂"，音lù。〔5〕"彤"，朱红色。"彤弓矢百"，古时赏赐时常以百矢配一弓，按《左传》僖公二十八年作"彤弓一，彤矢百"。〔6〕"玈"，音lú，黑色。〔7〕"秬"，音jù，黑黍。"鬯"，音chàng，鬯草，郁金香草。"秬鬯"，用黑黍和郁金香草酿制的酒，用于祭祀降神。"卣"，音yǒu，盛酒器。〔8〕"珪瓒"，以圭为柄的玉勺，祭祀时用来酙酒的器具。〔9〕"虎贲"，亦作"虎奔"，勇武强力之士，任天子之卫士。〔10〕"稽首"，叩头至地，是当时最恭敬的一种跪拜礼。"稽"，音qǐ。〔11〕"《晋文侯命》"，《尚书》篇名。此与《新序·善谋》均以为周襄王赐晋文公重耳之作。按《书序》云："平王锡晋文侯秬鬯圭瓒，作《文侯之命》。"则以为周平王赐晋文侯命之作。核之《文侯之命》，当以《书序》之说近是。〔12〕"若"，此，如此，这样。〔13〕"父"，伯父、叔父，周王对同姓诸侯的尊称。"义和"，《史记集解》引马融释作"以义和我诸侯"，似合司马迁之意。然今学者多以"义和"为晋文侯仇之字。〔14〕"丕"，语助词。或说为大。"文、武"，指周文王、周武王。〔15〕"明"，光明，美好。或说为勉。〔16〕"昭"，明亮，光亮。"登"，升，上。"上"，指上天，天帝。〔17〕"布"，溥，普。"闻"，闻知，流传。"下"，指地，人间。〔18〕"维"，语助词。"时"，是，此。"集"，栖止，降落。"厥"，其。〔19〕"恤"，忧，忧虑。"朕"，古人自称之辞。自秦始皇起成为帝王自我专称。〔20〕"继"，继续，延续。《史记会注考证》引枫山本、三条本作"绥"。《尚书·文侯之命》作"绩"。"予一人"，周天子自称之辞。"永"，永久，长久。"其"，语助词。〔21〕"王庭"，王廷，即践土王宫之廷。

【译文】五月丁未这天，晋国向周襄王进献俘获楚军的战利品：由四匹被甲战马拉的车一百辆，步兵一千人。天子委派王子虎策命晋侯为诸侯之长，赏赐大辂一辆，红色的弓一把、红色的箭一百枝，黑色的弓十把、黑色的箭一千枝，用黑黍加郁金香草酿制的酒一卣，柄为圭状的玉勺一把，虎贲三百人。晋侯辞谢三次，然后稽首接受。周廷史官作《晋文侯命》："周王这样说：叔父崇尚仁义，和合诸侯。光辉的文王、武王，能够恪守美好的品德，光照天界，流芳人间，于是上帝将他的使命赋予文王、武王。叔父应当顾念关注我身，辅佐我长久地安居天子之位。"从这时起，晋文公在诸侯中称伯。癸亥这天，王子虎在践土的王宫大庭与诸侯缔结盟约。

晋焚楚军，火数日不息，文公叹。左右曰："胜楚而君犹忧，何？"文公曰："吾闻能战胜安者唯圣人，是以惧。且子玉犹在，庸可喜乎！"〔1〕子玉之败而归，楚成王怒其不用其言，贪与晋战，让责子玉，子玉自杀。晋文公曰："我击其外，楚诛其内，内外相应。"于是乃喜。

【注释】〔1〕"庸"，岂，难道。

【译文】晋军焚烧楚人军营，大火数日不止，晋文公却在叹息。左右侍臣说："战胜楚军而国君还在忧愁，为什么？"晋文公说："我听说能够取得胜利而心安理得的只有圣人，因此担心。况且子玉还在，难道可以高兴吗！"子玉战败回国，楚成王恼恨他不听自己的话，贪恋与晋人作战，便斥责子玉，子玉自杀。晋文公闻讯说："我在外面攻击子玉，楚王在国内诛杀子玉，真是内外相互呼应。"于是才高兴。

六月，晋人复入卫侯。壬午，晋侯度河北归国。行赏，狐偃为首。或曰："城濮之事，先轸之谋。"文公曰："城濮之事，偃说我毋失信。先轸曰'军事胜为右'，[1]吾用之以胜。然此一时之说，偃言万世之功，奈何以一时之利而加万世功乎？是以先之。"

【注释】〔1〕"右"，古时中原地区皆尚右，以右为上。"军事胜为右"，《史记会注考证校补》引枫山本，于"事"后"胜"前有"以"字。

【译文】六月，晋人再次送卫侯进入国都。壬午这天，晋侯渡过黄河北上回国。颁行赏赐，狐偃为头功。有的人说："城濮战事，是靠先轸的谋略。"文公说："城濮之役，狐偃劝说我不要失信。先轸说'军事以胜为右'，我采用他的谋略而获胜。然而这只是适用一时的权宜之言，可狐偃之言说的却是千秋万代的功业，怎么能将一时的利害凌驾于千秋万代的功业之上呢？因此把狐偃之功排在最前面。"

冬，晋侯会诸侯于温，欲率之朝周。力未能，恐其有畔者，乃使人言周襄王狩于河阳。[1]壬申，遂率诸侯朝王于践土。孔子读史记至文公，[2]曰"诸侯无召王"。[3]"王狩河阳"者，[4]《春秋》讳之也。[5]

【注释】〔1〕"狩"，音 shòu，打猎，特指天子、诸侯冬季打猎。或说通"守"，巡守。"河阳"，晋国邑名，在今河南孟县西。 〔2〕"史记"，史书记载，当指鲁《春秋》、晋《乘》之类官修史书的记载。 〔3〕"诸侯无召王"，按《左传》僖公二十八年云："是会也，晋侯召王，以诸侯见，且使王狩。仲尼曰：'以臣召君，不可以训。'"可参看。 〔4〕"王狩河阳"，见《春秋》僖公二十八年。 〔5〕"《春秋》"，鲁国史书，记事起自鲁隐公元年（公元前七二二年），讫止鲁哀公十四年（公元前四八一年），是中国现存最早的一部断代编年体史书，被儒家和历代统治者奉为经典之一。为《春秋》作传的有多家，今存《左传》、《公羊传》、《谷梁传》。原《春秋》独立单行，后附传而行。《左传》的《春秋》经文讫止鲁哀公十六年（公元前四七九年），较《公羊》、《谷梁》两传的经文多二年。"《春秋》讳之也"，按本书《周本纪》云："晋文公召襄王，襄王会之河阳、践土，诸侯毕朝，书讳曰：'天王狩于河阳。'"又《孔子世家》云："践土之会，实召周天子，而《春秋》讳之曰：'天王狩于河阳。'"可参看。

【译文】冬天，晋侯在温邑会合诸侯，打算率领诸侯朝见周王。因力量不够，恐怕诸侯中有背叛的，就派人叫周襄王到河阳打猎。壬申这天，晋文公便率领诸侯在践土朝见周王。孔子读史书记载看到晋文公这一段，说："诸侯不能召见周王。""王狩河阳"这句话，是《春秋》避讳晋文公召见周襄王的笔法。

丁丑，诸侯围许。[1]

【注释】[1]"许"，国名，或作"鄦"，姜姓，传说为尧四岳伯夷的后裔，始封君文叔，西周初所封异姓诸侯国，在今河南许昌东，春秋后屡次迁居。战国初为楚所灭，或说灭于魏。

【译文】丁丑这天，诸侯军队围攻许国。

曹伯臣或说晋侯曰：[1]"齐桓公合诸侯而国异姓，[2]今君为会而灭同姓。曹，叔振铎之后；[3]晋，唐叔之后。合诸侯而灭兄弟，非礼。"晋侯说，[4]复曹伯。

【注释】[1]"曹伯臣或说晋侯曰"，按《左传》僖公二十八年云："晋侯有疾，曹伯之竖侯獳货筮史，使曰以曹为解。"当此所本。 [2]"齐桓公合诸侯而国异姓"，指公元前六五九年齐桓公合宋桓公、曹昭公救邢，迁邢于夷仪（今山东聊城西南）；次年又合诸侯封卫于楚丘（今河南滑县东）。邢、卫均为姬姓之国，与齐异姓。 [3]"叔振铎"，周武王之弟，周灭商后被封于曹，为曹国始封君。详见本书《管蔡世家》。 [4]"说"，解，理解。或说通"悦"。

【译文】曹伯臣子中有人来劝说晋侯道："齐桓公会合诸侯而封立异姓之国，如今国君会合诸侯反而灭亡同姓之国。曹国，是叔振铎的后代；晋国，是唐叔的后代。会合诸侯而灭亡兄弟之国，不合礼法。"晋侯理解劝谏之意，便恢复了曹伯的君位。

于是晋始作三行。[1]荀林父将中行，先縠将右行，[2]先蔑将左行。[3]

【注释】[1]"三行"，指中行、右行、左行三支步兵部队。在此之前，晋国仅有右行、左行。 [2]"先縠"，先轸之后，下云："縠，先轸子也。"齐召南《春秋左氏传注疏考证》谓当系先轸之孙或曾孙，于情理较合。其先世食邑于原（今河南济源西北），亦称"原縠"。本人食邑于彘（今山西霍县东北），故又称"彘子"。后任中军佐。公元前五九六年因私通翟人而被杀。"先縠将右行"，按《左传》僖公二十八年作"屠击将右行"，与此异。 [3]"先蔑"，或作

“先眛”，后任下军将，晋襄公死后投奔秦国。

【译文】在这一年晋国开始建立三支步兵部队。荀林父率领中行，先縠率领右行，先蔑率领左行。

七年，晋文公、秦缪公共围郑，以其无礼于文公亡过时，及城濮时郑助楚也。围郑，欲得叔瞻。叔瞻闻之，自杀。郑持叔瞻告晋。[1]晋曰：“必得郑君而甘心焉。”郑恐，乃间令使谓秦缪公曰：[2]“亡郑厚晋，于晋得矣，而秦未为利。君何不解郑，得为东道交？”[3]秦伯说，罢兵。晋亦罢兵。

【注释】〔1〕“郑持叔瞻告晋”，本书《郑世家》云：“郑人以詹尸与晋。”按《国语·晋语四》谓叔瞻自愿至晋，结果生还，为郑国将军。与本书所记异。《吕氏春秋·上德》与《国语》略同。〔2〕“间”，乘间，暗中。“使”，使者。按《左传》僖公三十年，使者为郑国大夫烛之武。〔3〕“交”，《史记索隐》云：“诸本及《左传》皆作‘主’。”“东道交”，东方道路上的交通。郑国位于秦国东方，为秦人东行常经之地。

【译文】七年，晋文公、秦缪公共同领兵围攻郑国，因为郑国在晋文公流亡过访时不以礼相待，以及城濮之役时郑国帮助楚国。围攻郑国，想要抓获叔瞻。叔瞻听说此讯，就自杀了。郑人拿着叔瞻的尸体来报告晋国，晋文公说：“一定要抓到郑君才甘心。”郑文公害怕，就暗中派遣使者对秦缪公说：“灭亡郑国加强晋国，对晋国来说是得着好处了，但对秦国来说却不算有利。国君为什么不解除郑国之围，因此取信郑国使之成为秦国东行道上的友邦？”秦伯理解其意，便撤走军队。晋君也撤了军队。

九年冬，晋文公卒，子襄公欢立。[1]是岁郑伯亦卒。[2]

【注释】〔1〕“襄公欢”，母偪姞，公元前六二七年——前六二一年在位。〔2〕“郑伯”，即郑文公。

【译文】九年冬天，晋文公去世，儿子襄公欢即位。这一年郑伯也去世。

郑人或卖其国于秦，[1]秦缪公发兵往袭郑。十二月，秦兵过我郊。[2]襄公元年春，秦师过周，无礼，王孙满讥之。[3]兵至滑，[4]郑贾人弦高将市于周，[5]遇之，以十二牛劳秦师。秦师惊而还，灭滑而去。

【注释】〔1〕"郑人或卖其国于秦"，本书《郑世家》云："郑司城缯贺以郑情卖之，秦兵故来。"《秦世家》亦云："郑人有卖于秦。"按《左传》僖公三十二年则谓秦大夫杞子掌管郑都北门钥匙，暗中招致秦军攻郑，与本书出入较大。〔2〕"我"，指晋国。〔3〕"王孙满"，周王宗室，周廷大夫。〔4〕"滑"，国名，姬姓。始建都于滑（在今河南睢县西北）；后迁都于费（在今河南偃师之缑氏镇），故亦称费滑。〔5〕"贾人"，商人。"市"，交易，做生意。

【译文】郑国人有向秦国出卖自己国家的，秦缪公（得到情报后）发兵前往偷袭郑国。十二月，秦国军队经过我晋国都城郊外。晋襄公元年春天，秦国军队经过成周，没有礼仪法度，王孙满讥诮秦军。秦军到达滑国，郑国商人弦高将要到成周去做生意，正好相遇，弦高（随机应变）将十二头牛慰劳秦军。秦军感到惊诧而回师，灭了滑国而离去。

晋先轸曰："秦伯不用蹇叔，〔1〕反其众心，此可击。"栾枝曰："未报先君施于秦，击之，不可。"先轸曰："秦侮吾孤，伐吾同姓，何德之报？"遂击之。襄公墨衰绖。〔2〕四月，败秦师于殽，〔3〕虏秦三将孟明视、〔4〕西乞秫、〔5〕白乙丙以归。遂墨以葬文公。〔6〕文公夫人秦女，谓襄公曰："秦欲得其三将戮之。"公许，遣之。先轸闻之，谓襄公曰："患生矣。"轸乃追秦将。秦将渡河，已在船中，顿首谢，〔7〕卒不反。

【注释】〔1〕"蹇叔"，秦国大夫，对秦缪公发兵袭郑极力加以劝阻，参看本书《秦本纪》和《左传》僖公三十二年。〔2〕"墨衰绖"，将丧服染成黑色。丧服为白色，戎服为黑色，晋襄公居丧从戎，故将丧服染成黑色。按《左传》僖公三十三年云"晋于是始墨"，即晋国从此丧服开始用黑色。〔3〕"殽"，音 yáo，或作"崤"，山名，亦称嶔崟山，为秦岭东段支脉，在今河南洛宁西北，西接陕县界，东接渑池界，东北——西南走向，分东、西两殽，为古代军事要塞。〔4〕"孟明视"，名视，字孟明，氏百里，本书《秦本纪》谓百里奚之子。〔5〕"西乞秫"，或作"西乞术"，本书《秦本纪》谓西乞秫和白乙丙为蹇叔之子，不可信。〔6〕"墨"，即上文"墨衰绖"，指黑色丧服。〔7〕"顿首"，叩头，头叩地而拜，为古代九拜之一。"谢"，告辞。

【译文】晋卿先轸说："秦伯不采用蹇叔的规劝，违背众人之心，这样的军队可以打击。"栾枝说："没有报答秦国对先君的恩惠，反而打击它，不可以。"先轸说："秦国欺侮我国君丧父初孤，攻伐我同姓之国，还有什么恩德可以报答？"就出兵攻击秦军。晋襄公把丧服染成黑色（出征）。四月，在殽山打败秦军，俘虏秦军三位将领孟明视、西乞秫、白乙丙而回国。晋襄公于是穿着黑色丧服安葬晋文公。晋文公夫人是秦国之女，对襄公说："秦君想得到他的三位将军而杀死他们。"襄公应许，遣返三人。先轸得知此事，对襄公说："祸患就要发生了。"先轸就即刻追赶三位秦将。秦将正渡黄河，已经在船上，叩头告辞，先轸结果没能追回。

后三年，秦果使孟明伐晋，报殽之败，取晋汪以归。[1]四年，秦缪公大兴兵伐我，度河，[2]取王官，[3]封殽尸而去。[4]晋恐，不敢出，遂城守。五年，晋伐秦，取新城，[5]报王官役也。

【注释】〔1〕"汪"，秦国邑名，在今陕西澄城西南。"取晋汪以归"，按本书《十二诸侯年表》云襄公三年"秦报我，败于汪"；秦缪公三十五年"伐晋报殽，败我于汪"。又《郑世家》云郑缪公三年"发兵从晋伐秦，败秦兵于汪"。又《左传》文公二年云："冬，晋先且居、宋公子成、陈辕选、郑公子归生伐秦，取汪及彭衙而还。"均以汪为秦邑，谓晋败秦于汪。此以汪为晋邑，且谓秦取晋汪以归，误。〔2〕"度"，通"渡"。〔3〕"王官"，晋国邑名，在今山西闻喜南。〔4〕"封殽尸"，为在殽之战中阵亡的将士于当地堆起土台作为标志。〔5〕"新城"，秦国邑名，在今陕西澄城东北。

【译文】此后三年，秦君果然派孟明领兵攻伐晋国，来报殽山战败的仇，取得晋国的汪邑而返回。晋襄公四年，秦缪公大举进兵攻伐我晋国，东渡黄河，取得王官，在殽山为当年阵亡的将士筑起土台以志纪念而离去。晋人恐惧，不敢出击，便据城固守。晋襄公五年，晋军攻伐秦国，取得新城，以报王官之战的仇。

六年，赵衰成子、栾贞子、咎季子犯、霍伯皆卒。[1]赵盾代赵衰执政。

【注释】〔1〕"霍伯"，即先且居，先轸之子。霍为其封邑，在今山西霍县西南，故称霍伯。又食邑于蒲城，在今山西隰县西北，亦称蒲城伯。公元前六七二年任中军元帅。

【译文】晋襄公六年，赵衰成子、栾贞子、咎季子犯、霍伯相继去世。赵盾替代赵衰执掌国政。

七年八月，襄公卒。太子夷皋少。[1]晋人以难故，欲立长君。[2]赵盾曰："立襄公弟雍。[3]好善而长，先君爱之；[4]且近于秦，[5]秦故好也。立善则固，事长则顺，奉爱则孝，结旧好则安。"[6]贾季曰：[7]"不如其弟乐。[8]辰嬴嬖于二君，[9]立其子，民必安之。"赵盾曰："辰嬴贱，班在九人下，[10]其子何震之有！[11]且为二君嬖，淫也。为先君子，[12]不能求大而出在小国，僻也。母淫子僻，无威；陈小而远，[13]无援：将何可乎！"使士会如秦迎公子雍。[14]贾季亦使人召公子乐于陈。赵盾废贾季，以其杀阳处父。[15]十月，葬襄公。十一月，贾季奔翟。是岁，秦缪公亦卒。

【注释】〔1〕"太子夷皋"，即晋灵公，公元前六二〇年——前六〇七年在位。〔2〕"长君"，年龄较长之君。〔3〕"雍"，即公子雍，晋文公之子，晋襄公庶弟。其母，本书《秦本纪》谓"秦出"；《左传》文公六年谓杜祁，系杜国之女，在晋文公妃妾中位次第四。〔4〕"先君"，指晋文公。〔5〕"近于秦"，本书《秦本纪》云公子雍"秦出也，在秦"。按《左传》文公六年，则谓公子雍出仕秦国，任亚卿。〔6〕"旧好"，即前"故好"，指秦国。〔7〕"贾季"，即狐射姑，狐偃之子，食邑于贾（在今山西襄汾西），排行季，故称贾季。公元前六二一年任晋中军元帅，旋为赵盾取代，出奔投狄。〔8〕"乐"，即公子乐，晋文公之子，晋襄公庶弟，母辰嬴，时出居于陈，贾季派人迎归，在返回途中被赵盾派人杀死。〔9〕"辰嬴"，秦国公室之女，原为太子圉（即晋怀公）之妾，故亦称怀嬴；后嫁公子重耳（即晋文公），称辰嬴，辰似其谥。"嬖"，嬖幸，宠幸。"二君"，指晋怀公、晋文公。〔10〕"班"，班次，位次。"九人"，古时有诸侯一娶九女之制，则"九人"指诸侯的正式妃妾。"班在九人下"，位在九名正式妃妾之下。按《史记会注考证校补》引别本无"下"字，与《左传》文公六年合，则谓辰嬴位次第九。〔11〕"震"，震慑，威严。〔12〕"先君"，指晋文公。〔13〕"陈"，妫姓，相传为舜的后裔，始封君胡公满，西周初所封异姓诸侯国，建都宛丘（在今河南淮阳），有今河南东部和安徽西北部。公元前四七九年被楚国所灭。〔14〕"士会"，士蒍之孙，名会，排行季，谥武，食邑于随（在今山西介休东南），后更受范（在今山东梁山西北），故又称士季、随会、范会、随季、随武子、范武子、季武子等，曾任晋上军主将、中军元帅、太傅等职，公元前五九二年告老引退。〔15〕"阳处父"，晋国大夫，任太傅，曾为赵衰下属，因推荐赵盾为中军元帅取代贾季而招怨被杀。

【译文】七年八月，晋襄公去世。当时太子夷皋年纪还小。晋人因为国家多难的缘故，希望立一个年纪大些的国君。赵盾说："立襄公弟弟雍为君。他爱好行善而又年长，先君喜欢他；并且与秦国亲近，秦国是晋国的旧日友邦啊。置立善良就稳固，事奉年长就和顺，拥护先君所爱就合孝道，结交旧日友邦就会安定。"贾季说："不如立他的弟弟乐。辰嬴受到两位国君宠幸，立她的儿子为国君，百姓必定服从。"赵盾说："辰嬴卑贱，位次排在九人之下，她的儿子有什么威望！况且辰嬴被两位国君宠幸，这是淫乱。作为先君的儿子，不能求得大国入居而外出住在小国，这是鄙陋。母亲淫乱而儿子鄙陋，便没有威严；陈国弱小而遥远，就无法为援：这将怎么可以呢！"赵盾派士会前往秦国迎接公子雍。贾季也派人到陈国去召公子乐。赵盾罢免贾季，因为他杀害了阳处父。十月，安葬晋襄公。十一月，贾季出奔到翟。这一年，秦缪公也去世了。

灵公元年四月，秦康公曰：[1]"昔文公之入也无卫，故有吕、郤之患。"乃多与公子雍卫。太子母缪嬴日夜抱太子以号泣于朝,[2]曰:"先君何罪?[3]其嗣亦何罪?舍适而外求君,[4]将安置此?"出朝,则抱以适赵盾所,[5]顿首曰:"先君奉此子而属之子,[6]曰:'此子材,吾受其赐;不材,吾怨子。'今君卒,言犹在耳,而弃之,若何?"赵盾与诸大夫皆患缪嬴,且畏诛,乃背所迎而立太子夷皋,是为灵公。发兵以距秦送公子雍者。赵盾为将,往击秦,败之令狐。先蔑、随会亡奔秦。秋,齐、宋、卫、郑、曹、许君皆会赵盾,[7]盟于扈,[8]以灵公初立故也。

【注释】〔1〕"秦康公",名罃,秦缪公之太子;其母缪姬,系晋献公之女。公元前六二〇年——前六〇九年在位。详见本书《秦本纪》。〔2〕"缪嬴",晋襄公夫人,秦国之女。〔3〕"先君",指晋襄公。〔4〕"适",通"嫡"。〔5〕"适",往,到。〔6〕"属",通"嘱",嘱托,托付。〔7〕"齐、宋、卫、郑、曹、许君",指齐昭公、宋成公、卫成公、郑缪公、曹共公、许昭公。〔8〕"扈",郑国邑名,在今河南原阳西。

【译文】晋灵公元年四月,秦康公说:"从前晋文公进入国都没有护卫,所以有吕省、郤芮的发难。"就多给公子雍卫士。太子母亲缪嬴日夜抱着太子在朝廷上哭泣,说:"先君有什么罪?他的后嗣又有什么罪?舍弃嫡子而到外面寻找国君,将把这孩子置于何地?"出了朝廷,便抱着太子赶到赵盾的住所,叩头说:"先君当初手捧这孩子托付给您,说:'这个孩子将来成材,我就敬受您的恩惠;不成材的话,我就死也怨您。'如今国君去世,话还在耳边,却要背弃他,您看怎么办?"赵盾与众大夫都忧虑缪嬴的纠缠,而且害怕被杀,于是背弃所迎的公子雍而立太子夷皋为国君,这就是晋灵公。晋国发兵阻止秦国护送公子雍的卫队。赵盾任主将,领兵前往攻击秦军,在令狐打败秦军。先蔑、随会流亡投奔秦国。秋天,齐君、宋君、卫君、郑君、曹君、许君都来会赵盾,在扈地缔结盟约,因为晋灵公开始立为国君的缘故。

四年,伐秦,取少梁。[1]秦亦取晋之郫。[2]六年,秦康公伐晋,取羁马。[3]晋侯怒,使赵盾、赵穿、[4]郤缺击秦,[5]大战河曲,[6]赵穿最有功。七年,晋六卿患随会之在秦,[7]常为晋乱,乃详令魏寿余反晋降秦。[8]秦使随会之魏,因执会以归晋。

【注释】〔1〕"少梁",秦国邑名,在今陕西韩城南。原为梁国,公元前六四一年被灭入秦。〔2〕"郫",本书《十二诸侯年表》和《左传》文公十年均作"北徵",此"郫"当系"北徵"之误。北徵为晋国邑名,在今陕西澄城西南。〔3〕"羁马",晋国邑名,在今山西永济南。〔4〕"赵穿",谥武,赵夙庶孙,赵盾从父昆弟,晋襄公之婿,晋卿。公元前六〇七年杀死晋灵公，迎立晋成公。〔5〕"郤缺"，郤芮之子，谥成，亦称郤成子；食邑于冀（在今山西河津东北），又称冀缺。因其父郤芮谋害晋文公未遂被杀而受牵连，贬为庶人，居野务农。后经臼季荐举，担任下军大夫，旋为卿，晋成公时继赵盾执掌国政。〔6〕"河曲"，晋地名，在今山西永济南。黄河至此，由原来的自北向南折而东流，故称河曲。〔7〕"六卿"，指晋国当时三军的六位将佐。具体是：赵盾、荀林父、郤缺、臾骈、栾盾、胥甲。〔8〕"详"，通"佯"，假装。"魏寿余"，晋国大夫，毕万后裔。魏系其采邑，在今山西芮城北，因以为氏。按魏寿余至秦策反随会事，亦见于长沙马王堆三号汉墓所出帛书《春秋事语》。"魏寿余"，帛书作"魏州余"。

【译文】晋灵公四年，晋军攻伐秦国，取得少梁。秦军也取得晋国的都。六年，秦康公攻伐晋国，取得羁马。晋侯发怒，派遣赵盾、赵穿、郤缺领兵攻击秦国，在河曲展开激战，赵穿最有功劳。七年，晋国执政的六卿担心随会在秦国，常有造成晋祸乱的危险，就命令大夫魏寿余假装反叛晋国投降秦国。秦康公派随会到魏邑接受投降，魏寿余乘机拘捕随会而返归晋国国都。

　　八年，周顷王崩，〔1〕公卿争权，〔2〕故不赴。〔3〕晋使赵盾以车八百乘平周乱而立匡王。〔4〕是年，楚庄王初即位。〔5〕十二年，齐人弑其君懿公。〔6〕

【注释】〔1〕"周顷王"，名壬臣，周襄王之子，公元前六一八年——前六一三年在位。详见本书《周本纪》。〔2〕"公卿争权"，指周王室卿士周公阅和王孙苏争权。见《左传》文公十四年。〔3〕"赴"，讣告，报丧。〔4〕"赵盾以车八百乘平周乱"，按本书《十二诸侯年表》云："赵盾以车八百乘纳捷菑，平王室。"《左传》文公十四年云："晋赵盾以诸侯之师八百乘纳捷菑于邾。"又云："周公将与王孙苏讼于晋……赵宣子平王室而复之。"皆以赵盾用车八百乘为送邾文公之子捷菑返国为君，而与调定平息王室争执无涉。则此误将两事合而为一。"匡王"，即周匡王，名班，周顷王之子，公元前六一二年——前六〇七年在位。详见本书《周本纪》。〔5〕"楚庄王"，名旅（或作"吕"、"侣"），楚穆王之子，为春秋五霸之一。公元前六一三年——前五九一年在位。详见本书《楚世家》。〔6〕"懿公"，即齐懿公，名商人，齐桓公与密姬所生之子，齐昭公之弟，因骄奢淫逸，积怨甚多，而被侍臣所杀。公元前六一二年——前六〇九年在位。详见本书《齐太公世家》。

【译文】晋灵公八年，周顷王驾崩，由于王室公卿争权，所以没有向诸侯各国报丧。晋君派遣赵盾率领八百辆战车平定周朝王室内乱而扶立周匡王继位。这一年，楚庄王开始即国君之位。十二年，齐人杀死他们的国君齐懿公。

　　十四年，灵公壮，侈，厚敛以雕墙。〔1〕从台上弹人，观其避丸也。〔2〕宰夫胹熊蹯不熟，〔3〕灵公怒，杀宰夫，使妇人持其尸出弃之，过朝。〔4〕赵盾、随会前数谏，〔5〕不听；已又见死人手，〔6〕二人前谏。随会先谏，不听。灵公患之，使鉏麑刺赵盾。[7]盾闺门开，[8]居处节，[9]鉏麑退，叹曰："杀忠臣，弃君命，罪一也。"遂触树而死。

【注释】[1]"厚"，重。"敛"，收，征收，指征收赋税。"雕"，画，绘饰。[2]"丸"，弹丸，子弹。[3]"宰夫"，厨子。"胹"，音ér，燉，煮。"熊蹯"，熊掌。"蹯"，音fán。[4]"朝"，朝廷，指国君与大臣议事的正厅。[5]"数"，音shuò，屡次，频繁。[6]"已"，通"以"。[7]"鉏麑"，音chúní，或作沮麛、鉏之弥、鉏麑，晋国力士。[8]"闺"，内室，寝室。[9]"节"，节度，法度。

【译文】十四年，晋灵公长大成人，十分奢侈，横征暴敛来绘饰宫墙。他常从高台上用弹弓弹人，观看行人躲避弹丸（以此取乐）。厨子炖烧熊掌不烂，灵公发怒，杀死厨子，让妇人们抬着厨子的尸体出宫扔掉，经过朝会大厅。赵盾、随会以前曾多次进谏，灵公不听；这次因为又在朝廷上见到死人手，两人前往劝谏。随会先去进谏，又不听。灵公讨厌再有人进谏，派遣鉏麑去刺杀赵盾。赵盾寝门敞开，起居极有法度，鉏麑（眼见此情）便退出来，叹息说："杀死忠臣，背弃君命，罪过是一样的。"就用头撞树而死。

初，盾常田首山，[1]见桑下有饿人。饿人，示眯明也。[2]盾与之食，食其半。问其故，曰："宦三年，[3]未知母之存不，愿遗母。"盾义之，益与之饭肉。已而为晋宰夫，赵盾弗复知也。九月，晋灵公饮赵盾酒，[4]伏甲将攻盾。公宰示眯明知之，[5]恐盾醉不能起，而进曰："君赐臣，觞三行可以罢。"[6]欲以去赵盾，令先，毋及难。盾既去，灵公伏士未会，先纵啮狗名敖。[7]明为盾搏杀狗。[8]盾曰："弃人用狗，虽猛何为。"然不知明之为阴德也。已而灵公纵伏士出逐赵盾，示眯明反击灵公之伏士，伏士不能进，而竟脱盾。盾问其故，曰："我桑下饿人。"问其名，弗告。明亦因亡去。

【注释】[1]"常"，通"尝"。《史记会注考证校补》引别本作"尝"。"田"，通"畋"，打猎。"首山"，亦称首阳山，在今山西永济南。[2]"示眯明"，"示"，音qí，或作"祁"、"祇"、"提"；"眯"，音mǐ，或作"弥"。晋国力士。按《左传》宣公二年，"示眯明"作"提弥明"，并非首山饿人，后亦未为公宰，而系赵盾车右；有一首山饿人，乃名灵辄，后为灵公卫士而救赵盾。与此大异。[3]"宦"，为人臣仆。[4]"饮"，音yìn，使人喝，让人喝。[5]"公宰示眯明知之"，《史记会注考证》引别本"宰"后有"夫"字。[6]"觞"，音shāng，盛酒器。这里指敬酒。"三行"，三巡，三遍。[7]"纵"，《史记索隐》引别本作"嗾"，或作"蹴"。"啮"，咬。"敖"，通"獒"，大犬，猛犬。[8]"搏"，击，徒手搏斗。

【译文】当初，赵盾曾经在首山打猎，有一次看到桑树下有个饿汉。那个饿汉，就是示眯明。赵盾给他食物吃，他只吃了一半。问其中缘故，回答说："我在外为人臣仆三年，不知道母亲还在不在，想把食物留给母亲吃。"赵盾认为他有孝亲的大义，就添加饭和肉给他。示眯明不久当上晋灵公的厨子，赵盾没有再知道他后来的情况。九月，晋灵公请赵盾喝酒，埋伏下身穿盔甲的武士准备攻杀赵盾。灵公的厨子示眯明知道这情形，恐怕赵盾喝醉不能起身，就进去说："君主设宴赏赐臣子，酒过三巡便可作罢。"想借此让赵盾离开，使他先走脱，免遭杀身之祸。赵盾已经离席，但晋灵公事先埋伏的武士还没集中，就先放出名叫敖的咬人猛犬。示眯明替赵盾徒手击杀猛犬。赵盾说："弃除人用狗，即使狗再凶猛，又有什么用。"然而赵盾不知道示眯明在暗中回报自己的恩德。旋即晋灵公唆使埋伏的武士出来追赶赵盾，示眯明反过来攻击灵公埋伏的武士，埋伏的武士不能前进，结果让赵盾脱身。赵盾问示眯明救自己的原因，示眯明说："我就是当年桑树下的饿汉。"再问他名字，不肯告诉。示眯明也就此逃亡离去。

　　盾遂奔，未出晋境。乙丑，盾昆弟将军赵穿袭杀灵公于桃园而迎赵盾。[1]赵盾素贵，得民和；灵公少，侈，民不附，[2]故为弑易。盾复位。晋太史董狐书曰"赵盾弑其君"，[3]以视于朝。[4]盾曰："弑者赵穿，我无罪。"太史曰："子为正卿，[5]而亡不出境，反不诛国乱，[6]非子而谁？"孔子闻之，曰："董狐，古之良史也，书法不隐。宣子，良大夫也，为法受恶。惜也，出疆乃免。"

【注释】〔1〕"桃园"，园囿名。〔2〕"附"，依附、亲附。〔3〕"太史"，史官之长，主掌记录国事、编撰史书。〔4〕"视"，通"示"，《史记会注考证校补》引别本作"示"，宣示，示众。〔5〕"正卿"，卿之长，执政之卿。"子为正卿"，时赵盾任晋中军元帅，居六卿之首，执掌国政，故云。〔6〕"反不诛国乱"，《史记会注考证校补》引别本"不"后有"能"字。

【译文】赵盾于是逃奔，还没来得及出晋国国境。乙丑这天，赵盾的兄弟将军赵穿在桃园袭击杀死晋灵公，同时迎回赵盾。赵盾素为权贵，又得人和；晋灵公年轻，又十分奢侈，百姓不亲附，所以被杀很容易。赵盾官复原位。晋国太史董狐记录道"赵盾弑其君"，并在朝廷上宣示。赵盾说："杀国君的人是赵穿，我可没有罪。"太史说："你身为众卿之长，而且逃亡没有跑出国境，返归不讨伐国都暴乱，（杀国君的人）不是你还能是谁？"孔子听说这件事，说："董狐，是古代所说的优良史官，据史法直书没有隐讳。宣子，是好大夫，因为史法而蒙受恶名。可惜啊，只要他一出国界就可以免遭杀君的罪名。"

赵盾使赵穿迎襄公弟黑臀于周而立之，是为成公。[1]

【注释】[1]"成公"，即晋成公，公元前六〇六年——前六〇〇年在位。

【译文】赵盾派赵穿从成周迎回晋襄公的弟弟黑臀，立他为国君，这就是晋成公。

成公者，文公少子，其母周女也。壬申，朝于武宫。
成公元年，赐赵氏为公族。[1]伐郑，郑倍晋故也。三年，郑伯初立，[2]附晋而弃楚。楚怒，伐郑，晋往救之。

【注释】[1]"公族"，国君同族。此为官名，系公族大夫省称，职掌公族及异姓卿大夫子弟的管理教育。"赐赵氏为公族"，按《左传》宣公二年，指晋成公赐封赵括担任公族大夫。考晋国原以公族即同姓任公族大夫，至献公时因骊姬谗言而驱逐群公子，取消公族大夫之职。及晋成公即位，对诸卿嫡子授官予田，恢复公族大夫之职，以管理教育诸卿嫡子。赵括任公族大夫，打破了原由同姓担任此职务的惯例。[2]"郑伯"，指郑襄公，公元前六〇四年——前五八七年在位。详见本书《郑世家》。

【译文】晋成公，是晋文公的小儿子，他的母亲是周天子的女儿。壬申这天，到曲沃的武宫朝见祭祀。
晋成公元年，赐封赵氏担任公族大夫。讨伐郑国，是因为郑国背弃晋国的缘故。三年，郑襄公开始即位，归附晋国而背弃楚国。楚君发怒，攻伐郑国，晋军前往救援郑国。

六年，伐秦，虏秦将赤。[1]

【注释】[1]"赤"，通"斥"，斥候，侦探。本书《十二诸侯年表》，晋成公六年"与鲁伐秦，获秦谍"；秦桓公三年"晋伐我，获谍"。《左传》宣公八年云："晋人获秦谍。"皆与此合。按本书《秦本纪》云："桓公三年，晋败我一将。"则此"赤"似系秦将之名或指秦将之斥候。

【译文】晋成公六年，讨伐秦国，俘虏秦将派出的探子。

七年，成公与楚庄王争强，会诸侯于扈。陈畏楚，不会。晋使中行桓子伐陈，[1]因救郑，与楚战，败楚师。[2]是年，成公卒，子景公据立。[3]

【注释】〔1〕"中行桓子"，即荀林父，时任中军佐。 〔2〕按本书《十二诸侯年表》楚庄王十四年"伐郑，晋郤缺救郑，败我"；《左传》宣公九年云"晋郤缺救郑，郑伯败楚师于柳棼"，皆以率救郑之师者为郤缺，与此谓中行桓子者异。 〔2〕"景公据"，"据"或作"獳"，公元前五九九年——前五八一年在位。

【译文】七年，晋成公与楚庄王争夺霸主之位，在扈地会合诸侯。陈君畏惧楚国，没有赴会。晋君派遣中行桓子讨伐陈国，同时借此救援郑国，与楚军作战，击败楚军。这一年，晋成公去世，其子晋景公据继位。

景公元年春，陈大夫夏征舒弑其君灵公。〔1〕二年，楚庄王伐陈，诛征舒。

【注释】〔1〕"夏征舒"，亦称夏南，陈国大夫，因陈灵公与其母夏姬淫乱并当众羞辱他，杀死陈灵公。"灵公"，即陈灵公，名平国，陈共公之子，公元前六一三年——前五九九年在位。详见本书《陈杞世家》。

【译文】晋景公元年春天，陈国大夫夏征舒杀死他的国君陈灵公。二年，楚庄王攻伐陈国，诛杀夏征舒。

三年，楚庄王围郑，郑告急晋。晋使荀林父将中军，随会将上军，赵朔将下军，〔1〕郤克、〔2〕栾书、〔3〕先縠、韩厥、〔4〕巩朔佐之。〔5〕六月，至河。闻楚已服郑，郑伯肉袒与盟而去，〔6〕荀林父欲还。先縠曰："凡来救郑，不至不可。"将率离心，卒度河。〔7〕楚已服郑，欲饮马于河为名而去。楚与晋军大战。郑新附楚，畏之，反助楚攻晋。晋军败，走河，争度，船中人指甚众。〔8〕楚虏我将智䓨。〔9〕归而林父曰："臣为督将，〔10〕军败当诛，请死。"景公欲许之。随会曰：〔11〕"昔文公之与楚战城濮，成王归杀子玉，而文公乃喜。今楚已败我师，又诛其将，是助楚杀仇也。"乃止。

【注释】〔1〕"赵朔"，谥庄，亦称赵庄子，赵盾之子，娶晋成公姊（或说晋成公女）为妻，晋卿，此前任下军之佐。详见本书《赵世家》。 〔2〕"郤克"，谥献，亦称郤献子，郤缺之子，晋卿，时任上军之佐，公元前五九二年继随会任中军元帅，执掌国政。 〔3〕"栾书"，谥武，亦称栾武子，栾枝之孙，栾盾之子，晋卿，时任下军之佐，公元前五八七年继郤克任中军元帅，执掌国政。 〔4〕"韩厥"，或作"韩屈"，谥献，亦称韩献子，韩万之玄孙，时任司马，后任新中军将、太仆，为卿，公元前五六六年告老致仕。详见本书《韩世家》。〔5〕"巩朔"，亦称巩伯、士庄伯，时任上军大夫，后任新上军将，为卿。〔6〕"肉袒"，脱去外衣，赤露上身，表示服罪，甘愿受刑。〔7〕"度"，通"渡"。〔8〕"船中人指甚众"，晋军士卒争相登船逃命，先登者恐楚军追来和超载沉覆，用刀斩砍后面攀援船舷者的手指，因争渡人众，致使被斩断而掉进船舱的指头很多。〔9〕"智莹"，或作"知莹"，名莹，字子羽，谥武，食邑于智（在今山西永济北），因以为氏，故亦称智武子、智伯。荀首之子，荀林父子从子，又称荀莹。时为楚俘，公元前五八八年获释回国，为卿，任下军佐。公元前五六六年任中军元帅，执掌国政。死于公元前五六〇年。〔10〕"督将"，主将。〔11〕"随会曰"，按《左传》宣公十二年，谓劝谏者乃士渥浊，与此作"随会曰"异。

【译文】晋景公三年，楚庄王率军围攻郑国，郑国向晋国告急。晋君派荀林父率领中军，随会率领上军，赵朔率领下军，毂克、栾书、先毂、韩厥、巩朔辅佐三人。六月，到达黄河。听说楚军已降服郑国，迫使郑伯赤露上身投降认罪，与他缔结城下之盟然后离去，荀林父准备返回。先毂说："大家一起来救援郑国，不到郑国是不可以的。"将帅之间意见分歧，最后还是渡过黄河。楚王已经降服郑国，原打算用饮马黄河作为出师成功名义而离去。结果，楚军与晋军进行激战。郑国新近归附楚国，畏惧楚国，因此反过来帮助楚军攻击晋军。晋军溃败，逃奔黄河，争相渡河，船舱里被砍下的手指很多。楚军俘获我晋国将领荀莹。晋军回国，荀林父说："臣下身为主帅，军队溃败，理当诛杀，请求死罪。"晋景公想答应他。随会说："从前晋文公领兵同楚军在城濮作战（击败楚军），楚成王回国后杀死主将子玉，文公才开始高兴。如今楚军已经击败我军，我们又要诛杀军队主将，这是在帮助楚人杀仇敌啊。"景公便制止荀林父自杀。

四年，先毂以首计而败晋军河上，〔1〕恐诛，乃奔翟，〔2〕与翟谋伐晋。晋觉，乃族毂。毂，先轸子也。

【注释】〔1〕"首计"，指首先提出贸然进击而导致兵败的主张。〔2〕"翟"，按《左传》宣公十三年，指赤翟，活动于今山西长治以北。"乃奔翟"，按《左传》宣公十三年，先毂未曾奔翟，而是在晋被诛。与此出入较大。

【译文】晋景公四年，先毂因为首先提出进兵的主张而招致晋军在黄河岸边溃败，害怕被杀，就投奔翟人，同翟人谋划攻伐晋国。晋君察觉此事，便诛灭先毂家族。先毂，是先轸的儿子。

五年，伐郑，为助楚故也。是时楚庄王强，以挫晋兵河上也。
六年，楚伐宋，宋来告急晋，晋欲救之，伯宗谋曰：〔1〕"楚，天方开之，[2]不可当。”乃使解扬绐为救宋。[3]郑人执与楚，楚厚赐，使反其言，令宋急下。解扬绐许之，卒致晋君言。[4]楚欲杀之，或谏，乃归解扬。

【注释】〔1〕"伯宗"，字尊，亦称伯尊，孙伯纠（一作"孙伯起"）之子，晋国大夫，公元前五七六年因郤锜等进谗言而被杀。〔2〕"开"，启，启示，开导，此引申为赞助、护佑。〔3〕"解扬"，字子虎，名扬，先人食邑于解（在今山西运城），因以为氏，晋国大夫。本书《郑世家》谓其霍人。"绐"，音 dài，欺骗。〔4〕"致"，送达，传达。

【译文】晋景公五年，攻伐郑国，因为郑国帮助楚军的缘故。这时候楚庄王称强诸侯，因为他在黄河岸边挫败了晋国军队。

晋景公六年，楚军攻伐宋国，宋人来向晋国告急，晋君准备救援宋国，伯宗说："楚国，如今上天正在保佑它，势不可当。"晋君于是派遣解扬前去假装答应救援宋国。郑人抓到解扬交给楚人，楚王重礼相赠，让他把原来的话反过来说，命令宋国赶快投降。解扬假装答应楚王，结果却在喊话时传达了晋君的话。楚王要杀死他，有人劝谏，便放解扬回国。

七年，晋使随会灭赤狄。[1]

【注释】〔1〕"赤狄"，按《左传》宣公十六年："晋士会帅师灭赤狄甲氏及留吁、铎辰。"则此"赤狄"实指甲氏、留吁、铎辰各部，活动于今山西长治、屯留一带。

【译文】晋景公七年，晋君派遣随会领兵灭亡赤狄。

八年，使郤克于齐。齐顷公母从楼上观而笑之。[1]所以然者，郤克偻，[2]而鲁使蹇，[3]卫使眇，[4]故齐亦令人如之以导客。[5]郤克怒，归至河上，曰："不报齐者，河伯视之！"至国，请君，欲伐齐。景公问知其故，曰："子之怨，安足以烦国！"弗听。魏文子请老休，[6]辟郤克，[7]克执政。

【注释】〔1〕"齐顷公"，名无野，齐惠公之子，公元前五九八年——前五八二年在位，详见本书《齐太公世家》。"齐顷公母"，即下文之萧桐侄子。〔2〕"偻"，音 lóu，曲背，驼背。〔3〕"蹇"，音 jiǎn，跛足，瘸子。〔4〕"眇"，音 miǎo，瞎一只眼。〔5〕"令人如之以导客"，按《公羊传》成公二年云："晋郤克与臧孙许同时而聘于齐。萧同侄子者，齐君之母也，踊于棓而窥客，则客或跛或眇，于是使跛者逆跛者，使眇者逆眇者。二大夫出，相与踦闾而语。"

《谷梁传》成公元年云："季孙行父秃，晋郤克眇，卫孙良夫跛，曹公子手偻，同时而聘于齐。齐使秃者御秃者，使眇者御眇者，使跛者御跛者，使偻者御偻者。萧同侄子处台上而笑之，闻于客。"可参看。〔6〕"魏文子"，按《左传》宣公十七年和《国语·晋语五》，此晋国执政告老者系范武子，而非魏文子。考《国语·晋语七》有令狐文子，即《左传》成公十八年之魏颉，系魏犨之孙、魏颗之子，可称作魏文子，但已是其后十九年晋悼公元年新任之卿，显非其人。此外，晋无称魏文子者。则此"魏文子"为"范武子"之误。〔7〕"辟"，荐举，推荐。或说通"避"。

【译文】晋景公八年，晋君派遣郤克出使到齐国。齐顷公的母亲从高台上观看而嘲笑来使。所以这样的缘故，是因为郤克背驼，鲁国使者腿瘸，卫国使者瞎一只眼，故尔齐人按照各位使者的生理缺陷让有相同残疾的人来导引宾客。郤克非常愤怒，返国途中到达黄河岸边，说："来日不报齐国的羞辱，就让河伯作见证！"回到国都，向晋君请求，打算攻伐齐国。景公询问后知悉事情原委，说："你个人的怨恨，怎么能来烦扰国家！"没有听从。魏文子告老请求退休，荐举郤克，郤克执掌国政。

九年，楚庄王卒。晋伐齐，齐使太子彊为质于晋，〔1〕晋兵罢。

【注释】〔1〕"太子彊"，本书《十二诸侯年表》作"子彊"，《齐太公世家》和《左传》宣公十八年作"公子彊"。考公子彊未被立为太子，时齐国太子为环（即齐灵公）。则"太子彊"系似"公子彊"之误。

【译文】晋景公九年，楚庄王去世。晋军攻伐齐国，齐君派遣太子彊作为人质到晋国，晋军才撤回。

十一年春，齐伐鲁，取隆。〔1〕鲁告急卫，卫与鲁皆因彊克告急于晋。晋乃使彊克、栾书、韩厥以兵车八百乘与鲁、卫共伐齐。夏，与顷公战于鞍，〔2〕伤困顷公。顷公乃与其右易位，〔3〕下取饮，以得脱去。齐师败走，晋追北至齐。〔4〕顷公献宝器以求平，不听。彊克曰："必得萧桐侄子为质。"〔5〕齐使曰："萧桐侄子，顷公母；顷公母犹晋君母，奈何必得之？不义，请复战。"晋乃许与平而去。

【注释】〔1〕"隆"，或作"龙"，鲁国邑名，在今山东泰安东南。〔2〕"鞍"，齐国地名，在今山东济南西北。〔3〕"右"，指车右，战车上立于右边负责护卫主帅者。按本书《齐太公世家》和《左传》成公二年，时任车右者为齐大夫逢丑父。〔4〕"北"，败北，败退。此指败兵。〔5〕"萧桐侄子"，或作"萧同侄子"、"萧桐叔子"、"萧同叔子"。

【译文】晋景公十一年春天，齐军攻伐鲁国，夺取隆邑。鲁国向卫国告急，卫国和鲁国都通过郤克向晋国告急。晋君便派遣郤克、栾书、韩厥率领战车八百辆与鲁军、卫军共同讨伐齐军。夏天，晋军与齐顷公的军队在鞌地作战，使齐顷公受伤被困。顷公就跟他的车右调换在车上的位置，装作下车打水，因此得以脱身逃去。齐军溃败逃跑，晋军追赶败兵直到齐国腹地。齐顷公奉献宝器请求媾和，晋军不答应。郤克说："一定要得到萧桐侄子作为人质（才能讲和）。"齐国使者说："萧桐侄子是顷公的母亲，顷公的母亲就好比你们晋君的母亲，怎么能一定要得到她作为人质呢？这样做违背人伦大义，我们只能请求再战一场。"晋军这才应许跟齐国媾和而离去。

　　楚申公巫臣盗夏姬以奔晋，[1]晋以巫臣为邢大夫。[2]

【注释】〔1〕"申公巫臣"，即屈巫，氏屈，字子灵，楚国大夫，任楚申县（在今河南南阳北）县尹，故称申公。"夏姬"，郑穆公之女，陈大夫御叔之妻，夏徵舒之母，以美色闻名。陈灵公及大夫孔宁、仪行父曾与之淫乱。其子夏徵舒忿而杀死灵公，招致楚军讨诛。楚庄王及楚将子反欲纳夏姬，皆为申公巫臣所劝止，夏姬被赐予楚大夫连尹襄老。连尹襄老死后，又与其子黑要淫乱。申公巫臣串通夏姬，使之返郑，然后乘出使齐国之机迎娶夏姬，投奔晋国，则此"申公巫臣盗夏姬以奔晋"之谓。〔2〕"邢"，即邢丘，晋国邑名，在今河南温县东北。

【译文】楚国申公巫臣拐娶夏姬投奔晋国，晋君让巫臣担任邢大夫。

　　十二年冬，齐顷公如晋，欲上尊晋景公为王，[1]景公让不敢。晋始作六军，[2]韩厥、巩朔、赵穿、[3]荀骓、[4]赵括、[5]赵旃皆为卿。[6]智罃自楚归。[7]

【注释】〔1〕"欲上尊晋景公为王"，按《左传》成公三年云："齐侯朝于晋，将授玉。"并无尊王之事。《史记索隐》引王劭云："按张衡曰：'礼，诸侯朝天子执玉，既授而反之。若诸侯自相朝，则不授玉。'齐顷公战败朝晋而授玉，是欲尊晋侯为王，太史公探其旨而言。"然诸侯相见自有授玉之礼，不足信。则此尊王之事实乃误解"授玉"所致。〔2〕"晋始作六军"，晋国原有中、上、下三军，此时增设新中、上、下三军，共有六军。〔3〕"赵穿"，按《左传》成公三年，当作"韩穿"为是。韩穿曾任上军大夫。〔4〕"荀骓"，谥文。"骓"，音zhuī。〔5〕"赵括"，赵衰之子，赵盾之异母弟，食邑于屏，因以为氏，亦称屏括，又称屏季。曾任中军大夫、公族大夫等职。于公元前五八三年因赵庄姬之谮被晋景公所杀。〔6〕"赵旃"，赵穿之子，公元前五八八年任新军主将。按以上六人为增设的新三军将、佐。《左传》成公三年杜预《注》云："韩厥为新中军，赵括佐之；巩朔为新上军，韩穿佐之；荀骓为新下军，赵旃佐之。"

【译文】 晋景公十二年冬天,齐顷公前往晋国,要尊奉晋景公为王。景公辞让不敢接受。晋国开始建立六军,韩厥、巩朔、赵穿、荀骓、赵括、赵旃都被封为卿。智罃获释从楚国归来。

十三年,鲁成公朝晋,〔1〕晋弗敬,鲁怒去,倍晋。晋伐郑,取氾。〔2〕

【注释】〔1〕"鲁成公",名黑肱,鲁宣公之子,公元前五九〇年——前五七三年在位。详见本书《鲁周公世家》。 〔2〕"氾",郑国邑名,在今河南巩县东北。

【译文】 晋景公十三年,鲁成公朝见晋君,晋景公不礼貌,鲁君含怒离去,打算废弃与晋国的盟约。晋军讨伐郑国,夺取氾邑。

十四年,梁山崩。〔1〕问伯宗,伯宗以为不足怪也。

【注释】〔1〕"梁山",故梁国名山,后入晋成为晋望,在今陕西韩城西北。

【译文】 晋景公十四年,梁山崩塌。晋君询问伯宗,伯宗认为不足为怪。

十六年,楚将子反怨巫臣,〔1〕灭其族。巫臣怒,遗子反书曰:"必令子罢于奔命!"乃请使吴,令其子为吴行人,〔2〕教吴乘车用兵。吴、晋始通,约伐楚。

【注释】〔1〕"子反",名侧,字子反,楚公族,或谓楚穆王之子,亦称公子侧,任司马,于公元前五七五年鄢陵之战兵败后被杀。"楚将子反怨巫臣",子反曾欲娶夏姬,被巫臣所劝阻,后巫臣却娶夏姬奔晋,子反因此怀恨。 〔2〕"其子",指巫臣之子狐庸,即屈狐庸,袭父食邑邢,故亦称邢侯、邢伯。后自吴返晋,为大夫。"行人",官名,职掌朝觐聘问。

【译文】 晋景公十六年,楚国将军子反怨恨巫臣,便杀灭其宗族。巫臣极为愤怒,给子反致送书信说:"一定要叫你疲于奔命!"便向晋君请求派人出使吴国,让他的儿子当了吴国的行人,教吴人学习车战用兵之法。吴国与晋国开始交通往来,并相约讨伐楚国。

十七年，诛赵同、[1]赵括，族灭之。韩厥曰："赵衰、赵盾之功岂可忘乎？奈何绝祀！"乃复令赵庶子武为赵后，[2]复与之邑。

【注释】〔1〕"赵同"，赵衰之子，赵括之兄，食邑于原（在今山西济源西北），亦称原同，又称原叔，晋大夫，曾任下军大夫等职。〔2〕"武"，即赵武，谥文，亦称赵文子，又称赵孟，赵盾之孙，赵朔之子，母赵庄姬系晋成公之女（本书《赵世家》谓"成公姊"，误）。赵氏族灭时，随母养于公宫，幸免于难。后为卿，执掌国政，死于公元前五四一年。详见本书《赵世家》。

【译文】晋景公十七年，晋君诛杀赵同、赵括，并且诛灭赵氏家族。韩厥说："赵衰、赵盾的功绩难道可以忘记吗？怎么能断绝赵氏的香火！"晋君于是又让赵氏庶子赵武为赵氏继承人，并又给他食邑。

十九年夏，景公病，立其太子寿曼为君，[1]是为厉公。后月余，景公卒。

【注释】〔1〕"寿曼"，或作"州蒲"、"州满"、"洲满"，公元前五八〇年——前五七二年在位。

【译文】十九年夏天，晋景公病重，立他的太子寿曼为国君，这就是晋厉公。此后一个多月，晋景公去世。

厉公元年，初立，欲和诸侯，[1]与秦桓公夹河而盟。[2]归而秦倍盟，与翟谋伐晋。[3]三年，使吕相让秦，[4]因与诸侯伐秦。至泾，[5]败秦于麻隧，[6]虏其将成差。

【注释】〔1〕"和"，和合，会合。〔2〕"秦桓公"，名荣，秦共公之子，公元前六〇三年——前五七七年在位。详见本书《秦本纪》。〔3〕"翟"，按《左传》成公十三年，指白翟，活动于今陕西延安、安塞、延川、延长、宜川、黄龙、洛川、富县、甘泉一带。〔4〕"吕相"，亦称魏相，魏犨之孙，魏锜之子；谥宣，又称吕宣子，晋大夫，晋悼公时为卿。"让"，责让，谴责。〔5〕"泾"，水名，渭水支流，源出今宁夏六盘山东麓，东南流经甘肃，至陕西高陵入渭河。〔6〕"麻隧"，秦国邑名，在今陕西泾阳西北。

【译文】晋厉公元年，因刚即位，厉公想会合诸侯，便与秦桓公隔着黄河互派使者结盟。双方回国后秦国即背弃盟约，与白翟密谋攻伐晋国。晋厉公三年，晋国派遣吕相出使谴责秦君，接着与诸侯讨伐秦国。军队到达泾水，在麻隧击败秦军，俘虏秦将成差。

五年，三郤谗伯宗，[1]杀之。伯宗以好直谏得此祸，国人以是不附厉公。

【注释】〔1〕"三郤"，指晋国卿大夫郤锜、郤犨、郤至。

【译文】晋厉公五年，三郤进谗言陷害伯宗，厉公诛杀伯宗。伯宗因为喜欢直言劝谏遭受这杀身之祸，国人因此不亲附晋厉公。

六年春，郑倍晋与楚盟，晋怒。栾书曰："不可以当吾世而失诸侯。"乃发兵。厉公自将，五月度河。闻楚兵来救，范文子请公欲还。[1]郤至曰：[2〕"发兵诛逆，见强辟之，[3〕无以令诸侯。"遂与战。癸巳，射中楚共王目，[4〕楚兵败于鄢陵。[5〕子反收余兵，拊循，[6〕欲复战。晋患之。共王召子反，其侍者竖阳谷进酒，[7〕子反醉，不能见。王怒，让子反，子反死。王遂引兵归。晋由此威诸侯，欲以令天下求霸。

【注释】〔1〕"范文子"，即士燮，谥文，排行叔，范文子士会之子，亦称范叔，晋卿，时任中军佐，死于公元前五七四年。 〔2〕"郤至"，郤克族侄，食邑于温，排行季，亦称温季，晋卿，时任新军佐，公元前五七四年被晋厉公所杀。 〔3〕"辟"，通"避"。 〔4〕"楚共王"，或作"楚恭王"、"楚龚王"，名审（或作"箴"），楚庄王之子，公元前五九〇年——前五六〇年在位。详见本书《楚世家》。 〔5〕"鄢陵"，或作"焉陵"，郑国邑名，在今河南鄢陵西北。〔6〕"拊循"，或作"抚循"，安抚，抚慰。 〔7〕"竖阳谷"，或作"竖谷阳"、"谷阳竖"。

【译文】晋厉公六年春天，郑国背弃晋国与楚国结盟，晋君大怒。栾书说："不可以当我们在世时失去诸侯。"晋国就发兵。晋厉公亲自领兵，五月渡过黄河。听说楚兵前来救援，范文子向厉公请示打算返回。郤至说："发兵诛讨叛逆，遇上强敌就逃避，将丧失号令诸侯的资格。"于是与楚军开战。癸巳这天，晋军发箭射中楚共王的眼睛，楚军在鄢陵战败。子反收拾残兵，安抚整饬余部，准备再战。晋人对此感到忧虑。楚共王召见子反，他的侍从竖阳谷献酒给子反，子反大醉，不能前来进见。楚王发怒，责备子反，子反自杀而死。楚王于是领兵回国。晋国因此威震诸侯，晋君想借此号令天下求为霸主。

厉公多外嬖姬，[1〕归，欲尽去群大夫而立诸姬兄弟。宠姬兄曰胥童，[2〕尝与郤至有怨，[3〕及栾书又怨郤至不用其计而遂败楚，[4〕乃使人间谢楚。[5]楚来诈厉公曰："鄢陵之战，实至召楚，欲作乱，内子周立之。[6]会与国不具，[7]是以事不成。"厉公告栾书。栾书曰："其殆有矣！[8]愿公试使人之周微考之。"[9]果使郤至于周。栾书又使公子周见郤至，郤至不知见卖也。厉公验之，信然，遂怨郤至，欲杀之。八年，[10]厉公猎，与姬饮，郤至杀豕奉进，宦者夺之。[11]郤至射杀宦者。公怒，曰："季子欺予！"[12]将诛三郤，未发也。郤锜欲攻公，[13]曰："我虽死，公亦病矣。"郤至曰："信不反君，智不害民，勇不作乱。失此三者，谁与我？我死耳！"十二月壬午，公令胥童以兵八百人袭攻杀三郤。胥童因以劫栾书、中行偃于朝，[14]曰："不杀二子，患必及公。"公曰："一旦杀三卿，寡人不忍益也。"对曰："人将忍君。"公弗听，谢栾书等以诛郤氏罪："大夫复位。"二子顿首曰："幸甚幸甚！"公使胥童为卿。闰月乙卯，[15]厉公游匠骊氏，[16]栾书、中行偃以其党袭捕厉公，囚之，杀胥童，而使人迎公子周于周而立之，[17]是为悼公。

【注释】〔1〕"外嬖姬"，按下文有"立诸姬兄弟"，此"外"似系衍文，当作"嬖姬"，指宠幸的姬妾。按《左传》成公十七年云"晋厉公侈，多外嬖"，则又似"姬"系衍文，当作"外嬖"，指宠幸的大夫。"外嬖姬"不词，必有讹误，译文姑从前者。〔2〕"胥童"，字之昧，亦称胥之昧，胥甲之孙，胥克之子。此称"宠姬兄"，未详所本。晋大夫，于诛杀三郤后为卿。〔3〕"尝与郤至有怨"，按《左传》宣公八年，郤至之父郤缺为中军元帅执政时曾撤销胥童之父胥克的下军佐职务。言胥童"尝与郤至有怨"，当指此。〔4〕"栾书又怨郤至不用其计而遂败楚"，按《左传》成公十六年和《国语·晋语六》，在鄢陵之战中，栾书主张伺机出机，而郤至主张速战速决，结果晋厉公采用郤至之策大败楚军，栾书因此结怨。〔5〕"间"，乘间，乘机。"谢"，告致，告诉。〔6〕"子周"，亦称周子、孙周、公子周，即晋悼公，时居于成周，公元前五七三年——前五五七年在位。〔7〕"与国"，盟国。"具"，齐备，此指到齐。〔8〕"殆"，音dài，大概，恐怕。〔9〕"微"，暗中。〔10〕"八年"，按以下所载晋厉公外出田猎，诛杀三郤等事，《左传》皆系于鲁成公十七年，当晋厉公七年。则此"八年"系"七年"之误。〔11〕"宦者"，按《左传》成公十七年，指晋厉公之寺人孟张。〔12〕"欺"，欺负，轻视。〔13〕"郤锜"，亦称驹伯，郤克之子，晋卿，时任上军将。〔14〕"中行偃"，即荀偃，字伯游，谥献，故亦称中行献子，又称中行伯，荀林父之孙，荀庚之子，晋卿，时任上军佐。公元前五六〇年继荀罃任中军元帅，执掌国政。死于公元前五五四年。〔15〕"闰月乙卯"，按《左传》成公十七年云："闰月乙卯晦，栾书、中行偃杀胥童。"而记厉公出游被囚在此前十二月。厉公之死，下文和《左传》成公十八年皆谓于"正月庚申"。厉公自被囚至被杀，时历鲁历（即周历）十二月、闰月及翌年正月，与《国语·晋语六》、《吕氏春秋·骄恣》、《淮南子·人间》所言囚厉公三月而杀相合。可证《左传》所记不误。此以"闰月乙卯"下系厉公出游被囚，误。〔16〕"匠骊氏"，指晋国大夫匠骊氏之家，地在翼，即今山西翼城东南。〔17〕"周"，《史记集解》引徐广曰："一作'纠'。"

【译文】晋厉公有许多宠幸的姬妾，鄢陵之战归来，准备全部除去众大夫而封立各姬妾的兄弟。有个受到宠幸姬妾的兄长叫胥童，曾经与郤至有积怨，至于栾书又怨恨郤至不采用他的计谋而结果击败楚军，于是派人暗中通报楚君（设计陷害郤至）。楚国来人欺骗厉公说："鄢陵之战，是郤至招来楚军，他打算发动变乱，接纳子周立以为君。恰好遇上盟国之兵没有到齐，因此事情没有成功。"厉公告诉栾书。栾书说："那恐怕实有其事了。望国君您试着派人到成周，暗中核实此事。"厉公果真派遣郤至到成周。栾书又另派人让公子周会见郤至，郤至不知自己已被人出卖。厉公验证此事，以为确实如此，于是怨恨郤至，想要杀死他。八年，晋厉公出外打猎，与姬妾宴饮。郤至杀死野猪前来进献，宦官夺走野猪。郤至用箭射杀宦官。厉公发怒，说："季子欺负到我头上来了。"厉公将要诛杀三郤，但还没有行动。郤锜打算攻击厉公，说："我即便死了，厉公也会狼狈不堪。"郤至说："有信就不能反叛国君，有智就不可残害百姓，有勇就不许发动叛乱。失去这三件，谁还来跟从我？我只好死了吧。"十二月壬午这天，晋厉公命令胥童带领八百名士兵袭击杀死三郤。胥童乘势在朝廷上劫持栾书、中行偃，说："不杀掉这二位，祸患必定延及国君。"厉公说："一个早上杀死三卿，我不忍心再增加了。"胥童回答说："人家将会忍心对您下手。"厉公没听从，把惩诛郤氏罪行的情况告诉栾书等人，并说："大夫们各复原职。"二人磕头拜谢说："幸运得很，幸运得很。"厉公让胥童为卿。闰月乙卯这天，晋厉公出游住在匠骊家，栾书、中行偃率领党徒偷袭逮捕厉公，囚禁了他，杀死胥童，同时派人到成周迎回公子周而立他为国君，这就是晋悼公。

　　悼公元年正月庚申，[1] 栾书、中行偃弑厉公，葬之以一乘车。[2] 厉公囚六日死，[3] 死十日庚午，智罃迎公子周来，至绛，刑鸡与大夫盟而立之，[4] 是为悼公。辛巳，朝武宫。二月乙酉，即位。

　　【注释】〔1〕"悼公元年正月庚申"，按《左传》成公十八年所记与此合。但《左传》记时用的是鲁历（即周历），换算成晋历（即夏历），此"正月庚申"实在去年，即晋厉公七年。此云"悼公元年正月庚申"系鲁、晋历法纪年混用。　〔2〕"葬之以一乘车"，按《国语·周语下》韦昭《注》云："礼，诸侯七命，遣车七乘。以车一乘，不成丧也。"《左传》成公十八年杜预《注》云："言不以君礼葬，诸侯葬车七乘。"　〔3〕"厉公囚六日死"，按《国语》、《吕氏春秋》、《淮南子》等皆谓厉公囚三月而死，《左传》亦载厉公被囚历三月死，当是。此言"囚六日死"，当承上文误系厉公之囚于"闰月乙卯"所致。　〔4〕"刑"，杀，斩。

　　【译文】晋悼公元年正月庚申这天，栾书、中行偃杀死晋厉公，安葬厉公只用一辆遣车。厉公被囚禁六天而死，死后十天是庚午日，智罃迎回公子周来，到达绛，杀鸡饮血与大夫订立盟誓而立公子周为国君，这就是晋悼公。辛巳这天，朝拜武宫。二月乙酉这天，正式就国君之位。

悼公周者，其大父捷，[1]晋襄公少子也，不得立，号为桓叔，桓叔最爱。桓叔生惠伯谈，谈生悼公周。周之立，年十四矣。悼公曰："大父、父皆不得立而辟难于周，[2]客死焉。寡人自以疏远，毋几为君。[3]今大夫不忘文、襄之意而惠立桓叔之后，赖宗庙大夫之灵，得奉晋祀，岂敢不战战乎！[4]大夫其亦佐寡人！"于是逐不臣者七人，[5]修旧功，施德惠，收文公入时功臣后。秋，伐郑。郑师败，遂至陈。[6]

【注释】〔1〕"大父"，祖父。〔2〕"辟"，通"避"。〔3〕"几"，通"冀"，期望，企望。或说通"机"，机会。〔4〕"战战"，通"颤颤"，发抖的样子，比喻小心谨慎。〔5〕"不臣者"，不能恪守为臣之道者，即不称职者。〔6〕"伐郑。郑师败，遂至陈"，按本书《十二诸侯年表》系于晋悼公二年，与《左传》襄公元年合。则伐郑事当在悼公二年。

【译文】晋悼公周，他的祖父名捷，是晋襄公的小儿子，不能立为太子，号称桓叔，桓叔最受襄公宠爱。桓叔生惠伯谈，谈生悼公周。周立为国君时，年仅十四岁。悼公说："祖父、父亲不能立为国君而到成周避难，客死他乡。我本人因为与公室关系疏远，没有当国君的奢望。如今各位大夫不忘文公、襄公的志意而惠顾扶立我这个桓叔后人为国君，依赖祖宗、先大夫的在天之灵，我才得以主持侍奉晋国祭祀，哪敢不战战兢兢呢！望诸位大夫辅佐我！"于是驱逐不能遵守臣道的七个人，修明旧日功绩，普施德泽恩惠，收容安抚于晋文公回国有功之臣的后代。秋天，攻伐郑国。郑国军队溃败，晋军于是抵达陈国。

三年，晋会诸侯。悼公问群臣可用者，[1]祁傒举解狐。[2]解狐，傒之仇。复问，[3]举其子祁午。[4]君子曰："祁傒可谓不党矣！外举不隐仇，内举不隐子。"方会诸侯，悼公弟杨干乱行，[5]魏绛戮其仆。[6]悼公怒，或谏公，公卒贤绛，任之政，使和戎，[7]戎大亲附。十一年，悼公曰："自吾用魏绛，九合诸侯，[8]和戎、翟，魏子之力也。"赐之乐，[9]三让乃受之。冬，秦取我栎。[10]

【注释】〔1〕"悼公问群臣可用者"，按《左传》襄公三年，中军尉祁傒告老引退，悼公因问可继此职者。〔2〕"祁傒"，"祁"或作"祈"，"傒"或作"奚"、"傒"，字黄羊，晋献侯之后裔。〔3〕"复问"，按《左传》襄公三年，解狐未及就职便去世，故晋悼公再次询问。〔4〕"祁午"，继任父职中军尉。〔5〕"杨干"，或作"扬干"。"行"，行列，队列。〔6〕"魏绛"，或作"魏降"，本书《魏世家》云谥昭，亦称魏昭子；按《左传》、《国语》、《世本》等谓谥庄，又称魏庄子。魏犨之子（或谓魏犨之孙）。时任中军司马，掌管军中法纪。后为卿，历任新军佐、下军佐、下军将等职。详见本书《魏世家》。"仆"，御者，驾车者。〔7〕"戎"，即山戎，因多居山区，亦称北戎，因处北方，又称无终。时活动于今山西太原一带，后迁至河北玉田西北无终山。〔8〕"九合诸侯"，据《左传》和《国语》，指公元前五六八年会于戚，同年又会于城棣救郑；公元前五六六年会于邾；公元前五六五年会于邢丘；公元前五六四年会于戏；公元前五六三年会于柤，同年又戍郑虎牢；公元前五六二年会于亳城，同年又会于萧鱼。或谓"九"系虚数，极言其多。〔9〕"赐之乐"，按《左传》襄公十一年和《国语·晋语七》，晋悼公赏赐给魏绛女乐八人、歌钟一肆。〔10〕"取"，本书《秦本纪》和《十二诸侯年表》均言"败"，按《左传》襄公十一年亦云："秦、晋战于栎，晋师败绩。"《史记志疑》谓"疑'取'当作'败'"。"栎"，音lì，晋国邑名，在今山西永济西南。

【译文】晋悼公三年，晋君盟会诸侯。晋悼公询问群臣可以任用的人，祁傒荐举解狐。解狐，是祁傒的仇人。（解狐去世，）晋君又询问，祁傒荐举自己的儿子祁午。君子说："祁傒可以称得上不结私党了！荐举外人不隐匿仇人，荐举家人不隐匿儿子。"当会合诸侯时，晋悼公之弟杨干扰乱军队行列。魏绛依法诛戮他的御者。悼公很恼怒，有人劝谏悼公，悼公终于认为魏绛是个贤材，委以重任，派遣出使安抚戎人，戎人都来亲附。十一年，晋悼公说："自从我重用魏绛以来，九次会合诸侯，广泛安抚戎翟，是魏子的功劳啊。"赏赐给魏绛女乐歌钟，魏绛再三推辞才接受。冬天，秦军夺取我栎邑。

十四年，晋使六卿率诸侯伐秦，〔1〕度泾，大败秦军，至棫林而去。〔2〕

【注释】〔1〕"六卿"，指晋国三军的将佐，具体是：中军将荀偃，中军佐士匄，上军将赵武，上军佐韩起，下军将栾黡，下军佐魏绛。〔2〕"棫"，音yù。"棫林"，秦国邑名，在今陕西泾阳泾水西南。

【译文】晋悼公十四年，晋君派遣六卿率领诸侯军队攻伐秦国，渡过泾水，大败秦军，直到棫林才离去。

十五年，悼公问治国于师旷。〔1〕师旷曰："惟仁义为本。"冬，悼公卒，子平公彪立。〔2〕

【注释】〔1〕"师旷"，晋国乐师，名旷，字子野。〔2〕"平公彪"，公元前五五七年—前五三二年在位。

【译文】晋悼公十五年，悼公向师旷询问治国之道。师旷说："只有仁义才是治国之本。"冬天，晋悼公去世，儿子平公彪继位。

平公元年，[1]伐齐，齐灵公与战靡下，[2]齐师败走。晏婴曰：[3]"君亦毋勇，何不止战？"遂去。晋追，遂围临菑，[4]尽烧屠其郭中。东至胶，[5]南至沂，[6]齐皆城守，晋乃引兵归。

【注释】〔1〕"平公元年"，按下载晋伐齐，本书《十二诸侯年表》、《齐太公世家》皆系于平公三年；《左传》在鲁襄公十八年，即晋平公三年。此"元"当系"三"之误。 〔2〕"齐灵公"，名环（或作"瑷"），齐顷公之子，公元前五八一年—前五五四年在位。详见本书《齐太公世家》。"靡下"，即历下，齐国邑名，在今山东济南西。 〔3〕"晏婴"，名婴，字平仲，夷维（今山东高密）人，食邑于晏（在今山东齐河西北），齐卿晏弱之子。公元前五五六年其父去世，继任齐卿，历事齐灵公、庄公、景公三世，死于公元前五〇〇年。今传《晏子春秋》八卷，当为战国时人托名之作。详见本书《管晏列传》。 〔4〕"临菑"，或作"临淄"、"临甾"，齐国都城，在今山东淄博东北，以临淄水而得名。 〔5〕"胶"，水名，源出今山东胶南西北胶山，北流即今胶莱河，至今山东掖县海仓口入渤海。按《左传》襄公十八年作"潍"。 〔6〕"沂"，水名，源出今山东沂源鲁山，流经沂水、沂南、临沂，至今江苏邳县入废黄河。

【译文】晋平公元年，晋军攻伐齐国，齐灵公领兵与晋军在靡下激战，齐军战败溃逃。晏婴说："国君既然没有勇气，何不停止战斗？"灵公于是撤军离去。晋军乘胜追击，接着围困临菑，在城郭肆意焚烧屠杀。东面到胶水，南面到沂水，齐人都据城固守。晋君这才退兵回国。

六年，鲁襄公朝晋。[1]晋栾逞有罪，[2]奔齐。八年，齐庄公微遣栾逞于曲沃，[3]以兵随之。齐兵上太行，[4]栾逞从曲沃中反，袭入绛。绛不戒，平公欲自杀，范献子止公，[5]以其徒击逞，逞败走曲沃。曲沃攻逞，逞死，遂灭栾氏宗。逞者，栾书孙也。其入绛，与魏氏谋。[6]齐庄公闻逞败，乃还，取晋之朝歌去，[7]以报临菑之役也。

【注释】〔1〕"鲁襄公"，名午，鲁成公之子，公元前五七二年——前五四二年在位。详见本书《鲁周公世家》。 〔2〕"栾逞"，即栾盈，此作"栾逞"似系避汉惠帝刘盈之讳。谥怀，亦称栾怀子。栾书之孙，栾黡之子。晋卿，曾任公族大夫、下军佐等职。后为其母栾祁和范宣子诬陷而出奔，助齐攻晋。公元前五五〇年被晋人所杀。 〔3〕"齐庄公"，名光，齐灵公之子，公元前五五三年——前五四八年在位。详见本书《齐太公世家》。 〔4〕"太行"，即太行陉，为太行山八陉之一，在今河南沁阳西北。 〔5〕"范献子"，名鞅，谥献，亦称范鞅、士鞅，范宣子（即范匄、士匄）之子。晋卿。公元前五五九年因受栾黡责难而出奔秦。后返晋，任公族大夫，与栾盈不和，为驱逐、击杀栾盈的重要参与者。公元前五〇九年继魏献子任中军元帅，执掌国政。〔6〕"魏氏"，指魏献子（即魏舒）。栾盈曾为魏献子之父魏庄子（即魏绛）所将下军之佐，私交甚好。〔7〕"朝歌"，晋国邑名，在今河南淇县。

【译文】晋平公六年，鲁襄公朝见晋君。晋国栾逞犯有罪行，逃奔齐国。晋平公八年，齐庄公暗中派遣栾逞到曲沃，并用军队跟随其后。齐军登上太行陉，栾逞从曲沃城中造反，偷袭进入绛都。绛都没有戒备，晋平公准备自杀，范献子制止平公自杀，并率领他的私属攻击栾逞，栾逞战败逃奔曲沃。曲沃人攻击栾逞，栾逞战死，于是诛灭栾氏家族。栾逞，是栾书的孙子。他进入绛都，曾与魏献子密谋。齐庄公听说栾逞战败，便回军，夺取晋国的朝歌而离去，以报临菑之役的仇。

十年，齐崔杼弑其君庄公。〔1〕晋因齐乱，伐败齐于高唐去，〔2〕报太行之役也。

【注释】〔1〕"崔杼"，齐国公族，齐丁公后裔。食邑于崔（在今山东章丘西北），因以为氏。谥武，亦称崔武子。有宠于齐惠公，惠公卒而被逐。后返国任大夫。娶棠公寡妻棠姜。齐庄公屡与棠姜通奸，并公开张扬，崔杼设计杀死庄公而扶立景公。公元前五四六年被庆封所杀。〔2〕"高唐"，齐国别都，在今山东高唐东北。

【译文】晋平公十年，齐国崔杼杀死他的国君庄公。晋军乘着齐国内乱，在高唐攻伐击败齐军而离去，以报太行之役的仇。

十四年，吴延陵季子来使，〔1〕与赵文子、韩宣子、〔2〕魏献子语，〔3〕曰："晋国之政，卒归此三家矣。"

【注释】〔1〕"延陵季子"，名札，吴王寿梦之少子，故亦称公子札、季札，吴王诸樊、余祭、余昧之弟，屡让君位不就。封于延陵（在今江苏常州），故称延陵季子。后又封州来（在今安徽凤台），亦称延州来季子。学识广博，阅历丰富，此年出使鲁、齐、卫、晋等国。详见本书《吴太伯世家》。〔2〕"韩宣子"，名起，谥宣，韩献子（即韩厥）之子。晋卿，曾任上军佐。公元前五四〇年继赵文子（即赵武）任中军元帅，执掌国政。死于公元前五一四年。详见本书《韩世家》。〔3〕"魏献子"，名舒，谥献，魏庄子（即魏绛）之子（本书《魏世家》谓魏绛之孙。此从《左传》和《世本》）。晋卿。公元前五一四年继韩宣子任中军元帅，执掌国政。死于公元前五〇九年。详见本书《魏世家》。

【译文】晋平公十四年，吴国延陵季子来晋国出使，同赵文子、韩宣子、魏献子交谈，此后说："晋国的大政，最终将归于这三家。"

十九年，齐使晏婴如晋，与叔向语。[1]叔向曰："晋，季世也。公厚赋为台池而不恤政，政在私门，[2]其可久乎！"[3]晏子然之。

【注释】〔1〕"叔向"，名肸，字叔向，氏羊舌，故亦称羊舌肸，晋公族，晋靖侯（或说晋武公）之后，羊舌职之子。食邑于杨（在今山西洪洞东南），故又称杨肸。晋悼公时为太子傅，晋平公时任太傅。〔2〕"私门"，指卿大夫之家，相对于国君公室而言。〔3〕"其"，通"岂"。

【译文】晋平公十九年，齐君派遣晏婴前往晋国，同叔向交谈。叔向说："晋国，已经到了末世。平公横征暴敛建造台观池沼而不忧虑国政，国政已经落入卿大夫私家之手，难道还能长久吗！"晏子认为是这样。

二十二年，伐燕。二十六年，平公卒，子昭公夷立。[1]

【注释】〔1〕"昭公夷"，公元前五三一年——前五二六年在位。

【译文】二十二年，攻打燕国。二十六年，平公去世了，他的儿子昭公夷继承了王位。

昭公六年卒。六卿强，[1]公室卑。子顷公去疾立。[2]

【注释】〔1〕"六卿"，指晋当时世袭国卿、控制军政的韩氏、赵氏、魏氏、范氏、中行氏、智氏等六个家族。〔2〕"顷公去疾"，公元前五二五年——前五一二年在位。

【译文】晋昭公在位六年去世。六卿强盛，公室衰落。昭公的儿子顷公去疾即位。

顷公六年，周景王崩，[1]王子争立。[2]晋六卿平王室乱，立敬王。[3]

【注释】〔1〕"周景王"，名贵，周灵王之子，公元前五四四年——前五二〇年在位。详见本书《周本纪》。〔2〕"王子争位"，指周景王之子王子朝、王子猛等争夺王位。〔3〕"敬王"，即周敬王，名匄，周景王之子，公元前五一九年——前四七六年在位。详见本书《周本纪》。

【译文】晋顷公六年，周景王去世，王子们争夺王位。晋国六卿领兵平定王室之乱，扶立周敬王。

九年，鲁季氏逐其君昭公，[1]昭公居乾侯。[2]十一年，卫、宋使使请晋纳鲁君。季平子私赂范献子，献子受之，乃谓晋君曰："季氏无罪。"不果入鲁君。[3]

【注释】〔1〕"季氏"，指季平子，即季孙意如，季武子宿之孙，季悼子纥之子，公元前五三五年继季武子为卿，执掌国政，公元前五〇五年卒。"昭公"，即鲁昭公，名裯（或作"稠"、"袑"），鲁襄公之子，公元前五四一年——前五一〇年在位。详见本书《鲁周公世家》。"鲁季氏逐其君昭公"，按本书《鲁周公世家》和《左传》昭公二十五年，此年季平子与郈氏、臧氏发生争执，鲁昭公偏袒郈氏、臧氏而讨伐季氏，季氏联合孟孙氏、叔孙氏进行反击，鲁昭公被迫出奔。〔2〕"乾侯"，晋国邑名，在今河北成安东南。"昭公居乾侯"，按本书《十二诸侯年表》、《鲁周公世家》和《左传》昭公二十八年，昭公居乾侯当为晋顷公十二年之事。〔3〕"不果"，没有结果，没有成功。

【译文】晋顷公九年，鲁国季氏驱逐他们的国君鲁昭公，昭公住在乾侯。十一年，卫君、宋君派遣使者请求晋君护送鲁君回国。季平子私下贿赂范献子，范献子接受礼物，便对晋君说："季氏没有罪。"结果没有送鲁君回国。

十二年，晋之宗家祁傒孙、[1]叔向子，[2]相恶于君。六卿欲弱公室，乃遂以法尽灭其族，而分其邑为十县，[3]各令其子为大夫。[4]晋益弱，六卿皆大。

【注释】〔1〕"宗家"，同宗本家。"祁傒孙"，指祁傒之孙祁盈，晋大夫。祁氏系晋献侯后裔，晋公族。〔2〕"叔向子"，指叔向之子杨食我，亦称羊舌食我，字伯石，晋大夫。羊舌氏系晋靖侯（或说晋武公）后裔，晋公族。〔3〕"分其邑为十县"，按《左传》昭公二十八年，祁氏之邑分为七县，羊舌氏之邑分为三县，十县具体是：邬、祁、平陵、梗阳、涂水、马首、孟、铜鞮、平阳、杨氏。〔4〕"各令其子为大夫"，按《左传》昭公二十八年，司马弥牟为邬大夫，贾辛为祁大夫，司马乌为平陵大夫，魏戊为梗阳大夫，知徐吾为涂水大夫，韩固为马首大夫，孟丙为孟大夫，乐霄为铜鞮大夫，赵朝为平阳大夫，僚安为杨氏大夫。除知徐吾、赵朝、韩固、魏戊系六卿庶子，余皆非六卿子弟。

【译文】晋顷公十二年，晋国公室同宗本家祁傒的孙子祁盈、叔向的儿子杨食我，同与国君结怨。六卿有意削弱公室，于是就设法全部消灭这两个家族，接着把他们的食邑划分为十个县，各让自己的子弟担任县大夫。晋公室愈加衰弱，六卿势力都有扩大。

十四年，顷公卒，子定公午立。[1]

【注释】[1]"定公午"，公元前五一一年——前四九〇年在位。

【译文】十四年，晋顷公去世，儿子定公午即位。

定公十一年，鲁阳虎奔晋，[1]赵鞅简子舍之。[2]

【注释】[1]"阳虎"，即阳货，或谓名虎字货，鲁国季孙氏家臣。季平子死后，挟持其子季桓子，据有阳关（今山东泰安南），控制国政。公元前五〇二年，即晋定公十年，企图消灭左右鲁国的三桓势力，旋被击败，出奔阳关；次年奔齐，后经宋至晋，投奔赵鞅门下，为赵鞅家臣。[2]"赵鞅简子"，名鞅，一名志父，谥简，亦称赵孟，赵文子武之孙，赵景叔成之子，晋卿，公元前四九七年起执掌国政，死于公元前四七五年。详见本书《赵世家》。"舍之"，给他住宿，指收留阳虎。

【译文】晋定公十一年，鲁国阳虎逃奔晋国，赵鞅简子收留了他。

十二年，孔子相鲁。[1]

【注释】[1]"孔子相鲁"，按本书《鲁周公世家》云鲁定公十年（即晋定公十二年），"定公与齐景公会于夹谷，孔子行相事"。与《左传》定公十年相合。则"孔子相鲁"实指孔子行侯相盟会之事，而非为鲁国相。然司马迁误以后者为言。

【译文】晋定公十二年，孔子任鲁国相。

十五年，赵鞅使邯郸大夫午，[1]不信，欲杀午，午与中行寅、[2]范吉射亲，[3]攻赵鞅，鞅走保晋阳。[4]定公围晋阳。荀栎、[5]韩不信、[6]魏侈与范、[7]中行为仇，乃移兵伐范、中行。范、中行反，晋君击之，败范、中行。范、中行走朝歌，保之。韩、魏为赵鞅谢晋君，乃赦赵鞅，复位。二十二年，晋败范、中行氏，二子奔齐。[8]

【注释】[1]"邯郸"，晋国邑名，在今河北邯郸。"午"，即赵午，为邯郸大夫，亦称邯郸午，赵穿曾孙，赵旃之孙，赵胜之子，与赵鞅为五从兄弟。"赵鞅使邯郸大夫午"，指赵鞅让邯郸午将卫国所进贡安置在邯郸的五百家归还给他。[2]"中行寅"，即荀寅，谥文，亦称中行文子。荀偃之孙，荀吴之子，晋卿。为邯郸午之舅。其子娶范吉射女，与范吉射为亲家。[3]

“范吉射”，亦称士吉射，谥昭，又称范昭子，范献子鞅之子，晋卿。按此谓邯郸午与中行寅、范吉射攻赵鞅，而本书《赵世家》和《左传》定公十三年皆谓邯郸午已被赵鞅囚禁而杀，未与攻鞅。此记有误。〔4〕“晋阳”，晋国邑名，时为赵鞅封邑，在今山西太原西南。〔5〕“荀栎”，或作“荀跞”，亦称知栎，谥文，又称知文子、知伯文子，荀盈之子，晋卿。〔6〕“韩不信”，或作“韩不佞”，字伯音，谥简，故亦称韩简子，韩宣子起之孙，韩贞子之子，晋卿。详见本书《韩世家》。按《左传》定公十三年，与中行寅相恶。〔7〕“魏侈”，或作“魏哆”、“魏曼多”，谥襄，亦称魏襄子。魏献子舒之孙，魏简子取之子；或谓魏献子舒之子，晋卿。详见本书《魏世家》。按《左传》定公十三年，与范吉射相恶。〔8〕“二子”，指中行寅、范吉射。

【译文】 晋定公十五年，赵鞅让邯郸大夫赵午将卫国所进贡安置在邯郸的五百家归还给他，结果没办成，便打算杀死赵午。赵午同中行寅、范吉射是婚姻亲家，联合起来攻打赵鞅，赵鞅逃奔据守晋阳。晋定公派兵围困晋阳。荀栎、韩不信、魏侈与范吉射、中行寅有仇，就搬兵进攻范吉射、中行寅。范吉射、中行寅反晋，晋君下令攻击他们，打败范吉射、中行寅。范吉射、中行寅逃奔朝歌，筑城坚守。韩简子、魏襄子替赵鞅向晋君说情，定公便宽赦赵鞅，让他官复原职。二十二年，晋军击败范氏、中行氏，范吉射、中行寅二人逃奔齐国。

三十年，定公与吴王夫差会黄池，〔1〕争长，赵鞅时从，卒长吴。〔2〕

【注释】〔1〕“吴王夫差”，吴王阖闾之子，公元前四九五年——前四七三年在位。详见本书《吴太伯世家》。“黄池”，宋国邑名，在今河南封丘西南。〔2〕“卒长吴”，结果以吴为盟长。按本书《秦本纪》、《赵世家》和《国语·吴语》、《公羊传》哀公十三年等谓吴主盟，同此；而本书《吴太伯世家》和《左传》哀公十三年则谓晋主盟。

【译文】 三十年，晋定公与吴王夫差在黄池会合诸侯，争当盟主，赵鞅当时随从晋君，结果让吴王做了盟主。

三十一年，齐田常弑其君简公，〔1〕而立简公弟骜，为平公。〔2〕三十三年，孔子卒。

【注释】〔1〕“田常”，亦称陈恒，“田”、“陈”古音同通假，“常”当汉人避文帝刘恒讳所改，谥成，陈鳌子乞之子，齐相，奉行其父策略笼络人心，于此年杀死齐简公，扶立齐平公，正式确立田氏独揽齐国政权局面。详见本书《田敬仲完世家》。“简公”，即齐简公，名壬，齐悼公之子，公元前四八四年——前四八一年在位。详见本书《齐太公世家》。〔2〕“平公”，即齐平公，公元前四八〇年——前四五六年在位。详见本书《齐太公世家》。

【译文】晋定公三十一年，齐国田常杀死他的国君齐简公，接着拥立简公之弟骜，这就是齐平公。晋定公三十三年，孔子去世。

　三十七年，定公卒，子出公凿立。[1]

【注释】〔1〕"出公凿"，"凿"或作"错"，公元前四七四年——前四五二年在位。

【译文】三十七年，晋定公去世，其子出公凿即位。

　出公十七年，知伯与赵、韩、魏共分范、中行地以为邑。[1]出公怒，告齐、鲁，欲以伐四卿。[2]四卿恐，遂反攻出公。出公奔齐，道死。[3]故知伯乃立昭公曾孙骄为晋君，是为哀公。[4]

【注释】〔1〕"知伯"，或作"智伯"，即荀瑶，谥襄，亦称知襄子，知文子栎之孙，知宣子甲之子，晋卿。公元前四七五年继赵简子执掌国政，卒于公元前四五三年。　〔2〕"四卿"，指知氏、赵氏、韩氏、魏氏。　〔3〕"出公奔齐，道死"，按晋出公在位年数，此谓十七年；《史记集解》引徐广云"《年表》云出公立十八年。或云二十年"；《史记索隐》引《竹书纪年》作二十三年。当以《竹书纪年》为是。　〔4〕"是为哀公"，按继晋出公位者，此谓昭公曾孙晋哀公骄；本书《赵世家》谓昭公曾孙晋懿公骄；《史记索隐》、《史记正义》所引《六国年表》作晋哀公忌；《史记索隐》引《竹书纪年》作昭公孙晋敬公（公元前四五一年——前四三四年在位）。当以《竹书纪年》为是。雷学淇《竹书纪年义证》卷三二云："传谓敬公是昭公之孙，孙即曾孙。"

【译文】晋出公十七年，知伯和赵氏、韩氏、魏氏共同瓜分范氏、中行氏的封地作为自己的食邑。晋出公很恼怒，通告齐国、鲁国，准备同来讨伐四卿。四卿恐惧，就反过来攻击晋出公。晋出公逃奔齐国，在途中死去。所以知伯就扶立晋昭公的曾孙骄为晋国国君，这就是晋哀公。

　哀公大父雍，晋昭公少子也，号为戴子。[1]戴子生忌。忌善知伯，蚤死，故知伯欲尽并晋，未敢，乃立忌子骄为君。当是时，晋国政皆决知伯，晋哀公不得有所制。知伯遂有范、中行地，最强。

【注释】〔1〕"戴子"，《史记索隐》引《世本》云"昭公生桓子雍"，《史记集解》引徐广曰："《世本》作'桓子雍'，注云戴子。"

【译文】晋哀公的祖父雍，是晋昭公的小儿子，号称戴子。戴子生忌。忌与知伯相好，早年去世，所以知伯心想全部吞并晋国，但还没敢动手，就扶立忌的儿子骄为国君。在这时期，晋国的政事都取决于知伯，晋哀公不能有所干预。知伯于是占有范氏、中行氏的封地，在四卿中力量最强。

哀公四年，赵襄子、韩康子、[1]魏桓子共杀知伯，[2]尽并其地。[3]

【注释】〔1〕"韩康子"，名虎，谥康，韩简子之孙，韩庄子之子，晋卿，卒于公元前四二五年。详见本书《韩世家》。 〔2〕"魏桓子"，名驹，谥桓，魏襄子侈之子，或说魏襄子侈之孙，晋卿，约卒于公元前四四六年。详见本书《魏世家》。 〔3〕"尽并其地"，按《史记索隐》云："如《纪年》之说，此乃出公二十二年事。"则三家灭知氏在晋出公二十二年，即公元前四五三年。

【译文】晋哀公四年，赵襄子、韩康子、魏桓子共同杀死知伯，全部吞并他的封地。

十八年，哀公卒，子幽公柳立。[1]

【注释】〔1〕"幽公柳"，即晋幽公，公元前四三三年——前四一六年在位。

【译文】十八年，晋哀公去世，儿子幽公柳即位。

幽公之时，晋畏，[1]反朝韩、赵、魏之君。独有绛、曲沃，余皆入三晋。

【注释】〔1〕"畏"，或作"衰"，于义较长。

【译文】晋幽公的时候，晋国公室衰败国君提心吊胆，反而去朝见韩、赵、魏三家君主。晋君只有绛都、曲沃之地，其余全部落入韩、赵、魏三家。

十五年，魏文侯初立。[1]十八年，幽公淫妇人，夜窃出邑中，盗杀幽公。魏文侯以兵诛晋乱，立幽公子止，[2]是为烈公。

【注释】〔1〕"魏文侯"，名斯，魏桓子之子，或说魏桓子之孙，战国之魏国创建者，约公元前四四五年——前三九六年在位。详见本书《魏世家》。按魏文侯初立之年，本书《六国年表》列于晋幽公十四年，《史记索隐》引《竹书纪年》谓晋敬公十八年，雷学淇《介庵经说》、王国维《古本竹书纪年辑校》皆谓晋敬公六年（以《竹书纪年》之"十八"系"六"之误析），杨宽《战国史》谓晋敬公七年。杨说近是。　〔2〕"幽公子止"，本书《六国年表》谓止系幽公之弟。公元前四一五年——前三八九年在位。

【译文】 晋幽公十五年，魏文侯开始即位。十八年，幽公乱搞女人，夜晚私自从都城出来，盗贼杀死幽公。魏文侯领兵讨伐晋国动乱，扶立幽公的儿子止为国君，这就是晋烈公。

　　烈公十九年，周威烈王赐赵、〔1〕韩、魏，皆命为诸侯。〔2〕

【注释】〔1〕"周威烈王"，亦称周威王，名午，周考王之子，公元前四二五年——前四〇二年在位。详见本书《周本纪》。　〔2〕"周威烈王赐赵、韩、魏皆命为诸侯"，按本书《六国年表》系于晋烈公十七年，近代学者据古本《竹书纪年》推定为晋烈公十三年，即公元前四〇三年。

【译文】 晋烈公十九年，周威烈王赐封赵氏、韩氏、魏氏，全都册命为诸侯。

　　二十七年，烈公卒，子孝公颀立。〔1〕

【注释】〔1〕"孝公颀"，《史记索隐》引《世本》作"孝公倾"。《史记索隐》云："《纪年》以孝公为桓公。"当以《纪年》为是。晋桓公于公元前三八八年——前三六九年在位。

【译文】 二十七年，晋烈公去世，儿子孝公颀即位。

　　孝公九年，魏武侯初立，〔1〕袭邯郸，不胜而去。十七年，孝公卒，〔2〕子静公俱酒立。〔3〕是岁，齐威王元年也。〔4〕

【注释】〔1〕"魏武侯"，名击，魏文侯之子，公元前三九五年——前三七〇年在位。详见本书《魏世家》。按魏武侯初立，本书《六国年表》系于晋孝公七年；近代学者据古本《竹书纪年》推算为晋烈公二十一年，即公元前三九五年。　〔2〕"孝公卒"，按《史记索隐》云："《纪年》云桓公二十年赵成侯、韩共侯迁桓公于屯留。已后更无晋事。"又《水经·浊漳水注》云："《竹书纪年》：梁惠成王元年，韩共侯、赵成侯迁晋桓公于屯留。"则晋史止于晋桓公二十年，即公元前三六九年。此后所载孝公以下世系纪年皆无证可稽，不足为信。　〔3〕"静公俱酒"，《史记索隐》引《世本》作"静公俱"。　〔4〕"齐威王"，名因齐（或作"婴齐"），田氏，齐桓公之子，公元前三五六年——前三二〇年在位。详见本书《田敬仲完世家》。"齐威王元年"，近代学者据古本《竹书纪年》推算，为公元前三五六年。

【译文】晋孝公九年，魏武侯开始即位，袭击邯郸，没有获胜而离去。十七年，晋孝公去世，儿子静公俱酒即位。这一年，是齐威王元年。

静公二年，魏武侯、韩哀侯、[1]赵敬侯灭晋后而三分其地。[2]静公迁为家人，[3]晋绝不祀。

【注释】[1] "韩哀侯"，韩文侯之子，详见本书《韩世家》。近代学者据古本《竹书纪年》推定韩哀侯在位年代为公元前三七六年——前三七四年，而晋国之灭在公元前三六九年，则参与灭晋者不可能是哀侯，应为其子韩懿侯（即韩共侯）。[2] "赵敬侯"，名章，赵烈侯之子，详见本书《赵世家》。近代学者据古本《竹书纪年》推定赵敬侯在位年代为公元前三八六年——前三七四年，而晋国之灭在公元前三六九年，则参与灭晋者不可能是赵敬侯，应为其子赵成侯。又魏武侯不及灭晋之事，晋灭已是武侯之子魏惠王元年。[3] "迁"，贬谪，放逐。"家人"，庶人，平民。

【译文】晋静公二年，魏武侯、韩哀侯、赵敬侯灭亡晋国，三家瓜分其地。晋静公贬为平民百姓，晋国宗庙从此断绝香火无人祭祀。

太史公曰：晋文公，古所谓明君也，亡居外十九年，至困约，及即位而行赏，尚忘介子推，况骄主乎？灵公既弑，其后成、景致严，至厉大刻，大夫惧诛，祸作。悼公以后日衰，六卿专权。故君道之御其臣下，固不易哉！

【译文】太史公说：晋文公，是古代所说的明君。他流亡居住在外十九年，极端艰难困苦，及至登上君位颁行赏赐，尚且忘记功臣介子推，何况那些骄横的君主呢？晋灵公被杀，其后成公、景公实行苛政，到厉公大加严酷，大夫们因惧怕被杀，祸乱纷起。悼公以后公室日趋衰落，六卿专擅权柄。所以说把握人君之道，如何驾御他的臣下，实在不易啊！

楚世家

楚之先祖出自帝颛顼高阳。[1]高阳者，黄帝之孙，[2]昌意之子也。[3]

高阳生称,〔4〕称生卷章,〔5〕卷章生重黎。〔6〕重黎为帝喾高辛居火正,〔7〕甚有功,能光融天下,〔8〕帝喾命曰祝融。〔9〕共工氏作乱,〔10〕帝喾使重黎诛之而不尽。〔11〕帝乃以庚寅日诛重黎,而以其弟吴回为重黎后,〔12〕复居火正,为祝融。

中華藏書 世家十五篇(精选)

【注释】〔1〕"帝颛顼",颛顼音 zhuān xū,本书《五帝本记》所述五帝之一,"高阳",颛顼号称高阳氏。〔2〕《史记》所述五帝系统是以黄帝为中心,其他四帝(帝颛顼、帝喾、帝尧、帝舜)皆为黄帝子孙。〔3〕在《五帝本纪》中,昌意是黄帝次子,颛顼之父。〔4〕"称",《世本》作"偁"(音 chēng)。〔5〕"卷章",《山海经·大荒西经》、《世本》等古书皆作"老童",卷与老,章与童,字形相近,《史记》可能是抄误。〔6〕"重黎",古书多以重、黎为二人(《山海经·大荒西经》、《世本》、《左传》昭公二十九年、《国语·楚语》等),此作一人。〔7〕"帝喾",《五帝本纪》所述五帝之一。喾音 kù。"高辛",帝喾号称高辛氏。"火正",传说古代有掌五行之官:"木正曰句芒,火正曰祝融,金正曰蓐收,水正曰玄冥,土正曰后土。"(《左传》昭公二十九年)《国语·楚语》称"颛顼命南正重司天以属神,火正黎司地以属民",只以黎为火正。〔8〕"融",光明。〔9〕"祝融",本为官名,后用为氏名。〔10〕"共工氏",古氏族名。〔11〕古书记共工氏作乱,或谓与颛顼争帝被诛(《列子·汤问》、《文子·上义》、《淮南子·天文》《兵略》),或谓与帝喾争帝被诛(《淮南子·原道》、《国语·周语》贾逵注、《吕氏春秋·荡兵》注),《五帝本纪》则谓尧流共工,共工氏至尧而犹存,故此言"诛之而不尽"。〔12〕古书或以吴回即黎(《潜夫论·志氏姓》、《淮南子·时则》注)。

【译文】楚人的先祖出自帝颛顼高阳。高阳是黄帝的孙子,昌意的儿子。高阳生下称,称生下卷章,卷章生下重黎。重黎为帝喾高辛身居火正之职,很有功绩,能使天下光明和乐,帝喾命名他为祝融。共工氏发动叛乱,帝喾派重黎诛伐共工氏,但没有斩尽杀绝。帝喾于是在庚寅那天诛杀重黎,而让他的弟弟吴回作为重黎后继者,又居火正之职,仍为祝融氏。

吴回生陆终。陆终生子六人,坼剖而产焉。〔1〕其长一曰昆吾;〔2〕二曰参胡;〔3〕三曰彭祖;〔4〕四曰会人;〔5〕五曰曹姓;〔6〕六曰季连,〔7〕芈姓,〔8〕楚其后也。〔9〕昆吾氏,夏之时尝为侯伯,桀之时汤灭之。彭祖氏,殷之时尝为侯伯,殷之末世灭彭祖氏。季连生附沮,〔10〕附沮生穴熊。其后中微,或在中国,或在蛮夷,〔11〕弗能纪其世。〔12〕

【注释】〔1〕"坼",音 chè,分。"剖",破开。《诗·大雅·生民》:"不坼不副,无灾无害。"亦作副(音 pì,也是剖分之义)。"坼剖而产",即剖割身体而生产。《水经·洧水注》引《世本》谓"陆终娶于鬼方氏之妹,谓之女隤,是生六子,孕三年,启其左胁,三人出焉;启其右胁,三人出焉",即其事。《集解》引干宝说称"修己背坼而生禹,简狄胸剖而生契",亦属同

中国书店

类传说。〔2〕"长"字衍。"昆吾"，己姓国名，在今河南许昌，后迁今河南濮阳东，为商灭。己姓始祖名樊。〔3〕"参胡"，斟姓国名，封地不详，春秋时已绝祀无后。斟姓始祖名惠连，《国语·郑语》韦昭注以为"曹姓之别"。〔4〕"彭祖"，彭姓国名，在今江苏徐州，为商灭。彭姓始祖名籛。〔5〕"会人"，妘姓国名，即郐国，在今河南密县东北，西周末为郑所灭。妘姓始祖名莱言。〔6〕"曹姓"，指曹姓之国。曹姓始祖名安。〔7〕"季连"，芈姓始祖。〔8〕"芈"，音 mǐ。〔9〕以上所述与《世本》（本篇《集解》、《索隐》、《水经·洧水注》《获水注》引）、《大戴礼·帝系》略同。所谓陆终六子是属于陆终氏的六个氏族，姓氏各不相同。《国语·郑语》提到祝融八姓，己姓除昆吾还有苏、顾、温、董，彭姓除彭祖还有豕韦、诸稽，妘姓除郐还有邬、路、偪阳，曹姓有邹、莒，芈姓除楚（作荆）还有夔越、蛮芈，此外还提到董姓的鬷夷、豢龙，秃姓的舟人。〔10〕"附沮"，《集解》引孙检说："沮，一作'祖'。"《路史·后纪》卷八作"附叙"。〔11〕季连的后代有些分支住在文化发达地区，如楚；有些住在文化不发达地区，如夔越、蛮芈。所以说"或在中国，或在蛮夷"。〔12〕"纪"，通"记"。《左传》僖公二十六年杜注："鬻熊，祝融之十二世孙。"

【译文】 吴回生下陆终。陆终生下六个儿子，是剖裂身体而生下的。其中老大叫昆吾；老二叫参胡；老三叫彭祖；老四叫会人；老五为曹姓；老六叫季连，为芈姓，楚人是他的后裔。昆吾氏，夏朝的时候曾经为侯伯，夏桀的时候商汤灭亡了昆吾氏。彭祖氏，殷朝的时候曾经为侯伯，殷朝末世灭亡了彭祖氏。季连生下附沮，附沮生下穴熊。他的后代中道衰微，有的在华夏中土，有的在蛮夷域外，不能记录他们的世系。

周文王之时，季连之苗裔曰鬻熊。〔1〕鬻熊子事文王，〔2〕蚤卒。〔3〕其子曰熊丽。〔4〕熊丽生熊狂，〔5〕熊狂生熊绎。〔6〕

【注释】〔1〕"苗裔"，后世子孙。"鬻熊"，鬻音 yù，《汉书·古今人表》作"粥熊"，《艺文志·诸子略》道家有《鬻子》二十二篇，注："名熊，为周师，自文王以下问焉，周封为楚祖。"楚人祭祀祝融和鬻熊，鬻熊是楚先祖中很著名的人物（见《左传》僖公二十六年）。〔2〕"子"字可能是衍文。〔3〕"蚤"，同"早"。〔4〕"熊丽"，约当周文王或武王时，《墨子·非攻下》称楚熊丽始（讨）〔封〕睢山之间（睢山可能即睢水发源的荆山）。楚以熊为氏始自熊丽，可能是承鬻熊为氏。但出土楚国铜器所见楚王名皆以酓为氏，称熊最早只见于秦《诅楚文》刻石。〔5〕"熊狂"，约当周文王或武王时。〔6〕"绎"，音 yì。

【译文】 周文王的时候，季连的后裔叫鬻熊。鬻熊事奉周文王，早年去世。他的儿子叫熊丽。熊丽生下熊狂，熊狂生下熊绎。

熊绎当周成王之时，〔1〕举文、武勤劳之后嗣，〔2〕而封熊绎于楚蛮，〔3〕封以子男之田，〔4〕姓芈氏，〔5〕居丹阳。〔6〕楚子熊绎与鲁公伯禽、卫康叔子牟、晋侯燮、齐太公子吕伋俱事成王。[7]

【注释】[1]《国语·晋语八》："昔成王盟诸侯于岐阳，楚为荆蛮，置茅蕝，设望表，与鲜卑守燎，故不与盟。"所说可能即熊绎。 [2]"文武"，周文王、周武王。"勤劳"，功劳，这里指功臣。 [3]"楚蛮"，即楚，亦称荆蛮。 [4]"子男"，周爵称中最低的两级为子和男。"田"，指封土。 [5]"芈氏"，芈是姓而非氏，古代的姓和氏到汉代已经混融为一，司马迁已不能分辨，每每混淆二者。 [6]"丹阳"，其地望历来有争论，主要有三说：（1）在今湖北枝江（《集解》引徐广说、《正义》引颖容《传例》）；（2）在今湖北秭归东（《正义》引《括地志》）；（3）在今河南西部丹江、淅水交会处（清宋翔凤《过庭录》）。《左传》昭公十二年说："昔我先王熊绎辟在荆山，跋涉山川以事天子，唯是桃弧棘矢以共御王事。"其地应与丹阳相距不远。 [7]"鲁公伯禽"，鲁始封君，周公旦长子，见《鲁周公世家》。"卫康叔子牟"，卫始封君康叔封之子，见《卫康叔世家》。"晋侯燮"，晋始封君叔虞之子，见《晋世家》。"齐太公子吕伋"，伋，音jí，齐始封君太公吕尚之子，见《齐太公世家》。《左传》昭公十二年作"昔我先王熊绎与吕伋、王孙牟、燮父、禽父并事康王"，与此不同，熊绎可能先后事成、康二王。

【译文】熊绎正当周成王的时代，周成王举立周文王、周武王功臣的后裔，而将熊绎封在楚地，封给子男这一等级的田土，姓为芈氏，居住丹阳。楚子熊绎和鲁公伯禽、卫康叔子牟、晋侯燮、齐太公子吕伋一同事奉周成王。

熊绎生熊艾，[1]熊艾生熊䵣，[2]熊䵣生熊胜。[3]熊胜以弟熊杨为后。[4]熊杨生熊渠。

【注释】[1]"熊艾"，《三代世表》作"熊乂"。 [2]"熊䵣"，䵣音dá，《索隐》引或本作"熊䵣"，《三代世表》同，《汉书·古今人表》作"熊亶"。"䵣"与"䵣"字形相近，"亶"与"䵣"读音相近。 [3]"熊胜"，《汉书·古今人表》作"熊盘"，"胜"与"盘"字形相近。 [4]"熊杨"，《索隐》引邹诞生本作"熊钖"，《汉书·古今人表》同；《索隐》引或本又作"熊炀"，《三代世表》同。

【译文】熊绎生下熊艾，熊艾生下熊䵣，熊䵣生下熊胜。熊胜将弟弟熊杨作为继承人。熊杨生下熊渠。

熊渠生子三人。当周夷王之时，王室微，诸侯或不朝，相伐。熊渠甚得江汉间民和，[1]乃兴兵伐庸、杨粤，[2]至于鄂。[3]熊渠曰："我蛮夷也，不与中国之号谥。"[4]乃立其长子康为句亶王，[5]中子红为鄂王，[6]少子执疵为越章王，[7]皆在江上楚蛮之地。及周厉王之时，暴虐，熊渠畏其伐楚，亦去其王。

中华藏书

世家十五篇（精选）

中国书店

【注释】〔1〕"江汉"，江水、汉水。江汉间是早期楚人活动的中心地区。 〔2〕"庸"，国名，在今湖北竹山西，楚庄王三年（公元前六一一年）被灭。"杨粤"，即杨越，越族的一支。〔3〕"鄂"，国名，在今湖北鄂城。 〔4〕"不与"，不与……相关。"号谥"，称号。指放弃周王室所封之号，自立为王。 〔5〕"康"，即下熊毋康。"句亶王"，亶音dǎn，可能即伐庸所封，《集解》引张莹说则谓句亶即江陵（今湖北江陵）。《索隐》引《世本》"亶"作"袒"。 〔6〕"红"，即下熊挚红。"鄂王"，应即伐鄂所封。 〔7〕"执疵"，疵音cī，不知与下熊延是否为一人。"越章王"，可能即伐杨粤所封。《索隐》引"世本"无"执"字，"越"作"就"，《大戴礼·帝系》"疵"讹为"疕"，"越"作"戚"，"越"与"戚"字形相近，"戚"与"就"读音相近（如"蹙"同"蹴"，正始石经"戚"字即写作古文"就"字）。

【译文】熊渠生下儿子三人。当周夷王的时候，周王室衰微，诸侯有的不来朝见，互相攻伐。熊渠很得江、汉之间百姓的欢心，于是起兵攻伐庸国、杨粤，到达鄂国。熊渠说："我们是蛮夷之邦，与华夏中土的称号封谥无涉。"于是立他的长子康为句亶王，二儿子红为鄂王，小儿子执疵为越章王，都封在长江边上楚蛮之地。等到周厉王的时候，残暴凶虐，熊渠害怕他讨伐楚地，就自己去掉儿子们的王号。

后为熊毋康，[1]毋康蚤死。熊渠卒，子熊挚红立。[2]挚红卒，其弟弑而代立，曰熊延。熊延生熊勇。

【注释】〔1〕"熊毋康"，《索隐》引《世本》"康"作"庸"，字形相近。 〔2〕"熊挚红"，《索隐》引别本"挚红"作"艺经"，字形相近。又《索隐》引谯周说谓"熊渠卒，子熊翔立；卒，长子挚有疾，少子熊延立"，似熊挚红亦名熊翔，熊延非熊渠子而为熊翔子。按此所谓熊翔长子挚即《左传》僖公二十六年夔子所说"我先王熊挚"。《国语·郑语》孔晁注（《左传》僖公二十六年疏引）称挚为"熊绎玄孙"，恐不可信。韦昭注称挚为"楚熊绎六世孙"，与谯周之说相合，可能近是。

【译文】熊渠的继承人为熊毋康，但熊毋康早年去世。熊渠去世，儿子熊挚红即位。熊挚红去世，他的弟弟杀死合法继承人而取代即位，叫熊延。熊延生下熊勇。

熊勇六年，而周人作乱，攻厉王，厉王出奔彘。[1]熊勇十年，卒，弟熊严为后。[2]

【注释】〔1〕"彘"，音zhì，在今山西霍县东北。事见《周本纪》。 〔2〕《汉书·古今人表》注为"勇子"。

【译文】熊勇在位第六年，周人发动暴乱，进攻周厉王，厉王逃出京城奔赴彘地。熊勇在位第十年，去世，弟弟熊严为继承人。

熊严十年，卒。有子四人，长子伯霜，中子仲雪，次子叔堪，[1]少子季徇。[2]熊严卒，长子伯霜代立，是为熊霜。[3]

【注释】〔1〕"叔堪"，《索隐》："堪，一作'湛'。"《国语·郑语》作"叔熊"。 〔2〕"季徇"，《国语·郑语》作"季紃"。 〔3〕"熊霜"，《汉书·古今人表》讹为"熊霸"。

【译文】熊严在位十年，去世。有儿子四人，老大叫伯霜，老二叫仲雪，老三叫叔堪，老小叫季徇。熊严去世，长子伯霜继位，这就是熊霜。

熊霜元年，周宣王初立。熊霜六年，卒，三弟争立。仲雪死；叔堪亡，避难于濮；[1]而少弟季徇立，是为熊徇。[2]熊徇十六年，郑桓公初封于郑。[3]二十二年，熊徇卒，子熊咢立。[4]熊咢九年，卒，子熊仪立，是为若敖。[5]

【注释】〔1〕"濮"，音 pú，亦称百濮，指楚西南以濮为名的部族。 〔2〕《国语·郑语》："叔熊逃难于濮而蛮，季紃是立，薳氏将起之，祸又不克。" 〔3〕"郑"，郑桓公所封之郑在今陕西华县。 〔4〕"熊咢"，咢音 è，《索隐》作"噩"，《十二诸侯年表》作"鄂"。按"咢"通"噩"、"鄂"，"咢"字从㗊声，据出土楚公逆镈，其名本作"逆"。 〔5〕"若敖"，楚君死而无谥，往往称"敖"而上面冠以葬地之名，如下文郏敖据《左传》昭公元年是葬于郏，初王比据《左传》昭公十三年是葬于訾而称訾敖。这里的若也应是葬地名。按若即鄀，是楚的附庸小国，以商密为都，辖有析邑。商密在今河南淅川西南，析邑在今河南淅川西北。

【译文】熊霜元年，周宣王开始即位。熊霜在位六年，去世，三个弟弟争夺君位。仲雪死去；叔堪逃亡，跑到百濮避难；因而小弟季徇即位，这就是熊徇。熊徇十六年，郑桓公开始被封于郑地。二十二年，熊徇去世，儿子熊咢即位。熊咢九年，熊咢去世，儿子熊仪即位，这就是若敖。

若敖二十年，周幽王为犬戎所弑，[1]周东徙，而秦襄公始列为诸侯。[2]

【注释】〔1〕"犬戎"，西戎的一支。"弑"，音 shì，篡杀。 〔2〕参看《周本纪》、《秦本纪》。

【译文】 若敖二十年，周幽王被犬戎所杀，周王室向东迁移，秦襄公开始被列为诸侯。

二十七年，若敖卒，子熊坎立，[1]是为霄敖。[2]霄敖六年，卒，子熊眴立，[3]是为蚡冒。[4]蚡冒十三年，晋始乱，以曲沃之故。[5]蚡冒十七年，卒。蚡冒弟熊通弑蚡冒子而代立，[6]是为楚武王。

【注释】〔1〕"熊坎"，《索隐》引别本"坎"作"菌"或"钦"。 〔2〕"霄敖"，《十二诸侯年表》《索隐》"霄"作"宁"，字形相近。 〔3〕"熊眴"，眴，音 xuàn，《玉篇》"眴"作"呴"，《左传》宣公十二年疏"眴"作"煦"，字形相近。 〔4〕"蚡冒"，蚡音 fén，《索隐》引古本"蚡"作"粉"，《十二诸侯年表索隐》引邹氏说"蚡"一作"粉"。《国语·郑语》说周平王时"秦、晋、齐、楚代兴"，"楚蚡冒于是乎始启濮"，可见蚡冒时楚曾向百濮之地拓土，有较大发展（韦昭注称蚡冒为"楚季紃之孙、若敖之子熊率"，世次及名字均与此不同）。《韩非子·和氏》、《外储说左上》有楚厉王，在楚武王之前，或即武王追称蚡冒。又据《战国策·楚一》"棼冒勃苏"，楚有棼冒氏，棼冒即蚡冒。 〔5〕此当晋昭侯元年，是年封文侯弟成师于曲沃，为曲沃并晋之始，见《晋世家》。"曲沃"，在今山西闻喜东北。 〔6〕《左传》文公十六年注"蚡冒，楚武王父"，与此说异。"熊通"，古书多作"熊达"（如杜预《春秋释例·世族谱》、《淮南子·主术》、《汉书·地理志》注、《左传》文公十六年、宣公十二年、昭公二十二年疏等引），《史记》旧本亦作"熊达"（《释文》、《困学纪闻》引），今本作"通"误。

【译文】 二十七年，若敖去世，儿子熊坎即位，这就是霄敖。霄敖六年，霄敖去世，儿子熊眴即位，这就是蚡冒。蚡冒十三年，晋国开始出现动乱，因为晋昭侯将叔父成师封在曲沃的缘故。蚡冒在位十七年，去世。蚡冒弟弟熊通杀死蚡冒儿子而取代即位，这就是楚武王。

武王十七年，晋之曲沃庄伯弑主国晋孝侯。[1]十九年，郑伯弟段作乱。二十一年，郑侵天子之田。二十三年，[2]卫弑其君桓公。[3]二十九年，鲁弑其君隐公。[4]三十一年，宋太宰华督弑其君殇公。[5]

【注释】〔1〕"主国"，即宗国，曲沃是晋所封，故称晋为"主国"。 〔2〕据《十二诸侯年表》应作"二十二年"。 〔3〕"桓公"，名完，为州吁所弑，见《卫康叔世家》。 〔4〕"隐公"，名息姑，亦单称息，为羽父所弑，见《鲁周公世家》。 〔5〕"殇公"，名与夷，为华督所弑。"殇"，音 shāng。

【译文】 楚武王十七年，晋国的曲沃庄伯杀死国君晋孝侯。十九年，郑伯的弟弟段发动叛乱。二十一年，郑人侵犯周天子的田。二十三年，卫人杀死自己的国君卫桓公。二十九年，鲁人杀死自己的国君鲁隐公。三十一年，宋国太宰华督杀死他的国君宋殇公。

三十五年，楚伐随。[1]随曰："我无罪。"楚曰："我蛮夷也。今诸侯皆为叛相侵，或相杀。我有敝甲，[2]欲以观中国之政，请王室尊吾号。"随人为之周，请尊楚，王室不听，还报楚。三十七年，楚熊通怒曰："吾先鬻熊，文王之师也，[3]蚤终。成王举我先公，乃以子男田令居楚，蛮夷皆率服，而王不加位，我自尊耳。"乃自立为武王，[4]与随人盟而去。于是始开濮地而有之。[5]

【注释】〔1〕"随"，国名，在今湖北随州，姬姓。〔2〕"敝甲"，破旧的甲，这里是谦词。〔3〕"师"，老师。 〔4〕中国古代有些蛮夷国家很早就称王，楚即其中一例。 〔5〕《国语·郑语》说蚡冒"始启濮"，与此不同。

【译文】楚武王三十五年，楚人出兵攻伐随国。随侯说："我没有罪。"楚君熊通说："我住在蛮夷之地啊。如今诸侯都发动反叛互相侵犯，有的相互残杀。我有军队，打算以此参与中原的政事，请向王室尊崇我的封号。"随侯为他前往周京，请求尊崇楚的封号，周王室不准许，随侯返回报告楚君。三十七年，楚君熊通发怒说："我的先人鬻熊，是周文王的老师，早年去世。周成王举立我的先公，于是封给子男等级的田土，让他居住楚地，蛮夷部族全都顺从归服，但周王不加封爵位，我就只好自尊自重了。"于是自己封立为武王，与随侯订立盟约而离去。到这时开始开发百濮之地而占有它。

五十一年，周召随侯，数以立楚为王。楚怒，以随背己，伐随。武王卒师中而兵罢。[1]子文王熊赀立，[2]始都郢。[3]

【注释】〔1〕据《左传》庄公四年，楚武王是因心疾病逝于伐随途中。 〔2〕"熊赀"，赀音 zī，《淮南子·说山》注作"熊庇"，《主术》注作"熊庇"。 〔3〕"郢"，在今湖北江陵西北楚都纪南城遗址。《左传》桓公二年疏引《世本》谓武王已徙郢。

【译文】五十一年，周天子召见随侯，数落立楚君为王的事。楚武王发怒，以为随侯背叛自己，便出兵伐随国。楚武王死在出兵途中，因而撤军作罢。他的儿子楚文王熊赀即位，开始建都于郢。

文王二年，伐申过邓，[1]邓人曰"楚人易取"，邓侯不许也。[2]六年，伐蔡，虏蔡哀侯以归，已而释之。楚强，陵江汉间小国，小国皆畏之。十一年，齐桓公始霸，楚亦始大。

【注释】〔1〕"申"，国名，原居今陕西、甘肃一带，姜姓，周宣王时部分东迁，分封于谢，即今河南南阳北，称为南申。此即南申。南申灭于楚文王时（据《左传》哀公十七年子谷语）。"邓"，国名，在今湖北襄樊北，曼姓，楚文王十二年灭之。〔2〕《左传》庄公六年谓雅甥、聃甥、养甥请杀楚子，邓侯不许。

【译文】楚文王熊赀二年，出兵攻伐申国，途经邓国，邓国大臣说"楚王容易拿取"，但邓侯不答应。六年，楚文王攻伐蔡国，俘虏蔡哀侯而返回，不久释放了蔡哀侯。楚人强悍，欺凌长江、汉水间的弱小国家，小国君主都畏惧楚国。十一年，齐桓公开始称霸，楚国也开始强大。

十二年，伐邓，灭之。十三年，[1]卒，子熊囏立，[2]是为庄敖。[3]庄敖五年，[4]欲杀其弟熊恽，[5]恽奔随，与随袭弑庄敖代立，是为成王。

【注释】〔1〕据《左传》，楚文王即位于鲁庄公五年，卒于鲁庄公十九年，在位共十五年。〔2〕"囏"，即古艰字。〔3〕"庄敖"，《左传》庄公十四年作"堵敖"，《十二诸侯年表》同，《释文》作"杜敖"，庄是杜字之误，"堵"与"杜"音近可通。〔4〕据《左传》文王、成王年数，"五年"应作"三年"。〔5〕"恽"，音 yùn，楚成王名恽，《春秋》文公元年作"頵"，《公羊传》、《谷梁传》文公元年作"髡"，三字读音相近。

【译文】十二年，楚国出兵攻伐邓国，灭亡邓国。十三年，楚文王去世，儿子熊囏即位，这就是庄敖。庄敖五年，打算杀死他的弟弟熊恽，熊恽逃奔随国，和随人袭击杀死庄敖而继代即位，这就是楚成王。

成王恽元年，初即位，布德施惠，结旧好于诸侯。使人献天子，天子赐胙，[1]曰："镇尔南方夷越之乱，[2]无侵中国。"于是楚地千里。[3]

【注释】〔1〕"胙"，音 zuò，祭肉。〔2〕"夷越"，指西南夷、百越等南方各族。〔3〕"千里"，方千里，长一千里，宽一千里。

【译文】楚成王恽元年，他刚即位，广泛布施恩德实惠，与各国诸侯续结旧日友好。派人向周天子进献贡品，周天子赐给祭肉，说："平定你南方蛮夷百越的叛乱，不要侵犯中原。"于是楚国领地扩展到方圆千里。

十六年，齐桓公以兵侵楚，至陉山。[1] 楚成王使将军屈完以兵御之，[2] 与桓公盟。桓公数以周之赋不入王室，楚许之，乃去。[3]

【注释】〔1〕"陉山"，陉音 xíng，楚地，在今河南郾城东。《十二诸侯年表》、《春秋》僖公四年作"陉"。〔2〕"屈完"，楚大夫。屈氏为楚公族，武王之后。〔3〕以上记齐楚召陵之役，见《左传》僖公四年。

【译文】十六年，齐桓公领兵侵略楚国，到达陉山。楚成王派将军屈完率军抵御，和齐桓公订立盟约。齐桓公当面数落楚国不按规定向周王室缴纳贡品的罪状，楚成王答应了他，齐军才离去。

十八年，成王以兵北伐许，[1] 许君肉袒谢，乃释之。二十二年，[2] 伐黄。[3] 二十六年，灭英。[4]

【注释】〔1〕"许"，姜姓小国，在今河南许昌东，后被楚灭。〔2〕"二十二年"，《十二诸侯年表》作"二十三年"，同《春秋》经传。〔3〕"黄"，嬴姓小国，在今河南潢川西。〔4〕"英"，偃姓小国，在淮水南。《十二诸侯年表》作"灭六、英"，但据《春秋》僖公十七年，英于楚成王二十九年犹存；据《春秋》文公五年，六被灭是在楚穆王四年。

【译文】十八年，楚成王领兵北上攻伐许国，许君祖露上身前来谢罪，于是释免了他。二十二年，楚军攻伐黄国。二十六年，攻灭英国。

三十三年，宋襄公欲为盟会，召楚。楚王怒曰："召我，我将好往袭辱之。"[1] 遂行，至盂，[2] 遂执辱宋公，已而归之。三十四年，郑文公南朝楚。楚成王北伐宋，败之泓，[3] 射伤宋襄公，襄公遂病创死。[4]

【注释】〔1〕"好往"，应是反语。〔2〕"盂"，宋地，在今河南睢县西北。〔3〕"泓"，水名，故道约在今河南柘城西北。〔4〕"病创死"，因受伤发病而死。据《春秋》经传宋襄公是因大腿受伤死于次年。

【译文】三十三年，宋襄公准备举行盟会，派使者召见楚成王。楚成王发怒说："竟敢召见我，我将好生前往袭击羞辱他。"于是出发，到达盂地，接着拘留侮辱宋襄公，事毕返回。三十四年，郑文公南下朝见楚成王。楚成王北上攻伐宋国，在泓水击败宋军，用箭射伤宋襄公，宋襄公于是因箭伤发病而死。

三十五年，晋公子重耳过楚，[1]成王以诸侯客礼飨，而厚送之于秦。

【注释】〔1〕"公子重耳"，即后来的晋文公，见《晋世家》。

【译文】三十五年，晋国公子重耳路过楚国，楚成王以招待诸侯过客的礼仪宴请，并且厚礼馈赠，送他前往秦国。

三十九年，[1]鲁僖公来请兵以伐齐，楚使申侯将兵伐齐，[2]取谷，[3]置齐桓公子雍焉。齐桓公七子皆奔楚，[4]楚尽以为上大夫。[5]灭夔，[6]夔不祀祝融、鬻熊故也。

【注释】〔1〕据《春秋》经传僖公二十六年应作"三十八年"。 〔2〕"申侯"，《左传》僖公二十六年作"申公叔侯"，申公是楚灭申国所置县的县公，叔侯是其名，亦称为申叔。 〔3〕"谷"，齐地，在今山东东阿。 〔4〕齐桓公有子十余人，这是其中的七个公子。 〔5〕"上大夫"，古代大夫有上、中、下之分。 〔6〕"夔"，音 kuí，芈姓小国，在今湖北秭归。

【译文】三十九年，鲁僖公前来请求援兵去攻伐齐国，楚成王派申侯领兵攻伐齐国，夺取谷地，将齐桓公儿子雍安置在谷。齐桓公的七个儿子全都逃奔楚国，楚成王把他们全封为大夫。攻灭夔国，因为夔君不祭祀祖宗祝融、鬻熊的缘故。

夏，[1]伐宋，宋告急于晋，晋救宋，成王罢归。[2]将军子玉请战，成王曰："重耳亡居外久，卒得反国，[3]天之所开，不可当。"子玉固请，[4]乃与之少师而去。[5]晋果败子玉于城濮。[6]成王怒，诛子玉。[7]

【注释】〔1〕据《春秋》经传僖公二十七年应在三十九年冬。 〔2〕据《春秋》经传僖公二十八年应在四十年。 〔3〕"反"，通"返"。 〔4〕"子玉"，成得臣的字。成氏是楚公族，出自斗伯比之后，是斗氏的分支。 〔5〕"少师"，少量的军队，《左传》僖公二十八年谓子玉出征所率只有西广（楚军有左、右二广，此其右）、东宫（太子的部队）和若敖氏的私属六个卒。 〔6〕"城濮"，濮音 pú，卫地，在今河南范县南临濮城。以上是记晋楚城濮之战。 〔7〕据《左传》僖公二十八年、文公十年，子玉兵败自杀，王赦之而不及。

【译文】夏天，楚军攻伐宋国，宋人向晋国告急，晋国出兵救援宋国，楚成王撤军返回。楚国将军子玉请求出战，成王说："重耳流亡居住在外很久，结果得以返回晋国，是上天的佑助，不可抵挡。"子玉再三请求，成王于是给他少量的部队而离去。晋军果然在城濮打败子玉。成王发怒，诛杀子玉。

四十六年，初，成王将以商臣为太子，[1]语令尹子上。[2]子上曰："君之齿未也，[3]而又多内宠，绌乃乱也。[4]楚国之举，常在少者。且商臣蜂目而豺声，忍人也，[5]不可立也。"王不听，立之。后又欲立子职而绌太子商臣。[6]商臣闻而未审也，告其傅潘崇曰：[7]"何以得其实？"崇曰："飨王之宠姬江芈而勿敬也。"[8]商臣从之。江芈怒曰："宜乎王之欲杀若而立职也。"[9]商臣告潘崇曰："信矣。"崇曰："能事之乎？"曰："不能。""能亡去乎？"曰："不能。""能行大事乎？"[10]曰："能。"冬十月，商臣以宫卫兵围成王。[11]成王请食熊蹯而死，[12]不听。丁未，成王自绞杀。[13]商臣代立，是为穆王。

【注释】〔1〕"商臣"，成王太子，后立为穆王。〔2〕"令尹子上"，令尹，楚相，多由公族担任；子上即斗勃。斗氏是楚公族，若敖之后。据《左传》僖公三十三年，子上于上年被杀，这里是倒叙。〔3〕"未齿"，指年龄尚少。〔4〕"绌"，音 chù，同"黜"，《左传》文公元年作"黜"，是废除、贬斥之义。〔5〕"忍"，残忍。〔6〕"子职"，王子职，商臣庶弟。〔7〕"傅"，负责教育太子的官，《左传》文公元年作"师"。"潘崇"，潘氏也是楚公族。〔8〕"江芈"，应是嫁给江国的楚国女子，此言"王之宠姬"，娶同姓而婚，恐误，《左传》文公元年作"享江芈而勿敬也"，不言"王之宠姬"。〔9〕"若"，你。〔10〕"大事"，指发动政变，弑君代立。〔11〕"宫卫兵"，《左传》文公元年作"宫甲"，注以为太子宫甲即东宫之卒。〔12〕"熊蹯"，蹯音 fán，熊掌。熊掌难熟，成王请食，是想拖延时间等待救兵。〔13〕"绞杀"，上吊而死。

【译文】四十六年，当初，楚成王将要立商臣为太子，告诉了令尹子上。子上说："国君的年纪不算大，而且又有许多宠爱的妻妾，将来再废除已立太子的话，就会发生乱子。楚国举立国君，常常落在年少的儿子身上。况且商臣黄蜂眼睛而豺狼声音，是个残忍的人，不可立为太子。"成王不听，封立商臣为太子。后来楚成王又要封立儿子职而废除太子商臣。商臣听说此事但不明详情，告诉他的师傅潘崇说："怎么获得实情？"潘崇说："宴请成王宠爱的姬妾江芈而不尊敬她。"商臣听从此计。江芈果然发怒说："难怪大王要杀你而立职为太子。"商臣告诉潘崇说："证实了。"潘崇问："你能事奉职吗？"商臣回答说："不能。"又问："你能逃跑离去吗？"回答说："不能。"又问："你能干大事吗？"商臣回答："能。"冬季十月，商臣率领宫中卫兵包围成王。成王请求吃了熊掌后再死，商臣不准。丁未日，楚成王上吊自杀。商臣继代即位，这就是楚穆王。

穆王立，以其太子宫予潘崇，[1]使为太师，[2]掌国事。[3]穆王三年，灭江。[4]四年，灭六、蓼。[5]六、蓼，皋陶之后。[6]八年，伐陈。十二年，卒。子庄王侣立。[7]

【注释】〔1〕"太子宫"，《左传》文公元年作"太子室"，"室"指家资，包括田宅臣妾等，这里作"宫"，是以"室"为宫室，不确。 〔2〕"太师"，师有太师、少师。 〔3〕《十二诸侯年表》谓潘崇"为相"，但《左传》文公元年谓潘崇"且掌环列之尹"，注以为宫卫之官，此时非令尹，为令尹者可能是成大心（见《左传》文公十二年）。 〔4〕"江"，嬴姓小国，在今河南正阳南。 〔5〕"六"，偃姓小国，在今安徽六安北。"蓼"，姬姓小国，在今河南固始东北蓼城岗。 〔6〕六传为皋陶之后，但蓼是庭坚之后，这里并述为皋陶之后是不对的，参看梁玉绳《史记志疑》。 〔7〕"庄王侣"，《春秋》、《左传》、《公羊传》宣公十八年"侣"作"旅"，《谷梁传》宣公十八年"侣"作"吕"。

【译文】楚穆王即位，将他太子时的宫室赐给潘崇，让他为太师，执掌国家政事。穆王三年，攻灭江国。四年，攻灭六国、蓼国。六国、蓼国，是皋陶的后裔。八年，攻伐陈国。十二年，楚穆王去世。儿子庄王侣即位。

庄王即位三年，不出号令，日夜为乐，令国中曰："有敢谏者死无赦！"伍举入谏。[1]庄王左抱郑姬，右抱越女，坐钟鼓之间。伍举曰："愿有进。隐曰：[2]有鸟在于阜，[3]三年不蜚不鸣，[4]是何鸟也？"庄王曰："三年不蜚，蜚将冲天；三年不鸣，鸣将惊人。举退矣，吾知之矣。"居数月，淫益甚。[5]大夫苏从乃入谏。王曰："若不闻令乎？"对曰："杀身以明君，臣之愿也。"于是乃罢淫乐，听政，所诛者数百人，所进者数百人，任伍举、苏从以政，国人大说。[6]是岁灭庸。六年，伐宋，获五百乘。

【注释】〔1〕"伍举"，伍参之子，伍子胥之祖父，亦称椒举。伍氏为楚公族。 〔2〕"隐"，《吕氏春秋·重言》作"讔"，《文心雕龙·谐讔》："讔者，隐也，遁辞以隐意，谲譬以指事也。"是谜语的古称，也叫"隐语"。 〔3〕"阜"，音 fù，土山。 〔4〕"蜚"，同"飞"。 〔5〕"淫"，过度，无节制。 〔6〕以上是据战国以来诸子杂说。以年代推断，谏者非伍举，《韩非子·喻老》作"右司马"，《吕氏春秋·重言》作"成公贾"，《新序·杂事》作"士庆"，本书《滑稽列传》并以此为淳于髡说齐威王事。

【译文】楚庄王即位三年，不发布号令，日夜寻欢作乐，在国中下令说："有敢进谏的立即处死，不得赦免！"伍举入宫劝谏。庄王左手抱着郑姬，右手搂着越女，坐在钟鼓的中间。伍举说："希望能进陈隐语。隐语说：'有只鸟停在土山上，三年之中不飞不叫。'这是什么鸟呢？"楚庄王说："三年不飞，要飞就直冲云天；三年不叫，一叫就惊骇世人。你退下吧，我知道了。"过了几个月，庄王荒淫无度更加严重。大夫苏从于是入宫进谏。庄王说："你没听说我下的令吗？"苏从回答说："杀臣之身来使国君贤明，是臣下的愿望。"于是庄王就停止纵欲取乐，听理政事，所诛杀的有几百人，所进用的有几百人，任用伍举、苏从处理政务，国人皆大欢喜。当年攻灭庸国。六年，攻伐宋国，缴获战车五百辆。

八年，伐陆浑戎，[1]遂至洛，[2]观兵于周郊。[3]周定王使王孙满劳楚王。楚王问鼎小大轻重，对曰："在德不在鼎。"庄王曰："子无阻九鼎！[4]楚国折钩之喙，[5]足以为九鼎。"王孙满曰："呜呼！君王其忘之乎？昔虞夏之盛，[6]远方皆至，贡金九牧，[7]铸鼎象物，[8]百物而为之备，使民知神奸。[9]桀有乱德，鼎迁于殷，载祀六百。[10]殷纣暴虐，鼎迁于周。德之休明，[11]虽小必重；其奸回昏乱，[12]虽大必轻。昔成王定鼎于郏鄏，[13]卜世三十，卜年七百，天所命也。[14]周德虽衰，天命未改。鼎之轻重，未可问也。"楚王乃归。

【注释】〔1〕"陆浑戎"，允姓之戎，本居瓜州，在今甘肃敦煌一带。公元前六三八年，秦、晋迁之于伊川，即今河南嵩县东北。〔2〕"洛"，周都洛邑，在今河南洛阳。〔3〕"观兵"，举行阅兵。"周郊"，周都城外。〔4〕"阻"，依恃。〔5〕"钩"，《正义》以为戟之钩，但也可能是指似剑而曲的钩或带钩。"喙"，可能是指钩的刃或带钩的首。〔6〕"虞"，古代部族名，即有虞氏，姚姓，居蒲坂（今山西运城西南蒲州镇），舜即其首长。〔7〕"贡金"，贡献铜。"九牧"，九州的长官。〔8〕"象物"，将各种形象铸之于鼎。〔9〕"神奸"，指螭魅魍魉等神鬼之物。〔10〕"载祀"，载和祀都是年的意思。这里是说汤灭夏，迁其鼎于殷，至殷灭共六百年。殷积年共六百年，谯周《古史考》（《殷本纪集解》引）说同。他书或作五百余岁（《孟子·尽心下》），或作四百九十六年（《殷本纪集解》引《纪年》）。〔11〕"休明"，美好清明。〔12〕"奸回"，奸恶邪僻。〔13〕"定"，奠置。"郏鄏"，郏，山名，即今河南洛阳北的北邙山；鄏，邑名，即周王城所在，在今河南洛阳西。〔14〕这里是说占卜所得周自成王以下大约可传三十世、七百年。这是后人假托的预言。周自成王至周亡，共历三十三世、约七百六十九年（《周本纪》《集解》引《纪年》谓武王灭殷至幽王共二百五十七年，减去武王在位年数三年，加上平王至周亡五百一十五年）。

【译文】八年，楚庄王领兵攻伐陆浑戎，于是到达洛邑，在周都郊外举行阅兵。周定王派遣王孙满慰劳楚庄王。楚庄王询问王室九鼎的大小轻重，王孙满回答说："统治天下在于德政而不在于九鼎。"庄王说："你不要仗恃有九鼎！楚国只要折下钩戟的锋刃，就足以铸成九鼎。"王孙满说："啊！君王难道忘记了吗？昔日有虞、

中華藏書

世家十五篇（精选）

中國書店

夏朝隆盛的时候，远方各国使者全都到达，进贡九州出产的金属，铸造九鼎饰以不同物体的形象，各种怪物因此齐备，使百姓知道神鬼怪物。夏桀败坏德政，九鼎便迁移到殷人手中，殷朝延续了六百年。殷纣王残暴酷虐，九鼎迁移到周人手中。道德美好清明，宝鼎即使再小也必定重而难移；道德奸邪昏乱，宝鼎即使再大也必定轻而易失。从前周成王在郏鄏定都安放九鼎，占卜周朝世系有三十代，占卜周朝年数有七百年，这是上天所授的大命。周朝的德政尽管衰败，但天命没有改变。九鼎的轻重，是不可以问的。"楚庄王于是返回。

九年，相若敖氏。[1] 人或谗之王，[2] 恐诛，反攻王，[3] 王击灭若敖氏之族。十三年，灭舒。[4]

【注释】〔1〕"相"，任令尹。"若敖氏"，若敖之后，即斗氏。据《左传》宣公四年，此年任令尹者为斗伯棼（即子越椒）。〔2〕《左传》宣公四年追述斗伯棼任令尹经过，谓令尹斗谷於菟卒后斗般任令尹，斗伯棼任司马，蒍贾任工正，蒍贾谮斗般于王，王杀斗般而使斗伯棼为令尹，蒍贾为司马，所谗并非斗伯棼，此记有误。〔3〕攻王者即斗伯棼。〔4〕《春秋》经传宣公八年作"楚人灭舒蓼"，舒蓼是群舒之一，偃姓，在今安徽舒城、庐江一带。

【译文】九年，楚庄王任命若敖氏为相。有人向楚庄王进谗言，若敖氏害怕被诛杀，反过来进攻庄王，庄王出击杀灭若敖氏家族。十三年，攻灭舒国。

十六年，伐陈，杀夏征舒。征舒弑其君，故诛之也。已破陈，即县之。[1] 群臣皆贺，申叔时使齐来，[2] 不贺。王问，对曰："鄙语曰，牵牛径人田，[3] 田主取其牛。径者则不直矣，取之牛不亦甚乎？且王以陈之乱而率诸侯伐之，以义伐之而贪其县，亦何以复令于天下！"庄王乃复国陈后。

【注释】〔1〕"县之"，把陈设为县。春秋以来楚国往往把新占领的国家改造成边防军事重镇，由王派遣专门的县公驻守。〔2〕"申叔时"，楚大夫。申氏也是楚公族，又称文氏。〔3〕"径"，经过。

【译文】十六年，楚国攻伐陈国，杀死陈国大夫夏征舒。夏征舒杀死他的国君，所以诛杀他。楚庄王攻破陈国后，就以陈为楚县。群臣都来祝贺，大夫申叔时出使齐国归来，不来祝贺。楚庄王问他，申叔时回答说："俗话说：牵牛经过别人的田，田主夺取那人的牛。牵牛经过别人田的固然没有道理，但夺取那牛的田主不也更过分吗？况且大王因为陈国内乱而率领诸侯攻伐它，用仁义的名义讨伐它却贪图它的国土而设置县，今后又用什么再向天下诸侯发布号令呢！"庄王于是恢复陈国，重立陈君。

　　十七年春，楚庄王围郑，三月克之。入自皇门，[1]郑伯肉袒牵羊以逆，[2]曰："孤不天，[3]不能事君，君用怀怒，以及敝邑，孤之罪也。敢不惟命是听！宾之南海，[4]若以臣妾赐诸侯，[5]亦惟命是听。若君不忘厉、宣、桓、武，[6]不绝其社稷，使改事君，孤之愿也，非所敢望也。敢布腹心。"[7]楚群臣曰："王勿许。"庄王曰："其君能下人，必能信用其民，庸可绝乎！"[8]庄王自手旗，[9]左右麾军，[10]引兵去三十里而舍，[11]遂许之平。[12]潘尪入盟，[13]子良出质。[14]夏六月，晋救郑，与楚战，大败晋师河上，[15]遂至衡雍而归。[16]

中華藏書

世家十五篇（精选）

中国书店

　　【注释】〔1〕"皇门"，郑国的城门。〔2〕"郑伯"，郑襄公。"肉袒牵羊"，袒露身体牵上羊，表示臣服。"逆"，迎接。〔3〕"孤"，国君对自己的谦称。"不天"，不被天保佑。〔4〕此句《左传》宣公十二年作"其俘诸江南以实海滨"，这里的"宾"字可能是"实"字之误。〔5〕"臣妾"，男女奴隶。〔6〕"厉、宣、桓、武"，周厉王、宣王，郑桓公、武公。郑始封君为桓公，其子为武公，桓公是周厉王少子，宣王庶弟，见《郑世家》。〔7〕"布"，披露。〔8〕"庸"，岂。〔9〕"手"，手持。〔10〕"麾"，音 huī，通"挥"，指挥。〔11〕古以三十里为一舍之地，此是退避一舍。〔12〕"平"，媾和。〔13〕潘尪，楚大夫。尪音 wāng。〔14〕"子良"，郑襄公弟。〔15〕"河上"，此所述即晋楚邲之战，在今河南荥阳东北黄河南岸，故称"河上"。〔16〕"衡雍"，郑地，在今河南原阳西。

　　【译文】十七年春天，楚庄王领兵围攻郑国，三个月攻克郑都。楚庄王从皇门入城，郑伯袒露身体手牵着羊来迎接，说："我不被上天保佑，不能事奉您，您因为胸怀忿怒，以致来到郑国，这是我的罪啊。岂敢不唯命是听！把我流放到南海，或者将我当作奴隶赐给诸侯，都听从您的命令。倘若您没有忘记周厉王、周宣王、郑桓公、郑武公，不断绝他们后裔的国脉，而让我改过来事奉您，这是我的心愿，但不敢奢望啊。斗胆陈布肺腑之言。"楚国群臣说："大王不要答应。"庄王说："郑国国君能够屈居人下，必定能够信任使用他的百姓，岂能毁灭呢！"楚庄王亲自手持军旗，左右指挥军队，往后退兵离去三十里后而驻下，于是答应与郑国讲和。楚国大夫潘尪入城缔结盟约，郑国子良出城作为人质。夏季六月，晋军救援郑国，与楚军交战，在黄河岸畔楚军大败晋军，楚军于是直到衡雍而返回。

　　二十年，围宋，[1]以杀楚使也。[2]围宋五月，[3]城中食尽，易子而食，析骨而炊。[4]宋华元出告以情。[5]庄王曰："君子哉！"遂罢兵去。

【注释】〔1〕楚围宋是自上年秋九月至此年夏五月（《春秋》经传宣公十四年、十五年）。〔2〕上年楚使申舟聘于齐，过宋而不假道，宋杀之，楚因出兵围宋（《左传》宣公十四年）。〔3〕从上年九月至此年五月共为九月，此作"五月"可能是因《春秋》经传记楚解围在"夏五月"而误。〔4〕把人的骨骸分解开当柴烧。〔5〕宋华元出见楚司马子反告之以情。《左传》说是"夜入楚师，登子反之床"，《公羊传》说是"乘堙而出见"。

【译文】二十年，楚军围攻宋国，因为杀死楚国使者的缘故。围困宋都五个月，城中粮食吃尽，互相交换子女而当食物吃，拆裂骸骨而当柴烧。宋国大夫华元出城报告城中实情。楚庄王说："是位君子啊！"便撤兵离去。

二十三年，庄王卒，子共王审立。〔1〕

【注释】〔1〕"共王"，《国语》作"恭王"，《吕氏春秋·权勋》作"龚王"。"审"，《国语·楚语上》作"箴"。

【译文】二十三年，楚庄王去世，儿子共王审即位。

共王十六年，晋伐郑。郑告急，共王救郑。与晋兵战鄢陵，〔1〕晋败楚，射中共王目。共王召将军子反。〔2〕子反嗜酒，从者竖阳谷进酒，〔3〕醉。王怒，射杀子反，〔4〕遂罢兵归。

【注释】〔1〕"鄢陵"，郑地，在今河南鄢陵北。〔2〕"子反"，楚司马，名侧。〔3〕"竖阳谷"，《左传》成公十六年作"谷阳竖"。〔4〕据《左传》，子反是由王赐死而非射杀。

【译文】楚共王十六年，晋军攻伐郑国。郑人前来告急，楚共王出兵救援郑国。同晋军在鄢陵交战，晋军击败楚军，发箭射中共王的眼睛。楚共王召见将军子反。子反嗜好饮酒，侍从竖阳谷送进好酒，子反喝得酩酊大醉。共王大怒，用箭射杀子反，接着撤兵返回。

三十一年，共王卒，子康王招立。〔1〕康王立十五年卒，子员立，〔2〕是为郏敖。〔3〕

【注释】〔1〕"康王招"，共王庶子，《春秋》襄公二十八年"招"作"昭"，《十二诸侯年表索隐》"招"作"略"，"略"应是"昭"字之误。〔2〕"员"，《春秋》昭公元年、《左传》昭公四年作"麋"，《索隐》引《左传》作"麇"、《公羊传》、《谷梁传》昭公元年作"卷"。

〔3〕"郏敖"，郏音 jiá。郏应为其葬地名，在今河南郏县（故为郏邑）。

【译文】 三十一年，楚共王去世，儿子康王招即位。康王在位十五年去世，儿子员即位，这就是郏敖。

康王宠弟公子围、子比、子皙、弃疾。〔1〕郏敖三年，〔2〕以其季父康王弟公子围为令尹，〔3〕主兵事。四年，围使郑，道闻王疾而还。十二月己酉，围入问王疾，绞而弑之，〔4〕遂杀其子莫及平夏。〔5〕使使赴于郑。〔6〕伍举问曰：〔7〕"谁为后？"对曰："寡大夫围。"伍举更曰："共王之子围为长。"子比奔晋，而围立，是为灵王。

【注释】〔1〕"公子围"，"围"字，《集解》徐广谓《史记》多作"回"，字相通，《论衡·吉验》作"囲"，即后之楚灵王。灵王名虔，子围是字（古代下称上用字，下文使者之对及伍举所更皆称之，可知）。"子比"，即后之初王比，字子干。"子皙"，皙音 xī，即公子黑肱，黑肱字子皙。"弃疾"，即后之平王，平王名居，弃疾可能也是字。楚共王无嫡子而有庶子五人，即康王及此四公子。〔2〕据《左传》襄公二十九年子围为令尹在郏敖元年。〔3〕"季父"，叔父。〔4〕《左传》昭公元年作"缢而弑之"，杜注引孙卿曰"以冠缨绞之"，今《荀子》无此文，《韩非子·奸劫弑臣》有之，作"以其冠缨绞王而杀之"。〔5〕"莫"，《左传》昭公元年作"幕"。〔6〕"赴"，通"讣"，报丧。〔7〕这是问使者如何就有关继承人的问题作答。

【译文】 楚康王有宠弟公子围、子比、子皙、弃疾。郏敖三年，任用他叔父楚康王的弟弟公子围为令尹，主掌军事。四年，公子围出使郑国，在途中听说郏敖患病而返回。十二月己酉日，公子围入宫探问郏敖病情，用冠冕上的带子勒死郏敖，接着杀死他的儿子莫和平夏。公子围派出使者到郑国报丧。伍举问使者："谁为继承人？"使者回答说："寡大夫围。"伍举更正说："共王的儿子公子围最年长。"子比逃奔晋国，公子围即位，这就是楚灵王。

灵王三年六月，楚使使告晋，欲会诸侯。诸侯皆会楚于申。伍举曰："昔夏启有钧台之飨，〔1〕商汤有景亳之命，〔2〕周武王有盟津之誓，〔3〕成王有岐阳之蒐，〔4〕康王有丰宫之朝，〔5〕穆王有涂山之会，〔6〕齐桓有召陵之师，〔7〕晋文有践土之盟，〔8〕君其何用？"灵王曰："用桓公。"时郑子产在焉。〔9〕于是晋、宋、鲁、卫不往。〔10〕灵王已盟，有骄色。伍举曰："桀为有仍之会，〔11〕有缗叛之。〔12〕纣为黎山之会，〔13〕东夷叛之。〔14〕幽王为太室之盟，〔15〕戎、翟叛之。〔16〕君其慎终！"

【注释】〔1〕"夏启"，禹之子。"钧台"，即桀囚汤之夏台，在今河南禹县。 〔2〕"景亳"，汤都亳，在今河南商丘北。"命"，册命。 〔3〕"盟津"，即孟津，古黄河津渡，在今河南孟县西南。"誓"，誓师，武王伐商前两次誓师于孟津。 〔4〕"成王"，周成王。"岐阳"，岐山之南，即今陕西岐山周原。"蒐"，音 sōu，田猎。 〔5〕"康王"，周康王。"丰宫"，周都丰京（在今陕西长安沣河西）宫室名。"朝"，朝见。 〔6〕"穆王"，周穆王。"涂山"，在今安徽怀远东南。"会"，会盟。 〔7〕"齐桓"，齐桓公。"召陵"，楚地，在今河南郾城东。"师"，指楚成王十六年，齐桓公率诸侯之师伐楚，与楚盟于召陵。 〔8〕"晋文"，晋文公。"践土"，郑地，在今河南原阳西南。"盟"，盟誓，公元前六三二年，晋文公与诸侯盟于践土。 〔9〕"郑子产"，名侨，事郑简公、定公，见《郑世家》。 〔10〕据《左传》昭公四年，申之会，不往者为鲁、卫、曹、邾四国，晋不与会，宋后至，这里的晋、宋可能是曹、邾之误。 〔11〕"有仍"，国名，太昊风姓之后，在今山东金乡东北。 〔12〕"有缗"，国名，帝舜姚姓之后，在今山东金乡东北，缗音 mín。 〔13〕"黎山"，《左传》昭公四年作"黎"，《韩非子·十过》作"黎丘"，按黎为子姓国，在今山西黎城。"会"，《左传》作"蒐"。 〔14〕"东夷"，古代居住在今山东和江淮流域的族群系统。 〔15〕"太室"，嵩山的东峰，在今河南登封北。 〔16〕"翟"，音 dí，通"狄"。

【译文】楚灵王三年六月，楚国派遣使者告诉晋君，准备会见诸侯。诸侯都到申来会见楚灵王。伍举说："昔日夏启有钧台的宴飨，商汤有景亳的册命，周武王有盟津的誓师，周成王有岐阳的狩猎，周康王有丰宫的朝觐，周穆王有涂山的聚会，齐桓公有召陵的会师，晋文公有践土的盟会，国君用哪种礼仪？"楚灵王说："用齐桓公的。"当时，郑国大夫子产在场。于是晋国、宋国、鲁国、卫国没有前往赴会。楚灵王盟会诸侯后，面有骄色。伍举说："夏桀举行有仍的盟会，有缗氏反叛他。商纣举行黎山的盟会，东夷族反叛他。周幽王举行太室的盟会，戎人、翟人反叛他。您要慎重对待后果啊！"

七月，楚以诸侯兵伐吴，围朱方。〔1〕八月，克之，囚庆封，灭其族。〔2〕以封徇，曰："无效齐庆封弑其君而弱其孤，以盟诸大夫！"〔3〕封反曰："莫如楚共王庶子围弑其君兄之子员而代之立！"〔4〕于是灵王使疾杀之。〔5〕

【注释】〔1〕"朱方"，吴邑，在今江苏镇江丹徒镇南。 〔2〕公元前五四五年，齐庆封因乱奔吴，吴予之朱方，使聚族而居，至此而灭之。 〔3〕据《左传》襄公二十五年，齐庆封伙同崔杼弑其君庄公，立庄公异母弟景公而相之，"盟国人于大宫"，要他们效忠崔、庆二族，这里的"大夫"也就是《左传》的"国人"。 〔4〕这是庆封反唇相讥的话。 〔5〕"疾"，立刻。

【译文】七月，楚灵王率领诸侯军队攻伐吴国，包围朱方。八月，攻克朱方，囚禁庆封，杀死他的家族。将庆封示众，楚灵王说："不要仿效齐国庆封杀死他的国君而削弱国君遗孤的力量，来同众大夫缔结盟约！"庆封反唇相讥说："不要像楚共王的庶出儿子围杀死他国君兄长的儿子员而取代即位！"于是楚灵王派人立刻杀死庆封。

　　七年，[1]就章华台，[2]下令内亡人实之。[3]

　　【注释】[1]"七年"，据《左传》昭公七年应作"六年"，"七年"可能是因传文而误。[2]"章华台"，楚台观之名，一说在今湖北监利西北离湖上（《左传》杜注、《水经·沔水注》及宋范致明《岳阳风土记》）；一说在今湖北江陵东（《太平寰宇记》）。[3]"内"，同"纳"。"亡人"，逃亡的臣妾。据《左传》昭公七年，楚王为章华之宫，"纳亡人以实之"，其中包括芋尹无宇家逃出的阍人，无宇欲将其抓回，曾与负责官员发生争执。

　　【译文】七年，建成章华台，楚灵王下令接纳逃亡人员充实其中。

　　八年，[1]使公子弃疾将兵灭陈。十年，召蔡侯，[2]醉而杀之。[3]使弃疾定蔡，因为陈蔡公。[4]

　　【注释】[1]"八年"，据《左传》昭公八年应作"七年"。[2]"蔡侯"，蔡灵侯。[3]"醉而杀之"，据《左传》昭公十一年应是醉而执之而后又杀之。[4]"陈蔡公"，陈公和蔡公，是楚灭陈、蔡后所封，《左传》只提到弃疾为蔡公。这里所记是楚第一次灭陈、蔡，后二年弃疾即位为平王，复封陈、蔡使复国。

　　【译文】八年，楚灵王派公子弃疾领兵灭亡陈国。十年，楚灵王召见蔡侯，灌醉后杀了他。派弃疾领兵平定蔡国，就封弃疾为陈蔡公。

　　十一年，伐徐以恐吴。[1]灵王次于乾溪以待之。[2]王曰："齐、晋、鲁、卫，其封皆受宝器，我独不。[3]今吾使使周求鼎以为分，其予我乎？"析父对曰：[4]"其予君王哉！昔我先王熊绎辟在荆山，[5]荜露蓝蒌以处草莽，[6]跋涉山林以事天子，唯是桃弧棘矢以共王事。[7]齐，王舅也；[8]晋及鲁、卫，王母弟也。[9]楚是以无分而彼皆有。[10]周今与四国服事君王，将惟命是从，岂敢爱鼎？"灵王曰："昔我皇祖伯父昆吾旧许是宅，[11]今郑人贪其田，不我予，今我求之，其予我乎？"对曰："周不爱鼎，郑安敢爱田？"灵王曰："昔诸侯远我而畏晋，今吾大城陈、蔡、不羹，[12]赋皆千乘，[13]诸侯畏我乎？"对曰："畏哉！"灵王喜曰："析父善言古事焉。"

中華藏書

史記精華

中国书店

【注释】〔1〕"徐"，嬴姓小国，在今安徽泗县。 〔2〕"乾溪"，楚地，在今安徽亳县。〔3〕"不"，同"否"。据《左传》昭公十二年，这段话是说楚先祖熊绎与齐太公子吕伋、晋侯燮、鲁公伯禽、卫康叔子牟并事康王，齐、晋、鲁、卫皆受分宝器，而楚独无。 〔4〕"析父"，楚大夫。据《左传》，此是右尹子革之对而非析父之对。 〔5〕"辟"，通"僻"。"荆山"，在今湖北武当山东南、汉水西岸。 〔6〕"荜露"，"荜"音 bì，通"筚"；"露"通"路"（辂的借字），是用荆竹编造的车子。"蓝蒌"，"蒌"通"缕"，亦作"褴褛"，《方言》（《左传》宣公十二年疏引）："楚谓凡人贫，衣被丑敝为蓝缕。"这里是指衣着破败。 〔7〕"桃弧棘矢"，桃木制的弓，棘刺做的箭，古人以为可以辟邪。"共"，通"供"。 〔8〕古人所说舅可以是指妻父，也可以是指母父，这里所谓"王舅"，是因齐的始封君太公是武王妻、成王母邑姜之父。 〔9〕晋的始封君叔虞是成王母弟，鲁的始封君周公旦和卫的始封君康叔封是武王母弟。 〔10〕"分"，指赐分珍宝之器。 〔11〕"我皇祖"，指季连。陆终六子季连为末而昆吾为长，故称昆吾为"我皇祖伯父"。"旧许"，昆吾本在卫地，夏衰而迁于旧许（《国语》韦昭注）。旧许是许国（姜姓小国）故地，在今河南许昌东。公元前五七六年，许为郑逼，请迁于楚，楚迁许于叶（在今河南叶县南），旧许为郑所得。 〔12〕"城"，动词。指修筑城墙。"不羹"，有东、西二城，东不羹在今河南舞阳西北；西不羹在今河南襄城东南，与上陈、蔡皆为楚县。 〔13〕"赋"，古人把征集出兵所需要的各种军需装备，如车马兵甲等等，叫做赋或军赋。"千乘"，一千辆兵车。春秋时期，能够出一千辆兵车已是中等国家，陈、蔡都是楚灭国所设大县，不羹也是很大的城邑，所以可以各赋千乘。

【译文】十一年，楚军攻伐徐国来恫吓吴国。楚灵王停留在乾溪来等待结果。灵王说："齐国、晋国、鲁国、卫国，他们封立时都接受宝器，唯独我楚国没有。如今我派遣使者向周王要求九鼎作为分封赏赐的宝器，会给我吗？"大夫析父回答说："会给君王的！从前我们的先王熊绎远在偏僻的荆山，赶着柴车，衣衫蓝缕，居住草地荒野，跋山涉水穿过丛林来事奉天子，只有桃木弓、棘刺箭来供王室使用。齐君，是周王的舅父；晋君以及鲁君、卫君，是周王的同母弟。楚君因此没有分赐的宝器而他们都有。周王室如今和四国服事君王，将会唯命是从，岂敢吝惜九鼎？"灵王说："从前我的先祖伯父昆吾居住在旧许，如今郑人贪图那里的田地，不给我。如今我求取的话，会给我吗？"析父回答说："周王不吝惜九鼎，郑人怎么敢吝惜许田？"灵王说："从前诸侯疏远我而敬畏晋国，如今我在陈、蔡、不羹大修城池，都拥有千辆战车的军赋，诸侯害怕我吗？"析父回答说："害怕啊！"楚灵王高兴地说："析父善于谈论典故旧事啊。"

十二年春，楚灵王乐乾溪，不能去也。国人苦役。〔1〕初，灵王会兵于申，〔2〕僇越大夫常寿过，〔3〕杀蔡大夫观起。〔4〕起子从亡在吴，〔5〕乃劝吴王伐楚，〔6〕为间越大夫常寿过而作乱，〔7〕为吴间。使矫公子弃疾命召公子比于晋，〔8〕至蔡，与吴、越兵欲袭蔡。〔9〕令公子比见弃疾，与盟于邓。[10]遂入杀灵王太子禄，立子比为王，公子子晳为令尹，弃疾为司马。先除王宫，观从从师于乾溪，[11]令楚众曰："国有王矣。先归，复爵邑田室。后者迁之。"[12]楚众皆溃，去灵王而归。

【注释】〔1〕《公羊传》昭公十三年谓"灵王为无道，作乾溪之台，三年不成"。 〔2〕即灵王三年申之会。 〔3〕"僇"，音lù，侮辱。 〔4〕"观起"，据《左传》襄公二十二年，为楚臣，有宠于楚康王令尹子南（公子追舒），王杀子南，车裂观起，起非蔡大夫，亦非杀于申之会，此所记有误。观氏是楚之世官，楚武王灭邿，而以邿俘观丁父为军率，观起即观丁父之后。〔5〕据《左传》昭公十三年，观从乃亡在蔡，事蔡大夫声子朝吴，非亡在吴。此所记有误。〔6〕据《左传》昭公十三年，观从策划伐楚，主要是借助蔡公弃疾和蔡人的力量，与吴无关。〔7〕"为间"，挑拨。据《左传》昭公十三年，挑拨常寿过作乱的是蔓居、许围、蔡洧、蔓成然等人而非观起。 〔8〕"矫"，音jiǎo，假托。据《左传》昭公十三年，观从假托弃疾之命，不仅召公子比于晋，而且召公子晳于郑。 〔9〕据《左传》昭公十三年，袭蔡是观从召子干、子晳所为，非吴、越之师。 〔10〕"邓"，楚邑，在今河南郾城东南。 〔11〕"从师"，指追寻楚师。 〔12〕"迁之"，《左传》昭公十三年作"劓"。

【译文】十二年春天，楚灵王在乾溪寻欢作乐，无法离去，但国人深受徭役之苦。当初，楚灵王在申地与诸侯会师，侮辱越国大夫常寿过，杀死蔡国大夫观起。观起的儿子观从流亡在吴国，就劝说吴王攻伐楚国，并挑拨越国大夫常寿过而反叛作乱，做吴国的间谍。观从派人假冒公子弃疾的命令从晋国召来公子比，到达蔡国，和吴国、越国军队准备袭击蔡国。让公子比面见公子弃疾，在邓订立盟约。于是进入王宫杀死灵王太子禄，拥立子比为楚王，公子子晳出任令尹，弃疾任司马。先清除完王宫，观从随同军队到乾溪，向楚军将士发布命令道："国中已有王了。先返回国都的，保留他的爵位封邑田地房屋。后返回的迁出国都。"楚军将士全部溃散，离开楚灵王而返回国都。

灵王闻太子禄之死也，自投车下，而曰："人之爱子亦如是乎？"侍者曰："甚是。"[1]王曰："余杀人之子多矣，能无及此乎？"右尹曰：[2]"请待于郊以听国人。"王曰："众怒不可犯。"曰："且入大县而乞师于诸侯。"王曰："皆叛矣。"又曰："且奔诸侯以听大国之虑。"王曰："大福不再，[3]只取辱耳。"于是王乘舟将欲入鄢。[4]右尹度王不用其计，[5]惧俱死，亦去王亡。

【注释】〔1〕"甚是"，超过这样。 〔2〕"右尹"，据《左传》昭公十三年，此为右尹子革语。子革即然丹的字。楚官制，令尹之下有左尹、右尹。 〔3〕"大福"，指为君。 〔4〕"鄢"，音yān，楚别都，在今湖北宜城西南。 〔5〕"度"，音duó，估计。

【译文】楚灵王听说太子禄死的消息，自己掉到车下，还说："人们爱惜儿子也像我这样吗？"侍从说："超过这样。"灵王说："我杀人的儿子太多了，我能不落到这步田地吗？"右尹说："请在郊外等待来听从国人的决定。"灵王说："众人的愤怒无法冒犯。"右尹说："暂且进入大县而向诸侯请求出兵。"灵王说："大县都背叛我了。"右尹又说："暂且投奔诸侯来听从大国的安排。"灵王说："大的福运不会有第二次，只能自取耻辱而已。"于是灵王乘船将要进入鄢城。右尹估计灵王不会采用自己的计谋，惧怕一道去死，也离开灵王逃走。

灵王于是独傍偟山中，[1]野人莫敢入王。[2]王行遇其故锅人，[3]谓曰："为我求食，我已不食三日矣。"锅人曰："新王下法，[4]有敢饷王从王者，[5]罪及三族，[6]且又无所得食。"王因枕其股而卧。[7]锅人又以土自代，[8]逃去。王觉而弗见，遂饥弗能起。芋尹申无宇之子申亥曰：[9]"吾父再犯王命，王弗诛，[10]恩孰大焉！"乃求王，遇王饥于釐泽，[11]奉之以归。夏五月癸丑，[12]王死申亥家，申亥以二女从死，[13]并葬之。

【注释】〔1〕"傍偟"，同"彷徨"。 〔2〕"野人"，古人称贵族所居城邑及环绕城邑的郊区为国，而称国以外的乡村为野，野人即住在野的农民。"入"，纳，指不敢把王接进家里。〔3〕"锅人"，"锅"通"涓"，涓人是宫中担任洒扫清洁的人。 〔4〕"新王"，指子比。 〔5〕"饷"，音 xiǎng，用食物款待。〔6〕"三族"，有许多不同解释：(1) 父母、兄弟、妻子；(2) 父族、母族、妻族；(3) 父、子、孙；(4) 父的兄弟、自己的兄弟、子的兄弟。 〔7〕"股"，大腿。 〔8〕"以土自代"，用土块代替自己的大腿。 〔9〕"芋尹"，官名，《左传》哀公十五年陈国也有芋尹这一官名，可见"芋"不是地名。芋尹可能与田猎有关。 〔10〕灵王即位前，任令尹，曾打着王的旗子田猎，无宇认为僭越，把旗子砍断，是为一犯王命。灵王即位，为章华之台，收聚逃亡臣妾安置其中，无宇发现有自己的阍人，闯入抓人，是为二犯王命。两次都获得赦免（见《左传》昭公七年）。 〔11〕"釐泽"，不详。《左传》昭公十三年、《国语·吴语》作"棘闱"，皆地名。 〔12〕"癸丑"，《左传》昭公十三年作"癸亥"。 〔13〕"从死"，陪葬。

【译文】楚灵王于是独自在山中徘徊，乡野山民没人敢接纳灵王。灵王在路上遇到他原来宫中的涓人，对涓人说："替我寻找些食物，我已经三天没有进食了。"涓人说："新即位的王颁下法令，有敢送你食物、随从你的，治罪连及三族，况且在这里又没有取得食物的地方。"灵王就枕着涓人的大腿躺下。涓人趁灵王入睡又用土块代替自己被枕着的大腿，逃跑离去。灵王醒来没有看见涓人，已经饿得不能起身。芋尹申无宇的儿子申亥说："我的父亲两次冒犯王命，灵王不加诛杀，恩德没有比这更大的了！"于是寻找灵王，在釐泽遇见灵王在挨饿，接他回到家。夏季五月癸丑日，灵王死在申亥的家，申亥让两个女儿殉死，一起安葬。

是时楚国虽已立比为王，畏灵王复来，又不闻灵王死，故观从谓初王比曰：[1]"不杀弃疾，虽得国犹受祸。"王曰："余不忍。"从曰："人将忍王。"王不听，乃去。弃疾归。国人每夜惊，曰："灵王入矣！"乙卯夜，弃疾使船人从江上走呼曰：[2]"灵王至矣！"国人愈惊。又使曼成然告初王比及令尹子皙曰：[3]"王至矣！国人将杀君，司马将至矣！君蚤自图，无取辱焉。众怒如水火，不可救也。"初王及子皙遂自杀。丙辰，弃疾即位为王，改名熊居，[4]是为平王。

【注释】〔1〕"初王比"，初王犹言前王，是追说之辞，无谥。 〔2〕此句《左传》昭公十三年作"弃疾使周走而呼曰"，"周"是周遍之义，司马迁读"周"为"舟"，以为船人。 〔3〕"曼成然"，《左传》作"蔓成然"，斗韦龟之子，亦称斗成然，是斗氏后裔，字子旗，灵王夺其邑而使为郊尹，故从子比、子皙、弃疾等叛王，及弃疾即位，为令尹。 〔4〕"改名熊居"，《左传》昭公十三年作"名曰熊居"，"居"与"弃疾"也可能是名、字关系，而不一定是改名。

【译文】这时候楚国虽然已经拥立公子比为王，但害怕灵王重新回来，又没有得到灵王的死讯，所以观从对新立楚王比说："不杀弃疾，即使得到国家也还是会遭受祸害。"楚王说："我不忍心。"观从说："别人将忍心杀您。"楚王不听从，观从于是离去。弃疾返回国中。国人常常夜晚受惊，喊："灵王入城了！"乙卯日夜里，弃疾派船夫从长江边上跑着呼叫："灵王到了！"国人愈发惊恐。弃疾又派曼成然告诉新王比和令尹子皙说："灵王到了！国人将要杀死你，司马弃疾也将要到了！君王早点自谋后路，不要自取凌辱。众人的愤怒如同水火，是无法救的。"新王和令尹子皙于是自杀。丙辰日，弃疾即位为王，改名叫熊居，这就是楚平王。

平王以诈弑两王而自立，[1]恐国人及诸侯叛之，乃施惠百姓。复陈蔡之地而立其后如故，[2]归郑之侵地。[3]存恤国中，[4]修政教。吴以楚乱故，获五率以归。[5]平王谓观从："恣尔所欲。"欲为卜尹，[6]王许之。

【注释】〔1〕"两王"，灵王、初王比。 〔2〕平王即位后，使蔡平侯庐、陈惠公吴回到自己的故地，复立为国（《春秋》经传昭公十三年）。 〔3〕归还郑国以所侵夺的犨、栎等邑（《左传》昭公十三年）。 〔4〕"存恤"，恤音 xù，慰问救济。 〔5〕"率"，通"帅"。楚于上年使荡侯、潘子、司马督、嚣尹午、陵尹喜帅师伐徐以恐吴（《左传》昭公十二年），此年吴乘楚乱，击败楚军，获其五帅（《左传》昭公十三年）。 〔6〕"卜尹"，占卜之官。

【译文】楚平王使用欺诈手段杀死两位楚王而自己即位，所以恐怕国人和诸侯反叛自己，就向百姓施舍恩惠。恢复陈国、蔡国的领地而封立他们的后裔如同从前，归还侵占的土地给郑国。慰问抚恤国中臣民，修明改良政法教令。吴军因为楚国内乱的缘故，俘获楚军五名将领而返回。楚平王对观从说："随你的意愿挑选官职。"观从说想当卜尹，平王答应了他。

初，共王有宠子五人，无適立，〔1〕乃望祭群神，〔2〕请神决之，使主社稷，而阴与巴姬埋璧于室内，〔3〕召五公子斋而入。〔4〕康王跨之，〔5〕灵王肘加之，〔6〕子比、子皙皆远之。〔7〕平王幼，抱其上而拜，压纽。〔8〕故康王以长立，至其子失之；围为灵王，及身而弑；子比为王十余日，子皙不得立，又俱诛。四子皆绝无后。唯独弃疾后立，为平王，竟续楚祀，如其神符。

【注释】〔1〕"適"，通"嫡"，指嫡子。 〔2〕"望祭"，祭祀山川百神。 〔3〕"巴姬"，巴国女子而为共王妾。"璧"，玉器，平圆，正中有孔，边大于孔。 〔4〕"斋"，清心洁身以示庄敬。 〔5〕康王跨璧而过。 〔6〕灵王肘加璧上，只是身子沾了一点边。 〔7〕子比、子皙皆未能挨近璧。 〔8〕"纽"，系在璧上的带扣。

【译文】当初，楚共王有宠爱的儿子五个，但没有嫡长子可立，于是祭祀山川百神，请神来决定立谁为太子，让他来主理国政，就暗中和巴姬在室内埋下玉璧，召见五位公子斋戒沐浴后进入。康王跨璧而过，灵王手肘放在璧上，子比、子皙都远离璧。平王年幼，由人抱着上前跪拜，正好压在璧纽上。所以楚康王凭年长即位，但到他的儿子便失去王位；公子围后来为灵王，到自身为王时就被杀；子比当王十几天，子皙不得即位，又一同被诛杀。四位公子都断子绝孙没有后代。唯独弃疾最后即位，为楚平王，结果继承接续楚国的祭祀，完全如同神灵的符命。

初，子比自晋归，韩宣子问叔向曰：〔1〕"子比其济乎？"对曰："不就。"〔2〕宣子曰："同恶相求，如市贾焉，〔3〕何为不就？"对曰："无与同好，谁与同恶？〔4〕取国有五难：有宠无人，〔5〕一也；有人无主，〔6〕二也；有主无谋，〔7〕三也；有谋而无民，〔8〕四也；有民而无德，〔9〕五也。子比在晋十三年矣，晋、楚之从不闻通者，〔10〕可谓无人矣；族尽亲叛，〔11〕可谓无主矣；无衅而动，〔12〕可谓无谋矣；为羁终世，〔13〕可谓无民矣；亡无爱征，〔14〕可谓无德矣。王虐而不忌，〔15〕子比涉五难以弑君，谁能济之！有楚国者，其弃疾乎，君陈、蔡，〔16〕方城外属焉。〔17〕苟慝不作，〔18〕盗贼伏隐，私欲不违，[19]民无怨心。先神命之，[20]国民信之。芈姓有乱，必季实立，[21]楚之常也。子比之官，则右尹也；数其贵宠，则庶子也；以神所命，则又远之；[22]民无怀焉，将何以立？"宣子曰："齐桓、晋文不亦是乎？"对曰："齐桓，卫姬之子也，[23]有宠于釐公。[24]有鲍叔牙、宾须无、隰朋以为辅，[25]有莒、卫以为外主，[26]有高、国以为内主。[27]从善如流，[28]施惠不倦。有国，不亦宜乎？昔我文公，狐季姬之子也，[29]有宠于献公，好学不倦。生十七年，有士五人，有先大夫子余、子犯以为腹心，[30]有魏犨、贾佗以为股肱，[31]有齐、宋、秦、楚以为外主，[32]有栾、郤、狐、先以为内主。[33]亡十九年，守志弥笃。[34]惠、怀弃民，[35]民从而与之。故文公有国，不亦宜乎？子比无施于民，无援于外，去晋，晋不送；归楚，楚不迎。何以有国！"子比果不终焉，卒立者弃疾，如叔向言也。

【注释】 〔1〕"韩宣子"，晋臣。"叔向"，亦晋臣。〔2〕"不就"，不成功。〔3〕是说与民共同厌恶楚灵王，如同商人互为需求。〔4〕是说与民没有共同喜好的东西，又怎么会有共同厌恶的东西呢？〔5〕有宠于国君但没有贤人辅佐。〔6〕有贤人辅佐但没有靠山。〔7〕有靠山但没有计谋。〔8〕有计谋但没有民众的支持。〔9〕有民众的支持但没有德行。〔10〕晋国和楚国跟随他的人没有听说谁受到重用。〔11〕族人被灭，亲人背叛。〔12〕"衅"，音 xìn，机会，空子。〔13〕"羁"，音 jī，在外作客。〔14〕"爱征"，怀念的征兆。〔15〕王虽暴虐而尚不忌刻。〔16〕弃疾为陈公、蔡公。〔17〕"方城"，楚长城，北起今河南方城北，南至今河南泌阳东。弃疾偕子比等楚人作乱，主要是靠陈、蔡、不羹、许、叶等大县的军队，他们都在方城以外。〔18〕"苛"，繁琐。"慝"，音 tè，邪恶。〔19〕虽有私欲，不违于礼。〔20〕指压纽而拜。〔21〕"季"，幼子。《左传》文公元年楚令尹子上谓"楚国之举，恒在少者"。〔22〕指远璧而拜。〔23〕"卫姬"，卫国女子，姬姓，齐釐公妾。〔24〕"釐公"，齐釐公。〔25〕"鲍叔牙"、"宾须无"、"隰朋"，辅佐齐桓公自莒入齐立为君的三位大臣。隰音 xí。〔26〕"莒"，国名，在今山东莒县，是齐桓公入齐立为君之前的出亡之地。"卫"，是桓公母亲卫姬的娘家。"外主"，国外的靠山。〔27〕"高、国"，齐贵族，《潜夫论·志氏姓》以为姜姓。"内主"，国内的靠山。〔28〕择善而从，如水流不止。〔29〕"狐季姬"，狐戎之女，姬姓，晋献公妾。〔30〕"子余"，赵衰的字。"子犯"，狐偃的字，狐偃是晋文公的舅舅。〔31〕"魏犨"，犨音 chōu，即魏武子。"股肱"，股，大腿；肱音 gōng，手臂。晋文公之贤士五人除赵衰、狐偃、魏犨、贾佗，还有先轸，参看《晋世家》。〔32〕晋文公即位前，流亡在外，回到晋国是得到这些国家的帮助。〔33〕指栾枝、郤縠（音 xì hú）、狐突、先轸（轸音 zhěn）。〔34〕坚持自己的志向更加专一。〔35〕"惠、怀"，晋惠公、晋怀公。

【译文】 当初，子比从晋国归来，晋国的韩宣子问叔向道："子比能实现目的吗？"叔向回答说："不会成功。"韩宣子说："子比和国人共同憎恶楚灵王而互相需求，有如市场商贾做买卖，为什么不会成功？"叔向回答说："没有人和子比有共同的爱好，又有谁和他有共同的憎恶？取得国家有五难：有君主的宠幸但没有辅佐的贤人，是一难；有辅佐的贤人而没有靠山，是二难；有内外的靠山而没有谋略，是三难；有谋略而没有民众，是四难；有民众而没有德行，是五难。子比在晋国十三年了，他在晋国、楚国的随从没听说有出名的，可以说是没有辅佐的贤人了；族人夷灭亲戚背叛，可以说是没有靠山了；没有可乘之机却轻举妄动，可以说是没有谋略了；在外寓居一辈子，可以说是没有民众了；流亡在外而无人怀念，可以说是没有德行了。灵王暴虐但不忌刻，子比兼有五难来弑君犯上，谁能助佑他！能有楚国的，那是弃疾吧！统领陈、蔡之地，方城之外归属于他。扰民邪恶的事没有发生，偷盗强贼销声匿迹，虽有私人欲望但不违背礼义，民众没有怨恨心理。祖先神灵授命给他，国家民众信任他。芈姓出现变乱，最终必定幼子即位，这是楚国的常事。子比的官位，只是右尹；论他的权势宠幸，只是庶出的儿子；按照神灵的符命，则又远离玉璧；民众不怀念他，将靠什么来即位呢？"韩宣子说："齐桓公、晋文公不也这样吗？"叔向回答说："齐桓公是卫姬的儿子，得到齐釐公的宠爱。有鲍叔牙、宾须无、隰朋作为辅佐，有莒国、卫国作为外面的靠山，有高子、国子作为内部的靠山。乐于听取意见从善如流，布施恩惠不知疲倦。齐桓公能有齐国，不也应该吗？从前我们的晋文公，是狐季姬的儿子，得到晋献公的宠爱，喜好学习乐此不倦。长到十七岁，有贤士五人，有先大夫子余、子犯作为心腹知己，有魏犨、贾佗作为左膀右臂，有齐国、宋国、秦国、楚国作为外部的靠山，有栾氏、郤氏、狐氏、先氏作为内部的靠山。流亡十九年，恪守志向历久弥坚。晋惠公、晋怀公离弃百姓，百姓追随他而帮助他。所以晋文公享有国家，不也应该吗？子比对百姓没有施舍，在外面没有援助，离开晋国，晋人不护送；回归楚国，楚人不迎接。怎么会有国家！"子比果真不得善终，最后即位的是弃疾，如同叔向所说的那样。

平王二年，[1]使费无忌如秦为太子建取妇。[2]妇好，来，未至，无忌先归，说平王曰："秦女好，可自娶，为太子更求。"平王听之，卒自娶秦女，生熊珍。[3]更为太子娶。是时伍奢为太子太傅，[4]无忌为少傅。[5]无忌无宠于太子，常谗恶太子建。[6]建时年十五矣，其母蔡女也，[7]无宠于王，王稍益疏外建也。

【注释】〔1〕据《左传》昭公十九年，楚娶秦女是在平王六年。 〔2〕"费无忌"，楚大夫，太子建少傅。"太子建"，字子木，平王为蔡公时与蔡女所生，平王六年，因遭费无忌谗害而奔宋，七年复居郑，后因与晋人谋袭郑，被郑人杀死。"取"，通"娶"。 〔3〕"熊珍"，后立为昭王，《左传》昭公二十六年名壬，《春秋》、《公羊传》、《谷梁传》哀公六年名轸，《越王勾践世家》、《伍子胥列传》亦作轸。 〔4〕"伍奢"，伍举之子，伍员之父。"太傅"，辅导太子之官，《左传》昭公二十年作"师"。 〔5〕"少傅"，也是辅导太子之官，《左传》昭公二十年作

"少师"。〔6〕"谗恶"，说坏话。 〔7〕据《左传》昭公十九年，太子建母为郧阳封人之女，郧阳为蔡邑（在今河南新蔡）。

【译文】 楚平王二年，派遣费无忌前往秦国为太子建迎娶媳妇。那个女人长得姣美，前来楚国，还没到达，费无忌先返回，劝说平王道："秦国女子长得好，可以自己娶，给太子另外找一位。"平王听从他的话，结果自己娶了秦国女子，生下熊珍。另外给太子娶妻。当时伍奢任太子太傅，费无忌任少傅。费无忌不受太子宠幸，经常进谗言诬陷太子建。太子建当时年纪十五岁了，他的母亲是蔡国女子，不受平王宠幸，平王逐渐疏远排斥太子建。

六年，使太子建居城父，〔1〕守边。无忌又日夜谗太子建于王曰：〔2〕"自无忌入秦女，太子怨，亦不能无望于王，〔3〕王少自备焉。且太子居城父，擅兵，外交诸侯，且欲入矣。"平王召其傅伍奢责之。伍奢知无忌谗，乃曰："王奈何以小臣疏骨肉？"无忌曰："今不制，后悔也。"于是王遂囚伍奢。乃令司马奋扬召太子建，〔4〕欲诛之。太子闻之，亡奔宋。〔5〕

【注释】〔1〕"城父"，楚邑，在今河南宝丰东。 〔2〕自此至"亡奔宋"，据《十二诸侯年表》及《左传》昭公二十年，为平王七年事。 〔3〕"望"，通"諅"（音 wàng），怨责。〔4〕"司马奋扬"，据《左传》昭公二十年，奋扬是城父的司马。 〔5〕据《左传》昭公二十年，太子建出亡乃是奋扬派人通知放走的。

【译文】 六年，楚平王派太子建居住城父，守卫边疆。费无忌又日夜向平王说太子建的坏话道："自从费无忌送入秦国女子，太子怨恨我，也不能不怨恨大王，大王对此要自己稍加防范。况且太子居住在城父，独揽兵权，对外交结诸侯，将打算入宫为王了。"平王召见太子的太傅伍奢责备他。伍奢知道是费无忌在进说谗言，于是说："大王怎么能因为小臣的话而疏远自己的骨肉？"无忌说："如今不制裁，日后就会悔恨。"于是平王就囚禁伍奢。接着命令司马奋扬召见太子建，准备诛杀他。太子闻讯，逃亡投奔宋国。

无忌曰："伍奢有二子，不杀者为楚国患。盍以免其父召之，〔1〕必至。"于是王使使谓奢："能致二子则生，不能将死。"奢曰："尚至，〔2〕胥不至。"〔3〕王曰："何也？"奢曰："尚之为人，廉，死节，慈孝而仁，闻召而免父，必至，不顾其死。胥之为人，智而好谋，勇而矜功，知来必死，必不来。然为楚国忧者必此子。"于是王使人召之，曰："来，吾免尔父。"伍尚谓伍胥曰："闻父免而莫奔，不孝也；父戮莫报，无谋也；度能任事，知也。〔4〕子其行矣，我其归死。"伍尚遂归。伍胥弯弓属矢，〔5〕出见使者，曰："父有罪，何以召其子为？"将射，使者还走，遂出奔吴。伍奢闻之，曰："胥亡，楚国危哉。"楚人遂杀伍奢及尚。

【注释】〔1〕"盍"，音 hé，何不。 〔2〕"尚"，伍尚，伍奢长子，为棠君。 〔3〕"胥"，伍员，字子胥，伍奢次子，见《伍子胥列传》。 〔4〕"知"，同"智"。 〔5〕"弯弓属矢"，弯弓搭箭。

【译文】无忌说："伍奢有两个儿子，不杀死会成为楚国的祸患。何不用赦免他们父亲作为条件召见他们，他们必定到达。"于是平王派使者对伍奢说："你能让两个儿子到来就能活命，不能的话将去死。"伍奢说："伍尚会到，伍胥不会到。"平王说："什么原因呢？"伍奢说："伍尚的为人，正直不阿，舍身守节，慈爱孝顺而仁义，听说召见而能赦免父亲，必定到达，不顾自己的死。伍胥的为人，聪明而善于谋略，勇敢而好大喜功，知道来的话必死无疑，肯定不来。因此成为楚国忧患的必定是这个儿子。"于是平王派人召见他们，说："来的话，我赦免你们的父亲。"伍尚对伍胥说："听说父亲能获赦免而没人奔赴，是不孝；父亲被杀戮而没人报仇，是无谋；估量才能委任事务，是知。你就走吧，我将回去赴死。"伍尚于是归来。伍胥挽弓搭箭，出来面见使者，说："父亲有罪，为什么召见他的儿子呢？"将要发射，使者回头逃跑，伍胥于是出奔吴国。伍奢闻讯，说："伍胥流亡在外，楚国危险了。"楚王就杀了伍奢和伍尚。

十年，楚太子建母在居巢，〔1〕开吴。〔2〕吴使公子光伐楚，〔3〕遂败陈、蔡，〔4〕取太子建母而去。〔5〕楚恐，城郢。初，吴之边邑卑梁与楚边邑钟离小童争桑，〔6〕两家交怒相攻，灭卑梁人。卑梁大夫怒，发邑兵攻钟离。楚王闻之怒，发国兵灭卑梁。吴王闻之大怒，亦发兵，使公子光因建母家攻楚，遂灭钟离、居巢。楚乃恐而城郢。〔7〕

【注释】〔1〕"居巢"，在今安徽巢县东北，《左传》昭公二十三年作"郧"，即其母家郧阳。 〔2〕"开"，开城门而令敌人。 〔3〕"公子光"，即位后为吴王阖庐，见《吴太伯世家》。 〔4〕据《春秋》经传，此即吴、楚鸡父之役，吴所败除楚、陈、蔡，还有顿、胡、沈、许四国。 〔5〕据《春秋》经传，鸡父之役在秋七月，吴取太子建母在冬十月，此合并书之。 〔6〕"卑梁"，地近钟离。"钟离"，在今安徽凤阳东北。《吴太伯世家》作"楚边邑卑梁氏之处女与吴边邑之女争桑"，以卑梁为楚邑，与此不同，应以此为是。 〔7〕据《左传》昭公二十三年、二十四年，楚城郢在平王十年，吴灭钟离、居巢在平王十一年。

【译文】楚平王十年，楚太子建母亲住在居巢，勾结吴人。吴王派遣公子光攻伐楚国，于是击败陈、蔡的军队，接走太子建的母亲而离开。楚人害怕，修筑加固郢城。起初，吴国边邑卑梁和楚国边邑钟离的小孩争夺桑叶，那两家人因此都发怒而互相攻打，钟离那家人杀灭了卑梁的一家人。卑梁大夫很愤怒，发动邑中军队攻打楚国的钟离。楚王闻讯大怒，调发国都军队攻灭卑梁。吴王闻讯勃然大怒，也调发军队，派公子光利用太子建母家攻打楚国，于是攻下钟离、居巢。楚人于是恐慌而加固郢城。

十三年，平王卒。将军子常曰：[1]"太子珍少，且其母乃前太子建所当娶也。"欲立令尹子西。[2]子西，平王之庶弟也，[3]有义。子西曰："国有常法，更立则乱，言之则致诛。"乃立太子珍，是为昭王。

【注释】〔1〕"将军子常"，即囊瓦（字子常）。囊瓦是庄王子子囊（公子贞）的后代，以子囊的字为氏，平王十年接替阳匄（子瑕）为令尹（《左传》昭公二十三年）。〔2〕"令尹子西"，即公子申（字子西）。据《左传》定公四年及六年，子西为令尹是在子常奔郑（见下文）之后，此时为令尹者仍是子常。〔3〕《左传》昭公二十六年杜预注谓子西是平王长庶，《国语·楚语下》亦谓子西是平王之子、昭王之庶兄。

【译文】十三年，楚平王去世。将军子常说："太子珍年纪小，况且他的母亲是前太子建所应娶的。"想拥立令尹子西为王。子西是楚平王的庶出弟弟，有仁义。子西说："国家有通常的法度，改立他人为王就会出乱子，谈论这种事就会招致杀身之祸。"于是拥太子珍为王，这就是楚昭王。

昭王元年，楚众不说费无忌，以其谗亡太子建，杀伍奢子父与郤宛。[1]宛之宗姓伯氏子嚭及子胥皆奔吴，[2]吴兵数侵楚，楚人怨无忌甚。楚令尹子常诛无忌以说众，众乃喜。

【注释】〔1〕"子父"，父子。"郤宛"，郤音 xì，字子恶，楚之左尹。昭王元年，被费无忌谗害自杀。〔2〕"伯氏子嚭"，嚭音 pǐ，即下文"伯嚭"。按郤宛出自晋公族郤氏，《潜夫论·志氏姓》谓郤氏别支有伯氏。

【译文】楚昭王元年，楚国众臣不喜欢费无忌，因为他进谗言让太子建流亡在外，并杀死伍奢父子和郤宛。郤宛同宗伯氏的儿子嚭和子胥都出奔吴国，吴国军队多次侵略楚国，楚人因此怨恨费无忌更加厉害。楚国令尹子常诛杀费无忌来取悦众臣，众臣才高兴。

四年，吴三公子奔楚，[1]楚封之以捍吴。[2]五年，吴伐取楚之六、潜。[3]七年，[4]楚使子常伐吴，吴大败楚于豫章。[5]

【注释】〔1〕《左传》昭公三十年作"二公子奔楚"，二公子即掩馀、烛庸。昭王元年，吴乱，掩馀奔徐，烛庸奔钟离，吴使徐人、钟离人执之，故奔楚。〔2〕"捍"，抵御。 〔3〕"六"，在今安徽六安北。"潜"，在今安徽霍山东北，皆楚邑。 〔4〕据《左传》定公二年应作"八年"。 〔5〕"豫章"，古地区名，大约在汉水东、江水北、淮水南。

【译文】四年，吴国三位公子逃奔楚国，楚昭王封立他们来抵御吴军。五年，吴军攻伐取得楚国的六、潜。七年，楚昭王派遣子常攻伐吴国，吴军在豫章大败楚军。

十年冬，吴王阖闾、伍子胥、伯嚭与唐、蔡俱伐楚，[1]楚大败，吴兵遂入郢，辱平王之墓，以伍子胥故也。吴兵之来，楚使子常以兵迎之，夹汉水阵。吴伐败子常，子常亡奔郑。楚兵走，吴乘胜逐之，五战及郢。[2]己卯，[3]昭王出奔。庚辰，[4]吴人入郢。

【注释】〔1〕"吴王阖闾"，阖闾音 hé lǘ，亦作阖庐，见《吴太伯世家》。"伍子胥"，即上文"伍胥"。"伯嚭"，即上文"伯氏子嚭"。"唐"，姬姓小国，在今湖北随州西北唐城镇。〔2〕据《左传》定公四年吴、楚"自小别至于大别"凡三战，吴又败楚于柏举，败楚于雍澨，是谓"五战及郢"。 〔3〕据《左传》定公四年，这是该年十一月己卯日。 〔4〕己卯的次日。

【译文】十年冬天，吴王阖闾、伍子胥、伯嚭和唐军、蔡军一同攻伐楚国，楚军大败，吴军于是进入郢都，凌辱楚平王的墓，因为伍子胥的缘故。吴军前来，楚昭王派遣子常领兵迎敌，隔着汉水布阵。吴军进攻打败子常，子常逃亡投奔郑国。楚兵逃跑，吴军乘胜追逐，五次交战追到郢都。己卯日，楚昭王出都逃奔。庚辰日，吴人进入郢都。

昭王亡也至云梦。[1]云梦不知其王也，射伤王。[2]王走郧。[3]郧公之弟怀曰：[4]"平王杀吾父，[5]今我杀其子，不亦可乎？"郧公止之，然恐其弑昭王，乃与王出奔随。吴王闻昭王往，即进击随，谓随人曰："周之子孙封于江汉之间者，楚尽灭之。"[6]欲杀昭王。王从臣子綦乃深匿王，[7]自以为王，谓随人曰："以我予吴。"随人卜予吴，不吉，乃谢吴王曰："昭王亡，不在随。"吴请入自索之，随不听，吴亦罢去。

【注释】〔1〕"云梦"，古薮泽名，大约在长江流经今湖北江陵至武汉一段的南北两岸。〔2〕《左传》定公四年作"以戈击王"。〔3〕"郧"，音 yún，楚灭郧所置县，在今湖北安陆。〔4〕"郧公"，郧县的县公，名斗辛。〔5〕斗辛、斗怀之父斗成然（亦称蔓成然）是被平王所杀。〔6〕随是江汉之间周所封同姓国之一，吴也是周所封同姓国。《左传》僖公二十八年："汉阳诸姬，楚实尽之。"吴以此激怒随，使之叛楚。〔7〕"子綦"，綦音 qí，《左传》定公四年作"子期"，昭王兄公子结之字。

【译文】楚昭王逃亡到达云梦。云梦人不认识他是楚王，用箭射伤了昭王。昭王逃奔郧县。郧公的弟弟斗怀说："平王杀死我们的父亲，现在我杀死他的儿子，不也可以吗？"郧公阻止他，但还怕他杀昭王，于是就和昭王出奔随国。吴王听说昭王前往随国，立即进兵攻击随国，对随人说："周王子孙分封在长江、汉水之间的国家，楚人全部吞灭了它们。"随君准备杀死昭王。昭王身边的侍从大臣子綦就将昭王深藏起来，自己装作昭王，对随人说："把我交给吴国。"随人对将昭王给吴国这件事进行占卜，结果是不吉利，于是谢绝吴王说："昭王逃亡了，不在随地。"吴人要求进入随都自己搜索，随人不答应，吴军也就撤兵离去。

昭王之出郢也，使申鲍胥请救于秦。〔1〕秦以车五百乘救楚，楚亦收余散兵，与秦击吴。十一年六月，败吴于稷。〔2〕会吴王弟夫概见吴王兵伤败，〔3〕乃亡归，自立为王。阖闾闻之，引兵去楚，归击夫概。夫概败，奔楚，楚封之堂谿，〔4〕号为堂谿氏。

【注释】〔1〕"申鲍胥"，楚大夫，《左传》定公四年作"申包胥"，《战国策·楚一》作"棼冒勃苏"，棼冒即蚡冒，勃苏与包胥音近，是其出于蚡冒之后，申是氏，鲍胥是名。〔2〕"稷"，在今河南桐柏。〔3〕"夫概"，阖闾弟，《左传》称"夫概王"。〔4〕"堂谿"，《左传》作"棠溪"，在今河南西平西。

【译文】楚昭王逃出郢都的时候，派大臣申鲍胥到秦国请求救援。秦国出动战车五百辆援救楚国，楚人也收集残余散兵，与秦军一道攻击吴军。十一年六月，在稷击败吴军。恰好吴王弟弟夫概看到吴王军队损伤战败，就逃跑返回国都，自己立为吴王。阖闾闻讯，领兵离开楚地，返回攻击夫概。夫概战败，逃奔楚国，楚昭王将他封在堂谿，号称堂谿氏。

楚昭王灭唐。九月，〔1〕归入郢。十二年，吴复伐楚，取番。〔2〕楚恐，去郢，北徙都鄀。〔3〕

【注释】〔1〕《左传》定公五年作"十月"。〔2〕《左传》定公六年作"吴大子终累败楚舟帅，获潘子臣、小惟子及大夫七人"，杜注以潘子臣、小惟子为楚舟师之帅，司马迁似以潘子臣为番君，所以书作"取番"。 〔3〕"都"，楚邑，在今湖北宜城东南。都在郢之北。

【译文】楚昭王灭亡唐国。九月，回国进入郢都。十二年，吴军再次攻伐楚国，夺取番。楚昭王恐慌，离开郢都，往北将国都迁到都。

十六年，孔子相鲁。〔1〕二十年，楚灭顿，〔2〕灭胡。〔3〕二十一年，〔4〕吴王阖闾伐越。越王勾践射伤吴王，〔5〕遂死。吴由此怨越而不西伐楚。

【注释】〔1〕夹谷之会，孔子为相（赞礼者）。 〔2〕"顿"，姬姓小国，在今河南商水东南。 〔3〕"胡"，归姓小国，在今安徽阜阳。《春秋》经传及本书《十二诸侯年表》灭胡在次年。 〔4〕"二十一年"，据《左传》定公十四年及本书《十二诸侯年表》，吴伐越在上年。 〔5〕《左传》定公十四年作"灵姑浮以戈击阖庐，阖庐伤将指"。

【译文】十六年，孔子在夹谷之会中担任鲁国的赞礼官。二十年，楚国灭亡顿国，灭亡胡国。二十一年，吴王阖闾攻伐越国。越王勾践用箭射伤吴王，吴王阖闾随即死去。吴国从此怨恨越国而不向西攻伐楚国。

二十七年春，吴伐陈，楚昭王救之，军城父。十月，〔1〕昭王病于军中，有赤云如鸟，夹日而蜚。〔2〕昭王问周太史，〔3〕太史曰："是害于楚王，然可移于将相。"〔4〕将相闻是言，乃请自以身祷于神。昭王曰："将相，孤之股肱也，今移祸，庸去是身乎！"〔5〕弗听。卜而河为祟，〔6〕大夫请祷河。昭王曰："自吾先王受封，望不过江、汉，〔7〕而河非所获罪也。"止不许。孔子在陈，〔8〕闻是言，曰："楚昭王通大道矣。其不失国，宜哉！"

【注释】〔1〕"十月"，据《左传》哀公六年是"七月"之误。 〔2〕"蜚"，同"飞"。 〔3〕"太史"，史官之长。 〔4〕"将相"，楚最高行政长官称令尹，最高军事长官称司马，《左传》哀公六年作"可移于令尹、司马"。 〔5〕"庸"，岂，难道。"是身"，指王身。 〔6〕《左传》哀公六年作"初，昭王有疾，卜曰'河为祟'"。应是追记之言。"河"，黄河。"祟"，音 sui，鬼神作怪害人。 〔7〕"望"，祭祀山川。楚祭祀山川只限于江、汉等河流，黄河不在其内。 〔8〕孔子在陈凡两次，一次在定公十五年至哀公二年，一次在哀公二年至四年，均先于此年。这里所说卜疾之事，传文有"初"字，昭王有疾并孔子语应在此年之前。

【译文】二十七年春季，吴军攻伐陈国，楚昭王出兵救陈，驻扎在城父。十月，昭王在军中患病，看到天上有赤云如同鸟一样，绕着太阳而飞翔。昭王问周太史，太史说："这对楚王有危害，然而可以转移到将相身上。"将相听说这话，就请求用自己的身体代王受灾而向神灵祈祷。昭王说："将相，是我的大腿手臂，如今转移灾祸给将相，难道算是让灾祸离开我的身体吗！"不准许。占卜后知道是河神作祟，大夫请求向黄河祈祷消灾免祸。昭王说："自从我的先王受封以来，祭祀的山川之神不超过长江、汉水的范围，而黄河不是我该获罪的河流啊。"制止而不许向黄河祈祷。孔子在陈国，听到这话，说："楚昭王堪称通晓大道埋了。他没有失去国家，是应该的啊！"

中華藏書

世家十五篇（精选）

中国书店

昭王病甚，乃召诸公子大夫曰："孤不佞，再辱楚国之师，今乃得以天寿终，孤之卒也。"让其弟公子申为王，[1]不可。又让次弟公子结，[2]亦不可。乃又让次弟公子间，[3]五让，乃后许为王。将战，庚寅，昭王卒于军中。子间曰："王病甚，舍其子让群臣，臣所以许王，以广王意也。今君王卒，臣岂敢忘君王之意乎！"乃与子西、子綦谋，伏师闭涂，[4]迎越女之子章立之，[5]是为惠王。然后罢兵归，葬昭王。

【注释】〔1〕"公子申"，即子西。 〔2〕"公子结"，即子綦。 〔3〕"公子间"，公子启字子间。据《左传》哀公六年杜预注，三公子皆非昭王弟而为昭王兄。 〔4〕"伏师闭涂"，隐蔽军队，封锁道路。 〔5〕"越女"，昭王妾。

【译文】楚昭王病情加重，于是召见各位公子大夫说："我不成才，两次让楚国军队蒙受耻辱，现在居然能享受天年而寿终正寝，是我的幸运啊。"昭王让位给他弟弟公子申，使他为王，公子申不答应。又要让位给二弟公子结，公子结也不答应。于是又让位给三弟公子间，公子间五次推让，才最后应许为王。将要交战，庚寅日，楚昭王在军中去世。子间说："昭王病得很重，舍弃自己的儿子而让位给众大臣，臣之所以应许昭王，是为了发扬光大昭王的意志。如今君王去世，臣子岂敢忘却君王的意志呢！"于是与子西、子綦商议，埋伏军队封锁道路，迎接昭王和越女所生的儿子章，拥立他即位，这就是楚惠王。然后撤兵返回，安葬楚昭王。

惠王二年，子西召故平王太子建之子胜于吴，[1]以为巢大夫，[2]号曰白公。[3]白公好兵而下士，欲报仇。六年，白公请兵令尹子西伐郑。初，白公父建亡在郑，郑杀之，白公亡走吴，[4]子西复召之，故以此怨郑，欲伐之。子西许而未为发兵。八年，[5]晋伐郑，郑告急楚，楚使子西救郑，受赂而去。[6]白公胜怒，乃遂与勇力死士石乞等袭杀令尹子西、子綦于朝，[7]因劫惠王，置之高府，[8]欲弑之。惠王从者屈固负王亡走昭王夫人宫。[9]白公自立为王。月余，会叶公来救楚，[10]楚惠王之徒与共攻白公，杀之。[11]惠王乃复位。是岁也，[12]灭陈而县之。

【注释】〔1〕"胜"，《国语·楚语下》作"王孙胜"。 〔2〕《伍子胥列传》作"胜居楚边邑鄢为白公"。"鄢"，在今河南鄢城。 〔3〕"白"，楚县，在今河南息县东。 〔4〕《伍子胥列传》谓胜与伍子胥一起奔吴，据此则误，胜奔吴与子胥奔吴可能只是时间相近。 〔5〕据《春秋》经传哀公十五年应作"九年"。 〔6〕"赂"，音lù，财货。 〔7〕"朝"，朝廷。 〔8〕"高府"，楚府名。府是古代的财政机关。 〔9〕"屈固"，《伍子胥列传》作"石乞从者"，《左传》哀公十六年作"圉公阳"。"昭王夫人"，即上"越女"，惠王母。 〔10〕"叶公"，即沈诸梁，字子高，沈尹戌之子，叶县的县公。叶在今河南叶县南。 〔11〕据《左传》哀公十六年，白公是自杀而死。 〔12〕据《左传》哀公十七年，当惠王十一年。

【译文】楚惠王二年，子西从吴国召来原平王太子建的儿子胜，任命他为巢大夫，号称白公。白公喜好军事而且礼贤下士，想报父亲的仇。六年，白公向令尹子西请求出兵攻伐郑国。当初，白公的父亲建流亡在郑国，郑人杀了他，白公逃亡奔赴吴，子西又召见他，所以白公因此怨恨郑国，想要攻伐郑国。子西答应但没有为此发兵。八年，晋军攻伐郑国，郑人向楚国告急，楚惠王派子西领兵救援郑国，子西接受贿赂而离开郑国。白公胜发怒，于是就和勇猛有力的敢死壮士石乞等人在朝廷袭击杀死令尹子西、子綦，乘机劫持楚惠王，将他安置在高府，打算杀死惠王。惠王的侍从屈固背着惠王逃跑到昭王夫人宫。白公自己立为楚王。一个多月后，遇到叶公前来救助楚王，楚惠王的徒众与叶公共同进攻白公，杀死了他。楚惠王于是复位。这一年，楚国灭亡陈国而设置县。

十三年，吴王夫差强，陵齐、晋，来伐楚。十六年，越灭吴。四十二年，楚灭蔡。[1]四十四年，楚灭杞。与秦平。是时越已灭吴而不能正江、淮北；[2]楚东侵，广地至泗上。[3]

【注释】〔1〕这是楚第二次灭蔡，蔡第一次被灭在灵王十年。 〔2〕"正"，平定。 〔3〕"广地"，扩大土地。"泗上"，泗音sì，泗水之滨。泗水在今山东省中部。

【译文】十三年，吴王夫差国力强大，凌驾于齐国、晋国之上，前来攻伐楚国。十六年，越国灭亡吴国。四十二年，楚国灭亡蔡国。四十四年，楚国灭亡杞国。与秦国媾和。这时越国已经灭亡吴国但不能统治长江、淮河以北地区；楚军向东侵略，扩展土地到达泗水之滨。

五十七年，惠王卒，子简王中立。[1]

【注释】〔1〕"中",《六国年表》作"仲"。

【译文】五十七年，楚惠王去世，儿子简王中即位。

简王元年，北伐灭莒。八年，魏文侯、韩武子、赵桓子始列为诸侯。〔1〕

【注释】〔1〕魏、韩、赵三国正式被周天子策命为诸侯是在楚声王五年，此所记有误。

【译文】楚简王元年，出兵北伐灭亡莒国。八年，魏文侯、韩武子、赵桓子开始正式受封列为诸侯。

二十四年，简王卒，子声王当立。声王六年，盗杀声王，子悼王熊疑立。〔1〕悼王二年，三晋来伐楚，至乘丘而还。〔2〕四年，楚伐周。〔3〕郑杀子阳。〔4〕九年，伐韩，取负黍。〔5〕十一年，三晋伐楚，败我大梁、榆关。〔6〕楚厚赂秦，与之平。二十一年，悼王卒，子肃王臧立。

【注释】〔1〕"疑"，《六国年表》作"类"。 〔2〕"乘丘"，乘音 shèng，鲁地，在今山东曲阜西北。 〔3〕《六国年表》记此年楚"败郑师，围郑"，无伐周之事。 〔4〕"子阳"，郑相驷子阳。 〔5〕"负黍"，此时为韩邑，在今河南登封西南。 〔6〕"大梁"，魏邑，在今河南开封西北。"榆关"，《索隐》谓"此榆关当在大梁之西也"。

【译文】二十四年，楚简王去世，儿子声王当即位。楚声王六年，盗贼杀死声王，儿子悼王熊疑即位。悼王二年，韩、赵、魏三国军队前来攻伐楚国，到达乘丘而回转。四年，楚军攻伐周王室。郑国杀死国相子阳。九年，楚军攻伐韩国，取得负黍。十一年，韩、赵、魏三国军队攻伐楚国，在大梁、榆关打败楚军。楚国用厚礼贿赂秦国，与秦国媾和。二十一年，楚悼王去世，儿子肃王臧即位。

肃王四年，蜀伐楚，〔1〕取兹方。〔2〕于是楚为扞关以距之。〔3〕十年，魏取我鲁阳。〔4〕十一年，肃王卒，无子，立其弟熊良夫，〔5〕是为宣王。

【注释】〔1〕"蜀"，古国名，在今四川成都地区。〔2〕"兹方"，不详。《正义》引《古今地名》谓"荆州松滋县古鸠兹地，即楚兹方是也"（松滋，在今湖北松滋西北）。 〔3〕"扞关"，楚关名，在今湖北长阳西。"距"，通"拒"。 〔4〕"鲁阳"，楚邑，在今河南鲁山。

〔5〕《汉书·古今人表》注为"肃王子"。

【译文】楚肃王四年，蜀国军队攻伐楚国，夺取兹方。于是楚国设置扞关来抵抗蜀军。十年，魏军夺取楚国鲁阳。十一年，肃王去世，没有儿子，立他的弟弟熊良夫为王，这就是楚宣王。

宣王六年，周天子贺秦献公。秦始复强，而三晋益大，魏惠王、齐威王尤强。三十年，秦封卫鞅于商，〔1〕南侵楚。是年，宣王卒，子威王熊商立。

【注释】〔1〕"卫鞅"，封于商，称商鞅，见《商君列传》。"商"，秦邑，在今陕西商县东南。

【译文】楚宣王六年，周天子向秦献公祝贺秦军获胜。秦国开始再次强盛起来，同时韩、赵、魏三国日益壮大，魏惠王、齐威王尤其强大。三十年，秦国把商封给卫鞅，出兵南下侵犯楚国。当年，楚宣王去世，儿子楚威王熊商即位。

威王六年，周显王致文武胙于秦惠王。〔1〕

【注释】〔1〕"文武胙"，祭祀周文王、周武王的祭肉。胙音 zuò。

【译文】楚威王六年，周显王把作为供品祭祀周文王、周武王的肉赐送给秦惠王。

七年，齐孟尝君父田婴欺楚，〔1〕楚威王伐齐，败之于徐州，〔2〕而令齐必逐田婴。田婴恐，张丑伪谓楚王曰：〔3〕"王所以战胜于徐州者，田盼子不用也。〔4〕盼子者，有功于国，而百姓为之用。婴子弗善而用申纪。〔5〕申纪者，大臣不附，百姓不为用，故王胜之也。今王逐婴子，婴子逐，盼子必用矣。复搏其士卒以与王遇，〔6〕必不便于王矣。"楚王因弗逐也。

【注释】〔1〕"孟尝君"，田文。"田婴"，田文之父，号靖郭君，齐威王子，齐宣王庶弟，见《孟尝君列传》。〔2〕"徐州"，齐邑，《纪年》云"梁惠王三十年，下邳迁于薛，改名徐州"（《孟尝君列传正义》引），在今山东滕县东南。〔3〕"张丑"，齐臣。〔4〕"田盼子"，齐臣，即田盼。《田敬仲完世家》"盼"作"朌"。〔5〕"婴子"，即田婴。"申纪"，齐臣，

《战国策·齐一》作"申缚"。〔6〕"搏"，应是"抟"字之误。《田敬仲完世家》："冯因抟三国之兵。"抟是使士卒齐一之义。《战国策·齐一》作"整"，是整齐之义，与"抟"字含义相近。

【译文】七年，齐国孟尝君的父亲田婴欺骗楚国，楚威王领兵攻伐齐国，在徐州击败齐军，接着命令齐国必须驱逐田婴。田婴恐慌，张丑设诈对楚威王说："大王之所以能在徐州战胜齐军，是因为田盼子没有起用。田盼子，对齐国有功，而且百姓愿为他效力。田婴与田盼关系不好而任用申纪。申纪这个人，大臣不亲附，百姓不愿意为他效力，所以大王能战胜齐军。如今大王驱逐田婴，田婴一旦被驱逐，田盼子必定起用了。齐人重新聚集他们的士卒来与大王相遇，必定对大王不利了。"楚王因此就不再要求驱逐田婴。

十一年，威王卒，子怀王熊槐立。〔1〕魏闻楚丧，伐楚，取我陉山。〔2〕

【注释】〔1〕"熊槐"，秦《诅楚文》作"熊相"。〔2〕"陉山"，山名，在今河南新郑西南。《六国年表》、《魏世家》并云败楚于陉山，《史记志疑》认为"取"当作"败"。

【译文】十一年，楚威王去世，儿子怀王熊槐即位。魏国闻知楚王的丧讯，出兵攻伐楚国，夺取楚国陉山。

怀王元年，张仪始相秦惠王。〔1〕四年，秦惠王初称王。

【注释】〔1〕"张仪"，魏人，战国时期著名的纵横家，见《张仪列传》。

【译文】楚怀王元年，张仪开始任秦惠王的相。四年，秦惠王初次称王。

六年，楚使柱国昭阳将兵而攻魏，〔1〕破之于襄陵，〔2〕得八邑。又移兵而攻齐，齐王患之。陈轸适为秦使齐，齐王曰："为之奈何？"陈轸曰："王勿忧，请令罢之。"即往见昭阳军中，曰："愿闻楚国之法，破军杀将者何以贵之？"昭阳曰："其官为上柱国，封上爵执珪。"〔3〕陈轸曰："其有贵于此者乎？"昭阳曰："令尹。"陈轸曰："今君已为令尹矣，〔4〕此国冠之上。〔5〕臣请得譬之。人有遗其舍人一卮酒者，〔6〕舍人相谓曰：'数人饮此，不足以徧，请遂画地为蛇，蛇先成者独饮之。'一人曰：'吾蛇先成。'举酒而起，曰：'吾能为之足。'及其为之足，而后成人夺之酒而饮之，曰：'蛇固无足，今为之足，是非蛇也。'今君相楚而攻魏，破军杀将，功莫大焉，冠之上不可以加矣。今又移兵而攻齐，攻齐胜之，官爵不加于此；攻之不胜，身死爵夺，有毁于楚。此为蛇为足之说也。不若引兵而去以德齐，此持满之术也。"〔7〕昭阳曰："善。"引兵而去。

【注释】〔1〕"柱国"，楚最高军事长官往往称上柱国。"昭阳"，据出土鄂君启节，襄陵之役昭阳为楚之大司马。昭氏为楚公族。 〔2〕"襄陵"，魏邑，在今河南睢县。 〔3〕"陈轸"，轸音 zhěn，见《张仪列传》。 "执珪"，珪音 guī，楚爵称中的最高一级。 〔4〕据此，昭阳于襄陵之役后为令尹，令尹位在司马之上，是除王以外的最高的官职。 〔5〕"国冠"，指居高位者。 〔6〕"遗"，音 wèi，赠送。"舍人"，近臣。"卮"，音 zhī，酒器名。 〔7〕"持满"，掌握成功的限度，又叫"持盈"。

【译文】六年，楚怀王派遣柱国昭阳领兵而攻伐魏国，在襄陵打败魏军，取得八个城邑。接着又转移军队攻打齐国，齐王忧虑楚军。陈轸恰好为秦国出使到齐国，齐王问："对楚军怎么办？"陈轸说："大王不必忧虑，请让我去叫他们撤兵。"立即前往，在军中会见昭阳，说："我希望领教楚国的法令，攻破敌军杀死敌将的用什么使他显贵？"昭阳说："授予的官职是上柱国，封赐的上等爵位是执珪。"陈轸说："还有比这更尊贵的吗？"昭阳说："令尹。"陈轸说："当今您已经是令尹了，这是楚国最高的官位。臣下请求能打个譬喻。有人留给他的舍人一卮酒。舍人们互相议论说：'几个人一起喝这卮酒，不够每人喝一口，请就在地上每人画条蛇，蛇先画成的独自喝掉。'一个人说：'我的蛇先画成。'举起酒而起身，说：'我能为蛇添足。'等到他为蛇添上足，却被后画成的人夺过酒来而喝掉，那人说：'蛇原本没足，如今你为蛇添上足，这就不是蛇了。'如今您为楚相而进攻魏国，打败魏军杀死魏将，功劳没有比这更大的，但官位到顶无法再升加了。现在又调转军队而进攻齐国，如果攻齐获胜，官职爵位不会超过令尹；攻打不胜的话，自己战死爵位削夺，还有损于楚国。这就成了画蛇添足。不如领兵离开而来施恩德给齐国，这是持满守盈的万全之术啊。"昭阳说："好。"便领兵而离去。

燕、韩君初称王。〔1〕秦使张仪与楚、齐、魏相会，盟啮桑。〔2〕

【注释】〔1〕怀王六年，燕易王、韩宣惠王称王。 〔2〕"啮桑"，啮音 niè，魏地，在今江苏沛县西南。

【译文】燕君、韩君初次称王。秦王派遣张仪和楚人、齐人、魏人相会，在啮桑订立盟约。

十一年，苏秦约从山东六国共攻秦，[1]楚怀王为从长。至函谷关，[2]秦出兵击六国，六国兵皆引而归，齐独后。十二年，齐湣王伐败赵、魏军，[3]秦亦伐败韩，与齐争长。

【注释】〔1〕"苏秦"，东周人，战国时期著名的纵横家，见《苏秦列传》。"约从"，合纵，"从"读为"纵"。"山东"，指崤山或华山以东。"六国"，据《秦本纪》为韩、赵、魏、燕、齐、匈奴。 〔2〕"函谷关"，秦所置，在今河南灵宝东北。〔3〕据《纪年》，《史记》于齐威、宣、湣三王排列有误，楚怀王十二年相当齐宣王三年。

【译文】十一年，苏秦与山东中原六国缔约合纵共同攻伐秦国，楚怀王任合纵首领。联军到达函谷关下，秦国出兵攻击六国军队，六国军队都后退而返回，只有齐军最后撤走。十二年，齐湣王攻伐打败赵军、魏军，秦国也出兵攻伐打败韩军，与齐国争当诸侯之长。

十六年，秦欲伐齐，而楚与齐从亲，[1]秦惠王患之，乃宣言张仪免相，使张仪南见楚王，谓楚王曰："敝邑之王所甚说者无先大王，[2]虽仪之所甚愿为门阑之厮者亦无先大王。[3]敝邑之王所甚憎者无先齐王，虽仪之所甚憎者亦无先齐王。而大王和之，[4]是以敝邑之王不得事王，而令仪亦不得为门阑之厮也。王为仪闭关而绝齐，今使使者从仪西取故秦所分楚商於之地方六百里，[5]如是则齐弱矣。是北弱齐，西德于秦，私商於以为富，此一计而三利俱至也。"怀王大悦，乃置相玺于张仪，日与置酒，宣言"吾复得吾商於之地"。群臣皆贺，而陈轸独吊。[6]怀王曰："何故？"陈轸对曰："秦之所为重王者，以王之有齐也。今地未可得而齐交先绝，是楚孤也。夫秦又何重孤国哉，必轻楚矣。且先出地而后绝齐，则秦计不为。先绝齐而后责地，[7]则必见欺于张仪。见欺于张仪，则王必怨之。怨之，是西起秦患，北绝齐交。西起秦患，北绝齐交，则两国之兵必至。[8]臣故吊。"楚王弗听，因使一将军西受封地。

【注释】〔1〕"从亲"，结为合纵之亲。"从"读为"纵"。 〔2〕"敝邑"，谦辞，指秦。"无先"，无过于。 〔3〕"门阑"，阑音 lán，门框。厮音 sī，执贱役的奴隶。 〔4〕"和"，指与齐合纵。 〔5〕"商於之地"，本为楚地，后为秦占有，在今河南淅川西南。 〔6〕"吊"，表示悲哀、怜悯。 〔7〕"责"，求。 〔8〕"两国"，《索隐》以为韩、魏，按之上文，应指秦、齐。

【译文】十六年，秦国打算攻伐齐国，但楚国和齐国合纵亲善，秦惠王对此感到担忧，就扬言免除张仪相职，派遣张仪南下去见楚怀王，张仪对楚怀王说："鄙国君王最喜欢的人没有胜过您大王的，张仪我最愿意为之做看门役徒的人也没有胜过您大王的。鄙国君王最憎恨的人没有胜过齐王的，张仪我最憎恨的人也没有胜过齐王的。然而大王与齐王和好，因此鄙国君王不能事奉大王，从而使得张仪也不能成为您看门的役徒。大王如能为张仪闭上关口而断绝与齐国的交往，现在派遣使者随从张仪西行取得从前秦国所分取的楚国商於之地方圆六百里，照这样就使齐国削弱了。这样北面削弱齐国，西面对秦国有恩德，占有商於之地作为自己的财富，这是一计行而三利同时来到啊。"楚怀王大喜，于是将相印交给张仪，每天和他设宴饮酒，扬言道："我又获得我们的商於之地。"朝廷群臣都来祝贺，只有陈轸一人悲哀。楚怀王问："什么缘故？"陈轸回答说："秦王之所以看重大王，是因为大王有齐国的亲善。如今土地没能得到而齐国的交往断绝，这样楚国就孤立了。那秦国又怎么会尊重孤立之国呢，就必将轻视楚国了。况且先让秦国交出土地然后断绝与齐国交往，秦人的计谋就不能得逞。如果先断绝与齐国关系然后要求土地，就必然会被张仪欺骗。被张仪欺骗，大王就必定会怨恨他。怨恨张仪，这就西边惹起秦国的祸患，北边断绝齐国交往。西边惹起秦国的祸患，北边断绝齐国的交往，那么两国的军队必定到达。臣下所以悲哀。"楚怀王不听，就派一名将军随张仪西进接受封地。

张仪至秦，详醉坠车，[1]称病不出三月，地不可得。楚王曰："仪以吾绝齐为尚薄邪？"乃使勇士宋遗北辱齐王。[2]齐王大怒，折楚符而合于秦。[3]秦齐交合，张仪乃起朝，[4]谓楚将军曰：[5]"子何不受地？从某至某，广袤六里。"[6]楚将军曰："臣之所以见命者六百里，不闻六里。"即以归报怀王。怀王大怒，兴师将伐秦。陈轸又曰："伐秦非计也。不如因赂之一名都，[7]与之伐齐，是我亡于秦，取偿于齐也，吾国尚可全。今王已绝于齐而责欺于秦，是吾合秦齐之交而来天下之兵也，国必大伤矣。"楚王不听，遂绝和于秦，发兵西攻秦。秦亦发兵击之。

【注释】〔1〕"详"，通"佯"，假装。 〔2〕"宋遗"，楚勇士名，见《汉书·古今人表》。〔3〕"折"，毁掉。 〔4〕"朝"，朝见。 〔5〕"楚将军"，《张仪列传》作"楚使者"。 〔6〕"广袤"，袤音 mào，东西为广，南北为袤。 〔7〕"赂"，赠送。"名都"，都是较大的城邑。

【译文】张仪到达秦国，假装喝醉酒从车上掉下来，称病不出家门三个月，楚国无法得到商于之地。楚王说："张仪认为我只是断绝齐交还不够吧？"于是派遣勇士宋遗北上去羞辱齐王。齐王勃然大怒，折断楚国的信符而与秦国联合。秦国、齐国交好联合，张仪才起身上朝，对楚将军说："你为什么不接受封地？从某地到某地，长宽各六里！"楚将军说："臣所接受的使命是六百里，没听说六里。"立即回国禀报楚怀王。楚怀王勃然大怒，兴师动众准备攻伐秦国。陈轸又说："攻伐秦国不是上策。不如就送秦国一座名城，和秦人攻伐齐国，这样我们虽然丢失土地给秦国，但能从齐国取得补偿，我国还可得以保全。如今大王已经同齐国断绝关系而又向秦国追究欺诈的责任，这是我们在让秦齐两国交好联合而招来天下的军队啊，国家必然大伤元气了。"楚怀王不听从，就断绝同秦国的媾和，调发军队向西攻打秦国。秦国也发兵出击楚国。

十七年春，与秦战丹阳，[1]秦大败我军，斩甲士八万，[2]虏我大将军屈匄、裨将军逢侯丑等七十余人，[3]遂取汉中之郡。[4]楚怀王大怒，乃悉国兵复袭秦，战于蓝田，[5]大败楚军。韩、魏闻楚之困，乃南袭楚，至于邓。[6]楚闻，乃引兵归。

【注释】〔1〕"丹阳"，丹水之阳，在今陕西、河南两省间的丹江以北。〔2〕"甲士"，披带铠甲的战士，亦称带甲。〔3〕"大将军"，应是主要的率军之将。"屈匄"，匄音 gài，《秦本纪》作"屈丐"，《战国策·秦二》作"屈盖"。"裨将军"，副将。〔4〕"汉中之郡"，汉中郡，本为楚郡，至此被秦夺去，辖境包括今陕西东南角至湖北西北角。〔5〕"蓝田"，在今陕西蓝田西。〔6〕"邓"，楚邑，在今湖北襄樊北。

【译文】十七年春季，同秦军在丹阳交战，秦国大败楚军，斩杀甲士八万，俘虏楚国大将军屈匄、裨将军逢侯丑等七十多人，接着攻取汉中郡。楚怀王极为愤怒，于是倾国之兵再次袭击秦军，在蓝田交战，秦军又大败楚军。韩国、魏国听说楚国的困境，就南下袭击楚国，进军到达邓。楚怀王闻讯，就退兵返回。

十八年，秦使使约复与楚亲，分汉中之半以和楚。楚王曰："愿得张仪，不愿得地。"张仪闻之，请之楚。秦王曰："楚且甘心于子，[1]奈何？"张仪曰："臣善其左右靳尚，[2]靳尚又能得事于楚王幸姬郑袖，[3]袖所言无不从者。且仪以前使负楚商於之约，今秦楚大战，有恶，臣非面自谢楚不解。且大王在，楚不宜敢取仪。诚杀仪以便国，臣之愿也。"仪遂使楚。

【注释】〔1〕"且"，将。"甘心"，求之不得。〔2〕"靳尚"，靳音 jìn，楚王近臣，为张施刺杀。〔3〕"郑袖"，楚王宠姬，亦称"南后"。

【译文】十八年，秦国派遣使者缔约重新与楚国亲善，分出汉中郡的一半来同楚怀王媾和。楚怀王说："情愿得到张仪，也不愿意得到土地。"张仪闻讯，请求前往楚国。秦王说："楚王对你正求之不得，怎么办？"张仪说："臣下与楚王身边近臣靳尚亲善，靳尚又能巴结事奉楚王宠幸的姬妾郑袖，而郑袖所说的话怀王没有不听从的。况且我从前出使违背给楚国以商於之地的约定，如今秦国、楚国大战，结下仇恨，臣下不当面自己向楚王道歉就不能消解。再说有大王您在，楚王应该不敢杀我。倘若杀死我而对国家有利，是臣下的愿望啊。"张仪就出使楚国。

至，怀王不见，因而囚张仪，欲杀之。仪私于靳尚，[1]靳尚为请怀王曰："拘张仪，秦王必怒。天下见楚无秦，必轻王矣。"又谓夫人郑袖曰："秦王甚爱张仪，而王欲杀之，今将以上庸之地六县赂楚，[2]以美人聘楚王，[3]以宫中善歌者为之媵。[4]楚王重地，秦女必贵，而夫人必斥矣。夫人不若言而出之。"[5]郑袖卒言张仪于王而出之。仪出，怀王因善遇仪，仪因说楚王以叛从约而与秦合亲，约婚姻。张仪已去，屈原使从齐来，[6]谏王曰："何不诛张仪？"怀王悔，使人追仪，弗及。是岁，秦惠王卒。

【注释】〔1〕"私"，私交。〔2〕"上庸"，在今湖北竹山西南，原为楚县，此时属秦。〔3〕"聘"，订婚。〔4〕"媵"，音yìng，陪嫁。〔5〕"出"，释放。〔6〕"屈原"，楚怀王左徒，名平，见《屈原贾生列传》。

【译文】张仪到达楚都，怀王不肯见面，就囚禁张仪，打算杀他。张仪私下到靳尚那里活动，靳尚为张仪向怀王请求说："拘留张仪，秦王必定发怒。天下诸侯见楚国没有秦国的支持，必定轻视大王了。"靳尚又对夫人郑袖说："秦王非常喜爱张仪，但大王要杀他，如今秦王将会用上庸地方的六个县贿赂大王，把美女许配给楚王，将宫中能歌善舞的女子作陪嫁。楚王看重土地，秦国美女必能宠贵，从而夫人就必定被排斥了。夫人不如说个情而释放张仪。"郑袖结果向怀王说张仪的事而放出张仪。张仪出来，怀王就善待他，张仪乘机劝说怀王背叛合纵之约而和秦国联合亲善，缔结婚姻。张仪离去后，屈原出使从齐国归来，向怀王进谏说："为什么不诛杀张仪？"怀王后悔，派人追拿张仪，没有赶上。当年，秦惠王去世。

二十年，[1]齐湣王欲为从长，[2]恶楚之与秦合，乃使使遗楚王书曰："寡人患楚之不察于尊名也。今秦惠王死，武王立，张仪走魏，[3]樗里疾、公孙衍用，[4]而楚事秦。夫樗里疾善乎韩，[5]而公孙衍善乎魏；[6]楚必事秦，韩、魏恐，必因二人求合于秦，则燕、赵亦宜事秦。四国争事秦，则楚为郡县矣。[7]王何不与寡人并力收韩、魏、燕、赵，[8]与为从而尊周室，以案兵息民，[9]令于天下？莫敢不乐听，则王名成矣。王率诸侯并伐，破秦必矣。王取武关、蜀、汉之地，[10]私吴、越之富而擅江海之利，韩、魏割上党，西薄函谷，则楚之强百万也。且王欺于张仪，亡地汉中，兵锉蓝田，天下莫不代王怀怒。今乃欲先事秦！愿大王孰计之。"

【注释】〔1〕原文作"二十六年"，但叙在二十四年前，《索隐》以为当作"二十年"，然下文"秦破韩宜阳"、"韩已得武遂于秦"为怀王二十二、二十三年事，则"二十六年"也可能是"二十三年"之误。 〔2〕《六国年表》齐湣王之立在楚怀王六年，据《纪年》，则齐湣王之立应在楚怀王二十九年，此时尚未立。 〔3〕在秦武王元年，当楚怀王十九年。 〔4〕"樗里疾"，樗音 chū，秦惠王异母弟，秦武王二年（楚怀王二十一年）任右丞相，见《樗里子列传》。"公孙衍"，号犀首，张仪死后（张仪死于秦武王二年），据说也曾入秦为相，见《张仪列传》。〔5〕樗里疾母为韩女，故亲韩。 〔6〕公孙衍为魏人，故亲魏。 〔7〕灭国而为敌国郡县。〔8〕"收"，聚合，纠集。 〔9〕"案兵"，息止兵事。 〔10〕"武关"，秦所置关，在今陕西丹凤东南。"蜀"，此时蜀已为秦灭，设为封国。"汉"，秦汉中郡，公元前三一二年设，郡治南郑（在今陕西汉中），辖境有今陕西秦岭以南，湖北郧县、保康以西，大巴山以北地区。

【译文】二十年，齐湣王想当合纵的首领，又害怕楚国与秦国联合，于是派遣使者送信给楚怀王说："寡人担心楚国对于尊严名声不很明白啊。如今秦惠王已死，秦武王即位，张仪逃奔魏国，樗里疾、公孙衍当政，但楚国事奉秦国。那樗里疾亲韩国，而公孙衍亲魏国；楚国一定要事奉秦国的话，韩国、魏国就会恐慌，必然会通过樗里疾、公孙衍二人请求与秦国联合，那么燕国、赵国也会事奉秦国。四国争相事奉秦国，那么楚国便成为秦国的郡县了。大王为什么不与寡人合力聚集韩国、魏国、燕国、赵国，一起合纵结盟而尊奉周室，来制止战争休养百姓，号令天下？那便没人不乐意听从，大王的功名也就建立了。大王率领诸侯共同攻伐，打败秦国是必定的了。大王取得武关、蜀、汉的土地，占有吴、越的财富而独擅江海鱼盐的利益，韩国、魏国割让上党，西面直逼函谷关，楚国的强大就会增加百万倍了。况且大王被张仪欺骗，丧失汉中土地，军队在蓝田受挫，天下人无不代大王胸怀怨怒。可如今居然有人打算让楚国带头事奉秦国！希望大王仔细考虑此事。"

楚王业已欲和于秦，见齐王书，犹豫不决，下其议群臣。群臣或言和秦，或曰听齐。昭雎曰：[1]"王虽东取地于越，不足以刷耻；[2]必且取地于秦，而后足以刷耻于诸侯。王不如深善齐、韩以重樗里疾，如是则王得韩、齐之重以求地矣。秦破韩宜阳,[3]而韩犹复事秦者,以先王墓在平阳,[4]而秦之武遂去之七十里,[5]以故尤畏秦。不然,秦攻三川,[6]赵攻上党,[7]楚攻河外,[8]韩必亡。楚之救韩,不能使韩不亡,然存韩者楚也。韩已得武遂于秦,[9]以河山为塞,所报德莫如楚厚,臣以为其事王必疾。齐之所信于韩者,以韩公子昧为齐相也。[10]韩已得武遂于秦,王甚善之,使之以齐、韩重樗里疾,疾得齐、韩之重,其主弗敢弃疾也。今又益之以楚之重,樗里子必言秦,复与楚之侵地矣。”于是怀王许之,竟不合秦,而合齐以善韩。

【注释】〔1〕“昭睢”,睢音 jū,楚臣。 〔2〕“刷耻”,雪耻。 〔3〕“宜阳”,韩邑,在今河南宜阳西。事在楚怀王二十二年。 〔4〕“平阳”,韩的早期都邑,在今山西临汾西南,韩贞子、简子、庄子、康子四世居平阳,故称“先王墓在平阳”。 〔5〕“武遂”,本为韩邑,在今山西垣曲东南。秦夺之,而复与韩。 〔6〕“三川”,韩郡,韩宣王时所设,辖境有今黄河以南,河南灵宝以东,中牟以西及北汝河上游地区。 〔7〕“上党”,韩郡,在今山西沁河以东一带,北与赵的上党郡相接。 〔8〕“河外”,古人以黄河以北为河内,黄河以南为河外。此指黄河以南的韩地。 〔9〕事在楚怀王二十三年。 〔10〕“韩公子昧”,不详。

【译文】楚怀王原已想与秦国讲和,看到齐王的书信,又犹豫不决,将此事下交群臣商议。群臣中有的主张与秦国和好,有的主张听从齐王。大臣昭睢说:“大王虽然东面向越国取得土地,也不足以刷洗耻辱;必须从秦国取得土地,然后才足以向诸侯洗刷耻辱。大王不如深交善待齐国、韩国来加强樗里疾的地位,照这样做的话,大王就能获得韩国、齐国的力量来要回土地了。秦军攻破韩国的宜阳,而韩国还是继续事奉秦国,是因为韩国先王的坟墓在平阳,而秦国的武遂距离平阳只有七十里,因此特别畏惧秦国。不然的话,秦国进攻三川,赵国进攻上党,楚国进攻河外,韩国必定灭亡。楚国救援韩国,不能肯定使韩国不灭亡,然而能保存韩国的只有楚国。韩国从秦国取得武遂的话,以黄河、大山作为要塞,他所要回报的恩德没有比楚国更深厚的,臣下认为韩国事奉大王必定卖力。齐国之所以信任韩国,是因为任用韩国公子昧作齐相。韩国从秦国取得武遂后,大王好好善待他,使得能用齐国、韩国的力量加强樗里疾的地位,樗里疾获得齐国、韩国的力量,秦国君主就不敢随便抛弃樗里疾。如今又增加楚国的力量,樗里子必定劝说秦王,重新将侵占的土地归还给楚国了。”于是楚怀王应许昭睢的建议,结果不联合秦国,而联合齐国来善待韩国。

二十四年,倍齐而合秦。[1]秦昭王初立,乃厚赂于楚。楚往迎妇。[2]二十五年,怀王入与秦昭王盟,约于黄棘。[3]秦复与楚上庸。二十六年，齐、韩、魏为楚负其从亲而合于秦，三国共伐楚。楚使太子入质于秦而请救。秦乃遣客卿通将兵救楚，[4]三国引兵去。

【注释】〔1〕"倍"，通"背"。　〔2〕《六国年表》作"秦来迎妇"。　〔3〕"黄棘"，楚地，在今河南新野东北。　〔4〕"客卿"，外国人在本地做官叫客卿。

【译文】二十四年，楚怀王背叛齐国而联合秦国。秦昭王刚即位，于是向楚怀王重赠财礼。楚人前往秦国迎娶女子。二十五年，楚怀王入秦与秦昭王盟会，在黄棘缔约。秦人又给楚国上庸之地。二十六年，齐国、韩国、魏国因为楚国背叛合纵盟友而和秦国联合，三国共同出兵攻伐楚国。楚怀王派遣太子作为人质入秦而请求救援。秦昭王于是派遣客卿通领兵救助楚国，齐、韩、魏三国退兵离去。

二十七年，秦大夫有私与楚太子斗，楚太子杀之而亡归。二十八年，秦乃与齐、韩、魏共攻楚，杀楚将唐眛，[1]取我重丘而去。[2]二十九年，秦复攻楚，大破楚，楚军死者二万，杀我将军景缺。[3]怀王恐，乃使太子为质于齐以求平。三十年，秦复伐楚，取八城。秦昭王遗楚王书曰："始寡人与王约为弟兄，盟于黄棘，太子为质，至欢也。太子陵杀寡人之重臣，不谢而亡去，寡人诚不胜怒，使兵侵君王之边。今闻君王乃令太子质于齐以求平。寡人与楚接境壤界，故为婚姻，所从相亲久矣。而今秦楚不欢，则无以令诸侯。寡人愿与君王会武关，面相约，结盟而去，寡人之愿也。敢以闻下执事。"[4]楚怀王见秦王书，患之。欲往，恐见欺；无往，恐秦怒。昭雎曰："王毋行，而发兵自守耳。秦虎狼，不可信，有并诸侯之心。"[5]怀王子子兰劝王行，[6]曰："奈何绝秦之欢心！"于是往会秦昭王。昭王诈令一将军伏兵武关，号为秦王。楚王至，则闭武关，遂与西至咸阳，[7]朝章台，[8]如蕃臣，[9]不与亢礼。[10]楚怀王大怒，悔不用昭子言。[11]秦因留楚王，要以割巫、黔中之郡。[12]楚王欲盟，秦欲先得地。楚王怒曰："秦诈我而又强要我以地！"不复许秦。秦因留之。

【注释】〔1〕"唐眛"，《荀子·议兵》、《商子·弱民》、《吕氏春秋·处方》作"唐蔑"，"眛"、"蔑"音近相通，《战国策·赵四》又作"唐明"，"眛"、"明"可能是名、字关系（眛是不明之义）。　〔2〕"重丘"，楚地，在今河南泌阳东北。　〔3〕"景缺"，楚将。景氏也是楚公族。　〔4〕"执事"，所役使之人，这里是一种敬语，表示不敢直称对方，而以其所役使之人代之。　〔5〕《屈原贾生列传》作屈原语。　〔6〕"子兰"，时为楚令尹（《屈原贾生列传》）。

〔7〕"咸阳"，秦都，在今陕西咸阳东。〔8〕"章台"，秦台名，在今陕西长安西南。〔9〕"蕃臣"，"蕃"通"藩"，偏远臣属之国。〔10〕"亢礼"，亦作抗礼，谓以平等礼节相待。〔11〕"昭子"，指昭雎。〔12〕"要"，要挟。"巫、黔中之郡"，皆楚郡。巫郡辖境有今湖北清江中、上游和四川东部。黔中郡辖境有今湖南西部及贵州东北部。

【译文】二十七年，秦国大夫为私事与楚太子斗殴，楚太子杀死秦大夫而逃亡回国。二十八年，秦国就与齐国、韩国、魏国共同进攻楚国，杀死楚将唐眛，夺取楚国的重丘而离去。二十九年，秦军再次进攻楚国，大败楚军，楚军死者达二万人，杀死楚国将军景缺。楚怀王恐慌，于是派太子作为人质到齐国来求和。三十年，秦国又攻伐楚国，夺取八座城。秦昭王写书信给楚怀王说："当初寡人与大王结为兄弟，在黄棘订立盟约，太子作为人质，极为欢悦。但太子凌辱杀死寡人的重臣，不来告谢反而逃亡离去，寡人实在按捺不住怒火，派兵侵犯君王的边地。如今听说君王竟命令太子作为人质到齐国以求取和好。寡人秦国与楚国连境接界，原已结为婚姻，互相交往亲善很久了。然而当今秦国、楚国不和，就无法号令诸侯。寡人希望同君王在武关相会，当面立约，缔结盟好而离去，这是寡人的愿望。冒昧地告知陛下。"楚怀王看到秦昭王的书信，十分忧愁。打算前往，恐怕被欺骗；不去的话，又恐怕秦王发怒。昭雎说："大王不要去，只需调发军队坚守自卫即可。秦王如同虎狼，不可相信，胸怀并吞诸侯的野心。"楚怀王的小儿子子兰鼓动怀王上路，说："怎么能断绝秦王的欢心！"怀王于是前往会见秦昭王。秦昭王设计命令一位将军在武关埋伏军队，假称是秦王。楚怀王到达，就闭上武关，那将军就和怀王西行到达咸阳，在章台朝见秦昭王，秦人如同对待蕃臣附庸，不用对等的礼节。楚怀王勃然大怒，后悔不听昭子的话。秦昭王就扣留楚怀王，要挟他割让巫郡、黔中郡。楚怀王打算订立盟约，但秦王想先得到土地。楚王发怒说："秦人欺诈我，又用强力胁迫我割让土地！"不再答应秦王要求。秦国就扣留楚怀王。

楚大臣患之，乃相与谋曰："吾王在秦不得还，要以割地，而太子为质于齐，齐、秦合谋，则楚无国矣。"乃欲立怀王子在国者。昭雎曰："王与太子俱困于诸侯，而今又倍王命而立其庶子，不宜。"乃诈赴于齐，齐湣王谓其相曰：〔1〕"不若留太子以求楚之淮北。"〔2〕相曰："不可，郢中立王，是吾抱空质而行不义于天下也。"〔3〕或曰：〔4〕"不然。郢中立王，因与其新王市曰〔5〕'予我下东国，〔6〕吾为王杀太子，不然，将与三国共立之'，然则东国必可得矣。"〔7〕齐王卒用其相计而归楚太子。太子横至，立为王，是为顷襄王。乃告于秦曰："赖社稷神灵，国有王矣。"

【注释】〔1〕《战国策·齐三》作"苏秦谓薛公曰"。这里的"相"即指齐相薛公田婴。

〔2〕“淮北”，淮水以北楚地。即下“下东国”。 〔3〕“空质”，没有用的人质。 〔4〕《战国策·齐三》作“苏秦曰”。 〔5〕“市”，做交易，讨价还价。 〔6〕“下东国”，楚淮北地，近于齐，对以郢为中心的楚地而言，称为下东国。 〔7〕“东国”，即下东国。

【译文】楚国大臣忧虑国中无主，于是互相商议说：“我们的君王在秦国不能回来，要挟他割让土地，而太子在齐国做人质，齐国、秦国联合谋划算计的话，楚人就没国家了。”于是打算拥立楚怀王在国都中的儿子。昭雎说：“大王和太子同时被困在诸侯国家，然而现在又违背君王之命拥立他的庶出儿子为王，不合适。”于是派使者到齐国假报国丧。齐王对他的国相说：“不如扣留太子来索求楚国的淮北。”国相说：“不可以，如果郢都之中拥立新王，这样我们便抱着无用的人质而在天下人面前干下不义之事。”有人说：“不是这样。郢都之中拥立新王，就乘机与楚国新王进行交易说：‘给我们淮北，我们为新王杀死太子，不然的话，将和秦、韩、魏三国共同拥立太子为王。’这样淮北就必然可以得到了。”齐王最终采用国相的计策而送楚太子回国。太子横到达楚国，即位为王，这就是顷襄王。楚人于是向秦国通告说：“依赖社稷神灵的保佑，楚国有王了。”

顷襄王横元年，秦要怀王不可得地，楚立王以应秦，秦昭王怒，发兵出武关攻楚，大败楚军，斩首五万，取析十五城而去。[1]二年，楚怀王亡逃归，秦觉之，遮楚道，怀王恐，乃从间道走赵以求归。[2]赵主父在代，[3]其子惠王初立，[4]行王事，恐，不敢入楚王。楚王欲走魏，秦追至，遂与秦使复之秦。怀王遂发病。顷襄王三年，怀王卒于秦，秦归其丧于楚。楚人皆怜之，如悲亲戚。诸侯由是不直秦。[5]秦楚绝。

【注释】〔1〕“析”，楚邑，又名白羽，在今河南西峡。 〔2〕“间道”，小路。 〔3〕“赵主父”，即赵武灵王，武灵王二十七年传国于子，自号主父。“代”，赵郡，辖境有今山西东北及河北、内蒙古一部分地。 〔4〕“惠王”，即赵惠文王。 〔5〕“不直秦”，以秦为不直。

【译文】顷襄王横元年，秦人要挟楚怀王而没能获得土地，楚人拥立新王来对付秦国，秦昭王大怒，发兵从武关而出攻打楚国，大败楚军，斩首五万，夺取析十五座城邑而离去。二年，楚怀王逃亡回国，秦人发觉，在通往楚国的道路上拦阻，怀王害怕，就从小路逃奔赵国来寻求回国。赵主父在代郡，他的儿子赵惠王刚即位，行使王权，害怕秦国，不敢接纳楚怀王。楚怀王打算逃奔魏国，秦兵追到，就与秦国使者重新前往秦国。怀王旋即发病。顷襄王三年，楚怀王死在秦国，秦人将怀王尸体送还楚国。楚人都怜惜怀王，如同失去自己亲戚那样地悲哀。各国诸侯从此认为秦国不义。秦、楚两国绝交。

六年，秦使白起伐韩于伊阙，[1]大胜，斩首二十四万。秦乃遗楚王书曰：“楚倍秦，秦且率诸侯伐楚，争一旦之命。愿王之饬士卒，[2]得一乐战。”楚顷襄王患之，乃谋复与秦平。七年，楚迎妇于秦，秦楚复平。

【注释】〔1〕“白起”，秦将，见《白起列传》。“伊阙”，山名，在今河南洛阳南。 〔2〕“饬”，音 chì，整顿。

【译文】六年，秦王派遣白起在伊阙山攻伐韩国，大获全胜，斩首达二十四万。秦王于是给楚王书信说：“楚国背叛秦国，秦国将率领诸侯讨伐楚国，决一死战。希望大王整顿军队，痛快打一仗。”楚顷襄王忧虑此事，于是谋求重新与秦国和好。七年，楚人到秦国迎娶新妇，秦国、楚国重新媾和。

十一年，齐秦各自称为帝，[1]月余，复归帝为王。[2]

【注释】〔1〕秦昭王与齐湣王同时称帝。当时各大诸侯国的国君都已称王，齐秦为了表示其地位在诸国之上，遂称帝。 〔2〕放弃帝号，恢复王号。

【译文】十一年，齐王、秦王各自称帝，一个多月后，又放弃帝号恢复称王。

十四年，楚顷襄王与秦昭王好会于宛，[1]结和亲。十五年，楚王与秦、三晋、燕共伐齐，取淮北。[2]十六年，与秦昭王好会于鄢。[3]其秋，复与秦王会穰。[4]

【注释】〔1〕“宛”，本为楚邑，在今河南南阳，此时已属秦。 〔2〕“淮北”，即上齐所求楚下东国地。 〔3〕“鄢”，楚邑，在今湖北宜城。 〔4〕“穰”，本为韩邑，在今河南邓县，此时属秦。

【译文】十四年，楚顷襄王与秦昭王在宛举行友好会见，缔结和约亲善。十五年，楚顷襄王和秦国、三晋、燕国一同攻伐齐国，取得淮北之地。十六年，又与秦昭王在鄢友好相会。这年秋天，又和秦昭王在穰相会。

十八年，楚人有好以弱弓微缴加归雁之上者，[1]顷襄王闻，召而问之。对曰：“小臣之好射鶀雁、罗鸗，[2]小矢之发也，何足为大王道也。且称楚之大，因大王之贤，所弋非直此也。[3]昔者三王以弋道德，[4]五霸以弋战国。[5]故秦、魏、燕、赵者，騏雁也；齐、鲁、韩、卫者，青首也；[6]驺、费、郯、邳者，[7]罗鸑也。外其余则不足射者。见鸟六双，[8]以王何取？王何不以圣人为弓，以勇士为缴，时张而射之？此六双者，可得而囊载也。其乐非特朝昔之乐也，[9]其获非特凫雁之实也。[10]王朝张弓而射魏之大梁之南，加其右臂而径属之于韩，[11]则中国之路绝而上蔡之郡坏矣。[12]还射圉之东，[13]解魏左肘而外击定陶，[14]则魏之东外弃而大宋、方与二郡者举矣。[15]且魏断二臂，颠越矣；[16]膺击郯国，[17]大梁可得而有也。王绩缴兰台，[18]饮马西河，[19]定魏大梁，此一发之乐也。若王之于弋诚好而不厌，则出宝弓，碆新缴，[20]射噶鸟于东海，[21]还盖长城以为防，[22]朝射东莒，[23]夕发沨丘，[24]夜加即墨，[25]顾据午道，[26]则长城之东收而太山之北举矣。[27]西结境于赵而北达于燕，三国布枑，[28]则从不待约而可成也。北游目于燕之辽东而南登望于越之会稽，[29]此再发之乐也。若夫泗上十二诸侯，[30]左萦而右拂之，[31]可一旦而尽也。今秦破韩以为长忧，得列城而不敢守也；[32]伐魏而无功，击赵而顾病，[33]则秦魏之勇力屈矣，[34]楚之故地汉中、析、郦可得而复有也。[35]王出宝弓，碆新缴，涉�894塞，[36]而待秦之倦也，山东、河内可得而一也。[37]劳民休众，[38]南面称王矣。故曰秦为大鸟，负海内而处，东面而立，左臂据赵之西南，[39]右臂傅楚鄢郢，[40]膺击韩魏，[41]垂头中国，[42]处既形便，势有地利，奋翼鼓枑，方三千里，[43]则秦未可得独招而夜射也。"[44]欲以激怒襄王，故对以此言。襄王因召与语，遂言曰："夫先王为秦所欺而客死于外，怨莫大焉，今以匹夫有怨，尚有报万乘，[45]白公、子胥是也。今楚之地方五千里，带甲百万，[46]犹足以踊跃中野也，[47]而坐受困，臣窃为大王弗取也。"于是顷襄王遣使于诸侯，复为从，欲以伐秦。秦闻之，发兵来伐楚。

【注释】〔1〕"弱弓微缴"，力量很弱的弓和缴。缴音 zhuó，是系在箭上的生丝绳。〔2〕"騏雁"，騏音 qí，一种小雁。"罗鸑"，鸑音 lóng，一种野鸭。〔3〕"弋"，音 yì，用绳系在箭上射叫弋。〔4〕"三王"，夏禹、商汤、周文王。〔5〕"五霸"，齐桓公、晋文公、楚庄王、吴王阖庐、越王勾践。一说指齐桓公、晋文公、秦穆公、宋襄公、楚庄王。"战国"，指各国兼并争霸。〔6〕"青首"，一种小凫。〔7〕"邹"，即春秋邾国，曹姓，在今山东邹县。"费"，音 bì，鲁季孙氏邑。"郯"，音 tán，少昊之后，己姓，在今山东郯城。"邳"，音 pī，春秋薛地，本在今江苏邳县西南，魏惠王三十年，迁于薛，改名徐州。〔8〕指上文十二国、邑。〔9〕"朝昔"，即朝夕。〔10〕"凫"，音 fú，野鸭。〔11〕"右臂"，指魏之西部。"径"，径直。"属"，连结。是说攻占魏大梁之南，加兵于其西部，使与韩的国土相接。〔12〕"中国"，指中原地区。"上蔡之郡"，韩郡，在今河南上蔡一带。这里是说楚得地于魏而西与韩地接界，则韩之上蔡郡不与韩的中心地区（古代所谓中国主要就是指这一地区）相通，处于隔绝状态，难以防守。〔13〕"还"，通"环"，环绕。"圈"，魏邑，在今河南杞县西南。〔14〕"左肘"，指魏之东部。"定陶"，原为宋邑，此时属齐，在魏东境之外，故称"外击"。〔15〕"魏之东外"，魏之东境以外，指定陶。"大宋、方与二郡"，皆魏郡，大宋辖境有今河南商丘及安徽砀山等地，方与辖境有今山东嘉祥以南金乡等地，并包括今江苏丰县一带。〔16〕"颠越"，陨坠，衰落。〔17〕"膺击"，膺音 yīng，当胸，指正面攻击。又《诗·鲁颂·閟宫》"戎狄是膺，荆舒是惩"，《孟子·滕文公上》引之，赵岐注训膺为击。〔18〕"缯缴"，"缯"音 zhēng，屈曲，指收弋射用的缴。"兰台"，楚台名。〔19〕时西河当魏西境。〔20〕"砇"，音 bō，用石制箭头附在缴上叫砇。〔21〕"嚣鸟"，嚣音 zhòu，嘴如钩状的大鸟。〔22〕"盖"，《集解》徐广引别本作"益"。"长城"，应指齐长城。〔23〕"东莒"，齐邑，原为莒国地，在今山东莒县，亦名莒。〔24〕"沇丘"，齐地，在今山东博兴南。〔25〕"即墨"，齐邑，在今山东平度东南。〔26〕"午道"，魏、赵、齐三国间纵横交错的大道。〔27〕"太山"，即泰山，在今山东中部。〔28〕"觚"，同"翅"。〔29〕"辽东"，燕郡，辖境有今辽宁大凌河以东地区。"会稽"，会音 guì，越地，今浙江绍兴。〔30〕"泗上十二诸侯"，指上駓、费、郯、邳等。〔31〕"萦"，回绕。"拂"，击。〔32〕"列城"，国都以外的城邑。《战国策·中山》："围其国都，必不可克；攻其列城，必未可拔。"〔33〕"顾"，反而。〔34〕"屈"，音 jué，竭尽。〔35〕"郦"，楚邑，在今河南南阳西北。〔36〕"鄳塞"，古隘道名，即今河南信阳西南平靖关。〔37〕"河内"，黄河以北。〔38〕"劳"，慰劳。"休"，休息。〔39〕面朝东而立，则左臂为北。〔40〕面朝东而立，则右臂为南。〔41〕胸当韩、魏。〔42〕头当中原。〔43〕长三千里、宽三千里。〔44〕"独招"，"独"应是"烛"字之误，指照明，招是箭靶。意思是说秦如大鸟，未可如用火照明而夜射。〔45〕"报"，报仇。"万乘"，万乘之国，指楚。〔46〕"带甲"，即甲士。〔47〕"踊跃"，是古代步兵作战的基本动作，又叫曲踊距跃。"中野"，原野。指用兵于战场。

【译文】十八年，楚国有个人善于用轻弓细缴射猎飞归巢窝的大雁，顷襄王听说后，召见而询问他。那人回答说："小臣善好射鳷雁、罗鸐，发的是小箭，有什么值得向大王称道的呢。况且衡量楚国的广大，凭借大王的贤能，所能射取的不只是这些啊。从前夏、商、周三代圣王所猎取的是王道德政，春秋五霸所猎取的是争斗的列国。所以秦国、魏国、燕国、赵国，是鳷雁；齐国、鲁国、韩国、魏国，是青首；駓、费、郯、邳，是罗鸐。除此之外其余的不值得射猎。现在有鸟六对，大王用什么来获取呢？大王为什么不将圣人当作弓，将勇士作为缴，看准时机张弓而射呢？这六对鸟，都可获得而装袋载车占为己有。那种快乐不只是一朝一夕的快乐，那种收获也不只是野鸭飞雁的实物。大王早上张弓搭箭去射取魏国大梁的南部，再射取魏国的西部而直接连带到韩国，那样韩国通向中原的道路就会被截断，同时上蔡郡也不攻自破了。环绕而下射取圈邑的东面，肢解魏国的东部，从而向外攻击齐国的定陶，那么魏国东部之外的地方被放弃，同时大宋、方与两郡就可以夺取了。况且魏国丧失东、西两部，便一蹶不振了；再正面攻击郯国，大梁就可以得到而占有了。大王在兰台收起弓箭丝绳，到魏国西河饮马，平定魏都大梁，这是第一次发射的快乐啊。倘若大王对于射猎实在喜好而不感厌倦，就取出宝弓，箭头系上新缴，到东海去射长着钩嘴的大鸟，环绕山河加筑长城作为防线，早上射取东莒，傍晚猎获浿丘，夜里得到即墨，回头占据午道，那样便长城以东收复而太山之北取得了。西面连接赵国边境而北面直达燕国，齐、赵、燕三国地形如同张开的翅膀，合纵之盟不等缔约就可以形成了。北上到燕国的辽东郡游玩观览，南下到越国的会稽山登高眺望，这是第二次发射的快乐啊。至于泗上十二诸侯小国，左右开弓，可以一个早上而全部得到。如今秦国攻破韩国造成了长久的忧患，取得许多城邑却不敢据守；攻伐魏国但没有功绩，出击赵国反而自己受困，秦国、魏国的勇气力量消耗尽了，楚国的故土汉中、析、郦可以得到而重新拥有了。大王拿出宝弓，箭头系上新缴，涉足郾塞，坐待秦国的疲倦困乏，山东、河内广大地域可以得到而统一了。慰劳百姓休养民众，便可坐北朝南称王天下了。所以说秦国是只大鸟，背靠内陆而居住，面朝东方而立，左臂占据赵国的西南部，右臂直逼楚国的鄢郢，正面搏击韩国、魏国，低头俯视中原，居处优越，地势有利，展翅奋翼，方圆三千里，秦国是无法用蜡烛照明而能在夜晚射取的。"那人想激怒楚顷襄王，所以用这些话作回答。顷襄王因此召见那人与他交谈，于是又说："先王被秦国欺骗而客死在外，仇恨没有比这更大的。如今以匹夫之力而身有怨仇，尚且有向万乘之国报仇雪恨的，白公、子胥就是。如今楚国地域方圆五千里，全副武装的甲士上百万，还足以驰骋原野疆场，却坐视不起，自受困厄，臣子私下认为大王不可采取这种做法。"于是顷襄王派遣使者到诸侯各国，重新缔结合纵盟约，准备攻伐秦国。秦王闻讯，发兵前来攻伐楚国。

　　楚欲与齐、韩连和伐秦，[1]因欲图周。周王赧使武公谓楚相昭子曰：[2]"三国以兵割周郊地以便输，而南器以尊楚，[3]臣以为不然。夫弑共主，臣世君，[4]大国不亲；以众胁寡，小国不附。大国不亲，小国不附，不可以致名实。[5]名实不得，不足以伤民。[6]夫有图周之声，非所以为号也。"昭子曰："乃图周则无之。虽然，周何故不可图也？"对曰："军不五不攻，城不十不围。[7]夫一周为二十晋，[8]公之所知也。韩尝以二十万之众辱于晋之城下，[9]锐士死，中士伤，[10]而晋不拔。公之无百韩以图周，此天下之所知也。夫怨结于两周以塞驺鲁之心，[11]交绝于齐，声失天下，其为事危矣。夫危两周以厚三川，方城之外必为韩弱矣。[12]何以知其然也？西周之地，绝长补短，[13]不过百里。名为天下共主，裂其地不足以肥国，得其众不足以劲兵。虽无攻之，名为弑君。然而好事之君，喜攻之臣，发号用兵，未尝不以周为终始。是何也？见祭器在焉，欲器之至而忘弑君之乱。今韩以器之在楚，[14]臣恐天下以器雠楚也。臣请譬之。夫虎肉臊，其兵利身，[15]人犹攻之也。若使泽中之麋蒙虎之皮，[16]人之攻之必万于虎矣。裂楚之地，足以肥国；诎楚之名，[17]足以尊主。今子将以欲诛残天下之共主，居三代之传器，[18]吞三翮六翼，[19]以高世主，[20]非贪而何？《周书》曰‘欲起无先’，[21]故器南则兵至矣。”于是楚计辍不行。[22]

【注释】〔1〕“连和”，犹联合。 〔2〕“周王赧”，赧音 nǎn，即周赧王。“武公”，西周武公。“昭子”，昭睢，此时为相。 〔3〕“南器”，器指祭器，谓迁周九鼎于楚。 〔4〕“共主”、“世君”，均指周天子。 〔5〕“致名实”，使名实相符，做到名正言顺。 〔6〕“伤民”，犹言恤民。 〔7〕《孙子·谋攻》：“故用兵之法，十则围之，五则攻之。”“五”、“十”是五倍于敌、十倍于敌之义。 〔8〕一个周顶得上二十个晋。“晋”指魏。 〔9〕其事无可考。 〔10〕“中士”，对“锐士”而言，指中等水平的士卒。 〔11〕“两周”，周考王封其弟揭于河南（今河南洛阳西），为西周桓公，桓公去世，子威公立。公元前三六七年，西周威公去世，少子公子根与太子公子朝争立，发生内乱，赵、韩两国用武力支持，帮助公子根在巩（今河南巩县西南）独立，从此分裂为西周、东周两小国。 〔12〕是说两周削弱则使韩地三川郡得以加强，因而楚方城以外被韩削弱。 〔13〕“绝”，犹“截”。 〔14〕下似有脱误。 〔15〕指以爪牙自卫。〔16〕“麋”，音 mí，麋鹿。 〔17〕“诎”，通“屈”。 〔18〕“三代之传器”，周九鼎传自夏、商，故称。 〔19〕“三翮六翼”，翮音 hé，羽茎，也代指鸟翼，这里可能是指九鼎的形状（鼎身所饰的扉、翼）。《索隐》引别本“翮”亦作“瓴”，以为是指鼎有三款足（空足）六耳。〔20〕“世主”，指周天子。 〔21〕“《周书》”，《周书》佚篇之文。“欲起无先”，将欲起之，不可为先。是后发制人的意思。 〔22〕“辍”，音 chuò，停止。

【译文】楚顷襄王打算与齐国、韩国联合和好攻伐秦国，乘机准备图谋灭周。周王赧派武公对楚相昭子说：“楚、齐、韩三国准备用兵割取周京郊外之地来便利运输，同时将天子九鼎重器南迁来尊崇楚王，臣子认为大谬不然。杀死天下共主，以世代为君的天子为臣，大国就不会亲近；凭着人多势众胁持势单力薄的王室，小国就不会归附。大国不亲近，小国不归附，便不可以得到名号实惠。名号实惠不能得到，就不值得兴师动众而伤害民众。有图谋周室的名声，是无法向诸侯发号施令的。”昭子说：“至于图谋周室是实无其事。尽管如此，周王室为什么就不能图谋呢？”武公回答说：“没有五倍于敌军的兵力就不发起进攻，没有十倍于守城的兵力就不实施包围。一个周王室等于二十个魏国，是您所知道的。韩国曾经出动二十万军队而受挫于魏国都城之下，打先锋的士兵死亡，中间的士兵受伤，然而魏都没有攻破。您没有百倍于韩国的兵力来谋取周王室，这是天下众所周知的。与东周、西周结下怨仇来伤害邹、鲁之地的人心，同齐国断绝交往，在天下丧失声望，那样做事就岌岌可危了。危害东周、西周来加强韩国的三川郡，方城之外的楚地必然会被韩国所削弱了。凭什么知道会这样呢？西周的土地，截长补短拼凑起来，不过方圆百里。周王室名义上为天下共主，然而割取它的土地不能够使国家富饶，获得它的民众不能够使军队强大。即使不进攻周王室，名声还是杀害天子。然而好事的君主，好战的臣子，发布号令动用军队，没有不以周王室作为最终目标的。这是什么原因呢？因为他们看到祭祀的重器在王室，只想重器到手而忘却了制造杀君之乱的罪名。如今韩国将把重器迁移安置在楚国，臣下恐怕天下会因为重器而以楚国作为进攻对象了。臣下请求打个譬喻。老虎肉质腥臊，它爪牙厉害利于防身，但人们还是攻击它而谋取虎皮。倘若让沼泽中的麋鹿蒙上老虎的皮，人们向它进攻的可能就会比对老虎高出一万倍了。瓜分楚国的土地，足以使国家富裕；毁坏楚王的名声，足以使国君尊崇。如今你将要残害天下的共主，占有夏、商、周三代相传的宝器，独吞九鼎，来傲视天子，这不是贪婪又是什么呢？《周书》说‘想要起来就不能先动’，因此一旦重器南迁楚国，军队就会来到了。”于是楚王停止原计划而不采取行动。

十九年，秦伐楚，楚军败，割上庸、汉北地予秦。二十年，秦将白起拔我西陵。[1]二十一年，秦将白起遂拔我郢，烧先王墓夷陵。[2]楚襄王兵散，遂不复战，东北保于陈城。[3]二十二年，秦复拔我巫、黔中郡。

【注释】〔1〕"西陵"，楚地，在今湖北宜昌。 〔2〕"夷陵"，楚邑，在今湖北宜昌东南，楚先王墓所在。 〔3〕"陈城"，在今河南淮阳，楚顷襄王所徙之都。

【译文】十九年，秦军攻伐楚国，楚军战败，割让上庸、汉水以北之地给秦国。二十年，秦国将领白起攻拔楚国的西陵。二十一年，秦国将领白起接着攻下楚国的郢都，烧毁楚人先王墓夷陵。楚襄王因军队溃散，就不再作战，撤向东北保守陈城。二十二年，秦军又攻下楚国的巫郡、黔中郡。

二十三年，襄王乃收东地兵，[1]得十余万，复西取秦所拔我江旁十五邑以为郡，距秦。二十七年，使三万人助三晋伐燕。[2]复与秦平，而入太子为质于秦。楚使左徒侍太子于秦。[3]

【注释】〔1〕"东地"，楚地东部，指淮水流域一带。 〔2〕此役是由秦、楚助韩、魏伐燕。 〔3〕"左徒"，楚官名。《屈原列传》记屈原曾为楚怀王左徒，"入则与王图议国事，以出号令；出则接遇宾客，应对诸侯"，似是较高的官职。此"左徒"据下文即春申君。

【译文】二十三年，楚襄王才收罗集合东部地区的军队，得到十几万，又向西攻取秦军所攻克的楚国长江沿线十五个城邑建立了郡，抵御秦国。二十七年，楚襄王派遣三万军队帮助韩、赵、魏三国攻伐燕国。又与秦国讲和，同时将太子送入秦国作为人质。楚襄王派左徒在秦国侍奉太子。

三十六年，顷襄王病，太子亡归。秋，顷襄王卒，太子熊元代立，[1]是为考烈王。考烈王以左徒为令尹，封以吴，[2]号春申君。[3]

【注释】[1]《索隐》引《世本》"元"作"完"，《春申君列传》亦作"完"。 [2]"吴"，吴故墟，在今江苏苏州。 [3]"春申君"，黄歇，曾与太子元入质于秦，太子元立，以歇为相，初封淮北地十二县，号春申君，后因淮北近齐，请改封于吴故墟。参看《春申君列传》。

【译文】三十六年，楚顷襄王患病，太子逃亡回国。秋天，顷襄王去世，太子熊元继位，这就是楚考烈王。考烈王任命左徒为令尹，把吴地封给他，号称春申君。

考烈王元年，纳州于秦以平。[1]是时楚益弱。

【注释】[1]"州"，楚邑，在今湖北嘉鱼北。

【译文】楚考烈王元年，将州邑献纳给秦国来求和。这时楚国日益衰弱。

六年，秦围邯郸，[1]赵告急楚，楚遣将军景阳救赵。[2]七年，至新中。[3]秦兵去。十二年，秦昭王卒，楚王使春申君吊祠于秦。[4]十六年，秦庄襄王卒，秦王赵政立。[5]二十二年，与诸侯共伐秦，[6]不利而去。楚东徙都寿春，[7]命曰郢。[8]

【注释】[1]"邯郸"，赵都，在今河北邯郸西南。[2]《六国年表》、《春申君列传》记将兵者为春申君。 [3]"新中"，即宁新中，魏邑，公元前二五七年秦夺之，改名安阳，在今河南安阳东南。 [4]"吊祠"，吊唁祭祀。 [5]"赵政"，即后之秦始皇，司马迁以秦、赵同祖而称之为赵政。 [6]赵庞煖率赵、楚、魏、燕、韩五国兵伐秦。 [7]"寿春"，在今安徽寿县西南。 [8]寿春亦称郢。

【译文】六年，秦军围攻邯郸，赵国向楚国告急，考烈王派遣将军景阳领兵救援赵国。七年，楚军到达新中。秦军离去。十二年，秦昭王去世，楚考烈王派遣春申君前往秦国吊唁祭祀。十六年，秦庄襄王去世，秦王赵政即位。二十二年，楚国和诸侯共同出兵攻伐秦国，交战失利而离去。楚国东迁都城于寿春，将寿春命名为郢。

二十五年，考烈王卒，子幽王悍立。[1]李园杀春申君。[2]幽王三年，秦、魏伐楚。秦相吕不韦卒。[3]九年，秦灭韩。[4]十年，幽王卒，同母弟犹代立，[5]是为哀王。哀王立二月余，哀王庶兄负刍之徒袭杀哀王而立负刍为王。[6]是岁，秦虏赵王迁。[7]

【注释】〔1〕"悍"，《六国年表》作"悼"，《高祖本纪索隐》作"择"，《春申君列传索隐》作"捍"。据出土铜器，幽王名感忑，"忑"即古"悍"字。　〔2〕"李园"，赵人，初事春申君为舍人，以女弟进春申君，有身，复进于楚王，楚王幸之，生男为太子，立李园女弟为王后，李园亦因而受到重用，考烈王卒，使人刺杀春申君。参看《春申君列传》。　〔3〕"吕不韦"，见《吕不韦列传》。　〔4〕秦灭韩在韩安王九年，当楚幽王八年。　〔5〕"犹"，《六国年表》作"郝"。　〔6〕"负刍"，《越绝书·纪地传》作"楚王成"。　〔7〕"赵王迁"，赵的最后一代国君。

【译文】二十五年，楚考烈王去世，儿子幽王悍即位。李园杀死春申君。楚幽王三年，秦军、魏军攻伐楚国。秦相吕不韦去世。九年，秦国灭亡韩国。十年，楚幽王去世，同母弟犹继位，这就是楚哀王。楚哀王即位两个多月，哀王的庶出兄长负刍的党徒袭击杀死哀王而拥立负刍为王。这一年，秦军俘虏赵王迁。

王负刍元年，燕太子丹使荆轲刺秦王。[1]二年，秦使将军伐楚，[2]大破楚军，亡十余城。三年，秦灭魏。四年，秦将王翦破我军于蕲，[3]而杀将军项燕。[4]

【注释】〔1〕"燕太子丹"，燕王喜太子，名丹。"荆轲"，太子丹所养刺客，见《刺客列传》。　〔2〕据《秦始皇本纪》，此年秦使王贲伐楚。　〔3〕"王翦"，翦音jiǎn，见《王翦列传》。"蕲"，音qí，楚地，在今安徽宿县南。　〔4〕"项燕"，楚将。

【译文】楚王负刍元年，燕国太子丹派遣荆轲刺杀秦王。二年，秦王派遣将军攻伐楚国，大败楚军，楚国丢失十余座城邑。三年，秦国灭亡魏国。四年，秦国将领王翦在蕲击败楚军，杀死将军项燕。

五年，秦将王翦、蒙武遂破楚国，[1]虏楚王负刍，灭楚名为郡云。[2]

【注释】〔1〕"蒙武"，秦将，蒙恬之父，见《蒙恬列传》。　〔2〕设为楚郡。秦之楚郡辖境有今河南平舆以北、柘城以南，包括淮阳、鹿邑等地。

【译文】五年，秦国将领王翦、蒙武接连击败楚国，俘虏楚王负刍，灭亡楚国，用"楚"作为郡名。

太史公曰：楚灵王方会诸侯于申，诛齐庆封，[1]作章华台，[2]求周九鼎之时，[3]志小天下；及饿死于申亥之家，[4]为天下笑。操行之不得，悲夫！势之于人也，可不慎与？弃疾以乱立，嬖淫秦女，[5]甚乎哉，几再亡国！[6]

【注释】〔1〕在灵王三年。 〔2〕在灵王七年。〔3〕在灵王十一年。 〔4〕在灵王十二年。〔5〕"嬖淫"，嬖音 bì，宠爱，淫，淫乱。〔6〕几乎两次亡国。指灵王十二年楚争政的内乱和平王暴虐导致昭王时吴伐楚入郢。

【译文】太史公说：楚灵王当他在申盟会诸侯，诛杀齐国庆封，建造章华台，谋求周王室九鼎的时候，志向远大，藐视天下；等到他在申亥家中饿死，却被普天下的人所嗤笑。没有操守德行，下场实在可悲啊！权势对于人来说，能不谨慎吗？弃疾利用变乱登上君位，宠幸秦国女子到了淫乱的程度，太过分了，几乎两度导致国家灭亡！

越王勾践世家

越王勾践，其先禹之苗裔，而夏后帝少康之庶子也。[1]封于会稽，[2]以奉守禹之祀。文身断发，[3]披草莱而邑焉。后二十余世，至于允常。[4]允常之时，与吴王阖庐战而相怨伐。[5]允常卒，子勾践立，是为越王。

【注释】〔1〕"夏后"，夏朝的国号；"庶子"，宗法社会中非正妻所生之子。 〔2〕"封"，古代帝王把爵位或土地赐给亲属或臣下。"会稽"，山名。在今浙江中部绍兴、嵊县、诸暨、东阳间，主峰在嵊县西北。相传夏禹至苗山大会诸侯，计功封爵，始名会稽，即会计之意。 〔3〕"文身"，在身上刺有花纹；"断发"，剪短头发。文身断发是我国古代南方民族的一种习俗。〔4〕"允常"，春秋末年越国国君，越侯夫谭之子。公元前五一〇年至前四九六年在位。 〔5〕"阖庐"，春秋末年吴国君，吴王诸樊之子，名光，是杀死其侄吴王僚而自立的。公元前五一四年至前四九六年在位。"阖"，音 hé。

【译文】 越王勾践，他的祖先是禹的后代，是夏后帝少康的庶子，被封在会稽，以祭祀和守护禹的宗庙。他们身刺花纹，头剪短发，斩草辟荒，在那里建立了城邑。这以后传了二十多代，到了允常。当允常在位的时候，与吴王阖庐因战争结下仇怨而互相征伐。允常死后，他的儿子勾践即位，这就是越王。

元年，[1]吴王阖庐闻允常死，乃兴师伐越。越王勾践使死士挑战，三行，至吴陈，[2]呼而自刭。吴师观之，越因袭击吴师，吴师败于檇李，[3]射伤吴王阖庐。阖庐且死，告其子夫差曰："必毋忘越。"

【注释】〔1〕"元年"，指越王勾践元年，即公元前四九六年。〔2〕"陈"，音 zhèn。通"阵"。〔3〕"檇李"，地名。又作"醉李"、"就李"。故地在今浙江嘉兴西南。"檇"，音 zuì。

【译文】 元年，吴王阖庐听到越王允常去世的消息，便起兵征伐越国。越王勾践派敢死的武士前去挑战，队伍排成三行，走到吴军阵地前，大叫一声就自杀了。正当吴军注意观看这一举动的时候，越军乘机突然袭击吴军。吴军在檇李这个地方被打败了，吴王阖庐也被箭射成重伤。阖庐临终的时候，告诫他的儿子夫差说："一定不要忘记对越国的仇恨！"

三年，勾践闻吴王夫差日夜勒兵，且以报越，越欲先吴未发往伐之。范蠡谏曰：[1]"不可。臣闻兵者凶器也，战者逆德也，争者事之末也。阴谋逆德，好用凶器，试身于所末，上帝禁之，行者不利。"越王曰："吾已决之矣。"遂兴师。吴王闻之，悉发精兵击越，败之夫椒。[2]越王乃以余兵五千人保栖于会稽。吴王追而围之。

【注释】〔1〕"范蠡"，春秋末年楚国宛（今河南南阳）人。字少伯。越大夫。越为吴所败，曾赴吴为质二年。辅佐越王勾践，官至上将军。越灭吴后，离越经商。号陶朱公。〔2〕"夫椒"，山名。故地在今浙江绍兴市北之太湖中。"夫"，音 fú。

【译文】 三年，勾践听说吴王夫差日夜练兵，准备报复越国，就打算在吴国尚未兴师时征伐他们。范蠡劝谏说："不能这样做。我听说，兵器是不吉利的东西，战争是违反道义的行为，争斗是最坏的事情，企图违背道义，喜欢使用凶器，亲身去做坏事，是上天所不允许的，做这样的事是不会有好处的。"越王说："我的决心已经下定了。"于是就发兵了。吴王闻讯后，全部出动精锐部队打击越军，在夫椒山把越军打败。越王只好带着残存的五千人马退守在会稽山上，吴王率兵追来并包围了越军。

越王谓范蠡曰："以不听子故至于此，为之奈何？"蠡对曰："持满者与天，定倾者与人，节事者以地。卑辞厚礼以遗之，不许，而身与之市。"勾践曰："诺。"乃令大夫种行成于吴，[1]膝行顿首曰："君王亡臣勾践使陪臣种敢告下执事：勾践请为臣，妻为妾。"吴王将许之。子胥言于吴王曰：[2]"天以越赐吴，勿许也。"种还，以报勾践。勾践欲杀妻子，燔宝器，触战以死。种止勾践曰："夫吴太宰嚭贪，可诱以利，请间行言之。"于是勾践乃以美女宝器令种间献吴太宰嚭。嚭受，乃见大夫种于吴王。种顿首言曰："愿大王赦勾践之罪，尽入其宝器。不幸不赦，勾践将尽杀其妻子，燔其宝器，悉五千人触战，必有当也。"嚭因说吴王曰："越以服为臣，若将赦之，此国之利也。"吴王将许之。子胥进谏曰："今不灭越，后必悔之。勾践贤君，种、蠡良臣，若反国，将为乱。"吴王弗听，卒赦越，罢兵而归。

【注释】〔1〕"大夫种"，即文种，字少禽，一作"子禽"，楚国郢（今湖北江陵）人。佐勾践灭吴后被杀。"大夫"是官名。 〔2〕"子胥"，即伍员（音 yún），原是楚国人，父兄遭楚平王杀害后，逃至吴国，为吴王谋臣。事详本书《伍子胥列传》。

【译文】越王对范蠡说："我因为没听你的劝告，所以弄到了这般地步，该怎么办呢？"范蠡回答说："能够不骄傲自满的，就可以得到天助；能够使国家转危为安的，就可以得人心；能够简省节约的，就可以得地利。以谦卑的言辞给他们送去丰厚的礼品，如果还不肯讲和的话，就用你的身子去同他们换取妥协。"勾践说："好吧。"便命令大夫文种去到吴军营寨求和。文种跪在地上，一边匍匐一边叩头说："大王的亡命之臣勾践派属官文种向您手下的官员报告：勾践请求做您的臣子，他的妻子做您的侍妾。"吴王准备答应文种的要求。伍子胥对吴王说："天把越国赐给吴国，不要答应他们。"文种回来后，把上述情况报告给勾践。勾践绝望地想杀死妻子儿女，烧毁珍宝器物，孤注一掷去战死。文种劝阻勾践说："吴国太宰伯嚭贪财，可以用重利来诱使他帮忙。请让我单独秘密去见他。"于是，勾践便让文种悄悄地把美女珠宝献给吴国太宰伯嚭。伯嚭接受了贿赂，就带文种去见吴王。文种顿首致礼后说："希望大王宽赦勾践的罪过，他将把所有的珍宝器物都献给您。如果不幸不能赦免的话，勾践打算全部杀掉他的妻子儿女，烧毁所有珍宝，以仅有的五千人决一死战，那一定会有相应的结果。"伯嚭因而劝吴王说："越国已经降服为臣子了，如果宽赦了他们，这对我国是有利的。"吴王打算答应下来。伍子胥进谏道："现在不灭越，以后一定要后悔。勾践是贤明的国君，文种、范蠡是忠良的大臣，如果让他们返回越国，将会造成叛乱。"吴王不听伍子胥的劝谏，最终还是赦免了越国，停止作战返回吴国。

勾践之困会稽也，喟然叹曰：[1]"吾终于此乎？"种曰："汤系夏台，[2]文王囚羑里，[3]晋重耳奔翟，[4]齐小白奔莒，[5]其卒王霸。由是观之，何遽不为福乎？"

【注释】[1]"喟然"，叹气的样子。 [2]"汤"，商朝开国之君，事详本书《殷本纪》。"夏台"，又称"均台"，夏朝的监狱名。相传汤曾被夏王桀囚禁于此。 [3]"文王"，即周文王姬昌，周朝的开国之君，事详本书《周本纪》。"羑里"，地名，故地在今河南汤阴县北，周文王曾被商纣王囚禁于此。"羑"，音 yǒu。 [4]"重耳"，晋文公的名字。为春秋时期的霸主之一，事详本书《晋世家》。"翟"，音 dí，同"狄"，指翟国，故地在今山西省境内。 [5]"小白"，齐桓公的名字。为春秋时期的霸主之一，事详本书《齐太公世家》。"莒"，音 jǔ。春秋时的一个小国，故地在今山东莒县一带。

【译文】勾践被围困在会稽山的时候，叹息说："我难道就要死在这里了吗？"文种说："商汤被桀囚禁在夏台，文王被纣囚禁在羑里，晋公子重耳亡命翟国，齐公子小白逃到莒国，最终都成就了王霸之业。由此看来，哪能一定就说不是一种福气呢？"

吴既赦越，越王勾践反国，乃苦身焦思，置胆于坐，坐卧即仰胆，饮食亦尝胆也。曰："女忘会稽之耻邪？"身自耕作，夫人自织，食不加肉，衣不重采，折节下贤人，厚遇宾客，振贫吊死，与百姓同其劳。欲使范蠡治国政，蠡对曰："兵甲之事，种不如蠡；填抚国家，亲附百姓，蠡不如种。"于是举国政属大夫种，而使范蠡与大夫柘稽行成，[1]为质于吴。二岁而吴归蠡。

【注释】[1]"柘稽"，越国大夫，《国语·越语》作"诸稽郢"。"柘"，音 zhè。

【译文】吴国赦免了越国之后，越王勾践回到越国，便苦身励志，发愤图强，在座旁悬挂一个苦胆，不论坐卧都能看到苦胆，吃饭时也要尝一尝苦胆，向自己发问："你忘记会稽之耻了吗？"自己亲身躬耕，夫人也亲手纺织，不吃两种荤菜，不穿两种色彩的衣服，礼贤下士，优厚待客，赈济贫民，慰问遭丧人家，与百姓同甘共苦。勾践想让范蠡治理国政，范蠡回答说："在带兵打仗方面，文种不如我，但在能使国家安定，人民拥戴方面，我不如文种。"因此，勾践就把国政全部交给文种大夫管理，而让范蠡与大夫柘稽去吴国作求和人质。两年后，吴国放回了范蠡。

勾践自会稽归七年，拊循其士民，欲用以报吴。大夫逢同谏曰：[1]"国新流亡，今乃复殷给，缮饰备利，吴必惧，惧则难必至。且鸷鸟之击也，必匿其形。今夫吴兵加齐、晋，怨深于楚、越，名高天下，实害周室，德少而功多，必淫自矜。为越计，莫若结齐，亲楚，附晋，以厚吴。吴之志广，必轻战。是我连其权，[2]三国伐之，越承其弊，可克也。"勾践曰："善。"

【注释】〔1〕"逢"，音péng，姓。 〔2〕"连"，这里是相牵引、把握之意。"权"，权宜。

【译文】勾践从会稽返回已经七年，这期间他安抚官吏百姓，想以此向吴国复仇。大夫逢同进谏说："国家刚刚经历流离失所之苦，现在才重新富足起来，如果现在就整治武备，吴国一定恐惧，一恐惧，战争的灾难就一定会降临。况且猎鹰在出击之前，必先隐蔽好自己。现在吴国向齐、晋两国兴兵，又同楚、越两国结下深怨。在天下威名赫赫，实际上对周王室形成了威胁，德行少而战功多，必然会过分矜傲。为越国着想，不如结交齐国，亲近楚国，随附晋国，而在外表却更尊重吴国。吴国野心膨胀，必然会轻易地发动战争。这就使我们把握时势，在三国伐吴之时，越国乘其疲困进攻，就可以攻克了。"勾践说："好。"

居二年，吴王将伐齐。子胥谏曰："未可。臣闻勾践食不重味，与百姓同苦乐。此人不死，必为国患。吴有越，腹心之疾，齐与吴，疥癣也。〔1〕愿王释齐先越。"吴王弗听，遂伐齐，败之艾陵，〔2〕虏齐高、国以归。〔3〕让子胥。子胥曰："王毋喜！"王怒，子胥欲自杀，王闻而止之。越大夫种曰："臣观吴王政骄矣，请试尝之贷粟，以卜其事。"请贷，吴王欲与，子胥谏勿与，王遂与之，越乃私喜。子胥言曰："王不听谏，后三年吴其墟乎！"太宰嚭闻之，乃数与子胥争越议，因谗子胥曰："伍员貌忠而实忍人，其父兄不顾，〔4〕安能顾王？王前欲伐齐，员强谏，已而有功，用是反怨王。王不备伍员，员必为乱。"与逢同共谋，谗之王。王始不从，乃使子胥于齐，闻其托子于鲍氏，〔5〕王乃大怒，曰："伍员果欺寡人！"役反，使人赐子胥属镂剑以自杀。〔6〕子胥大笑曰："我令而父霸，〔7〕我又立若，〔8〕若初欲分吴国半予我，我不受，已，今若反以谗诛我。嗟乎，嗟乎，一人固不能独立！"报使者曰："必取吾眼置吴东门，以观越兵入也！"于是吴任嚭政。

【注释】〔1〕"疥瘫"，皮肤病。"疥"，音 jiè。"瘫"，同癣。〔2〕"艾陵"，地名，故地在今山东泰安县东南。〔3〕"高、国"，是当时齐国两个最大的世族。这里指齐大臣高昭子、国惠子。〔4〕"其父兄不顾"，此指如下事：楚平王拘押了伍奢，并想把伍奢的两个儿子伍尚、伍员也抓来，一起杀掉。就派人对他们说，只要你们来，就释放你们的父亲，不然就杀死他。伍员看穿了楚平王的阴谋，劝兄不要去，伍尚不听，结果父子二人被楚平王杀死，伍员逃到了吴国，后来策动吴国伐楚，报了仇。这里太宰嚭用这件事来说伍子胥只顾自己活命，不管父兄死活。〔5〕"闻其托子于鲍氏"，此指如下事：伍子胥感到吴国不安全，就乘出使齐国时，把儿子交给齐国大夫鲍牧抚养，改姓为王孙氏。因吴齐当时是敌国，所以吴王把这件事看作是通敌。〔6〕"属镂"，音 zhǔ lǚ，剑名。〔7〕"我令而父霸"，此指如下事：伍子胥自楚到吴后，帮助阖庐刺死吴王僚，夺得王位。又依靠他的谋划，西面打败楚国，北面进逼齐国，东南征服了越国，几乎成为中原霸主。〔8〕"我又立若"，此指如下事：阖庐的几个儿子争立太子，伍子胥向阖庐力争，夫差才得以继承王位。"若"，你。

【译文】过了二年，吴王准备征伐齐国，伍子胥进谏说："不行。我听说勾践不吃两样菜，与百姓同甘共苦。这个人不死，必然会成为我国的后患。吴国有越国存在，是腹心之疾，而齐国对于吴国来说，则不过是表面上的皮肤病。希望大王把齐国先放在一边，先讨伐越国。"吴王不听，于是便讨伐齐国，把齐国打败在艾陵，俘虏了高昭子和国惠子凯旋。回来后，吴王责备伍子胥，伍子胥说："大王不要高兴！"吴王发怒，伍子胥打算自杀。吴王听说后制止了。越国大夫文种说："我看吴王正处于骄傲自大的状态中，请试探一下，向他借粮，来观察一下他对越国有无戒心。"于是就向吴国请求借粮。吴王准备借给，伍子胥劝谏不要借给，吴王到底还是借给了越国，越国便暗自高兴。伍子胥说："大王不听谏言，三年之后，吴国恐怕就要变成一片废墟了。"太宰伯嚭听说了此事，便在讨论越国问题时多次故意与伍子胥发生争执。因而向吴王进谗言潜毁伍子胥说："伍员貌似忠厚，实际上是个心肠残忍的人，他连自己父兄的死活都不顾，难道还能顾及大王您吗？大王上次准备讨伐齐国，伍员横加阻拦，不久伐齐成功，他又反过来拿这件事来指责大王。大王如不防备伍员，伍员一定会作乱。"并同逢同一起谋划，向吴王进谗言。吴王起初不听，便派伍子胥出使齐国。后来听说他把儿子托付给齐国大夫鲍氏抚养，吴王大怒，说："伍员果然在欺骗我！"伍子胥出使回来后，吴王派人赐给伍子胥属镂剑，让他自杀。伍子胥大笑说："我使你父亲成就了霸业，我又拥立你为王，你最初把吴国分一半给我，我不接受就算了，现在反而听信谗言杀我。可叹呀！可叹呀！你孤家寡人是一定不能独立长久的！"并且告诉来的人说："一定要把我的眼睛取下来放在吴都东门上，我要看着越兵打进来！"从此，吴王让太宰嚭管理国政。

居三年，勾践召范蠡曰："吴已杀子胥，导谀者众，可乎？"对曰："未可。"

【译文】过了三年，勾践叫来范蠡问道："吴王已经杀了伍子胥，周围尽是些阿谀奉承的人，可以讨伐了吗？"回答说："不行。"

至明年春，吴王北会诸侯于黄池，[1]吴国精兵从王，惟独老弱与太子留守。勾践复问范蠡，蠡曰："可矣。"乃发习流二千人，[2]教士四万人，[3]君子六千人，[4]诸御千人，[5]伐吴。吴师败，遂杀吴太子。吴告急于王，王方会诸侯于黄池，惧天下闻之，乃秘之。吴王已盟黄池，乃使人厚礼以请成越。越自度亦未能灭吴，乃与吴平。

【注释】〔1〕"吴王北会诸侯于黄池"，此指公元前四八二年吴王夫差在黄池大会诸侯，与晋国争霸。"黄池"，地名，故地在今河南封丘县西南。〔2〕"习流"，指熟悉水战的士兵。〔3〕"教士"，指训练有素的士兵。〔4〕"君子"，此指国君的禁卫士兵。〔5〕"诸御"，指担任各种职务的军官。

【译文】到了第二年春天，吴王北上在黄池与诸侯会盟，吴国的精兵都随从吴王去了，只剩下老弱兵将和太子在国内留守。勾践又问范蠡能否讨伐，范蠡说可以了。于是兴发水兵二千人，训练有素的士兵四万人，国君的禁卫部队六千人，担任各种职务的军官一千人，讨伐吴国。吴军战败，杀死了吴国太子。国内向吴王告急，吴王正在黄池与诸侯会盟，怕天下诸侯知道这件事，就把消息隐瞒下来。直到吴王在黄池与各国签订盟约后，才派人送厚礼去向越国求和。越国估计还一时不能够灭吴，便同吴国讲和了。

其后四年，越复伐吴。吴士民罢弊，轻锐尽死于齐、晋。而越大破吴，因而留围之三年，[1]吴师败，越遂复栖吴王于姑苏之山。[2]吴王使公孙雄肉袒膝行而前，请成越王曰："孤臣夫差敢布腹心，异日尝得罪于会稽，夫差不敢逆命，得与君王成以归。今君王举玉趾而诛孤臣，孤臣惟命是听，意者亦欲如会稽之赦孤臣之罪乎？"勾践不忍，欲许之。范蠡曰："会稽之事，天以越赐吴，吴不取。今天以吴赐越，越其可逆天乎？且夫君王蚤朝晏罢，非为吴邪？谋之二十二年，一旦而弃之，可乎？且夫天与弗取，反受其咎。'伐柯者其则不远'，[3]君忘会稽之厄乎？"[4]勾践曰："吾欲听子言，吾不忍其使者。"范蠡乃鼓进兵，曰："王已属政于执事，[5]使者去，不者且得罪。"吴使者泣而去。勾践怜之，乃使人谓吴王曰："吾置王甬东，[6]君百家。"吴王谢曰："吾老矣，不能事君王！"遂自杀。乃蔽其面，曰："吾无面以见子胥也！"越王乃葬吴王而诛太宰嚭。

【注释】〔1〕"因而留围之三年"，从公元前四七五年十一月越国出兵围攻吴国，到公元前四七三年十一月灭吴，前后共三年。 〔2〕"姑苏之山"，山名，故地在今江苏苏州西南。 〔3〕"伐柯者其则不远"，语出《诗经·豳风·伐柯》："伐柯伐柯，其则不远。" 〔4〕"厄"，音è，同"厄"，灾难，困苦。 〔5〕"执事"，办事的人，此处是范蠡自称。 〔6〕"甬东"，地名，故地在今浙江舟山岛。

【译文】又过了四年，越国再次伐吴。吴国的士兵和百姓这时都已疲困不堪，精兵全都战死在齐晋两国。所以，越军大破吴军，并乘势驻军在吴国境内围困了吴军三年，吴军战败，越军又将吴王围困在姑苏之山。吴王派公孙雄光着上身，屈膝来到越王面前求和说："罪臣夫差冒昧地向您陈述由衷之言，过去曾在会稽山得罪了您，夫差未曾敢违抗您的要求，让大王您平安地回国了。现在大王您即使举足诛杀罪臣，罪臣也一定服从。但我猜想您也能像会稽事件那样赦免我的罪过吧！"勾践不忍心拒绝，打算答应他的要求。范蠡说："会稽那次，天把越国赐给吴国，吴国不要。现在天把吴国赐给了越国，越国难道还要违背天意吗？况且大王您天天一清早就上朝理政，直到很晚才休息，难道不就是为了灭吴吗？筹划了二十二年，一下子就把机会放弃了，能甘心吗？而且天已经赐给了还不要，反过来就要受害。'到山林中去砍伐做斧柄的材料，手里拿着的斧柄就是制作的榜样，不必远求。'您难道忘记了会稽山的灾难了吗？"勾践说："我想听从你的话，但我又不忍心拒绝那个使者。"范蠡便击鼓进军，说道："大王已经把军政大权交给了我，使者赶快走，不然将受到惩罚。"吴国使者哭泣着离开了。勾践动了恻隐之心，便派人对吴王说："我将您安置在甬东，去做一百户人的君主。"吴王谢绝道："我老啦，不能服侍大王了。"便自杀了。临死前遮住自己的脸说："我没脸见伍子胥呀！"越王于是安葬了吴王，并杀掉了太宰伯嚭。

勾践已平吴，乃以兵北渡淮，与齐、晋诸侯会于徐州，[1]致贡于周。[2]周元王使人赐勾践胙，[3]命为伯。[4]勾践已去，渡淮南，以淮上地与楚，归吴所侵宋地于宋，与鲁泗东方百里。当是时，越兵横行于江、淮东，诸侯毕贺，号称霸王。

【注释】〔1〕"徐州"，地名，故地在今山东滕县南。 〔2〕"致贡于周"，春秋末年，周王室衰微，诸侯很少纳贡，越国远在南方，同周王室的接触更是很少。而当越王勾践的势力已达中原时，他就首先向周王室进贡，以示拥护，来提高自己的威望，企图取得合法的霸主地位。〔3〕"周元王"，周朝第二十六代君主，公元前四七六年至前四六九年在位。"胙"，祭祀用的肉。古代祭祀毕，把肉分送有关的人，叫做分胙，表示同享幸福。当时，周王朝是宗主国，所有诸侯国名义上还是它的属国，所以，周元王派人赐勾践祭肉，让他做东方诸侯的伯长。〔4〕"伯"，音bà。诸侯的领袖，与公侯伯子男五等爵中的伯意义不同。春秋以降，周王室常常挑选一个有威望的诸侯，作为一部分诸侯的领袖，称为伯。

【译文】 勾践灭吴以后，便挥师北渡淮水，与齐、晋两国诸侯在徐州盟会，向周王室纳贡。周元王派人向勾践赐胙，任命他为伯。勾践离开徐州后，渡过淮水南归，把淮上一带割给楚国，把吴国过去侵占宋国的土地归还宋国，割给鲁国泗水东岸方圆百里。在那个时候，越国军队在长江和淮水以东畅行无阻，诸侯都来祝贺，号称勾践为霸王。

范蠡遂去，自齐遗大夫种书曰："蜚鸟尽，良弓藏；狡兔死，走狗烹。越王为人长颈鸟喙，可与共患难，不可与共乐。子何不去？"种见书，称病不朝。人或谗种且作乱，越王乃赐种剑曰："子教寡人伐吴七术，寡人用其三而败吴，其四在子，子为我从先王试之。"种遂自杀。

勾践卒，〔1〕子王鼫与立。〔2〕王鼫与卒，子王不寿立。〔3〕王不寿卒，子王翁立。王翁卒，子王翳立。王翳卒，子王之侯立。王之侯卒，子王无彊立。

【注释】〔1〕"勾践卒"，时为公元前四六五年。〔2〕"王鼫与"，公元前四六五年至前四五九年在位。〔3〕"王不寿"，公元前四五九年至前四四九年在位。

【译文】 范蠡在越王已成就霸业后便离开了越国，他从齐国捎给文种大夫一封信说："飞鸟一旦被猎尽，猎人就要把良弓收藏起来了，狡猾的兔一旦被打死，猎狗就要被人烹食了。越王长得鸟嘴长脖颈，可以同他共患难，却不可以同他共享乐，你为什么还不离开他？"文种看了这封信，便称病不再上朝了。有人向勾践进谗言说文种要作乱，越王便赐给文种一把剑说："你教给我七条伐吴的计策，我只用了三条就把吴国打败了。那四条计策还在你那里，你为我跟着先王去试试它吧！"文种便自杀了。

勾践去世后，他的儿子王鼫与即位。王鼫与去世后，他的儿子王不寿即位。王不寿去世后，他的儿子王翁即位。王翁去世后，他的儿子王翳即位，王翳去世后，他的儿子王之侯即位。王之侯去世后，他的儿子王无彊即位。

王无彊时，越兴师北伐齐，西伐楚，与中国争强。当楚威王之时，[1]越北伐齐，齐威王使人说越王曰：[2]"越不伐楚，大不王，小不伯。图越之所为不伐楚者，为不得晋也。[3]韩、魏固不攻楚。韩之攻楚，覆其军，杀其将，则叶、阳翟危；[4]魏亦覆其军，杀其将，则陈、上蔡不安。[5]故二晋之事越也，不至于覆军杀将，马汗之力不效。所重于得晋者何也？"越王曰："所求于晋者，不至顿刃接兵，而况于攻城围邑乎？愿魏以聚大梁之下，[6]愿齐之试兵南阳莒地，[7]以聚常、郯之境，[8]则方城之外不南，[9]淮、泗之间不东，商、於、析、郦、宗胡之地，[10]夏路以左，[11]不足以备秦，江南、泗上不足以待越矣。[12]则齐、秦、韩、魏得志于楚也，是二晋不战而分地，不耕而获之。不此之为，而顿刃于河山之间以为齐秦用，所待者如此其失计，奈何其以此王也！"齐使者曰："幸也越之不亡！吾不贵其用智之如目，见豪毛而不见其睫也。今王知晋之失计，而不自知越之过，是目论也。王所待于晋者，非有马汗之力也，又非可与合军连和也，将待之以分楚众也。今楚众已分，何待于晋？"越王曰："奈何？"曰："楚三大夫张九军，北围曲沃、於中，[13]以至无假之关者三千七百里，[14]景翠之军北聚鲁、齐、南阳，分有大此者乎？且王之所求者，斗晋楚也；晋楚不斗，越兵不起，是知二五而不知十也。此时不攻楚，臣以是知越大不王，小不伯。复雠、庞、长沙，[15]楚之粟也；竟泽陵，[16]楚之材也。越窥兵通无假之关，此四邑者不上贡事于郢矣。[17]臣闻之，图王不王，其敝可以伯。然而不伯者，王道失也。故愿大王之转攻楚也。"

【注释】〔1〕"楚威王"，战国时楚国国君，名熊商。公元前三三九年至前三二〇年在位。〔2〕"齐威王"，战国时齐国国君，名因齐。公元前三五六年至前三二〇年在位。〔3〕"晋"，春秋战国之际的诸侯国。公元前四五三年，晋国赵、韩、魏三家贵族集团瓜分晋国，晋君成为附庸。这里的"晋"和下文的"二晋"，均指韩、魏二国而言。〔4〕"叶"，音shè。地名，故地在今河南叶县西南。"阳翟"，地名，故地在今河南禹县，二地当时均在韩国境内。〔5〕"陈"，地名，指陈郡，故地在今河南淮阳一带。"上蔡"，地名，指上蔡郡，故地在今河南上蔡一带，二地当时在魏国境内。〔6〕"大梁"，地名，当时魏国国都，故地在今河南开封市西南。〔7〕"南阳"，地名，故地在今山东泰山以南，汶河以北一带。当时属齐。"莒"，音jǔ。地名，故地在今山东莒县。〔8〕"常"，地名，故地在今江苏邳县一带。"郯"，地名，故地在今山东郯城西南。〔9〕"方城"，春秋时楚国所筑的长城，战国时又展筑，其故址自今河南方城县北西向循伏牛山脉，折南循白河、湍河间分水，至今河南邓县北。楚恃以守卫其北境。〔10〕"商"，地名，故地在今陕西丹凤附近。"於、析"，均为地名，故地在今河南西峡一带。"於"，又叫於中。"郦"，地名，故地在今河南南阳市北。以上四地即所谓商於之地，在楚方城附近，临近秦国。"宗胡"，地名，故地在今安徽阜阳。 〔11〕"夏路以左"，"夏"指中原，自楚前往中原路出方城，以西为左。 〔12〕"江南"，这里指当时楚国东境。"泗上"，这里指当时楚国北境。〔13〕"曲沃"，地名，故地在今河南灵宝东北。 〔14〕"无假之关"，关隘名，故址在今湖南湘阴北。 〔15〕"雠"，地名，故地不详。一说"雠"当作"犨"，其地在今河南平顶山市西南，似与文义不合。"庞"，地名，故地在今湖南衡阳市一带。"长沙"，地名，故地在今湖南长沙市一带。 〔16〕"竟泽陵"，当为"竟陵泽"之误，湖泊名，此为当时楚国七泽之一，故地在今湖北潜江一带。 〔17〕"郢"，音 yǐng。楚国国都。故地在今湖北江陵西北。

【译文】越王无疆在位期间，越国兴兵北向伐齐，西向伐楚，同中原各国争夺霸权。在楚威王即位的时候，越国北伐齐国，齐威王派人劝说越王："越国如果不讨伐楚国，往大了说，不能为王，往小了说，不能称伯。猜度越国之所以不讨伐楚国成的原因，是因为没有取得同晋的结盟。韩、魏本就不打算进攻楚国。韩国如果攻楚，就会损兵折将，而且叶与阳翟两地就危险了。魏国如果攻楚，也会损兵折将，那么陈与上蔡就不稳定了。所以说，即便是二晋追随越国，也达不到去为越国攻楚而损兵折将的程度，不会效汗马之劳。那么，越国如此看重同晋的盟约是为什么呢？"越王说："要求晋与我们结盟，并不是让他们去交兵作战，更谈不上攻城围邑了。只希望魏国把兵驻扎在大梁城下，希望齐国出兵在南阳莒地一带演习，并屯兵于常、郯二地的边境。这样威慑的结果，将使楚国方城之将不敢南下伐越，淮泗之间的楚兵不敢向东伐齐，对越国形成威胁。楚国的商、於、析、郦、宗胡等地以及夏路以西，就不足以抵御秦国，江南、泗上就不足以对抗越国了。齐、秦、韩、魏等国从楚分得利益，这就使二晋不经攻战而分得土地，不加耕耘而有收获。但魏、韩两国不做这些事，却在黄河、华山一带征战，来为齐秦两国所利用，我们所寄希望的人竟如此失策，想以此来称王称霸又怎么谈得到呢？"齐国的使者说："越国没有灭亡真是万幸呀！我不认为那种像转动眼珠一样运用智慧，能看得见毫毛却看不见睫毛是值得看重的。现在大王知道晋的失策所在，对越国的失误却自己没有察觉。这就是刚才我用眼睛所作的比喻。大王所期待晋的，既不是让他们效汗马之劳，又不是与越国军队结成同盟，只是希望他们来分散牵制楚国的兵力。现在楚国的兵力已经分散了，还有什么期待于晋的呢？"越王问道："为什么这样说？"回答说："楚国屈、景、昭三姓大夫布置九军，北围曲沃、於中，一直到无假之关，共有三千七百里；景翠大夫的军队屯集在北面鲁、齐、南阳等处，兵力分散还有比这更大的吗？况且大王所冀求的是使晋楚相斗，晋楚如果不互相征伐，越国就不起兵，这是只知二五，而不知一十。这样好的时机不进攻楚国，我由此知道越国是大不足以称王，小不足以称伯的。再说，雠、庞、长沙等地是楚国的粮食产地，竟陵泽一带是楚国的木材产地，越国如果寻找机会用兵打通无假之关，那么这四邑就不能向楚国郢都进贡粮草物资了。我听说图谋称王而没达到，至少也可以称伯。然而不能称伯的原因，是由于策略上的失误。因此希望大王调转兵锋，进攻楚国。"

于是越遂释齐而伐楚。楚威王兴兵而伐之，大败越，杀王无彊，尽取故吴地至浙江，北破齐于徐州。而越以此散，诸族子争立，或为王，或为君，滨于江南海上，服朝于楚。

后七世，至闽君摇，[1]佐诸侯平秦。汉高帝复以摇为越王，以奉越后。东越，闽君，皆其后也。

【注释】〔1〕"闽君摇"，残存于秦汉之际的越国君主，事详《汉书》卷九五《西南夷两粤朝鲜传》。

【译文】于是，越国便放弃进攻齐国，转而征伐楚国。楚威王兴兵反攻越国，把越军打得大败，杀死了越王无彊，全部夺得了吴国旧地，一直达到浙江，北面在徐州击败齐国军队，而越国从此也散亡了。许多王室子孙争抢继位，有的称王，有的称君，在靠近长江以南的海滨居住，臣服朝拜于楚国。

以后过了七代，到了闽君摇，协助诸侯灭秦，汉高祖又把摇封为越王，来延续越国的后代。东越、闽君，都是他的后裔。

范蠡事越王勾践，既苦身戮力，与勾践深谋二十余年，竟灭吴，报会稽之耻，北渡兵于淮以临齐、晋，号令中国，以尊周室，勾践以霸，而范蠡称上将军。还反国，范蠡以为大名之下，难以久居，且勾践为人可与同患，难与处安，为书辞勾践曰："臣闻主忧臣劳，主辱臣死。昔者君王辱于会稽，所以不死，为此事也。今既以雪耻，臣请从会稽之诛。"勾践曰："孤将与子分国而有之。不然，将加诛于子。"范蠡曰："君行令，臣行意。"乃装其轻宝珠玉，自与其私徒属乘舟浮海以行，终不反。于是勾践表会稽山以为范蠡奉邑。

范蠡浮海出齐，变姓名，自谓鸱夷子皮，耕于海畔，苦身戮力，父子治产。居无几何，致产数十万。齐人闻其贤，以为相。范蠡喟然叹曰："居家则致千金，居官则至卿相，此布衣之极也。久受尊名，不祥。"乃归相印，尽散其财，以分与知友乡党，而怀其重宝，间行以去，止于陶，[1]以为此天下之中，交易有无之路通，为生可以致富矣。于是自谓陶朱公。复约要父子耕畜，废居，候时转物，逐什一之利。居无何，则致赀累巨万。天下称陶朱公。

【注释】〔1〕"陶"，地名，故地在今山东定陶县西北。

【译文】范蠡为越王勾践服务，苦身励志，竭尽全力，与勾践共同深筹远谋了二十余年，终于灭掉了吴国，报了会稽之耻。然后挥师北渡淮水，兵临齐、晋，在中原发号施令，来尊崇周王室，勾践由此称霸中原，而范蠡也被称作上将军。返回越国之后，范蠡认为负有过大的名声，难以同勾践长期相处。况且勾践的为人，是可以与他共患难，难以同他共安乐。因此，向勾践写信告辞说："我听说主上忧虑，臣子应当替主上承担；主上被侮辱，臣下应当替主上去死。过去大王在会稽受辱，我之所以不死的原因，就是为了有今天。现在既然已经雪耻，我请求让我为大王曾受侮辱而死。"勾践说："我将同你分割国土，每人都有一份。你不同意这样做的话，我就杀了你。"范蠡说："君王发布命令，臣下按照君王的旨意行事。"于是就装上他的细软珠宝，独自同他手下的人一起乘船渡海走了，始终没有返回。于是勾践降诏分封会稽山作为供奉范蠡的城邑。

范蠡渡海来到齐国，改变了姓名，自称叫鸱夷子皮，在海滨耕耘，亲自尽力劳作，父子整治家产。过了不久，就达到了数十万的家业。齐国人听说了他的贤明名声，就推他为丞相。范蠡喟然感叹道："居家治产就获得千金，做官就达到了卿相，这是一个老百姓的顶点了。长期享有尊崇的名声，这是不祥之兆。"于是就归还了相印，把他的财产都分散出去，分送给知己的朋友和邻里乡亲，然后带着贵重的东西，悄悄地离去了，定居在陶地。范蠡认为这个地方是天下的中心，经商贸易的途径多，在这里谋生可以致富。于是自称陶朱公，再次苦身励志，父子同耕垄亩，牧养牲畜。把卖价低的东西先贮存起来，等到市场缺乏时卖出去，来争取获得十分之一的余利。过了没多久，就获得了亿万资产。天下人都称道陶朱公。

朱公居陶，生少子。少子及壮，而朱公中男杀人，囚于楚。朱公曰："杀人而死，职也。然吾闻千金之子不死于市。"告其少子往视之。乃装黄金千溢，[1] 置褐器中，载以一牛车。且遣其少子，朱公长男固请欲行，朱公不听。长男曰："家有长子曰家督，今弟有罪，大人不遣，乃遣少弟，是吾不肖。"欲自杀。其母为言曰："今遣少子，未必能生中子也，而先空亡长男，奈何？"朱公不得已而遣长子，为一封书遗故所善庄生。[2] 曰："至则进千金于庄生所，听其所为，慎无与争事。"长男既行，亦自私赍数百金。[3]

【注释】〔1〕"黄金"，古代作为金钱使用的黄金往往是黄铜。"溢"，通"镒"，古代重量单位。二十两为一镒，一说二十四两为一镒。〔2〕"遗"，音 wèi。赠与。〔3〕"赍"，音 jī，携带。

【译文】 朱公住在陶地的时候，生了小儿子。当小儿子长大的时候，朱公的二儿子因杀人被囚禁在楚国。朱公说："杀人偿命，理当如此。但我听说家有千金的孩子，可以不在大庭广众的市场上被处死。"便告诉他的小儿子前去探视。并拿不显眼的粗糙器具装了千镒黄金，用一辆牛车拉着。准备打发他的小儿子去的时候，朱公的大儿子非要去不可。朱公不让，大儿子说："家中长子可以称得上是管家，现在弟弟获罪，大人不派兄长去，而让小弟弟去，这是因为我不好呀！"于是就要自杀。他的母亲发话了："现在让小儿子去，也不见得就能救活二儿子，但却白白地叫大儿子丧了命，如何是好？"朱公没办法，只好让大儿子去了，并写了一封信让他带给旧日的朋友庄生，嘱咐道："到了那里就把这一千金交给庄生，他要怎么办就怎么办，千万小心不要同他争辩！"大儿子上了路，还私下带了几百镒金。

至楚，庄生家负郭，披藜藋到门，[1]居甚贫。然长男发书进千金，如其父言。庄生曰："可疾去矣，慎毋留！即弟出，勿问所以然。"长男既去，不过庄生而私留，以其私赍献遗楚国贵人用事者。

【注释】〔1〕"藋"，音 diào，一种野草。

【译文】 到了楚国，见到庄生家的房子靠近城墙，需要拨开荒草才能走到门口，生活很贫困。大儿子按照他父亲所说的拿出信件，把千金交给庄生，庄生说："你快走吧，切勿逗留；即使你弟弟被释放了，也不要问是为什么。"大儿子离开后，没再拜访庄生，却私自逗留在楚国。用他私下带来的那部分钱来贿赂楚国当权的贵族。

庄生虽居穷阎，然以廉直闻于国，自楚王以下皆师尊之。及朱公进金，非有意受也，欲以成事后复归之以为信耳。故金至，谓其妇曰："此朱公之金。有如病不宿诚，后复归，勿动。"而朱公长男不知其意，以为殊无短长也。

庄生间时入见楚王，言"某星宿某，此则害于楚"。楚王素信庄生，曰："今为奈何？"庄生曰："独以德为可以除之。"楚王曰："生休矣，寡人将行之。"王乃使使者封三钱之府。楚贵人惊告朱公长男曰："王且赦。"曰："何以也？"曰："每王且赦，常封三钱之府。[1]昨暮王使使封之。"朱公长男以为赦，弟固当出也，重千金虚弃庄生，无所为也，乃复见庄生。庄生惊曰："若不去邪？"长男曰："固未也。初为事弟，弟今议自赦，故辞生去。"庄生知其意欲复得其金，曰："若自入室取金。"

长男即自入室取金持去，独自欢幸。

【注释】〔1〕"三钱之府"，古代钱库。

【译文】庄生尽管住在穷巷，但以廉洁正直闻名国内，从楚王以下都把他尊奉为老师。当朱公给他送钱的时候，他并没有意接受，打算事成之后再还给朱公，表明信誉。所以收到钱的时候，对他的妻子说："这是朱公的钱，就像有病不能预测什么时候好一样，以后说不上什么时候要奉还给他，请不要动用。"但朱公的大儿子不知道庄生的意图，认为把钱交给庄生没什么用。

庄生寻机入宫拜见楚王，说某个星宿出现在某个位置上，这对楚国有害。楚王向来相信庄生的话，就问："现在对它怎么办？"庄生说："只有用恩德才能消除灾难。"楚王说："庄生放心吧，我将行德政。"楚王便派使者密封了贮存各种钱币的府库。楚国的那个当权的贵族惊喜地告诉朱公的长子说："楚王将要进行赦免了。"问道："从何说起呢？"回答说："每次楚王临行赦免以前，总要密封金库，以免有人乘机抢劫。昨天傍晚楚王派人去密封金库了。"朱公长子认为既然赦免，弟弟自然会被释放，而那么多的钱白白扔到庄生那里了，没起什么作用。就又去见庄生，庄生惊讶地问："你没有走呀？"朱公长子说："本来就没走，开始是为了照顾弟弟，弟弟现在人们都说要被自行赦免，所以来向先生辞行。"庄生明白他的用意是想再要回那笔钱，就说："你自己进屋里把钱拿走。"朱公长子就自己进握把钱拿走了，并且一个人暗自得意。

庄生羞为儿子所卖，乃入见楚王曰："臣前言某星事，王言欲以修德报之。今臣出，道路皆言陶之富人朱公之子杀人囚楚，其家多持金钱赂王左右，故王非能恤楚国而赦，乃以朱公子故也。"楚王大怒曰："寡人虽不德耳，奈何以朱公之子故而施惠乎！"令论杀朱公子，明日遂下赦令。朱公长男竟持其弟丧归。

至，其母及邑人尽哀之，唯朱公独笑，曰："吾固知必杀其弟也！彼非不爱其弟，顾有所不能忍者也。是少与我俱，见苦，为生难，故重弃财。至如少弟者，生而见我富，乘坚驱良逐狡兔，岂知财所从来，故轻弃之，非所惜吝。前日吾所为欲遣少子，固为其能弃财故也。而长者不能，故卒以杀其弟，事之理也，无足悲者。吾日夜固以望其丧之来也。"

故范蠡三徙，〔1〕成名于天下，非苟去而已，所止必成名。卒老死于陶，故世传曰陶朱公。

【注释】〔1〕"范蠡三徙"，指范蠡由楚入越，佐勾践称霸；离越赴齐；由齐至陶定居。"徙"，音 xǐ，迁移。

【译文】庄生对被后生小子愚弄很羞恼，便进宫拜见楚王说："我上次说了某星宿不祥一事，大王说要行德政来改变它，现在我在外面走，路上纷纷议论陶地富翁朱公的儿子因杀人被监禁在楚国，而他家里多次拿钱来贿赂大王手下的大臣，因此认为大王不是为了挽救楚国才大赦的，而是因为朱公儿子的缘故。"楚王大怒，说道："我虽然无德，但怎么会单单因为朱公儿子的缘故而施恩呢？"就下令杀了朱公的儿子，第二天便发布了大赦令。朱公长子最后是带着弟弟的丧讯而归。

回家后，他母亲和乡里人都很悲伤。唯独朱公笑着说："我本来就知道他一定是会使他弟弟丧命的。他并不是不爱他的弟弟，只是因为有不忍割舍的东西。这是因为他从小就同我一起受苦，为生计所窘迫，所以把破财看得很重。至于他的小弟弟，一生下来就处于我富裕的时候，乘着坚固的车子，驾驭良马，追逐狡兔，哪知道钱是从哪来的，所以会轻易舍弃，一点也不吝惜。最初我之所以想派小儿子去，就是因为他能轻易舍财的缘故。而长子却做不到这一点，致使最终使弟弟丧了命。事情必然会发展到这一步，没有什么可悲伤的，我白天晚上本来就是在等待着这个丧讯的到来呢！"

所以说，范蠡三次迁徙，在天下成了名，并非仅仅是避名离开而已，所到一处，又一定会在那里成名。最后在陶地老死，所以世人相传叫他陶朱公。

太史公曰：禹之功大矣，渐九川，〔1〕定九州，〔2〕至于今诸夏艾安。及苗裔勾践，苦身焦思，终灭强吴，北观兵中国，以尊周室，号称霸王。勾践可不谓贤哉！盖有禹之遗烈焉。范蠡三迁皆有荣名，名垂后世。臣主若此，欲毋显得乎！

【注释】〔1〕"九川"，九条大河。有人说九川指弱、黑、河、瀁、江、沇、淮、渭、洛。〔2〕"九州"，古代中国设置的九个州。通常指冀、豫、雍、扬、兖、徐、梁、青、荆。

【译文】太史公说：禹的功绩很大呀，疏导九川，安定九州，直到今天中原太平无事。到了他的后代勾践，苦身励志，终于消灭了强大的吴国，北上陈兵中原，来尊崇周王室，被称为霸主，勾践能说不贤明吗？大概在他身上还存有禹的遗风余烈吧！范蠡三迁都获得了荣耀的声名，名垂后世。臣子君主如果像他们这样，即便自己不想显赫，难道可能吗？

田敬仲完世家

　　陈完者，陈厉公他之子也。[1]完生，周太史过陈，[2]陈厉公使卜完，卦得《观》之《否》：[3]"是为观国之光，利用宾于王。此其代陈有国乎？不在此而在异国乎？非此其身也，在其子孙。若在异国，必姜姓。姜姓，四岳之后。[4]物莫能两大，陈衰，此其昌乎？"[5]

　　【注释】〔1〕"陈厉公他"，《春秋左氏传》桓公五年记载："文公子佗杀太子免而代之。"又《春秋左氏传》桓公十二年记载："八月壬辰，陈侯跃卒。"杜预注中说陈侯跃是厉公。《春秋左氏传》庄公二十二年记载："陈厉公，蔡出也，故蔡人杀五父而立之。"五父即陈佗，因此陈厉公并非陈他（佗），本书此处与《陈杞世家》并误。"他"与"佗"同，音 tuō。陈国为西周封立的诸侯国，妫姓，传说是帝舜之后。陈国地在今河南东部及安徽西北部，都城宛丘，在今河南淮阳。陈厉公是陈国第十三代国君，公元前七〇六年至前七〇〇年在位。　〔2〕"太史"，古代官名。周代的太史是史官和历官的首长，掌管官司文书、策命、记事，以及史事典籍、天文历法、占卜、祭祀等。　〔3〕"《观》之《否》"，《观》卦变成了《否》卦。《观》，音 guān，《否》，音 pǐ，都是《周易》中卜筮的卦象，《观》为（），《巽》（☴）在上，《坤》（☷）在下，《否》为（），《乾》（☰）在上，《坤》（☷）在下。《巽》最下面的阴爻变成阳爻，就变成了《乾》，即《观》卦变成了《否》卦。　〔4〕"四岳"，上古时代掌管四方山川诸侯的官员。孔安国说四岳是羲和的四个儿子。姜姓的祖先据说就是尧时的四岳。　〔5〕"陈衰，此其昌乎"，陈国最后一个国王陈湣公在周敬王四十一年（公元前四七九年）被楚国擒灭。此前两年，周敬王三十九年（公元前四八一年），田常杀了齐简公，作了齐王。这个太史的预言恰与事实巧合。

　　【译文】陈完这个人，是陈厉公陈他的儿子。陈完出生时，周朝的太史路过陈国，陈厉公让他给陈完卜一卦，得到的卦象是由《观》卦变成《否》卦。周太史说："这种卦象是能观看到国家的光芒，利用的是在王室作宾客的机会。这可能是说这个孩子代替陈氏拥有国家吧？可能不在这里而在别的国家吧？但不是他自己，而是在他的子孙身上应验。如果是在别的国家，一定是在姜姓国家。姜姓是四岳官员的后代。事物不可能两者同时强大，陈国衰亡时，这个孩子的后代可能会昌盛吧？"

　　厉公者，陈文公少子也，[1]其母蔡女。[2]文公卒，厉公兄鲍立，是为桓公。桓公与他异母。及桓公病，蔡人为他杀桓公鲍及太子免而立他，为厉公。[3]厉公既立，娶蔡女。蔡女淫于蔡人，数归，[4]厉公亦数如蔡。[5]桓公之少子林怨厉公杀其父与兄，乃令蔡人诱厉公而杀之。林自立，是为庄公。故陈完不得立，为陈大夫。厉公之杀，以淫出国，故《春秋》曰"蔡人杀陈他"，罪之也。

【注释】〔1〕"厉公者，陈文公少子也"，鲍、佗、跃三人均为陈文公子。〔2〕"蔡女"，蔡国国王的女儿，蔡国，周代封国，地在今河南上蔡一带。后被楚国灭掉。〔3〕"蔡人为他杀桓公鲍及太子免而立他，为厉公"，本书《陈杞世家》作"蔡人为佗杀五父及桓公太子免而立佗"，五父即佗，此处与《陈杞世家》均误，厉公为跃，前文已述。〔4〕"淫于蔡人"，与蔡国人私通。"数"，音 shuò，多次，"归"，出嫁的女子回母家去。〔5〕"如"，到……去。

【译文】陈厉公这个人是陈文公的小儿子。他的母亲是蔡侯的女儿。陈文公去世后，陈厉公的哥哥陈鲍被立为国君，就是陈桓公。陈桓公和陈他是异母兄弟。到了陈桓公患病的时候，蔡国人替陈他杀死了陈桓公和太子免，立陈他为君，就是陈厉公。陈厉公即位后，娶了蔡侯的女儿。蔡侯的女儿和蔡国人私通，多次回蔡国去。陈厉公也多次去蔡国。陈桓公的小儿子陈林怨恨陈厉公杀死他的父亲和哥哥，就叫蔡国人把陈厉公诱骗出来杀死了。陈林自己立为国君，就是陈庄公。所以陈完不能被立为国君，作了陈国的大夫。陈厉公被杀死，是由于色欲而出国去，所以《春秋》上记载道"蔡国人杀了陈他"，是认为他有罪过。

庄公卒，立弟杵臼，是为宣公。宣公二十一年，杀其太子御寇。御寇与完相爱，恐祸及己，完故奔齐。齐桓公欲使为卿，[1]辞曰："羁旅之臣幸得免负檐，[2]君之惠也，不敢当高位。"桓公使为工正。[3]齐懿仲欲妻完，[4]卜之，占曰："是谓凤皇于蜚，和鸣锵锵。[5]有妫之后，将育于姜。五世其昌，并于正卿。八世之后，莫之与京。"[6]卒妻完。[7]完之奔齐，齐桓公立十四年矣。

【注释】〔1〕"齐桓公欲使为卿"，齐桓公，名小白，春秋五霸之一。公元前六八五年至前六四三年在位。齐国，西周初封姜尚为齐公，地在今山东。卿，周代的官名，为辅佐国君的高级官员。〔2〕"羁"，音 jī，羁旅，在外寄居作客。"负檐"，即负担，泛指为生计奔波。檐为担字假借。〔3〕"工正"，周代官名，掌管官营手工业和各种技工。〔4〕"懿仲"，齐国大夫，《史记志疑》考证为陈国大夫。"妻完"，把女儿给陈完作妻子。〔5〕"蜚"，与"飞"同。"于蜚"，比翼双飞。《诗经·大雅·卷阿》："凤皇于飞，翙翙其羽。""和鸣"，互相应合着鸣叫。"锵锵"，凤凰叫声。〔6〕"莫之与京"，没有人能比他的地位更高大。"京"，大。〔7〕"卒妻完"，最终还是把女儿嫁给了陈完。"卒"，终于。

【译文】陈庄公去世，立他的弟弟陈杵臼为国君，就是陈宣公。陈宣公二十一年，杀死了太子御寇。陈御寇和陈完相互友爱。陈完害怕自己会受连累，所以逃到齐国去。齐桓公想要让他作卿。陈完推辞说："逃亡流浪的臣子，有幸能免除挑着担子奔走的命运，已经是您的恩惠了。不敢再担任高官。"齐桓公委派他作工正。齐国的懿仲要把女儿嫁给陈完，对此进行占卜。占卜的结果是："这是凤凰一齐飞翔，相互应和，鸣叫锵锵。有妫氏的后裔，将要在姜姓国家繁育。五代后会昌盛，与正卿的地位相同。八代以后，就没有人能和他相比。"最终把女儿嫁给了陈完。陈完逃到齐国时，齐桓公即位有十四年了。

完卒，谥为敬仲。[1]仲生稚孟夷。[2]敬仲之如齐，以陈字为田氏。[3]

【注释】〔1〕"谥"，音 shì。古代帝王及官僚、贵族死后，根据他们生前事迹所赠予的称号。 〔2〕"稚孟夷"，《世本》作"夷孟思"。 〔3〕"以陈字为田氏"，"陈字"，一本作"陈氏"。徐广认为："应劭云始食菜地于田，由是改姓田氏。"《正义》按："敬仲既奔齐，不欲称本国故号，故改陈字为田氏。"《史记正义》亦取此说。根据《说文解字》："田，陈也。"钱大昕说古代读陈作田。可见当时田、陈是相通的字。战国齐铜器陈璋壶等器物铭文中齐国王族仍姓陈，但写作"堕"，与春秋陈国铜器铭文中的陈写作"敶"不同，史称陈氏改姓或系指此字形的改动。

【译文】陈完去世，被谥为敬仲。敬仲生了稚孟夷。敬仲到了齐国后，把陈姓改为田姓。

田稚孟夷生溍孟庄，[1]田溍孟庄生文子须无。田文子事齐庄公。[2]

【注释】〔1〕"溍孟庄"，《世本》作"闽孟克"，又一本作"溍孟芷"。疑均为字误。〔2〕"齐庄公"，齐灵公的儿子，名光。公元前五五三年至五四八年在位，后被大夫崔杼弑杀。详见本书《齐太公世家》。

【译文】田稚孟夷生了溍孟庄，田溍孟庄生了文子须无。田文子服侍齐庄公。

晋之大夫栾逞作乱于晋，[1]来奔齐，齐庄公厚客之。晏婴与田文子谏，[2]庄公弗听。

【注释】〔1〕"栾逞"，晋国大夫栾书的孙子。栾逞因有罪投奔齐国，后被齐庄公派回晋国曲沃谋反，做齐国内应，兵败而死。 〔2〕"晏婴"，春秋时齐国的大夫，机智贤明，有《晏子春秋》一书叙述其言行。详见本书《管晏列传》。

【译文】晋国的大夫栾逞在晋国作乱，来投奔齐国。齐庄公把他作为客人优厚招待。晏婴和田文子劝谏齐庄公。庄公不接受。

文子卒，[1]生桓子无宇。田桓子无宇有力，事齐庄公，甚有宠。

【注释】〔1〕"文子卒"，卒字可能是衍文。

【译文】田文子去世。他生了桓子无宇。田桓子无宇很有力气，侍奉齐庄公，十分得宠。

无宇卒，生武子开与釐子乞。[1]田釐子乞事齐景公为大夫，其收赋税于民以小斗受之，其禀予民以大斗，[2]行阴德于民，[3]而景公弗禁。由此田氏得齐众心，宗族益强，民思田氏。晏子数谏景公，景公弗听。已而使于晋，[4]与叔向私语曰：[5]"齐国之政其卒归于田氏矣。"

【注释】〔1〕"釐"，音 xī，与"僖"通。　〔2〕"禀予民以大斗"，禀，音 lǐn，与廪同，赐给人谷物。这句话是说用大斗量粮食赐给百姓。　〔3〕"阴德"，暗暗里施予的德行。　〔4〕"已而"，随即。　〔5〕"叔向"，即羊舌肸，字叔向，春秋时期晋国大夫。"肸"，音 xī。

【译文】桓子无宇去世。他生了武子开和釐子乞。田釐子乞侍奉齐景公，任大夫。他向百姓收赋税时用小斗称量，给百姓借粮食时用大斗称量。暗暗地给人民施恩德，而齐景公不加禁止。田氏由此获得了齐国的人心，田氏宗族越来越强盛。人民都思念田氏的恩德。晏子多次劝谏齐景公。齐景公不听从。后来晏子出使晋国，和叔向私下谈论，说："齐国的政权最终要归到田氏手中了。"

晏婴卒后，范、中行氏反晋。[1]晋攻之急，范、中行请粟于齐。田乞欲为乱，树党于诸侯，乃说景公曰："范、中行数有德于齐，齐不可不救。"齐使田乞救之而输之粟。[2]

【注释】〔1〕"范、中行氏"，即范献子和中行文子，二人均为晋国大夫。　〔2〕"输之粟"，把粮食运送给他们。

【译文】晏婴去世后，范氏和中行氏反叛晋国。晋国攻打他们，十分激烈。范氏、中行氏向齐国请求借粮。田乞想要叛乱，要在诸侯中树立私党，就劝说齐景公："范氏、中行氏多次对齐国有恩。齐国不能不救他们。"齐国派田乞去救援他们，并且给他们运送粮食。

　　景公太子死，后有宠姬曰芮子，生子荼。[1]景公病，命其相国惠子[2]与高昭子[3]以子荼为太子。景公卒，两相高、国立荼，是为晏孺子。而田乞不说，[4]欲立景公他子阳生。阳生素与乞欢。晏孺子之立也，阳生奔鲁。田乞伪事高昭子、国惠子者，每朝代参乘，[5]言曰："始诸大夫不欲立孺子。孺子既立，君相之，大夫皆自危，谋作乱。"又绐大夫曰：[6]"高昭子可畏也，及未发先之。"诸大夫从之。田乞、鲍牧与大夫以兵入公室，攻高昭子。昭子闻之，与国惠子救公。公师败。田乞之众追国惠子，惠子奔莒，[7]遂返杀高昭子。晏圉奔鲁。[8]

　　【注释】〔1〕"荼"，音 shū，又读作 tú。　〔2〕"国惠子"，名夏。　〔3〕"高昭子"，名张。　〔4〕"不说"，不高兴。"说"，音 yuè，与悦通。　〔5〕"代"，《春秋左氏传》哀公六年作"必"。"参乘"，也作"骖乘"，陪坐在车上的人。古代乘车，御者在中间，尊者坐在左边，坐在右边陪同的人即参乘。　〔6〕"绐"，音 dài，欺骗，用假话哄骗。　〔7〕"莒"，音 jǔ，古代方国名。春秋时期由计斤（在今山东胶县西南）迁移到莒（在今山东莒县）。周考王十年（公元前四三一年）被楚国所灭。〔8〕"晏圉"，晏婴的儿子。圉，音 yǔ。

　　【译文】齐景公的太子死了，他后宫中有个宠姬叫芮子，生了儿子，名荼。齐景公病了，命令齐相国惠子和高昭子封荼为太子。齐景公去世后，国惠子、高昭子两个相立荼为国君，就是晏孺子。而田乞不高兴，想要立景公的另一个儿子阳生为国君。阳生一向与田乞交好。晏孺子立为国君后，阳生逃到鲁国去。田乞装出服从侍奉高昭子、国惠子的样子，每次朝见都代替侍卫在高昭子、国惠子的车上随侍，对他们说："起初各位大夫们都不想要立孺子。孺子即位后，你们做他的国相，大夫们人人自危，商议要叛乱。"田乞又骗大夫们说："高昭子很可怕呀，你们要赶在他动手之前先发制人。"大夫们都听从田乞。田乞、鲍牧和大夫们带兵进入王宫，攻打高昭子。高昭子听到消息，和国惠子去援救齐君。国君的军队打败了。田乞的部下去追击国惠子，国惠子逃到莒城。田乞就返回来杀了高昭子。晏婴的儿子晏圉逃到鲁国去。

　　田乞使人之鲁，迎阳生。阳生至齐，匿田乞家。请诸大夫曰："常之母有鱼菽之祭，[1]幸而来会饮。"会饮田氏。田乞盛阳生橐中，[2]置坐中央。发橐，出阳生，曰："此乃齐君矣。"大夫皆伏谒。[3]将盟立之，田乞诬曰：[4]"吾与鲍牧谋共立阳生也。"鲍牧怒曰："大夫忘景公之命乎？"诸大夫欲悔，阳生乃顿首曰："可则立之，不可则已。"鲍牧恐祸及己，乃复曰：“皆景公之子，何为不可！”遂立阳生于田乞之家，是为悼公。乃使人迁晏孺子于骀，〔5〕而杀孺子荼。悼公既立，田乞为相，专齐政。

【注释】〔1〕“常之母有鱼菽之祭”，“常之母”，田常的母亲。田常是田乞的儿子。田乞用这个词称呼自己的妻子。“菽”，音 shū，豆类。齐国风俗，由妇女主持祭祀。自称是鱼豆的祭祀，是谦逊之词，表示祭品微薄。　〔2〕“盛阳生橐中”，把阳生装在口袋里。橐，音 tuó，皮制的口袋。　〔3〕“伏谒”，趴在地下行礼拜见。　〔4〕“诬”，说假话，哄骗别人。　〔5〕“骀”，音 tái，春秋时期齐国的地名，在今山东临朐县。

【译文】田乞派人到鲁国去迎接阳生。阳生回到齐国，藏在田乞家中。田乞去邀请各位大夫，说：“我儿子田常的母亲有个用鱼和豆子作祭品的祭祀。希望你们能来我家聚会饮酒，我会感到很荣幸。”在田家聚会饮酒时，田乞把阳生装进一个皮囊，放在酒席的中央。打开皮囊，让阳生出来，说：“这就是齐君了。”大夫们全都俯伏着拜见阳生。将要盟誓立阳生为君时，田乞哄骗说：“我和鲍牧一起谋划立阳生为国君的。”鲍牧发怒了，问：“大夫们忘了景公的命令吗？”大夫们又想要反悔。阳生就叩头说：“可以，就立我为君，不可以，就算了吧。”鲍牧恐怕自己招致灾祸，就又说：“全都是景公的儿子，有什么不可以的！”于是在田乞家中立阳生为国君，就是齐悼公。就派人把晏孺子迁到骀地去，接着又把他杀了。齐悼公即位后，田乞做了相，独掌齐国的政权。

四年，田乞卒，子常代立，是为田成子。

鲍牧与齐悼公有郤，〔1〕弑悼公。〔2〕齐人共立其子壬，是为简公。田常成子与监止俱为左右相，〔3〕相简公。田常心害监止，〔4〕监止幸于简公，权弗能去。于是田常复修釐子之政，以大斗出贷，以小斗收。齐人歌之曰：“妪乎采芑，〔5〕归乎田成子！”齐大夫朝，御鞅谏简公曰：〔6〕“田、监不可并也，君其择焉。”君弗听。

【注释】〔1〕“有郤”，有嫌隙，不和。“郤”，音 xì，空隙。　〔2〕“弑”，音 shì，古代臣下杀死君主，儿子杀死父母的行为。　〔3〕“监”，姓，一本作“阚”。　〔4〕“心害”，心中猜忌，嫉妒。　〔5〕“妪”，音 yù，老妇人。“乎”，语助词。“芑”，音 qǐ，野菜。　〔6〕“御”，官名，掌管车马。“鞅”，人名，也是田氏一族。《春秋左氏传》哀公十四年作“诸御鞅”，诸御亦为官名。

【译文】四年，田乞去世，他的儿子田常代替了他的地位，就是田成子。

鲍牧与齐悼公不和，杀了悼公。齐国人共同立齐悼公的儿子壬为国君，就是齐简公。田常成子和监止共同任左右相，辅佐齐简公。田常心中惧怕监止。监止得到齐简公的宠幸，无法夺去他的权力。于是田常再次施行田釐子的施政方法，用大斗贷出粮食，用小斗收回债务。齐国人歌唱他说："老奶奶啊采芑菜，送呀送给田成子！"齐国大夫上朝时，掌御官田鞅劝谏齐简公说："田氏和监氏不能并存，请您选择一个吧。"齐简公不听从。

子我者，监止之宗人也，〔1〕常与田氏有郤。〔2〕田氏疏族田豹事子我有宠。子我曰："吾欲尽灭田氏適，〔3〕以豹代田氏宗。"豹曰："臣于田氏疏矣。"不听。已而豹谓田氏曰："子我将诛田氏，田氏弗先，祸及矣。"子我舍公宫，〔4〕田常兄弟四人乘如公宫，欲杀子我。子我闭门。简公与妇人饮檀台，〔5〕将欲击田常。太史子余曰："田常非敢为乱，将除害。"简公乃止。田常出，闻简公怒，恐诛，将出亡。田子行曰："需，事之贼也。"〔6〕田常于是击子我。子我率其徒攻田氏，不胜，出亡。田氏之徒追杀子我及监止。

【注释】〔1〕"子我者，监止之宗人也"，《史记索隐》、《史记正义》等考证子我即监止。监止又作阚止，《春秋左氏传》哀公六年载阚止之事，杜预注即认为是子我。此将一人误分为二人，下"田氏之徒追杀子我及监止"一句亦同。宗人之说误。〔2〕"有郤"，有矛盾，不合。"郤"，音 xì，空隙。〔3〕"田氏適"，田氏的嫡系子孙。適与嫡通，指正妻及正妻所生的长子，或指正妻生的继承家长地位的儿子。〔4〕"子我舍公宫"，子我住在齐简公的宫室中。"舍"，动词，住宿。本书《齐太公世家》作"子行舍于公宫"。此处疑误。〔5〕"檀台"，齐国宫中台观名，《史记正义》称："在青州临淄县东北一里（即今山东淄博市东北）。"〔6〕"需"，音 nuò，迟疑不决。"贼"，毁坏，危害。"需，事之贼也"，迟疑会招致危难，所以是事情败坏的根源。

【译文】子我这个人是监止的同宗，和田氏常有嫌隙。田氏的远房宗族田豹侍奉子我，得到他的宠信。子我说："我想要把田氏的嫡支全都消灭掉，让田豹取代田氏的族长。"田豹说："我在田氏宗族中只是疏远的分支罢了。"不肯答应。过后田豹对田氏讲："子我将要杀尽田氏，田氏不先下手，祸害就要来临了。"子我住在齐景公宫中。田常兄弟四个人驾着车到宫中去，想要杀子我。子我关起门。齐简公和妃子们在檀台饮酒，准备要攻打田常。太史子余说："田常不是敢于作乱，只是要除害。"齐简公就作罢了。田常出动后，听说齐简公发怒了，害怕被诛杀，准备要逃亡。田子行说："犹豫不决是办事最大的危害。"田常于是去攻打子我。子我率领他的部下攻打田氏，没有打胜，逃亡出走。田氏的部下追击，杀死了子我和监止。

简公出奔，田氏之徒追执简公于徐州。[1]简公曰："蚤从御鞅之言，[2]不及此难。"田氏之徒恐简公复立而诛己，[3]遂杀简公。简公立四年而杀。于是田常立简公弟骜，是为平公。平公即位，田常为相。

中華藏書 世家十五篇（精选） 中国书店

【注释】〔1〕"执"，捉住。"徐州"，齐国城邑名，在今山东滕县南。一说为齐国西北边界上的地名。 〔2〕"蚤从"，早听从。"蚤"，音 zǎo，"早"的假借字。 〔3〕"复立"，再次被立为齐国的国王。

【译文】齐简公逃出去。田氏的部下追击，在徐州抓住了齐简公。齐简公说："早采纳御鞅的话，也不会遇上这种灾难。"田氏的部下害怕齐简公再次即位会诛杀自己，就杀了齐简公。齐简公即位四年后被杀死。于是田常把齐简公的弟弟骜立为国君，就是齐平公。齐平公即位后，田常任相。

田常既杀简公，惧诸侯共诛己，乃尽归鲁、卫侵地，西约晋、韩、魏、赵氏，南通吴、越之使，修功行赏，亲于百姓，以故齐复定。

田常言于齐平公曰："德施人之所欲，君其行之；刑罚人之所恶，臣请行之。"行之五年，齐国之政皆归田常。田常于是尽诛鲍、晏、监止及公族之强者，而割齐自安平以东至琅邪，[1]自为封邑。封邑大于平公之所食。[2]

【注释】〔1〕"安平"，周代齐国城邑名。司马彪《郡国志》称："北海东安平，六国时曰安平。"其地在今山东临淄市以东。 〔2〕"琅邪"，《史记正义》称"沂州也"，即今山东临沂。"自为封邑"，自己给自己封赠土地。田常自行占有的封邑包括从安平至琅邪一线以东的全部土地，即今胶东半岛。

【译文】田常杀了齐简公以后，害怕诸侯们共同来征讨自己，就把侵占鲁国、卫国的土地都归还了，和西方的晋国、韩氏、魏氏、赵氏订约结盟，与南方的吴国、越国通使交好。论功行赏，亲近百姓，因此齐国又安定下来。

田常对齐平公说："施予恩德，是人们都想要的，您来做这件事。执行刑罚，是人们所憎恶的，请让臣子我来做这件事。"这样做了五年，齐国的政事全归了田常。田常于是把鲍氏、晏氏、监止和公族中强大的势力都诛杀光了，而且把齐国自安平以东至琅邪的土地都割给自己，作为封邑。田常的封邑比齐平公享有的食邑还大。

田常乃选齐国中女子长七尺以上为后宫，后宫以百数，而使宾客舍人出入后宫者不禁。[1]及田常卒，有七十余男。

【注释】 [1]"宾客舍人"，有一定才能本领，被王公贵族以客人身份供养的人叫宾客，王侯贵族们的左右亲信属官称舍人。

【译文】 田常就挑选齐国中身高七尺以上的女子作后宫妃子。后宫中的妃子数以百计。而田常让他的宾客和舍人们出入后宫，不加禁止。到田常去世时，有了七十多个儿子。

田常卒，子襄子盘代立，[1]相齐。常谥为成子。

【注释】 [1]"子襄子盘"，"盘"，有的版本作"坚"，又有的版本作"班"，未知孰是。

【译文】 田常去世，他的儿子襄子盘代替了他的地位，任齐相。田常被谥为田成子。

田襄子既相齐宣公，三晋杀知伯，[1]分其地。襄子使其兄弟宗人尽为齐都邑大夫，与三晋通使，且以有齐国。

【注释】 [1]"三晋杀知伯"，这是春秋末年的重大事件。当时，晋国的卿韩氏、魏氏、赵氏三家势力增大，瓜分了晋国，形成三个新的国家：韩、魏、赵。因为这三个国家都在原晋国的土地上，故称为三晋。"知伯"，即荀瑶，世为晋卿，曾把持晋国朝政，因向赵氏索取土地不得，率魏、韩两家攻打赵氏。赵襄子与韩、魏合谋，共同消灭了知氏，分了知氏的土地。详见本书《晋世家》、《赵世家》。

【译文】 田襄子任齐宣公的相以后，韩、赵、魏三家杀死了知伯，分了他的领地。田襄子把他的兄弟和宗族亲属全委派做齐国各个城邑的大夫，又和韩、赵、魏三家互通使节，将要借此占有齐国。

襄子卒，子庄子白立。[1]田庄子相齐宣公。宣公四十三年，伐晋，毁黄城，围阳狐。[2]明年，伐鲁、葛及安陵。[3]明年，取鲁之一城。

【注释】 [1]"子庄子白"，《世本》中作"庄子伯"，名伯。 [2]"毁黄城，围阳狐"，黄城、阳狐均为春秋时晋国城邑。黄城在今山东冠县以南。阳狐在今河北大名县东北。 [3]

"伐鲁、葛及安陵"，本书《六国年表》作"伐鲁、莒及安阳"，《史记志疑》认为此处"葛"当作"莒"，"安陵"疑误。这种看法是将"鲁"定为鲁国，周诸侯国，在今山东南部，"莒"为莒国，在今山东莒县一带。安阳，在今河南安阳市东南。一说，鲁指鲁国朝宿邑鲁城，在今河南许昌市南；葛指葛城，在今河南长葛县北；安陵为郑国城邑，在今河南鄢陵县西北。这几个地点比较接近，应以此说为准。

【译文】田襄子去世，他的儿子庄子白继位。田庄子做齐宣公的相。宣公四十三年，齐国攻打晋国，捣毁了黄城，包围了阳狐。第二年，攻打鲁国、葛城和安陵。下一年，又攻取了鲁国的一个城。

庄子卒，子太公和立。[1]田太公相齐宣公。宣公四十八年，取鲁之郕。[2]明年，宣公与郑人会西城。伐卫，取毌丘。[3]宣公五十一年卒，田会自廪丘反。[4]

【注释】〔1〕"庄子卒，子太公和立"，《史记索隐》引《竹书纪年》云："齐宣公十五年，田庄子卒。明年，立田悼子。悼子卒，乃次立田和。"《索隐》引《竹书纪年》脱一"四"字，应为齐宣公四十五年。本书此处漏记田悼子。〔2〕"郕"，音chéng，古代城邑名，在今山东泗水县西北。〔3〕"卫"，为周代诸侯国，姬姓，地在今河南北部。"毌丘"，卫国城邑名，在今河南民权县东南。"毌"，音guàn，即"贯"省形。贯为古代小国名。〔4〕"廪丘"，古代城邑名，地在今山东范县东南。

【译文】庄子去世后，他的儿子太公和继位。田太公任齐宣公的相。宣公四十八年，夺取了鲁国的郕城。第二年，齐宣公和郑国国君在西城相会。攻打卫国，夺取了毌丘。宣公五十一年去世，田会在廪丘造反。

宣公卒，子康公贷立。贷立十四年，淫于酒、妇人，不听政。[1]太公乃迁康公于海上，食一城，以奉其先祀。[2]明年，鲁败齐平陆。[3]

【注释】〔1〕"淫于酒、妇人，不听政"，"淫"，沉溺，迷惑。"听政"，管理政务。这句话是说齐康公沉溺于酒色之中，不管理国家政事。〔2〕"以奉其先祀"，用来供给他祭祀祖先。"先祀"，祭祀祖先的礼仪活动。〔3〕"平陆"，城邑名，在今山东汶上县北。

【译文】齐宣公去世。他的儿子康公贷被立为国君。贷即位十四年，沉溺于酒和妇女，不过问政务。田太公就把康公放逐到海边去，给他一个城作食邑，用来供奉祭祀他的祖先。第二年，鲁国在平陆打败了齐国。

三年，太公与魏文侯会浊泽，[1]求为诸侯。[2]魏文侯乃使使言周天子及诸侯，请立齐相田和为诸侯。周天子许之。康公之十九年，田和立为齐侯，列于周室，纪元年。

【注释】〔1〕"魏文侯"，名都，《世本》作名斯。执政二十二年时列为诸侯，是战国七雄之一。详见本书《魏世家》。"浊泽"，魏城邑，在今山西运城市西，一说在今河南临颍县。〔2〕"求为诸侯"，请求被正式策命为诸侯。

【译文】三年，田太公与魏文侯在浊泽会见，请求列为诸侯。魏文侯就派使节去向周天子和各国诸侯传言，请求将齐国相田和立为诸侯。周天子答应了。齐康公的十九年，田和被立为齐侯，排列在周朝的诸侯中，纪为元年。

齐侯太公和立二年，和卒，子桓公午立。[1]桓公午五年，秦、魏攻韩，[2]韩求救于齐。齐桓公召大臣而谋曰：[3]"蚤救之孰与晚救之？"[4]驺忌曰："不若勿救。"段干朋曰：[5]"不救，则韩且折而入于魏，[6]不若救之。"田臣思曰：[7]"过矣君之谋也！[8]秦、魏攻韩、楚，赵必救之，是天以燕予齐也。"桓公曰："善。"乃阴告韩使者而遣之。[9]韩自以为得齐之救，因与秦、魏战。楚、赵闻之，果起兵而救之。齐因起兵袭燕国，取桑丘。[10]

【注释】〔1〕"子桓公午立"，《史记索隐》引《竹书纪年》云："齐康公五年，田侯午生。二十二年，田侯剡立。后十年，齐田午弑其君及孺子喜而为公。"《春秋后传》记载与之相近。与本书此处记载不同。〔2〕"桓公午五年，秦、魏攻韩"，《史记志疑》加以考证，认为此处是将齐宣王二十九年战胜燕子哙的事件误载入桓公五年下。"秦"，周诸侯国，地在今陕西。"韩"，原为晋国大夫，后与赵、魏三家分晋，成为诸侯国。地在今河南。〔3〕"齐桓公召大臣而谋"，此处记事有误，所召大臣系何人，说法不一。有人认为是齐威王二十六年邯郸之战时召集的驺忌、段干朋，有人认为是齐宣王二年召集的驺子、田忌、孙膑等人。〔4〕"孰与"，何如，选择副词。这个和那个之间哪一个好？〔5〕"驺忌"，即邹忌，齐大夫，被齐威王任为相，封下邳成侯。"段干朋"，齐大夫，姓段干，名朋。《战国策》中作"段干纶"。〔6〕"且折"，将要受到挫败。折，挫折，损失。〔7〕"田臣思"，即田忌，齐国将军。《战国策》中作"田期思"，《竹书纪年》作"田期"、"徐州子期"。〔8〕"过矣"，太过分了。〔9〕"阴告"，暗地里告诉。〔10〕"桑丘"，燕国城邑，在今河北徐水县西南。

【译文】齐侯太公和即位二年后去世。他的儿子齐桓公田午即位。桓公午五年，秦国、魏国攻打韩国，韩国向齐国求援。齐桓公召来大臣们商议，问："早点去救韩国呢？还是晚点去救呢？"驺忌说："不如不去救。"段干朋说："不去救，韩国就将受到挫败而且被魏国吞并。不如去救韩国吧。"田臣思说："您的想法太过分了！秦国、魏国去攻打韩国、楚国，赵国一定会去救它们。这是上天把燕国交给齐国呀。"齐桓公说："好。"就在私下答复韩国使者，把他打发走了。韩国自以为得到了齐国的救助，因此和秦国、魏国作战。楚国、赵国听到这个消息，果然起兵去救韩国。齐国趁机起兵袭击燕国，夺取了桑丘。

六年，救卫。桓公卒，[1]子威王因齐立。[2]是岁，故齐康公卒，绝无后，奉邑皆入田氏。

【注释】〔1〕"六年，救卫。桓公卒"，《史记索隐》据《竹书纪年》称：梁惠王十二年当齐桓公十八年，后威王始见，则桓公十九年而卒，与此不同。 〔2〕"威王因齐"，《史记志疑》考证"齐"为衍文。威王名因。

【译文】六年，齐国援救卫国。齐桓公去世，他的儿子威王因齐即位。这一年，原来的齐康公去世了，他没有后嗣，封邑全都归了田氏。

齐威王元年，三晋因齐丧来伐我灵丘。[1]三年，三晋灭晋后而分其地。六年，鲁伐我，入阳关。[2]晋伐我，至博陵。[3]七年，卫伐我，取薛陵。[4]九年，赵伐我，取甄。[5]

【注释】〔1〕"因齐丧"，因为齐国有丧事。"灵丘"，古代城邑，当时属齐国。地在今山西灵丘县，一说在今山东高唐县，又一说在今河北束鹿县东。三说中似以山东高唐县一地较切合实际。 〔2〕"阳关"，春秋时为鲁地，在今山东宁阳县东北，后被齐国占领。 〔3〕"晋伐我，至博陵"，《史记志疑》引《资治通鉴》作"魏伐我"。应以"魏"为正，当时晋国已亡。"博陵"，齐城邑名，在今山东茌平县西北。 〔4〕"薛陵"，春秋时薛国的故址，在今山东阳谷县东北。〔5〕"甄"，又作"鄄"，二字相通，音 juān。地在今山东鄄城县北。

【译文】齐威王元年，三晋趁齐国办丧事来攻打齐国的灵丘。威王三年，韩、赵、魏三家灭了晋国，然后分了晋国的土地。六年，鲁国攻打齐国，攻入阳关。三晋攻打齐国，到了博陵。七年，卫国攻打齐国，夺取了薛陵。九年，赵国攻打齐国，占领了甄地。

威王初即位以来，不治，委政卿大夫，[1]九年之间，诸侯并伐，国人不治。于是威王召即墨大夫而语之曰："自子之居即墨也，[2]毁言日至。[3]然吾使人视即墨，田野辟，[4]民人给，[5]官无留事，[6]东方以宁。

是子不事吾左右以求誉也。"封之万家。召阿大夫语曰：〔7〕"自子之守阿，誉言日闻。然使使视阿，田野不辟，民贫苦。昔日赵攻甄，子弗能救。卫取薛陵，子弗知。是子以币厚吾左右以求誉也。"是日，烹阿大夫，〔8〕及左右尝誉者皆并烹之。遂起兵西击赵、卫，败魏于浊泽而围惠王。〔9〕惠王请献观以和解，〔10〕赵人归我长城。于是齐国震惧，人人不敢饰非，〔11〕务尽其诚。齐国大治。诸侯闻之，莫敢致兵于齐二十余年。

【注释】〔1〕"委"，委托政务。 〔2〕"即墨"，齐城邑，地在今山东平度县东南。 〔3〕"毁言"，坏话，诋毁的言语。 〔4〕"田野辟"，田野被开垦出来。"辟"，开辟，拓垦。 〔5〕"民人给"，人民的生活富足。"给"，音ㄐ，充足。 〔6〕"官无留事"，官府里没有积压的公事。说明办事迅速认真。 〔7〕"阿"，即东阿县，齐国城邑，故地在今山东阳谷县东北。 〔8〕"烹"，煮。古代用大鼎烧沸水把人煮死，这种刑罚叫烹。 〔9〕"惠王"，魏惠王，名䓨（音yīng），魏武侯之子。多次战败，便将魏国都城从安邑迁至大梁（今河南开封市）。被齐军在马陵（今山东鄄城县东北）打败后，国力不振。曾聘请邹衍、淳于髡、孟轲等人协助国政。《孟子》中的梁惠王即指魏䓨其人。公元前三六九年至前三三八年在位。 〔10〕"观"，古代城邑，在今河南清丰县南。《史记志疑》云败魏于浊泽与伐魏取观为两次战事，不可混为一谈。 〔11〕"饰非"，掩饰过错。

【译文】齐威王开始即位以来，不管理国事，把政务全交给卿大夫处理。九年之间，诸侯们纷纷来侵略。人民得不到治理。于是齐威王把即墨大夫召来，对他说："自从你到即墨以来，每天都有人来诋毁你。然而我派人去视察即墨，田野被开辟出来，人民衣食充足，官府里没有延误耽搁的公事。东方因此安宁。这是由于你不巴结我的左右近臣来求取赞誉的缘故。"封赠他一万家人口的食邑。又把阿大夫召来说："自从你去守阿城，每天都听到赞誉你的话。然而我派人去视察阿地，田野没有得到开垦，人民生活贫困。前些时赵国攻打甄地，你不能救助。卫国夺取了薛陵，你不知道。这是因为你用金钱财物重重地贿赂我的左右近臣以求得赞誉。"当天，齐威王把阿大夫煮死，连身旁近臣中曾经称誉阿大夫的人也全都煮死。接着起兵向西方攻击赵国、卫国，在浊泽打败了魏军而且包围了魏惠王。魏惠王请求献出观城来达成和解。赵国归还了齐国长城。于是齐国内人人震惊畏惧，都不敢文过饰非，竭尽诚意为国服务。齐国大治。各国诸侯听到后，有二十多年不敢对齐国发动战争。

驺忌子以鼓琴见威王，〔1〕威王说而舍之右室。须臾，〔2〕王鼓琴，驺忌子推户入曰：〔3〕"善哉鼓琴！"王勃然不说，〔4〕去琴按剑曰："夫子见容未察，何以知其善也？"驺忌子曰："夫大弦浊以春温者，〔5〕君也；小弦廉折以清者，相也；〔6〕攫之深，〔7〕醳之愉者，〔8〕政令也；钧谐以鸣，〔9〕大小相益，回邪而不相害者，〔10〕四时也：吾是以知其善也。”王曰：“善语音。”驺忌子曰：“何独语音，夫治国家而弭人民皆在其中。”〔11〕王又勃然不说曰：“若夫语五音之纪，〔12〕信未有如夫子者也。若夫治国家而弭人民，又何为乎丝桐之间？”〔13〕驺忌子曰：“夫大弦浊以春温者，君也；小弦廉折以清者，相也；攫之深而舍之愉者，政令也；钧谐以鸣，大小相益，回邪而不相害者，四时也。夫复而不乱者，所以治昌也；〔14〕连而径者，〔15〕所以存亡也：故曰琴音调而天下治。夫治国家而弭人民者，无若乎五音者。”王曰：“善。”

【注释】〔1〕“驺忌子”，即邹忌。此处亦记载邹忌自齐威王时始入仕，前文称齐桓公五年召大臣商议时有邹忌，显然有误。“鼓琴”，弹奏琴。〔2〕“须臾”，过了一会儿。〔3〕“户”，房门。〔4〕“勃然”，猛然变了脸色的样子。〔5〕“浊”，指琴弦较粗、较松时发出的浊音。“春温”，《史记志疑》云：《索隐》本无“春”字，后人附注异本，传写连为“春温”耳，当衍“春”字。〔6〕“小弦廉折以清者，相也”，《史记集解》引《琴操》曰：“小弦者，臣也，清廉而不乱。”“清”，指琴弦上紧时发出的清音。〔7〕“攫”，音 jué，用手指甲持弦。〔8〕“醳”，音 shì，与“释”通，放开琴弦。《史记集解》云：徐广曰：“一作‘舒’。”《史记会注考证订补》案：“《通志》醳作舍，舍上有而字。”愉，音 shū。〔9〕“钧谐以鸣”，和谐地鸣响。〔10〕“回邪”，迂回弯曲，这里指声音的回旋曲折。“不相害”，不互相妨碍。〔11〕“弭人民”，使人民安定。“弭”，音 mǐ，安抚，安定。〔12〕“若夫语五音之纪”，如果谈论五音的本义。“五音”，指古代表示音阶的五种基本音调：宫、商、角、徵、羽。《史记会注考证订补》云：《御览》卷五七七“若夫语”作“若语”，无“夫”字。〔13〕“丝桐”，指琴，琴用桐木制作，安上丝弦，故称丝桐。〔14〕“治昌”，国家治理昌盛。〔15〕“连而径者”，接连而且直接发出的声音。

【译文】驺忌子依靠弹琴的技艺见到威王。齐威王很喜欢他，让他住在右边的房间中，作为上宾。过了一会儿，威王弹琴，驺忌子推开门进来说：“琴弹得真好啊！”威王很不高兴，放下琴，握着剑柄说：“先生没有仔细看我弹琴的样子，根据什么知道我弹得好呢？”驺忌子说：“那大弦的声音重浊，像春天般温和，是代表国君。小弦的声音明快而清晰，是象征国相。手持琴弦紧而有力，放开时舒缓适度，是表示政令。声音均匀和谐地奏响，大小互相配合，声音曲折缠绕又不互相妨害，这是在显现四时。因此我知道您弹琴弹得好。”齐威王说：“你很善于谈音乐。”驺忌子说：“何止谈音乐，治理国家，安定人民的道理都在这里面。”齐威王又不高兴了，变了脸色，说：“如果说谈论五音的原理，我相信没有能像先生您这样的。如果说治理国家和安定人民的道理，又怎么会在弹琴中呢？”驺忌子说：“那大弦的声音重浊，像春天般温和，是代表国君。小弦的声音明快而清晰，是象征国相。手持琴弦紧而有力，放开时舒缓适度，是表示政令。声音均匀和谐地奏响，大小互相配合，声音曲折缠绕又不互相妨害，这是在显现四时。重复而不杂乱，是国家治理昌盛的原由，连续不断又直接相通，是保存国家不致灭亡的根本。所以说琴声调和，天下大治。表现治理国家，安定人民的道理，没有能像五音这样明白的了。"齐威王说："好啊！"

　　驺忌子见三月而受相印。淳于髡见之曰：[1]"善说哉！髡有愚志，愿陈诸前。"[2]驺忌子曰："谨受教。"淳于髡曰："得全全昌，[3]失全全亡。"驺忌子曰："谨受令，请谨毋离前。"[4]淳于髡曰："狶膏棘轴，[5]所以为滑也，然而不能运方穿。"[6]驺忌子曰："谨受令，请谨事左右。"[7]淳于髡曰："弓胶昔干，[8]所以为合也，然而不能傅合疏罅。"[9]驺忌子曰："谨受令，请谨自附于万民。"[10]淳于髡曰："狐裘虽敝，[11]不可补以黄狗之皮。"驺忌子曰："谨受令，请谨择君子，毋杂小人其间。"淳于髡曰："大车不较，[12]不能载其常任；[13]琴瑟不较，不能成其五音。"驺忌子曰："谨受令，请谨修法律而督奸吏。"淳于髡说毕，趋出，[14]至门，而面其仆曰：[15]"是人者，吾语之微言五，其应我若响之应声，[16]是人必封不久矣。"居期年，[17]封以下邳，[18]号曰成侯。

　　【注释】〔1〕"淳于髡"，"髡"，音 kūn，战国时期齐国著名学者，出身赘婿，齐威王在稷下招揽学者时，被引用，任齐国大夫。后曾到魏国，魏王想任用他做卿相。他谢绝辞去。《新序》中记载的这段对话情况与此不同。　〔2〕"陈诸前"，在您的面前陈述出来。"诸"，之于。〔3〕"得全全昌"，《史记索隐》云："得全，谓人臣事君之礼全具无失。""全昌者，谓若无失则身名获昌。"　〔4〕"谨受令，请谨毋离前"，"令"，《史记会注考证订补》引枫山、三条本均作"命"，《太平御览》五百七十七亦作"命"。古代"命"、"令"二字相通，战国金文中县令的令字多写作命。此句的意思是：对您的指教心悦诚服，铭记不忘，让它永远不离自己眼前。　〔5〕"狶"，音 xī，猪。"狶膏"，猪油，用以润滑。"棘轴"，棘木做的车轴，坚硬光滑。　〔6〕"不能运方穿"，不能在方孔中运转。　〔7〕"请谨事左右"，侍奉好君王的身边近臣。　〔8〕"弓胶昔干"，"干"，《史记集解》引徐广曰："一作'乾'。""昔"，旧的，"干"，弓身。《考工记》作"秎干"。此句指做弓时，用胶涂在旧的弓身上，放入矫正弓形状的器具中，使它粘合。〔9〕"不能傅合疏罅"，"罅"，音 xià，缝隙。不能长久弥合裂缝空隙。　〔10〕"请谨自附于万民"，把自己依附于人民中，指处理国事要符合人民利益。　〔11〕"狐裘虽敝"，狐皮大衣虽然破旧。　〔12〕"大车不较"，"较"，校正调试。指大车不经过校正调整。　〔13〕"常任"，一般标准的运载重量。　〔14〕"趋出"，小步快行着走出去。　〔15〕"面其仆"，面向他的仆从。〔16〕"若响之应声"，好像回响应和声音一样。　〔17〕"居期年"，过了一年。"期"，音 jī。〔18〕"下邳"，古代城邑名，汉代东海郡有下邳县，地在今江苏邳县以东。"邳"，音 pī。

【译文】驺忌子见到齐威王三个月后就接受了相印。淳于髡去见他，说："您很善于说话啊！我有一些愚笨的看法，愿意在您面前讲一讲。"驺忌子说："恭听教诲。"淳于髡说："侍奉周到，礼节周全，就会完全成功。侍奉不周，丧失礼仪，就会完全败亡。"驺忌子说："恭谨地接受您的教导，请让这些教诲永远不离开我的眼前。"淳于髡说："猪油抹在棘木车轴上，是为了润滑。但是它不能在方孔中运转。"驺忌子说："恭谨地接受您的教导，请让我恭顺小心地侍奉国君身边的人。"淳于髡说："用胶粘合旧的弓身，是为了让它聚合在一起，但是仍不能填塞弥补住所有的缝隙。"驺忌子说："恭谨地接受您的教导，请让我把自身依附于千万民众之中。"淳于髡说："狐皮袍子虽然破旧，也不能用黄狗的皮去补。"驺忌子说："恭谨地接受您的教导，请让我小心地选择君子，不使小人夹杂到他们中间。"淳于髡说："大车不进行校正调整，不能负担一般的载重量。琴瑟不校正调整，不能形成协调的音响。"驺忌子说："恭谨地接受您的教导，请让我修订法律，监督奸吏。"淳于髡说完后，快步走出去，到了门口，面向他的仆从说："这个人啊，我对他讲了五句隐含喻义的话，他回答我就像回声一样迅速。这个人一定会在不久后受封的。"过了一年，齐威王把下邳封给驺忌，封号为成侯。

　　威王二十三年，与赵王会平陆。[1] 二十四年，与魏王会田于郊。[2] 魏王问曰："王亦有宝乎？"威王曰："无有。"[3] 梁王曰："若寡人国小也，[4] 尚有径寸之珠照车前后各十二乘者十枚，奈何以万乘之国而无宝乎！"[5] 威王曰："寡人之所以为宝与王异。吾臣有檀子者，[6] 使守南城，[7] 则楚人不敢为寇东取，泗上十二诸侯皆来朝。[8] 吾臣有盼子者，[9] 使守高唐，[10] 则赵人不敢东渔于河。[11] 吾吏有黔夫者，使守徐州，[12] 则燕人祭北门，赵人祭西门，[13] 徙而从者七千余家。吾臣有种首者，使备盗贼，则道不拾遗。将以照千里，岂特十二乘哉！"[14] 梁惠王惭，不怿而去。[15]

【注释】〔1〕"与赵王会平陆"，《史记会注考证订补》引《考证》称赵王为赵威侯，按语云赵成侯。《史记·六国年表》亦作赵成侯。"平陆"，在今山东汶上县以北。　〔2〕"会田于郊"，在郊野中聚会打猎。"田"，与"畋"同，田猎。　〔3〕"威王曰"，《史记索隐》按语云《韩诗外传》中引用的这段对话是齐宣王与赵王说的，和此处说法不同。　〔4〕"若寡人国小也"，此句各处引用时有所不同。《史记会注考证订补》引《后汉书·李膺传》作"寡人之国虽小"，《韩诗外传》作"若寡人之小国也"，《群辅录》上、《玉海》一百三十四引作"寡人国虽小"。　〔5〕"奈何以万乘之国而无宝乎"，怎么能拥有万辆军车的大国却没有珍宝呢？周代制度，王畿千里，拥有一万辆兵车，所以以万乘比喻大国。乘，四匹马驾的一辆车。　〔6〕"檀子"，齐国大臣，姓檀，子是对人的美称。　〔7〕"南城"，齐国城邑，在今山东费县西南。《元和郡县志》载：沂州费县南城，在县南九十里。　〔8〕"泗上"，指泗水流域地区，古泗水发源于蒙山南麓，向南注入淮河。"十二诸侯"，指位于泗水流域的邾、莒、宋、鲁、邹、蔡等小国。〔9〕"肦子"，即田肦，齐国大臣。"肦"，音 bān。　〔10〕"高唐"，齐国城邑名，在今山东高唐县东北。　〔11〕"东渔于河"，向东到河水中来捕鱼，意即侵犯齐国。　〔12〕"徐州"，战国齐邑，胡三省《资治通鉴》注中认为是薛县故城，在今山东滕县以南，与此文义不符。《史记会注考证订补》集各家考证认为应在东平舒，即今河北大城县。《汉书·地理志》载勃海郡东平舒，是临近燕、赵两国的军事要地，所以下文称"燕人祭北门，赵人祭西门"。　〔13〕"则燕人祭北门，赵人祭西门"，"祭"，祭祀求祷。"北门"、"西门"，均为齐国徐州的城门。燕国人和赵国人畏惧齐国，所以来城门外祭祀祷告。　〔14〕"岂特"，岂只是，不仅是。　〔15〕"不怿"，不高兴。"怿"，音 yì。

【译文】齐威王二十三年，与赵王在平陆会见。二十四年，与魏王（梁惠王）在郊野上聚会打猎。魏王问道："您也有宝物吗？"齐威王说："没有。"魏王说："像我这样的小国，还有十颗能照亮车乘前后各十二辆车那么远的直径一寸的夜明珠。齐国这样一个有上万辆兵车的大国，怎么会没有宝物呢？"齐威王说："我对珍宝的看法与您不同。我的大臣中有一个叫檀子的，派他去守南城，那样楚国就不敢向东方来侵犯，泗水地区的十二国诸侯全都来朝见。我的大臣中有一个叫肦子的，派他守高唐，那样赵国就不敢到东面的河中来捕鱼。我的官吏中有一个叫黔夫的，叫他守徐州，就使得燕国人到徐州北门来祭告，赵国人到西门来祭告，迁移来跟随他的人有七千多家。我的臣子中有一个叫种首的，派他防备盗贼，就道不拾遗。我要用这些人照耀千里远近，岂止是十二辆车远近呢！"梁惠王十分惭愧，怏怏不乐地离开了。

　　二十六年，魏惠王围邯郸，〔1〕赵求救于齐。齐威王召大臣而谋曰："救赵孰与勿救？"驺忌子曰："不如勿救。"段干朋曰："不救则不义，且不利。"威王曰："何也？"对曰："夫魏氏并邯郸，其于齐何利哉？且夫救赵而军其郊，是赵不伐而魏全也。故不如南攻襄陵〔2〕以弊〔3〕魏，邯郸拔而乘魏之弊。"威王从其计。

【注释】〔1〕"邯郸"，古代都邑名，在今河北邯郸市。公元前三八六年赵敬侯将国都从晋阳迁至此。　〔2〕"襄陵"，古代城邑，在今河南睢县，当时属魏国。《史记正义》称在兖州邹县，即今山东邹县；《史记会注考证》称在山西平阳府，即今山西临汾以东，与战国时魏国领地均不相符。　〔3〕"弊"，削弱，使之疲惫。

【译文】齐威王二十六年，魏惠王包围了邯郸，赵国到齐国求救。齐威王召集大臣来商议，说："救赵呢？还是不救？"驺忌子说："不如不救。"段干朋说："不救就是不义，而且也对我们不利。"齐威王说："为什么呢？"段干朋回答说："魏国并吞了邯郸，那对齐国有什么好处呢？而且去救赵国，把军队驻扎在赵国郊外，这样赵国不受攻打，但魏国仍能保全。所以不如向南去攻打襄陵，以削弱魏国，邯郸被攻占了也能趁机利用魏国被削弱的时机。"齐威王依从了他的计策。

其后成侯驺忌与田忌不善，[1]公孙阅谓成侯忌曰：[2]"公何不谋伐魏，田忌必将。战胜有功，则公之谋中也；战不胜，非前死则后北，[3]而命在公矣。"于是成侯言威王，使田忌南攻襄陵。十月，邯郸拔，齐因起兵击魏，大败之桂陵。[4]于是齐最强于诸侯，自称为王，以令天下。

【注释】〔1〕"田忌"，前文作"田臣思"，又作"田期"、"田期思"。〔2〕"公孙阅"，齐国大臣。《战国策·齐策》原作"公孙闳"，今本《战国策》作"公孙闬"。又《太平御览》七二六引《春秋后语》作"公孙闵"。〔3〕"非前死则后北"，"北"，战败逃回。不是在前锋战死，就是在后卫败逃。〔4〕"桂陵"，古地名，《史记正义》称在曹州乘氏县东北二十一里，即今山东菏泽县东北。近人认为在今河南长垣县西北。

【译文】以后成侯驺忌与田忌不和。公孙阅对成侯驺忌说："您为什么不谋划去征伐魏国，这样田忌一定任大将。战胜了有功，就是您的谋划适宜。作战不获胜，田忌不是在前军阵亡，就是在后军逃跑，他的命运就由您控制了。"于是成侯就对齐威王说，派田忌去南方攻打襄陵。十月，邯郸被攻克了，齐国接着起兵攻打魏国，在桂陵把魏军打得大败。于是齐国在诸侯中最强大，自己称为王，以此号令天下。

三十三年，杀其大夫牟辛。[1]

【注释】〔1〕"大夫"，一作"夫人"。《史记索隐》云《史记·六国年表》亦作"夫人"。并引王劭考证认为牟辛可能是夫人之字。但今本《六国年表》中仍作"大夫"。

【译文】三十三年，齐国杀死了大夫牟辛。

三十五年，公孙阅又谓成侯忌曰："公何不令人操十金卜于市，曰'我田忌之人也。吾三战而三胜，声威天下。欲为大事，亦吉乎不吉乎'？"卜者出，因令人捕为之卜者，验其辞于王之所。[1]田忌闻之，因率其徒袭攻临淄，[2]求成侯，不胜而奔。[3]

【注释】〔1〕"验其辞"，核实去占卜者说的话。〔2〕"临淄"，古代城邑，吕尚被封为齐侯，建都营丘，后改名临淄，在今山东淄博市东北。 〔3〕"不胜而奔"，"奔"，逃走。此处记载有误，田忌出奔之日，梁玉绳认为在齐宣王二年马陵之战后，钱穆认为在齐威王十五年。《史记》之误源于《战国策·齐策》。

【译文】三十五年，公孙阅又对成侯驺忌说："您何不派人拿着十斤黄金到市上占卜，让他说'我是田忌的家人。我的主人三战三胜，威震天下。他想要办大事，是吉利呢还是不吉利'？"去占卜的人出走后，接着就派人去抓给他占卜的人，在国王那里核实查证他的供词。田忌听说后，就率领他的部下去袭击临淄，要抓成侯，没有取胜就出逃了。

三十六年，威王卒，子宣王辟彊立。
宣王元年，秦用商鞅。〔1〕周致伯于秦孝公。〔2〕

【注释】〔1〕"商鞅"，卫国人，姓公孙，亦作卫鞅，因在秦国主持变法，被封于商，故称作商鞅。详见《史记·商君列传》。 〔2〕"周致伯于秦孝公"，周天子授予秦孝公诸侯霸主身份。"伯"，与"霸"通。

【译文】三十六年，齐威王去世，他的儿子宣王辟彊被立为王。
宣王元年，秦国任用商鞅。周天子赠给秦孝公霸主的名号。

二年，魏伐赵。赵与韩亲，共击魏。赵不利，战于南梁。〔1〕宣王召田忌复故位。〔2〕韩氏请救于齐。宣王召大臣而谋曰："蚤救孰与晚救？"驺忌子曰："不如勿救。"〔3〕田忌曰：〔4〕"弗救，则韩且折而入于魏，不如蚤救之。"孙子曰：〔5〕"夫韩、魏之兵未弊而救之，是吾代韩受魏之兵，顾反听命于韩也。〔6〕且魏有破国之志，〔7〕韩见亡，必东面而愬于齐矣。〔8〕吾因深结韩之亲而晚承魏之弊，则可重利而得尊名也。"宣王曰："善。"乃阴告韩之使者而遣之。〔9〕韩因恃齐，〔10〕五战不胜，而东委国于齐。齐因起兵，使田忌、田婴将，〔11〕孙子为师，救韩、赵以击魏，大败之马陵，〔12〕杀其将庞涓，〔13〕虏魏太子申。其后三晋之王皆因田婴朝齐王于博望，〔14〕盟而去。〔15〕

【注释】〔1〕"二年，魏伐赵。赵与韩亲，共击魏。赵不利，战于南梁"，《史记志疑》认为此说有误，应当是魏伐韩……赵不利，败于南梁。韩向齐国求援。"南梁"，古城邑名，在今河南临汝县西南。 〔2〕"宣王召田忌复故位"，《史记志疑》认为宣王二年无召田忌一事，《史记》误载。钱穆认为召回田忌确有其事。见《史记会注考证订补》。 〔3〕"驺忌子曰：'不如勿救'",当时邹忌已死。《史记索隐》引王劭语"此时邹忌死已四年"。钱穆则认为邹忌死于宣王元年。　〔4〕"田忌曰",《战国策》中记述此段对话时作"张丐曰"。一本作"张田曰"。　〔5〕"孙子",即战国军事家孙膑,详见《史记·孙子吴起列传》。　〔6〕"顾",却,反而。　〔7〕"有破国之志",有攻破一个国家的志向。　〔8〕"愬于齐",到齐国来告诉求援。"愬",音 sù,与"诉"同。　〔9〕"阴告",暗地告诉,私下回答。　〔10〕"韩因恃齐",韩国因此依仗齐国。"恃",音 shì,依靠。　〔11〕"田婴",齐国将领,后任齐相,被封于彭城和薛。　〔12〕"马陵",古代地名。马陵之战是古代著名战役。孙膑指挥齐军诱敌深入,在马陵设伏击败魏军。魏军主帅庞涓自杀。马陵之战战场所在,一说在今河南范县,一说在今河北大名县,一说在今山东鄄城县。　〔13〕"庞涓",战国魏将。曾与孙膑同学,因妒忌,陷害孙膑致残。后被齐军打败,自杀。　〔14〕"博望",古代城邑,在今山东茌平县西北。　〔15〕"盟",盟誓。

【译文】二年,魏国攻打赵国。赵国和韩国友好,共同去攻打魏国。赵国作战不利,和敌军在南梁交战。齐宣王召回田忌来官复原职。韩国向齐国请求救援,齐宣王召来大臣们商议说:"早救呢? 还是晚救?"驺忌子说:"不如不救。"田忌说:"不救,就会使韩国受到挫败而且被魏国吞并,不如早去援救。"孙子说:"韩国、魏国的军队没有被削弱时前去救援,这是我们代替韩国来承受魏国的军队,反而要听命于韩国了。而且魏国有灭亡韩国的打算,韩国眼看要被灭亡,一定会到东方来向齐国求告。我们因此能和韩国结下深厚的情谊,又能在晚些时候利用魏国的疲惫不堪,就能获得重大的利益,而且得到尊贵的名分。"齐宣王说:"好。"就在私下里答复了韩国的使者,打发他们回去。韩国因此依仗有齐国支持,五次交战,都没有取胜,从而到东方来把国家命运托付给齐国。齐国趁机起兵,派田忌、田婴为大将,孙子为军师,去援救韩国、赵国,攻打魏国。在马陵把魏军打得大败,杀死了魏将庞涓,俘虏了魏国的太子申。这以后,韩、赵、魏三国的国王全都通过田婴引见,在博望朝见齐王,盟誓以后归去。

七年,与魏王会平阿南。〔1〕明年,复会甄。魏惠王卒。〔2〕明年,与魏襄王会徐州,诸侯相王也。〔3〕十年,楚围我徐州。十一年,与魏伐赵,赵决河水灌齐、魏,兵罢。十八年,秦惠王称王。

【注释】〔1〕"平阿",古地名。在今安徽怀远县西南。　〔2〕"魏惠王卒",此时魏惠王早已去世。魏惠王后元十七年去世,当时相当于齐宣王二年。　〔3〕"诸侯相王",诸侯们互相称为王。

【译文】七年,齐王与魏王在平阿以南会见。第二年,又在甄地会见。魏惠王去世。第二年,与魏襄王在徐州会见,诸侯们互相称为王。十年,楚国包围了齐国的徐州。十一年,齐国和魏国攻打赵国,赵国决开河水堤防,用水灌齐国和魏国军队，战争才停止。十八年，秦惠王称为王。

宣王喜文学游说之士，自如驺衍、[1]淳于髡、田骈、[2]接予、[3]慎到、[4]环渊[5]之徒七十六人，皆赐列第，为上大夫，不治而议论。[6]是以齐稷下学士复盛，且数百千人。[7]

【注释】〔1〕"驺衍"，战国阴阳家，齐国人。《汉书·艺文志》载有《驺子始终》五十六篇。 〔2〕"田骈"，"骈"，音 pián，战国道家，齐国人，著有《田子》二十五篇，号为天口骈。 〔3〕"接予"，战国道家，齐国人。《汉书·艺文志》载有《接予》二篇。 〔4〕"慎到"，战国道家，处士，赵国人。《汉书·艺文志》载《慎子》四十二篇。 〔5〕"环渊"，战国道家，楚国人。《史记·孟子荀卿列传》记载环渊著有上下篇。 〔6〕"不治而议论"，不治理政事，只发议论。 〔7〕"稷下"，齐国地名，在齐国都城临淄城稷门附近。齐桓公以下历代君王在此设立学宫，广招文学之士，形成百家争鸣的局面。

【译文】齐宣王喜好擅长文学和游说的士人，像驺衍、淳于髡、田骈、接予、慎到、环渊一类的人有七十六位，全被赐予府第，任官上大夫，不从事政务，只发议论。因此齐国的稷下学宫中读书人又多起来，将近数百上千人。

十九年，宣王卒，子湣王地立。[1]

【注释】〔1〕"湣王地"，《史记索隐》引《世本》云名遂。

【译文】十九年，齐宣王去世，他的儿子齐湣王地即位。

湣王元年，秦使张仪与诸侯执政会于啮桑。[1]三年，封田婴于薛。[2]四年，迎妇于秦。七年，与宋攻魏，败之观泽。[3]

【注释】〔1〕"秦使张仪"，战国纵横家，魏国人，曾任秦相、魏相，施行连横，瓦解齐、楚等国的同盟。详见《史记·张仪列传》。"啮桑"，"啮"，音 niè，古代地名，在今江苏沛县西南。一说在今安徽蒙城县北。 〔2〕"封田婴于薛"，诸家考证认为封田婴不在齐湣王时，梁玉绳认为在宣王二十二年，阎若璩认为在齐威王时。 〔3〕"败之观泽"，此次战役记载与《宋微子世家》不同，当属于误载。"观泽"，古代地名，在今河南清丰县东南。

【译文】齐湣王元年，秦国派遣张仪和诸侯国的执政大臣在啮桑会见。三年，把田婴封在薛地。四年，从秦国迎来王后。七年，和宋国攻打魏国，在观泽打败了魏军。

　　十二年，攻魏。楚围雍氏，[1]秦败屈丐。[2]苏代[3]谓田轸[4]曰：
“臣愿有谒于公，其为事甚完，使楚利公，成为福，不成亦为福。今者
臣立于门，客有言曰魏王谓韩冯、[5]张仪曰：‘煮枣将拔，[6]齐兵又进，
子来救寡人则可矣；不救寡人，寡人弗能拔。’[7]此特转辞也。秦、韩之
兵毋东，旬余，则魏氏转韩从秦，秦逐张仪，[8]交臂而事齐楚，此公之
事成也。”田轸曰：“奈何使无东？”对曰：“韩冯之救魏之辞，必不谓韩
王曰‘冯以为魏’，必曰‘冯将以秦韩之兵东却齐宋，冯因抟[9]三国之
兵，[10]乘屈丐之弊，南割于楚，故地必尽得之矣’。张仪救魏之辞，必
不谓秦王曰‘仪以为魏’，必曰‘仪且以秦韩之兵东距齐宋，仪将抟三
国之兵，乘屈丐之弊，南割于楚，名存亡国，[11]实伐三川而归，[12]此王
业也’。公令楚王与韩氏地，使秦制和，谓秦王曰‘请与韩地，而王以
施三川，[13]韩氏之兵不用而得地于楚’。韩冯之东兵之辞且谓秦何？曰
‘秦兵不用而得三川，伐楚韩以窘魏，魏氏不敢东，是孤齐也’。张仪之
东兵之辞且谓何？曰‘秦韩欲地而兵有案，[14]声威发于魏，魏氏之欲不
失齐楚者有资矣’。魏氏转秦韩争事齐楚，楚王欲而无与地，[15]公令秦
韩之兵不用而得地，有一大德也。[16]秦韩之王劫于韩冯、张仪而东兵以
徇服魏，公常执左券以责于秦韩，[17]此其善于公而恶张子多资矣。”[18]

　　【注释】[1]“雍氏”，古代地名，在今河南禹县东北。一说在今河南扶沟县西南，似误。
楚国围攻雍氏之役，梁玉绳认为不在湣王十二年。　[2]“屈丐”，楚国将领。　[3]“苏代”，
战国纵横家，苏秦的弟弟，东周洛阳人。　[4]“田轸”，又称作陈轸，曾在秦、楚、齐国任官。
[5]“韩冯”，韩国相，本名公仲侈。　[6]“煮枣”，古代地名，在今山东菏泽县西。　[7]
“弗能拔”，不能战胜，不能阻止。“拔”，指齐军攻克魏地。　[8]“逐”，跟随，听从。　[9]
“抟”，音 tuán，聚集，汇合，统一指挥。　[10]　“三国之兵”，指秦、魏、韩三国的军队。
[11]“名存亡国”，名义上是为了保存将要覆灭的国家。　[12]“三川”，指周天子所在的洛阳
地区，因境内有河水、洛水、伊水三条河川而得名。　[13]“而王以施三川”，“施”，施行，设
置。指秦王的威力施加到三川地区。　[14]“案”，与“按”同，按兵不动。　[15]“楚王欲
而无与地”，楚王想让魏国服从自己，却不给韩国土地。　[16]“有一大德也”，有一件大的恩
德。指田轸能使秦国、韩国不动兵就得到土地，是对秦国、韩国有恩德。　[17]“公常执左
券”，“公”，指田轸。“左券”，古代的契约写在木版或竹简上，称为券。一破两半，右券为原
券，立券人收执。左券交债权人持有，作为索债凭证。这里以此比喻田轸处于有恩于秦、韩，可
以收取利益的有利地位。　[18]“此其善于公而恶张子之多资矣”，“其”，指秦、韩两国。由于
田轸对他们有恩，他们认为田轸好，而嫌恶张仪索取利益过多了。

【译文】 十二年，攻打魏国。楚国包围了雍氏，秦国打败了楚将屈丐。苏代对田轸说："我希望能有机会拜见您，是为了办一件非常完美的事，使楚国给您利益，办成对您有好处，办不成也对您有好处。今天我站在门口时，有个客人说魏王对韩冯、张仪讲：'煮枣快被攻占了，齐国军队又在进攻，你们来救寡人还罢了，如果不来救，寡人就没法阻止齐军攻占城池了。'这只是一种转弯的托辞。秦国、韩国的军队不向东来援救，只要十来天，魏国就会转向韩国，跟随秦国，秦国听从张仪的话，携手共同与齐、楚交好。这就是您的成功业绩了。"田轸说："怎么能让他们不向东出兵呢？"苏代回答说："韩冯要求救魏国的话，一定不会对韩王说'我是为魏国出兵'。一定会说'我将用秦国、韩国的兵向东去击退齐军、宋军，我趁机总管三国的军队，乘屈丐被削弱的机会，向南去割占楚国的土地，我们原有的土地一定能全部收回了'。张仪要求救魏国的话，必定不会说'我是为了魏国'，一定会说'我将要用秦国、韩国的军队向东去抵挡齐军、宋军，我将要聚集三国的兵力，乘屈丐被削弱的机会，向南去割占楚国的土地，名义上是保存将要灭亡的国家，实际上去攻占三川地区后返回，这是称王的基业啊'。您让楚王给韩国土地，让秦国钳制他们订立和约，对秦王说'请让楚国给韩国土地，而大王您得以在三川地区施加影响。韩国不用动用兵力就能从楚国得到土地'。韩冯要向东出兵的话将怎么对秦国说呢？他会说'秦国不用发兵就得到了三川地区，讨伐楚国、韩国，使魏国处于窘困的境地，魏国不敢与东方联合，这就孤立了齐国'。张仪要向东出兵的话将如何说呢？他说'秦国、韩国想得到土地，而按兵不动，声威影响到魏国。魏国就有了理由，想到不能失去齐国和楚国的支持了'。魏国转变，离弃秦国、韩国，争着去侍奉齐国、楚国。楚王想要魏国依从又不想给它土地。您能让秦国和韩国的军队不出动就得到土地，对它们有大恩德啊！秦王、韩王被张仪、韩冯胁迫而向东发兵，使魏国顺服。您可以经常手执债券向秦国、韩国去索取报偿。这样秦、韩两国会认为您友善，而厌恶张仪他们索取无度了。"

十三年，秦惠王卒。二十三年，与秦击败楚于重丘。[1]二十四年，秦使泾阳君质于齐。[2]二十五年，归泾阳君于秦。孟尝君薛文入秦，[3]即相秦。文亡去。二十六年，齐与韩魏共攻秦，至函谷军焉。[4]二十八年，秦与韩河外以和，兵罢。[5]二十九年，赵杀其主父。[6]齐佐赵灭中山。[7]

【注释】〔1〕"重丘"，古代地名，在今河南泌阳县东北。 〔2〕"泾阳君"，秦王子，名市。"质"，作为抵押的人质。 〔3〕"孟尝君薛文"，即田文，齐国贵族，封号孟尝君，由于祖先被封于薛，又称作薛文，以养士闻名，为战国四公子之一。详见《史记·孟尝君列传》。〔4〕"函谷"，古代关隘名，东起崤山，西至潼津。在今河南灵宝县东北，历代视为兵家要地。〔5〕"二十八年，秦与韩河外以和，兵罢"，梁玉绳认为此事在湣王二十六年。实际上二十八年与二十六年有过不同的两次战役，秦割地在二十八年盐河之役后。"河外"，指黄河以南、以西的地区，此处指今陕西华阴县至河南陕县一带。〔6〕"主父"，即赵国武灵王，被公子成及李兑包围三月，饿死在沙丘宫。〔7〕"齐佐赵灭中山"，灭中山不在湣王二十九年。《史记·赵世家》载：惠文王三年（即齐湣王五年），灭中山。"中山"，战国时戎狄小国，在今河北中部。有关史载不详。近年河北平山县中山王墓中出土了大量中山国文物，补充了它的历史。

【译文】 十三年，秦惠王去世。二十三年，齐国与秦国在重丘打败了楚国。二十四年，秦国派泾阳君到齐国作人质。二十五年，齐国让泾阳君回秦国去。孟尝君薛文到秦国去，就任了秦相。薛文逃走了。二十六年，齐国与韩国、魏国共同攻打秦国，军队到了函谷驻扎下来。二十八年，秦国把河外的土地割给韩国以达成和约，双方停止战争。二十九年，赵国杀死了主父。齐国帮助赵国灭掉了中山国。

三十六年，王为东帝，秦昭王为西帝。苏代自燕来，入齐，见于章华东门。〔1〕齐王曰："嘻，善，子来！秦使魏冉致帝，〔2〕子以为何如？"对曰："王之问臣也卒，〔3〕而患之所从来微，愿王受之而勿备称也。〔4〕秦称之，天下安之，王乃称之，无后也。且让争帝名，〔5〕无伤也。秦称之，天下恶之，王因勿称，以收天下，此大资也。且天下立两帝，王以天下为尊齐乎？尊秦乎？"王曰："尊秦。"曰："释帝，〔6〕天下爱齐乎？爱秦乎？"王曰："爱齐而憎秦。"曰："两帝立约伐赵，孰与伐桀宋之利？"〔7〕王曰："伐桀宋利。"对曰："夫约钧，〔8〕然与秦为帝而天下独尊秦而轻齐，释帝则天下爱齐而憎秦，伐赵不如伐桀宋之利，故愿王明释帝以收天下，倍约宾秦，〔9〕无争重，而王以其间举宋。夫有宋，卫之阳地危；〔10〕有济西，赵之阿东国危；〔11〕有淮北，楚之东国危；〔12〕有陶、平陆，梁门不开。〔13〕释帝而贷之以伐桀宋之事，〔14〕国重而名尊，燕楚所以形服，〔15〕天下莫敢不听，此汤武之举也。敬秦以为名，而后使天下憎之，此所谓以卑为尊者也。愿王孰虑之。"于是齐去帝复为王，秦亦去帝位。

【注释】 〔1〕"章华东门"，左思《齐都赋》注云齐小城北门。《括地志》云齐城章华之东有间门、武鹿门。 〔2〕"魏冉"，为秦相，被封于穰，又称穰侯，秦昭王四十一年被免。详见《史记·穰侯列传》。 〔3〕"卒"，音 cù，与"猝"通。仓促之间，突然。 〔4〕"勿备称也"，不要同时称帝。 〔5〕"让争"，《通志》作"让受"，辞让称帝，不接受这个建议。 〔6〕"释帝"，放弃称帝。 〔7〕"桀宋"，指宋王偃，因为他荒淫无道，如同夏桀，所以当时诸侯称之为"桀宋"。 〔8〕"约钧"，"钧"与"均"同，指约定得到的利益相等。 〔9〕"倍约宾秦"，"倍"与"背"通。背弃约定，把秦国作为宾客一样礼貌对待。一说"宾"与"摈"通，指摈弃秦国。则与下文中"敬秦以为名"不符。 〔10〕"阳地"，濮阳地区，在今河南濮阳县。

〔11〕"赵之阿东国危","阿",《史记正义》云即东阿。《史记志疑》云阿东,《战国策》作"河东"。　〔12〕"有淮北,楚之东国危",淮北指今江苏徐州、泗水一带。楚之东国指今江苏北部。〔13〕"陶",即定陶,在今山东定陶县西北。"梁",指魏国都城大梁。　〔14〕"贷",与"代"同,代替,取代。一说为"贰"之误字,不确。　〔15〕"形服",由于形势而被迫顺服。

【译文】三十六年,齐王称东帝,秦昭王称西帝。苏代从燕国来,进入齐国,在章华东门受接见。齐王说:"啊,好啊,你过来!秦国派魏冉来给我送上帝号,你认为怎么样?"苏代回答说:"大王您问臣子问得很仓猝,而祸患是从很微小的地方产生的。我希望大王把帝号接受下来但不要同时就称帝。秦王称帝以后,天下能对他处之安然,大王就称帝,也不算落后。而且在争帝名上谦让,也没有伤害。秦国称了帝后,天下都憎恶它,大王因此就不称帝,以收服天下,这是一种大资本。而且天下立了两个皇帝,大王认为天下是尊重齐国呢?还是尊重秦国呢?"齐王说:"尊重秦国。"苏代说:"放弃帝号,天下是敬爱齐国呢?还是敬爱秦国呢?"齐王说:"敬爱齐国,而憎恶秦国。"苏代说:"两位帝王订立盟约去攻打赵国,与攻打夏桀一样的宋国暴君比起来,哪一个有利呢?"齐王说:"攻打夏桀一样的宋国暴君有利。"苏代说:"哪种约定都是均等的,然而与秦国一起称帝,会使天下只尊崇秦国而轻视齐国,放弃帝号就使天下敬爱齐国而憎恶秦国,攻打赵国不如攻打宋国的暴君有利。所以我希望大王明确地放弃帝号,以收服天下人心,背离约定,将秦国作为宾客一样相待,不和它争尊崇的名号,而大王利用这个空隙攻占宋国。占有宋国,会让卫国的阳地处于危险中;占有济西,赵国的阿城一带的东方领土处于危险中;占有淮北,楚国的东方领地感到危险;占有陶和平陆,大梁城的城门都不敢打开。放弃称帝而代之攻打宋国暴君一事,国家受到了尊重,名望崇高,燕国、楚国也被这种形势慑服,天下各国没有人敢不听您的命令,这是商汤王、周武王所做的事业。我们在名义上敬重秦国,然后让天下人去憎恶它,这就是所谓的以卑下地位转为尊者的方法。希望大王慎重考虑这件事。"于是齐国放弃帝号重新称王。秦国也放弃了帝位。

三十八年,伐宋。秦昭王怒曰:"吾爱宋与爱新城、阳晋同。〔1〕韩聂与吾友也,〔2〕而攻吾所爱,何也?"苏代为齐谓秦王曰:"韩聂之攻宋,所以为王也。齐强,辅之以宋,楚魏必恐,恐必西事秦,是王不烦一兵,不伤一士,无事而割安邑也,〔3〕此韩聂之所祷于王也。"秦王曰:"吾患齐之难知。一从一衡,其说何也?"对曰:"天下国令齐可知乎?齐以攻宋,其知事秦以万乘之国自辅,不西事秦则宋治不安。〔4〕中国白头游敖之士皆积智欲离齐秦之交,〔5〕伏式结轶西驰者,〔6〕未有一人言善齐者也,伏式结轶东驰者,未有一人言善秦者也。何则?皆不欲齐秦之合也。何晋楚之智而齐秦之愚也！晋楚合必议齐秦，齐秦合必图晋楚，请以此决事。"秦王曰："诺。"于是齐遂伐宋，宋王出亡，死于温。〔7〕齐南割楚之淮北，西侵三晋，欲以并周室，为天子。泗上诸侯邹鲁之君皆称臣，诸侯恐惧。

【注释】〔1〕"新城"，古代地名，在今河南商丘市南，当时属宋国。"阳晋"，古代地名，在今山东郓城县东北。 〔2〕"韩聂"，齐国谋士，《战国策·韩策》中作"韩珉"。 〔3〕"安邑"，魏国城邑，在今山西夏县西北，秦昭王二十一年由魏国割让秦国。 〔4〕"宋治不安"，《战国策》作"宋地不安"。 〔5〕 "中国白头游敖之士"，中原地区头发都白了的游说士人。"敖"，与"遨"通。〔6〕"伏式结轶"，"式"，与"轼"通，车箱前的横木。"轶"，音 zhé，即车辙。伏在轼上，意为乘车出行，车辙在大地上相互交错。〔7〕"温"，古代小国名，原称苏国，战国时被魏国占有。在今河南温县西南。

【译文】三十八年，攻打宋国。秦昭王发怒说："我喜爱宋国的程度和喜爱新城、阳晋相同。韩聂和我是朋友，却攻打我所喜爱的地方，这是为什么？"苏代为齐国向秦王解说："韩聂攻打宋国，正是为了大王。齐国强大，再加上宋国的土地辅助，楚国、魏国必定会害怕，害怕就一定会来西方侍奉秦国。这样大王可以不使用一个士兵，不损伤一个战士，不做什么事就割占了安邑。这就是韩聂为大王所祈祷的啊。"秦王说："我担心的是齐国难以捉摸。一时合纵，一时连横，这怎么解释呢？"苏代回答："天下的各国能让齐国捉摸透吗？齐国所以攻打宋国，由于它知道服侍秦国，可得到有上万辆军车的大国来辅助自己。不向西方服侍秦国就会使宋地不平安。中原地区上了年纪的游说说客们全都在处心积虑地想要离间齐国和秦国的友情。乘着车子纷纷向西行驶的人们，没有一个说齐国好的。驾车纷纷东奔的人们，没有一个说秦国的好话。为什么呢？他们全都不愿意齐国和秦国联合。怎么晋、楚这些国家如此聪明，而齐国、秦国这样愚昧呢？晋、楚各国联合起来，一定是商议谋算齐国、秦国。齐国、秦国联合起来，必定图谋晋、楚各国。请您根据这一点来决定。"秦王说："是的。"于是齐国就去攻伐宋国。宋王出逃，死在温城。齐国向南割占了楚国的淮河以北一带，向西攻入三晋，想要借此并吞周王室，自己作天子。泗水一带的诸侯，如郑、鲁等国君全都向齐国称臣，诸侯们恐惧不安。

三十九年，秦来伐，拔我列城九。

四十年，燕、秦、楚、三晋合谋，各出锐师以伐，败我济西。〔1〕王解而却。〔2〕燕将乐毅遂入临淄，〔3〕尽取齐之宝藏器。湣王出亡，之卫。卫君辟宫舍之，〔4〕称臣而共具。湣王不逊，卫人侵之。湣王去，走邹、鲁，有骄色，邹、鲁君弗内，〔5〕遂走莒。〔6〕楚使淖齿将兵救齐，〔7〕因相齐湣王。淖齿遂杀湣王而与燕共分齐之侵地卤器。[8]

【注释】〔1〕"败我济西",《史记》其他世家传记中均不载楚国参加此役,下文中又称楚国派兵救齐,似此处有误。"济西",指济水以西地区。 〔2〕"解",分崩,溃散。"却",退却。〔3〕"乐毅",中山国人,燕国将领,极善于用兵,曾任燕国亚卿,封昌国君。后燕惠王中反间计,罢免了他。乐毅逃到赵国,死于赵。详见《史记·乐毅列传》。 〔4〕"辟宫舍之",腾出宫殿来给他住。 〔5〕"邹",古代小国名,在今山东邹县、滕县、济宁一带。"鲁",古国名,在今山东曲阜、泰安一带。"弗内","内"与"纳"同,不接纳,不让入城。 〔6〕"莒",齐国城名,在今山东莒县,本为莒国,被齐灭后设城邑。 〔7〕"淖齿",楚国将军。"淖",音nào。 〔8〕"侵地卤器",侵占的土地和掠获的财宝器物。

【译文】 三十九年,秦国来进攻,攻占了齐国的九个城。

四十年,燕、秦、楚、韩、赵、魏各国合谋,各自派出精锐军队攻打齐国,在济西打败齐军。齐国的军队崩溃,退却了。燕国将军乐毅就进了临淄,把齐国的库藏宝器全部掳取走。齐湣王逃走,跑到卫国。卫国国君腾出宫殿来给他住,向他称臣,供给他用品。齐湣王傲慢不逊,卫人攻打他。齐湣王逃走,逃到邹国、鲁国,表现出骄傲的神色。邹、鲁的国君不让他入城。齐湣王就逃到莒城去。楚国派淖齿率领军队救齐国,淖齿趁机做了齐湣王的相。淖齿便杀了齐湣王而和燕国共同分了侵占齐国的土地与抢夺的宝器。

湣王之遇杀,其子法章变名姓为莒太史敫[1]家庸。[2]太史敫女奇法章状貌,以为非恒人,[3]怜而常窃衣食之,而与私通焉。淖齿既以去莒,莒中人及齐亡臣相聚求湣王子,欲立之。法章惧其诛己也,久之,乃敢自言"我湣王子也"。于是莒人共立法章,是为襄王。以保莒城而布告齐国中:"王已立在莒矣。"

【注释】〔1〕"太史敫",人名,姓太史,名敫(音jiào,一音yào)。 〔2〕"家庸",家中的佣人。 〔3〕"非恒人",不是一般的人。

【译文】 齐湣王遭杀害,他的儿子法章改了姓名,给莒城太史敫家做佣人。太史敫的女儿看法章容貌奇特,认为他不是平常人,心中怜爱他,经常偷偷给他衣裳食物,而且和法章私通。淖齿离开莒城后,莒城中的人民与齐国逃亡的大臣聚到一起寻找湣王的儿子,想要立他为王。法章还害怕他们是在追杀自己,过了好久,才敢说出"我就是湣王的儿子"。于是莒人共同立法章为齐王,就是齐襄王。以此保卫莒城,并且向齐国内宣布说:"国王已经在莒城即位了。"

襄王既立，立太史氏女为王后，是为君王后，生子建。太史敫曰：
"女不取媒因自嫁，非吾种也，污吾世。"〔1〕终身不睹君王后。〔2〕君王后
贤，不以不睹故失人子之礼。

　　【注释】〔1〕"污吾世"，污辱了我的家世。　〔2〕"睹"，见。

　　【译文】齐襄王即位后，立太史家的女儿为王后，就是君王后，生了儿子建。
太史敫说："女儿不通过媒人，自己嫁人，这不是我的后代，污辱了我的门风家
世。"就一辈子不见君王后。君王后很贤德，不由于不见面而失去做子女的礼节。

　　襄王在莒五年，田单以即墨攻破燕军，迎襄王于莒，入临淄。齐故
地尽复属齐。齐封田单为安平君。〔1〕

　　【注释】〔1〕"田单"，临淄人，齐国将军，坚守即墨，用火牛阵击破燕军，一举收复齐国
失地七十余城。被封为安平君，任齐相。后入赵为赵相。

　　【译文】齐襄王在莒城五年，田单就用即墨军队打败了燕军，到莒城迎接襄王，
进入临淄。齐国的原有土地全部重归齐国。齐国封田单为安平君。

　　十四年，秦击我刚、寿。〔1〕十九年，襄王卒，子建立。

　　【注释】〔1〕"刚、寿"，二城邑名。刚在今山东宁阳县东北。寿在今山东东平县西南。

　　【译文】十四年，秦军攻打齐国的刚、寿。十九年，齐襄王去世，他的儿子建
被立为国王。

　　王建立六年，秦攻赵，齐楚救之。秦计曰："齐楚救赵，亲则退兵，不亲
遂攻之。"赵无食，请粟于齐，齐不听。周子曰：〔1〕"不如听之以退秦兵，不
听则秦兵不却，是秦之计中而齐楚之计过也。且赵之于齐楚，扞蔽也，〔2〕
犹齿之有唇也，唇亡则齿寒。今日亡赵，明日患及齐楚。且救赵之务，宜若
奉漏瓮沃焦釜也。〔3〕夫救赵，高义也；却秦兵，显名也。义救亡国，威却强
秦之兵，不务为此而务爱粟，为国计者过矣。"齐王弗听。秦破赵于长平四
十余万，〔4〕遂围邯郸。

中华藏书

史记精华

【译文】齐王建即位六年，秦国攻打赵国，齐国、楚国去救援。秦国君臣谋划说："齐、楚两国去救赵国，他们亲密我们就退兵，不亲密就去攻打他们。"赵国没有粮食，请求齐国给粮食，齐国不答应。周子说："不如答应给粮食，以使秦军退走，不答应秦军就不会退却。这使秦国的计谋得逞，而齐国、楚国的计谋就失算了。而且赵国对齐国和楚国来讲是一种屏障，就像牙齿外面有嘴唇一样，唇亡齿寒。今天秦国灭了赵国，明天祸患就危及齐国、楚国。而且救援赵国这件事应该像捧着漏水的瓮去浇烧干的锅一样紧急。救助赵国，是崇高的道义，打退秦军，是大显威名。救助要灭亡的国家这种仁义，退走强大的秦军这种威名，您不去致力争取却偏要吝惜粮食。这样为国家谋划是错的。"齐王不肯听从。秦国在长平打败了赵国四十多万军队，接着包围了邯郸。

十六年，秦灭周。君王后卒。二十三年，秦置东郡。[1]二十八年，王入朝秦，秦王政[2]置酒咸阳。[3]三十五年，秦灭韩。三十七年，秦灭赵。三十八年，燕使荆轲刺秦王，[4]秦王觉，杀轲。明年，秦破燕，燕王亡走辽东。[5]明年，秦灭魏，秦兵次于历下。[6]四十二年，秦灭楚。明年，虏代王嘉，[7]灭燕王喜。

【注释】〔1〕"置东郡"，设置东郡。东郡郡治在今河南濮阳县西南。 〔2〕"秦王政"，即秦始皇嬴政。 〔3〕"咸阳"，秦国都城名，在今陕西咸阳市东北。 〔4〕"荆轲刺秦王"，为战国末年著名事件。"荆轲"，卫国人，受燕太子丹重托，携带秦国叛将樊於期的头和地图去秦国，以献图为名行刺秦王嬴政，未遂被杀。详见《史记·刺客列传》。 〔5〕"亡走辽东"，逃亡到辽东去。辽东为燕郡，在今辽宁辽阳市一带。 〔6〕"历下"，古代地名，在今山东济南市。〔7〕"代王嘉"，代国国王，名嘉。代国在今河北及山西北部，曾依属赵国。国都在今河北蔚县东北。

【译文】十六年，秦国消灭了周王室。齐国的君王后去世。二十三年，秦国设置了东郡。二十八年，齐王去朝见秦王。秦王嬴政在咸阳设酒宴招待。三十五年，秦国灭掉韩国。三十七年，秦国灭掉赵国。三十八年，燕国派荆轲刺杀秦王，秦王发觉了，杀死了荆轲。第二年，秦军攻克燕国，燕王逃到辽东去。第二年，秦军灭掉魏国，秦国军队进驻历下。四十二年，秦国灭掉楚国。第二年，秦军俘虏了代王嘉，消灭了燕王喜。

四十四年，秦兵击齐。齐王听相后胜计，不战，以兵降秦。秦虏王建，迁之共。[1]遂灭齐为郡。天下壹并于秦，秦王政立号为皇帝。始，君王后贤，事秦谨，与诸侯信，齐亦东边海上，秦日夜攻三晋、燕、楚，五国各自救于秦，以故王建立四十余年不受兵。君王后死，后胜相齐，多受秦间金，[2]多使宾客入秦，秦又多予金，客皆为反间，劝王去从朝秦，不修攻战之备，不助五国攻秦，秦以故得灭五国。五国已亡，秦兵卒入临淄，民莫敢格者。[3]王建遂降，迁于共。故齐人怨王建不蚤与诸侯合从攻秦，听奸臣宾客以亡其国，歌之曰："松耶柏耶？住建共者客耶？"[4]疾建用客之不详也。[5]

【注释】〔1〕"共"，古代国名，在今河南辉县。 〔2〕"间金"，用来离间的贿赂金钱。 〔3〕"民莫敢格者"，百姓们没有敢于拼斗的。"格"，搏斗。 〔4〕"住建共者客耶"，使齐王建迁住到共去的人是客卿们吧？"耶"，表示疑问的语气词。 〔5〕"疾"，憎恨，痛恨。"不详"，不审慎，不了解。

【译文】四十四年，秦国军队攻打齐国。齐国国王听从了相国后胜的计策，不作战，让军队投降了秦国。秦国俘虏了齐王建，把他流放到共地去。便把齐国灭亡，改为郡。天下被秦国统一了，秦王嬴政自己确定称号为皇帝。起先，君王后贤德，侍奉秦国很恭谨，与各国诸侯讲信义，齐国又是在临近大海的东方，秦国日夜不停地攻打三晋和燕国、楚国，这五个国家各自在秦国进攻中忙于自救。因此齐王建即位四十多年来没有遭受战争。君王后去世，后胜做齐相。他接受了很多秦国用来离间的贿赂，派很多宾客到秦国去。秦国又给了他们很多金钱，宾客们全都反过来为秦国离间齐国，劝齐王废除合纵，去朝见秦王，不整治军需战备，不帮助韩、赵、魏、燕、楚五国攻打秦国，秦国因此得以灭掉五国。五国已经灭亡了，最终秦国军队也进入了临淄，民众没有敢于拼斗的。齐王建便投降了，被流放到共地。所以齐国人怨恨齐王建不早些和诸侯们合纵抗秦，听任奸臣宾客们，造成亡国，编成歌唱道："是松树吗？是柏树吗？让王建住到共地的是宾客们吧？"这首歌是痛恨齐王建在任用宾客时不认真审察的。

太史公曰：盖孔子晚而喜《易》。[1]《易》之为术，幽明远矣，[2]非通人达才孰能注意焉！故周太史之卦田敬仲完，占至十世之后；及完奔齐，懿仲卜之亦云。田乞及常所以比犯二君，[3]专齐国之政，非必事势之渐然也，盖若遵厌兆祥云。[4]

【注释】〔1〕"《易》"，即《周易》，古代占卜书。 〔2〕"幽明"，深奥而且明晰。 〔3〕"比"，接连。"二君"，指齐悼公、齐简公。 〔4〕"遵厌兆祥"，遵循着占卜的卦象预言。

"厌"，祭名，又作镇抑之意。"兆祥"，指用龟甲占卜时灼裂的纹理，通过它显示吉凶。

【译文】太史公说：孔子在晚年喜欢读《易经》。《易经》作为一种学术，非常深奥明晰，不是通达事物的人才，谁能注意到这些呢！所以周太史给田敬仲完占卦，占到十世以后。等到田完逃到齐国，懿仲给他占卜也这么说。田乞和田常所以能接连侵犯悼公、简公，独揽齐国的大权，不一定是事态逐渐发展而成的，倒好像是在遵循着卜兆，实现预言啊。

孔子世家

　　孔子生鲁昌平乡陬邑。[1]其先宋人也，[2]曰孔防叔。[3]防叔生伯夏，伯夏生叔梁纥。[4]纥与颜氏女野合而生孔子，[5]祷于尼丘得孔子，[6]鲁襄公二十二年而孔子生，[7]生而首上圩顶，[8]故因名曰丘云。[9]字仲尼，[10]姓孔氏。[11]

【注释】〔1〕"鲁"，诸侯国名，西周初年所封，姬姓，始封君为周公旦之子伯禽，建都曲阜（今山东曲阜），领有今山东泰山以南的汶、泗、沂、沐水流域。春秋时国势渐弱，春秋后期公室被卿大夫季孙氏、叔孙氏、孟孙氏所瓜分。战国时沦为小国，公元前二五六年被楚国所灭。"昌平乡"，地名，在今山东曲阜东南，因有昌平山而得名。　"陬"，音zōu，邑名，亦作"郰"、"鄹"，在今山东曲阜东南。〔2〕"宋"，诸侯国名，西周初年周公平定武庚反叛后所封，子姓，始封君为商纣王庶兄微子启，建都商丘（今河南商丘南），领有商旧都周围地区，约当今河南东部和山东、江苏、安徽间地。公元前二八六年被齐国所灭。〔3〕"孔防叔"，孔子曾祖。《潜夫论·志氏姓》云："防叔为华氏所偪，出奔鲁，为防大夫，故曰防叔。"源于《世本》（见《诗·商颂谱疏》所引。）则孔防叔为孔氏从宋至鲁的第一代，司马迁当采此说，故此首举孔防叔。但《后汉书·孔融传》李贤注引服虔注云："孔子六代祖孔父嘉为宋华督所杀，其子奔鲁也。"又以孔子五代祖为奔鲁之第一代。《左传》昭公七年杜预注及后来不少学者依从服说。　"防"，鲁国邑名，在今山东费县东北。〔4〕"叔梁纥"，孔子父亲，名纥，字梁，排行叔，为陬邑大夫，故亦称"陬人纥"、"陬叔纥"、"梁纥"、"陬叔"。勇武有力，参见《左传》襄公十年。"纥"，音hé。〔5〕"颜氏女"，鲁人颜氏之女，名征在。"野合"，男女私通。前人对此解说不一。《索隐》云："盖谓梁纥老而征在少，非当壮室初笄之礼，故云野合，谓不合礼义。"《正义》以为叔梁纥娶征在时，年已过阳道绝的六十四岁，因称"野合"。崔适《史记探源》云："此文疑本作'纥与颜氏女祷于尼邱，野合而生孔子于尼邱'。埽地为祭天之坛而祷之，犹《诗》所谓'以弗无子'也；遂感而生孔子，犹《诗》所谓'履帝武敏歆'也。故曰'野合'。……即此所谓纥与颜氏女祷于尼邱野合而生孔子也，太史公以受命帝王尊孔子故云尔。"皆多臆测之辞，不足信。《孔子家语·本姓》云："叔梁纥娶施氏，无男；其妾生孟皮，病足，乃求婚于颜氏。颜父问三女，二女莫对，征在进曰：'从父所制。'遂以妻之。"所载与此不同。〔6〕"祷"，祈祷，向神祈告求福。　"尼丘"，山名，在今山东曲阜东南。　〔7〕"鲁襄公"，名午，鲁成公之子，定姒所生，三岁即位，公元前五七二年至前五四二年在位。详见本书《鲁周公世家》。　"鲁襄公二十二年"，公元前五五一年。按：《春秋公羊传》、《春秋谷梁传》云孔子生于鲁襄公二十一年。关于孔子的出生年、月、日，历来歧说纷纭。比较可信的是鲁襄公二十二年十月庚子，即公元前五五一年八月二十七日。　〔8〕"圩"，音 wéi，凹，中间低而四周高。"圩顶"，凹顶，中间凹陷的头顶。　〔9〕"云"，句末语助词。　"故因名曰丘云"，所以就取名叫丘。　按：《白虎通·姓名》云："孔子首类尼丘山，盖中低而四旁高，如屋宇之反。"〔10〕"字"，表字。古代男子有名有字，生下来先取名；到二十岁举行冠礼后再取字。字是根据本名涵义另取有对应关系的别名。对人称字，表示尊敬。"仲尼"，"仲"，老二，为孔子排行，据《孔子家语》他有异母兄孟皮；"尼"，当因"尼丘"而来，为孔子的字，与其名"丘"相应。　〔11〕"姓孔氏"，先秦时代，一般有身份的人，均有姓、有氏。姓为代表有共同血缘关系种族的称号，氏为由姓派生出来分支的称号。孔子系宋人后裔，姓"子"，而"孔"则为孔子这一支的氏。孔氏的始祖，当是六世祖孔父嘉。按《孔子家语·本姓》云："弗父何生宋父周，周生世子胜，胜生正考父，正考父生孔父嘉，五世亲尽，别为公族，故后以孔为氏。一曰：孔父者，生时所赐号也，是以子孙遂以氏族。"司马迁生活的汉代，已合"姓"、"氏"为一，故有此以氏为姓的错误说法。

【译文】孔子出生在鲁国昌平乡陬邑。他的祖先是宋国人，名叫孔防叔。孔防叔生下伯夏，伯夏生下叔梁纥。叔梁纥和颜氏的女儿在野外媾合而生下孔子，他们向尼丘进行祈祷而得到孔子。鲁襄公二十二年孔子出生，孔子生下来头顶中间凹陷，所以就取名叫丘，取字叫仲尼，姓为孔氏。

　　丘生而叔梁纥死，〔1〕葬于防山。〔2〕防山在鲁东，〔3〕由是孔子疑其父墓处，〔4〕母讳之也。〔5〕孔子为儿嬉戏，常陈俎豆，〔6〕设礼容。〔7〕孔子母死，乃殡五父之衢，〔8〕盖其慎也。〔9〕郰人輓父之母诲孔子父墓，〔10〕然后往合葬于防焉。〔11〕

　　【注释】〔1〕"丘生而叔梁纥死"，按《孔子家语·本姓》云："生三岁而叔梁纥死。"与此不同。　〔2〕"防山"，在今山东曲阜东，亦称"笔架山"。　〔3〕"鲁东"，指鲁国国都的东面。〔4〕"疑"，疑惑，不明白，不清楚。　〔5〕"讳"，讳忌，隐瞒。　〔6〕"俎"，音 zǔ，古代祭祀时载放牲体的长方形容器。"豆"，形似高足盘，也是祭祀时盛放食物的容器。　〔7〕"设"，摆设，演习。　"礼容"，礼仪法度。　〔8〕"殡"，停柩，尸体装敛入棺而未下葬。"五父之衢"，鲁国都城内街道名，在今山东曲阜东南。　〔9〕"盖"，连词，表示说明原由。　"慎"，谨慎，慎重。　〔10〕"郰"，同"陬"，邑名。　"輓父"，《礼记·檀弓》作"曼父"，人名。　"诲"，告诉。　〔11〕"焉"，音 yān，语气词，表示句末停顿。按：从"孔子母死"以下至此一段，又见《礼记·檀弓》。

【译文】孔丘生下来，叔梁纥便死了，安葬在防山。防山在鲁国都城的东面，因此孔子不清楚他父亲的墓址，孔母隐讳这件事。孔子孩童时做游戏，经常陈列俎豆各种礼器，演习礼仪动作。孔子母亲去世，他先将灵柩停放在五父之衢，这是出于孔子谨慎从事的考虑。郰邑人輓父的母亲告诉孔子其父的墓址，这之后孔子才将母亲灵柩送往防山合葬。

孔子要绖，[1]季氏飨士，[2]孔子与往。[3]阳虎绌曰：[4]"季氏飨士，非敢飨子也。"[5]孔子由是退。

【注释】〔1〕"要"，音 yāo，通"腰"。"绖"，音 dié，古代丧服中用的麻带。"要绖"，腰间系的麻带。此指丧服。 〔2〕"季氏"，即季孙氏，为鲁桓公少子季友后裔，执掌鲁国国政的三家贵族之一。此指当时执政的季武子，即季孙宿。"飨"，音 xiǎng，宴请。"士"，士子，士人，此指当时有地位的读书人。 〔3〕"与"，随，从。 〔4〕"阳虎"，名虎，字货，亦称"阳货"。"阳"或作"杨"，又称"杨虎"、"杨货"。季孙氏家臣。后挟持季桓子，占据阳关（今山东泰安南），一度把持国政。公元前五〇二年，他因想清除三桓势力而被击败，出奔阳关。次年奔齐。后经宋国到晋国，为赵鞅家臣。"绌"，通"黜"，贬斥，斥退。 〔5〕"子"，古代对人的尊称，此指孔子。

【译文】孔子服丧腰间系着麻带，这时季氏宴请士人，孔子随同前往。阳虎斥退孔子说："季氏宴请的是士人，没敢请你啊。"孔子因此退去。

孔子年十七，鲁大夫孟釐子病且死，[1]诫其嗣懿子曰：[2]"孔丘，圣人之后，[3]灭于宋。[4]其祖弗父何始有宋而嗣让厉公。[5]及正考父佐戴、武、宣公，[6]三命兹益恭，[7]故鼎铭云：[8]'一命而偻，[9]再命而伛，[10]三命而俯。[11]循墙而走，[12]亦莫敢余侮。[13]饘于是，[14]粥于是，以餬余口。'[15]其恭如是。吾闻圣人之后，虽不当世，[16]必有达者。[17]今孔丘年少好礼，其达者欤！[18]吾即没，[19]若必师之。"[20]及釐子卒，[21]懿子与鲁人南宫敬叔往学礼焉。[22]是岁，季武子卒，[23]平子代立。[24]

【注释】〔1〕"大夫"，春秋时代，国君之下的贵族依职位高低分为卿、大夫、士三个等级，大夫为仅次于卿的等级。"釐"，音 xī，通"僖"。"孟釐子"，亦作"孟僖子"。名貜，氏仲孙（亦称"孟孙"），亦称"仲孙貜"。孟孝伯仲孙羯之子，死于公元前五一八年。按：《左传》昭公七年云："孟僖子病不能相礼，乃讲学之，苟能礼者从之。及其将死也，……"《史记》此处脱落"不能相礼……"一段文字，直接"及其将死也，……"，将孟釐子之死误植于此年。据《春秋经》，孟僖子死于昭公二十四年，时当孔子三十四岁。当以《左传》为是。"且"，将，将要。〔2〕"诚"，告诫，嘱咐。"嗣"，后嗣，嫡嗣，继承人。"懿子"，名何忌，亦称"孟懿子"、"仲孙何忌"、"仲孙忌"、"孟孙"。鲁国大夫，生于公元前五三一年，死于公元前四八一年。〔3〕"圣人"，指商汤王。或谓指宋国始祖微子启，也有以为指下文的弗父何和正考父。〔4〕"灭于宋"，一般学者根据《后汉书·孔融传》李贤注所引服虔注，认为是指孔子六世祖孔父嘉被宋国太宰华督所杀，五世祖木金父奔鲁。〔5〕"弗父何"，亦作"弗甫何"、"弗父河"，宋湣公太子，依礼法为嫡嗣，应当继承君位。据《潜夫论·志氏姓》、《孔子家语·本姓》，自弗父何以下至孔子的世系为：弗父何——宋父周——世父胜——正考父——孔父嘉——木金父——皋夷（祁父）——防叔——伯夏——叔梁纥——孔子。但《诗·商颂谱疏》所引《世本》无"世父胜"一代。本注从前者。"厉公"，即宋厉公，名鲋祀（或作"鲂祀"、"方祀"），宋湣公庶子，弗父何之弟。详见本书《宋微子世家》。〔6〕"正考父"，弗父何曾孙，孔子七世祖。"佐"，辅佐。"戴"，宋戴公，公元前七九九年至前七六六年在位。"武"，宋武公，名司空，宋戴公之子，公元前七六五年至前七四八年在位。"宣公"，宋宣公，名力，宋武公之子，公元前七四七年至前七二九年在位。详见本书《宋微子世家》。〔7〕"三命"，三次受命，指诸侯国的上卿。《礼记·王制》云："大国之卿不过三命。""兹"，通"滋"，益，更加。〔8〕"鼎铭"，鼎上的铭文。此指正考父庙之鼎铭文。〔9〕"偻"，音lǚ，曲背。表示恭敬。〔10〕"再"，二。"伛"，音yǔ，曲背，其弯曲度比偻大，表示更恭敬。〔11〕"俯"，曲身。其弯曲度比伛大，表示最恭敬。〔12〕"循墙"，沿着墙边。此指走路避开路中央。"走"，疾趋，跑。"循墙而走"，沿着墙根小跑。表示对人的极度恭敬。〔13〕"莫"，没有人，没有谁。"余"，我。"莫敢余侮"，即"莫敢侮余"，没有人敢侮辱我。〔14〕"饘"，音zhān，稠粥，厚粥。"是"，代词，此指鼎。〔15〕"餬"，音hú，同"糊"，粥，这里用作动词，是用粥喂养的意思。〔16〕"当世"，当政，为国君。〔17〕"达者"，通达的人，显赫的人。〔18〕"欤"，音yú，吧，语气词，表示推测。〔19〕"即"，若，如果。"没"，通"殁"，死亡。〔20〕"若"，你。"师之"，以他为师。〔21〕"及"，至，到。"卒"，死，死亡。"釐子卒"，按《春秋》，孟釐子卒于鲁昭公二十四年（公元前五一八年），当时孔子为三十四岁。〔22〕"南宫敬叔"，氏南宫，谥敬（或作"顷"），叔排行，名说（或作"阅"），故亦称"南宫说"。为仲孙氏之后，又称"仲孙阅"。孟釐子之子，孟懿子之弟，鲁国大夫，生于公元前五三一年。按：自"鲁大夫孟釐子病"至此，当本于《左传》昭公七年。〔23〕"季武子"，名宿，谥武，亦称"季孙宿"、"季孙"。季文子之子，鲁大夫，自公元前五六一年至前五三五年执掌国政。〔24〕"平子"，季平子，名意如，谥平，亦称"季孙意如"、"季孙"。季武子之孙，季悼子纥之子。因其父早死，故季武子死后，他继位为季氏宗主。鲁国卿大夫，公元前五一九年至前五○五年执掌国政。"代立"，继位。此指继承季武子的官爵。

【译文】孔子十七岁那年，鲁国大夫孟釐子病重将死，告诫他的继承人孟懿子说："孔子是圣人的后代，他的家族在宋国败落。他的先祖弗父何当初本该享有宋国而继位，却让给了弟弟宋厉公。等到他的先祖正考父，辅佐宋戴公、宋武公、宋宣公，三次接受册命，一次比一次恭敬，所以正考父鼎的铭文说：'第一次册命，曲背行礼；第二次册命，折腰行礼；第三次册命，俯身行礼，平时走路顺着墙根小跑，也就没人敢来欺侮我了。用这个鼎煮厚粥，用这个鼎煮薄粥，来喂我这张嘴。'他的恭敬有礼就是如此。我听说那圣人的后代，即使不当国执政，也必定会有通达显赫的。如今孔丘年纪轻轻喜好礼仪，他恐怕将是通达显赫的人吧！如果我死了，你一定要以他为师。"等到孟釐子去世，孟懿子和鲁人南宫敬叔前往孔子那里学礼。这一年，季武子去世，季平子继位。

　　孔子贫且贱。及长，尝为季氏史，[1] 料量平;[2] 尝为司职吏而畜蕃息。[3] 由是为司空。[4] 已而去鲁，[5] 斥乎齐，[6] 逐乎宋、卫，[7] 困于陈、蔡之间，[8] 于是反鲁。[9] 孔子长九尺有六寸，[10] 人皆谓之"长人"而异之。鲁复善待，由是反鲁。

【注释】[1] "尝"，曾，曾经。"史"，掌管文书的官吏。"季氏史"，季氏手下的官吏，不是指季氏的家臣。《索隐》云："有本作'委吏'。"按《孟子·万章下》云："孔子尝为委吏矣。"则此"季氏史"当系"委吏"之误。"委吏"为主管粮食仓库的官吏。 [2] "料"，量，计量。"料量"，计量，统计称量。"平"，平正，准确。 [3] "司职"，牧养牲畜的官吏，即《周礼》《春官·肆师》、《地官·牛人》中的"职人"。按《孟子·万章下》云孔子"尝为乘田矣"，"乘田"也为掌管六畜草料放牧的官吏。"畜"，牲畜。"番"，繁殖。"息"，生息，生长。 [4] "司空"，官名，掌管工程建筑。"由是为司空"，崔适《史记探源》认为此句"系下文'由中都宰为司空'之重文"。可备一说。 [5] "已而"，事后，不久。"去"，离开，离去。 [6] "斥"，排斥，驱逐。"齐"，国名，西周初年所封异姓诸侯国，姜姓，始封君吕尚，建都营丘，改称临淄（在今山东淄博东北），辖境约当今山东北部。春秋初年齐桓公任用管仲改革，国力强盛，成为霸主。春秋后期君权逐渐转入大臣田（亦作"陈"）氏家族。公元前三八六年周安王承认田和为齐侯。公元前二二一年被秦国所灭。 [7] "卫"，国名，西周初周公平定武庚反叛后所封诸侯国，姬姓，始封君为周武王之弟康叔，建都朝歌（今河南淇县），为当时大国。公元前六六○年被翟人击败，迁都楚丘（今河南滑县），沦为小国。又迁都帝丘（今河南濮阳）。公元前二五四年被魏国所灭。后一度复国，都于野王（今河南沁阳）。公元前二○九年被秦所灭。 [8] "陈"，国名，周武王灭商后所封诸侯国，妫姓，始封君为胡公满，相传是舜的后代，建都宛丘（今河南淮阳），辖境约当今河南东部和安徽的一部分。公元前四七九年被楚国所灭。"蔡"，国名，西周初所封诸侯国，姬姓，始封君为周武王弟叔度，后因参与武庚反叛而被周公放逐，改封其子蔡仲（名胡）于此。建都上蔡（今河南上蔡西南）。春秋时多次迁都，平侯迁新蔡（今河南新蔡），昭侯迁州来（今安徽凤台）。公元前四四七年被楚国所灭。 [9] "反"，通"返"，返回。按：自"已而去鲁"至此及下"鲁复善待，由是反鲁"，崔适《史记探源》认为"皆定公十四年去鲁后至反鲁之总结，重衍于此也"，合乎事理，可从。 [10] "有"，又。"九尺有六寸"，即"九尺又六寸"，九尺六寸。

【译文】孔子家境贫寒，又地位低下。等到长大成人，曾经做过季氏手下的官吏，管理统计准确无误；又曾做过司职的小吏，使牧养的牲畜繁殖增多。由此出任司空。不久离开鲁国，在齐国受到排挤，被宋人、卫人所驱逐，在陈国、蔡国之间受困，于是返回鲁国。孔子身高九尺六寸，人们都称他为"长人"而感到奇异。鲁君又善待孔子，因此返回鲁国。

　　鲁南宫敬叔言鲁君曰：[1]"请与孔子适周。"[2]鲁君与之一乘车，[3]两马，一竖子俱，[4]适周问礼，盖见老子云。[5]辞去，而老子送之曰："吾闻富贵者送人以财，仁人者送人以言。吾不能富贵，窃仁人之号，[6]送子以言，曰：'聪明深察而近于死者，[7]好议人者也。博辩广大危其身者，[8]发人之恶者也。[9]为人子者毋以有己，[10]为人臣者毋以有己。'"孔子自周反于鲁，弟子稍益进焉。[11]

　　【注释】[1]"鲁君"，鲁国国君。按司马迁的系年编排，当指鲁昭公。[2]"适"，往，到。"周"，朝代名，公元前十一世纪周武王灭商后所建，姬姓，建都于镐（今陕西西安西南沣水东岸）。公元前七七〇年，周平王向东迁都于雒邑（今河南洛阳）。平王东迁以前史称西周，东迁以后称东周。进入东周，周王室日益衰微，逐渐沦为徒有天下共主空名的末等小国，并经常成为诸侯强国侵犯的对象。东周又可分为春秋和战国两个时期。公元前二五六年被秦国所灭。此"周"当指周王室所在地雒邑。[3]"与"，给，赐。"乘"，音shèng，古人称一车四马为一乘。[4]"竖子"，小子，童仆。[5]"盖"，大概，大约。"老子"，春秋时思想家，被奉为道家学派的创始人。关于他的姓名、身世，传说不一，难以确定。据本书《老子韩非列传》，则有三说。一说氏李，名耳，字聃，楚国苦县（今河南鹿邑东）人，当过周王室管理藏书的史官，孔子曾向他问礼，后隐居，著《道德经》五千余言。或谓楚人老莱子。或谓即周太史儋。"云"，句末语助语。"盖见老子云"，本书《老子韩非列传》亦载孔子见老子问礼，《孔子家语·观周》所载较详，可参看。前人对此事系年及有无，多有疑词。[6]"窃"，窃取，盗取。此为自谦之词。"号"，名号，名义。[7]"深察"，详察，洞察。"近于死"，接近死亡，指有杀身之祸。[8]"广大"，《孔子家语·观周》作"闳达"，宽广弘大。[9]"发"，举发，抉发。"恶"，邪恶，丑恶。[10]"毋"，音wú，不要。"毋以有己"，不要有自己，指舍身忘己。[11]"稍"，逐渐。"益"，增益，增多。"进"，进入，进门，此指进入孔门师从孔子。

　　【译文】鲁人南宫敬叔对鲁昭公说："请让我跟随孔子前往周京洛邑。"鲁昭公给他们一辆车、两匹马，还有一名童仆同行，前往周京洛邑询问周礼，据说见到了老子。孔子告辞离去时，老子送他说："我听说富贵之人用财物来送人，仁义之人用言语来送人。我不能富贵，只好盗用仁人的名义，用言语来送你，这几句话是：'聪慧明白洞察一切反而濒临死亡，是因为喜好议论他人的缘故。博洽善辩宽广弘大反而危及其身，是因为抉发别人丑恶的缘故。做人儿子的就不要有自己，做人臣子的就不要有自己。'"孔子从周京洛邑返回鲁国，投到他门下的弟子逐渐增多。

　　是时也，晋平公淫，[1]六卿擅权，[2]东伐诸侯；[3]楚灵王兵强，[4]陵轹中国；[5]齐大而近于鲁。鲁小弱，附于楚则晋怒；[6]附于晋则楚来伐；

不备于齐，[7]齐师侵鲁。[8]

【注释】〔1〕"晋"，国名，西周初年所封诸侯国，姬姓，始封君为周成王弟叔虞，建都于唐（今山西翼城西）。辖境有今山西西南部。春秋初晋昭侯封叔父成师于曲沃（今山西闻喜西北），出现分裂；后曲沃武公取代公室，统一晋国。晋献公时迁都于绛（今山西翼城东南）。晋文公改革内政，称霸诸侯。晋景公时，迁都新田，亦称新绛（今山西曲沃西北），疆域不断拓展，成为中原强国。春秋后期，执政的六卿势力日益强大，逐渐侵夺君权。在六卿的互相争斗中，赵氏、魏氏、韩氏三家消灭兼并了范氏、中行氏、知氏。公元前四○三年，周威烈王策命魏文侯、韩景侯、赵烈侯为诸侯。晋国从此正式分裂为韩、赵、魏三国。"晋平公"，名彪，晋悼公之子，公元前五五七年至前五三二年在位。详见本书《晋世家》。"淫"，淫逸，纵欲放荡。按本书《晋世家》晋平公十九年云："叔向曰：'晋，季世也。公厚赋为台池而不恤政，政在私门，其可久乎！'"《左传·昭公三年》亦谓平公"无度"。即此所谓"平公淫"。〔2〕"六卿"，指执掌晋国国政的魏氏、赵氏、韩氏、范氏、中行氏、知氏六家世卿。"擅"，专擅，把持。"擅权"，专擅权柄，把持国政。〔3〕"东伐诸侯"，按本书《晋世家》，晋平公元年、十年，晋军两次东进攻伐齐国。〔4〕"楚"，国名，芈姓，原为古代南方部族。西周初，其首领熊鬻归附周文王，立国于荆山一带。熊鬻后裔熊绎于周成王时受封子爵，建都丹阳（今湖北秭归东南）。其后疆土拓展到长江中游。公元前七○四年，楚君熊通自号武王，其子熊赀迁都于郢（今湖北江陵西北纪南城）。楚庄王曾称霸诸侯，辖境西北至武关（今陕西商南西北），东南到昭关（今安徽含山北），北至今河南南阳，南到洞庭湖以南，是当时领土最广的国家。公元前五○四年迁都鄀，亦称鄢郢（今湖北宜城东南）。战国时，疆域东北上达今山东南部，西南及于今广西东北。战国末期，政治昏暗，外交、军事连连受挫。公元前二七八年迁都于陈（今河南淮阳）。公元前二四一年又迁都寿春（今安徽寿县）。公元前二二三年被秦国所灭。"楚灵王"，名围（或作"回"），后改名虔，楚共王之子，公元前五四○年至公元前五二九年在位。按本书《楚世家》载，灵王三年在申盟会诸侯，攻伐吴国；八年攻灭陈国、蔡国；十一年伐徐，军事实力强大。详见本书《楚世家》。〔5〕"陵轹"，音 líng lì，亦作"凌轹"，欺凌，欺压。"中国"，指中原地区。〔6〕"附"，依附，亲附。〔7〕"备"，完备，周全。〔8〕按此段所载事件，司马迁系于鲁昭公二十年，而实际时间均要早此十至二十年左右。不少学者认为是错简，当是。

【译文】这时候，晋平公荒淫无度，国中韩氏、赵氏、魏氏、知氏、范氏、中行氏六家世卿专擅权柄，向东攻伐诸侯别国；楚灵王兵力强大，侵略欺凌中原各国；齐是大国而挨近鲁国。鲁国小而弱，依附于楚国，晋国就恼怒；依附于晋国，楚国便来攻伐；对齐国事奉不周，齐国军队就侵犯鲁国。

鲁昭公之二十年，[1]而孔子盖年三十矣。齐景公与晏婴来适鲁，[2]景公问孔子曰："昔秦穆公国小处辟，[3]其霸何也？"[4]对曰："秦，国虽小，其志大；处虽辟，行中正。身举五羖，[5]爵之大夫，起累绁之中，[6]与语三日，授之以政。以此取之，虽王可也，[7]其霸小矣。"景公

说。〔8〕

【注释】〔1〕"鲁昭公"，名裯，或作"稠"、"裯"，鲁襄公之子，母齐归，公元前五四一年至前五一〇年在位。详见本书《鲁周公世家》。〔2〕"齐景公"，名杵臼，齐灵公之子，齐庄公之弟，母穆孟姬。公元前五四七年至前四九〇年在位。详见本书《齐太公世家》。"晏婴"，名婴，字平仲，或谓平为谥号，夷维（今山东高密）人，齐卿晏弱之子。袭父职任齐卿，历仕齐灵公、齐庄公、齐景公三朝，颇有政绩、声誉。卒于公元前五〇〇年。有后人撰辑的《晏子春秋》一书传世，集中记载了他的言行。详见本书《管晏列传》。"齐景公与晏婴来适鲁"，本书《齐世家》、《鲁世家》和《十二诸侯年表》均载此事。按《左传》昭公二十年，仅记齐景公到沛田猎，故后人对此多持怀疑态度。〔3〕"秦"，国名，相传为伯益的后代，嬴姓，原是游牧部族。非子任首领时，居于犬丘（今甘肃礼县东北），被周孝王封于秦（今甘肃张家川东），作为附庸。至秦仲，被周宣王命为大夫。秦仲之孙秦襄公护送周王室东迁有功，被平王正式封为诸侯，赐以岐（今陕西岐山东北）、丰（今陕西户县东）之地。春秋时建都雍（今陕西凤翔东南），辖境约有今陕西中部和甘肃东南端。秦穆公攻灭十二国，称霸西戎。战国中期，秦孝公任用商鞅变法，迅速富强，迁都咸阳（今陕西咸阳东北）。公元前二二一年统一六国。"秦穆公"，"穆"或作"缪"，名任好，秦德公少子。任用贤才，曾打败晋国，俘虏晋惠公，灭梁国、芮国。向西攻灭十二国，称霸西戎。详见本书《秦本纪》。"辟"，通"僻"，偏僻。〔4〕"霸"，指以武力统领其它诸侯。〔5〕"羖"，音 gǔ，黑色公羊。"五羖"，即"五羖大夫"，指百里奚，或作"百里羖"。一说氏百里；一说氏百，字里，名奚。原为虞国大夫，虞亡，被晋俘去，作为陪嫁臣隶送入秦国。后出走到楚，被楚人所执，秦穆公用五张黑公羊皮赎回，任为大夫，故称"五羖大夫"，辅佐秦穆公创立霸业。〔6〕"累"，音 léi，通"缧"，拘系囚犯用的绳索。"绁"，音 xiè，义同"缧"。"累绁"，此引申为囚禁，囚犯。〔7〕"王"，指用仁义之道统治天下。与"霸"相对。〔8〕"说"，音 yuè，通"悦"。或谓理解，亦通。

【译文】鲁昭公二十年，孔子年纪已三十岁了。齐景公和晏婴来到鲁国，齐景公问孔子说："昔日秦穆公国家弱小，地方偏僻，他称霸的原因是什么呢？"孔子回答说："秦穆公，国家虽小，但他的志向大；地方虽然偏僻，但行为符合正道。亲自提拔百里奚，赐给大夫的爵位，从囚犯之中起用他，同百里奚交谈三天，立即将国政委授于他。凭这种做法取得人才，即使称王天下都可以，他称霸诸侯只能算小了。"齐景公听了很高兴。

孔子年三十五，而季平子与郈昭伯以斗鸡故得罪鲁昭公，〔1〕昭公率师击平子，平子与孟氏、叔孙氏三家共攻昭公，〔2〕昭公师败，奔于齐，齐处昭公乾侯。〔3〕其后顷之，〔4〕鲁乱。孔子适齐，为高昭子家臣，〔5〕欲以通乎景公。〔6〕与齐太师语乐，〔7〕闻《韶》音，〔8〕学之，三月不知肉味，齐人称之。〔9〕

【注释】〔1〕"郈"，音hòu，亦作"后"、"厚"。"郈昭伯"，亦作"厚昭伯"、"后氏"，名恶，亦称"郈孙"，鲁国大夫。当年（即公元前五一七年）死于内乱。"季平子与郈昭伯以斗鸡故得罪鲁昭公"，此所言与它书所载有出入。按《左传》昭公二十五年云："季、郈之鸡斗。季氏介其鸡，郈氏为之金距。平子怒，益宫于郈氏，且让之。故郈昭伯亦怨平子。"《吕氏春秋·察微》云："鲁季氏与郈氏斗鸡，郈氏介其鸡，季氏为之金距，季氏之鸡不胜。季平子怒，因归郈氏之宫而益其宅。郈昭伯怒，伤之于昭公。……公怒，不审，乃使郈昭伯将师徒以攻季氏。"则其事为季平子与郈昭伯斗鸡而结怨构恶，季平子得罪鲁昭公，郈昭伯鼓动昭公进攻季氏。〔2〕"孟氏"，即孟孙氏，亦称仲孙氏，是鲁桓公之子仲庆父的后裔，鲁国贵族世家之一。"叔孙氏"，是鲁桓公之子叔牙的后裔，鲁国贵族世家之一。按：孟孙氏、叔孙氏、季孙氏系鲁桓公三个儿子的后裔，故又称之为"三桓"，其中以季孙氏势力最大。〔3〕"处"，处置，安置。"乾侯"，晋国邑名，在今河北成安东南。"齐处昭公乾侯"，据《左传》，晋人将昭公安置在乾侯，而齐人则将他安置于郓。〔4〕"顷之"，不久。〔5〕"高昭子"，氏高，名张，谥昭，亦称高张，高武子偃之子，齐国公室后裔，齐卿，执掌国政。"家臣"，春秋时代卿大夫的私家臣僚。〔6〕"通"，达，通达，交往。〔7〕"太师"，官名，乐官之长。"语"，谈论。〔8〕"《韶》"，虞舜乐名。孔子曾称赞《韶》为尽善尽美（见《论语·八佾》）。〔9〕"三月不知肉味"，很长时间连肉的滋味都不知道。形容对《韶》乐的喜爱到了如醉如痴的地步。《论语·述而》云："子在齐闻《韶》，三月不知肉味，曰：'不图为乐之至于斯也。'"〔10〕"称"，称道，称赞。

【译文】孔子三十五岁那年，季平子和郈昭伯因为斗鸡的缘故得罪了鲁昭公。鲁昭公率领军队攻击季平子，季平子和孟孙氏、叔孙氏三家联合攻打鲁昭公，昭公的军队战败，他逃奔到齐国，齐景公把昭公安置在乾侯。此后不久，鲁国大乱。孔子去到齐国，当齐卿高昭子的家臣，打算以此来与齐景公交往。孔子与齐国太师谈论音乐，听到《韶》的乐曲，学习《韶》乐，陶醉得居然三个月不知道肉的滋味，齐国人称赞孔子。

景公问政孔子，孔子曰："君君，〔1〕臣臣，父父，子子。"景公曰："善哉！信如君不君，〔2〕臣不臣，父不父，子不子，虽有粟，〔3〕吾岂得而食诸！"〔4〕他日又复问政于孔子，孔子曰："政在节财。"景公说，将欲以尼溪田封孔子。〔5〕晏婴进曰："夫儒者滑稽而不可轨法；〔6〕倨傲自顺，〔7〕不可以为下；〔8〕崇丧遂哀，〔9〕破产厚葬，不可以为俗；游说乞贷，〔10〕不可以为国。自大贤之息，〔11〕周室既衰，礼乐缺有间。〔12〕今孔子盛容饰，〔13〕繁登降之礼，〔14〕趋详之节，〔15〕累世不能殚其学，〔16〕当年不能究其礼。〔17〕君欲用之以移齐俗，〔18〕非所以先细民也。"〔19〕后景公敬见孔子，不问其礼。〔20〕异日，〔21〕景公止孔子曰：〔22〕"奉子以季氏，〔23〕吾不能。"以季、孟之间待之。〔24〕齐大夫欲害孔子，孔子闻之。景公曰："吾老矣，弗能用也。"孔子遂行，〔25〕反乎鲁。

【注释】〔1〕"君君"，第一个"君"，为名词，指国君；第二个"君"为动词，意为像国君的样子。"君君"意即国君像国君的样子。以下"臣臣"、"父父"、"子子"句式结构同。〔2〕"信"，真的，果真。〔3〕"虽"，即使，纵然。"粟"，粮食。〔4〕"诸"，"之乎"的合音。按：自"景公问孔子"至此，见《论语·颜渊》。〔5〕"尼溪"，齐国地名。《晏子春秋·外篇第八》作"尔稽"。〔6〕"滑"，音gǔ，通"汩"，乱，扰乱。"稽"，计较，争论。"滑稽"，善于用言辞胡搅乱缠。或谓"滑稽"原指一种流酒器，引申为言词如同流水顺畅不断，形容能言善辩。"轨法"，法度，法规。〔7〕"倨"，音jù，傲慢。"自顺"，自以为是。〔8〕"为下"，按《墨子·非儒下》、《晏子春秋·外篇第八》均作"教下"。〔9〕"崇丧"，崇尚丧事。"遂哀"，尽情哀伤。《墨子·非儒下》作"循哀"，《晏子春秋·外篇第八》作"道哀"。〔10〕"说"，音shuì，用言语劝说他人。"乞贷"，乞求借贷。〔11〕"大贤"，大贤大德的人，此指周文王、周公等。"息"，通"熄"，灭。〔12〕"有间"，有一段时间，此指很长时间。〔13〕"盛容"，盛装，盛服。"饰"，修饰。装饰。〔14〕"登降"，尊卑，上下。〔15〕"趋"，小步快走。表示恭敬。"详"，通"翔"，行走时两臂张开。"节"，节奏，节度。〔16〕"累世"，连续几代。《墨子·非儒下》作"絫寿"，《晏子春秋·外篇第八》作"兼寿"。"殚"，音dān，竭尽，穷尽。〔17〕"当年"，一生，终身。或谓丁年，壮年。"究"，穷尽，终极。〔18〕"移"，迁移，改变。〔19〕"先"，先导，引导。"细民"，小民，百姓。〔20〕按自"景公说"至此，又见《墨子·非儒下》和《晏子春秋·外篇第八》。〔21〕"异日"，他日，指过了些日子。〔22〕"止"，留，留住。〔23〕"奉"，侍奉，对待。〔24〕"季、孟之间"，季孙氏、孟孙氏之间。季孙氏在鲁国三卿中地位最尊，孟孙氏居第三位，则所谓"季、孟之间"，实相当于叔孙氏。〔25〕"遂"，于是，就。按自"景公止孔子曰"至此，见《论语·微子》。

【译文】齐景公问孔子如何为政，孔子说："国君要像国君，臣子要像臣子，父亲要像父亲，儿子要像儿子。"景公说："讲得好啊！如果真的国君不像国君，臣子不像臣子，父亲不像父亲，儿子不像儿子，纵然有粮食，我怎么能吃得到呢！"改日齐景公又向孔子询问为政，孔子说："为政在于节约财物。"景公很高兴，将要把尼溪的田地封赐给孔子。晏婴进言说："这些儒者能言善辩不能用法度来规范；高傲自大自以为是，不能任用他们来教育百姓；崇尚丧礼尽情致哀，破费财产厚葬死人，不可将这形成习俗；四处游说乞求借贷，不可以此治理国家。自从圣君贤相相继去世，周朝王室衰落以后，礼乐残缺有很长时间了。如今孔子盛装打扮，繁琐地规定尊卑上下的礼仪，举手投足的节度，连续几代不能穷尽其中的学问，从幼到老不能学完他的礼乐。国君打算用这一套来改造齐国的习俗，恐怕不是引导小民的好办法。"此后齐景公虽然恭敬地接见孔子，但不再问有关礼的事。有一天，齐景公挽留孔子说："按照季氏上卿的规格来待你，我不能做到。"于是就用介于鲁国季氏和孟氏之间的规格来接待孔子。齐国大夫企图谋害孔子，孔子听说此事。齐景公说："我老了，不能用你了。"孔子就上路离开齐国，返回鲁国。

孔子年四十二，鲁昭公卒于乾侯，定公立。[1]定公立五年，夏，季平子卒，桓子嗣立。[2]季桓子穿井得土缶，[3]中若羊，[4]问仲尼云"得狗"。仲尼曰："以丘所闻，羊也。丘闻之，木石之怪夔、罔阆，[5]水之怪龙、罔象，[6]土之怪坟羊。"[7]

　　【注释】[1]"定公"，即鲁定公，名宋，鲁襄公之子，鲁昭公之弟，公元前五〇九年至前四九五年在位。详见本书《鲁周公世家》。[2]"桓子"，即季桓子，名斯，谥桓，亦称季孙斯，鲁国卿大夫，公元前五〇一年至前四九二年执掌国政，卒于公元前四九二年。"嗣立"，继位。指季桓子继承季平子在季孙氏的宗主地位以及官爵。[3]"穿井"，掘井，挖井。"缶"，音 fǒu，一种口小腹大的器皿，可以盛酒浆，也可用作打水，一般用陶土制造。[4]"若"，如，像。按《国语·鲁语下》、《说苑·辨物》及《史记索隐》所引《家语》均作"有"。"中若羊"，按《汉书·五行志》所引《史记》作"中得虫若羊"。[5]"木石"，树木石头，此指山林。"夔"，音 kuí，传说中一种奇异的动物，形如龙，一足。"罔阆"，音 wǎng liǎng，亦作"罔良"、"蜩蝄"、"方良"、"魍魉"，传说中的山林怪名。[6]"罔象"，传说中的水精怪名。[7]"坟羊"，传说中的土怪名。按：自"季桓子"以下至此，又见《国语·鲁语下》、《说苑·辨物》、《汉书·五行志第七中之下》、《孔子家语·辨物》、《搜神记》卷十二。

　　【译文】孔子四十二岁那年，鲁昭公死在乾侯，鲁定公即位。鲁定公在位的第五年，夏天，季平子去世，季桓子继位。季桓子掘井得到一个陶罐，里面有个像羊的东西，派人询问孔子，说是"得到一条狗"。孔子说："据我所知，应该是只羊。我听说，木石的精怪为夔、罔阆，水中的精怪为龙、罔象，土中的精怪为坟羊。"

　　吴伐越，[1]堕会稽，[2]得骨节专车。[3]吴使使问仲尼：[4]"骨何者最大？"仲尼曰："禹致群神于会稽山，[5]防风氏后至，[6]禹杀而戮之，[7]其节专车，此为大矣。"吴客曰："谁为神？"仲尼曰："山川之神足以纲纪天下，[8]其守为神，[9]社稷为公侯，[10]皆属于王者。"[11]客曰："防风何守？"仲尼曰："汪罔氏之君，[12]守封、禺之山，[13]为釐姓。[14]在虞、夏、商为汪罔，[15]于周为长翟，[16]今谓之大人。"[17]客曰："人长几何？"[18]仲尼曰："僬侥氏三尺，[19]短之至也。[20]长者不过十之，[21]数之极也。"于是吴客曰："善哉，圣人！"[22]

　　【注释】[1]"吴"，国名，亦称"句吴"、"攻吴"。姬姓，始祖为周太王之子太伯、仲雍。太伯、仲雍因太王欲立少子季历，避奔荆蛮。太伯自号句吴，被拥立为吴太伯。太伯卒，仲雍继位。周武王灭商后，正式封仲雍曾孙周章为吴君，列为诸侯。建都吴（今江苏苏州），辖境有今江苏南部、上海及浙江北部、安徽东南部一带。春秋时，寿梦称王，国力渐强。公元前五〇六年吴王阖闾曾击败楚国。公元前四九四年吴王夫差领兵攻入越国，迫使越国勾践臣服，并北上与晋争霸。公元前四七三年被越国所灭。"越"，国名，亦称"于越"。姒姓，相传为夏禹的后裔，始祖为夏后少康庶子无余，被封于会稽（今浙江绍兴），专门奉守对禹的祭祀。春秋时与吴国经常争战。公元前四九四年被吴王夫差打败。越王勾践卧薪尝胆，积蓄力量，于公元前四七三年灭亡吴国。此后向北扩张，称霸诸侯，辖境有今江苏北部运河以东、江苏南部、浙江北部、安徽南部、江西东部之地。战国时衰落，约于公元前三〇六年被楚国所灭。〔2〕"堕"，音huī，通"隳"，毁坏。"会稽"，越国首都，在今浙江绍兴。按"吴伐越，堕会稽"事在公元前四九四年。〔3〕"节"，段。"专"，独占，占满。〔4〕"使使"，第一个"使"，音shǐ，意为派遣，命令；第二个"使"，音shì，意为出使，使者。〔5〕"禹"，亦称"大禹"、"夏禹"、"戎禹"，姒姓，为古代夏后氏部落首领，鲧之子。鲧治水失败，舜命他继续治水，治水成功。舜死后，继任部落联盟首领。他死后，儿子启建立夏朝。详见本书《夏本纪》。"致"，招致，招来。"神"，按《左传》文公十一年孔颖达《疏》所引《国语》及《说苑·辨物》、《孔子家语·辨物》、《博物志》均作"臣"。"会稽山"，原名苗山（或作"茅山"、"防山"），在今浙江绍兴、嵊县、诸暨、东阳间。相传夏禹曾于此大会诸侯，计功封爵，始命名会稽，取会计之意。〔6〕"防风氏"，古部族名，此指防风氏部族首领。〔7〕"戮"，音lù，陈尸。〔8〕"神"，神灵。按《国语·鲁语下》、《说苑·辨物》、《孔子家语·辨物》均作"灵"。"纲纪"，治理，管理，此引申为护佑，造福。〔9〕"守"，守候，侍奉，祭祀。〔10〕"社"，土地神。"稷"，谷神。"社稷为公侯"，祭祀社稷的是公侯。按此句《国语·鲁语下》作"社稷之守者为公侯"，《孔子家语·辨物》作"诸侯社稷之守为公侯"。又此句之下，《说苑·辨物》、《孔子家语·辨物》有"山川之祀为诸侯"。〔11〕"属"，隶属，归属。〔12〕"汪罔"，亦作"汪芒"、"洼芒"，古部族名。〔13〕"封"，山名，在今浙江德清西南。"禺"，或作"嵎"、"隅"，山名，在今浙江德清西南。〔14〕"釐"，音xī。按《国语·鲁语下》、《孔子家语·辨物》、《左传》文公十一年杜预注作"漆"。而黄丕烈《国语札记》、王引之《经义述闻》谓"漆"系"涞"字之误。〔15〕"虞"，即"有虞氏"，此指传说中夏以前有虞氏统治的时代。舜即有虞氏领袖，居蒲阪（今山西永济西蒲州镇）。"夏"，朝代名，相传为有虞氏禹的儿子启所建立，都于阳城（今河南登封东），后迁至斟鄩（今河南登封西北）、安邑（今山西夏县西北）等地。末代王夏桀，被商汤所灭，前后共十三代、十六王，约相当于公元前二十一世纪至前十六世纪左右。"商"，朝代名，公元前十六世纪商汤灭夏后所建，建都于亳（今山东曹县南），后曾多次迁移。盘庚迁都于殷（今河南安阳小屯村），因而"商"也称"殷"。末代王商纣，公元前十一世纪被周武王攻灭。"在虞、夏、商为汪罔"，按《说苑·辨物》、《孔子家语·辨物》作"在虞、夏为防风氏，商为汪芒氏"，多出"为防风氏"四字，于义为长。〔16〕"周"，朝代名，此当指西周及春秋初之东周，时当公元前十一世纪至前六世纪左右。"长翟"，或作"长狄"。部族名，春秋时活动于西起山西临汾、长治，东至山东边境的山谷间。鄋瞒为其后裔，见《左传》文公十一年。〔17〕"今"，指当时，公元前五世纪。〔18〕"几何"，多少。〔19〕"僬侥"，音jiāo yáo，亦作"焦侥"。"僬侥氏"，传说中的矮人部族。〔20〕"至"，极，最。〔21〕"十之"，十倍于三尺，即三丈。〔22〕按本节所记，又见《国语·鲁语下》、《说苑·辨物》、《孔子家语·辨物》。

【译文】吴军攻伐越国，毁坏越国都城会稽，得到人骨，一节就装满一车。吴王派遣使者询问孔子："人的骨头，数谁的最大？"孔子说："大禹在会稽山召集众神，防风氏误期后到，大禹下令将他杀死并陈尸示众。防风氏的一节骨头就占满一车，他骨头最大了。"吴国客人问："谁是神呢？"孔子说："山川的神灵足以造福天下百姓，守护祭祀它的就是神，祭祀社稷的是公侯，全都隶属于王。"客人问："防风氏守护祭祀什么呢？"孔子说："汪罔氏的君主祭祀封山、禺山，是釐姓。在有虞氏、夏朝、商朝叫做汪罔，在周朝叫做长翟，如今称为大人。"客人问："人最长的有多长？"孔子说："僬侥氏身长三尺，短到了极点。最长的不过十倍于此，这是数字上的极限。"于是吴国客人说："高明啊，圣人！"

桓子嬖臣曰仲梁怀，[1]与阳虎有隙。[2]阳虎欲逐怀，公山不狃止之。[3]其秋，怀益骄，阳虎执怀。桓子怒，阳虎因囚桓子，与盟而醳之。[4]阳虎由此益轻季氏。[5]季氏亦僭于公室，[6]陪臣执国政，[7]是以鲁自大夫以下皆僭离于正道。故孔子不仕，退而修《诗》、《书》、《礼》、《乐》，[8]弟子弥众，[9]至自远方，莫不受业焉。

【注释】〔1〕"嬖"，音 bì，宠幸，宠爱。"仲梁怀"，氏仲梁，名怀，季氏家臣。〔2〕"隙"，音 xì，裂痕，怨恨。〔3〕"公山不狃"，氏公山，名"不狃"，亦作"不扰"、"弗扰"，字子泄，鲁国大夫，季氏宰，并任费邑宰。〔4〕"醳"，音 shì，通"释"，释放。按自"桓子嬖臣"至此，见《左传》定公五年。〔5〕"轻"，轻视。〔6〕"僭"，音 jiàn，僭越，僭冒名位超越自己的本分。〔7〕"陪臣"，指诸侯的大夫，因其对天子自称"陪臣"。〔8〕"修"，编纂，整理。"《诗》"，即《诗经》。中国现存最早的诗歌总集。因被儒家奉为经典，故通常称为《诗经》。共收诗三百零五篇，编成于春秋时代。司马迁以为系孔子删定，后人多有怀疑。全书分为"风"、"雅"、"颂"三大类："风"类有十五国风，"雅"类有《大雅》、《小雅》，"颂"类有《周颂》、《鲁颂》、《商颂》。大抵是周初至春秋中叶的作品。具有极高的文学价值，保存了珍贵的古代史料。"《书》"，即《尚书》。中国上古历史文献资料的汇编。被儒家奉为经典，故亦称《书经》。司马迁认为经孔子选编而定。所涉内容，上起唐尧、虞舜，下至春秋时代。西汉初存二十八篇，即《今文尚书》。汉武帝时发现孔子住宅壁藏《古文尚书》，东晋时又有梅赜所献伪《古文尚书》。现在流行的《十三经注疏》和《尚书》，是《今文尚书》和伪《古文尚书》的合编。"《礼》"，关于礼仪制度的文献，类似今存《仪礼》之类的典籍。不少学者认为孔子没有整理过礼书，只是对具体的礼节仪式作过规范整理。"《乐》"，《乐经》，已失传。一些学者认为孔子之时没有乐书，"乐"当指各种配合唱《诗》和举行礼仪的乐曲。〔9〕"弥"，音 mí，更加。

【译文】季桓子的宠臣叫仲梁怀，和阳虎有怨恨。阳虎打算驱逐仲梁怀，公山不狃阻止他。那年秋季，仲梁怀越来越骄横，阳虎拘捕了仲梁怀。季桓子发怒，阳虎乘机囚禁季桓子，和他订立盟约然后释放他。阳虎从此越发看不起季氏。季氏自己也僭越礼法凌驾于公室之上，大夫执掌国政，因此鲁国从大夫以下全都僭越礼法背离正道。所以孔子不做官，隐退下来整理《诗》、《书》、《礼》、《乐》，弟子更加众多，纷纷从远方到达，无不接受孔子传授的学业。

定公八年，〔1〕公山不狃不得意于季氏，〔2〕因阳虎为乱，〔3〕欲废三桓之适，〔4〕更立其庶孽阳虎素所善者，〔5〕遂执季桓子。桓子诈之，得脱。定公九年，阳虎不胜，奔于齐。是时孔子年五十。

　　【注释】〔1〕"定公八年"，鲁定公八年，公元前五〇二年。〔2〕"得意"，得志，欲望得到满足。〔3〕"因"，利用，凭借。〔4〕"三桓"，指季孙氏、孟孙氏、叔孙氏三家。"适"，音 dí，通"嫡"，嫡子，正妻所生的长子，为宗法制度下的合法继承人。〔5〕"更"，更改。"庶孽"，庶子，妾所生的儿子。此泛指庶出旁支的子弟。

　　【译文】鲁定公八年，公山不狃在季氏手下不得志，利用阳虎作乱，准备废黜季孙氏、叔孙氏、孟孙氏三家的嫡长继承人，另立阳虎平素所亲善的其他庶子，于是拘捕季桓子。季桓子设诈骗过阳虎，得以脱身。鲁定公九年，阳虎交战没有取胜，逃奔到齐国。这时孔子年纪五十岁。

　　公山不狃以费畔季氏，〔1〕使人召孔子。孔子循道弥久，〔2〕温温无所试，〔3〕莫能己用，〔4〕曰："盖周文、武起丰、镐而王，〔5〕今费虽小，傥庶几乎！"〔6〕欲往。子路不说，〔7〕止孔子。孔子曰："夫召我者岂徒哉？〔8〕如用我，其为东周乎！"〔9〕然亦卒不行。〔10〕

　　【注释】〔1〕"费"，音 bì，亦作"鄪"、"肸"，鲁国邑名，为季氏采邑，在今山东费县西北。"畔"，通"叛"，反叛。〔2〕"循道"，遵循周代的王道。或本作"脩道"，亦通。"弥"，久，久远。〔3〕"温"，音 yùn，通"蕴"，蕴结，郁结。"温温"，郁闷，不得志的样子。"试"，任用。〔4〕"莫能己用"，即"莫能用己"，没人能任用自己。〔5〕"周文、武"，即周文王、周武王。"丰"，或作"酆"，亦称丰京，西周国都，周文王伐崇侯虎后从岐迁都于此，在今陕西长安西南沣河以西。"镐"，音 hào，或作"鄗"，亦称镐京、宗周，西周国都，周武王时从丰迁都于此，在今陕西长安县。〔6〕"傥"，音 tǎng，倘或，或许。"庶几"，相近，差不多。"几"，音 jǐ。〔7〕"子路"，氏仲，名由，字路，排行季，亦称"季路"、"仲由"、"季由"、"季子"、"仲路"，鲁国卞（今山东泗水）人，生于公元前五四二年，卒于公元前四八〇年，孔子学生，曾任季孙氏宰，后任卫大夫孔悝宰，死于卫国内乱，以勇力出名。详见本书《仲尼弟子列传》。〔8〕"徒"，空，徒劳。〔9〕"其"，将，将来。"为东周"，在东方复兴周道。〔10〕"卒"，结果，最终。按此事见《论语·阳货》。

　　【译文】公山不狃利用费邑反叛季氏，派人征召孔子。孔子遵循周道修行很久，但处处受压抑没有施展才能的地方，没人能任用自己，说："周文王、周武王起于丰、镐之地而称王天下，如今费邑尽管小，但或许有希望吧！"打算前往。子路不高兴，阻止孔子。孔子说："他们召请我，岂能徒劳无益呢？如果任用我，我将在东方复兴周道!"然而结果没有成行。

其后定公以孔子为中都宰,[1]一年,四方皆则之。[2]由中都宰为司空,由司空为大司寇。[3]

【注释】〔1〕"中都",鲁国邑名,在今山东汶上西。"宰",长,长官。〔2〕"则",效法。〔3〕"大司寇",官名,职掌监察纠举、司法刑狱,为鲁卿。

【译文】此后,鲁定公任命孔子为中都宰,经过一年的时间,四处都来效法他。孔子由中都宰升任司空,又由司空升任大司寇。

定公十年春,及齐平,[1]夏,齐大夫黎锄言于景公曰:[2]"鲁用孔丘,其势危齐。"乃使使告鲁为好会,[3]会于夹谷。[4]鲁定公且以乘车好往。[5]孔子摄相事,[6]曰:"臣闻有文事者必有武备,有武事者必有文备。古者诸侯出疆,必具官以从。[7]请具左右司马。"[8]定公曰:"诺。"[9]具左右司马。会齐侯夹谷,为坛位,[10]土阶三等,[11]以会遇之礼相见,[12]揖让而登。[13]献酬之礼毕,[14]齐有司趋而进曰:[15]"请奏四方之乐。"[16]景公曰:"诺。"于是旄旌羽袚矛戟剑拨鼓噪而至。[17]孔子趋而进,历阶而登,[18]不尽一等,[19]举袂而言曰:[20]"吾两君为好会,夷狄之乐何为于此![21]请命有司!"有司却之,[22]不去,[23]则左右视晏子与景公。景公心怍,[24]麾而去之。[25]有顷,齐有司趋而进曰:"请奏宫中之乐。"景公曰:"诺。"优倡侏儒为戏而前。[26]孔子趋而进,历阶而登,不尽一等,曰:"匹夫而营惑诸侯者罪当诛![27]请命有司!"有司加法焉,[28]手足异处。[29]景公惧而动,知义不若,归而大恐,告其群臣曰:"鲁以君子之道辅其君,而子独以夷狄之道教寡人,[30]使得罪于鲁君,为之奈何?"[31]有司进对曰:"君子有过则谢以质,[32]小人有过则谢以文。[33]君若悼之,[34]则谢以质。"于是齐侯乃归所侵鲁之郓、汶阳、龟阴之田以谢过。[35]

【注释】〔1〕"及",与,同。"平",成,和好。〔2〕"黎锄",人名,本书《齐世家》作"犂锄",《左传》定公十年作"黎弥"。〔3〕"为",举行。"好会",友好盟会。〔4〕"夹谷",一名"祝其",齐国地名,在今山东莱芜南。〔5〕"乘",坐,驾。"好往",指不加防范而友好前往。〔6〕"摄",代,兼。"相",赞礼者,即盟会司仪。〔7〕"具",具备,配备。"官",官员。〔8〕"左右司马",即左司马、右司马,武官名,执掌军政、军法。〔9〕"诺",答应声。

〔10〕"坛"，土筑的高台，用作举行盟会或祭祀等典礼。"位"，位次，席位。 〔11〕"土阶"，登台的土阶。"三等"，三级。 〔12〕"会遇之礼"，一种诸侯间较为简略的会见之礼。 〔13〕"揖让"，作揖谦让。"登"，上，升。 〔14〕"献酬"，亦作"献酢"，饮宴时敬酒劝酒。 〔15〕"有司"，有关官吏。 〔16〕"四方"，四边，泛指边远少数部族，即下文的"夷狄"。 〔17〕"旍"，音 jīng，同"旌"，一种竿头缀有旄牛尾，下系五彩析羽的旗。"旄"，音 máo，旗杆头上用旄牛尾所做的装饰。"袯"，音 fú，通"帗"，用五色彩帛制作的舞具。按周代有"帗舞"，舞者手执全羽或五彩缯而舞。"拨"，音 fá，大盾。"鼓噪"，击鼓呼叫。 〔18〕"历阶"，一步跨一级台阶。按古代礼制，上台阶时，每登一级需有一个两脚并立的聚足动作。历阶而上，则没有聚足动作，表示孔子为争取时间已来不及顾到细小礼节。 〔19〕"不尽"，不足，不够。"不尽一等"，不够一级，即还差一级没上。 〔20〕"袂"，音 mèi，衣袖。"举袂"，举起衣袖，即抬起手。 〔21〕夷狄"，古时称东方各族为夷，称北方各族为狄，此泛指四方的少数部族。 〔22〕"却"，退却，后退。 〔23〕"去"，离去，离开。 〔24〕"怍"，音 zuò，惭愧。 〔25〕"麾"，音 huī，通"挥"，挥手，指挥。 〔26〕"优倡"，表演乐舞戏谑的艺人。"侏儒"，身材矮小的人。古时常充当优倡弄人，以供取乐。 〔27〕"匹夫"，庶民，百姓。"营惑"，别本或作"荧惑"，迷惑。 〔28〕"加法"，施加刑法，施刑。 〔29〕"手足异处"，手脚分离，此指腰斩之刑。 〔30〕"寡人"，国君对自己的谦称，意为寡德之人。 〔31〕"为之奈何"，对这怎么办。 〔32〕"谢"，认错，道歉。"质"，质实，实际行动。 〔33〕"文"，文饰，言辞。 〔34〕"悼"，恐惧。 〔35〕"郓"，音 yùn，亦称西郓，鲁国邑名，在今山东郓城东。"汶阳"，鲁国地名，在今山东泰安西南一带。因在汶水之北，故名。"龟阴"，鲁国地名，在今山东泗水东北，因在龟山之北，故名。"于是齐侯乃归所侵之郓、汶阳、龟阴之田"，按《左传》定公十年云："齐人来归郓、灌、龟阴之田。"杜预注："三邑，皆汶阳田也。"故梁玉绳《史记志疑》云："此以'汶阳'易'灌'，误。疑'郓'字误倒在'汶阳'上，又脱'灌'字。"可备一说。

【译文】鲁定公十年春季，鲁国与齐国和好。夏季，齐国大夫黎钼对齐景公说："鲁国任用孔丘，这形势就会危及齐国。"于是齐国派出使者告知鲁定公举行友好会见，约定在夹谷会面。鲁定公准备乘坐车辆友好前往。孔子兼任盟会司仪之事，说："臣下听说有文事的话必须有武备，有武事的话必须有文备。古代诸侯越出自己的疆界，必定配备文武官员作为随从。请配备左、右司马。"鲁定公说："好。"配备了左、右司马。到夹谷会见齐景公，在那里建筑盟坛，排定席位，修起土台阶三级，按诸侯间会遇之礼相见，鲁定公与齐景公互相作揖谦让而登坛。宴饮献酬之礼完毕后，齐国官吏小步疾走进来说："请演奏四方的舞乐。"齐景公说："好。"于是莱夷乐人打着旌旗，挥舞羽毛、彩缯，手持矛戟剑盾，击鼓呼叫而到来。孔子快步上前，一步跨越一级台阶而往上登，离坛上还有一级台阶时，挥举长袖而说："我们两国的君主举行友好盟会，夷狄的舞乐为何在此！请命令有关官员下令撤走。"主管官员发令退下，但乐人不离去，左右的人看着晏子和齐景公。景公内心有愧，挥手让他们离去。过了一会儿，齐国的官吏小步疾走进来说："请演奏宫中的舞乐。"齐景公说："好。"艺人侏儒便演戏调笑而上前。孔子又快步进去，一步跨越一级台阶而往上登，离坛上还有一级台阶时，说："百姓而胆敢蛊惑诸侯的，罪该诛杀！请命令有关官员执行！"有关官员施加刑法，艺人侏儒都被处以腰斩而手足分离。齐景公恐惧而震动，知道理义不如鲁国，回国后大为惊恐，告诉他的群臣说："鲁国臣子用君子之道辅佐他们的君主，而你们只是用夷狄之道来教我，使我得罪了鲁君，对这如何是好？"有关官员上前回答说："君子有了过错就用实际行动来道歉，小人有了过错则用花言巧语来道歉。国君倘若真的对此感到恐惧，就用实际行动去道歉。"于是齐景公便归还所侵占鲁国的郓、汶阳、龟阴之田来认错道歉。

　　定公十三年夏，[1]孔子言于定公曰[2]："臣无藏甲，[3]大夫毋百雉之城。"[4]使仲由为季氏宰，[5]将堕三都。[6]于是叔孙氏先堕郈。[7]季氏将堕费，公山不狃、叔孙辄率费人袭鲁。[8]公与三子入于季氏之宫，[9]登武子之台。[10]费人攻之，弗克，[11]入及公侧。[12]孔子命申句须、乐颀下伐之。[13]费人北。[14]国人追之，败诸姑蔑。[15]二子奔齐，[16]遂堕费。将堕成，[17]公敛处父谓孟孙曰：[18]"堕成，齐人必至于北门。且成，孟氏之保鄣，[19]无成是无孟氏也。我将弗堕。"十二月，公围成，弗克。[20]

　　【注释】〔1〕"定公十三年"，按《左氏》、《公羊》、《谷梁》三传及本书《鲁周公世家》，堕三都事均系定公十二年，此"三"当系"二"字之误。〔2〕"孔子言于定公曰"，据《公羊传》，当是孔子言于季孙。〔3〕"甲"，兵甲，武器。"藏甲"，私藏的武器。〔4〕"雉"，古代计算城墙面积的单位，长三丈、高一丈为一雉。按以上文字，参见《公羊传》定公十二年。〔5〕"季氏宰"，季氏家臣之长，即季氏总管。〔6〕"三都"，鲁国三桓的采邑，即季孙氏之费，叔孙氏之郈，孟孙氏之成。〔7〕"郈"，音 hòu，鲁邑名，在今山东东平东南。〔8〕"叔孙辄"，名辄，字子张，叔孙氏庶子，鲁国大夫。〔9〕"三子"，指季孙、叔孙、孟孙，具体为季孙斯、叔孙州仇、仲孙何忌。"宫"，住房，住宅。秦汉以后，宫才专指帝王的住宅。〔10〕"武子之台"，即季武子台，在季氏宅中。〔11〕"克"，攻克，攻下。〔12〕"入及公侧"，俞樾《茶香室经说》疑此"入"字乃"矢"字之误，则当作"矢及公侧"。〔13〕"申句须、乐颀"，两人均为鲁国大夫。"下"，下台。〔14〕"北"，败走，败逃。〔15〕"姑蔑"，鲁国地名，亦称"蔑"，在今山东泗水东。〔16〕"二子"，指公山不狃和叔孙辄。〔17〕"成"，亦作"郕"，鲁国邑名，当时为孟孙氏采邑，在今山东泰安南。〔18〕"公敛处父"，名阳，氏公敛，字处父，亦称"公敛阳"，孟孙氏家臣，成邑宰。"孟孙"，仲孙何忌，即孟懿子。〔19〕"孟氏"，孟孙氏，亦称仲孙氏。"保鄣"，即"保障"，保护障蔽。〔20〕按自"仲由为季氏宰"至此，又见《左传》定公十二年。

　　【译文】鲁定公十三年夏季，孔子对鲁定公说："臣子没有私藏的武器，大夫不能拥有周长三百丈的城邑。"派仲由为季氏的管家，将要拆毁季孙氏、叔孙氏、孟孙氏三家的都邑。于是叔孙氏首先拆毁了郈城。季孙氏将要拆毁费城，公山不狙、叔孙辄率领费邑人袭击鲁国国都。鲁定公和季孙斯、叔孙州仇、仲孙何忌进入季氏宅第，登上季武子台。费邑人攻打季氏宅第，没有成功，射出的箭飞到了定公的身边。孔子命令大夫申句须、乐颀下台攻伐，费邑人战败逃跑。鲁都国人追击，在姑蔑打败费邑人。公山不狙、叔孙辄逃奔齐国，于是拆毁费城。接着准备拆毁成城，公敛处父对孟孙说："拆毁成城，齐国军队必定能直接到达国都北门。况且成邑，是孟氏的保护屏障，没有成邑就是没有孟氏啊。我将不拆城。"十二月，鲁定公领兵包围成邑，没有攻克。

定公十四年，孔子年五十六，由大司寇行摄相事，[1]有喜色。门人曰：[2]"闻君子祸至不惧，福至不喜。"孔子曰："有是言也。不曰'乐其以贵下人'乎？"于是诛鲁大夫乱政者少正卯。[3]与闻国政三月，[4]粥羔豚者弗饰贾；[5]男女行者别于涂；[6]涂不拾遗；四方之客至乎邑者，不求有司，皆予之以归。[7]

【注释】〔1〕"行摄"，崔适《史记探源》以为系"摄行"之误倒，当依《鲁世家》"周公乃践阼代成王摄行政当国"之文例订正。"相"，国相，宰相，为最高行政长官。但当时鲁周本无相职之名，此系司马迁以秦汉相应官名所作追述。"由大司寇行摄相事"，梁玉绳《史记志疑》云："摄相者，乃傧相会盟之事。盖孔子自相会夹谷，后遂以司寇摄行人之职，《索隐》、《述赞》曰'摄相夹谷'是也。"一些学者对孔子摄相也持怀疑态度。但《晏子春秋·外篇》、《荀子·宥坐》、《尹文子》等古书皆有孔子为相的记载，因此司马迁的这一记载，不宜轻易否定。按本书《十二诸侯年表》、《鲁国公世家》，皆云鲁定公十二年孔子离开鲁国。此以孔子摄相和接着出走，系于定公十四年，明显有误。当据《年表》、《鲁世家》，系于定公十二年。〔2〕"门人"，门徒，弟子。〔3〕"乱政者"，扰乱国政的人。"少正卯"，氏少正，或谓少正为官名，名卯。《论衡·讲瑞》云："少正卯在鲁，与孔子并；孔子之门，三盈三虚，唯颜渊不去。""于是诛鲁大夫乱正者少正卯"，此事最早见《荀子·宥坐》，云"孔子为鲁摄相，朝七日而诛少正卯"，并载孔子所举少正卯兼有五恶："一曰心达而险，二曰行辟而坚，三曰言伪而辩，四曰记丑而博，五曰顺非而泽。"《尹文子·圣人》，《淮南子·氾论》及《说苑·指武》，《论衡》、《讲瑞》、《定贤》，《白虎通·诛伐篇》引《韩诗内传》，《孔子家语·始诛》等皆记之。但后来不少学者力辩其无，以为是寓言传说。〔4〕"与"，音yù，参与。"闻"，听理，操理。〔5〕"粥"，音yù，通"鬻"，卖。"贾"，通"价"。"饰贾"，加价，抬高价格。〔6〕"涂"，通"途"，道路。下"涂"字同。"男女行者别于涂"，男女行路，分道而走。《吕氏春秋·乐成》云："男子行乎涂右，女子行乎涂左。"〔7〕"皆予之以归"，按《孔子家语·相鲁》作"皆如归焉"。

【译文】鲁定公十四年，孔子五十六岁，由大司寇代理国相事务，面有喜色。门人说："听说君子祸患降临不恐惧，福运到来不喜悦。"孔子说："是有这样的话。但不是还有'身居高位礼贤下士而自得其乐'的话吗？"于是诛杀鲁国扰乱政事的大夫少正卯。参预治理国政三个月，卖羊羔猪豚的不随意抬价；男女行路分道而走；遗留在路上的东西没人捡拾；从四方来到城邑的客人不必向官吏请求，全都给予接待，如同回到了家。

　　齐人闻而惧，曰："孔子为政必霸，霸则吾地近焉，我之为先并矣，[1]盍致地焉？"[2]黎锄曰："请先尝沮之；[3]沮之而不可则致地，庸迟乎！"[4]于是选齐国中女子好者八十人，[5]皆衣文衣而舞《康乐》，[6]文马三十驷，[7]遗鲁君。[8]陈女乐文马于鲁城南高门外。[9]季桓子微服往观再三，[10]将受，乃语鲁君为周道游，[11]往观终日，怠于政事。子路曰："夫子可以行矣。"[12]孔子曰："鲁今且郊，[13]如致膰乎大夫，[14]则吾犹可以止。"桓子卒受齐女乐，三日不听政；郊，又不致膰俎于大夫。[15]孔子遂行，宿乎屯，[16]而师己送，[17]曰："夫子则非罪。"孔子曰："吾歌可夫？"歌曰："彼妇之口，可以出走；彼妇之谒，[18]可以死败。盖优哉游哉，[19]维以卒岁！"[20]师己反，[21]桓子曰："孔子亦何言？"师己以实告。桓子喟然叹曰：[22]"夫子罪我以群婢故也夫！"[23]

【注释】〔1〕"并"，兼并，并吞。　〔2〕"盍"，音 hé，何不。"致"，致送，献送。〔3〕"尝"，试。"沮"，音 jǔ，止，阻止。　〔4〕"庸"，岂，难道。"迟"，晚。　〔5〕"好"，美好，漂亮。"八十人"，按《韩非子·内储说下》及《太平御览》卷五七一所引《孔子家语》均作"二八"。　〔6〕"文衣"，有纹饰的衣服。"《康乐》"，《孔子家语·子路初见》作"容玑"，舞曲名。　〔7〕"文马"，毛色有花纹的马。"驷"，音 sì，四匹马。古代一车套四马，为驷。故以"驷"作为计算马匹的单位。　〔8〕"遗"，音 wèi，馈赠，送致。　〔9〕"高门"，为鲁国都城正南门。原称"稷门"，鲁僖公时扩建增高，故称高门。　〔10〕"微服"，平民服装。古代服饰，依人的地位有不同的规定。这里季桓子为了隐藏自己的身份而改穿地位低下的平民服装。"再三"，二三次，多次。　〔11〕"语"，音 yù，相告，告诉。"周道"，绕道，环绕道路。〔12〕"夫子"，古代对男子的尊称。　〔13〕"郊"，祭名，冬至日在南郊祭天。这原为天子之礼，因鲁国为周公之后，周成王特赐鲁国也可举行郊祀。〔14〕"膰"，音 fán，祭肉，祭祀时作为供品的肉。按当时礼制，鲁君在郊祭之后，应将祭肉分赐宗亲和卿大夫。　〔15〕"膰俎"，盛于俎中的祭肉。　〔16〕"屯"，鲁地名，《集解》云："在鲁之南也。"《孔子家语·子路初见》作"郭屯"。按《论语·微子》云："齐人归女乐，季桓子受之，三日不朝，孔子行。"当为以上记述所本。　〔17〕"师己"，鲁国大夫。亦见《左传》昭公二十五年。　〔18〕"谒"，禀告，陈说。按《说苑·谈丛》作"喙"。　〔19〕"优哉游哉"，即"优游"，悠闲自在。　〔20〕"维"，按《孔子家语·子路初见》作"聊"。"卒岁"，过完岁月，消磨时光。　〔21〕"反"，通"返"。〔22〕"喟"，音 kuì，叹声。　〔23〕"罪"，怪罪。"群婢"，指女乐。

【译文】齐国人闻悉鲁国的情况后感到恐惧，说："孔子当政的话，鲁国必然称霸，鲁国称霸而我齐国土地挨近它，我齐国的土地就会最先被兼并了。何不赶紧献送土地呢？”大夫黎鉏说：“请先尝试设法阻止孔子当政；如果没法阻止孔子当政再献送土地，难道算晚吗！”于是挑选齐国国中漂亮的女子八十人，全都穿上华丽服装而跳起《康乐》舞蹈，连同有花纹的马一百二十匹，馈赠给鲁国国君。齐人将盛装女乐、有纹骏马陈列在鲁国都城南面的高门外。季桓子换上平民服装前往观看多次，打算接受，就告诉鲁定公要外出巡回周游，终日前往观看，懒于处理政事。子路说：“您可以上路出走了。”孔子说：“鲁国现在将要举行郊祀，如果能将郊祀祭肉分送大夫的话，我就还可以留下。”季桓子结果接受了齐国的女乐，三天没有上朝听政；举行郊祀典礼后，又不向大夫分发祭肉。孔子于是上路，住宿在屯。大夫师己前来送行，说：“您可没有什么罪过。”孔子说：“我唱首歌可以吗？”接着唱道：“那妇人的口啊，可以让人出走；那妇人的话啊，可以叫人身死名败。悠闲自在啊，聊以消磨时光！”师己返回国都，季桓子问：“孔子说了什么？”师己将实情相告。季桓子喟然长叹说：“夫子因为那群女乐的缘故怪罪我啊！”

孔子遂适卫，〔1〕主于子路妻兄颜浊邹家。〔2〕卫灵公问孔子：〔3〕“居鲁得禄几何？”〔4〕对曰：“奉粟六万。”〔5〕卫人亦致粟六万。居顷之，或谮孔子于卫灵公，〔6〕灵公使公孙余假一出一入。〔7〕孔子恐获罪焉，居十月，去卫。

【注释】〔1〕“适”，往，去到。　〔2〕“主”，以……为主人，即寓居，客居。“颜浊邹”，亦作“颜雠由”，卫国大夫。　〔3〕“卫灵公”，名元，卫襄公之子，婤姶所生，公元前五三四年至公元前四九三年在位。详见本书《卫康叔世家》。　〔4〕“禄”，古代官吏的俸给。一般以发放粮食的数量为标准。　〔5〕“奉”，通“俸”，俸禄。“六万”，此为俸禄数量。但其计量单位不详。《索隐》和《正义》以为是“石”，纯系猜测。当时各国量制不统一，齐国俸禄以“钟”计，如《孟子·滕文公下》“禄万钟”；卫国则以“盆”计，见《墨子·贵义》。　〔6〕“谮”，音zèn，进谗言，说人坏话。　〔7〕“公孙余假”，卫国大夫，当系公室后裔。本书仅此一见。“一出一入”，一会儿出去，一会儿进来，指出入频繁。《索隐》谓“以兵仗出入，以胁夫子也”，似可不信。

【译文】孔子于是去到卫国，寄居在子路的妻兄颜浊邹家。卫灵公问孔子：“在鲁国得俸禄多少？”孔子回答说：“俸禄粮食六万。”卫国人也致送粮食六万。过了不久，有人向卫灵公说孔子的坏话。卫灵公派大夫公孙余假频繁出入孔子住所。孔子害怕得罪卫灵公，居住了十个月，离开卫国。

将适陈，过匡，〔1〕颜刻为仆，〔2〕以其策指之曰：〔3〕“昔吾入此，由彼缺也。”〔4〕匡人闻之，以为鲁之阳虎，阳虎尝暴匡人，〔5〕匡人于是遂止孔子。〔6〕孔子状类阳虎，拘焉五日。〔7〕颜渊后，〔8〕子曰：“吾以汝为死矣。"颜渊曰："子在，回何敢死！"匡人拘孔子益急，弟子惧。孔子曰："文王既没，[9]文不在兹乎？[10]天之将丧斯文也，[11]后死者不得与于斯文也。[12]天之未丧斯文也，匡人其如予何！"[13]孔子使从者为甯武子臣于卫，[14]然后得去。

【注释】〔1〕"匡"，卫国邑名，在今河南长垣。〔2〕"颜刻"，"刻"或作"亥"、"尅"，本书《仲尼弟子列传》作"高"，《史记索隐》引《孔子家语》作"产"；字子骄，《通典》云字子精，孔子弟子。见本书《仲尼弟子列传》。"仆"，车夫，驾车的人。〔3〕"策"，马鞭。〔4〕"缺"，缺口，此指城墙缺口。〔5〕"暴"，强暴，施暴。〔6〕"止"，阻止，扣留。〔7〕"拘"，拘留。"焉"，于是，于此。〔8〕"颜渊"，名回，字子渊，孔子弟子，极受孔子赞赏，生于公元前五二一年，卒于公元前四九〇年。详见本书《仲尼弟子列传》。按以下颜渊与孔子对话，见《论语·先进》。〔9〕"文王"，周文王。"没"，音 mò，通"殁"，死。〔10〕"文"，文化，此泛指周朝的礼乐制度和文献典籍。"兹"，此，这，指孔子自己。〔11〕"斯"，此，这。〔12〕"后死者"，指孔子自己。"与"，与闻，闻知。〔13〕"如……何"，亦作"奈……何"，对……怎么办，把……怎么样。"予"，我。按自"孔子曰"以下至此，又见《论语·子罕》。〔14〕"从者"，随从，此指身边的弟子。"甯武子"，名俞，氏甯，谥武，卫国卿大夫。按《左传》僖公二十八年，甯武子于公元前六三二年即已辅佐卫成公。又据《左传》襄公二十七年，公元前五四六年甯氏家族被诛灭。而孔子此时距甯武子之死已有一百多年，可证所记有误。崔适《史记探源》以为"甯武子当是孔文子之讹"，可备一说。

【译文】孔子打算前往陈国，经过匡邑。颜刻当驾车的，用他手中的鞭子指给孔子看，说："昔日我进入此地，是从那个缺口。"匡人听说来了人，以为是鲁国的阳虎。阳虎曾经残害过匡人，匡人于是就留下孔子。孔子样子长得像阳虎，在匡拘留了五天。颜渊落在后面，（见到后，）孔子说："我以为你死了。"颜渊说："您健在，我怎么敢死！"匡人拘留孔子，情况愈来愈紧急，弟子们感到恐惧。孔子说："周文王死后，周朝的文化不就在我这里吗？上天打算毁灭这周朝文化，我这个后来人便不应该掌握周朝的文化。上天不想毁灭周朝的文化啊，匡人能把我怎么样！"孔子派随从子弟到卫国国都做甯武子的家臣，然后得以离开。

去即过蒲。[1]月余，反乎卫，主蘧伯玉家。[2]灵公夫人有南子者，[3]使人谓孔子曰："四方之君子不辱欲与寡君为兄弟者，[4]必见寡小君。[5]寡小君愿见。"孔子辞谢，不得已而见之。夫人在绤帷中。[6]孔子入门，北面稽首。[7]夫人自帷中再拜，[8]环佩玉声璆然。[9]孔子曰："吾乡为弗见，[10]见之礼答焉。"子路不说。孔子矢之曰：[11]"予所不者，[12]天厌之！[13]天厌之！"[14]居卫月余，灵公与夫人同车，宦者雍渠参乘，[15]出，使孔子为次乘，[16]招摇市过之。[17]孔子曰："吾未见好德如好色者也。"[18]于是丑之,[19]去卫,过曹。[20]是岁,鲁定公卒。

中華藏書 世家十五篇（精选）中国书店 五四九

【注释】〔1〕"蒲",卫国邑名,在今河南长桓。 〔2〕"蘧伯玉",氏蘧（音qú）,"蘧"或作"璩",名瑗,字伯玉,谥成,蘧庄子无咎之子,卫国大夫,颇受孔子赞扬。 〔3〕"南子",亦称"釐夫人",宋女。 〔4〕"不辱",不以为辱,谦词。"寡君",寡人,国君的自我谦称。 〔5〕"寡小君",诸侯谦称自己的妻子。 〔6〕"绤",音chī,细葛布。"帷",音wéi,帷帐、帐幔。〔7〕"北面",面朝北。"稽",音qǐ,叩头至地。"稽首",一种叩头至地的跪拜礼,是古代九拜中最恭敬的。 〔8〕"再拜",连行两次拜礼。"拜",一种表示敬意的礼节。拱手弯腰,相当于后来的作揖。 〔9〕"环佩",佩玉。"璆",音qiú,佩玉相互碰撞发出的声音。 〔10〕"乡",音xiàng,通"向",过去,以前。〔11〕"矢",通"誓",起誓,发誓。〔12〕"所",如果,倘若。"不",音fǒu,通"否",不然,不是这样。按《论语·雍也》作"否"。 〔13〕"厌",厌恶,厌弃。〔14〕按此语见《论语·雍也》。〔15〕"宦者",阉人,宦官。"雍渠",亦作"雍睢"、"痈疽"、"痈睢",卫灵公的宠幸侍臣。"参乘",亦作"骖乘",即陪乘,立于车右,负责护卫。古代乘车,尊者居左,御者居中,参乘居右,故"参乘"又称"车右"、"戎右"。〔16〕"次乘",第二辆车。〔17〕"招摇",张扬炫耀。 〔18〕按此语见《论语·雍也》。〔19〕"丑",恶,厌恶。〔20〕"曹",诸侯国名,姬姓,西周初年所封,始封君为周武王弟叔振铎,建都陶丘（今山东定陶西南）,有今山东西部地区,公元前四八七年被宋国所灭。

【译文】孔子离开匡邑随即经过蒲邑。一个多月后,返回卫都,寄居在蘧伯玉家。卫灵公有个叫南子的夫人,灵公派人对孔子说:"四方来的君子不以为辱想与寡人结为兄弟的,必定会见我的夫人。我的夫人希望见到你。"孔子推辞谢绝,最后不得已而拜见南子。夫人在细葛帷帐之中。孔子进门,面朝北行稽首之礼。夫人从帷帐中行拜礼两次,身上的佩玉叮当作响。孔子说:"我原来不想见她,既然见了便以礼相答。"子路不高兴。孔子起誓说:"我如果不是所说的那样,就让上天厌弃我!上天厌弃我!"在卫都居住一个多月,（有一天,）卫灵公和夫人同乘一辆车,宦官雍渠为车右担任护卫,出宫游览,让孔子乘第二辆车,招摇过市。孔子说:"我没看见他爱好德行如同爱好女色啊。"于是厌恶卫灵公,离开卫国,经过曹国。这一年,鲁定公去世。

孔子去曹适宋,与弟子习礼大树下。宋司马桓魋欲杀孔子,[1]拔其树。孔子去。弟子曰:"可以速矣。"孔子曰:"天生德于予,桓魋其如予何!"[2]

【注释】〔1〕"桓魋",名魋（音tuí）,氏向,宋国司马,亦称"向魋",系宋桓公后裔,故又称"桓魋"、"桓司马"。公元前四八一年,进入曹地反叛,后奔卫,又奔齐,任齐次卿。〔2〕按此语见《论语·述而》。

【译文】孔子离开曹国前往宋国，和弟子们在大树下演习礼仪。宋国司马桓魋想要杀死孔子，拔起那株大树。孔子离开那个地方。弟子说："可以赶快走了。"孔子说："上天把德行降生在我身上。桓魋能把我怎么样？"

孔子适郑，﹝1﹞与弟子相失，﹝2﹞孔子独立郭东门。﹝3﹞郑人或谓子贡曰：﹝4﹞"东门有人，其颡似尧，﹝5﹞其项类皋陶，﹝6﹞其肩类子产，﹝7﹞然自要以下不及禹三寸，﹝8﹞累累若丧家之狗。"﹝9﹞子贡以实告孔子。孔子欣然笑曰：﹝10﹞"形状，末也。﹝11﹞而谓似丧家之狗，然哉，﹝12﹞然哉！"﹝13﹞

【注释】﹝1﹞"郑"，诸侯国名，姬姓，始封君为周宣王弟友，即郑桓公，于公元前八〇六年受封于郑（今陕西华县东）。周幽王时，郑桓公看到西周王朝的颓势，将财产、部族转移到东虢和郐之间。郑武公时，先后攻灭郐和东虢，建都新郑（今河南新郑），辖有今河南中部地区。郑武公、郑庄公相继为周王室卿士，春秋初强盛一时。后逐渐衰落，于公元前三七五年被韩国灭亡。﹝2﹞"相失"，互相走失。﹝3﹞"郭"，外城。﹝4﹞"子贡"，名赐，氏端木（"木"或作"沐"），字子贡（"贡"或作"赣"），亦称"端木赐"，卫国人，生于公元前五二〇年，孔子弟子，善于辞令。曾经商曹、鲁间，富至千金。历任鲁国、卫国，出使聘问各国。详见本书《仲尼弟子列传》。﹝5﹞"颡"，音 sǎng，额，额头。"尧"，即唐尧，详见本书《五帝本纪》。﹝6﹞"项"，颈，脖子。"皋陶"，音 gāo yáo，亦称"咎繇"，偃姓，传说中东夷部族的首领。舜时任执掌刑法的官。禹时被选为继承人，因早死而未继位。﹝7﹞"子产"，名侨（或作"乔"）；字子产，又字子美；谥成；郑穆公之孙，故氏公孙；子国之子，故又氏国。亦称"公孙侨"、"国侨"、"公孙成子"。公元前554年为郑卿，公元前五四三年执政，实行改革，公元前五二二年去世。﹝8﹞"要"，"腰"的本字。"禹"，即夏禹、大禹，详见本书《夏本纪》。﹝9﹞"累累"，通"羸羸"，瘦瘠疲惫的样子。"丧"，失。"丧家"，失去家，无家可归。﹝10﹞"欣然"，喜悦的样子。﹝11﹞"末"，末梢，枝节，次要。《史记》别本或作"未"，《白虎通义·寿命》、《论衡·骨相》亦作"未"，意为不，不是，亦通。﹝12﹞"然"，这样，是。﹝13﹞按此事又见《论衡·骨相》、《白虎通义·寿命》。《韩诗外传九》所记较详，而有所不同。

【译文】孔子前往郑国，和弟子互相走失，孔子独自站在外城的东门。有个郑人对子贡说："东门有个人，他的额头像唐尧，他的脖子像皋陶，他的肩像子产，然而从腰以下比夏禹差三寸，瘦瘠疲惫的样子好似丧家之犬。"子贡把实话告诉孔子。孔子欣然笑着说："他说的形状，那倒未必。但说我像丧家之犬，是啊！是啊！"

孔子遂至陈，主于司城贞子家。﹝1﹞岁余，吴王夫差伐陈，﹝2﹞取三邑而去。﹝3﹞赵鞅伐朝歌。﹝4﹞楚围蔡，蔡迁于吴。﹝5﹞吴败越王勾践会稽。﹝6﹞

【注释】〔1〕"司城贞子"，即"公孙贞子"，陈哀公之孙，公子胜之子，公子胜曾任司城，后世因以为氏，"贞"为其谥，陈国大夫。死于公元前四八〇年。按此事亦见《孟子·万章上》。〔2〕"吴王夫差"，吴王阖闾之子，吴国末代君主，曾一度大败越、齐，与晋争霸，后被越灭国，自杀身亡。公元前四九五年至前四七三年在位。详见本书《吴太伯世家》。〔3〕"取三邑而去"，按《左传·哀公元年》经、传及本书《十二诸侯年表》均无"取三邑"之事，梁玉绳《史记志疑》以为是误记。〔4〕"赵鞅"，名鞅，又名志父，氏赵，谥简，故亦称"赵简子"、"志父"，又称"赵孟"，赵景子成之子，晋国卿，公元前四九七年至前四七五年当政。他在内讧中战胜范氏、中行氏，扩大封地，为日后赵国的建立奠定了基础。详见本书《赵世家》。"朝歌"原为卫国国都，此时已成晋国之邑，在今河南淇县。按本书《十二诸侯年表》云："赵鞅围范、中行朝歌。"〔5〕"蔡迁于吴"，按蔡迁于州来，事在鲁哀公二年（公元前四九三年），晚此一年。《左传》哀公元年云"蔡于是乎请迁于吴"。梁玉绳《史记志疑》谓"蔡"下缺"请"字，可从。〔6〕"越王勾践"，越王允常之子，亦称"菼执"，公元前四九七年至前四六五年在位。曾被吴军大败，屈辱臣服。但他卧薪尝胆，励精图治，任用范蠡、文种等贤臣，修明政治，经过十年准备，由弱变强，结果灭亡吴国，称霸诸侯。详见本书《越王勾践世家》。

【译文】孔子于是到达陈国，寄居在司城贞子家。一年多以后，吴王夫差攻伐陈国，夺取三个城邑而离开。晋国赵鞅领兵攻伐朝歌。楚军围攻蔡国，蔡人迁居到吴地。吴军在会稽击败越王勾践。

有隼集于陈廷而死，〔1〕楛矢贯之，〔2〕石砮，〔3〕矢长尺有咫。〔4〕陈湣公使使问仲尼。〔5〕仲尼曰："隼来远矣，此肃慎之矢也。〔6〕昔武王克商，〔7〕通道九夷百蛮，〔8〕使各以其方贿来贡，〔9〕使无忘职业。〔10〕于是肃慎贡楛矢石砮，长尺有咫。先王欲昭其令德，〔11〕以肃慎矢分大姬，〔12〕配虞胡公而封诸陈。〔13〕分同姓以珍玉，〔14〕展亲；〔15〕分异姓以远方职，〔16〕使无忘服。〔17〕故分陈以肃慎矢。"试求之故府，〔18〕果得之。〔19〕

【注释】〔1〕"隼"，音 sǔn，一种凶猛善飞的鸟。"集"，栖止，停留。"陈廷"，《国语·鲁语下》作"陈侯之庭"。〔2〕"楛"，音 hù，树名。"楛矢"，用楛木制作的箭。"贯"，贯穿，射穿。〔3〕"砮"，音 nǔ，石制的箭镞。〔4〕"咫"，音 zhǐ，古长度单位，周制八寸，合今六寸二分二厘。"尺有咫"，一尺八寸。〔5〕"陈湣公"，亦作"陈愍公"、"陈闵公"，名周，又名越，陈怀公之子，陈国末代君主，公元前五〇一年至前四七九年在位。详见本书《陈杞世家》。〔6〕"肃慎"，古部族名，亦作"息慎"、"稷慎"，商周时，居住于长白山以北至黑龙江中下游一带，以狩猎为生。〔7〕"克"，攻克，灭亡。〔8〕"通道"，打通道路。"九夷百蛮"，《国语》韦昭注云："九夷，东夷九国也。百蛮，蛮有百邑也。"此泛指中原四裔的少数部族。〔9〕"方贿"，方物，地方物产。"贡"，贡献，进贡。〔10〕"职业"，分内应尽的义务。〔11〕"昭"，昭彰，昭明。"令"，美。〔12〕"大姬"，周武王的长女。〔13〕"配"，婚配，成婚。这里是嫁的意思。"虞胡公"，名满，姓妫，相传为舜之后裔，亦称"胡满"、"妫满"、

"虞公"。其父虞阏父为周陶正。周武王灭商后被封于陈，是为陈国开国君主。详见本书《陈杞世家》。〔14〕"同姓"，指与周王同宗的姬姓诸侯。〔15〕"展"，伸展，扩展。这里是推广加深的意思。〔16〕"异姓"，指与周王室不同宗的他姓诸侯，如陈国。"职"，职贡，贡品。按《国语·鲁语下》"职"下有"贡"。〔17〕"服"，职事，义务。〔18〕"故"，旧。"府"，府库，仓库，收藏财物的地方。〔19〕按本节又见《国语·鲁语下》及《说苑·辨物》、《汉书·五行志》、《孔子家语·辨物》。

【译文】 有只隼落在陈湣公的庭院中而死去，楛木箭杆穿透身子，箭镞是石制的，箭长一尺八寸。陈湣公派人询问孔子。孔子说："隼飞来的地方很远啊，这是肃慎部族的箭。从前周武王攻灭商朝，打通与四方各个蛮夷部族的道路，让他们各自将那里的地方特产送来进贡，使之不忘记应尽的分内义务。于是肃慎部族进贡楛木箭杆、石头箭镞，箭长一尺八寸。先王为了昭彰他的美德，把肃慎进贡的箭分赐给长女大姬，又将大姬许配给虞胡公而封虞胡公在陈。将珍宝玉器赏赐给同姓诸侯，是要推广加深亲族的关系；将远方献纳的贡品分赐给异姓诸侯，让他们不忘记义务。所以把肃慎的箭分赐给陈国。"陈湣公试着派人到旧仓库中寻找，果真得到这种箭。

孔子居陈三岁，会晋、楚争强，〔1〕更伐陈，〔2〕及吴侵陈，陈常被寇。〔3〕孔子曰："归与归与！〔4〕吾党之小子狂简，〔5〕进取不忘其初。"〔6〕于是孔子去陈。

【注释】 〔1〕"会"，适逢，恰遇。〔2〕"更"，更替，轮番。〔3〕"被"，遭受。"寇"，侵犯，掠夺。〔4〕"与"，音 yú，通"欤"，语气词，相当于"吧"。〔5〕"党"，古代地方组织，五百家为一党。此指乡党，家乡。"小子"，指孔子的弟子。"狂"，狂放，轻狂。"简"，大。"狂简"，狂妄自大。此指志向远大。〔6〕"进取"，上进，努力争取。"初"，初始，初衷。按此孔子语见《孟子·尽心下》。

【译文】 孔子在陈国居住三年，适逢晋国、楚国争霸，轮番攻伐陈国，还有吴国也侵犯陈国，陈国经常受到劫掠。孔子说："回去吧！回去吧！我家乡的那些小子志向远大，努力进取而没忘记初衷。"于是孔子离开陈国。

过蒲，会公叔氏以蒲畔，〔1〕蒲人止孔子。弟子有公良孺者，〔2〕以私车五乘从孔子。其为人长贤，有勇力，谓曰："吾昔从夫子遇难于匡，今又遇难于此，命也已。吾与夫子再罹难，〔3〕宁斗而死。"斗甚疾。蒲人惧，谓孔子曰："苟毋适卫，〔4〕吾出子。"〔5〕与之盟，出孔子东门。孔子遂适卫。子贡曰："盟可负邪？"〔6〕孔子曰："要盟也，〔7〕神不听。"

【注释】〔1〕"公叔氏"，卫献公后裔。此时之公叔氏为公叔成，卫国大夫。"公叔氏以蒲畔"，按《左传》所载，公叔成于鲁定公十四年（公元前四九六年）被卫灵公驱逐而出奔鲁国，并无据蒲反叛之事。司马迁所述，不详所本，或系误记。〔2〕"公良孺"，氏公良，名孺（或作"儒"），字子正，陈国人，孔子弟子，见本书《仲尼弟子列传》。〔3〕"罹"，音ㄌㄧˊ，遭遇，遭受。〔4〕"苟"，倘若，如果。〔5〕"出"，让……出去，放出。〔6〕"负"，背弃，违反。〔7〕"要"，要挟，胁迫。

【译文】途经蒲邑，遇到卫国大夫公孙氏占据蒲邑反叛，蒲邑人扣留孔子。有个叫公良孺的弟子，带着五辆私车随从孔子。他为人长大贤能，又有勇气力量，对孔子说："我昔日跟着您在匡遭遇危难，如今又在这里遭遇危难，这是命啊。我与您再次蒙难，宁可搏斗而死。"搏斗非常激烈。蒲邑人恐惧，对孔子说："如果你不去卫都，我们放了你。"孔子和他们立了盟誓，蒲邑人将孔子放出东门。孔子接着前往卫都。子贡说："盟誓难道可以背弃吗？"孔子说："这是要挟订立的盟誓，神是不会理睬的。"

灵公闻孔子来，喜，郊迎。问曰："蒲可伐乎？"对曰："可。"灵公曰："吾大夫以为不可。〔1〕今蒲，卫之所以待晋、楚也，〔2〕以卫伐之，无乃不可乎？"〔3〕孔子曰："其男子有死之志，〔4〕妇人有保西河之志。〔5〕吾所伐者不过四、五人。"〔6〕灵公曰："善。"然不伐蒲。

【注释】〔1〕"吾大夫"，我的大夫，此指卫国大夫。〔2〕"待"，对待，对付，抵御。〔3〕"无乃"，岂不是，恐怕。〔4〕"死之志"，决死的志气，此指誓死效忠卫国的决心。〔5〕"西河"，地区名，在卫国西部的黄河西岸地区，约当今河南内黄、浚县、滑县一带。此指代卫国。〔6〕"四、五人"，指反叛的首恶只有四、五人。

【译文】卫灵公听说孔子前来，非常喜欢，到郊外迎接。卫灵公问："蒲邑可以攻伐吗？"孔子回答说："可以。"卫灵公说："我的大夫认为不可。如今蒲邑，是卫国用以防御晋国、楚国的屏障，用卫国军队去攻伐蒲，恐怕不行吧？"孔子说："那里的男人有决死的志气，女人有保卫西河的志气。我们所要讨伐的叛乱者只不过四、五个人。"卫灵公说："好。"然而没有攻伐蒲邑。

灵公老，怠于政，〔1〕不用孔子。孔子喟然叹曰："苟有用我者，期月而已，〔2〕三年有成。"〔3〕孔子行。〔4〕

【注释】〔1〕"怠"，懈怠，懒惰。 〔2〕"期"，音jī，一周年，或整月。"期月"，一整年。 〔3〕"成"，成功，成效。按孔子语见《论语·子路》。 〔4〕按以上三节事，亦见《孔子家语·困誓》。

【译文】卫灵公年老，懒于理政，没有任用孔子。孔子长长地叹了一口气说："如果有人起用我的话，只需一年的时间罢了，三年的话就会大见成效。"孔子上路离去。

佛肸为中牟宰。〔1〕赵简子攻范、中行，〔2〕伐中牟。佛肸畔，〔3〕使人召孔子。孔子欲往。子路曰："由闻诸夫子：〔4〕'其身亲为不善者，君子不入也。'〔5〕今佛肸亲以中牟畔，子欲往，如之何？"孔子曰："有是言也。不曰坚乎，磨而不磷；〔6〕不曰白乎，涅而不淄。〔7〕我岂匏瓜也哉，〔8〕焉能系而不食？"〔9〕

【注释】〔1〕"佛肸"，音bì xī，《汉书·古今人表》作"茀肸"，晋国大夫，范氏、中行氏的家臣。"中牟"，晋国邑名，在今河南鹤壁市西，或谓在今河北邢台、邯郸之间。"宰"，邑宰，一邑之长。 〔2〕"范"，即范氏，亦称"士氏"，为晋国世卿大家之一，姓祁，传说系陶唐氏后裔。范氏先人有士蒍，以官为氏，故亦称"士氏"；至士蒍之孙士会，受封邑于范（在今山东范县），以邑为氏，始称"范氏"。此时范氏为范昭子吉射。"中行"，即中行氏，晋荀氏分支，为晋国世卿大家之一。先人荀林父为中行主将，因此为氏。此时"中行氏"为中行文子寅。 〔3〕"畔"，通"叛"。因当时晋国由赵简子执政，是为正统，反对赵简子即视为反叛。 〔4〕"由"，子路字，即子路自称。"诸"，之于。"之"指孔子下面说的话。 〔5〕"不入"，不进入，不加入。 〔6〕"磷"，音lín，薄。 〔7〕"涅"，音niè，矿物名，古人用来作为黑色染料。"淄"，音zī，通"缁"，黑色。 〔8〕"匏瓜"，葫芦的变种，俗称"瓢葫芦"。古时有甜、苦两种，苦的不能吃，但晾干后，可以用作浮水工具，或剖开制成瓢。"匏"，音páo。 〔9〕"焉"，哪，怎么。"系"，挂，拴缚。按本节见《论语·阳货》。

【译文】晋国佛肸任中牟邑宰。赵简子领兵攻打范氏、中行氏，进攻中牟。佛肸反叛赵简子，派人召请孔子。孔子打算去。子路说："我听您说过这样的话：'那个人本身在做不好的事，君子是不会去加入的。'如今佛肸自己占据中牟反叛，您却打算前往，怎么解释呢？"孔子说："我是说过这句话。但不是说坚硬吗，再磨砺也不会变薄；不是说洁白吗，再污染也不会变黑。我哪能是匏瓜呢，怎么可以挂在那里而不能食用？"

孔子击磬。〔1〕有荷蒉而过门者，〔2〕曰："有心哉，击磬乎！硁硁乎，〔3〕莫己知也夫而已矣！"〔4〕

【注释】〔1〕"磬"，音 qìng，古代乐器名，用玉或石制成，悬挂于架子上，敲击出声。〔2〕"荷"，音 hè，负，背，扛。"蒉"，音 kuì，草编的筐。〔3〕"硁"，音 kēng，击磬发出的声音。"硁硁"，石磬声。后人常用以形容浅薄固执的样子。〔4〕"莫己知"，即"莫知己"，没人知道自己。"夫"，彼，那。"而已"，耳，罢了。按本节见《论语·宪问》。

【译文】孔子击奏石磬。有个扛着草筐从门口经过的人，说："有心思呀，就击打石磬吧！硁硁的声音啊，是在诉说没人赏识自己罢了！"

孔子学鼓琴师襄子，〔1〕十日不进。〔2〕师襄子曰："可以益矣。"〔3〕孔子曰："丘已习其曲矣，未得其数也。"〔4〕有间，〔5〕曰："已习其数，可以益矣。"孔子曰："丘未得其志也。"〔6〕有间，曰："已习其志，可以益矣。"孔子曰："丘未得其为人也。"〔7〕有间，有所穆然深思焉，〔8〕有所怡然高望而远志焉。〔9〕曰："丘得其为人，黯然而黑，〔10〕几然而长，〔11〕眼如望羊，〔12〕如王四国，〔13〕非文王其谁能为此也！"师襄子辟席再拜，〔14〕曰："师盖云《文王操》也。"〔15〕

【注释】〔1〕"鼓"，奏，演奏。"师襄子"，亦称"师襄"、"师堂子"，字子京，卫国乐师。〔2〕"进"，前进，此指继续往下学。〔3〕"益"，加，增加，此意同"进"。〔4〕"数"，技术，方法。〔5〕"有间"，过了一段时间。〔6〕"志"，志趣，意旨。〔7〕"为人"，作曲的人。〔8〕"穆然"，默然，沉静深思的样子。〔9〕"怡然"，和悦的样子。"怡"，按《韩诗外传五》作"邈"，《孔子家语·辨乐》作"皋"，高远的样子，意较顺。〔10〕"黯"，音 àn，深黑。〔11〕"几"，音 qí，通"颀"，颀长。〔12〕"望羊"，亦作"望洋"、"望阳"，远视的样子。〔13〕"四国"，四方，天下。〔14〕"辟"，通"避"。"辟席"，即避席。古人席地而坐，离座而起，表示敬意。〔15〕"《文王操》"，周文王作的琴曲名。按本节又见《韩诗外传五》、《孔子家语·辨乐》。

【译文】孔子向师襄子学习弹琴，学了十天仍止步不进。师襄子说："可以增加学习内容了。"孔子说："我已经熟习曲子，但还没有掌握演奏的技巧。"过了一段时间，师襄子说："已经熟习演奏的技巧，可以继续往下学了。"孔子说："我还没有领会其中的志趣啊。"过了一段时间，师襄子说："已经熟习其中的志趣，可以继续往下学了。"孔子说："我还不知道乐曲的作者啊。"过了一段时间，孔子默然沉思，心旷神怡，高瞻远望而意志升华。说："我知道乐曲的作者了，那人皮肤深黑，体形颀长，眼睛深邃远望，如同统治着四方诸侯，不是周文王还有谁能撰作这首乐曲呢！"师襄子离开坐席连行两次拜礼，说："老师说这乐曲叫做《文王操》啊。"

孔子既不得用于卫，将西见赵简子。至于河而闻窦鸣犊、舜华之死也，[1]临河而叹曰：[2]"美哉水，洋洋乎！[3]丘之不济此，[4]命也夫！"子贡趋而进曰："敢问何谓也？"孔子曰："窦鸣犊、舜华，晋国之贤大夫也。赵简子未得志之时，须此两人而后从政；[5]及其已得志，杀之乃从政。丘闻之也，刳胎杀夭则麒麟不至郊，[6]竭泽涸渔则蛟龙不合阴阳，[7]覆巢毁卵则凤皇不翔。[8]何则？[9]君子讳伤其类也。夫鸟兽之于不义也尚知辟之，而况乎丘哉！"乃还息乎陬乡，[10]作为《陬操》以哀之。[11]而反乎卫，入主蘧伯玉家。[12]

【注释】〔1〕"窦鸣犊、舜华"，按《集解》引徐广曰："或作'鸣铎、窦犨'，又作'窦犨鸣犊、舜华'也。"徐广所引别本作"鸣铎、窦犨"，与《汉书·古今人表》、《孔子家语·困誓》、《孔丛子·记问》相合。又《说苑·权谋》作"泽鸣、犊犨"，《三国志·刘廙传》注引《新序》作"犊犨"、"铎鸣"。疑今本《史记》此处有误，当以别本作"鸣铎、窦犨"为是。〔2〕"临"，面对。"河"，黄河。〔3〕"洋洋"，盛大的样子。此处犹言"滔滔"。〔4〕"济"，渡，渡过。〔5〕"须"，待，等待。〔6〕"刳"，音kū，剖开而挖取。"刳胎"，剖腹取胎。"夭"，音yāo，刚出生的小动物。"麒麟"，亦作"骐驎"，传说中象征吉祥的一种动物。体形像鹿，独角，全身长鳞甲，尾巴似牛。〔7〕"竭泽"，抽干池泽中的水。"涸"，音hé，水干，枯竭。"渔"，打鱼。"蛟龙"，有角的龙。龙为传说中能兴云作雨、调和阴阳的神灵动物，被奉为鳞虫之长。"合"，调和。"阴阳"，阴阳之气。古人认为自然界的万物万象皆由阴阳二气交会组构而成。〔8〕"覆巢"，倾覆鸟巢。"卵"，鸟蛋。"凤皇"，即凤凰，传说中象征吉祥的神鸟，雄的称"凤"，雌的称"凰"，被古人奉为飞禽之长。〔9〕"则"，哉，呢。〔10〕"息"，止，住。"陬乡"，卫国地名，当在卫、晋交界的黄河东岸处。〔11〕"《陬操》"，琴曲名。"哀之"，哀悼窦鸣犊、舜华的死。〔12〕按本节之事又见《说苑·权谋》、《三国志·魏志·刘廙传》注所引《新序》、《孔子家语·困誓》、《孔丛子·记问》。

【译文】孔子在卫国得不到任用后，打算西行去见赵简子。来到黄河边而听说窦鸣犊、舜华被杀身死，他面对黄河而感叹道："美啊，黄河的水，浩浩荡荡啊！我不能渡过它，是命中注定的啊！"子贡快步上前说："请问您说的是什么？"孔子说："窦鸣犊、舜华，是晋国的贤能大夫。赵简子没有得志掌权的时候，等待这两个人然后从政；及至他已经得志掌权，就杀死二人而从政。我听说过，剖腹取胎，杀死幼兽，麒麟就不会来到郊野；竭泽而渔，一网打尽，蛟龙就不会调和阴阳；捣毁巢窠，打碎鸟蛋，凤凰就不会飞翔前来。什么缘故呢？君子忌讳伤害他的同类啊。鸟兽对于不义之举尚且知道躲避，何况我孔丘呢！"于是返回住宿在陬乡，撰作了《陬操》的琴曲来哀悼被害的晋国大夫。接着返回卫都，进入蘧伯玉家寄居。

他日，灵公问兵陈，[1]孔子曰："俎豆之事则尝闻之，[2]军旅之事未

中華藏書

史记精华

中国书房

之学也。"〔3〕明日，与孔子语，见蜚雁，〔4〕仰视之，色不在孔子。〔5〕孔子遂行，复如陈。

【注释】〔1〕"陈"，通"阵"。"兵陈"，即兵阵，作战阵法。 〔2〕"俎豆之事"，俎豆皆为礼器，俎豆之事泛指礼仪之事。 〔3〕"军旅"，古以一万二千五百人为军，五百人为旅，此泛指军队。"未之学"，即"未学之"，没有学习过军旅之事。按自"灵公问兵陈"至此，又见《论语·卫灵公》。 〔4〕"蜚"，通"飞"。 〔5〕"色"，神色，表情。

【译文】有一天，卫灵公询问用兵的阵法。孔子说："摆弄礼器的事倒曾听说过，军队作战的事没有学过啊。"第二天，卫灵公与孔子交谈，看到天上飞翔的雁，仰头注视，神色心思不在孔子身上。孔子于是上路，又前往陈国。

夏，卫灵公卒，立孙辄，〔1〕是为卫出公。六月，赵鞅内太子蒯聩于戚。〔2〕阳虎使太子绖，〔3〕八人衰绖，〔4〕伪自卫迎者，哭而入，〔5〕遂居焉。冬，蔡迁于州来。〔6〕是岁鲁哀公三年，〔7〕而孔子年六十矣。齐助卫围戚，〔8〕以卫太子蒯聩在故也。

【注释】〔1〕"辄"，卫灵公太子蒯聩的儿子，公元前四九二年至前四八一年、公元前四七六年至前四六九年两度在位。详见本书《卫康叔世家》。 〔2〕"内"，通"纳"，接纳，送入。"太子蒯聩"，卫灵公的太子，即卫庄公。公元前四九六年因与灵公宠妃南子构恶，被人出卖，逃奔宋国。此时被赵鞅送入戚邑。一直到公元前四八〇年才回国都即位。于公元前四七八年被戎州人己氏杀死。详见本书《卫康叔世家》。"戚"，卫国邑名，在今河南濮阳北。 〔3〕"绖"，古代的一种丧服，脱去冠，用布包裹头发。这里指身着这种丧服。 〔4〕"衰绖"，音 cuī dié，丧服。"衰"，通"缞"，原指丧服胸前当心处的麻布，也用以指丧衣。"绖"，包括首绖、腰绖。首绖指围在头上的散麻绳，腰绖指缠在腰间的麻绳。衰、绖为丧服的主要部分，因常指代丧服。 〔5〕"入"，此指进入戚邑。 〔6〕"州来"，邑名，在今安徽凤台。原为楚邑，后入吴。至此时吴王夫差将蔡昭侯迁都于此，始称下蔡。按自"夏，卫灵公卒"至此，又见《左传》哀公二年。 〔7〕"是岁鲁哀公三年"，按《左传》，以上皆为鲁哀公二年事。或谓"是岁"当作"明岁"，可备一说。 〔8〕"齐助卫围戚"，《春秋》哀公三年云："春，齐国夏、卫石曼姑帅师围戚。"

【译文】夏季，卫灵公去世，卫人拥立灵公的孙子辄即位，这就是卫出公。六月，赵鞅将卫太子蒯聩送入戚邑。阳虎让太子身着孝服，又派八个人穿戴丧服，装成是从卫都前来迎接太子的，哭着进入戚邑，于是太子蒯聩就居住在那里。冬季，蔡人迁都到州来。这一年是鲁哀公即位的第三年，而孔子年已六十了。齐国帮助卫人围攻戚邑，因为卫太子蒯聩在那里的缘故。

夏，鲁桓、釐庙燔，〔1〕南宫敬叔救火。孔子在陈，闻之，曰："灾必于桓、釐庙乎？"已而果然。[2]

【注释】[1]"桓"，即鲁桓公，名轨（或作"允"），鲁惠公之子，母仲子，公元前七一一年至前六九四年在位。"釐"，即鲁釐公，"釐"或作"僖"，名申，鲁庄公之少子，母成风，鲁闵公之弟。公元前六五九年至前六二七年在位。均详见本书《鲁周公世家》。"燔"，音 fán，着火，焚烧。[2]"已而"，事后，不久。"果然"，果真这样。按本节事见《左传》哀公三年。

中華藏書

史记精华

【译文】夏季，鲁国桓公、釐公的庙起火，鲁大夫南宫敬叔前去救火。孔子在陈国，听说鲁国火灾的消息，说："火灾必定发生在桓公、釐公的庙吧！"事后果真如此。

秋，季桓子病，辇而见鲁城，[1]喟然叹曰："昔此国几兴矣，以吾获罪于孔子，故不兴也。"顾谓其嗣康子曰：[2]"我即死，若必相鲁；相鲁，必召仲尼。"后数日，桓子卒，康子代立。[3]已葬，欲召仲尼。公之鱼曰：[4]"昔吾先君用之不终，终为诸侯笑。今又用之，不能终，是再为诸侯笑。"康子曰："则谁召而可？"曰："必召冉求。"[5]于是使使召冉求。冉求将行，孔子曰："鲁人召求，非小用之，将大用之也。"是日，孔子曰："归乎归乎！吾党之小子狂简，斐然成章，[6]吾不知所以裁之。"[7]子赣知孔子思归，[8]送冉求，因诫曰："即用，以孔子为招"云。

【注释】[1]"辇"，音 niǎn，由人推挽的车。[2]"顾"，回头。"康子"，即季康子，亦称"季孙"，名肥，谥康，季桓子之子，鲁国卿大夫，公元前四九一年至公元前四六八年当政。[3]按季桓子之语，本于《左传》哀公三年，但出入较大。[4]"公之鱼"，鲁国大夫。[5]"冉求"，名求，字子有，氏冉，亦称"冉有"、"冉子"、"有子"，鲁人，孔子弟子，后为季孙氏家臣。生于公元前五二二年，卒于公元前四八九年。详见本书《仲尼弟子列传》。[6]"斐然"，富有文采的样子。"斐"，音 fěi。[7]"裁"，剪裁，调教。按：孔子之语见《论语·公冶长》。[8]"子赣"，即子贡。

中国书店

五五八

【译文】秋季，季桓子病重，坐在辇车上望见鲁都的城墙，深深地叹息道："昔日这个国家将要振兴了，因为我得罪了孔子，所以不兴旺了。"回头对他的继承人季康子说："我如果死了，你必定为鲁国之相；你担任鲁国之相的话，必须召请仲尼。"几天后，季桓子去世，季康子继位。季桓子安葬完毕，季康子打算召请孔子。大夫公之鱼说："往日我们的先君任用孔子有始无终，结果被诸侯所嗤笑。如今又要起用他，不能有始有终，这就会再次被诸侯所嗤笑。"季康子说："那召请谁可以呢？"公之鱼说："一定要召请冉求。"于是派出使者召请冉求。冉求将要上路，孔子说："鲁人来召冉求，不是小用你，将要大用你啊。"这一天，孔子说："回去吧！回去吧！我家乡的小子志向远大，文采斐然而有章法，我不知道调教他们的办法了。"子赣知道孔子心想回去，他去送冉求起程，趁机告诫说："倘若任用你，就一定要招聘孔子。"

　　冉求既去，明年，孔子自陈迁于蔡。蔡昭公将如吴，[1] 吴召之也。前昭公欺其臣迁州来，后将往，大夫惧复迁，公孙翩射杀昭公。[2] 楚侵蔡。秋，齐景公卒。[3]

　　【注释】〔1〕"蔡昭公"，当作"蔡昭侯"，名申（或作"甲"），蔡悼侯之弟，公元前五一八年至前四九一年在位。详见本书《管蔡世家》。〔2〕"公孙翩"，蔡国大夫。按自"蔡昭公将如吴"以下至此，又见《左传》哀公四年。〔3〕"秋，齐景公卒"，按齐景公卒于鲁哀公五年，此误系哀公四年。

　　【译文】冉求离开陈国后，第二年，孔子从陈国迁居蔡国。蔡昭公准备前往吴国，是吴王召他去的。以前蔡昭公欺骗他的大臣迁居州来，这之后又准备前往吴国，大夫们害怕再次迁都，大夫公孙翩用箭射杀了蔡昭公。楚军侵犯蔡国。秋季，齐景公去世。

　　明年，孔子自蔡如叶。[1] 叶公问政，[2] 孔子曰："政在来远附迩。"[3] 他日，叶公问孔子于子路，子路不对。[4] 孔子闻之，曰："由，尔何不对曰，[5] '其为人也，学道不倦，诲人不厌，发愤忘食，乐以忘忧，不知老之将至'云尔。"[6]

　　【注释】〔1〕"叶"，音 shè，楚国县名，在今河南叶县南。〔2〕"叶公"，氏沈，名诸梁，字子高，亦称"沈诸梁"，因受封采邑于叶，故称叶公，楚左司马沈尹戍之子，公元前四七九年领兵平定白公之乱，曾一度兼任令尹、司马。〔3〕"来"，招致，招徕。"远"，远方，此指远方之人。"附"，通"抚"，安抚。"迩"，音 ěr，近，此指附近之人。按此语见《论语·子路》。〔4〕"对"，回对，回答。〔5〕"尔"，你。〔6〕"云尔"，而已，罢了。按此语见《论语·述而》。

　　【译文】第二年，孔子从蔡国前往楚国叶县。叶公询问为政之道，孔子说："为政之道在于招徕远方贤人而安抚身边百姓。"有一天，叶公向子路问孔子的为人，子路没作回答。孔子听说此事，说："仲由，你为什么不回答说'他为人呀，学习道理不感疲倦，教诲别人不觉厌烦，发奋努力废寝忘食，乐于此道而忘却了忧愁，不知衰老将要到来'。"

去叶，反于蔡。长沮、桀溺耦而耕，[1]孔子以为隐者，[2]使子路问津焉。[3]长沮曰：“彼执舆者为谁？”[4]子路曰：“为孔丘。”曰：“是鲁孔丘与？”曰：“然。”曰：“是知津矣。”桀溺谓子路曰：“子为谁？”曰：“为仲由。”曰：“子，孔丘之徒与？”曰：“然。”桀溺曰：“悠悠者天下皆是也，[5]而谁以易之？[6]且与其从辟人之士，[7]岂若从辟世之士哉！”耰而不辍。[8]子路以告孔子，孔子怃然曰：[9]“鸟兽不可与同群。天下有道，丘不与易也。”[10]

【注释】〔1〕“长沮、桀溺”，二隐者名。金履祥《论语集注考证》云：“以盖以物色名之，如荷蒉、晨门、荷蓧丈人之类。盖二人耦耕于田，其一人长而沮洳，一人桀然高大而涂足，因以名之也。”“耦”，音ǒu，两人各持一耜骈肩而耕。〔2〕“隐者”，隐士，隐居不与世人来往的人。〔3〕“津”，渡口。〔4〕“执舆”，执辔，手持马的缰绳。〔5〕“悠悠”，混乱的样子。《论语·微子》作“滔滔”。〔6〕“而”，通“尔”，你。“以”，与。“易”，变易，改变。〔7〕“辟”，通“避”。下“辟”字同此。〔8〕“耰”，音yōu，农具名，形似锄头，用来击碎土块，平整田地。此指播种后用耰平土掩盖种子。“辍”，音chuò，止，停止。〔9〕“怃”，音wǔ，怅然失意的样子。〔10〕按本节见《论语·微子》。

【译文】孔子离开叶县，返回到蔡国。长沮、桀溺两人在路边并肩耕田，孔子认为他们是隐士，派子路向他们询问渡口。长沮说：“那个手中拿着缰绳的人是谁？”子路说：“是孔丘。”长沮说：“是鲁国的孔丘吗？”子路说：“是。”长沮说：“这个人就知道渡口呀！”桀溺对子路说：“你是谁？”子路说：“是仲由。”桀溺说：“你，是孔丘的门徒吗？”子路说：“是。”桀溺说：“浑浑噩噩，天下到处是这样啊，有谁来改变这世道呢？况且与其跟从躲避恶人的士子，哪里比得上跟从避开整个世道的士子呢！”两人说完仍然耕作不止。子路把他们的话告诉孔子，孔子惆怅地说：“鸟兽不可与之同流合群。天下有道的话，我就不必参与改变这世道了。”

他日，子路行，遇荷蓧丈人，[1]曰：“子见夫子乎？”丈人曰：“四体不勤，[2]五谷不分，[3]孰为夫子！”[4]植其杖而芸。[5]子路以告，孔子曰：“隐者也。”复往，则亡。[6]

【注释】〔1〕“蓧”，音diào，古代用来耘田的一种竹器。“丈人”，老人。〔2〕“四体”，四肢。此指身体。〔3〕“五谷”，五种谷物。此泛指各种粮食。〔4〕“孰”，谁。〔5〕“植”，置，立。“芸”，通“耘”，除草。〔6〕“亡”，外出，出走。按本节又见《论语·微子》。

【译文】有一天，子路行走，遇到一位肩扛耘的老人，问："你看到我的老师了吗？"老人说："你四肢不劳动，五谷分不清，谁是你的老师！"老人把他的拐杖竖置在一边而耘除田中的杂草。子路把老人的话告诉孔子，孔子说："是个隐士啊。"子路再次前往，老人已经不在了。

孔子迁于蔡三岁，吴伐陈。楚救陈，军于城父。[1]闻孔子在陈、蔡之间，楚使人聘孔子。孔子将往拜礼，陈、蔡大夫谋曰："孔子贤者，所刺讥皆中诸侯之疾。[2]今者久留陈、蔡之间，诸大夫所设行皆非仲尼之意。[3]今楚，大国也，来聘孔子。孔子用于楚，则陈、蔡用事大夫危矣。"[4]于是乃相与发徒役围孔子于野。[5]不得行，绝粮。从者病，莫能兴。[6]孔子讲诵弦歌不衰，[7]子路愠见曰：[8]"君子亦有穷乎？"[9]孔子曰："君子固穷，[10]小人穷斯滥矣。"[11]

【注释】[1]"军"，军队驻扎。"城父"，即"北城父"，楚国邑名，在今河南宝丰东、平顶山市西北。按此事见《左传》哀公六年。[2]"疾"，病，弊端。[3]"设行"，措施行动。[4]"用事"，主事，执掌政事。[5]"相与"，共同，一道。"发"，调发。"徒役"，服徭役的人。[6]"兴"，起，站起来。[7]"讲诵"，讲习诵读。"弦歌"，用琴瑟伴奏而歌。按古人读诗，无乐器伴奏为诵，有乐器伴奏即所谓"弦歌"。此"讲诵弦歌"泛指传习诗书礼乐。"衰"，衰减，减少。[8]"愠"，音 yùn，含怒，怨恨。[9]"穷"，穷困，走投无路。[10]"固"，固守，坚持。[11]"斯"，则，就。"滥"，泛滥。此指没有操守节制而为所欲为。按自"绝粮"以下至此，又见《论语·卫灵公》及《庄子·让王》。

【译文】孔子迁居到蔡国的第三年，吴国军队攻伐陈国。楚国出兵援救陈国，驻扎在城父。听说孔子在陈国、蔡国之间，楚昭王派人聘请孔子。孔子准备前往拜见回礼，陈国、蔡国的大夫谋划说："孔子是个贤人，他所讥刺抨击的都切中诸侯的弊病。如今他长久滞留在陈国、蔡国之间，众大夫所作所为都违反仲尼的心意。如今楚国，是大国，派人前来聘请孔子，倘若孔子在楚国起用，我们这些在陈国、蔡国主事的大夫就危险了。"于是就共同调发役徒将孔子围困在野外。孔子没法行路，断绝了粮食。随从的弟子疲惫不堪，饿得站不起来。但孔子仍讲习诵读，演奏歌唱，传授诗书礼乐毫不间断。子路生气，来见孔子说："君子也有穷困吗？"孔子说："君子能固守穷困而不动摇，小人穷困就胡作非为了。"

子贡色作。[1]孔子曰："赐，尔以予为多学而识之者与？"[2]曰："然。非与？"孔子曰："非也。予一以贯之。"[3]

〔1〕"色作"，脸色改变，指生气不高兴。　〔2〕"识"，音 zhì，通"志"，记，记住。　〔3〕"贯"，贯穿，统贯。"一以贯之"，有一个思想贯穿全部学说。按《论语·里仁》云："子曰：'参乎！吾道一以贯之。'曾子曰：'唯。'……曾子曰：'夫子之道，忠恕而已矣。'"则孔子贯穿全部学说的一个思想就是忠恕。按此节又见《论语·卫灵公》。

【译文】子贡怒气发作。孔子说："赐啊，你以为我是个博学强记的人吗？"子贡说："是。难道不是吗？"孔子说："不是啊。我是用一个思想贯穿于全部学说。"

孔子知弟子有愠心，乃召子路而问曰："《诗》云：[1]'匪兕匪虎，[2]率彼旷野。'[3]吾道非邪？吾何为于此？"子路曰："意者吾未仁邪！[4]人之不我信也。意者吾未知邪！[5]人之不我行也。"孔子曰："有是乎！由，譬使仁者而必信，[6]安有伯夷、叔齐？[7]使知者而必行，安有王子比干？"[8]

【注释】〔1〕"《诗》云"，按以下诗句见《诗·小雅·何草不黄》。　〔2〕"匪"，通"非"。或谓作"彼"解，亦通。"兕"，音 sì，古代犀牛一类的动物。　〔3〕"率"，循，沿着。"旷野"，空旷的野地。　〔4〕"意"，意料，猜想。　〔5〕"知"，通"智"，智慧，聪明。　〔6〕"譬"，譬喻，比方。　〔7〕"伯夷、叔齐"，商末孤竹国君的两个儿子。长子伯夷，名允，字公信；次子叔齐名致，字公达。其父打算立叔齐继位。及父死，叔齐让伯夷，伯夷不从，一起出逃投奔西伯昌。遇到西伯昌去世，周武王领兵伐纣，两人叩马阻谏。武王灭商，两人又耻食周粟，隐居首阳山，最后饿死。被后人视为清高守节的楷模。详见本书《伯夷列传》。　〔8〕"王子比干"，商纣王的叔父，官任少师，因向商纣王直言诤谏而被剖心身亡。

【译文】孔子知道弟子们有怨恨之心，就召见子路而询问道："《诗》中说：'不是犀牛也不是老虎，却疲于奔命在空旷的原野。'我们的学说难道有不对的地方吗？我们为什么沦落到这个地步？"子路说："猜想我们还没有达到仁吧！所以别人不信任我们。猜想我们还没有达到知吧！所以别人不实行我们的学说。"孔子说："有这些缘由吗！仲由，我打比方给你听，假如仁者就必定受到信任，那怎么还会有伯夷、叔齐？假如知者就必定能行得通，那怎么还会有王子比干？"

子路出，子贡入见。孔子曰："赐，《诗》云：'匪兕匪虎，率彼旷野。'吾道非邪？吾何为于此？"子贡曰："夫子之道至大也，故天下莫能容夫子。[1]夫子盖少贬焉？"[2]孔子曰："赐，良农能稼而不能为穑，[3]良工能巧而不能为顺。[4]君子能修其道，纲而纪之，[5]统而理之，[6]而不能为容。今尔不修尔道而求为容。赐，而志不远矣！"

【译文】子路出去，子贡进入见面。孔子说："赐啊，《诗》中说：'不是犀牛也不是老虎，却疲于奔命在空旷的原野。'我们的学说难道有不对的地方吗？我们为什么沦落到这个地步？"子贡说："老师的学说极其弘大，所以天下没有国家能容得下您。老师是否可以稍微降低一点标准呢？"孔子说："赐，优秀的农夫善于播种耕耘却不能保证获得好收成，优秀的工匠擅长工艺技巧却不能迎合所有人的要求。君子能够修明自己的学说，用法度来规范国家，用道统来治理臣民，但不能保证被世道所容。如今你不修明你奉行的学说却去追求被世人收容。赐，你的志向太不远了！"

子贡出，颜回入见。孔子曰："回，《诗》云：'匪兕匪虎，率彼旷野。'吾道非邪？吾何为于此？"颜回曰："夫子之道至大，故天下莫能容。虽然，夫子推而行之，〔1〕不容何病？〔2〕不容然后见君子！夫道之不修也，是吾丑也；〔3〕夫道既已大修而不用，是有国者之丑也。〔4〕不容何病？不容然后见君子！"孔子欣然而笑曰：〔5〕"有是哉，〔6〕颜氏之子！使尔多财，吾为尔宰。"〔7〕

【译文】子贡出去，颜回入门进见。孔子说："回啊，《诗》中说：'不是犀牛也不是老虎，却疲于奔命在空旷的原野。'我们的学说难道有不对的地方吗？我们为什么沦落到这个地步？"颜回说："老师的学说极其弘大，所以天下没有国家能够容纳。即使如此，老师推广而实行它，不被容纳怕什么？正是不被容纳，然后才现出君子本色！老师的学说不修明，这是我们的耻辱。老师的学说已经努力修明而不被采用，这是当权者的耻辱。不被容纳怕什么？不被容纳然后才现出君子本色！"孔子高兴地笑道："有道理啊，颜家的孩子！假使你拥有许多财产，我给你当管家。"

于是使子贡至楚。楚昭王兴师迎孔子，〔1〕然后得免。

【注释】〔1〕"楚昭王"，名轸（或作"珍"、"壬"），楚平王之子，母秦嬴，公元前五一五年至前四八九年在位。详见本书《楚世家》。"兴师"，调发军队，出兵。按以下孔子至楚的记述，学者大多表示怀疑，目前没有可信史料能证实孔子到过楚国。这或许是司马迁采用了当时的一些传说，或出于杜撰。

　　【译文】于是孔子派子贡到达楚国。楚昭王兴师动众迎接孔子，孔子然后得以脱身。

　　昭王将以书社地七百里封孔子。〔1〕楚令尹子西曰："〔2〕王之使使诸侯有如子贡者乎？"曰："无有。""王之辅相有如颜回者乎？"曰："无有。""王之将率有如子路者乎？"〔3〕曰："无有。""王之官尹有如宰予者乎？"〔4〕曰："无有。""且楚之祖封于周，号为子男五十里。〔5〕今孔丘述三、五之法，〔6〕明周、召之业，〔7〕王若用之，则楚安得世世堂堂方数千里乎！〔8〕夫文王在丰，武王在镐，百里之君卒王天下。〔9〕今孔丘得据土壤，〔10〕贤弟子为佐，非楚之福也。"昭王乃止。其秋，楚昭王卒于城父。〔11〕

　　【注释】〔1〕"社"，古代二十五家设置一社，祭祀社神（即土地神）。因此社也成为一级居民组织单位。一社为二十五家。"书社"，二十五家结为一社，登记社人姓名于册，称为"书社"。"书社地七百里"，有名籍的社，其地方圆七百里。泷川资言《史记会注考证》云："按古书但云书社几十、几百，而无云书社地几十里、几百里者，《史》文'地'字、'里'字当删。"可备一说。　〔2〕"令尹"，楚国官名，为最高军政长官。"子西"，名申，亦称"公子申"，楚平王之子，楚昭王庶兄，公元前五○五年至前四七九年任令尹，死于白公之乱。　〔3〕"将率"，将帅，将领。　〔4〕"官尹"，各部门长官。"宰予"，氏宰，名予，字子我，亦称"宰我"，鲁国人，孔子弟子，以擅长言语著称，曾任齐国临淄大夫。生于公元前五二二年，卒于公元前四五八年。详见本书《仲尼弟子列传》。　〔5〕"子、男"，为周代诸侯封爵的最末二等。周爵依次共分为公、侯、伯、子、男五等。"五十里"，方圆五十里，这是子、男的封地。　〔6〕"三、五之法"，指三皇五帝的法度。"三皇"，据本书《秦始皇本纪》，指天皇、地皇、泰皇。"五帝"，即本书《五帝本纪》的黄帝、颛顼、帝喾、尧、舜。　〔7〕"周"，指周公，名旦，姓姬，亦称"叔旦"，周文王之子，周武王之弟，采邑在周（在今陕西岐山北），因称"周公"。辅助周武王灭商。周成王即位之初，摄行国政，平定武庚等叛乱，营建东都洛邑（今河南洛阳）。相传制礼作乐，创建有周一代的典章制度。详见本书《鲁周公世家》。"召"，音 shào，即召公，亦作"邵公"，名奭，姓姬，谥康，采邑在召（在今陕西岐山西南），故称"召公"、"召伯"。辅佐周武王灭商，被封于燕，为燕国始祖。成王时任太保，与周公旦分陕而治，他治理陕以西。详见本书《燕召公世家》。　〔8〕"世世"，代代，世世代代。"堂堂"，广大的样子。　〔9〕"百里"，指地方百里。"百里之君"，国土方圆百里的君主。"卒"，终于，结果。　〔10〕"土壤"，土地，此指封地。　〔11〕"其秋，楚昭王卒于城父"，按此详见《左传》哀公六年。

【译文】楚昭王准备把有户籍的民社方圆七百里之地封给孔子。楚国令尹子西说："大王出使诸侯的使者有像子贡这样的吗？"昭王说："没有。"令尹子西说："大王的宰辅国相有像颜回这样的吗？"昭王说："没有。"令尹子西说："大王的将帅有像子路这样的吗？"昭王说："没有。"令尹子西说："大王的各部长官有像宰予这样的吗？"昭王说："没有。"令尹子西说："况且楚国的祖先在周受封时，名号为子男，封地方圆五十里。如今孔丘祖述三皇五帝的法度，彰明周公、召公的事业，大王倘若任用他，那楚国还怎么能世世代代拥有堂堂正正方圆几千里之地呢！周文王在丰京，周武王在镐京，从只有百里之地的君主最终统一天下。如今孔丘得以占据封地，有贤能的子弟作为辅佐，这不是楚国的幸福啊。"楚昭王于是作罢。当年秋季，楚昭王在城父去世。

楚狂接舆歌而过孔子，[1]曰："凤兮凤兮，[2]何德之衰？往者不可谏兮，[3]来者犹可追也！[4]已而已而，[5]今之从政者殆而！"[6]孔子下，[7]欲与之言。趋而去，弗得与之言。[8]

【注释】[1]"狂"，狂人。"接舆"，人名。按曹之升《四书摭余说》云："《论语》所记隐士皆以其事名之。门者谓之'晨门'，杖者谓之'丈人'，津者谓之'沮'、'溺'，接孔子之舆者谓之'接舆'，非名亦非字也。"[2]"兮"，音 xī，语助词，相当于现代汉语中的"啊"。[3]"往"，已往，过去。"谏"，止，挽救。[4]"来"，将来，未来。"犹"，还。"追"，追补，补救。[5]"已而"，罢了，完了。[6]"从政者"，当政者。"殆"，危险。[7]"下"，此指下车。[8]按以上见《论语·微子》。

【译文】楚国狂人接舆唱着歌经过孔子的旁边，歌词唱道："凤凰啊，凤凰啊，为什么道德这样衰落啊？以往的事已无法挽回，未来的事还可以补救啊！完了完了，当今从政的权贵们岌岌可危了。"孔子走下车，打算与他说话。狂人接舆快步离去，孔子没能与他说话。

于是孔子自楚反乎卫。是岁也，孔子年六十三，而鲁哀公六年也。[1]

【注释】[1]"鲁哀公"，名"蒋"（或作"将"），鲁定公之子，母定姒，公元前四九四年至前四六七年在位。公元前四六八年被三桓所逼，出奔越。翌年死于越。详见本书《鲁周公世家》。

【译文】于是孔子从楚国返回卫国。这一年，孔子六十三岁，是鲁哀公在位的第六年。

其明年，吴与鲁会缯，[1]征百牢。[2]太宰嚭召季康子。[3]康子使子贡往，然后得已。[4]

中華藏書

史记精华

中国书房

五六六

【注释】〔1〕"缯"，音 zēng，又读 céng，亦作"曾"、"鄫"，鲁国邑名，在今山东苍山西北。〔2〕"征"，征收，征集。"牢"，古代指祭祀用的牲畜。一牛、一猪、一羊为一牢。〔3〕"太宰嚭"，氏伯，名嚭（音 pǐ），故亦称伯嚭（或作"帛喜"、"白喜"、"帛否"、"伯喜"），字子余。楚大夫伯州犁之孙，逃亡奔吴，以功任吴国太宰。吴亡后，降越为臣。一说他被越王勾践所杀。〔4〕按本节事见《左传》哀公七年。

【译文】第二年，吴国和鲁国在缯邑会盟，吴国向鲁国征集牲畜猪、牛、羊各一百头。吴国太宰嚭召见季康子。季康子派子贡前往交涉，然后才得以取消。

孔子曰："鲁、卫之政，兄弟也。"[1]是时，卫君辄父不得立，在外，诸侯数以为让。[2]而孔子弟子多仕于卫，卫君欲得孔子为政。[3]子路曰："卫君待子而为政，子将奚先？"[4]孔子曰："必也正名乎！"[5]子路曰："有是哉，子之迂也！[6]何其正也？"孔子曰："野哉由也！[7]夫名不正则言不顺，言不顺则事不成，事不成则礼乐不兴，礼乐不兴则刑罚不中，[8]刑罚不中则民无所错手足矣。[9]夫君子为之必可名，言之必可行。君子于其言，无所苟而已矣。"[10]

【注释】〔1〕"鲁、卫之政，兄弟也"，此语有两层意思：一谓鲁、卫是兄弟之国，鲁国先祖周公和卫国始祖康叔为兄弟，政治传统相同，《左传》定公四年云"皆启以商政"；二谓鲁、卫两国当时的政治状况相似，苏轼《论语解》云："是时鲁哀公七年、卫出公五年也。卫之政，父不父，子不子；鲁之政，君不君，臣不臣。卒之哀公孙邾而死于越，出公奔宋而亦死于越，其不相远如此。"按此语见《论语·子路》。〔2〕"让"，责备，谴责。〔3〕"卫君"，指当时在位的卫出公辄。〔4〕"奚"，何，什么。〔5〕"正名"，端正名称，整顿名分。〔6〕"迂"，迂阔，迂腐。〔7〕"野"，粗野，鲁莽。〔8〕"中"，正，合适，指刑罚与罪行相当。〔9〕"错"，音 cuò，通"措"。〔10〕"苟"，苟且，马虎。按自"子路曰：'卫君待子而为政，……'"至此，见《论语·子路》。

【译文】孔子说："鲁国、卫国的政治，如同兄弟一样相似。"这时候，卫国君主辄的父亲不能按礼制即位，流亡在外，各国诸侯屡次对此加以指责。而孔子的许多弟子在卫国做官，卫出公辄想请得孔子来治理国政。子路说："卫国国君等待您来治理国政，您将先做什么？"孔子说："一定要先做的是端正名分啊！"子路说："有这样治理国政的吗，您迂阔啊！何必去端正名分呢？"孔子说："粗鲁啊，仲由呀！名分不正的话，言语就不顺当；言语不顺当，事情就不成功；事情不成功，礼乐就不振兴；礼乐不振兴，刑罚就不准确；刑罚不准确，百姓就会感到无所措手足了。君子做事必须符合名分，言语必须可以实行。君子对于自己的言语，只求一点都不马虎罢了。"

其明年，[1]冉有为季氏将师，与齐战于郎，[2]克之。季康子曰："子之于军旅，学之乎？性之乎？"[3]冉有曰："学之于孔子。"季康子曰："孔子何如人哉？"[4]对曰："用之有名；播之百姓，[5]质诸鬼神而无憾。[6]求之至于此道，虽累千社，[7]夫子不利也。"康子曰："我欲召之，可乎？"对曰："欲召之，则毋以小人固之，[8]则可矣。"而卫孔文子将攻太叔，[9]问策于仲尼。仲尼辞不知，退而命载而行，[10]曰："鸟能择木，[11]木岂能择鸟乎？"文子固止。会季康子逐公华、公宾、公林，[12]以币迎孔子，[13]孔子归鲁。[14]

【注释】〔1〕"其明年"，此记有误。按《集解》引徐广曰："此哀公十一年也，去吴会缯已四年矣。"故梁玉绳《史记志疑》认为："'其明年'三字误，当作'后四年'。" 〔2〕"郎"，鲁国邑名，在今山东鱼台东北。按《左传》哀公十一年作"郊"。当以《左传》为是。 〔3〕"性"，天性，天生的本能。 〔4〕"何如"，如何，怎样。 〔5〕"播"，播扬，传扬。 〔6〕"质"，通"诘"，询问，质正。"憾"，不满意，心感不足。 〔7〕"累"，累积，积聚。"千社"，二十五家为一社，千社即二万五千家。此指赏赐的封地。 〔8〕"固"，通"锢"，禁锢，束缚。或谓鄙陋，鄙视，亦通。 〔9〕"孔文子"，名圉（或作"圄"、"御"），氏孔，谥文，亦称"孔圉"，又称"仲叔圉"、"中叔圉"，卫国卿大夫。"太叔"，名疾（或作"齐"），氏太叔（或作"世叔"），谥悼，故亦称"太叔疾"、"世叔齐"、"悼子"，太叔懿子之子，卫国大夫。 〔10〕"载"，乘具，此指车辆。按《左传》哀公十一年作"驾"。 〔11〕"鸟"，此喻孔子。"木"，树，此喻诸侯国。 〔12〕"逐"，按《左传》哀公十一年孔颖达《疏》引《史记》作"使"，是。"公华、公宾、公林"，鲁人，季氏家臣。 〔13〕"币"，帛。古人常用作馈赠的礼物。征聘时也多赠以币帛。〔14〕按此节事见《左传》哀公十一年。

【译文】此后第二年，冉有为季氏率领鲁国军队，同齐军在郎邑交战，打败齐军。季康子问："你在军事方面的本领，是学习得来的呢？还是天生就有的呢？"冉有说："是向孔子学习的。"季康子问："孔子是个怎样的人呢？"冉有回答说："起用他就会有名声；将他宣扬到百姓中间，向鬼神询问他的为人而毫无缺憾。但我学通这军事之道，即使积累功劳有千社的封赏，老师也不认为有利。"季康子又问："我打算召请他，可以吗？"冉求回答说："你打算召请他的话，就不要用小人来牵制他，那便可以了。"而卫卿孔文子准备攻打大夫太叔，向孔子询问计策。孔子推辞说不知道，退出后命令驾好车马而上路，说："鸟儿可以选择树木，树木怎么能选择鸟儿呢！”孔文子坚决挽留。恰好季康子派遣大夫公华、公宾、公林，带着征聘的礼物来迎接孔子，孔子就返回鲁国。

孔子之去鲁凡十四岁而反乎鲁。[1]

【注释】〔1〕“凡”，总，共。“反”，通“返”。“乎”，于。

【译文】孔子离开鲁国总共十四年而返回到鲁国。

鲁哀公问政，对曰：“政在选臣。”[1]季康子问政，曰：“举直错诸枉，[2]则枉者直。”[3]康子患盗，[4]孔子曰：“苟子之不欲，[5]虽赏之不窃。”[6]然鲁终不能用孔子，孔子亦不求仕。

【注释】〔1〕“选臣”，选择臣子，即所谓知人善任。〔2〕“直”，正直。“错”，音cuò，通“措”。“诸”，之于。“枉”，曲，邪曲。〔3〕“举直错诸枉，则枉者直”，此语亦见《论语》。《颜渊》云：“樊迟未达。子曰：‘举直错诸枉，能使枉者直。’”为对樊迟而言。《为政》云：“哀公问曰：‘何为则民服？’孔子对曰：‘举直错诸枉，则民服；举枉错诸直，则民不服。’”为对哀公所说。〔4〕“患”，忧患，担心。〔5〕“欲”，欲望，此指贪欲。〔6〕“赏”，奖赏，奖励。按自“康子患盗”以下至此，见《论语·颜渊》。

【译文】鲁哀公询问为政之道，孔子回答说：“为政之道在于选择大臣。”季康子询问为政之道，孔子说：“荐举正直的人安置在邪曲小人的上面，邪曲的人就变得正直了。”季康子忧愁盗贼为患，孔子说：“如果你自己不贪，即使悬赏盗贼，他们也不敢偷窃。”然而鲁国最终没能任用孔子，孔子也不再谋求官职。

孔子之时，周室微而礼乐废，[1]《诗》、《书》缺。[2]追迹三代之礼，[3]序《书传》，[4]上纪唐、虞之际，[5]下至秦缪，[6]编次其事。曰：“夏礼吾能言之，杞不足征也。[7]殷礼吾能言之，[8]宋不足征也。足，则吾能征之矣。”[9]观殷、夏所损益，[10]曰：“后虽百世可知也，[11]以一文一质。[12]周监二代，[13]郁郁乎文哉。[14]吾从周。”故《书传》、《礼记》自孔氏。[15]

【注释】〔1〕“微”，衰微，衰落。“废”，废止，废弃。〔2〕“缺”，残缺。〔3〕“追迹”，追踪，探索。“三代”，指夏、商、周三代。〔4〕“序”，次第，此指整理编撰。“《书传》”，传述解说《尚书》的著作。此当指司马迁所见《书序》一类的资料。但《书序》形成年代较晚,不可能为孔子所编定。或谓此《书传》即指《尚书》 (见马雍《〈尚书〉史话》)。〔5〕"纪",通"记",记载。"唐、虞",指唐尧、虞舜。 〔6〕"秦缪",即秦缪公 (亦作"秦穆公")。 〔7〕"杞",国名,西周初年所封诸侯国,姒姓,始封君东楼公,相传为夏禹的后裔,初都雍丘 (今河南杞县),后迁缘陵 (今山东昌乐东南)、淳于 (今山东安丘东北)。公元前四四五年被楚国所灭。"征",证验,证明。 〔8〕"殷",殷代,即商代。 〔9〕按孔子语见《论语·八佾》。"宋不足征也"后,《论语·八佾》有"文献不足故也"一句。 〔10〕"损益",减增,变动。 〔11〕"观殷、夏所损益,曰:'后虽百世可知也,……'",按此两句系约取《论语·为政》而来。《为政》原文为:"子张问:'十世可知也?'子曰:'殷因于夏礼,所损益可知也;周因于殷礼,所损益可知也。其或继周者,虽百世可知也。'" 〔12〕"一文一质",指时代的风气一代崇尚文采,一代崇尚质朴。《礼记·表记》云:"子曰:'虞、夏之质,殷、周之文,至矣。虞、夏之文不胜其质,殷、周之质不胜其文。'" 〔13〕"监",通"鉴",借鉴,参考。"二代",指夏、商二代。 〔14〕"郁郁",富有文采的样子。 〔15〕《礼记》,传述解说礼制的著作,其内容体制类似后来汉人编集的《礼记》、《大戴礼记》。

【译文】 孔子的时代,周王室衰微而礼乐废弃,《诗》、《书》残缺。孔子追寻探索夏、商、周三代的礼制,整理《书传》,上记唐尧、虞舜之际,下至秦缪公之时,依次编排其间史事。孔子说:"夏代的礼制我能说出来,但夏人后裔杞国的文献不足为证了。殷代的礼制我能说出来,但殷人后裔宋国的文献不足为证了。如果文献足够的话,我就能加以验证了。"孔子考察周代对殷礼、殷代对夏礼所作的变动后,说:"往后即使推到一百代,它的礼制也可以知道,因为总是一代崇尚文采而一代崇尚质实。周礼借鉴了夏、殷两代,郁郁乎文采斐然啊。我依从周代的礼制。"所以《书传》、《礼记》出自孔门。

孔子语鲁大师:〔1〕"乐其可知也。始作,〔2〕翕如,〔3〕纵之,〔4〕纯如,〔5〕皦如,〔6〕绎如也,〔7〕以成。"〔8〕"吾自卫反鲁,〔9〕然后乐正,〔10〕雅、颂各得其所。"〔11〕

【注释】 〔1〕"语",音 yù,相告,告诉。"大",音 tài,通"太"。"鲁大师",即鲁太师,鲁国乐官之长。 〔2〕"作",奏,演奏。 〔3〕"翕",音 xī,聚合,统一。"翕如",盛大的样子。 〔4〕"纵",放纵,放开。按《论语·八佾》作"从"。 〔5〕"纯如",和谐的样子。 〔6〕"皦",音 jiǎo,清晰,分明。"皦如",节奏层次分明的样子。 〔7〕"绎如",连续不断的样子。 〔8〕按自"孔子语鲁大师"至此,见《论语·八佾》。 〔9〕"吾自卫反鲁",按《左传》,孔子从卫国返回鲁国在鲁哀公十一年,即公元前四八四年。 〔10〕"乐正",指审定乐曲的声律音调。即下文所云"三百五篇孔子皆弦歌之,以求合《韶》、《武》、《雅》、《颂》之音"。 〔11〕"雅",指雅乐,即所谓正声,指周人京畿地区 (包括丰京、镐京和东都洛邑)的曲调声律。《诗经》各篇,原皆系乐歌。由《大雅》、《小雅》组成的《雅》,其曲调声律均属雅乐。"颂",指颂乐,为宗庙祭祀乐歌的声律曲调。《诗经》《颂》各篇原皆系宗庙祭祀的乐歌,其节奏缓慢，有其声律曲调上的特点，属于颂乐。按以上语见《论语·子罕》。

【译文】孔子告诉鲁国的大师说："乐曲的演奏过程是可以知道的。开始演奏的时候，一齐出来气势盛大；接着展开，和谐清纯，层次分明，连续不断，一直到乐章演奏完成。""我从卫国返回鲁国，然后审定各类乐曲的音调声律，使雅乐、颂乐分别恢复了原貌。"

古者《诗》三千余篇，及至孔子，去其重，[1]取可施于礼义，[2]上采契、后稷，[3]中述殷、周之盛，至幽、厉之缺。[4]始于衽席，[5]故曰："《关雎》之乱以为《风》始，[6]《鹿鸣》为《小雅》始，[7]《文王》为《大雅》始，[8]《清庙》为《颂》始。"[9]三百五篇孔子皆弦歌之，[10]以求合《韶》、《武》、《雅》、《颂》之音。[11]礼乐自此可得而述，以备王道，成六艺。[12]

【注释】[1]"去"，删去。"重"，重复，重出。 [2]"义"，同"仪"。"礼义"，即礼仪。 [3]"契"，音 xiè，亦作"偰"、"卨"。商人的始祖，帝喾之子，母简狄，子姓。曾助禹治水有功，被舜任为司徒，掌管教化。居于商（今河南商丘南），一说居于蕃（今山东滕县）。详见本书《殷本纪》。"后稷"，名弃。周人的始祖。传说其母姜原，系有邰氏女，为帝喾元妃，踩巨人脚印，怀孕生下弃，因一度将他丢弃，故名弃。善于种植庄稼，被帝尧任为农师。帝舜时封于邰（今陕西武功西南），号后稷，姓姬。详见本书《周本纪》。 [4]"幽"，即周幽王，名宫湦（"湦"或作"涅"）。周宣王之子。公元前七八一年至前七七一年在位，为西周王朝最后一代王。因昏庸贪婪，任用佞人虢石父，残酷盘剥，激化与百姓的矛盾。又进攻六济之戎，大败。宠幸褒姒，废黜申后和太子宜臼。申侯联合曾、犬戎等起兵，他被杀于骊山下。详见本书《周本纪》。"厉"，即周厉王，名胡，周夷王之子。任用荣夷公，实行"专利"，加重剥削，又命令巫卫监视国人言论，实行高压政策，引起反抗。公元前八四二年，国人发难，他逃奔到彘（今山西霍县），于公元前八二八年在彘死去。详见本书《周本纪》。"缺"，残缺。此指王道礼乐残缺。本书《太史公自序》云："幽厉之后，王道缺，礼乐衰。"按孔子删诗之说，后来不少学者考证认为并不可信。 [5]"衽"，音 rèn，床席。"衽席"，床席，床笫，寝居之处。此指男女房中之事。"始于衽席"，意为《诗经》的编排，从描写男女之事的诗篇开始。本书《十二诸侯年表序》云："周道缺，诗人本之衽席，《关雎》作。"意亦同此。 [6]"《关雎》"，《诗经》篇名，为《国风》第一篇，亦即《诗经》第一篇。对于该诗的解说，《鲁诗》认为是刺周康王耽溺房事而晏起之作。为司马迁所从。"乱"，乐曲的最后一章。"《关雎》之乱"，《关雎》的末章。按《论语·泰伯》云："子曰'师挚之始，《关雎》之乱，洋洋乎盈耳哉！'"似为所本，但此处文意不伦。中井积德《史记左传雕题》云："'之乱'二字当削。"可从。"风"，《国风》，《诗经》中的第一类，具体包括《周南》、《召南》、《邶风》、《鄘风》、《卫风》、《王风》、《郑风》、《齐风》、《魏风》、《唐风》、《秦风》、《陈风》、《桧风》、《曹风》、《豳风》等十五部分，共一百六十篇。 [7]"《鹿鸣》"，《诗经》篇名，为《小雅》第一篇。"《小雅》"，《诗经》第二类的

第一部分，有七十四篇。〔8〕"《文王》"，《诗经》篇名，为《大雅》第一篇。"《大雅》"，《诗经》第二类的第二部分，有三十一篇。〔9〕"《清庙》"，《诗经》篇名，为《颂》的第一篇。"《颂》"，《诗经》的第三类，包括《周颂》、《鲁颂》、《商颂》等三部分，共四十篇。〔10〕"三百五篇"，即《诗经》的总篇数。"弦歌"，用琴瑟伴奏歌唱。〔11〕"《韶》"，乐曲名，相传为歌颂虞舜的乐曲。"《武》"，乐曲名，表现周武王战胜商纣王的乐曲。〔12〕"六艺"，即六经，指《礼》、《乐》、《书》、《诗》、《易》、《春秋》。

【译文】古代留传下来的《诗》有三千多篇，等到孔子整理的时候，删去其中重复的，选取可以在礼节仪式中使用的，往上采集歌颂商人始祖契、周人始祖后稷的诗篇，中间搜罗叙述殷朝、周朝盛世的诗篇，往下包括记录周幽王、周厉王时礼乐残缺情景的诗篇。《诗经》全书从描写男女关系的诗篇开始，所以说："《关雎》为《国风》的第一篇，《鹿鸣》为《小雅》的第一篇，《文王》为《大雅》的第一篇，《清庙》为《颂》的第一篇。"三百零五篇诗，孔子都用琴瑟伴奏而一一歌唱过，以求符合《韶》、《武》、《雅》、《颂》的音律。礼仪、音乐从此又可得到而称述记录，以此具备了王道的礼乐制度，编成了《礼》、《乐》、《书》、《诗》、《易》、《春秋》六经。

孔子晚而喜《易》，〔1〕序《彖》、《系》、《象》、《说卦》、《文言》。〔2〕读《易》，韦编三绝。〔3〕曰："假我数年，〔4〕若是，我于《易》则彬彬矣。"〔5〕

【注释】〔1〕"《易》"，即《周易》，亦称《易经》，后来被奉为儒家经典之一。此当指今传《周易》的《经》。《经》包含六十四卦和三百八十四爻，卦、爻皆有文字说明的《卦辞》、《爻辞》，以供占筮使用。卦、爻的起源很早，至迟不晚于商代。〔2〕"《彖》"，音 tuàn，即《彖传》，亦称"《彖辞》"，分为上、下二篇，说明各卦的基本观念，属于解说《易经》的《易传》。《易传》共十篇，故又称"《十翼》"。"《系》"，即《系辞》，亦称"《系辞传》"，分为上、下两篇，从总体上对《易经》作理论阐述，也属《十翼》。"《象》"，即《象传》，亦称"《象辞》"，用象数来说明卦、爻，有"大象"、"小象"两种，大象解卦，小象解说六爻。分为上下两篇，也属《十翼》。"《说卦》"，《易传》篇名，解释八卦的性质和象征。"《文言》"，《易传》篇名，专门解说《乾》、《坤》二卦。〔3〕"韦"，通"纬"，原指织物横线，此指横向编连简册的绳子。旧说皆释"韦"为熟牛皮，不可信。"绝"，断。〔4〕"假"，与，给与。〔5〕"彬彬"，文质兼备的样子，此为融会贯通之意。按孔子语见《论语·述而》。

【译文】孔子晚年喜好研究《周易》，编撰《彖辞》、《系辞》、《象辞》、《说卦》、《文言》等解说《周易》的《易传》。孔子反复阅读《周易》，以致编连简册的绳子多次断开。他说："再给我几年时间，像这样的话，我对《周易》就能融会贯通了。"

孔子以《诗》、《书》、《礼》、《乐》教，弟子盖三千焉，身通六艺者七十有二人。[1]如颜浊邹之徒，[2]颇受业者甚众。[3]

【注释】〔1〕"六艺"，即《六经》。或谓指《周礼·地官·保氏》的礼、乐、射、驭、书、术等六种科目。〔2〕"颜浊邹"，即上文孔子在卫国所寄居的房东颜浊邹。〔3〕"颇"，稍，稍微。

【译文】孔子用《诗》、《书》、《礼》、《乐》进行教授，弟子大约有三千，其中一人兼通六经的有七十二人。像颜浊邹之流的门徒，略微接受过学业的就更加众多了。

孔子以四教：[1]文，[2]行，[3]忠，[4]信。[5]绝四：[6]毋意，[7]毋必，[8]毋固，[9]毋我。[10]所慎：齐，[11]战，[12]疾。[13]子罕言利与命与仁。[14]不愤不启，[15]举一隅不以三隅反，[16]则弗复也。[17]

【注释】〔1〕"四教"，四种教学内容。〔2〕"文"，文献典籍。〔3〕"行"，旧读 xìng，行为。〔4〕"忠"，忠恕。〔5〕"信"，信用。按此语见《论语·述而》。〔6〕"绝"，杜绝，戒绝。〔7〕"意"，意度，猜测。〔8〕"必"，固执。〔9〕"固"，固陋，孤陋寡闻。〔10〕"我"，自我，这里是突出自己的意思。按此语见《论语·子罕》。〔11〕"齐"，音 zāi，通"斋"，斋戒。古人在祭祀或重大典礼前，自身所做的准备工作，包括沐浴更衣、吃素戒酒、不与女人同房等，以示虔诚。〔12〕"战"，战争。〔13〕"疾"，疾病。按此语见《论语·述而》。〔14〕"罕"，少。"子罕言利与命与仁"，按此语见《论语·子罕》。历来解说纷纭。今译文采程树德《论语集解》说，《集解》云："盖言者，自言也。记者旁窥已久，知夫子于此三者皆罕自言，非谓以此立教也。"〔15〕"愤"，郁结，愤悱，指渴望求知而不得的心理状态。"启"，启发。〔16〕"隅"，音 yú，角落。"反"，反推，类推，推论。"举一隅而不以三隅反"，举出一个角落而不能以此类推其它三个角落。由此衍出"举一隅而以三隅反"，后又演为"举一反三"的成语。〔17〕"复"，重复。按此语见《论语·述而》。

【译文】孔子设立四种教学内容：文献，行为，忠恕，信用。戒绝四种陋习：不随意猜测，不固执己见，不孤陋寡闻，不突出自己。他所谨慎对待的有：斋戒，战争，疾病。孔子对自己很少讲到利益、命运和仁德。对弟子不到为渴求知识而急得不知如何是好的地步就不去启发，不能举一反三，便不再教他。

其于乡党，[1]恂恂似不能言者。[2]其于宗庙朝廷，辩辩言，[3]唯谨尔。[4]朝，[5]与上大夫言，[6]訚訚如也；[7]与下大夫言，侃侃如也。[8]

【注释】〔1〕"乡党"，古代居民组织单位，周制以五百家为一党，一万二千五百家为乡。此指乡里。〔2〕"恂"，音 xún。"恂恂"，谦恭谨慎的样子。〔3〕"辩"，音 pián。"辩辩"，善于言谈的样子。《论语·乡党》作"便便"。〔4〕"唯"，仅，只。"尔"，而已，罢了。〔5〕"朝"，上朝，朝见。〔6〕"上大夫"，即卿。后"下大夫"指一般的大夫。〔7〕"闇"，音 yín。"闇闇"，和悦而敢于直言的样子。〔8〕"侃"，音 kǎn。"侃侃"，和谐快乐的样子。"如"，意同用作词尾的"然"，……的样子。

【译文】孔子在乡里，谦恭谨慎好似不会讲话的人。他在宗庙朝廷，明白流畅地发言，只是慎重小心罢了。上朝的时候，与上大夫交谈，不卑不亢；与下大夫交谈，和颜悦色。

入公门，〔1〕鞠躬如也；〔2〕趋进，〔3〕翼如也。〔4〕君召使傧，〔5〕色勃如也。〔6〕君命召，不俟驾行矣。〔7〕

【注释】〔1〕"公门"，君门，朝门。〔2〕"鞠躬"，弯曲身子表示恭敬、谨慎的样子。〔3〕"趋进"，快步前进。〔4〕"翼如"，恭敬的样子。〔5〕"傧"，音 bìn，接引宾客。〔6〕"勃如"，矜持庄重的样子。〔7〕"俟"，音 sì，等，等待。"驾"，系马于车。

【译文】孔子进入国君的大门，弯着身子十分恭敬谨慎的样子；小步快走向前，小心翼翼的样子。国君召见派他接引宾客，神色庄严肃穆。国君下令召见，不等驾好车马就上路。

鱼馁，〔1〕肉败，〔2〕割不正，〔3〕不食。席不正，〔4〕不坐。〔5〕

【注释】〔1〕"馁"，音 něi，指鱼类臭烂。〔2〕"败"，腐败。〔3〕"割"，分割，此指猪牛羊牲体的分割。"正"，古人分割牲体有一定的规定，符合规定的为"正"。〔4〕"席"，席子，坐席。"正"，古人设坐席，按不同的身份有不同的摆法，符合规定的为"正"。〔5〕按以上三节，均见《论语·乡党》。

【译文】鱼臭烂，肉腐败，牲体部位切割得不合规定，他就不吃。坐席位置朝向摆放不合礼制，他就不坐。

食于有丧者之侧，未尝饱也。是日哭，则不歌。〔1〕见齐衰、瞽者，〔2〕虽童子必变。〔3〕

【注释】〔1〕按自"食于有丧者之侧"至此，见《论语·述而》。 〔2〕"瞽"，音 gǔ，瞎眼。 〔3〕按此句《论语·子罕》作："子见齐衰者、冕衣裳者与瞽者，见之，虽少，必作；过之，必趋。"

【译文】在有丧事的人旁边吃饭，他不曾吃饱过。这一天哭过，就不再唱歌。看见穿丧服的人、瞎了眼睛的人，即是儿童也必定变得严肃起来。

"三人行，必得我师。"〔1〕"德之不修，学之不讲，〔2〕闻义不能徙，〔3〕不善不能改，是吾忧也。"〔4〕使人歌，善，则使复之，然后和之。〔5〕

【注释】〔1〕"三人行，必得我师"，按《论语·述而》作："三人行，必有我师焉。"且其下又有："择其善者而从之，其不善者而改之。" 〔2〕"讲"，讲习，练习。 〔3〕"徙"，迁移，追随。 〔4〕按此语见《论语·述而》。 〔5〕"使人歌，善，则使复之，然后和之"，按《论语·述而》作："子与人歌而善，必使反之，而后和之。"

【译文】"三个人在行走，其中必定能得到我可效法的人。""道德不能修养，学问不能讲习，闻知正义不能追随，不好的地方不能改正，这是我的忧虑啊。"孔子让人唱歌，唱得好的话，就让他再唱一次，然后自己和他。

子不语：怪，〔1〕力，〔2〕乱，〔3〕神。〔4〕

【注释】〔1〕"怪"，怪异。 〔2〕"力"，强力，暴力。 〔3〕"乱"，乖乱，祸乱。 〔4〕"神"，鬼神。按此语见《论语·述而》。

【译文】孔子不谈论：怪异，暴力，祸乱，鬼神。

子贡曰："夫子之文章，〔1〕可得闻也。夫子言天道与性命，〔2〕弗可得闻也已。"〔3〕颜渊喟然叹曰："仰之弥高，〔4〕钻之弥坚。〔5〕瞻之在前，〔6〕忽焉在后。夫子循循然善诱人，〔7〕博我以文，〔8〕约我以礼，〔9〕欲罢不能。既竭我才，如有所立，卓尔。〔10〕虽欲从之，蔑由也已。"〔11〕达巷党人曰：〔12〕"大哉孔子，博学而无所成名。"〔13〕子闻之曰："我何执？〔14〕执御乎？〔15〕执射乎？〔16〕我执御矣。"牢曰：〔17〕"子云：'不试，〔18〕故艺。'"〔19〕

【注释】〔1〕"文章"，文辞，此指孔子整理的文献典籍。〔2〕"天道"，自然规律，此指自然和社会之间吉凶祸福的关系。"性命"，本性，命运。按《论语·公冶长》作"性"，无"命"字。〔3〕按语见《论语·公冶长》。〔4〕"仰"，抬头，抬头看。"弥"，音 mí，更加。〔5〕"钻"，穿，此引申为钻研。〔6〕"瞻"，zhān，视，望。〔7〕"循循然"，有次序的样子，循序渐进的样子。〔8〕"文"，文献。〔9〕"约"，约束，规范。〔10〕"卓尔"，特立的样子，卓越超群的样子。〔11〕"蔑"，无，没有。"由"，从。按语见《论语·子罕》。〔12〕"达巷党"，名叫达巷的党。或谓名叫达的巷党，亦通。〔13〕"无所成名"，没有用以成名的专长。〔14〕"执"，做，干。〔15〕"御"，驾车。〔16〕"射"，射箭。〔17〕"牢"，人名，孔子弟子。《孔子家语·七十二弟子》云："琴牢，卫人，字子开，一字张。"当为此人。〔18〕"试"，用，任用。〔19〕"艺"，技艺，技术。按语见《论语·子罕》。

【译文】子贡说："老师整理的文献典籍，可以听得到。但老师谈论天道和性命的话，不能听得到啊。"颜渊感慨地叹息道："仰望老师的形象越来越觉得高大，钻研老师的学问越来越感到坚实。眼看就在前面，忽然又在后边。老师循序渐进善于诱导人们，用文献来广博我们的知识，用礼义来约束我们的言行，使得我们想要停下来也不可能。竭尽我们的才智后，好像有所建树，有点特立超群的感觉。但想要继续跟进，又无从下手了。"住在达巷党的一个人说："伟大啊孔子，博学洽闻却没有用以成名的专长。"孔子听到这话后说："我干什么呢？干驾车呢？还是当射手呢？我就干驾车了。"弟子牢说："您说过：'因为不得任用，所以学会了一些伎艺。'"

鲁哀公十四年春，狩大野。〔1〕叔孙氏车子鉏商获兽，〔2〕以为不祥。仲尼视之，曰："麟也。"取之。〔3〕曰："河不出图，〔4〕雒不出书，〔5〕吾已矣夫！"〔6〕颜渊死，孔子曰："天丧予！"〔7〕及西狩见麟，曰："吾道穷矣！"〔8〕喟然叹曰："莫知我夫！"子贡曰："何为莫知子？"子曰："不怨天，不尤人，〔9〕下学而上达，〔10〕知我者其天乎！"〔11〕

【注释】〔1〕"狩"，音 shòu，打猎。"大野"，即大野泽，又名"巨野泽"，故址在今山东巨野北。〔2〕"车"，此指驾车者。"子鉏商"，氏子鉏，名商，叔孙氏家臣。〔3〕按此节见《左传·哀公十四年》。〔4〕"河"，黄河。"图"，即河图，黄河所出之图。关于河图的内容性质，刘歆认为是八卦，《汉书·五行志》云："刘歆以为伏羲氏继天而王，受河图，则而画之，八卦是也。"郑玄则认为是帝王圣者受命的祥瑞，《尚书·顾命》郑玄注："河图，图出于河，帝王圣者之所受。"〔5〕"雒"，雒水，曹魏黄初元年（公元二二○年）改"雒"为"洛"。"书"，即雒书，雒水所出之书。汉人认为就是《尚书·洪范》所说的"天乃锡禹洪范九畴"。《太平御览》卷八七二引《尚书中候》云："尧率群臣，东沉于洛，退候至于下稷，赤光起，无龟负书，中背有赤文朱字。"《尚书大传》郑玄注云："初禹治水，得神龟负文于洛，以尽得天人阴阳之用。"关于雒书的内容，《汉书·五行志》认为就是《洪范》中从"初一曰五行"至"畏用六极”一段，云：“凡此六十五字，皆《雒书》本文，所谓天迪锡禹大法九章，常事所次者也。”〔6〕“已”，尽，完。“矣夫”，“矣”、“夫”均为语气词。此连用，加强表示感叹的语气。按《论语·子罕》云：“子曰：‘凤鸟不至，河不出图，吾已矣夫！’”《周易·系辞》云：“河出图，洛出书，圣人则之。”当为司马迁此节所本。〔7〕按自“颜渊死”至此，见《论语·先进》。〔8〕按从“颜渊死”至此，见《春秋公羊传》哀公十四年和《春秋繁露·随本消息》。〔9〕“尤”，责怪。〔10〕“下”，天下，人间，此指人事。“上”，上天，此指天道、天命。“下学而上达”，下学人事，上通天命。〔11〕按自“莫知我夫”至此，见《论语·宪问》。

【译文】鲁哀公十四年春季，在大野泽打猎。叔孙氏的车夫子鉏商猎获一头野兽，认为不吉祥。孔子细看野兽，说：“是麒麟啊。”就取走了。孔子说：“黄河不再出现河图，雒水不再出现雒书，我也该完了啊！”颜渊死了，孔子说：“上天要让我死啊！”等到在鲁国西部打猎见到麒麟，孔子说：“我的道路到头了！”感慨地叹息说：“没人知道我啊！”子贡问：“为什么没人知道您？”孔子说：“不怨天，不怪人，我下学人事，上通天命，知道我的恐怕只有上天吧！”

“不降其志，不辱其身，伯夷、叔齐乎！”谓“柳下惠、少连，〔1〕降志辱身矣”。谓“虞仲、夷逸，〔2〕隐居放言，〔3〕行中清，〔4〕废中权”。〔5〕“我则异于是，无可无不可。”〔6〕

【注释】〔1〕“柳下惠”，氏展，名获，字禽，亦称“展获”、“展禽”，谥惠，食邑于柳下，故称“柳下惠”，鲁国大夫，曾任士师。“少连”，东夷人，以善于守丧受到孔子称赞。参看《礼记·杂记》。〔2〕“虞仲、夷逸”，皆春秋时隐士。夷逸见《尸子》，《尸子》云：“或劝夷逸仕。逸曰：‘吾譬则牛，宁服轭以耕于野，岂忍被绣入庙为牺。’”〔3〕“放”，放纵，任意。“言”，言谈。〔4〕“中”，音 zhòng，适合，符合。“清”，清白，高洁。〔5〕“废”，废弃，弃世。或谓通“发”，发动，行动。“权”，权变，权宜。〔6〕按本节见《论语·微子》。

【译文】“不降低自己的志向，不玷污自己的人格，那就是伯夷、叔齐吧！”孔子认为“柳下惠、少连降低志向，玷污人格了”。认为“虞仲、夷逸二人避世隐居，放浪言论，品行堪称清白，放弃仕途合乎权变”。孔子说：“我却和他们不同，没有什么可以也没有什么不可以。”

子曰：“弗乎弗乎，〔1〕君子病没世而名不称焉。〔2〕吾道不行矣，吾何以自见于后世哉？”乃因史记作《春秋》，〔3〕上至隐公，〔4〕下讫哀公十四年，〔5〕十二公。〔6〕据鲁，〔7〕亲周，〔8〕故殷，〔9〕运之三代。〔10〕约其文辞而指博。〔11〕故吴、楚之君自称王，而《春秋》贬之曰“子”；〔12〕践土之会实召周天子，〔13〕而《春秋》讳之曰“天王狩于河阳”；〔14〕推此类以绳当世，[15]贬损之义，后有王者举而开之。[16]《春秋》之义行，则天下乱臣贼子惧焉。[17]

【注释】〔1〕"弗"，不。这里是不行、不成的意思。〔2〕"病"，恨，痛恨。"没"，音mò，通"殁"，死。"没世"，终身，一辈子。"称"，称道。按此句见《论语·卫灵公》。〔3〕"因"，利用。"史记"，史官的记载。"《春秋》"，鲁国史官撰写的春秋编年史，起于鲁隐公元年（公元前七二二年），终于鲁哀公十四年（公元前四八一年），以极其简练的文字记载二百四十二年间的史事。汉人多以为经孔子整理修订而成，被奉为儒家经典之一。汉代解释传授《春秋》的主要有左氏、公羊氏和谷梁氏三家，分别有《传》流存至今。〔4〕"隐公"，即鲁隐公，名息姑，鲁伯禽七世孙，鲁惠公之子，母声子，公元前七二二年至前七一二年在位。详见本书《鲁周公世家》。〔5〕"哀公"，即鲁哀公，哀公十四年为公元前四八一年。〔6〕"十二公"，指鲁国春秋时代的十二位国君，即隐公、桓公、庄公、闵公、僖公、文公、宣公、成公、襄公、昭公、定公、哀公。〔7〕"据鲁"，以鲁国为根据。〔8〕"亲周"，以周王室为亲承的前朝。〔9〕"故殷"，以殷代为隔朝的故旧。〔10〕"运"，通，贯通。"三代"，指鲁、周、殷。或谓夏、商、周，不确。按此"据鲁，亲周，故殷，运之三代"，系司马迁撷取董仲舒"三统说"，采用了《春秋》公羊家。《春秋繁露·三代改制质文》云："王者改制作科奈何？曰：当十二色，历各法而正色，逆数三而复。……故《春秋》应天作新王之事，时正黑统。王鲁，尚黑，绌夏，亲周，故宋。"《春秋公羊传》"隐公第一"徐彦《疏》引何休《文谥例》有"三科九旨"之说，云："新周，故宋，以《春秋》当新王，此一科三旨也。"〔11〕"约"，简约，简略。"指"，通"旨"，旨意，意思。〔12〕"贬"，贬抑，降低。"子"，周代五等爵之第四等。〔13〕"践土"，郑国地名，在今河南原阳西南。"践土之会"，公元前六三二年晋文公在践土与诸侯会盟，名义上在此朝见周襄王。实际上是晋文公召来周襄王，藉此来确定自己的霸主地位。〔14〕"天王"，周天子，即周襄王。"河阳"，晋国邑名，在今河南孟县西。按此事本《左传》僖公二十八年，云："是会也，晋侯召王，以诸侯见，且使王狩。仲尼曰：'以臣召君，不可以训。故书曰"天王狩于河阳"，言非其地也，且明德也。'"〔15〕"绳"，绳正，纠正。〔16〕"开"，开启，推广。〔17〕"乱臣贼子"，指犯上作乱的大臣、子弟。"《春秋》之义行，则天下乱臣贼子惧焉"，按《孟子·滕文公下》作："孔子成《春秋》而乱臣贼子惧。"

【译文】孔子说："不行了不行了，君子痛恨活了一辈子而名声不被人们称道。我的主张不能实行了，我用什么将自己显现给后人呢？"于是利用鲁国史官的记载撰作《春秋》，上溯至鲁隐公，下讫于鲁哀公十四年，包括十二位君主。以鲁国为中心，以周王室为亲承的前朝，以殷代为隔朝的故旧，将道统贯穿于三代。简约精炼其中的文辞而意旨博大恢弘。所以吴国、楚国的君主自称为王，但《春秋》贬称他们为"子"；晋文公在践土的盟会实际上是他召来周天子，但《春秋》避讳此事写作"天王狩于河阳"：推衍这类《春秋》笔法来绳正当时的世道。《春秋》中褒贬的大义，后代有王者兴起的话，就能推广开来。《春秋》大义实行之后，那么天下的乱臣贼子便都害怕了。

孔子在位听讼，[1]文辞有可与人共者，[2]弗独有也。[3]至于为《春秋》，笔则笔，[4]削则削，[5]子夏之徒不能赞一辞。[6]弟子受《春秋》，孔子曰："后世知丘者以《春秋》，而罪丘者亦以《春秋》。"[7]

【注释】[1]"在位"，指孔子在鲁司寇之位。"听"，听理，审理。"讼"，诉讼，打官司。[2]"文辞"，此指判词。"共"，共同，相同。 [3]"独有"，独自占有，独自决断。按《淮南子·主术》云："孔子为鲁司寇，听狱必师断。"《春秋繁露·五行相生》云："为鲁司寇，断狱屯屯，与众共之，不敢自专。"《说苑·至公》所言较详，云："孔子为鲁司寇，听狱必师断，敦敦然皆立，然后君子进曰：'某子以为何若?'某子曰云云。又曰：'某子以为何若?'某子曰云云。辩矣，然后君子（曰）：'几当从某子云云乎。'……文辞有可与人共之者，君子不独有也。"另又见《孔子家语·好生》、《公羊》僖公二十八年《解诂》。 [4]"笔"，用笔书写，记载。[5]"削"，用刀削除。古时以竹木为书写材料，删改时用刀先刮去竹木上的字，故叫做削。[6]"子夏"，名商，氏卜，字子夏，晋国温（今河南温县西南）人，一说卫国人。孔子弟子。曾任鲁国莒父（今山东莒父）宰。孔子死后，到魏国西河讲学，被魏文侯尊为师。对《诗》、《春秋》等儒家经典的传授起过重要作用。生于公元前五〇七年。详见本书《仲尼弟子列传》。"赞"，赞助，修改。 [7]按语见《孟子·滕文公下》，云："孔子曰：'知我者其惟《春秋》乎！罪我者其惟《春秋》乎！'"

【译文】孔子在司寇职位上审理诉讼案件时，判词有可以和别人相同处，就不独自决断。至于撰作《春秋》，他认为该写的就写，该删的就删，即使是子夏之流的高足弟子也不能改动一字一句。弟子们听受《春秋》时，孔子说："后代了解我的凭这部《春秋》，而怪罪我的也凭这部《春秋》。"

明岁，子路死于卫。孔子病，子贡请见。孔子方负杖逍遥于门，[1]曰："赐，汝来何其晚也?"孔子因叹，歌曰："太山坏乎！[2]梁柱摧乎！[3]哲人萎乎！"[4]因以涕下。[5]谓子贡曰："天下无道久矣，莫能宗予。[6]夏人殡于东阶，[7]周人于西阶，[8]殷人两柱间。[9]昨暮予梦坐奠两柱之间，[10]予始殷人也。"后七日卒。[11]

【注释】[1]"负杖"，倚恃手仗，挂着手杖。按《礼记·檀弓上》、《孔子家语·终记》作"负手曳杖"，则意为反剪双手拖着手杖。"逍遥"，悠闲自在的样子。 [2]"太山"，即泰山。古时被奉为众山之首。"坏"，败坏，崩溃。 [3]"梁柱"，梁木，栋梁。"摧"，折，折断。[4]"哲人"，才识出众的人。"萎"，枯萎，死亡。[5]"涕"，泪，眼泪。[6]"宗"，尊崇，重用。 [7]"东阶"，东边的台阶，古为主人升堂所走。按《礼记·檀弓》作"东阶之上"，为主人之位。 [8]"西阶"，西边的台阶，为客人升堂所走的台阶。"周人于西阶"，按《礼记·檀弓上》作"周人殡于西阶之上"。"西阶之上"为客人之位。 [9]"柱"，此指楹，厅堂前部的柱子。按"柱"，《礼记·檀弓上》作"楹"。"两柱间"，按《礼记·檀公》作"两楹之间"，此为堂上最尊之位，面向南方。〔10〕"奠"，定。〔11〕按自"孔子方负杖逍遥于门"至此，详见《礼记·檀弓上》、《孔子家语·终记》。

【译文】第二年，子路在卫国死去。孔子病重，子贡请求见面。孔子正拄着手杖在门口闲逛，说："赐，你来得为什么这样迟啊？"孔子因此叹息，歌唱道："泰山在崩溃啊！栋梁在折断啊！哲人在死亡啊！"接着潸然泪下。对子贡说："天下没有王道很久了，没有人能尊崇我。夏人死后在东边的台阶上停灵，周人死后在西边的台阶上停灵，殷人死后则在厅堂前的两根柱子间停灵。昨天夜晚我做梦坐定在堂前两根柱子之间，我的始祖是殷人啊。"此后第七天孔子去世。

　　孔子年七十三，以鲁哀公十六年四月己丑卒。〔1〕

【注释】〔1〕"鲁哀公十六年四月己丑"，按此推算，相当于公元前四七九年三月九日。孔子卒日，司马迁采《左氏》经、传。

【译文】孔子享年七十三岁，于鲁哀公十六年四月己丑日去世。

　　哀公诔之曰：〔1〕"旻天不吊，〔2〕不憖遗一老，〔3〕俾屏余一人以在位，〔4〕茕茕余在疚。〔5〕呜呼哀哉！尼父，〔6〕毋自律！"〔7〕子贡曰："君其不没于鲁乎！〔8〕夫子之言曰：'礼失则昏，〔9〕名失则愆。'〔10〕失志为昏，失所为愆。生不能用，死而诔之，非礼也。称'余一人'，〔11〕非名也。"

【注释】〔1〕"诔"，音 lěi，古时上对下所致的悼词。〔2〕"旻"，音 mín，天空。"旻天"，天，上天。"吊"，通"淑"，善，仁。"旻天不吊"，按《诗·小雅·节南山》有"昊天不吊"之语。〔3〕"憖"，音 yìn，且，暂且。"一老"，一老人。"不憖一老"，按此语见《诗·小雅·十月之交》。〔4〕"俾"，音 bǐ，使。"屏"，屏蔽，庇护。"余一人"，原为天子自称之词，这里哀公用以自称。"俾屏余一人"，按《诗·小雅·十月之交》有"俾守我王"之语。〔5〕"茕"，音 qióng，通"惸"，没有兄弟，引申为孤单无依。"茕茕"，孤独无依的样子。"疚"，忧虑。按《诗·周颂·闵予小子》有"嬛嬛在疚"之语。〔6〕"尼父"，对孔子的尊称。犹如称"吕尚"为"尚父"，称"管仲"为"仲父"。杨伯峻《春秋左传注》云："称尼父者，孔丘字仲尼，父犹仲山甫之甫也。……哀公即位时更小，至此时不过二十余耳，于一七十余老翁，宜其以父称之。"〔7〕"律"，法，此作动词，意为约束，规范。"毋自律"，即"毋律自"，没人来用礼法规范自己。〔8〕"君"，国君，指鲁哀公。"其"，此用作副词，表示推测。〔9〕"昏"，昏暗，混乱。〔10〕"愆"，音 qiān，过失，谬误。〔11〕按本节见《左传》哀公十六年，又见《礼记·檀弓上》、《孔子家语·终记》。

【译文】鲁哀公撰写诔文悼念孔子道："上天不行善，不姑且留下这位老人，让他辅佐余一人在位为君，孤独无依的我忧心忡忡。呜呼哀哉！仲尼老人，再也没有人来用礼法来要求我了。"子贡说："国君恐怕不能在鲁国寿终正寝了吧！老师的话说：'礼仪丧失就会昏乱，名分丧失就会谬误。'丧失意志叫做昏乱，丧失身份叫做谬误。生前不能重用，死后才作诔悼念他，不合礼制啊。自称'余一人'，不合名分啊。"

孔子葬鲁城北泗上，[1]弟子皆服三年。[2]三年心丧毕，[3]相诀而去，[4]则哭，各复尽哀；或复留。唯子赣庐于冢上，[5]凡六年，然后去。[6]弟子及鲁人往从冢而家者百有余室，[7]因命曰孔里。鲁世世相传以岁时奉祠孔子冢，[8]而诸儒亦讲礼乡饮大射于孔子冢。[9]孔子冢大一顷。故所居堂、弟子内，[10]后世因庙，[11]藏孔子衣冠琴车书，至于汉二百余年不绝。[12]高皇帝过鲁，[13]以太牢祠焉。[14]诸侯、卿、相至，[15]常先谒然后从政。[16]

【注释】〔1〕"泗"，水名。在今山东中部，发源于山东泗水县东蒙山南麓，因四水并源而得名。"泗上"，泗水之滨。 〔2〕"服"，服丧。 〔3〕"心丧"，不穿丧服，在心中哀悼。这是古代弟子对老师去世的服丧形式。按《礼记·檀公上》云："事师无犯无隐，左右就养无方，服勤至死，心丧三年。"又云："孔子之丧，门人疑所服。子贡曰：'昔者夫子之丧颜渊，若丧子而无服。丧子路亦然。请丧夫子若丧父而无服。'" 〔4〕"诀"，音 jué，决绝，告别。 〔5〕"庐"，庐舍，此用作动词，意为构造庐舍。"庐于冢上"，按《孟子·滕文公上》作"筑室于场"。 〔6〕按自"弟子皆服三年"至此，见《孟子·滕文公上》。 〔7〕"家"，用作动词，意为安家。"室"，家。 〔8〕"岁时"，一年四季。"奉祠"，供奉祭祀。 〔9〕"乡饮"，即乡饮酒礼，古代各级地方和乡学为荐举选拔优秀人才而举行的宴饮典礼。"大射"，为祭祀而举行的射礼，系天子之礼。按此上下文意，当指乡射，为地方以射选士之礼。射礼前要先举行乡饮酒礼。 〔10〕"故所居堂"，指孔子原先居所的厅堂。"内"，内室，居室。 〔11〕"庙"，孔庙。此用作动词，意为建筑孔庙。 〔12〕"绝"，断绝，毁灭。 〔13〕"高皇帝"，指汉高祖刘邦。 〔14〕"太牢"，牛、羊、猪齐备的祭祀供品。按《汉书·高帝纪》载汉高祖于十二年（公元前一九五年）十一月，"过鲁，以大牢祠孔子"。 〔15〕"诸侯"，汉朝所封的诸侯王。"卿、相"，诸侯王国的卿、相。按孔子冢、庙在汉代地属鲁国，则此"诸侯、卿、相"应指鲁国的诸侯、卿、相。 〔16〕"谒"，拜谒。

【译文】孔子被安葬在鲁国都城北面的泗水之滨，弟子们都服三年之丧。三年心丧完毕，互相告别而离去，就最后痛哭一场，各人再次尽情致哀；有的人又留下。只有子贡在坟地上盖了房子继续服丧，前后总共六年，然后才离开。孔子弟子以及鲁国人前往依傍墓冢安家的有一百多户，因此取名叫孔里。鲁人世世代代相传一年四季按时供奉祭祀孔子的坟墓，而且儒生们还在孔子坟前讲习礼仪，举行乡饮大射之礼。孔子的坟地有一顷大。原先孔子住所的厅堂、弟子们的居室，后代就此建庙，收藏孔子的衣冠、琴瑟、车辆、书籍，一直到汉代经历二百多年仍没有毁坏。汉高祖经过鲁地，用太牢之礼祭祀孔子，受封的诸侯王、卿、相到达鲁地，经常是先谒拜孔庙然后就任从政。

孔子生鲤，字伯鱼。[1]伯鱼年五十，先孔子死。[2]

【注释】[1]关于孔鲤名、字的由来，《孔子家语·本姓》云："鱼之生也，鲁昭公以鲤鱼赐孔子。荣君之贶，故因以名鲤，而字伯鱼。" [2]按《孔子家语·本姓》云："至十九娶于宋之亓官氏，一岁而生伯鱼。"则由此可推得孔鲤生于公元前五三二年，死于公元前四八三年。

【译文】孔子生下鲤，字伯鱼。伯鱼享年五十岁，比孔子先死。

伯鱼生伋，[1]字子思，年六十二。[2]尝困于宋。子思作《中庸》。[3]

【注释】[1]"伋"，音jí，为鲁穆公师。 [2]"年六十二"，或谓系"年八十二"之误。见梁玉绳《史记志疑》。 [3]"《中庸》"，汉人收入《礼记》中。宋程颐、朱熹将其与《大学》、《论语》、《孟子》并列为《四书》。

【译文】伯鱼生下伋，字子思，享年六十二岁。曾经在宋国受困。子思撰作《中庸》。

子思生白，[1]字子上，年四十七。子上生求，字子家，[2]年四十五。子家生箕，字子京，[3]年四十六。子京生穿，字子高，年五十一。[4]子高生子慎，[5]年五十七，尝为魏相。[6]

【注释】[1]"白"，《汉书·孔光传》作"帛"，《新唐书·宰相世系表》云曾任齐威王相。 [2]"子家"，按王肃《孔子家语后序》云："子家名傲，后名永。" [3]"子京"，按《史记》别本及《汉书·孔光传》作"子真"，《孔子家语后序》作"子直"，名槛。《新唐书·宰相世系表》云曾为魏相。 [4]"五十一"，按《孔子家语后序》作"五十七"。 [5]"子慎"，按《汉书·孔光传》作"顺"；《孔丛子·陈士义篇》作"子顺"；《孔子家语后序》云名武，又名微，又名斌，字子顺；《阙里文献考》云名谦，或作武，后名斌；《新唐书·宰相世系表》云名斌，又名胤。 [6]"尝为魏相"，按《新唐书·宰相世系表》云封文信君。

【译文】子思生下白，字子上，享年四十七岁。子上生下求，字子家，享年四十五岁。子家生下箕，字子京，享年四十六岁。子京生下穿，字子高，享年五十一岁。子高生下子慎，享年五十七岁，曾经担任魏国之相。

子慎生鲋，[1]年五十七。为陈王涉博士，[2]死于陈下。[3]

【注释】〔1〕"鲋"，字甲，见《汉书·儒林传》。 〔2〕"陈王涉"，即陈涉，秦末农民起义领袖，详见本书《陈涉世家》。"博士"，官名，博通古今，掌典故文献，以备皇帝咨询。〔3〕"陈"，秦国县名，在今河南淮阳。陈涉起义建都于此。

【译文】子慎下生鲋，享年五十七岁，当过陈王涉的博士，死在陈县城下。

鲋弟子襄，[1]年五十七，尝为孝惠皇帝博士，[2]迁为长沙太守。[3]长九尺六寸。

【注释】〔1〕"子襄"，名腾。 〔2〕"孝惠皇帝"，即汉惠帝，名盈，汉高祖刘邦之子，公元前一九四年至公元前一八八年在位，详见本书《吕太后本纪》及《汉书·惠帝纪》。 〔3〕"长沙"，郡名，秦置，治所在临湘（今湖南长沙市），辖境相当于今湖南东部、南部和广西全州，广东连县、阳山等地。西汉高祖五年（公元前二〇二年）改郡为国。"长沙太守"，按惠帝时长沙为国，不应有太守，当依《汉书·孔光传》作"长沙太傅"，则此"守"系"傅"之误。

【译文】孔鲋的弟弟子襄，享年五十七岁。曾经担任汉惠帝的博士，后来迁升为长沙太守。身高九尺六寸。

子襄生忠，[1]年五十七。忠生武，武生延年及安国。[2]安国为今皇帝博士，[3]至临淮太守，[4]蚤卒。[5]安国生卬，卬生欢。[6]

【注释】〔1〕"忠"，按《孔子家语后序》作"季中"，《书序》、《疏》作"中"。《新唐书·宰相世系表》云字子贞，博士。 〔2〕"武"，《阙里文献考》云字子威。"忠生武，武生延年及安国"，按《汉书·孔光传》、《孔子家语后序》、《新唐书·宰相世系表》，安国为忠之子，系武之弟。此处司马迁误记。 〔3〕"今皇帝"，指汉武帝刘彻。 〔4〕"临淮"，郡名，汉武帝元狩六年（公元前一一七年）置，郡治徐县（在今江苏泗洪南）。 〔5〕"蚤"，通"早"。 〔6〕"安国生卬，卬生欢"，泷川资言《史记会注考证》云："此盖天汉以后事，后人补记。"

【译文】子襄生下忠，享年五十七岁。忠生下武，武生下延年和安国。孔安国为当今皇帝的博士，官至临淮太守，早年去世。孔安国生下卬，卬生下欢。

太史公曰：[1]《诗》有之：[2]"高山仰止，[3]景行行止。"[4]虽不能至，然心乡往之。[5]余读孔氏书，想见其为人。适鲁，观仲尼庙堂、车服、礼器，诸生以时习礼其家，余祗回留之不能去云。[6]天下君王至于贤人众矣，当时则荣，没则已焉。孔子布衣，[7]传十余世，学者宗之。自天子王侯，中国言六艺者折中于夫子，[8]可谓至圣矣！

中華藏書

【注释】〔1〕"太史公"，即司马迁。〔2〕"《诗》有之"，按以下两句见《诗·小雅·车舝》。〔3〕"仰"，仰望。"止"，之，语助词。〔4〕"景"，大，广。"行"，音háng，道，道路。〔5〕"乡"，通"向"，向往。〔6〕"祗回"，亦作"低回"，留恋不舍的样子。〔7〕"布衣"，麻布衣服，为平民服装，故指代平民。〔8〕"折中"，取正，根据标准判断是非。

【译文】太史公说：《诗经》有这样的话："巍峨的高山令人仰望，宽阔的大路让人行走。"尽管我不能回到孔子的时代，然而内心非常向往。我阅读孔氏的书籍，可以想见到他的为人。去到鲁地，观看仲尼的宗庙厅堂、车辆服装、礼乐器物，儒生们按时在孔子故居演习礼仪，我流连忘返以至留在那里无法离去。天下从君王直至贤人，是很多很多了，生前都荣耀一时，死后也就完了。孔子是个平民，传世十几代，学者尊崇他。上起天子王侯，中原凡是讲习六经的都要以孔夫子为标准来判断是非，孔子可说是至高无上的圣人了！

世家十五篇（精选）

陈涉世家

陈胜者，阳城人也，[1]字涉。吴广者，阳夏人也，[2]字叔。陈涉少时，尝与人佣耕，[3]辍耕之垄上，[4]怅恨久之，[5]曰："苟富贵，[6]无相忘。"[7]庸者笑而应曰："若为庸耕，[8]何富贵也？"陈涉太息曰[9]："嗟乎，[10]燕雀安知鸿鹄之志哉！"[11]

【注释】〔1〕"阳城"，县名，治所在今河南登封县东南告成镇。〔2〕"阳夏"，县名，治所在今河南太康县。"夏"，音jiǎ。〔3〕"尝"，曾，曾经。"佣"，雇佣，出钱叫人为自己做事。也可指受人钱而为别人干活。〔4〕"辍"，音chuò，停止。"之"，往，到。"垄"，田垄，田埂。〔5〕"怅"，音chàng，失意，懊恼。〔6〕"苟"，如果，假若。〔7〕"无"，通"毋"，勿，不要。〔8〕"若"，你。"庸"，通"佣"。〔9〕"太息"，大声叹气。〔10〕"嗟"，音jiē，感叹声。〔11〕"安"，哪里。"鸿"，大雁。"鹄"，音hú，天鹅。"鸿鹄"，大雁和天鹅。或谓即指天鹅。

中国书店

【译文】陈胜是阳城人，字涉。吴广是阳夏人，字叔。陈涉年轻的时候，曾和别人受雇耕田，有一次他停止耕作走到田埂上，惆怅恼恨了很久，说："如果有朝一日富贵了，大家互相不要忘记。"一起受雇耕田的人笑着回答说："你被人雇来耕田，怎么富贵呢？"陈涉长叹道："唉，燕子麻雀哪里懂得大雁天鹅的志向呢！"

二世元年七月，〔1〕发闾左，〔2〕適戍渔阳，〔3〕九百人屯大泽乡。〔4〕陈胜、吴广皆次当行，〔5〕为屯长。〔6〕会天大雨，〔7〕道不通，度已失期。〔8〕失期，法皆斩。陈胜、吴广乃谋曰："今亡亦死，〔9〕举大计亦死，〔10〕等死，〔11〕死国可乎！"〔12〕陈胜曰："天下苦秦久矣。〔13〕吾闻二世少子也，不当立，当立者乃公子扶苏。〔14〕扶苏以数谏故，〔15〕上使外将兵。〔16〕今或闻无罪，〔17〕二世杀之。百姓多闻其贤，未知其死也。项燕为楚将，〔18〕数有功，爱士卒，楚人怜之。〔19〕或以为死，或以为亡。今诚以吾众诈自称公子扶苏、项燕，〔20〕为天下唱，〔21〕宜多应者。"吴广以为然。乃行卜。〔22〕卜者知其指意，〔23〕曰："足下事皆成，有功。然足下卜之鬼乎！"〔24〕陈胜、吴广喜，念鬼，〔25〕曰："此教我先威众耳。"乃丹书帛曰"陈胜王"，〔26〕置人所罾鱼腹中。〔27〕卒买鱼烹食，得鱼腹中书，固以怪之矣。〔28〕又间令吴广之次所旁丛祠中，〔29〕夜篝火，〔30〕狐鸣呼曰"大楚兴，陈胜王"。卒皆夜惊恐。旦日，〔31〕卒中往往语，〔32〕皆指目陈胜。〔33〕

【注释】〔1〕"二世"，指秦二世，名胡亥，秦始皇的小儿子，据《索隐》所引《隐士遗章邯书》云，系秦始皇的第十八子。公元前二一〇年，秦始皇在外出巡行途中病死，赵高、李斯等人乘机偷换诏书，拥立随行的胡亥登上帝位。详见本书《秦始皇本纪》及《李斯列传》。"二世元年"，即公元前二〇九年。〔2〕"发"，征发。"闾"，音 lǘ，里巷的大门，也用以指代里巷。"闾左"，里巷左边。此指居住在里巷左边的平民。或谓秦人尚右，因此富人居闾右，穷人居闾左。〔3〕"適"，音 zhé，通"谪"，因罪而被谴罚。"戍"，戍守，守卫。"渔阳"，秦郡名，治所渔阳（在今北京市密云县西南），辖境相当于今河北围场以南，蓟运河以西，天津市以北，北京市怀柔、通县以东地区。时为秦北方边郡之一。〔4〕"屯"，聚集，屯驻。"大泽乡"，时属泗水郡蕲县，在今安徽省宿县南蕲县集西的小刘村。〔5〕"次"，次第，次序。〔6〕"屯"，戍卒编制单位，五人为一屯。或谓五十人为一屯。"屯长"，一屯之长。〔7〕"会"，当，逢。〔8〕"度"，音 duó，忖度，估计。"失期"，误期，超过规定期限。〔9〕"亡"，逃亡，逃跑。〔10〕"举"，举行，实行。"大计"，大事，指起义。〔11〕"等"，同，同样。〔12〕"死国"，死于国事。此指为反秦复兴楚国而死。〔13〕"苦"，痛苦。此用为动词，意谓遭受苦难。〔14〕"公子扶苏"，秦始皇长子。公元前二一二年因进谏而激怒始皇，被派往北边上郡（治所肤施，在今陕西榆林东南），任蒙恬部之监军。公元前二一〇年，秦始皇在巡视途中得重病，下玺书召扶苏回京治丧；旋即始皇病死，赵高勾结李斯、胡亥乘机扣压玺书，另造诏书，逼扶苏自杀。事详本书《秦始皇本纪》、《李斯列传》。 〔15〕"数",音 shuò,多次,屡次。 〔16〕"将",音 jiàng,率领,统领。
〔17〕"或",有,有人。 〔18〕"项燕",楚国将领,项羽祖父,公元前二二三年在与秦作战中,
兵败身死。"楚",国名,芈姓,始祖鬻熊,西周时立国,都丹阳(今湖北秭归东南)。其后疆域不
断扩展。至战国,成为领土最大的强国,占有以今湖北为中心的华中、华东及华南等部分区城,都
郢(今湖北省江陵西北纪南城)。后因政治腐败,于公元前二二三年被秦国灭亡。 〔19〕"怜",
哀怜,同情。 〔20〕"诚",果真,如果。"诈",假装,冒充。 〔21〕"唱",通"倡",倡导,
号召。 〔22〕"卜",占卜,使用迷信方法预测吉凶。 〔23〕"指",通"旨"。"指意",旨意,
意图。 〔24〕"足下",对人的敬称。"鬼",鬼神。 〔25〕"念",思念,考虑。 〔26〕"丹",
朱砂。"书",写。"王",音 wàng,用作动词,为王。 〔27〕"罾",音 zēng,一种捕鱼工具,俗
称"板罾"。此用作动词,用罾捕获。 〔28〕 "固",本来,原来。"以",通"已",已经。
〔29〕"间",音 jiàn,暗中。"令",使,让。"次",止,停留。"次所",住所。"丛",丛生的树
木。古时民间有以丛生树木作为社神来祭祀的习俗。《墨子·明鬼下》云:"必择木之修茂者,
立以为丛社。""丛祠",丛社神祠。《吕氏春秋·怀宠》云:"问其丛社大祠,民之所不欲废者而
复兴之。" 〔30〕"篝",音 gōu,竹笼。"篝火",用竹笼罩着的火。 〔31〕"旦日",明日。
〔32〕"往往",处处,纷纷。 〔33〕"指目",手指目视。

【译文】秦二世元年七月,征发居住在里巷左边的平民,派遣其中有罪的去渔
阳郡戍边,有九百人驻扎在大泽乡。陈胜、吴广都依次编入队伍,担任屯长。碰到
天下大雨,道路不通,估计已经误期。超过规定期限,依法都要斩首。陈胜、吴广
于是密谋:"如今逃亡是死,举行起义也是死,同样是死,为楚国而死该可以吧!"
陈胜说:"天下遭受秦朝的痛苦很久了。我听说秦二世是小儿子,不应当即位,应
当即位的是公子扶苏。扶苏因为多次直言进谏的缘故,皇上派他在外领兵。如今有
人听说扶苏没有任何罪过,秦二世杀了他。百姓中很多人听说他的贤明,但不知道
他的死。项燕担任楚国将军,屡立战功,爱护士兵,楚地人怜惜他。有的以为他死
了,有的以为他跑了。今天如果用我们这些人假冒自称是公子扶苏、项燕部下,为
天下带头起义,就应该有许多响应的人。"吴广认为是这样。于是举行占卜。占卜
的人知道他们的意思,说:"你们的事都能成,会建功立业。然而你们向鬼神占卜
了吗?"陈胜、吴广很高兴,就考虑利用鬼神的事,说:"这是教我们先在众人中树
立威信罢了。"于是用朱砂在绢帛上书写"陈胜王",放入别人所打鱼的肚子里。
士卒买来那条鱼准备烹煮吃,得到鱼肚子里的帛书,这原已使人很奇怪了。陈胜又
让吴广到驻地旁的丛社神祠中,夜里点起篝火,学着狐狸的声音叫道"大楚兴,陈
胜王"。士卒一夜都惊恐不安。第二天,士卒中间纷纷谈论,都指点注视陈胜。

吴广素爱人,[1]士卒多为用者。[2]将尉醉,[3]广故数言欲亡,忿恚
尉,[4]令辱之,以激怒其众。尉果笞广。[5]尉剑挺,[6]广起,夺而杀尉。
陈胜佐之,并杀两尉。召令徒属曰:[7]"公等遇雨,[8]皆已失期,失期
当斩。藉弟令毋斩,[9]而戍死者固十六七。[10]且壮士不死即已,[11]死即

举大名耳，王侯将相宁有种乎！"〔12〕徒属皆曰："敬受命。"乃诈称公子扶苏、项燕，从民欲也。袒右，〔13〕称大楚。为坛而盟，〔14〕祭以尉首。陈胜自立为将军，吴广为都尉。攻大泽乡，收而攻蕲。〔15〕蕲下，〔16〕乃令符离人葛婴将兵徇蕲以东。〔17〕攻铚、〔18〕酂、〔19〕苦、〔20〕柘、〔21〕谯皆下之。〔22〕行收兵。〔23〕比至陈，〔24〕车六七百乘，〔25〕骑千余，〔26〕卒数万人。〔27〕攻陈，陈守令皆不在，〔28〕独守丞与战谯门中。〔29〕弗胜，守丞死，乃入据陈。数日，号令召三老、〔30〕豪杰与皆来会计事。〔31〕三老、豪杰皆曰："将军身被坚执锐，〔32〕伐无道，诛暴秦，复立楚国之社稷，〔33〕功宜为王。"陈涉乃立为王，号为张楚。〔34〕

【注释】〔1〕"素"，平素，一向。 〔2〕"为用者"，为吴广所用的，指听从吴广指使的人。〔3〕"尉"，武官名。"将尉"，统领戍卒的武官。 〔4〕"恚"，音 huì，愤怒。"忿恚尉"，使将尉愤怒，即激怒将尉。 〔5〕"笞"，音 chī，用竹条、木板或皮鞭抽打。 〔6〕"挺"，拔，举。〔7〕"徒属"，部属，部下。 〔8〕"公"，尊称。"公等"，您等，你们的敬称。 〔9〕"藉"，音 jiè，通"借"，假使。"弟"，通"第"，但，只。"令"，下令。"毋"，勿，不。 〔10〕"固"，必，必然。"十六七"，指十分之六七。 〔11〕"即"，通"则"。下句"即"字同。 〔12〕"宁"，岂，难道。"种"，种类，族类。 〔13〕"袒右"，袒露右臂。以此作为起义的识别标志。〔14〕"坛"，土筑的高台。"盟"，立誓缔约。 〔15〕"蕲"，音 qí，县名，治所在今安徽省宿县东北。 〔16〕"下"，攻下，攻克。 〔17〕"符离"，县名，治所在今安徽省宿县东北。"徇"，音 xùn，收取，攻取。 〔18〕"铚"，音 zhì，县名，治所在今安徽省宿县西南。〔19〕"酂"音 cuó，县名，治所在今河南永城县西，酂县乡。 〔20〕"苦"，县名，治所在今河南鹿邑县东。 〔21〕"柘"，音 zhè，县名，治所在今河南柘城县西北。〔22〕"谯"，音 qiáo，县名，治所在今安徽亳县。 〔23〕"行收兵"，指行进途中招收兵马。 〔24〕"比"，音 bì，及，到。"陈"，县名，为陈郡郡治，治所在今河南淮阳县。 〔25〕"车"，兵车，战车。"乘"，音 shèng，古时以一车四马为一乘。 〔26〕"骑"，音 qí，骑兵。古时以一人一马为一骑。 〔27〕"卒"，步卒，步兵。 〔28〕"陈守令"，指陈郡郡守和陈县县令。陈郡郡治在陈县，故既有郡守又有县令。郡守为一郡之长，县令为一县之长。 〔29〕"守丞"，即郡丞，郡守的副手。郡守不在，代行其职。"谯"，谯楼，筑在城门上的瞭望楼。"谯门"，谯楼下的城门。 〔30〕"三老"，掌管教化的乡官。通常由所谓有德行的老人担任。 〔31〕"豪杰"，地方上有名望权势的人。"会"，会集，聚会。"计"，计议，谋划。 〔32〕"身"，亲身，亲自。"被"，音 pī，通"披"。"被坚执锐"，身披坚固的铠甲，手持锐利的武器。此指全副武装参加战斗。 〔33〕"社稷"，社为土地神，稷为谷神。古人常用以指代国家。当时以农立国，土地和谷物系立国之本，因此古人崇尚祭祀社稷，将社稷作为国家的象征。 〔34〕"张楚"，意为张大楚国。

【译文】吴广平素爱护他人，因此士卒中有许多人愿意为他效力。将尉喝醉了酒，吴广故意多次说想逃跑，以此激怒将尉，让他来侮辱自己，借以激起众人愤怒。将尉果然鞭打吴广。将尉拔剑出鞘，吴广起身，夺过佩剑杀死将尉。陈胜帮助他，一起杀死两名将尉。然后召集号令部下说："诸公遇上大雨，都已错过期限，错过期限应当斩首。即使仅仅下令不斩首，然而戍边死亡的人也必定会占到十分之六七。况且大丈夫不死则已，死就要立下大名，王侯将相难道是天生的种吗！"部属都说："坚决服从命令。"于是假冒公子扶苏、项燕的名义，顺从民众的欲望。大家袒露右臂，号称大楚。筑起高台宣誓立约，用将尉的首级进行祭祀。陈胜自己立为将军，封吴广为都尉。进攻大泽乡，取得后又进攻蕲县。蕲县攻下后，陈胜便命令符离人葛婴领兵收取蕲县以东之地。进攻铚县、酂县、苦县、柘县、谯县，全部攻克。一路招集兵马。等到达陈县，已有兵车六七百辆，骑兵一千余，士卒几万人。进攻陈县，陈郡的郡守、县令都不在，只有郡丞独自在谯楼下城门中作战。秦兵没有获胜，郡丞战死，于是入城占据陈县。过了几天，陈涉发出号令召集当地三老、豪杰一起都来集会商议事情。当地三老、豪杰都说："将军亲自身披铠甲手持利剑，讨伐无道，诛灭暴秦，重建楚国的江山，论功应该称王。"陈涉于是立为王，国号叫张楚。

当此时，诸郡县苦秦吏者，皆刑其长吏，[1] 杀之以应陈涉。乃以吴叔为假王，[2] 监诸将以西击荥阳。[3] 令陈人武臣、[4] 张耳、[5] 陈余徇赵地，[6] 令汝阴人邓宗徇九江郡。[7] 当此时，楚兵数千人为聚者，不可胜数。

【注释】〔1〕"刑"，杀，杀戮。"长吏"，长官。此指郡守尉、县令丞等各级长官。〔2〕"吴叔"，即吴广，吴广字叔。古人称字，表示尊敬。"假王"，临时设置的王。 〔3〕"监"，监督，监领。"荥阳"，县名，治所在今河南荥阳东北。 〔4〕"武臣"，号武信君。以将军身份领兵到邯郸后，自立为赵王。翌年（公元前二〇八年）被部将李良所杀。详见本书《张耳陈余列传》。〔5〕"张耳"，大梁（今河南开封）人，初为魏信陵君客，任魏外黄（今河南民权西北）县令。魏灭后，遭秦通缉，更姓换名，逃亡陈县充任里监门。陈胜队伍入陈，即参加义军。此时被委为校尉，随武臣攻取赵地。武臣为赵王，委为右丞相。项羽立诸侯时，被封为常山王。后投汉，被封为赵王。公元前二〇二年卒，谥为景王。详见本书《张耳陈余列传》。 〔6〕"陈余"，张耳同乡，年青时父事张耳，结为刎颈之交。魏灭后，遭秦通缉，与张耳一起逃亡到陈充任里监门。后随张耳参加陈胜队伍。此时受遣，任校尉。武臣为赵王，委为大将军。武臣死，拥立赵歇为赵王，被赵歇封为代王。与张耳结怨成仇。公元前二〇四年，被张耳、韩信军击杀。详见本书《张耳陈余列传》。"赵"，国名，战国七雄之一。开国君王赵烈侯为晋大夫赵衰后裔，和韩氏、魏氏瓜分晋国。先建都晋阳（今山西太原东南），后都邯郸（今河北邯郸），占有今河北西部、山西北部和河套地区。公元前二二二年被秦所灭。 〔7〕"汝阴"，县名，治所在今安徽阜阳。"邓宗"，陈胜部将，本书仅此一见。"九江郡"，郡治在寿春（今安徽寿县），辖境约当今安徽、河南淮河以南，湖北黄冈以东和江西全省。

【译文】当这个时候，各郡县深受秦朝官吏之苦的人，都起来惩处当地的长官，杀死他们来响应陈涉。陈涉于是任命吴叔为假王，监领众将向西进击荥阳。又命令陈人武臣、张耳、陈余收取赵地，命令汝阴人邓宗收取九江郡。当这个时候，楚地士兵几千人聚集起义的，多得无法计算。

葛婴至东城，[1]立襄彊为楚王。[2]婴后闻陈王已立，因杀襄彊，还报。至陈，陈王诛杀葛婴。陈王令魏人周市北徇魏地。[3]吴广围荥阳。李由为三川守，[4]守荥阳，吴叔弗能下。陈王征国之豪杰与计，[5]以上蔡人房君蔡赐为上柱国。[6]

【注释】〔1〕"东城"，县名，治所在今安徽定远东南。 〔2〕"襄彊"，"彊"，音 qiáng。据本书《秦汉之际月表》，襄彊于当年八月被立为楚王，九月即被杀。 〔3〕"魏"，国名，战国七雄之一。开国君王魏文侯，与赵、韩瓜分晋国，公元前四〇三年正式受封。先都安邑（今山西夏县西北），后迁大梁（今河南开封），疆域不断被秦国吞食，辖境约当今河南北部及山西西南部地区。公元前二二五年被秦所灭。"周市"，"市"，音 fú。他到魏地后，拥立魏咎为王，自己为相。公元前二〇八年被秦将章邯击杀。 〔4〕"李由"，李斯的长子。公元前二〇八年被项羽军队斩杀。"三川"，郡名，郡治雒阳（在今河南洛阳东北），辖境相当于今河南黄河以南，灵宝以东的伊水、洛水流域及北汝河上游地区。以境内有黄河、洛水、伊水三川而得名。 〔5〕"征"，征召，征集。〔6〕"上蔡"，县名，治所在今河南上蔡西南。"房君"，蔡赐的封号。"上柱国"，也省称作"柱国"，本书《张耳陈余列传》作"相国"。其职掌同丞相，其名沿用楚制。

【译文】葛婴到达东城，拥立襄彊为楚王。葛婴后来听说陈王已经即位，就杀死襄彊，返回来禀报。他到达陈县，陈王诛杀葛婴。陈王命令魏人周市向北收取魏地。吴广领兵围困荥阳。李由任三川郡守，坚守荥阳，吴叔没能攻下。陈王征召国中的豪杰一起来商议，任命上蔡人房君蔡赐为上柱国。

周文，[1]陈之贤人也，尝为项燕军视日，[2]事春申君，[3]自言习兵，陈王与之将军印，西击秦。行收兵至关，[4]车千乘，卒数十万，至戏，[5]军焉。[6]秦令少府章邯免郦山徒、[7]人奴产子生，[8]悉发以击楚大军，[9]尽败之。周文败，走出关，止次曹阳二三月。[10]章邯追败之，复走次渑池十余日。[11]章邯击，大破之。周文自刭，[12]军遂不战。

【注释】〔1〕"周文"，即周章，"文"为其字。 〔2〕"视日"，占卜时日吉凶的官。〔3〕"事"，事奉，供事。"春申君"，名黄歇。楚人，楚顷襄王时出任左徒。拥立楚考烈王有功，任令尹，封为春申君。招延宾客，为著名的战国"四公子"之一。公元前二三八年，楚考烈王去世，旋即被外戚李园派人刺杀。详见本书《春申君列传》。 〔4〕"关"，函谷关，在今河南灵宝东北。是为关中门户，兵家必争之地。 〔5〕"戏"，水名，在今陕西临潼东，发源于骊山，北流注入渭河。〔6〕"军"，驻军，驻扎。"焉"，于此，在这里。〔7〕"少府"，秦官名，九卿之一，掌管山海湖泽和皇室手工业，以其收入供皇帝私人消费。"章邯"，秦末著名将领，后投降项羽，受封为雍王。公元前二〇五年，被刘邦军队战败而自杀。"免"，赦免。"郦山"，即骊山，在今陕西临潼东南。当时秦二世在此改建阿房宫，集中大量刑徒。"徒"，刑徒，被罚劳作的犯人。〔8〕"人奴产子生"，此衍"生"字，按《汉书·陈涉传》无"生"字。指奴隶生的儿子。〔9〕"悉"，尽，全部。"楚大军"，指周文所率的几十万军队。〔10〕"曹阳"，亭名，在今河南灵宝东北。〔11〕"走"，跑，逃跑。"渑池"，邑名，在今河南渑池西。"渑"，音miǎn。〔12〕"刭"，音jǐng，用刀割颈。

【译文】周文是陈县的贤人，曾经当过项燕军中占卜时日吉凶的官，事奉过春申君，自称熟习军事，陈王授予他将军印，向西攻击秦军。一路上收集兵马，到达函谷关，有战车一千辆，士卒几十万，来到戏水岸边，安营扎寨。秦廷命令少府章邯赦免骊山的刑徒、奴隶生的儿子，全部征发来攻击张楚大军，将几十万楚军统统打败。周文兵败，逃跑闯出函谷关，停留驻扎在曹阳亭约二三个月。章邯领兵追赶击败周文，楚军又逃跑驻扎在渑池十几天。章邯进击，大败楚军。周文拔剑自杀，楚军就不再战斗。

武臣到邯郸，〔1〕自立为赵王，陈余为大将军，张耳、召骚为左右丞相。〔2〕陈王怒，捕系武臣等家室，〔3〕欲诛之。柱国曰：〔4〕"秦未亡而诛赵王将相家属，此生一秦也。不如因而立之。"陈王乃遣使者贺赵，而徙系武臣等家属宫中，〔5〕而封耳子张敖为成都君，〔6〕趣赵兵亟入关。〔7〕赵王将相相与谋曰：〔8〕"王王赵，〔9〕非楚意也。〔10〕楚已诛秦，必加兵于赵。计莫如毋西兵，〔11〕使使北徇燕地以自广也。〔12〕赵南据大河，〔13〕北有燕、代，〔14〕楚虽胜秦，〔15〕不敢制赵。〔16〕若楚不胜秦，必重赵。〔17〕赵乘秦之弊，〔18〕可以得志于天下。"赵王以为然，〔19〕因不西兵，而遣故上谷卒史韩广将兵北徇燕地。〔20〕

【注释】〔1〕"邯郸"，县名，治所在今河北邯郸市。为邯郸郡郡治。邯郸郡辖境相当于今河北泜河以南，滏阳河上游和河南内黄、浚县，山东馆陶、冠县西部地区。〔2〕"召骚"，陈胜部将，以护军身份随武臣出行攻取赵地。武臣自立为王，委任左丞相，后与武臣一起被李良击杀。"召"，音shào。〔3〕"捕系"，逮捕关押。"家室"，家属。〔4〕"柱国"，即上柱国房君蔡赐。〔5〕"徙"，音xǐ，迁徙，迁移。〔6〕"张敖"，其父死，继立为王，娶汉高祖长女鲁元公主为妻，后封为宣平侯，公元前一八六年去世。谥鲁元王，或谓谥武。亦称宣平武侯。〔7〕"趣"，音cù，通"促"，催促。"亟"，音jí，急，迅速。"关"，指函谷关。〔8〕"相与"，相互，共同，一起。〔9〕"王王赵"，第一个"王"指赵王武臣；第二个"王"音wàng，作动词，为王；"赵"，指赵地。此句意谓大王在赵地为王。〔10〕"楚"，指楚王陈胜。〔11〕"莫"，不。"毋"，勿，不要。“西”，向西，往西。“兵”，进兵，用兵。〔12〕“使使”，第一个“使”字是动词，意为派遣；第二个“使”字是名词，意为使者。“使使”即派遣使者之意。“燕”，国名，西周初年分封，姬姓，始封君召公奭，建都于蓟（今北京城西南隅）。战国时为七雄之一，辖境约相当于今河北北部和辽宁西部地区。公元前二二二年被秦所灭。此“燕”即指燕国旧有地域。〔13〕“据”，据倚，依靠。“大河”，黄河。〔14〕“代”，郡名，郡治代县（在今河北蔚县西南），辖境约当今山西东北部和河北西北部地区。〔15〕“虽”，纵然，即使。〔16〕“制”，控制。〔17〕“重”，重视，尊重。〔18〕“弊”，败，衰败。〔19〕“然”，是，这样，指符合实情。〔20〕“故”，原来。“上谷”，郡名，郡治沮阳（在今河北怀来县东南），辖境约当今河北张家口、小五台山以东、赤城、北京市延庆以西及内长城和昌平以北地区。“卒史”，郡守属吏。“韩广”，到燕地后旋即自立为王。公元前二〇六年项羽分封诸侯时，改封为辽东王，因不从命而被新封燕王臧荼攻杀。

【译文】 武臣到达邯郸，自己立为赵王，陈余任大将军，张耳、召骚任左、右丞相。陈王发怒，逮捕关押武臣等人的家属，打算诛杀他们。上柱国蔡赐说：“秦朝没有灭亡而诛杀赵王及其将相的家属，这是在制造又一个为敌的秦国。不如因此而封立他为王。”陈王于是派遣使者前往赵地祝贺，同时将关押的武臣等人的家属迁移到宫中，还封张耳儿子张敖为成都君，催促赵兵立即进入函谷关。赵王的将相一同谋议说：“大王在赵地为王，并非楚王的本意。楚王诛灭秦朝后，必定进攻赵国。眼下之计不如不向西进兵，派使者北上收取燕地来扩展自己。赵国南面依仗黄河，北面占有燕、代之地，楚王即使战胜秦国，也不敢欺压赵国。倘若楚王不能战胜秦国，必定会器重赵国。赵国利用秦国的衰败，便可以取得天下。”赵王认为是这样，因而不向西进兵，而派遣原上谷郡卒史韩广领兵北上收取燕地。

燕故贵人豪杰谓韩广曰：〔1〕“楚已立王，赵又已立王。燕虽小，亦万乘之国也，〔2〕愿将军立为燕王。”韩广曰：“广母在赵，不可。”燕人曰：“赵方西忧秦，〔3〕南忧楚，其力不能禁我。且以楚之强，〔4〕不敢害赵王将相之家，赵独安敢害将军之家！”〔5〕韩广以为然，乃自立为燕王。居数月，〔6〕赵奉燕王母及家属归之燕。〔7〕

【注释】 〔1〕“贵人”，权贵，指公卿大夫。“谓”，告诉，对……说。〔2〕“万乘之国”，拥有一万辆战车的国家。战国时代，常以此指称大国、强国。〔3〕“方”，正当，正在。〔4〕“以”，凭借，依仗。〔5〕“独”，唯独，单单。“安”，如何，怎么。〔6〕“居数月”，过几个月，即几个月后。〔7〕“奉”，送。“之”，代词，指“燕王母及家属”。

【译文】 燕国原来的权贵豪杰对韩广说：“楚国已经立了王，赵国也已经立了王。燕国尽管小，但也是曾拥有万辆战车的国家，希望将军立为燕王。”韩广说：“我的母亲在赵地，不可这样做。”燕人说：“赵国正西边担忧秦国，南边担忧楚国，它的力量无法禁止燕国立王。况且凭着楚国的强大，尚不敢杀害赵王及其将相的家属，赵国哪敢单单杀害将军的家属！"韩广认为是这样，于是自立为燕王。过了几个月，赵国将燕王的母亲和家属送归燕国。

当此之时，诸将之徇地者，不可胜数。[1]周市北徇地至狄，[2]狄人田儋杀狄令，[3]自立为齐王，[4]以齐反击周市。市军散，还至魏地，欲立魏后故宁陵君咎为魏王。[5]时咎在陈王所，[6]不得之魏。魏地已定，欲相与立周市为魏王，周市不肯。使者五反，[7]陈王乃立宁陵君咎为魏王，遣之国。[8]周市卒为相。[9]

【注释】〔1〕"胜"，音 shèng，尽，全部。 〔2〕"狄"，县名，治所在今山东高青县东南。〔3〕"田儋"，原齐国国君田氏后裔，自立为齐王，占领齐地，旋即被秦将章邯攻杀。详见本书《田儋列传》。"儋"，音 dān。"狄令"，狄县县令。 〔4〕"齐"，国名，周初分封的诸侯国，姜姓，始封君吕尚，建都营丘，后称临淄（在今山东淄博市东北）。春秋末年，齐国君权逐渐移到大臣田氏家族。公元前三八六年，周安王正式承认大臣田和为齐国国君，为战国七雄之一。辖境约有今山东泰山以北黄河流域及胶东半岛地区。 〔5〕"宁陵"，邑名，原属魏国，在今河南宁陵南。"宁陵君"，封号，因封于宁陵而得名。"咎"，音 jiù，原魏公室诸公子，被周市立为魏王，不久被秦将章邯领兵围困，自杀身亡。〔6〕"陈王"，指陈胜。"所"，处所，地方。 〔7〕"反"，通"返"。 〔8〕"遣"，遣送。"遣之国"，遣送魏咎到魏国。 〔9〕"卒"，结果，终于。

【译文】当这个时候，众将领到各处收地占城的，数不胜数。周市北上收取土地到达狄县，狄县人田儋杀死狄县县令，自己立为齐王，率领齐军反过来攻击周市。周市军队被打散，返回到达魏地，打算拥立魏国公室后裔原宁陵君咎为魏王。当时魏咎在陈王住地，没能前往魏地。魏地平定以后，将领们准备共同拥立周市为魏王，周市不肯。周市派使者经过五次往返，陈王才封立宁陵君咎为魏王，遣送他回国。周市结果任魏相。

将军田臧等相与谋曰：[1]"周章军已破矣，[2]秦兵旦暮至，[3]我围荥阳城弗能下，秦军至，必大败。不如少遗兵，[4]足以守荥阳，[5]悉精兵迎秦军。[6]今假王骄，不知兵权，[7]不可与计，非诛之，[8]事恐败。"因相与矫王令以诛吴叔，[9]献其首于陈王。陈王使使赐田臧楚令尹印，[10]使为上将。田臧乃使诸将李归等守荥阳城，自以精兵西迎秦军于敖仓。[11]与战，田臧死，军破。章邯进兵击李归等荥阳下，破之，李归等死。

【注释】〔1〕"将军田臧等"，皆为随吴广西击荥阳的部将。 〔2〕"周章军"，即周文的军队。"破"，败，溃败。 〔3〕"旦暮"，早晚，指时间很短。 〔4〕"遗"，留，留下。 〔5〕"守"，守候，监视。 〔6〕"悉精兵"，出动全部精锐兵力。 〔7〕"兵权"，用兵权谋，用兵谋略。〔8〕"非"，不。 〔9〕"矫"，音 jiǎo，假使，诈称。 〔10〕"令尹"，原楚国官名，相当于中原各国之相，为最高军政长官。陈胜即袭用楚制设立此职。 〔11〕"敖仓"，秦国重要粮仓，因设于敖山上而得名，在今河南郑州西北邙山上。

【译文】将军田臧等在一起密谋说："周章的军队已经溃败了，秦兵早晚就会来到，我们围攻荥阳不能攻下，那么秦兵一到，必定会大败。不如少许留下一部分兵力，便足以监守荥阳，集中其余所有精锐部队迎击秦军。如今假王吴广骄傲，不懂用兵谋略，无法和他商量。不诛杀他的话，事情恐怕会失败。"于是一起假托陈王命令来诛杀吴广，把他的首级献送给陈王。陈王派使者赐给田臧楚令尹的印，让他担任上将。田臧就派将领李归等监守荥阳城，自己率领精锐部队在敖仓迎击秦军。一交战，田臧战死，军队溃败。章邯进兵到荥阳城下攻击李归等，打败楚军，李归等人战死。

阳城人邓说将兵居郯，〔1〕章邯别将击破之，〔2〕邓说军散走陈。铚人伍徐将兵居许，〔3〕章邯击破之，伍徐军皆散走陈。陈王诛邓说。

【注释】〔1〕"邓说"，陈胜部将。"说"，音 yuè。"郯"，音 tán，县名，治所在今山东郯城北。或以为"郯"系误字，当作"郏"。郏，县名，在今河南郏县。〔2〕"别将"，偏将，裨将。此指由章邯统辖的其它各路将领。 〔3〕"伍徐"，陈胜部将。"许"，县名，治所在今河南许昌东。

【译文】阳城人邓说领兵占居郯县，章邯的偏将领兵击败他，邓说的部队溃散逃奔到陈。铚人伍徐领兵居住许县，章邯领兵击败他，伍徐的部队全都溃散逃奔陈地。陈王诛杀邓说。

陈王初立时，陵人秦嘉、〔1〕铚人董缗、〔2〕符离人朱鸡石、取虑人郑布、〔3〕徐人丁疾等皆特起，〔4〕将兵围东海守庆于郯。〔5〕陈王闻，乃使武平君畔为将军，〔6〕监郯下军。〔7〕秦嘉不受命，嘉自立为大司马，〔8〕恶属武平君。〔9〕告军吏曰：〔10〕"武平君年少，不知兵事，勿听！"因矫以王命杀武平君畔。

【注释】〔1〕"陵"，《汉书·陈胜传》作"凌"，县名，治所在今江苏宿迁县东南。按

《项羽本纪》《集解》所引《陈涉世家》作"广陵"（在今江苏扬州西北）。"秦嘉"，后拥立景驹为楚王，遭项梁军攻击，战死。〔2〕"绁"，音xiè。〔3〕"取虑"，县名，治所在今江苏睢宁西南。〔4〕"徐"，县名，治所在今安徽泗县东南。"特"，单独，独自。〔5〕"东海"，郡名，治所在郯，也称郯郡，辖境约当今山东、江苏交界的部分地区。〔6〕"武平君"，封号。"畔"，人名。〔7〕"郯下军"，指郯县城下的军队，包括秦嘉、董绁、朱鸡石、郑布、丁疾等各部。〔8〕"大司马"，官名，执掌军事的高级武官。战国时代的楚、宋等曾设此职。〔9〕"恶"，音wù，厌恶，憎恨。〔10〕"军吏"，军中官吏，负责传达命令、执行法纪。

【译文】陈王初立为王时，陵人秦嘉、铚人董绁、符离人朱鸡石、取虑人郑布、徐人丁疾等都各自起兵，率部在郯县围攻东海郡守庆。陈王闻知此事，就派武平君畔担任将军，监领郯县城下军队。秦嘉不接受陈王命令，他自己封立为大司马，憎恶隶属于武平君。他告诉军吏说："武平君年轻，不懂军事，不要听他的！"于是假托陈王命令杀死武平君畔。

章邯已破伍徐，击陈，柱国房君死。〔1〕章邯又进兵击陈西张贺军。〔2〕陈王出监战，军破，张贺死。

【注释】〔1〕"柱国房君"，即上柱国房君蔡赐。〔2〕"张贺"，陈胜部将。

【译文】章邯击败伍徐后，攻击陈县，上柱国房君蔡赐战死。章邯又进兵攻击陈县西面张贺军队。陈王出城督战，军队溃败，张贺战死。

腊月，〔1〕陈王之汝阴，还至下城父，〔2〕其御庄贾杀以降秦。〔3〕陈胜葬砀，〔4〕谥曰隐王。〔5〕

【注释】〔1〕"腊月"，十二月。古人于年终的腊日举行对祖先、百神的祭祀，称"腊"。因腊祭在十二月，故十二月又称腊月。〔2〕"还"，音xuán，通"旋"，旋即，不久。"下城父"，乡聚名，在今安徽涡阳东南，因地近古城父县（今安徽亳县东南）得名。〔3〕"御"，驭手，驾车人。〔4〕"砀"，音dàng，县名，治所在今河南永城北。〔5〕"谥"，音shì，古代有地位的人去世，后人根据其生平行迹所起含有褒贬意义的称号。

【译文】十二月，陈王前往汝阴，旋即到达下城父，他的车夫庄贾杀死陈王向秦军投降。陈胜葬在砀县，谥号为隐王。

陈王故涓人将军吕臣为仓头军，〔1〕起新阳，〔2〕攻陈下之，杀庄贾，复以陈为楚。〔3〕

【注释】〔1〕"涓人"，官名，负责帝王住所的打扫清洁，为帝王亲近侍臣。"吕臣"，后随父吕青归属楚怀王熊心，被委任为司徒。公元前二〇二年又随父归汉，封阳信侯，卒于公元前一七四年，谥顷。"仓头军"，亦作"苍头军"，以青巾裹头的军队。〔2〕"新阳"，县名，治所在今安徽太和县西北。〔3〕"复"，再，又。"以陈为楚"，将陈县作为楚地，即将陈归属张楚政权。

【译文】陈王原来的涓人将军吕臣组建仓头军，在新阳县起兵，进攻陈县，攻克县城，杀死庄贾，重新以陈县作为楚地。

初，陈王至陈，令铚人宋留将兵定南阳，[1]入武关。[2]留已徇南阳，闻陈王死，南阳复为秦。宋留不能入武关，乃东至新蔡，[3]遇秦军，宋留以军降秦。秦传留至咸阳，[4]车裂留以徇。[5]

【注释】〔1〕"南阳"，郡名，治所在宛县（今河南南阳市），辖境约当今河南及湖北西北部分地区。〔2〕"武关"，在今陕西商县东，为进入关中重要关口之一。〔3〕"新蔡"，县名，治所在今河南新蔡。〔4〕"传"，音 zhuàn，驿站车马。此指用驿站车马押送。"咸阳"，秦国国都，在今陕西咸阳东北。〔5〕"车裂"，酷刑名，亦称"辕"、"辕裂"，即五马分尸。将犯人的头和四肢分别拴在五辆车上，以五马驾车，同时驱赶，撕裂犯人身体。"徇"，这里是示众的意思。

【译文】当初，陈王到达陈县，命令铚人宋留领兵平定南阳，进入武关。宋留收取南阳后，听说陈王已死，南阳重新归属秦朝。宋留无法进入武关，于是东进到达新蔡，遇到秦军，宋留率军投降秦军。秦人用驿站车马把宋留解送到咸阳，将宋留处以五马分尸的酷刑来示众。

秦嘉等闻陈王军破出走，乃立景驹为楚王，[1]引兵之方与，[2]欲击秦军定陶下。[3]使公孙庆使齐王，[4]欲与并力俱进。[5]齐王曰："闻陈王战败，不知其死生，楚安得不请而立王！"[6]公孙庆曰："齐不请楚而立王，楚何故请齐而立王！且楚首事，[7]当令于天下。"田儋诛杀公孙庆。

【注释】〔1〕"景驹"，原楚国贵族景氏后裔，氏景，名驹。〔2〕"引"，领，率领。"方与"，县名，治所在今山东鱼台北。〔3〕"定陶"，县名，治所在今山东定陶。〔4〕"公孙庆"，楚王景驹属臣。〔5〕"并力"，合力，通力。〔6〕"安得"，怎么能，哪能。"请"，请命，请示。〔7〕"首事"，首先举事，首先起义。

【译文】秦嘉等人听说陈王军队战败出陈逃奔，于是拥立景驹为楚王，领兵前往方与，打算在定陶城下攻击秦军。楚王派遣公孙庆为使者出使齐王，想和他合力一道进兵。齐王说："听说陈王战败，不知他的生死下落，楚人怎能不来请示而自立为王！"公孙庆说："齐王不请示楚王而自立为王，楚王何故要请示齐王而封立为王！况且楚人首先起事，应当号令天下。"田儋诛杀公孙庆。

秦左右校复攻陈，[1]下之。吕将军走，收兵复聚。鄱盗当阳君黥布之兵相收，[2]复击秦左右校，破之青波，[3]复以陈为楚。会项梁立怀王孙心为楚王。[4]

【注释】〔1〕"左右校"，左右校尉，武官名。此指左右校尉所率军队。或谓"左右校"为管理服劳役刑徒的官名。〔2〕"鄱"，音pó，县名，治所在今江西波阳东。"当阳君"，封号，系后来项梁所封，此为追述之辞。当阳，县名，治所在今湖北当阳。"黥"，音qíng，肉刑名，亦称墨刑，先用刀刺刻额颊等处，然后涂上墨。"黥布"，即英布，因受过黥刑，故称黥布。六县（今安徽六安东北）人，秦末率领部分骊山刑徒逃亡，活动于鄱县一带。不久起兵反秦，归属项羽，封为九江王。后投靠刘邦，封为淮南王。汉高祖十二年（公元前一九五年）举兵反叛，兵败被杀。详见本书《黥布列传》。"收"，收容，接纳。"相收"，互相联合。〔3〕"青波"，亦作清陂，地名，在今河南新蔡西南。〔4〕"项梁"，下相（今江苏宿迁西南）人，楚国名将项燕之子，项羽的叔父，公元前二〇九年起兵反秦，曾任张楚上柱国，自号武信君，翌年被秦将章邯击杀。"怀王"，即楚怀王熊槐（《诅楚文》作"相"），公元前三二八年至前二九九年在位。详见本书《楚世家》。"心"，熊槐之孙。公元前二二三年秦灭楚后，流落民间，牧羊为生。至公元前二〇九年被项梁拥立为楚王，也称楚怀王。公元前二〇六年，项羽自立为西楚霸王，尊他为义帝，翌年被英布杀死。

【译文】秦朝左右校部又进攻陈县，攻占县城。吕将军逃跑，收拾部众重新聚集。鄱县强盗当阳君黥布的军队与吕臣部联合，又进攻秦左右校部，在青波击败秦军，重新以陈县为楚地。恰好这时项梁拥立楚怀王的孙子熊心为楚王。

陈胜王凡六月。[1]已为王，王陈。其故人尝与庸耕者闻之，[2]之陈，扣宫门曰：[3]"吾欲见涉。"宫门令欲缚之。[4]自辩数，[5]乃置，[6]不肯为通。[7]陈王出，遮道而呼涉。陈王闻之，乃召见，载与俱归。入宫，见殿屋帷帐，客曰："夥颐！[8]涉之为王沈沈者！"[9]楚人谓多为夥，故天下传之，夥涉为王，由陈涉始。客出入愈益发舒，[10]言陈王故情。[11]或说陈王曰：[12]"客愚无知，颛妄言，[13]轻威。"[14]陈王斩之。诸陈王故人皆自引去，[15]由是无亲陈王者。[16]陈王以朱房为中正，[17]胡武为司过，[18]主司群臣。[19]诸将徇地，至，令之不是者，[20]系而罪之，以苟察为忠。[21] 其所不善者，[22] 弗下吏，[23] 辄自治之。[24] 陈王信用之。诸将以其故不亲附，此其所以败也。

【注释】〔1〕"凡"，总共。 〔2〕"故"，旧人，老友。"闻"，听，听说。 〔3〕"扣"，敲。 〔4〕"宫门令"，官名，守卫宫门的长官。 〔5〕"自辩数"，自我辩解多次。 〔6〕"乃"，才。"置"，放，放开。〔7〕"通"，通报，传话。 〔8〕"夥"，多。为楚地方言。"颐"，感叹词。 〔9〕"沈沈"，音 chén chén，或谓音 tán tán。宫殿宇舍深邃的样子。 〔10〕"愈益"，愈加，更加。"发舒"，放纵，放肆。 〔11〕"故情"，旧日的情形。 〔12〕"说"，音 shuì，劝说。 〔13〕"颛"，音 zhuān，通"专"，专门。"妄言"，胡说，乱说。 〔14〕"轻威"，减轻威严，有损威严。 〔15〕"引"，引退。"去"，离去，离开。 〔16〕"由"，自从。"是"，这，此。 〔17〕"中正"，官名，执掌官吏的考核升降。 〔18〕"司过"，官名，执掌弹劾纠察官吏的过失。 〔19〕"主司"，主管，负责管理。 〔20〕"令之不是者"，即"不是令者"，指不听从朱房、胡武指令的将领。 〔21〕"苟察"，苛刻详察。 〔22〕"其所不善者"，指朱房、胡武所不亲善的人。 〔23〕"弗"，不。"下吏"，下交执法官吏。 〔24〕"辄"，音 zhé，即，就。"自治"，自己处治。

【译文】陈胜称王前后总共六个月。他为王后，居住在陈。他的旧友中有个曾经一起受雇耕田的人听说此讯，来到陈，敲打宫门说："我要见陈涉。"宫门令想把他捆绑起来。那人自己辩解多次，才放开，但宫门令不肯替他通报。陈王出门，那人拦路呼喊陈涉的名字。陈涉听到喊声，于是下令召见，用车载他一起回归。进入宫殿，看到殿宇房舍、帷幔帐幄，客人说："夥颐！陈涉当了王，房子真高大深沉啊！"楚地人把"多"说成"夥"，所以天下流传"夥涉为王"这句话，那是从陈涉开始的。客人出入宫殿愈来愈放纵无忌，随意谈说陈王旧日的情形。有人劝说陈王道："客人愚昧无知，专门胡言乱语，有损大王威严。"陈王下令斩了客人。其它陈王的旧友都自动引退离去，从此没有亲近陈王的人了。陈王任命朱房为中正，胡武为司过，负责监视群臣。众将领外出收取土地，回来到陈，凡是不服从朱房、胡武命令的，就抓起来治罪，以苛刻详察作为忠诚。二人所不喜欢的，不交付司法官吏审理，就擅自处治。陈王信任重用他们。众将领因为这个缘故不再亲近依附他，这就是陈王失败的原因。

陈胜虽已死，其所置遣侯王将相竟亡秦，由涉首事也。高祖时为陈涉置守冢三十家砀，[1] 至今血食。[2]

【注释】〔1〕"置"，设置，安置。"守冢"，看守坟墓。 〔2〕"血食"，享受祭祀。祭祀必斩杀牲口作为供品，故称"血食"。

【译文】 陈胜尽管已经死去，但他安置派遣的侯王将相最后灭亡了秦朝，是由于陈涉首先举事的缘故。汉高祖时替陈涉在砀设置了看守坟墓的三十户人家，直至今日仍享受祭祀。

褚先生曰：[1]地形险阻，所以为固也；[2]兵革刑法，[3]所以为治也。犹未足恃也。[4]夫先王以仁义为本，而以固塞文法为枝叶，[5]岂不然哉！吾闻贾生之称曰：[6]

【注释】〔1〕"褚先生"，即褚少孙，"先生"为对人的敬称。颍川（今河南禹县）人，以贤良文学而任侍郎。汉元帝、成帝时为博士。一说为宣帝时博士。喜好司马迁《史记》，进行续补。本篇从此以下文字，即系褚少孙续补。 〔2〕"固"，坚固，巩固。 〔3〕"兵"，兵器，武器。"革"，革制的甲盾。 〔4〕"恃"，音 shì，依靠，依仗。 〔5〕"固塞"，险固要塞。"文法"，律令法规。 〔6〕"贾生"，即贾谊，"生"为当时对文人的称呼。洛阳（今河南洛阳东）人，汉文帝时任博士、太中大夫，后贬为长沙王太傅、梁怀王太傅。善于文章，尤擅政论，是汉初重要的文学家、政论家。极有抱负和才识，但不得施展。生于公元前二〇〇年，死于公元前一六八年。详见本书《贾生列传》。以下文字引自贾谊《过秦论》上篇。

【译文】 褚先生说：地理形势险要阻隘，是固守边防的条件；军队武器、刑律法令，是治理国家的手段。但还不足以依赖。先王把仁义作为根本，而将险固要塞、法律条文作为枝叶，难道不是这个道理吗！我听说贾生评论道：

"秦孝公据殽函之固，[1]拥雍州之地，[2]君臣固守，以窥周室。[3]有席卷天下，[4]包举宇内，[5]囊括四海之意，[6]并吞八荒之心。[7]当是时也，商君佐之，[8]内立法度，务耕织，修守战之备；外连衡而斗诸侯。[9]于是秦人拱手而取西河之外。[10]

【注释】〔1〕"秦孝公"，嬴姓，名熊渠，生于公元前三八一年，公元前三六一年至前三三八年在位。即位后任用商鞅实行变法，公元前三五〇年把国都从雍（今陕西凤翔南）迁到咸阳（今陕西咸阳东北），进一步进行变法，奠定秦国由贫弱转向富强的基础。详见本书《秦本纪》。"殽"，音 yáo，亦作"崤"，山名，在河南省西部，是秦国和中原之间的天然屏障。"函"，指函谷关。 〔2〕"雍州"，古九州之一。此指秦国当时统辖地区，约当今陕西中部、甘肃东南部。〔3〕"窥"，音 kuī，窥视，觊觎，谓窥伺可乘之隙。"周室"，周王室，此指统治天下的王权。〔4〕"席卷"，像席子一样卷起。 〔5〕"包举"，像布包一样裹取。"宇"，空间。《淮南子·齐俗训》："四方上下谓之宇。" 〔6〕"囊括"，像口袋一样装入。"四海"，古人认为中国四周有海环绕，故以四海指代天下。 〔7〕"八荒"，八方荒远之地。《说苑·辨物》："八荒之内有四海，四海之内有九州。" 〔8〕"商君"，即商鞅（约公元前三九〇年至前三三八年），卫国公室庶子后裔，故亦称卫鞅，氏公孙，又称公孙鞅。初为魏相公叔座家臣，后入秦，受到秦孝公重用，任左庶长、大良造，前后两次进行变法，对秦国的社会新体制建立和迅速富强起了关键性作用。因战功封商（今陕西商县东南）十五邑，因号商君。秦孝公死后，即遭诬陷，被车裂而死。有经后人整理的《商君书》二十四篇传世。详见本书《商君列传》。〔9〕"连衡"，亦作"连横"，战国时期纵横家所提出的处理各国间关系的一种策略，以张仪为代表。指东方的齐、楚、燕、韩、赵、魏等国中的某国或某几国与西方的秦国联合，去进攻其它国家。在地理上，呈现为东西联合，古人以东西为横，故称连横。"斗诸侯"，使关东诸侯争斗。"斗"在此作使动用法。〔10〕"拱手"，两手合抱。喻不费气力。"西河"，地区名，相当今陕西东部黄河西岸之地。原属魏国，魏在此设西河郡，公元前三三〇年入秦。

【译文】"秦孝公占据殽山、函谷关的牢固天险，拥有雍州的地域，君臣坚守，来觊觎周室王权。怀有席卷天下，夺取中原，统一四海的意志，吞并域外八方的雄心。当这时候，商君辅佐孝公，在内建立法律制度，致力耕田织布，作好防守攻战的准备；对外推行连横政策而让诸侯自相争斗。于是秦人拱着手毫不费力就取得西河以外的地方。

"孝公既没，惠文王、〔1〕武王、〔2〕昭王蒙故业，〔3〕因遗策，〔4〕南取汉中，〔5〕西举巴蜀，〔6〕东割膏腴之地，〔7〕收要害之郡。〔8〕诸侯恐惧，会盟而谋弱秦。不爱珍器重宝肥饶之地，以致天下之士。合从缔交，〔9〕相与为一。〔10〕当此之时，齐有孟尝，〔11〕赵有平原，〔12〕楚有春申，〔13〕魏有信陵：〔14〕此四君者，皆明知而忠信，宽厚而爱人，尊贤而重士。约从连衡，〔15〕兼韩、魏、燕、赵、宋、〔16〕卫、〔17〕中山之众。〔18〕于是六国之士有宁越、〔19〕徐尚、〔20〕苏秦、〔21〕杜赫之属为之谋，〔22〕齐明、〔23〕周最、〔24〕陈轸、〔25〕邵滑、〔26〕楼缓、〔27〕翟景、〔28〕苏厉、〔29〕乐毅之徒通其意，〔30〕吴起、〔31〕孙膑、〔32〕带他、〔33〕儿良、〔34〕王廖、〔35〕田忌、〔36〕廉颇、〔37〕赵奢之伦制其兵。〔38〕尝以什倍之地，〔39〕百万之师，仰关而攻秦。〔40〕秦人开关而延敌，〔41〕九国之师遁逃而不敢进。〔42〕秦无亡矢遗镞之费，〔43〕而天下固已困矣。于是从散约败，争割地而赂秦。〔44〕秦有余力而制其弊，追亡逐北，〔45〕伏尸百万，流血漂橹，〔46〕因利乘便，宰割天下，分裂山河，强国请服，〔47〕弱国入朝。

【注释】〔1〕"惠文王"，名驷，秦孝公之子，公元前三三七年至前三一一年在位。详见本书《秦本纪》。〔2〕"武王"，名荡，秦惠文王之子，公元前三一〇年至前三〇七年在位。详见本书《秦本纪》。〔3〕"昭王"，即秦昭襄王，名稷（一作"侧"），秦武王之异母弟，公元前三〇六年至前二五一年在位。详见本书《秦本纪》。"蒙"，承，承受。"故业"，旧业，此指先人的事业。〔4〕"因"，因循，遵循。"遗策"，遗留的策略。〔5〕"汉中"，地区名，汉水上游，约相当于今陕西南部及湖北西北部。战国时先属楚国，公元前三一二年被秦惠王派兵攻取，置汉中郡。〔6〕"巴"，国名，建都于巴（今四川重庆嘉陵江北岸），辖境相当今四川东部、湖北西部地区，公元前三一六年被秦惠王派兵攻取，置巴郡。"蜀"，国名，建都于成都（今四川成都），辖境相当今四川中西部，公元前三一六年被秦惠王派兵攻取，置蜀郡。〔7〕"膏腴"，肥美。此形容土地肥沃。〔8〕"要害"，险要，比喻地当敌冲，形势险要。"收要害之郡"，或本于"收"前多一"北"字。〔9〕"合从"，亦作"合纵"，指东方各国联合对付秦国。这是与"连横"相对的一种策略。"缔交"，缔约交好。〔10〕"相与为一"，相互联合成为一个整体，即团结一致。〔11〕"孟尝"，即田文，齐国大臣田婴之子。袭其父封爵，封于薛（今山东滕县南），称薛公，号孟尝君。曾任齐湣王相国，门下食客三千。后又任秦相、魏相。详见本书《孟尝君列传》。〔12〕"平原"，即赵胜，赵惠王之弟，封于东武城（今山东武城西北），号平原君。任赵相，有食客数千。卒于公元前二五一年。详见本书《平原君列传》。〔13〕"春申"，即黄歇。详见前注。〔14〕"信陵"，即魏无忌，魏安釐王之弟，号信陵君。公元前二五七年曾窃符救赵。公元前二四七年为上将军，联合五国击退秦兵。有食客三千。详见本书《春申君列传》。〔15〕"连衡"，本书《秦始皇本纪》和《文选》均作"离衡"，指离散东方各国对付秦国的连横。〔16〕"宋"，国名，子姓，开国君主为商纣王的庶兄微子启，西周初周公平定武庚反叛后所封，都商丘（今河南商丘南），辖有今河南东部和山东、江苏、安徽间地。公元前二八六年被齐国所灭。〔17〕"卫"，国名，姬姓，始封君为周武王之弟康叔，西周初周公平定武庚反叛后所封，建都朝歌（今河南淇县），公元前六六〇年迁都楚丘（今河南滑县），后又迁至帝丘（今河南濮阳）。公元前二五四年为魏所灭。〔18〕"中山"，国名，春秋时白狄别族所建，又称鲜虞，在今河北正定东北。战国初建都于顾（今河北定县）。公元前四〇六年被魏攻灭。不久复国，建都灵寿（今河北平山东北）。公元前二九六年被赵国所灭。〔19〕"宁越"，战国初期赵国中牟（今河南鹤壁市西）人，谋士。〔20〕"徐尚"，或谓即《魏世家》所载劝阻魏太子申伐齐的徐子，为宋国外黄（今河南民权西北）人。〔21〕"苏秦"，战国东周洛阳（今河南洛阳东）人，字季子，奉燕昭王之命入齐，从事反间活动，齐湣王时任齐相，被赵封为武安君，和赵李兑约五国攻秦。后其反间身份暴露，被车裂而死。详见本书《苏秦列传》。〔22〕"杜赫"，战国东周人，曾以安天下之道说周昭文君（见《吕氏春秋》《谕大》、《务大》），曾活动于齐、楚、韩等国。〔23〕"齐明"，或谓齐人，东周臣，曾活动于齐、楚、赵、韩等国。〔24〕"周冣"，或作"周最"，"冣"，音 jù。东周武公之子，仕齐。〔25〕"陈轸"，夏（今山西夏县）人，或谓楚人，游说之士，历仕楚、秦等国。〔26〕"邵滑"，或作"劲滑"、"昭滑"、"召滑"、"卓滑"、"淖滑"，楚国大臣。〔27〕"楼缓"，或谓即魏文侯之弟，曾任魏相。〔28〕"翟景"，或谓即翟强，曾任魏相。〔29〕"苏厉"，苏秦之弟，曾游说活动于东周、西周、楚、燕、赵、魏等国。〔30〕"乐毅"，中山国灵寿（今河北平山东北）人，乐羊后裔。燕昭王时任亚卿，因战功封昌国（今山东淄博市东南），号昌国君。燕惠王时出奔赵国，封于观津（今河北武邑东南），号望诸君。详见本书《乐毅列传》。〔31〕"吴起"，卫国左氏（今山东曹县北）人。初为鲁将。后任魏将，屡立战功，魏文侯时任西河守。魏文侯死后，逃奔楚国，任楚悼王时令尹，进行变法，促使楚国富强。楚悼王死，被贵族大臣杀害。详见本书《吴起列传》。〔32〕"孙膑"，齐国阿（今山东阳谷东北）人，孙吴后裔。曾与庞涓同学兵法。庞涓任魏将，忌其才能，骗他到魏，处以膑刑（挖去膝盖骨）。后被齐国使者秘密送出，任齐威王军师，先后指挥桂陵之战和马陵之战，大败魏军。有兵法传世。一九七四年山东临沂银雀山出土《孙膑兵法》。详见本书《孙子列传》。〔33〕"带他"，亦作"带佗"，又称"带季"，或谓即宫佗，为战国时魏将。〔34〕"兒良"，战国赵将，曾有兵书传世，《汉书·艺文志》兵权谋家著录《兒良》一篇。《吕氏春秋·不二》云："兒良贵后。"兒良用兵善于后发制人。〔35〕"王廖"，战国魏将。《吕氏春秋·不二》云："王廖贵先。"谓其用兵主张先发制人。〔36〕"田忌"，或作"田期"、"田期思"，战国初齐将，封于徐州（今山东滕县南），又称徐州子期，率军先后在桂陵、马陵大败魏军。后遭齐相邹忌诬害，一度奔楚，受封于江南。〔37〕"廉颇"，战国后期赵将，赵惠文王时任上卿，屡次领兵战胜齐、魏等国。长平之战，坚壁固守距秦三年。赵孝成王时，任相国，封信平君。后不得志，出奔居魏大梁。老死于楚国。详见本书《廉颇列传》。〔38〕"赵奢"，战国后期赵将，初任赵田部吏，掌管国赋。后任将，公元前二七〇年在阏与（今山西和顺）大败秦军，被封为马服君。详见本书《廉颇列传》。"伦"，类，辈。"制"，统制，统领。〔39〕"什倍"，十倍。此指十倍于秦，即是秦的十倍。〔40〕"仰关"，或作"叩关"，指兵临函谷关。因关在高处，故称仰关。〔41〕"延"，延请，延纳。〔42〕"九国"，指齐、楚、韩、魏、燕、赵、宋、卫、中山等九国。〔43〕"亡"，失，丢失。"矢"，箭。"遗"，亡失。"镞"，音 cù，箭头。〔44〕"赂"，贿赂，赠送财物。〔45〕"亡"，逃亡，逃跑。"北"，败，败逃。〔46〕"橹"，音 lǔ，大盾牌。〔47〕"请服"，请求臣服。

【译文】"秦孝公死后，秦惠文王、秦武王、秦昭王继承孝公的事业，遵循遗传的策略，南面取得汉中，西面攻占巴国、蜀国，东面割取肥沃的地域，接收险要的州郡。诸侯惊恐惧怕，集会结盟而商量削弱秦国。不惜珍奇的器物、贵重的宝贝和肥田沃土，来招致天下的士人。合纵抗秦缔约交好，团结一致。当这时候，齐国有孟尝君，赵国有平原君，楚国有春申君，魏国有信陵君：这四位君子，都明智聪慧而忠诚有信，宽容厚道而爱护人民，尊崇贤才而敬重士人。缔结合纵的联盟，瓦解连横的阵线，联络韩国、魏国、燕国、赵国、宋国、卫国、中山国等众多国家。在这时候，东方六国的士人有宁越、徐尚、苏秦、杜赫之流为之出谋划策，齐明、周冣、陈轸、邵滑、楼缓、翟景、苏厉、乐毅之辈沟通他们的意见，吴起、孙膑、带他、兒良、王廖、田忌、廉颇、赵奢之类统领他们的军队。诸侯曾经用十倍于秦国的土地，百万的军队，兵临函谷关而进攻秦国。秦人打开关门而引纳敌军，九国的军队仓皇逃遁而不敢前进。秦国没有损失一支箭、一个箭头的耗费，可天下的诸侯却已陷入困境了。于是合纵离散、盟约破坏，诸侯争相割地而贿赂秦国。秦国有足够的力量来利用诸侯的弊端，追逐逃兵败将，杀得倒伏的尸体有上百万，流注的血能够漂起硕大的盾牌，趁借便利形势，宰割天下土地，瓜分诸侯山河，强国请求臣服，弱国投降入朝。

"施及孝文王、〔1〕庄襄王，〔2〕享国之日浅，〔3〕国家无事。〔4〕

【注释】〔1〕"施"，音 yì，延，延续。"孝文王"，名柱，秦昭襄王之子，初封安国君，公元前二五〇年在位。详见本书《秦本纪》。〔2〕"庄襄王"，原名异人，后名楚，亦称子楚，秦孝王文之子，公元前二四九年至前二四七年在位。详见本书《秦本纪》。〔3〕"享国"，享有国家，指国君在位。"日浅"，日短，时间短。〔4〕"无事"，没有重大事件。

【译文】"延续到秦孝文王、秦庄襄王，他们在位的时间短促，国家没有重大事件。

"及至始皇，奋六世之余烈，〔1〕振长策而御宇内，〔2〕吞二周而亡诸侯，〔3〕履至尊而制六合，〔4〕执敲扑以鞭笞天下，〔5〕威振四海。南取百越之地，〔6〕以为桂林、〔7〕象郡，〔8〕百越之君俯首系颈，〔9〕委命下吏。〔10〕乃使蒙恬北筑长城而守藩篱，〔11〕却匈奴七百余里，〔12〕胡人不敢南下而牧马，士亦不敢贯弓而报怨。〔13〕于是废先王之道，〔14〕燔百家之言，〔15〕以愚黔首。〔16〕堕名城，〔17〕杀豪俊，收天下之兵聚之咸阳，销锋镝，〔18〕铸以为金人十二，〔19〕以弱天下之民。然后践华为城，〔20〕因河为池，〔21〕据亿丈之城，〔22〕临不测之溪以为固。〔23〕良将劲弩，守要害之处，信臣精卒，陈利兵而谁何。〔24〕天下已定，始皇之心，自以为关中之固，金城千里，子孙帝王万世之业也。

【注释】〔1〕"六世"，六代，指秦孝公、惠文王、武王、昭襄王、孝文王、庄襄王六位国君。"余"，多余，丰饶。〔2〕"振"，举。"策"，马鞭。"御"，驾驭，比喻控制。〔3〕"二周"，指东周和西周。战国初，周考王封其弟揭于河南（今河南洛阳西），称河南桓公，是为西周，公元前二五六年为秦所灭。公元前三六七年，河南桓公之孙惠公自封其少子班于巩（今河南巩县），在河南之东，因称东周。公元前二四九年被秦所灭。"诸侯"，泛指其它各诸侯国。〔4〕"履"，踏，登。"至尊"，至高无上。此指皇位。"六合"，天地四方。此指天下。〔5〕"敲"，短杖。"朴"，刑杖。〔6〕"百越"，指先秦时代分布于长江中下游以南地区的越族，因部落众多，故称百越，也称百粤。〔7〕"桂林"，郡名，秦始皇三十三年（公元前二一四年）置，治所在今广西桂平西南，辖境约当今广西都阳山、大明山以东，九万大山、越城岭以南地区及广东肇庆至茂名一带。〔8〕"象郡"，秦始皇三十三年（公元前二一四年）置，治所在临尘（今广西崇左县境），或谓在象林（今越南维川南茶桥），辖境约当今广西西部、广东西南部、贵州南部一带。〔9〕"俯首系颈"，低下头，并将绳索套在脖子上。这是古代表示投降的礼节。〔10〕"委命"，托命，交出性命。此指归顺听命。"下吏"，下面的官吏。〔11〕"蒙恬"，齐人后裔，秦将蒙骜之孙。曾为将大破齐兵，升任内史。秦统一六国后，领三十万大军北伐匈奴，收复河南之地（今内蒙古河套一带），并修筑长城，西起临洮（今甘肃岷县），东至辽东（今辽宁东南），延伸万余里，长期守卫北部边疆。公元前二一〇年，受赵高陷害而自杀。详见本书《蒙恬列传》。"藩篱"，用竹木编成的篱笆或围栅。此指边境。〔12〕"却"，退，退却。"匈奴"，当时活动于北方的游牧部族，也称胡。〔13〕"贯"，音 wān，通"弯"。"贯弓"，拉满弓。〔14〕"先王之道"，指所谓夏禹、商汤、周文武的治国之道。实际上是当时儒家的政治主张。〔15〕"燔"，烧，焚毁。

"百家"，指法家以外的诸子各家。"燔百家之言"，公元前二一三年，秦始皇接受李斯斸除"文学诗书百家语"的建议，下令收毁民间除医药卜筮种树之外的书籍。〔16〕"黔"，音 qián，黑色。"黔首"，原意为用黑布包头。这是无爵平民的头饰，因指称普通百姓。公元前二一六年，秦始皇下令"更名民曰黔首"，以法律形式规定称百姓为黔首。〔17〕"堕"，音 huī，通"隳"，毁坏。〔18〕"销"，销熔，熔化金属。"锋"，锋刃。此泛指武器。"镝"，通"镝"，箭镞，箭头。〔19〕"金人"，铜人。"铸以为金人十二"，按本书《秦始皇本纪》云，秦始皇二十六年（公元前二二一年）"收天下兵，聚之咸阳，销以为钟镰，金人十二，重各千石，置廷宫中"。〔20〕"践"，音 jiǎn，通"剪"，斩断，截断。本书《秦始皇本纪》作"斩"。"华"，华山，在今陕西省东部。"城"，城墙。〔21〕"因"，凭借，借用。"池"，护城河。〔22〕"亿"，古时以十万为亿。〔23〕"不测"，无法测量，极言其深。"溪"，音 xī，山间的河沟。〔24〕"谁何"，诘问，盘问稽查。

【译文】"等到秦始皇这一代，振兴六代君王的丰功伟业，挥舞长鞭而驾驭中原，吞并东、西二周而灭亡诸侯列国，登上天子宝座而统治上下四方，手持刑杖来鞭打天下臣民，威震四海。南下夺取百越领地，以此建置桂林郡、象郡，百越部族的君主屈膝俯身、颈上套着绳索，把性命交付给秦朝官吏处置。秦始皇于是派遣蒙恬在北方修筑长城而守卫边疆，使匈奴退却七百多里，胡人从此不敢南下牧马，骑士也不敢挽弓搭箭来报仇泄恨。到这时秦始皇废弃夏商周三代的先王之道，焚毁诸子百家的文献典籍，来让人民愚昧无知。夷平各地古都名城，屠杀英雄豪杰，收缴天下的武器集中到咸阳，销熔锋刃箭镞，铸造成十二尊铜人，来削弱天下百姓的反抗力量。然后截断华山作为城墙，利用黄河作为城壕，依仗亿丈高城，面临无底深渊，以此作为坚固屏障。派出优秀将领配备强弓劲弩，把守要害地方，让可信的大臣率领精兵锐卒，拿着锋利的兵器盘问检查过往行人。天下平定以后，秦始皇的心思，自以为关中的坚固，有如千里金城，是子子孙孙称帝称王万代相传的基业。

"始皇既没，余威振于殊俗。〔1〕然而陈涉瓮牖绳枢之子，〔2〕甿隶之人，〔3〕而迁徙之徒也。材能不及中人，〔4〕非有仲尼、墨翟之贤，〔5〕陶朱、〔6〕猗顿之富也。〔7〕蹑足行伍之间，〔8〕俯仰仟佰之中，〔9〕率罢散之卒，〔10〕将数百之众，转而攻秦。斩木为兵，揭竿为旗，天下云会响应，赢粮而景从，〔11〕山东豪俊遂并起而亡秦族矣。〔12〕

【注释】〔1〕"殊俗"，不同习俗，此指习俗不同的异域他乡。〔2〕"瓮"，音 wèng，陶制容器。"牖"，音 yǒu，窗，窗户。"枢"，门户的转轴。"瓮牖绳枢"，用破瓮当窗户，用绳索拴门轴。形容住宅简陋。〔3〕"甿"，音 méng，种田人，农民。"隶"，奴隶。"甿隶"，隶农，雇农。〔4〕"仲尼"，即孔子，字仲尼，春秋末年鲁国陬邑（今山东曲阜东南）人，宋国贵族后裔。初做小吏，后任鲁中都宰、司寇，代理相事。周游过宋、卫、陈、蔡、齐、楚等国。聚徒讲学，整理典籍。有《论语》一书传世。被公认为儒家的创始人，影响深远。约生于公元前五五一年，卒于公元前四七九年。详见本书《孔子世家》。 〔5〕"墨翟"，即墨子，名翟，相传原为宋国人，后长期住在鲁国，聚徒讲学，创立与儒家相对立的墨家学派。有《墨子》一书传世，集中保存了墨子及墨家学派的主要思想。约生于公元前四六八年，卒于公元前三七六年。 〔6〕"陶朱"，即范蠡，春秋末楚国宛（今河南南阳）人。曾辅佐越王勾践灭亡吴国。功成身退，出游齐国，称鸱夷子皮。后至陶（今山东定陶西北），改名陶朱公，以经商成为巨富。 〔7〕"猗顿"，战国时大商人。一说以经营河东盐池发财致富。一说原为鲁人，受到陶朱公指点，到猗氏（今山西临猗南）繁养牛羊，十年后成为巨富，因称猗顿。 〔8〕"蹑"，音niè，踩，踏。"蹑足"，踏脚，行走。"行伍"，队伍行列，指军队。 〔9〕"俯仰"，俯仰身体，指从事农活。"仟佰"，通"阡陌"，田间小路。此指田坎。 〔10〕"罢"，音pí，通"疲"，疲乏。 〔11〕"赢"，装，带。"景"，通"影"。"景从"，影子跟随物体。 〔12〕"山东"，地区名，指崤山以东，即旧六国之地。

【译文】"秦始皇死后，余威还震慑着异域他乡。然而陈涉只不过是个出身破屋陋室的贫民子弟，受雇耕田的穷人，发配流浪的役徒，才能及不上一般人，没有仲尼、墨翟的贤能，陶朱、猗顿的财富，行进在戍卒行列之间，劳作在田野阡陌之中，统率疲惫散漫的戍卒，带领几百部众，转过头来进攻秦朝。砍下树木当作兵器，举起竹竿作为旗帜，天下百姓像云朵那样汇集，像回声那样响应，背着干粮如同影子一样追随跟从，山东各国英雄豪杰接着同时起来而灭亡了秦皇家族。

"且天下非小弱也；〔1〕雍州之地，崤函之固自若也。〔2〕陈涉之位，非尊于齐、楚、燕、赵、韩、魏、宋、卫、中山之君也；钮櫌棘矜，〔3〕非铦于句戟长铩也；〔4〕適戍之众，非俦于九国之师也；〔5〕深谋远虑，行军用兵之道，非及乡时之士也。〔6〕然而成败异变，功业相反也。尝试使山东之国与陈涉度长絜大，〔7〕比权量力，〔8〕则不可同年而语矣。〔9〕然而秦以区区之地，〔10〕致万乘之权，抑八州而朝同列，〔11〕百有余年矣。然后以六合为家，崤函为宫。一夫作难而七庙堕，〔12〕身死人手，〔13〕为天下笑者，何也？仁义不施，而攻守之势异也。"

【注释】〔1〕"且"，而且。连词，表示进一层。"小弱"，此用作动词，变小变弱的意思。〔2〕"自若"，自如，照旧。 〔3〕"钮"，锄头。"櫌"，音yōu，一种形锄如头用来碎土平地的农具。"棘"，通"戟"。"矜"，音qín，通"蓳"，矛柄。"棘矜"，戟柄。 〔4〕"铦"，音xiān，利，锋利。"句戟"，兵器名，亦作"钩戟"、"钩棘"。"铩"，音shā，铍，大矛。 〔5〕"俦"，音chóu，同类，匹配。 〔6〕"乡"，音xiàng，通"向"，过去，从前。 〔7〕"度"，音duó，量，计算。"絜"，音xié，原指用绳子测量圆筒形物体的周长，此引申为度量、衡量。 〔8〕"权"，权威，权势。"力"，力量。 〔9〕"同年而语"，意即同日而语。 〔10〕"区区"，小，少。 〔11〕"抑"，抑制，控制。"八州"，指九州中除秦所据雍州之外的冀州、兖州、青州、徐州、扬州、荆州、豫州、梁州。此泛指秦以外的其它各国。"同列"，同位，指地位与秦相当的各国诸侯。"朝同列"，让各国诸侯来朝见。〔12〕"七庙"，指天子宗庙。古代只有天子才能建立七庙。〔13〕"身死人手"，指秦二世、子婴先后死于赵高、项羽之手。

【译文】"况且当时秦的天下并没有缩小减弱；雍州的地理，殽山、函谷关的险固依然照旧。陈涉的地位，并不比齐、楚、燕、赵、韩、魏、宋、卫、中山各国的君主尊贵；锄耙、戟柄，并不比钩戟、长矛锋利；发配戍边的民众，不能同东方九国的军队相比；他们的深谋远虑，行军作战的方略，比不上六国旧时的谋士。然而结果的成败迥然不同，建立的功业截然相反。试让山东各国与陈涉比较长短、大小，衡量权势、力量，那简直就是不可同日而语了。然而秦国凭着区区雍州之地，达到了万乘强国的权势，控制其他八州而让地位相同的诸侯前来朝拜，有一百多年了。然后又以天下为家，以殽山、函谷关拱卫宫殿。匹夫一人发难而祖宗七庙毁为瓦砾，子孙先后死于他人之手，被普天下所耻笑，什么原因呢？是因为不施仁义，所以造成进攻防守的形势与从前完全不同。"

萧相国世家

萧相国何者，〔1〕沛丰人也。〔2〕以文无害，〔3〕为沛主吏掾。〔4〕

【注释】〔1〕"相国"，官名，其职权与丞相同，但位望尊于丞相。汉初中央政权和各诸侯王国都置有相国，中央政权的相国辅佐皇帝，总理政务，是朝中最高官职。〔2〕"沛"，县名，秦属泗水郡，汉属沛郡，故治即今江苏沛县。"丰"，邑名，秦属沛县，汉置丰县，故地在今江苏丰县。〔3〕"文"，文法，法律，此指通晓法律，"无害"，无比，没人比得上。一说指不枉害人。〔4〕"主吏掾"，即功曹掾，为郡县长官的属吏，主管人事考绩，记录吏员的功过。"掾"，音 yuàn，长官属吏的通称。

【译文】萧相国何是沛县丰邑人。因为他通晓律令，执法公平，没有别人能比得上，所以被任命为沛县的主吏掾。

高祖为布衣时，〔1〕何数以吏事护高祖。〔2〕高祖为亭长，〔3〕常左右之。〔4〕高祖以吏繇咸阳，〔5〕吏皆送奉钱三，〔6〕何独以五。

【注释】〔1〕"布衣"，麻布做的衣服，为平民着装，后因用以代称平民百姓。〔2〕"数"，音 shuò，屡次。"吏事"，指吏员职权范围内的事务。〔3〕"亭长"，秦时大约十里左右设一亭，职掌治安及有关民事。亭设亭长一人。刘邦曾任泗水（一说泗上）亭长。〔4〕"左右"，同"佐佑"，帮助，照顾。〔5〕"繇"，通"徭"，此用作动词，谓服徭役（封建国家强迫平民负担的无偿劳役）。"咸阳"，秦时的首都，故地在今陕西咸阳市东。〔6〕"送奉"，奉送，资助。"钱三"，司马贞《索隐》谓"三"指三百，当时有以一当百的大钱，所以"钱三"应是三百钱。

【译文】高祖还是平民百姓的时候，萧何屡次利用自己县吏的职权保护他。高祖担任亭长，萧何又经常给他帮助。高祖以吏员的身份去咸阳服徭役，（临行时）县吏们都奉送三个大钱，只有萧何送了五个大钱。

秦御史监郡者与从事，〔1〕常辨之。〔2〕何乃给泗水卒史事，〔3〕第一。秦御史欲入言征何，何固请，得毋行。

【注释】〔1〕"御史"，官名，掌管弹劾纠察。"郡"，秦汉时县以上的一级行政单位，直属中央朝廷。御史被派出监察郡的官吏，称"监郡"。"从事"，吏员名。秦汉时郡级政权机构设置从事史，主管文书，并察举非法。〔2〕"辨"，通"办"，指诸事备办。〔3〕"给"，音jǐ，给事即供职。"泗水"，秦郡名，治所在沛（今江苏沛县），辖境约相当于今安徽、江苏淮河以北，宿迁、泗洪以西，萧县、涡阳、凤台以东地区。"卒史"，当时郡设卒史十人，是年俸仅一百石的低级官吏。

【译文】秦朝的一个御史（来到泗水郡）监察郡政，与从事史一起处理公务，萧何总能把事情办得很妥当。于是萧何被委任为泗水郡的卒史，在同行考核中列为第一。秦朝的御史想向朝廷报告征调萧何，萧何坚决辞谢，终于获准可以不去。

及高祖起为沛公，〔1〕何常为丞督事。〔2〕沛公至咸阳，诸将皆争走金帛财物之府分之，〔3〕何独先入收秦丞相御史律令图书藏之。〔4〕沛公为汉王，〔5〕以何为丞相。项王与诸侯屠烧咸阳而去。〔6〕汉王所以具知天下阸塞，〔7〕户口多少，强弱之处，民所疾苦者，以何具得秦图书也。何进言韩信，〔8〕汉王以信为大将军。语在《淮阴侯》事中。

【注释】〔1〕"沛公"，刘邦于秦二世元年（公元前二〇九年）九月在沛起义，自立为沛公。〔2〕"丞"，辅佐官。〔3〕"走"，奔走，趋赴。"府"，国家收藏文书或财物的地方。〔4〕"丞相"，官名，职权同相国而位望稍次。"御史"，此指御史大夫，秦时御史大夫相当于副丞相，并统率御史掌纠察之事，又主管国的图籍秘书。"图书"，指地图、户籍及其它财赋、兵事等方面的档案资料和各种书籍。〔5〕"沛公为汉王"，汉元年（公元前二〇六年），刘邦、项羽先后入关，秦朝灭亡。项羽恃兵威分封诸侯，以刘邦为汉王，统治汉中及巴、蜀之地。〔6〕

"项王"，即项羽，时项羽自封为西楚霸王。屠烧咸阳事，详见本书《项羽本纪》。"去"，离去。〔7〕"阨塞"，险要之地。"阨"，音è。〔8〕"韩信"，淮阴（今江苏淮阴市）人，初从项羽，后归刘邦，由萧何推荐而被刘邦拜为大将，在击败项羽、统一全国的战争中起了很大的作用。曾自立为齐王，刘邦徙封他为楚王，又降封为淮阴侯。高祖十一年（公元前一九六年）因谋反被吕后诱杀于长安。详见本书《淮阴侯列传》。

【译文】等到高祖起兵当了沛公，萧何常常作为他的辅佐官，督察处理日常事务。沛公进入咸阳，将领们都争先奔向储藏金帛财物的仓库去分东西，唯独萧何先去把秦朝丞相和御史大夫保管的法律诏令以及各种图书文献收藏起来。沛公立为汉王，让萧何当丞相。项羽与诸侯的军队屠杀焚烧咸阳，然后离去。而汉王后来之所以能详细地知道全国各处的险关要塞，户口多少，兵力强弱，百姓们的疾苦，都是因为萧何完整地得到了秦朝的文献档案。萧何又向汉王进言，推荐韩信，汉王就任命韩信为大将军，这件事的详情记载在《淮阴侯列传》中。

汉王引兵东定三秦，〔1〕何以丞相留收巴蜀，〔2〕填抚谕告，〔3〕使给军食。汉二年，〔4〕汉王与诸侯击楚，何守关中，〔5〕侍太子，〔6〕治栎阳。〔7〕为法令约束，立宗庙社稷宫室县邑，〔8〕辄奏上，可，许以从事；即不及奏上，辄以便宜施行，〔9〕上来以闻。关中事计户口转漕给军，〔10〕汉王数失军遁去，何常兴关中卒，〔11〕辄补缺。上以此专属任何关中事。〔12〕

【注释】〔1〕"三秦"，项羽灭秦后，把战国时期秦国旧有的关中之地一分为三，以封秦三降将。其中章邯被封为雍王，领有咸阳以西之地；司马欣被封为塞王，领有咸阳以东直到黄河之地；董翳（音yì）被封为翟王，领有上郡（今陕西北部）之地；合称"三秦"。高祖二年（公元前二〇五年），汉兵东出，章邯兵败远逃，司马欣、董翳投降，三秦之地尽归汉有。〔2〕"巴"，秦郡名，治所在江州（今四川重庆市嘉陵江北岸），辖境约相当于今四川阆中、南充、合川、内江、泸州以东地区。"蜀"，秦郡名，治所在成都（今四川成都市），辖境约相当于今四川松潘、茂汶、广元以南，北川、彭县、荥经、天全以东，石棉、峨边、宜宾以北地区，东与巴郡接壤。〔3〕"填"，音zhèn，通"镇"。"填抚"，镇守安抚。〔4〕"汉二年"，公元前二〇五年。〔5〕"关中"，地名，约当今陕西一带，因处于函谷关、武关、散关、萧关之间而得名。〔6〕"太子"，刘邦子刘盈，即后来的汉惠帝。〔7〕"栎阳"，县名，秦时属内史，塞王司马欣以此为都，时司马欣已降汉，刘邦移都于此。"栎"，音yuè。〔8〕"宗庙"，帝王奉放祖先神主并进行祭祀的地方。"社稷"，祭祀土地神和五谷神的地方。宗庙和社稷都设在首都，被看作是国家政权的象征。〔9〕"便宜"，因利乘便，行其宜办之事。"便"，音biàn。〔10〕"漕"，音cáo，水道运粮。〔11〕"兴"，征召发动。〔12〕"属"，音zhǔ，托付。

【译文】汉王带兵东出，平定三秦，萧何以丞相的身份留在后方，负责收服巴蜀，镇守安抚，发布政令，告谕百姓，为在前方作战的军队供给粮食。汉王二年，汉王联合诸侯一起攻打项羽，萧何留守关中，侍奉太子，在栎阳处理政务。他制定各种法令制度，建立宗庙、社稷、宫殿、县邑，总是先向汉王上奏报告，汉王也总是予以批准，许他施行。有时来不及上奏，就因利乘便，用最合适的方式先行办理，等汉王回来再报告。萧何在关中管理户口，通过水路和陆路转运军粮，供应前方的军队。汉王在战场上多次损失军队逃走，萧何经常征发关中的士卒，随时补充汉王军队的损失。汉王因此把关中的事务专门委托给萧何。

汉三年，汉王与项羽相距京索之间，[1]上数使使劳苦丞相。鲍生谓丞相曰：[2]"王暴衣露盖，[3]数使使劳苦君者，有疑君心也。为君计，莫若遣君子孙昆弟能胜兵者悉诣军所，[4]上必益信君。"于是何从其计，汉王大说。[5]

【注释】〔1〕"距"，通"拒"，对抗。"京"，县名，秦属三川郡，汉属河南郡，故治在今河南荥阳西南。"索"，城邑名，故址在今河南荥阳县城。〔2〕"鲍生"，当时的一名谋士，史失其名，《史记》仅此一见。〔3〕"暴衣露盖"，衣冠暴露于户外，喻辛劳艰苦，不得安逸。"暴"，音pù。〔4〕"昆弟"，兄弟。"胜"，音shēng，力能胜任。"诣"，音yì，到，前往。〔5〕"说"，音yuè，通"悦"。

【译文】汉王三年，汉王与项羽两支军队在京索之间对峙，汉王多次派遣使者到关中去慰劳丞相。鲍生对丞相说："君王在外，风餐露宿，却屡屡派人来慰劳您，这是起了怀疑您的心思。为您打算，您不如把自己子孙兄弟中能够作战的都派到前线军队中去，这样君王一定会更信任您。"于是萧何听从了他的计策，汉王大为高兴。

汉五年，既杀项羽，定天下，论功行封。群臣争功，岁余功不决。高祖以萧何功最盛，封为酂侯，[1]所食邑多。[2]功臣皆曰："臣等身被坚执锐，多者百余战，少者数十合，[3]攻城略地，大小各有差。[4]今萧何未尝有汗马之劳，徒持文墨议论，不战，顾反居臣等上，何也？"高帝曰："诸君知猎乎？"曰："知之。""知猎狗乎？"曰："知之。"高帝曰："夫猎，追杀兽兔者狗也，而发踪指示兽处者人也。今诸君徒能得走兽耳，[5]功狗也。至如萧何，发踪指示，功人也。且诸君独以身随我，多者两三人。今萧何举宗数十人皆随我，功不可忘也。"群臣皆莫敢言。

【注释】〔1〕"酂"，cuó，汉县名，属沛郡，故治在今河南永城西。一说萧何初封之地是鄼县，属沛郡，故治在今河南永城西，"鄼"，音cuò；后又封于酂，酂县属南阳郡，故治在今湖北光化西北，"酇"，音zàn。后传写讹乱，始封之"鄠"误作"酇"，而"酇"字又读"鄠"字之音。〔2〕"所食邑多"，据本书《高祖功臣侯者年表》，萧何初封即食邑八千户。〔3〕"合"，合战，交战。〔4〕"差"，音cī，区别，等级。〔5〕"得走兽"，疑当作"走得兽"，即上文"追杀兽兔"之义。行猎时人和狗都意在得走兽，人狗之分，当在"得兽"时所起的作用，而不在得兽之事本身。《汉书·萧何传》于此正作"走得兽"。

【译文】 汉王五年，已经消灭了项羽，平定了天下，汉王要评定功劳，进行封赏。由于群臣争功，过了一年多仍然没把功劳的大小决定下来。高祖认为萧何的功劳最大，把他封为酇侯，给他的食邑很多。功臣们都说："我们亲自身披铠甲，手执兵器作战，多的打过一百多仗，少的也经历了几十次战斗，攻破敌人的城池，夺取敌人的土地，或大或小，都有战功。现在萧何没有立过汗马功劳，只不过靠舞文弄墨，发发议论，从不上战场，却反而位居我们之上，这是什么道理？"高祖说："诸位懂得打猎吗？"功臣们回答："懂得。"又问："你们知道猎狗的作用吗？"答道："知道的。"高祖说："打猎的时候，追赶扑杀野兽兔子的是猎狗，能够发现踪迹向猎狗指示野兽所在之处的是猎人。现在你们诸位只能奔走追获野兽，不过是有功的猎狗。至于萧何，他能发现踪迹，指示方向，是有功的猎人。何况你们都只是自己本人追随我，至多不过加上两三个亲属，而萧何全部宗族几十个人都跟随我，他的功劳是不能忘记的。"群臣听了，都不敢再说什么。

列侯毕已受封，〔1〕及奏位次，皆曰："平阳侯曹参身被七十创，〔2〕攻城略地，功最多，宜第一。"上已桡功臣，〔3〕多封萧何，至位次未有以复难之，〔4〕然心欲何第一。关内侯鄂君进曰：〔5〕"群臣议皆误。夫曹参虽有野战略地之功，此特一时之事。夫上与楚相距五岁，常失军亡众，逃身遁者数矣。然萧何常从关中遣军补其处，非上所诏令召，而数万众会上之乏绝者数矣。夫汉与楚相守荥阳数年，〔6〕军无见粮，〔7〕萧何转漕关中，给食不乏。陛下虽数亡山东，〔8〕萧何常全关中以待陛下，此万世之功也。今虽亡曹参等百数，〔9〕何缺于汉？汉得之不必待以全。奈何欲以一旦之功而加万世之功哉！〔10〕萧何第一，曹参次之。"高祖曰："善。"于是乃令萧何第一，赐带剑履上殿，入朝不趋。〔11〕

【注释】〔1〕"列侯"，秦爵二十等，以"彻侯"为最尊。汉因之，后避汉武帝刘彻讳，改称"通侯"，又称"列侯"。此司马迁用后来的爵称追记前事。汉代的列侯都有自己的封国（侯国），爵位可以世袭。〔2〕"曹参"，沛人，秦末任沛县狱吏，后随刘邦起兵反秦，并佐刘邦灭项羽，大小数十战，功最多，被封为平阳侯，惠帝时继萧何为丞相，卒于惠帝五年（公元前九〇年）。详见本书《曹相国世家》。"平阳"，汉县名，属河东郡，故治在今山西临汾西南。"被"，遭受。〔3〕"桡"，音náo，弯曲，这里用作动词，是使之屈从的意思。〔4〕"难"，音nàn，诘责，非难。〔5〕"关内侯"，秦爵第十九等，位次于彻侯，居于关内（王畿所在的关中地区）而无具体封国；汉因之。"鄂君"，名千秋，时官谒者（掌宾客礼赞），是刘邦近臣。〔6〕"荥阳"，县名，秦属三川郡，汉属河南郡，故治在今河南荥阳东北。"荥"，音 xíng。〔7〕"见"，音 xiàn，通"现"，现成的。〔8〕"山东"，战国秦汉时期对崤山（在今河南洛宁北）或华山（在今陕西华阴南）以东广大地区的习惯称呼。〔9〕"亡"，音 wú，通"无"。〔10〕"加"，加之上，高出。〔11〕古代臣下朝见皇帝，上殿时不得佩剑穿履，并须小步快走。"带剑履上殿，入朝不趋"，是对元老重臣的一种特殊的礼遇。"趋"，小步快走。

【译文】列侯们都已受封完毕，等到要奏报排列的位次的时候，大臣都说："平阳侯曹参作战身受七十处创伤，攻破城池，夺取土地，功劳最多，应该位居第一。"高祖已经硬要功臣屈从自己，封给萧何很多食邑，到排定位次时，找不到理由驳倒功臣们的意见，但心里还是想让萧何居首。关内侯鄂君进言说："群臣的议论都是错误的。那曹参虽然有野战杀敌、夺取土地的功劳，这只不过是一时的事情。陛下与项王相峙五年，经常因为战败而丧失军队，士卒逃散，单身逃走多次了。然而萧何总能从关中派遣士卒补充前线的军队，虽然没有得到陛下征召兵员的诏令，而在陛下危急的时候，他却能派遣几万士卒来到陛下身边，这也有多次了。汉楚两军在荥阳对抗几年，军队没有现成的粮食，而萧何从关中水陆转运，供给粮食，从不匮乏。陛下屡屡把山东地区丢失给项羽，但萧何一直保全关中等待陛下，（让陛下可以运用关中的人力物力组织反攻）这是万世不朽的功劳。如今曹参这样的人即使少掉几百个，对汉朝来讲，算得了什么损失？汉朝有了这些人，也未必能靠他们得以保全。怎么能起意让一时的功劳凌驾于万世的功劳之上呢？（应该是）萧何为第一，曹参第二。"高祖说："说得好。"于是就下令定萧何在功臣中位居第一，赐给他特殊的礼遇：可以带剑穿履上殿，入朝拜见时不必同别的臣下一样小步快走。

上曰："吾闻进贤受上赏。萧何功虽高，得鄂君乃益明。"于是因鄂君故所食关内侯邑封为安平侯。[1]是日，悉封何父子兄弟十余人，皆有食邑。乃益封何二千户，以帝尝繇咸阳时何送我独赢奉钱二也。[2]

【注释】〔1〕"安平"，汉县名，属涿郡，故治即今河北深县城关。鄂千秋封安平侯，食邑二千户。〔2〕"赢"，盈，多出。

【译文】高祖又说："我听说进荐贤能的人应该得到重赏。萧何的功劳固然很高，但得到鄂君的申说才更加明显。"于是依照鄂君原先所享关内侯的食邑，封他为安平侯。这一天，对萧何的父子兄弟共十多个人全都给予封赏，使他们都有食邑。又加封萧何食邑二千户，因为高祖当年去咸阳服徭役时，唯独萧何比别人多奉送两个大钱。

汉十一年，陈豨反，[1]高祖自将，至邯郸。[2]未罢，淮阴侯谋反关中，[3]吕后用萧何计，诛淮阴侯，语在《淮阴》事中。上已闻淮阴侯诛，使使拜丞相何为相国，益封五千户，令卒五百人一都尉为相国卫。[4]诸君皆贺，召平独吊。[5]召平者，故秦东陵侯。秦破，为布衣，贫，种瓜于长安城东，瓜美，故世俗谓之"东陵瓜"，从召平以为名也。召平谓相国曰："祸自此始矣。上暴露于外而君守于中，非被矢石之事而益君封置卫者，以今者淮阴侯新反于中，疑君心矣。夫置卫卫君，非以宠君也。愿君让封勿受，悉以家私财佐军，则上心说。"相国从其计，高帝乃大喜。

【注释】〔1〕"陈豨"，宛朐（今山东菏泽西南，朐，音 qú）人，从刘邦起兵，以功封阳夏侯，官巨鹿郡守。后为赵相国，统率赵、代边兵。因结客养士，为朝廷所疑，于高祖十年（公元前一九七年）九月反，勾结匈奴，自立为代王。高祖十二年冬兵败被杀。详见本书《韩信卢绾列传》。"豨"，音 xī。〔2〕"邯郸"，汉县名，属赵国，故治在今河北邯郸市西南。〔3〕"淮阴侯"，即韩信。陈豨谋反，韩信曾与通谋。〔4〕"都尉"，武官名，位低于将军。〔5〕"召"，音 shào。"吊"，此指对遇到灾祸的人表示哀怜、慰问。

【译文】高祖十一年，陈豨反叛，高祖亲自统率军队，到达邯郸。战事还没有结束，淮阴侯韩信在关中谋反，吕后采用萧何的计策，杀了淮阴侯，此事记载在《淮阴侯列传》中。高祖听说淮阴侯已经被杀的消息后，就派遣使者拜丞相萧何为相国，加封食邑五千户，命令安排五百名士兵由一名都尉率领充任相国的卫队。当时许多人都向萧何道贺，只有召平表示哀吊。召平这个人本是秦朝的东陵侯。秦朝灭亡后，成了平民百姓，生活贫苦，在长安城东种瓜。他种的瓜味道好，人们俗称为"东陵瓜"，就是取名于召平从前的封号。召平对相国说："您的祸患从此开始了。皇上在外作战风餐露宿，而您留守京城，并不需要冒着矢石去冲锋陷阵，但皇上却要给您加封食邑、设置卫队，这是因为淮阴侯刚刚在关中谋反，皇上对您也起了疑心。设置卫队来保护您，这不是宠信您的表示。希望您辞让封赏不予接受，再把自己的全部家财私产拿出来赞助军需，这样皇上心里就会高兴了。"相国听从了召平的计策，高祖果然大为高兴。

汉十二年秋，黥布反，[1]上自将击之，数使使问相国何为。相国为上在军，乃拊循勉力百姓，[2]悉以所有佐军，如陈豨时。客有说相国曰：[3]"君灭族不久矣。夫君位为相国，功第一，可复加哉？然君初入关中，得百姓心，十余年矣，皆附君，常复孳孳得民和。[4]上所为数问君者，畏君倾动关中。今君胡不多买田地，贱贳贷以自污？[5]上心乃安。"于是相国从其计，上乃大说。

【注释】〔1〕"黥布"，六（今安徽六安市）人，本姓英名布，因曾受黥（音 qíng，面上刺字，以墨涅之）刑，所以又称黥布。秦末率刑徒起义，从项羽破秦兵，屡次以少胜多，又破关入咸阳，被项羽封为九江王。后与项羽发生矛盾，归顺刘邦。汉四年（公元前二〇三年）七月，刘邦立黥布为淮南王，黥布一军成为兴汉灭楚的重要力量。韩信、彭越被杀后，黥布心中恐慌，于高祖十二年举兵反，不久败走番阳（今江西波阳东北，番，音 pó）被杀。详见本书《黥布列传》。〔2〕"拊循"，安抚，抚慰。"拊"，音 fǔ。〔3〕"说"，音 shuì，用言语打动别人。〔4〕"孳孳"，同"孜孜"，勤勉不懈的样子。"民和"，即人和，人民的欢心。〔5〕"贳贷"，赊欠，借贷。"贳"，音 shì。"自污"，自行蒙受污垢，自己败坏自己的名声。

【译文】高祖十二年秋天，黥布起兵反叛，高祖亲自统率军队前去讨伐，在军中多次派遣使者来问相国在做些什么。相国因为皇上在军中，就努力安抚勉励百姓，把所有的东西都送去供应军需，就像平定陈豨叛乱时一样。有个说客对相国说："您要不了多久就会遭受灭族的惨祸了。您位为相国，功居第一，难道还可以再增加吗？而您从刚进关中的时候起，就深得民心，到现在已有十多年了，百姓们都亲附您，您总是勤勉办事，得到百姓的欢心。皇上之所以屡次派人来问您的情况，是怕您利用自己的威望动摇关中。如今您何不多买些田地，并低价赊购、借贷来玷污自己，（如果这样做的话）皇上对您就放心了。"于是相国听从了他的计策，高祖很是高兴。

上罢布军归，民道遮行上书，言相国贱强买民田宅数千万。[1]上至，相国谒。上笑曰："夫相国乃利民！"[2]民所上书皆以与相国，曰："君自谢民。"[3]相国因为民请曰："长安地狭，上林中多空地，[4]弃，愿令民得入田，[5]毋收稿为禽兽食。"[6]上大怒曰："相国多受贾人财物，[7]乃为请吾苑！"乃下相国廷尉，[8]械系之。[9]数日，王卫尉侍，[10]前问曰："相国何大罪，陛下系之暴也？"[11]上曰："吾闻李斯相秦皇帝，[12]有善归主，有恶自与。今相国多受贾竖金而为民请吾苑，[13]以自媚于民，故系治之。"王卫尉曰："夫职事苟有便于民而请之，真宰相事，陛下奈何乃疑相国受贾人钱乎！且陛下距楚数岁，陈豨、黥布反，陛下自将而往，当是时，相国守关中，摇足则关以西非陛下有也。相国不以此时为利，今乃利贾人之金乎？且秦以不闻其过亡天下，李斯之分过，又何足法哉。陛下何疑宰相之浅也。"高帝不怿。[14]是日，使使持节赦出相国。〔15〕相国年老，素恭谨，入，徒跣谢。〔16〕高帝曰："相国休矣！相国为民请苑，吾不许，我不过为桀纣主，〔17〕而相国为贤相。吾故系相国，欲令百姓闻吾过也。"

【注释】〔1〕"强"，音 qiǎng，强迫、强行。 〔2〕"利民"，谓取民田宅以为利。 〔3〕"谢"，认错，致歉。 〔4〕"上林"，秦汉时的皇家苑囿，故地在今陕西长安、周至、户县一带，占地广大，内有宫殿，并畜禽兽，供皇帝行猎。 〔5〕"田"，用作动词，谓耕之为田。 〔6〕"稿"，音 gǎo，禾秆。 〔7〕"贾人"，商人。"贾"，音 gǔ。 〔8〕"廷尉"，官名，掌管刑狱，为九卿之一。 〔9〕"械"，镣铐、桎梏之类的刑具。"系"，拘囚。 〔10〕"卫尉"，官名，掌管皇宫禁卫，为九卿之一。"王卫尉"，史失其名，《史记》仅此一见。 〔11〕"暴"，急疾，突然。 〔12〕"李斯"，战国末楚国上蔡（今河南上蔡）人，入秦为客卿，先后任廷尉、丞相，辅佐秦始皇完成了统一事业，并推行一系列加强中央集权的政策。秦始皇死后，与赵高合谋杀秦始皇长子扶苏而立少子胡亥为二世皇帝。二世二年（公元前二〇八年），被赵高陷害，腰斩咸阳市中。详见本书《李斯列传》。"秦皇帝"，即秦始皇。 〔13〕"竖"，奴仆。"贾竖"，对商人的蔑称。 〔14〕"怿"，音 yì，高兴。 〔15〕"节"，符节，表示使者身份的凭证。 〔16〕"徒跣"，光着脚步行，这是一种请罪的表示。"跣"，音 xiǎn。 〔17〕"桀"，即帝履癸，夏代最后一个王。"纣"，即帝辛，商代最后一个王。二人都以暴虐无道著称。

【译文】高祖平定了黥布的叛乱，撤军返回长安。百姓们拦路上书告状，控告相国用低价强行购买民间的土地房屋，价值数千万之多。高祖回到宫中，相国前来拜见。皇上笑着说："当相国的竟然侵夺民众的财产，为自己谋利！"把百姓们的控告信全部交给相国，说道："你自己去向民众谢罪吧！"相国乘机为百姓们请求说："长安一带地方狭窄，而上林苑中空地很多，白白地抛荒，希望下令让民众进去耕种，（收成后粮食归耕者所有，）禾秸则不许收走，留下来作苑中禽兽的食料。"高祖大发雷霆，说："相国你大收商人的财物，却来讨取我的上林苑！"于是就下令把相国交给廷尉拘禁起来，还给他上了刑具。过了几天，一个姓王的卫尉侍从高祖，上前问道："相国犯了什么大罪，陛下怎么突然把他关起来了？"高祖说："我听说李斯担任秦始皇的宰相，办了好事都归功于主上，有了错误则自己承担。现在相国大量接受那些下贱的商人们的金钱，却来为百姓求取我的苑林，想以此来讨好百姓，所以我要把他关起来治罪。"王卫尉说："要说在自己的职责范围之内，如果有对民众有利的事就为他们向陛下请求，这真是宰相应做的事，陛下怎么竟然怀疑相国接受了商人的贿赂呢？况且当初陛下与楚军相持不下，有几年之久，陈豨、黥布反叛时，陛下亲自率军外出平叛，在那个时候，相国留守关中，（如存异心）只要稍有举动，函谷关以西的地方就不属陛下所有了。相国不在那时为自己谋利，现在难道会贪求商人的金钱吗？再说秦皇是因为不知道自己的过错而失去了天下，李斯为主上分担过错的做法，又有什么值得效法的呢？陛下怎么能用这种浅陋的眼光来怀疑宰相。"高祖听了，心中很不愉快。当天，派遣使者手持符节赦相国出狱。相国已经年老，平日一向谦恭谨慎，进宫拜见皇上时，光着脚步行表示谢罪。高祖说："相国请别这样！相国为百姓请求上林苑中的空地，我不允许，不过是我成了桀、纣那样的昏暴君主，而相国却是贤明的宰相。我故意把相国关起来，是想让百姓们都知道我的过错。"

何素不与曹参相能，[1]及何病，孝惠自临视相国病，[2]因问曰："君即百岁后，[3]谁可代君者？"对曰："知臣莫如主。"孝惠曰："曹参何如？"何顿首曰："帝得之矣！臣死不恨矣！"

【注释】〔1〕"能"，和睦，亲善。〔2〕"孝惠"，刘邦子汉惠帝刘盈，公元前一九五年继位，在位七年病死。"惠"是他的谥号。汉代标榜以孝治天下，从惠帝起，每个皇帝的谥号前都加一"孝"字。〔3〕"百岁"，死的委婉说法。

【译文】萧何向来与曹参不和，到萧何病重时，孝惠帝亲自去探望相国的病情，顺便问他："您百岁之后，谁可以继代您的职位？"萧何回答说："了解臣下的莫过于君主。"孝惠帝接着问："曹参这个人怎么样？"萧何叩头说："皇上您找到合适的人了！我死而无憾了！"

何置田宅必居穷处，[1]为家不治垣屋。曰："后世贤，师吾俭；不贤，毋为势家所夺。"

【注释】〔1〕"穷处"，偏远的地方。

【译文】萧何购置土地房屋一定选择贫穷僻远的地方，营造宅第也从来不修建围墙。他说道："后代子孙如果贤德，可以从中学我的俭朴；如果不贤无能，（这种房屋）也不会被有势力的人家所侵夺。"

孝惠二年，[1]相国何卒，谥为文终侯。

【注释】〔1〕"孝惠二年"，公元前一九三年。

【译文】孝惠帝二年，相国萧何去世，谥为文终侯。

后嗣以罪失侯者四世，绝，天子辄复求何后，封续酂侯，[1]功臣莫得比焉。

【注释】〔1〕萧何死后，子禄嗣封。禄死无子，当时执政的吕后就以萧何另一子同继承酂侯的封号（《汉书》以为同是萧何夫人），另封萧何幼子延为筑阳侯。文帝元年，同获罪削爵，延改封酂侯。延死，子遗嗣。遗死无子，文帝另封遗弟则为武阳侯。则因罪削爵，景帝以则弟嘉嗣封。嘉死，子胜嗣。元朔二年，胜又因罪失爵，武帝另封萧何曾孙庆为酂侯。庆死，子寿成嗣。元封四年，寿成因罪免侯。案，萧何子孙屡次因罪失侯，当时的皇帝又都随即别求萧何之后封侯嗣续，这是表示不忘萧何辅佐高祖开创基业的功勋。

【译文】萧何的后嗣有四世因为犯罪而失掉爵位，绝封；但天子总是又寻找萧何的后代，重新封为酂侯，其他功臣无人能与他相比。

太史公曰：萧相国何于秦时为刀笔吏，〔1〕录录未有奇节。〔2〕及汉兴，依日月之末光，〔3〕何谨守管籥，〔4〕因民之疾秦法，顺流与之更始。〔5〕淮阴、黥布等皆以诛灭，而何之勋烂焉。位冠群臣，声施后世，与闳夭、散宜生等争烈矣。〔6〕

【注释】〔1〕"刀笔吏"，古代在纸普遍使用以前，一般公文都用笔写在竹木简牍上，写错了就用刀刮去重写，因称从事文牍工作的小吏为"刀笔吏"。〔2〕"录录"，同"碌碌"，平平庸庸，无所作为。〔3〕"末光"，余光。"依日月之末光"，谓因追随高祖而成名。〔4〕"管籥"，锁钥。"籥"，音yuè，通"钥"。〔5〕"更始"，更新，重新开始。〔6〕"闳夭、散宜生"，都是辅佐周文王开创周朝基业的名臣，其事迹详本书《周本纪》。"闳"，音hóng。"烈"，光明。

【译文】太史公说：萧相国在秦朝的时候是一个文牍小吏，平平庸庸，无所作为，没有什么突出的表现。等到大汉兴起，他（追随高祖）依靠日月余光的照耀，（才名显天下）萧何谨慎地守护关中这一根本重地，利用民众痛恨秦朝严刑苛法，顺应时代的潮流，与百姓们一起更新政治。淮阴侯韩信及黥布等人都被诛杀，而萧何的功勋光辉灿烂。他位居群臣之首，声名流传后世，可以同周朝的闳夭、散宜生等争光比美了。

曹相国世家

平阳侯曹参者，〔1〕沛人也。〔2〕秦时为沛狱掾，〔3〕而萧何为主吏，〔4〕居县为豪吏矣。[5]

【注释】〔1〕"平阳",县名,秦汉时属河东郡,故治在今山西临汾西南。 〔2〕"沛",县名,秦时属泗水郡,汉时属沛郡,故治即今江苏沛县。 〔3〕"狱掾",郡县中主管刑狱事务的吏员。"掾",音 yuàn,长官属吏的通称。 〔4〕"萧何",沛县丰邑(今江苏丰县)人,秦末为沛主吏,后随刘邦起兵反秦,是刘邦的主要谋臣;在楚汉战争中,萧何任丞相,留守关中,不断以人员物资支援刘邦,天下既定,论功第一,拜为相国,封酂侯(酂音 cuó),汉代的律令典章多其制定。详见本书《萧相国世家》。"主吏",即主吏掾,为郡县长官的属吏,主管人事考绩,记录吏员的功过。 〔5〕"豪吏",有势力和威望的吏员。

【译文】平阳侯曹参是沛县人。他在秦朝时当沛县的狱吏,而萧何任主吏掾,两人在县里是有权势威望的吏员。

高祖为沛公而初起也,参以中涓从。[1]将击胡陵、方与,[2]攻秦监公军,[3]大破之。东下薛,[4]击泗水守军薛郭西。[5]复攻胡陵,取之。徙守方与。方与反为魏,[6]击之。丰反为魏,[7]攻之。赐爵七大夫。[8]击秦司马尼军砀东,[9]破之,取砀、狐父、祁善置。[10]又攻下邑以西,[11]至虞,[12]击章邯车骑。[13]攻爰戚及亢父,[14]先登。[15]迁为五大夫。[16]北救阿,[17]击章邯军,陷陈,[18]追至濮阳。[19]攻定陶,[20]取临济。[21]南救雍丘,[22]击李由军,[23]破之,杀李由,虏秦候一人。[24]秦将章邯破杀项梁也,[25]沛公与项羽引而东。[26]楚怀王以沛公为砀郡长,[27]将砀郡兵。于是乃封参为执帛,[28]号曰建成君。[29]迁为戚公,[30]属砀郡。

【注释】〔1〕"中涓",原指主管宫中洒扫之事的小臣,此处用来借指亲近的侍从。 〔2〕"将",音 jiàng,用作动词,统率军队。"胡陵",秦县名,属薛郡,故治在今山东鱼台东南。"方与",音 fáng yù,秦县名,属薛郡,与胡陵接境,故治在今鱼台西。 〔3〕"监",郡监,亦即监郡御史。秦时每郡设三名主要官员:郡守是行政长官,都尉负责军事,监郡御史则监察官吏。"公",尊称。据本书《高祖本纪》及《樊郦滕灌列传》,此秦监公是泗水郡监,名平,后降于萧何、夏侯婴。 〔4〕"薛",秦县名,属薛郡,故治在今山东滕县东南。 〔5〕"泗水",秦郡名,治所在沛(今江苏沛县),辖境约相当于今江苏、安徽两省淮河以北,宿迁、泗洪以西,萧县、涡阳、凤台以东地区。"守",郡守。"郭",外城。 〔6〕"魏",指魏王咎。陈胜起义后,战国时六国的旧贵族也纷纷起兵反秦,图谋复国,魏国旧贵族即迎立故宁陵君魏咎为魏王。当时魏相周市(音 fú)正率军东攻丰、沛,扩充地盘。 〔7〕"丰",沛县属邑,刘邦的故乡,故地在今江苏丰县。当时守丰的是雍齿,他背叛刘邦,以城降魏。 〔8〕"七大夫",秦军功爵分二十级,其第七级为"公大夫",又称"七大夫"。 〔9〕"司马",军中掌管军政、兵员的武官。"尼",音 yí,是"夷"字的古体。"砀",音 dàng,秦县名,属砀郡,故治在今河北永城北。

〔10〕"狐父"，古地名，故地在今安徽砀山东南。"祁"，古城邑名，故地在今砀山西。"置"，驿站。"善置"，当时属祁。〔11〕"下邑"，秦县名，属砀郡，故治即今安徽砀山。〔12〕"虞"，秦县名，属砀郡，故治在今河南虞城北。〔13〕"章邯"，秦军将领，秦二世时官少府，受命把郦山刑徒改编为军队，统率前往镇压反秦武装，先后攻破周章、陈胜、项梁、魏咎等军，后兵败降于项羽，被封为雍王。刘邦自汉中东出争天下，章邯败走自杀。其事迹可参看本书《项羽本纪》和《高祖本纪》的有关记载。〔14〕"爰戚"，秦县名，属砀郡，故治在今山东嘉祥南。"亢父"，秦县名，属砀郡，故治在今山东济宁市南。〔15〕"先登"，谓首先攻上城墙。〔16〕"五大夫"，二十级军功爵中的第九级。〔17〕"阿"，即东阿，秦县名，属东郡，故治在今山东阳谷东北。当时齐将田荣正被秦军围困在东阿。〔18〕"陈"，音 zhèn，通"阵"。〔19〕"濮阳"，秦县名，故治亦即东郡治所，在今河南濮阳西南。〔20〕"定陶"，秦县名，属东郡，故治在今山东定陶西北。〔21〕"临济"，秦亭名，故地在今河南长垣南济水北岸。〔22〕"雍丘"，或作"雝丘"，秦县名，属砀郡，故治即今河南杞县县城。〔23〕"李由"，秦丞相李斯之子，当时任三川郡守，率军配合章邯与反秦武装作战。〔24〕"虏"，通"掳"。"候"，军候，维持军纪的执法官。〔25〕"项梁"，下相（今江苏宿迁西南）人，项羽的叔父，为楚将项燕之子，秦二世元年（公元前二○九年）九月，在吴中（今江苏南部地区）起兵反秦，后自号武信君，又奉楚怀王之孙心为王，于秦二世三年九月进军定陶，因连战皆捷而骄傲轻敌，被秦将章邯夜袭击破，败死。其事迹可参见本书《项羽本纪》。〔26〕"引"，退兵。"东"，用作动词，东行。〔27〕"楚怀王"，战国时的楚怀王熊槐在公元前二九九年受秦昭王的诱骗入秦约盟，被拘不得归，死在秦国。楚国人一直很怀念他。楚国灭亡，楚怀王的一个孙子名心的，流落在民间替人放羊，项梁起兵后把他找到立为楚王，仍称楚怀王，以号召楚人起来反秦复国。此楚怀王心后又称义帝，被项羽派人击杀。"砀郡"，秦郡名，治所在睢阳（今河南商丘市南），辖境约相当于今河南开封、通许以东，永城以北，山东曹县、嘉祥以南，以及安徽金乡、砀山、亳县等地。"砀郡长"，即砀郡的郡守，称郡守为"长"，是沿用战国时楚国的官称。〔28〕"执帛"，楚国的爵名。〔29〕"建成"，秦县名，属砀郡，故治在今河南永城东南。〔30〕"戚"，即爰戚，秦县名，见前注。"戚公"，爰戚县令。县令称"公"，是沿用战国时楚国的官称。

【译文】高祖自立为沛公起兵反秦，一开始曹参就以中涓的身份追随他。曹参曾率领军队进击胡陵、方与，攻打秦朝泗水郡郡监的军队，把他们打得大败。又向东攻下薛县，在薛县外城的西面攻击泗水郡郡守的军队。再次攻打胡陵，拿下了这个地方。然后率军转移防守方与，而方与背叛沛公倒向魏王，曹参就攻打方与。丰邑当时也反叛投魏，曹参又率军攻打丰邑。（因为屡建军功，）沛公赐给他七大夫的爵位。以后又在砀县的东面攻打秦朝司马尼的军队，打败秦军，攻取了砀县、狐父和祁城的善置。还进攻下邑向西进军，到达虞县，进击秦将章邯率领的车队和骑兵。攻打爰戚和亢父，曹参身先士卒，最早登上城墙，爵位升迁为五大夫。又向北救援被秦军围困的东阿，攻打章邯的军队，冲进敌阵，追击敌军直至濮阳。转攻定陶，占领临济。南下救援雍丘，击溃了秦将李由的军队，杀死了李由，并且俘虏秦军军候一人。当时秦将章邯击溃了项梁的军队，杀死了项梁，沛公和项羽都领兵向东退却。楚怀王任命沛公为砀郡长，统率砀郡的军队。在这时沛公就封曹参为执帛，号称建成君。又迁任爰戚县县令，隶属于砀郡。

其后从攻东郡尉军，[1]破之成武南。[2]击王离军成阳南，[3]复攻之杠里，[4]大破之。追北，[5]西至开封，[6]击赵贲军，[7]破之，围赵贲开封城中。西击秦将杨熊军于曲遇，[8]破之，虏秦司马及御史各一人。[9]迁为执珪。[10]从攻阳武，[11]下轘辕、缑氏，[12]绝河津，[13]还击赵贲军尸北，[14]破之。从南攻犨，[15]与南阳守齮战阳城郭东，[16]陷陈，取宛，[17]虏齮，尽定南阳郡。从西攻武关、峣关，[18]取之。前攻秦军蓝田南，[19]又夜击其北，秦军大破，遂至咸阳，[20]灭秦。

【注释】〔1〕"东郡"，秦郡名，治所在濮阳（今河南濮阳市西南），辖境约相当于今山东茌平、东阿、梁山、成武以西，河南南乐、濮阳、滑县、延津以东地区。"尉"，郡尉，负责一郡军事的官员。 〔2〕"成武"，秦县名，属东郡，故治即今山东成武。 〔3〕"王离"，秦名将王翦的孙子，当时爵武城侯，为章邯部将，后在巨鹿之战中被项羽俘虏。"成阳"，秦县名，属东郡，故治在今山东郓城东南。〔4〕"杠里"，城邑名，在成阳西。〔5〕"追北"，追击败军。"北"，败逃。〔6〕"开封"，秦县名，属砀郡，故治在今河南开封市南。〔7〕"赵贲"，秦将。"贲"，音 bēn。〔8〕"杨熊"，秦将，后因开封、曲遇之败被秦二世处死。"曲遇"，秦城邑名，故地在今河南中牟县东。〔9〕"御史"，监察官员。秦时军中有御史监军。〔10〕"执珪"，楚国官爵名，位相当于侯伯。〔11〕"阳武"，秦县名，属三川郡，故治在今河南原阳东南。〔12〕"轘辕"，音 huán yuán，山名，在河南偃师东南，与登封、巩县接界；山道盘旋，形势险要，是兵家必守之地。"缑氏"，秦县名，属三川郡，故治在今偃师东南。"缑"，音 gōu。〔13〕"津"，渡口。"河津"，指黄河古渡平阴津，故地在今河南孟津东北。〔14〕"尸"，即尸乡，为秦三川郡郡治雒阳东面的一个聚邑，故地在今河南偃师西。〔15〕"犨"，音 chóu，秦县名，属南阳郡，故治在今河南鲁山东南。〔16〕"南阳"，秦郡名，治所在宛（今河南南阳市），辖境约相当于今河南鲁山、南召及伏牛山以南，方城、泌阳、桐柏以西，湖北随州、襄樊二市及谷城以北地区。"守"，郡守，郡的最高行政长官。"齮"，音 yǐ，秦南阳郡守的名字，据荀悦《汉纪》记载，其人姓吕。"阳城"，秦县名，属南阳郡，故治在今河南方城东。〔17〕"宛"，秦县名，故治即南阳郡治，在今河南南阳市。〔18〕"武关"，故址在今陕西商南南，是关中地区东部的重要关隘。"峣关"，故址在今陕西蓝田东南，因临峣山得名，比武关更接近秦都咸阳。"峣"，音 yáo。〔19〕"蓝田"，秦县名，属内史，故治在今陕西蓝田西。〔20〕"咸阳"，秦王朝首都，故地在今陕西咸阳市东北。

【译文】后来曹参又跟随沛公进攻秦朝东郡郡尉的军队，在成武南面战胜这支敌军。在成阳南面攻击秦将王离的军队，到了杠里再次发动攻击，大获全胜。一路追击，向西到达开封。又进击秦将赵贲的军队，打败了这支敌军，把赵贲围困在开封城中。向西又在曲遇攻击并打败了秦将杨熊的军队，俘获秦军司马和监军御史各一人。爵位迁升为执珪。后又跟随沛公攻打阳武，攻下轘辕、缑氏，封锁了平阴地方的大河渡口，回军在尸乡北面击溃了赵贲的军队。又跟随沛公向南攻打犨县，在阳城外城东面与秦朝南阳郡守齮交战，冲进敌阵，攻下宛县，俘虏了齮，全部平定了南阳郡。跟随沛公向西进攻武关、峣关，夺取了这两个关隘。继续前进，在蓝田县南面攻打秦军，又在夜间攻击秦军北侧，把他们打得大败，于是就进军到达咸阳，灭亡了秦朝。

　　项羽至，以沛公为汉王。[1]汉王封参为建成侯。从至汉中，[2]迁为将军。从还定三秦，[3]初攻下辩、故道、雍、斄。[4]击章平军于好畤南，[5]破之，围好畤，取壤乡。[6]击三秦军壤东及高栎，[7]破之。复围章平，章平出好畤走。因击赵贲、内史保军，[8]破之。东取咸阳，更名曰新城。参将兵守景陵二十日，[9]三秦使章平等攻参，参出击，大破之。赐食邑于宁秦。[10]参以将军引兵围章邯于废丘。[11]以中尉从汉王出临晋关。[12]至河内，[13]下修武，[14]渡围津，[15]东击龙且、项他定陶，[16]破之。东取砀、萧、彭城。[17]击项籍军，[18]汉军大败走。参以中尉围取雍丘。王武反于外黄，[19]程处反于燕，[20]往击，尽破之。柱天侯反于衍氏，[21]又进破取衍氏。击羽婴于昆阳，[22]追至叶。[23]还攻武强，[24]因至荥阳。[25]参自汉中为将军中尉，从击诸侯及项羽，败，还至荥阳，凡二岁。

　　【注释】〔1〕"以沛公为汉王"，项羽入关后，自立为西楚霸王，又封十八人为王，刘邦被封为汉王，封国包括汉中、巴、蜀三郡，都南郑。详见本书《项羽本纪》及《高祖本纪》。〔2〕"汉中"，秦郡名，治所在南郑（今陕西汉中市东），辖境约相当于今陕西秦岭以南，湖北郧县、房县及十堰市以西地区。　〔3〕"三秦"，项羽把秦王朝首都所在的关中地区一分为三，封给秦三降将：章邯被封为雍王，领有今陕西中部咸阳以西及甘肃东部地区；司马欣被封为塞王，领有今陕西中部咸阳以东地区；董翳被封为翟王，领有今陕西西北部地区；合称"三秦"。项羽封此三王，是要他们阻扼刘邦出汉中争天下的通道。　〔4〕"下辩"，县名，故治在今甘肃成县东北。"故道"，县名，故治在今陕西宝鸡市西南，当连接关中和汉中的陈仓道南口。"雍"，县名，故治在今陕西凤翔西南。"斄"，音 tái，县名，故治在今陕西武功西。此四县当时都是雍王章邯的领地。　〔5〕"章平"，章邯之弟，后被汉军俘虏。"好畤"，县名，故治在今陕西乾县东，当时是雍王章邯领地。"畤"，音 zhì。　〔6〕"壤乡"，聚邑名，故地在今陕西武功南。　〔7〕"壤"，即壤乡。"高栎"，聚邑名，与壤乡邻近。"栎"，音 lì。　〔8〕"内史"，官名，在秦时为京师行政长官，秦汉之际项羽所封的诸侯王国可能亦设内史以掌管王国政务。此"内史保"当是三秦某王的内史，史失其姓。　〔9〕"景陵"，地名，当在关中，确切地点失考。　〔10〕"宁秦"，县名，故治在今陕西华阴东，本为塞王司马欣领地。　〔11〕"废丘"，县名，故治在今陕西兴平东南，当时是雍王章邯的都城。　〔12〕"中尉"，官名，掌管王国都城治安。"临晋关"，故址在今陕西大荔东，东临黄河，河东即三晋地，故名。　〔13〕"河内"，指今河南境内林县、安阳及太行山以南，鹤壁、滑县以西，新乡、武陟以北，济源、孟县以东地区，当时是项羽所封的殷王司马卬的领地。〔14〕"修武"，县名，故治在今河南获嘉东，当时是殷王司马卬领地。〔15〕"围津"，即白马津，当时黄河的一个渡口，故址在今河南滑县东北。〔16〕"龙且"，项羽部下大将，曾任司马，又称司马龙且，后在汉三年（公元前二〇三年）十一月被汉将韩信、灌婴攻杀。"且"，音jū。"项他"，又作"项它"、"项佗"，项羽的亲属，当时任魏相。后来投降刘邦，汉初被封为平皋侯，赐姓刘。〔17〕"萧"，县名，故治在今安徽萧县东南，当时属项羽。"彭城"，县名，故治即今江苏徐州市，当时是项羽的都城。〔18〕"项籍"，即项羽。羽是字，籍是名。〔19〕"王武"，汉将，当时为柘县（今河南柘城）县令，称"柘公"，因汉军大败而叛汉投楚。"外黄"，县名，故治在今河南民权西北，本为项羽领地，前已被汉军攻克。〔20〕"程处"，汉将，时因汉军大败而叛变。"燕"，县名，故治在今河南延津东北，本为项羽领地，前已被汉军攻克。〔21〕"柱天侯"，司马贞《索隐》作"天柱侯"，其人姓名无考，当亦汉将，因汉军大败而叛变。"衍氏"，聚邑名，故地在今河南郑州北。〔22〕"羽婴"，楚将。"昆阳"，县名，故治即今河南叶县，当时属楚。〔23〕"叶"，县名，故治在今河南叶县西南，当时属楚。〔24〕"武强"，聚邑名，故地在今河南郑州东北。〔25〕"荥阳"，县名，故治在今河南荥阳东北，时刘邦率军在此与项羽对峙。

【译文】项羽来到关中，封沛公为汉王，汉王封曹参为建成侯。曹参跟着汉王到汉中，升任将军。又随从汉王回军平定三秦，先是进攻下辩、故道、雍县、斄县。在好畤南面进攻并战胜了章平的军队，围困好畤，攻取壤乡。在壤乡东面以及高栎进击三秦的军队，把他们击溃。又回军包围章平，章平从好畤突围出逃。曹参于是进攻赵贲和内史保的军队，打败了他们。向东攻取了咸阳，把咸阳改名为新城。曹参带领军队驻守景陵二十天，三秦方面派遣章平等攻打曹参，曹参领兵出击，大败敌军。汉王把宁秦赐给他当食邑。曹参以将军的身份带兵把章邯包围在废丘，又以中尉的身份跟随汉王出临晋关，到达河内地区，攻下修武，渡过围津，东进定陶攻击龙且、项他的军队，打败了他们。向东攻取砀县、萧县和彭城。在进击项羽军队的战斗中，汉军大败溃逃。曹参以中尉的身份率军包围并攻取了雍丘。当时王武在外黄叛变，程处在燕县叛变，曹参前往攻击，全部击溃叛军。柱天侯又在衍氏反叛，曹参又进军打败柱天侯，攻下衍氏。接着在昆阳打败羽婴，一直追击到叶县。又回军进攻武强，从而到达荥阳。曹参自从在汉中担任将军、中尉，跟随汉王出汉中攻打诸侯和项羽，到被项羽打败，回军荥阳，前后共两年时间。

高祖二年，〔1〕拜为假左丞相，〔2〕入屯兵关中。月余，魏王豹反，〔3〕以假左丞相别与韩信东攻魏将军孙遬军东张，〔4〕大破之。因攻安邑，〔5〕得魏将王襄。击魏王于曲阳，〔6〕追至武垣，〔7〕生得魏王豹。取平阳，〔8〕得魏王母妻子，尽定魏地，凡五十二城。赐食邑平阳。因从韩信击赵相国夏说军于邬东，〔9〕大破之，斩夏说。韩信与故常山王张耳引兵下井陉，〔10〕

击成安君，[11]而令参还围赵别将戚将军于邬城中。[12]戚将军出走，追斩之。乃引兵诣敖仓汉王之所。[13]韩信已破赵，为相国，[14]东击齐。[15]参以右丞相属韩信，[16]攻破齐历下军，[17]遂取临淄。[18]还定济北郡，[19]攻著、漯阴、平原、鬲、卢。[20]已而从韩信击龙且军于上假密，[21]大破之，斩龙且，虏其将军周兰。定齐，凡得七十余县。得故齐王田广相田光，[22]其守相许章，[23]及故齐胶东将军田既。[24]韩信为齐王，[25]引兵诣陈，[26]与汉王共破项羽，而参留平齐未服者。

【注释】〔1〕"高祖二年"，公元前二〇五年。 〔2〕"假"，暂时代理。"丞相"，辅佐国君处理政务的最高级官职。丞相或分左右，以右为尊。 〔3〕"魏王豹"，战国末魏国宗室贵族宁陵君魏咎之弟。秦末部分反秦武装拥立魏咎为魏王，魏咎被秦将章邯攻破自焚，魏豹继立为魏王，追随项羽。后项羽欲自领魏地，改封魏豹为西魏王，魏豹因此对项羽不满，在楚汉战争初期归顺刘邦，不久又叛汉，为汉将韩信、曹参等俘送荥阳，随即遇害。详见本书《魏豹彭越列传》。〔4〕"韩信"，淮阴（今江苏淮阴市东南）人，初从项羽，后归刘邦，由萧何推荐而被刘邦拜为大将，在刘邦击败项羽统一全国的战争中起了很大的作用。曾自立为齐王，刘邦改封他为楚王，又降封为淮阴侯。高祖十一年（公元前一九六年）因谋反被吕后诱杀于长安。详见本书《淮阴侯列传》。"诣"，音 sù。"东张"，聚邑名，秦时属河东郡蒲坂县，故地在今山西永济西北。〔5〕"安邑"，县名，秦时为河东郡郡治所在，故地在今山西夏县西北。 〔6〕"曲阳"，县名，秦时属恒山郡，故治在河北曲阳西。 〔7〕"武垣"，县名，秦时属巨鹿郡，故治在今河北河间西南。 〔8〕"平阳"，时为魏豹的国都。 〔9〕"相国"，官名，职同丞相而位望稍尊。"夏说"，陈余部将。陈余拥立战国时赵国宗室贵族赵歇为赵王，赵王歇又封陈余为代王。陈余留赵辅佐赵王，任命夏说为代相国守代。赵、代当时都与汉为敌。此谓夏说为赵相国，似有误。"说"，音 yuè。 "邬"，县名，秦时属太原郡，当时为代国领有，故治在今山西太原东北。〔10〕"张耳"，大梁（今河南开封市）人，战国末曾为魏公子信陵君门客，秦时变姓名逃亡，一度参加陈胜起义军，又先后拥立武臣、赵歇为赵王。秦亡后，项羽封张耳为恒山王。后张耳归汉，被刘邦封为赵王，高祖五年（公元前二〇二年）去世，谥景。详见本书《张耳陈余列传》。"常山"，本作恒山，后避汉文帝刘恒讳改常山。秦郡名，治所在东垣（今河北石家庄市东），辖境约相当于今河北恒山及满城以南，保定、安国、栾城以西，赞皇、高邑以北，太行山以东地区。"井陉"，即井陉口，当时的一个军事要隘，故地在今河北井陉东北井陉山上。"陉"，音 xíng。 〔11〕"成安君"，即陈余，大梁（今河南开封市）人，秦末曾与张耳一起参加陈胜起义军，又共同先后拥立武臣、赵歇为赵王，被赵歇封为成安君。后在秦将章邯围攻邯郸时与张耳反目成仇。张耳投汉，陈余被赵王歇立为代王，举赵、代二国之兵与汉为敌。汉三年（公元前二〇四年）兵败被杀。详见本书《张耳陈余列传》。 〔12〕"别将"，另外一支军队的将领，偏将。〔13〕"敖仓"，秦代的一个大粮仓，故址在今河南荥阳北敖山上，地当黄河、济水分流处，是漕粮集中地。楚汉战争时，刘邦夺取此仓，以供军需。 〔14〕"韩信已破赵，为相国"，当时刘邦封张耳为赵王，任韩信为赵相国。 〔15〕"东击齐"，当时的齐王是田广，与汉为敌。 〔16〕"属"，音 shǔ，隶属。〔17〕"历下"，聚邑名，因在历山下而得名，秦属济北郡历城县，时为齐地，故地在今山东济南市西。 〔18〕"临淄"，县名，齐都所在，秦时属临淄郡，故地在今山东淄博市东。〔19〕"济北"，秦汉间郡名，治所在博阳（今山东泰安市东南），辖境约相当于今山东阳信、邹平、莱芜以西，泰安市、肥城以北，平阴、禹城、德州市以东，以及河北海兴、盐山等地。〔20〕"著"，县名，时属济北郡，故治在今山东济阳西。"漯阴"，县名，时属济北郡，故治在今山东禹城东。"平原"，县名，时属济北郡，故治在今山东平原南。"鬲"，县名，时属济北郡，故治在今山东德州市东南。"卢"，县名，时属济北郡，故治在今山东平阴东北。〔21〕"上假密"，即高密，县名，秦时属胶东郡，故治在今山东高密西。一说上假密为亭名，故地在今山东诸城东北。〔22〕"田广"，齐国旧贵族田荣之子。秦末田荣与其弟田横同随从兄田儋起兵反秦，田儋自立为齐王，后被秦军攻杀。经过一番角逐，田荣成了齐王，项羽伐齐，田荣兵败走死。田横乃立田荣子田广为王。田广后被汉军俘杀。"相"，官名，国中百官之长，辅佐国君处理政务。当时各诸侯国的相或称相、或称丞相、或称相国。"田光"，据本书《田儋列传》及《樊郦滕灌列传》，田光是守相，败走城阳被汉将灌婴追杀。当时真正的齐相是田横。〔23〕"守相"，留守代理之相。时齐相田横领兵在外，所以别置守相。〔24〕"胶东"，秦置胶东郡，治所在即墨（今山东平度东南），辖境约相当于今山东胶莱河以东及昌邑、潍县、安丘地。秦汉间项羽以其地封田市（音 fú）为胶东王，田荣击杀田市，地乃属齐。〔25〕"韩信为齐王"，韩信定齐后，自立为假齐王（暂时代理的齐王），刘邦不得已承认既成事实，正式封韩信为齐王。〔26〕"陈"，县名，秦时为陈郡郡治所在，故地即今河南淮阳。

【译文】高祖二年，曹参被任命为代理左丞相，进入关中屯兵驻守。过了一个多月，魏王豹叛变，曹参以代理左丞相的身份，与韩信分别率领军队向东进军，在东张地方攻打魏王将军孙遬的军队，大败魏军。从而进攻安邑，俘虏了魏将王襄。在曲阳攻击魏王豹，追到武垣，把他活捉了。接着攻下平阳，俘获魏王的母亲和妻子儿女，全部平定了魏地，总计得到了五十二座城。汉王把平阳赐给曹参作为食邑。接着曹参又跟随韩信在邬县东面进击赵相国夏说的军队，大获全胜，杀死了夏说。韩信和原常山王张耳带兵直下井陉，进攻成安君，命令曹参回军把赵国偏将戚将军围困在邬县城中。戚将军突围出逃，曹参追上把他杀了。于是就带兵前往汉王所在的敖仓。韩信攻破赵国以后，被汉王任命为赵相国，率军东进，攻打齐国。曹参以右丞相的身份隶属韩信，击败齐国部署在历下的军队，从而夺取临淄。又回军平定济北郡，攻占著县、漯阴、平原、鬲县、卢县等地。不久，又跟随韩信在上假密大败龙且的军队，杀死了龙且，俘虏了这支军队的将军周兰。平定齐国，共得七十多个县。还活捉了原齐王田广的丞相田光、留守的代理丞相许章，以及原齐国的胶东将军田既。韩信当了齐王，带兵去陈郡与汉王会合，一起攻破项羽，而曹参就留在齐地平定那些还没有归服的地方。

项籍已死，天下定，汉王为皇帝，〔1〕韩信徙为楚王，齐为郡。参归汉相印。高帝以长子肥为齐王，〔2〕而以参为齐相国。以高祖六年赐爵列侯，〔3〕与诸侯剖符，〔4〕世世勿绝。食邑平阳万六百三十户，号曰平阳侯，除前所食邑。

【注释】〔1〕"汉王为皇帝"，时为汉五年（公元前二〇二年）。 〔2〕"肥"，刘邦长子刘肥，庶出，母为曹氏。高祖六年（公元前二〇一年）被封为齐王，封地包括胶东、胶西、临淄、济北、博阳、城阳等郡的七十三县，都临淄（在今山东淄博市东）。刘肥在位十三年，于惠帝六年（公元前一八九年）去世，谥悼惠。详见本书《齐悼惠王世家》。 〔3〕"列侯"，秦爵二十等，彻侯最尊，汉因之，后避汉武帝刘彻讳改称通侯，又称列侯。汉代的列侯有自己的封国（侯国），爵位可以世袭。 〔4〕"符"，信符，封爵的凭证。剖符是把符一剖为二，其一授予受封的诸侯，其一留在朝廷，以示信用。

【译文】项羽死后，天下全部平定，汉王做了皇帝。韩信被改封为楚王，齐地成了朝廷管辖的郡，曹参把丞相的印玺归还朝廷。高祖封长子刘肥为齐王，任命曹参为齐相国。曹参在高祖六年被赐给列侯的爵位，与其他列侯一起剖符受封，封爵世世代代传承不绝。曹参以平阳地方的一万六百三十户作为封邑，封号为平阳侯，而削除以前受封的食邑。

以齐相国击陈豨将张春军，〔1〕破之。黥布反，〔2〕参以齐相国从悼惠王将兵车骑十二万人，与高祖会击黥布军，大破之。南至蕲，〔3〕还定竹邑、相、萧、留。〔4〕

【注释】〔1〕"陈豨"，宛朐（今山东菏泽西南，朐音 qú）人，从刘邦起兵，以功封阳夏侯，官巨鹿郡守，后任赵相国，统率赵、代边兵。因结客养士，为朝廷所疑，于高祖十年（公元前一九七年）反，勾结匈奴，自立为代王，高祖十二年冬兵败被杀。详见本书《韩信卢绾列传》。"豨"，音 xī。 〔2〕"黥布"，六（今安徽六安市）人，本姓英，因曾受黥刑，所以又称黥布。秦末率刑徒起义，从项羽破秦兵，屡次以少胜多，破关入咸阳后，被项羽封为九江王。后与项羽发生矛盾，归投刘邦，刘邦立之为淮南王。韩信、彭越被杀后，黥布心中恐慌，于高祖十二年（公元前一九五年）举兵反，不久败走番阳（今江西波阳东北，番音 pó），被杀。详见本书《黥布列传》。 〔3〕"蕲"，音 qí，县名，秦属泗水郡，汉属沛郡，故治在今安徽宿州市南，当时是黥布的领地。 〔4〕"竹邑"，县名，故治在今安徽宿州市北。"相"，县名，故治在今安徽淮北市西北。"萧"，县名，故治在今安徽萧县西北。"留"，县名，故治在今江苏沛县东南。此四县秦属泗水郡，汉属沛郡，当时都是黥布的领地。

【译文】后来曹参以齐相国的身份进击陈豨部将张春的军队，把他们打垮。黥布反叛，曹参作为齐相国又跟随齐悼惠王刘肥率领步兵、车队、骑兵等共十二万人，与高祖会合，一起攻打黥布的军队，打得他们大败，向南一直追击到蕲县，又回军平定竹邑、相县、萧县、留县。

参功：凡下二国，县一百二十二；得王二人，相三人，将军六人，大莫敖、[1]郡守、司马、候、御史各一人。

【注释】〔1〕"大莫敖"，战国时楚国官名，位次于令尹（相），相当于中原各国的卿。项羽楚人，沿用楚国官称。此大莫敖姓名不详，当是项羽部属。

【译文】曹参的功绩：总共攻下两个诸侯国，一百二十二个县；活捉王二人，相三人，将军六人，大莫敖、郡守、司马、军候、御史各一人。

孝惠帝元年，[1]除诸侯相国法，更以参为齐丞相。参之相齐，齐七十城。[2]天下初定，悼惠王富于春秋，[3]参尽召长老诸生，问所以安集百姓，如齐故诸儒以百数，[4]言人人殊，参未知所定。闻胶西有盖公，[5]善治黄老言，[6]使人厚币请之。[7]既见盖公，盖公为言治道贵清静而民自定，推此类具言之。参于是避正堂，舍盖公焉。其治要用黄老术，故相齐九年，齐国安集，大称贤相。

【注释】〔1〕"孝惠帝元年"，公元前一九四年。〔2〕"齐七十城"，刘肥的封国有七十三县，此言"七十城"，是举其约数。〔3〕"富于春秋"，春秋谓年岁。富于春秋指年轻，来日方长。〔4〕"如"，这里用为连词，相当于"而"。〔5〕"胶西"，郡名，时属齐国，治所在高密（今山东高密西南），辖境约相当于今山东半岛胶莱河以西，高密以北地区。"盖"，音 gě，姓。〔6〕"黄老言"，指道家学说。"黄"指黄帝，为传说中上古的圣帝；"老"指老子，即老聃，春秋战国时人，《道德经》的作者。道家尊黄帝、老子为祖，其书亦多托名黄帝、老子。〔7〕"币"，本指缯帛，古代往往以缯帛作为赠送宾客的礼物，后因泛称礼品财物为币。

【译文】孝惠帝元年废除了诸侯王国设相国的法令，改任曹参为齐丞相。曹参当齐国的相，那时齐国有七十座城。天下刚刚平定，悼惠王还年轻，曹参把齐地受人尊敬的老年有德之人和儒生全都召来，向他们请教安抚百姓的办法。而齐国原先的儒生有好几百人，所说的话各不相同，曹参不知如何决定。他听说胶西地方有个盖公，擅长于研究道家黄老学说，就派人致送厚礼把他请来。同盖公相见后，盖公给他讲治理国家应该崇尚清静无为而百姓自然安定，以此类推地讲了许多道理。曹参于是就让出自己居住的正房，请盖公住进去。他治理国家主要就是采用黄老的一套办法，所以担任齐国丞相九年，齐国形势稳定，百姓安居乐业，被人们盛赞是个贤明的丞相。

惠帝二年，萧何卒。参闻之，告舍人趣治行，[1]"吾将入相"。居无何，〔2〕使者果召参。参去，属其后相曰：〔3〕"以齐狱市为寄，〔4〕慎勿扰也。"后相曰："治无大于此者乎？"参曰："不然。夫狱市者，所以并容也，〔5〕今君扰之，奸人安所容也？〔6〕吾是以先之。"

【注释】〔1〕"舍人"，王侯贵官身边门客侍从的通称。"趣"，音cù，催促。"治行"，整理行装。〔2〕"居无何"，过了不多久。〔3〕"属"，音zhǔ，通"嘱"。〔4〕"狱市"，监狱和市场。"为寄"，当作寄管之物。意谓维持原状，勿作变动。〔5〕"并容"，兼容并蓄，善人恶人都在其中。〔6〕"奸人"，为非作歹的恶人。

【译文】惠帝二年，萧何去世。曹参听到这个消息就告诉自己身边的舍人赶快整理行装，说："我马上要去长安担任朝廷的相国了。"过了不多久，果然有使者来召曹参入朝。曹参离开齐国前嘱咐接任的齐国丞相说："你要把齐国的监狱和市场当作寄管的物品，千万别去扰乱变动。"后任的齐国丞相问道："治理国家难道没有比这更重要的吗？"曹参说："不能那样想。监狱和市场，是好人坏人都能容纳的地方，你如果随意去扰乱变动，（采用严厉的手段）那叫坏人到何处安身？（无处安身，他们就会到处作乱，）所以我首先把这一点提出来。"

参始微时，〔1〕与萧何善；及为将相，有郤。〔2〕至何且死，〔3〕所推贤唯参。参代何为汉相国，举事无所变更，一遵萧何约束。〔4〕

【注释】〔1〕"微时"，身份卑微，尚未显达之时。〔2〕"郤"，音xì，通"隙"，嫌隙，隔阂。〔3〕"且"，即将。〔4〕"约束"，此指规约、章法。

【译文】曹参微贱时，与萧何很要好；做了将相以后，两人有了隔阂。到萧何病重将死时，他向皇帝推荐的贤才只有曹参一人。曹参接替萧何当汉朝的相国，所做的事情与萧何生前毫无变更，完全遵循萧何制定的法规。

择郡国吏木诎于文辞，〔1〕重厚长者，〔2〕即召除为丞相史。〔3〕吏之言文刻深，〔4〕欲务声名者，辄斥去之。日夜饮醇酒。〔5〕卿大夫已下吏及宾客见参不事事，〔6〕来者皆欲有言。至者，参辄饮以醇酒，间之，〔7〕欲有所言，复饮之，醉而后去，终莫得开说，以为常。

【注释】〔1〕"木"，木讷，质朴。"诎"，音qū，言语钝拙。〔2〕"重厚"，庄重忠厚。〔3〕"除"，任命。"丞相史"，丞相属吏。〔4〕"言文"，花言巧语，善于言辩。"刻深"，用心苛刻严酷。〔5〕"醇酒"，味厚质纯的酒。〔6〕"不事事"，不任事。前一"事"用作动词。

此谓不做相国应做的事。〔7〕"间之"，找个机会。"间"，音jiàn。

【译文】曹参从各郡和各诸侯王国的吏员中挑选不善于辞令然而稳重忠厚有德行的人，立即把他们召来担任丞相的属吏。吏员中那些擅于言辞、深文周纳、一心追求名声的人，就把他们斥退。曹参自己不分日夜，整天饮美酒。卿大夫以下的官吏以及宾客看到曹参不理政事，来见的人都想提出忠告。凡客人来到，曹参就让他饮美酒，客人找机会，想有所进言，曹参又让他饮酒，总是让客人喝醉了才离去，最终还是不能开口谏说，这种情况习以为常。

相舍后园近吏舍，吏舍日饮歌呼。从吏恶之，〔1〕无如之何，乃请参游园中，闻吏醉歌呼，从吏幸相国召按之。〔2〕乃反取酒张坐饮，〔3〕亦歌呼与相应和。〔4〕

【注释】〔1〕"恶"，音wù，厌恶。〔2〕"幸"，希望。"按"，讯问追究。〔3〕"张"，陈设，摆开。〔4〕"和"，音hè，以声应答，跟着唱。

【译文】相国住宅的后园靠近吏员的住所。吏员住所中整天有人饮酒唱歌，呼叫喧闹。相国身边的办事人员很讨厌他们，但没有办法，于是就请曹参到后园去游玩，曹参听到了吏员住房中喝醉酒唱歌呼叫的声音，身边的办事人员希望相国会把那些家伙召来追究治罪。可是曹参竟然反而让人把酒取来摆开酒席，坐下饮酒，也唱歌呼叫，同那边互相应和。

参见人之有细过，专掩匿覆盖之，府中无事。

参子窋为中大夫。〔1〕惠帝怪相国不治事，以为："岂少朕与?"〔2〕乃谓窋曰："若归，〔3〕试私从容问而父曰：〔4〕'高帝新弃群臣，〔5〕帝富于春秋，君为相，日饮，无所请事，何以忧天下乎?'然无言吾告若也。"窋既洗沐归，〔6〕闲侍，自从其所谏参。参怒，而笞窋二百，〔7〕曰："趣入侍，天下事非若所当言也。"至朝时，惠帝让参曰：〔8〕"与窋胡治乎?〔9〕乃者我使谏君也。"〔10〕参免冠谢曰："陛下自察圣武孰与高帝?"上曰："朕乃安敢望先帝乎!"曰："陛下观臣能孰与萧何贤?"上曰："君似不及也。"参曰："陛下言之是也。且高帝与萧何定天下，法令既明，今陛下垂拱，〔11〕参等守职，遵而勿失，不亦可乎?"惠帝曰："善。君休矣!"

【注释】〔1〕"窋"，音zhú。"中大夫"，官名，秩二千石，备皇帝顾问论议，为郎中令属官。〔2〕"少"，轻，轻视。"朕"，音 zhèn，第一人称代词，秦以前人人可用，从秦始皇时起，只有皇帝才能自称朕。〔3〕"若"，你。〔4〕"从容"，此谓不慌不忙地闲谈。"从"，音 cōng。"而"，通"尔"，你，你的。〔5〕"弃群臣"，皇帝死去的委婉说法。〔6〕"洗沐"，沐浴。汉制，官吏五日一洗沐，洗沐之日不上官署办公。后因以"洗沐"作为官吏例假的代称。〔7〕"笞"，音 chī，用鞭子或竹板抽打。〔8〕"让"，责备。〔9〕"治"，用刑惩处。"与窋胡治"是"胡与窋治"的倒装。〔10〕"乃者"，用以表示追叙前事，略等于"往昔"。〔11〕"垂拱"，垂衣拱手，不做什么事情。语出《书·武成》"垂拱而天下治"，后多用以指帝王无为而治。

【译文】 曹参发现别人有细小的过错，总是帮他们掩藏遮盖，府中相安无事。

曹参的儿子曹窋任中大夫。惠帝见相国不理政事，感到奇怪，心想："难道相国看不起我？"于是就对曹窋说："你回家，试着私下在闲谈时间问你的父亲：'高祖去世不久，皇上正年轻，您当相国，整天饮酒，不向皇上请示，也不处理公务，怎么为治理天下忧虑呢？'但你可别讲是我告诉你的。"曹窋休假日回家，装作无事而在曹参身边侍候，就从自己的角度出发，规劝曹参。曹参听了大怒，打了曹窋二百板子，说道："赶快进宫侍奉皇上，天下大事不是你所应该说的。"到上朝的时候，惠帝责备曹参说："你为什么要惩治曹窋？先前可是我让他去劝你的。"曹参脱下所戴的冠，谢罪说："陛下自己观察，您的圣明英武同高帝相比怎么样？"惠帝说："我怎么敢同先帝比啊！"曹参又问："陛下看我的才能跟萧何比，谁更强一些？"惠帝说："您好像比不上萧何。"曹参说："陛下说得很对。再说高帝与萧何一起平定天下，制定的法令都很明白。现在陛下垂衣拱手，我等谨守职责，遵照执行而不违背偏离，不就可以了吗？"惠帝说："对啊，您就好生休息吧。"

参为汉相国，出入三年。〔1〕卒，谥懿侯。子窋代侯。百姓歌之曰："萧何为法，颟若画一；〔2〕曹参代之，守而勿失。载其清净，〔3〕民以宁一。"〔4〕

【注释】〔1〕"出入三年"，谓三年上下。曹参入相在惠帝三年，死于惠帝六年，疑此"三年"应作"四年"。〔2〕"颟"，音 jiǎng，明白。"画一"，整齐。〔3〕"载"，行。"清净"，指清静无为的政治。〔4〕"宁一"，安定而不散乱。

【译文】 曹参担任朝廷的相国，有三年左右时间。死后被谥为懿侯，由儿子曹窋继承爵位。百姓们歌唱称颂道："萧何定法律，明白又整齐；曹参接替他，遵守不偏离。施政贵清静，百姓安宁心欢喜。"

平阳侯窋，高后时为御史大夫。〔1〕孝文帝立，免为侯。立二十九年卒,〔2〕谥为静侯。子奇代侯,立七年卒,〔3〕谥为简侯。子时代侯。〔4〕时尚平阳公主,〔5〕生子襄。时病疬,〔6〕归国。立二十三年卒,〔7〕谥夷侯。子襄代侯。襄尚卫长公主,〔8〕生子宗。立十六年卒,〔9〕谥为共侯。〔10〕子宗代侯。征和二年中,〔11〕宗坐太子死,〔12〕国除。

【注释】〔1〕"御史大夫",官名,掌议论及监察之事,秩万石,与丞相、太尉并称三公,是朝廷最高级官员之一。 〔2〕"立二十九年卒",时当文帝后三年(公元前一六一年)。 〔3〕"立七年卒",时当景帝前三年(公元前一五四年)。 〔4〕"子时代侯",其人《汉书·卫青传》以为名"寿"。 〔5〕"尚",娶公主为妻。尚有尊奉之义。公主身份尊贵,不敢说"娶",所以用"尚"字。"平阳公主",汉景帝女,为武帝同母的姐姐。原封阳信公主,与平阳侯曹时结婚后,又称平阳公主。 〔6〕"疬",音lì,麻风病。 〔7〕"立二十三年卒",时当汉武帝元光四年(公元前一三一年)。 〔8〕"卫长公主",汉武帝长女,因是卫子夫所生,所以称卫长公主。〔9〕"立十六年卒",时当汉武帝元鼎元年(公元前一一六年)。 〔10〕"共",音gōng,通"恭"。 〔11〕"征和",汉武帝年号(征和二年为公元前九一年)。 〔12〕"坐",因某事而获罪。"太子",汉武帝长子刘据,元狩元年(公元前一二二年)立为太子。刘据为卫子夫所生,是曹宗的亲舅父。武帝晚年多病,怀疑是由于有人埋蛊(音gǔ,把代表怨家仇人的木偶埋在地下,用符咒之术使之受灾)诅咒的缘故,命亲信江充查办此事。江充与太子不和,诬称在太子宫中掘得巫蛊用的桐木人,太子惊慌愤怒,把江充杀了。武帝以为太子造反,派丞相刘屈氂(音máo)领兵攻太子,长安大乱。太子外逃躲藏,后被地方官发觉,自杀。在这次变乱中丧生的有几万人。曹宗征和二年获罪的原因,《汉书·高惠高后功臣表》及《曹参传》以为是奸通宫人,私闯宫门,当时被判死刑,后援例纳金赎罪,减为城旦(戍边筑城四年),与《史记》此篇记载有异。

【译文】平阳侯曹窋,高后时任御史大夫。孝文帝即位,曹窋被解除职务,成为一般列侯。他在侯位二十九年去世,被谥为静侯。儿子曹奇继承侯位,在位七年去世,被谥为简侯。曹奇的儿子曹时继承侯位,与平阳公主结婚,生了儿子名襄。曹时患麻风病,后来就不在长安居住,回到自己的封国。他在位二十三年去世,被谥为夷侯。儿子曹襄继承侯位,与卫长公主结婚,生了儿子名宗。曹襄在位十六年去世,被谥为共侯。儿子曹宗继承侯位。征和二年,曹宗受卫太子事件的牵连而丧生,封国被撤除。

太史公曰:曹相国参攻城野战之功所以能多若此者,以与淮阴侯俱。及信已灭,而列侯成功,唯独参擅其名。参为汉相国,清静极言合道。然百姓离秦之酷后,〔1〕参与休息无为,〔2〕故天下俱称其美矣。

【注释】〔1〕"离",通"罹",遭受。 〔2〕"休息",休养生息。

【译文】太史公说：曹相国参攻城野战的功劳之所以能有如此之多，是因为他同淮阴侯一起作战。等到韩信被杀以后，列侯中建立功勋的，就只有曹参独占美名了。曹参担任朝廷的相国，竭力主张清静无为，合乎道家的学说。然而在百姓遭受了秦朝的残酷统治之后，曹参能无为而治，与民休养生息，（这符合百姓的心愿）所以天下人都称颂他的美名。

留侯世家

留侯张良者，[1]其先韩人也。[2]大父开地，[3]相韩昭侯、宣惠王、襄哀王。[4]父平，相釐王、悼惠王。[5]悼惠王二十三年，[6]平卒。卒二十岁，秦灭韩。良年少，未宦事韩。[7]韩破，良家僮三百人，弟死不葬，悉以家财求客刺秦王，[8]为韩报仇，以大父、父五世相韩故。

【注释】[1]"留侯"，张良的封爵。张良封于留，故称留侯。留，本春秋宋邑。秦置县，治所在今江苏省沛县东南。按张良字子房，见《汉书·张良传》。 [2]"韩"，古国名，战国七雄之一。春秋时，晋封韩武子于韩原，其后世为晋卿。至韩虔，与魏、赵三分晋国，公元前四○三年被周烈王承认为诸侯国。建都阳翟（今河南省禹县）。公元前三七五年韩哀侯灭郑，又迁都新郑（今河南省新郑县）。公元前二三○年为秦所灭。详见本书《韩世家》。 [3]"大父"，祖父。"开地"，张良祖父名。 [4]"韩昭侯"，名武，韩国国君，在位三十年（公元前三六二年至前三三三年）。"宣惠王"，昭侯的儿子，韩国国君称王从他开始，在位二十一年（公元前三三二年至前三一二年）。"襄哀王"，亦称襄王，名仓，宣惠王的儿子，在位十六年（公元前三一一年至前二九六年）。 [5]"釐王"，亦作僖王，名咎，襄哀王的儿子，在位二十三年（公元前二九五年至前二七三年）。"悼惠王"，或作桓惠王，釐王的儿子，史佚其名，在位三十四年（公元前二七二年至前二三九年）。 [6]"悼惠王二十三年"，即公元前二五○年。 [7]"未宦事韩"，没有在韩国担任过官职。一说"宦"当为"尝"字之误。 [8]"客"，门客，食客，此指刺客。"秦王"，指秦王嬴政（秦始皇）。秦王政二十六年（公元前二一一年）始改号称皇帝，此时秦王嬴政尚称秦王。

【译文】留侯张良，他的祖先是韩国人。祖父张开地是韩昭侯、宣惠王、襄哀王的宰相。父亲张平是釐王、悼惠王的宰相。悼惠王二十三年，张平去世。死后二十年，秦国消灭了韩国。因为张良年轻，未尝做过韩国的官吏。韩国灭亡时，张良家有僮奴三百人，他的弟弟死后没有厚葬，而是用全部家财来寻求刺客暗杀秦王，为韩国报仇，因他祖父、父亲历任韩国五代国君之相的缘故。

良尝学礼淮阳。[1]东见仓海君。[2]得力士，为铁椎重百二十斤。秦皇帝东游，良与客狙击秦皇帝博浪沙中，[3]误中副车。[4]秦皇帝大怒，大索天下，求贼甚急，为张良故也。良乃更名姓，亡匿下邳。[5]

　　【注释】〔1〕"淮阳"，汉郡国名，秦时为陈县，治所在今河南省淮阳县。〔2〕"仓海君"，旧注有二说：一、《汉书·张良传》颜师古注云："盖当时贤者之号。"二、《史记集解》、《索隐》皆谓仓海君为秽貊国的君长。据《汉书·武帝纪》记载，元朔元年"东夷秽君南闾等二十八万人降，为苍海郡"。后说近是，盖司马迁以当时郡名称之。苍海郡在今朝鲜中部地区。〔3〕"博浪沙"，古地名，故址在今河南省原阳县东南。〔4〕"副车"，亦称属车，扈从天子的车辆。《史记索隐》引《汉官仪》云："天子属车三十六乘。"〔5〕"下邳"，秦县名，治所在今江苏省睢宁县西北。

　　【译文】张良曾在淮阳学礼仪。在淮阳的东面见到仓海君，找到一个大力士，给他做了一柄重一百二十斤的铁锤。秦皇帝向东巡游，张良与刺客在博浪沙中狙击秦皇帝时误中了随行的车辆。秦皇帝非常愤怒，命令大搜天下，紧急捉拿刺客，这全是因为张良的缘故。于是张良更名改姓，逃亡到下邳躲藏起来。

　　良尝闲从容步游下邳圯上，[1]有一老父，衣褐，至良所，直堕其履圯下，[2]顾谓良曰："孺子，[3]下取履！"良鄂然，[4]欲殴之。为其老，强忍，下取履。父曰："履我！"良业为取履，因长跪履之。父以足受，笑而去。良殊大惊，随目之。父去里所，复还，曰："孺子可教矣。后五日平明，[5]与我会此。"良因怪之，跪曰："诺。"五日平明，良往。父已先在，怒曰："与老人期，后，何也？"去，曰："后五日早会。"五日鸡鸣，良往。父又先在，复怒曰："后，何也？"去，曰："后五日复早来。"五日，良夜未半往。有顷，父亦来，喜曰："当如是。"出一编书，[6]曰："读此则为王者师矣。后十年兴。十三年孺子见我济北，[7]谷城山下黄石即我矣。"[8]遂去，无他言，不复见。旦日视其书，乃《太公兵法》也。[9]良因异之，常习诵读之。

　　【注释】〔1〕"圯"，音yí，桥。〔2〕"直"，旧注有二解：一、《史记索隐》、《汉书》颜师古注谓作"正"解，犹言恰值。二、王念孙《读书杂志》谓作"特"解，犹言特意、故意。两说皆可通，王说近是。〔3〕"孺子"，犹今天称"年轻人"、"小伙子"等，是一种不客气、不礼貌的称呼。〔4〕"鄂"，通"愕"，惊讶。〔5〕"平明"，与以下的"鸡鸣"、"夜未半"，为秦汉时使用的时辰名称。"平明"即平旦。"鸡鸣"早于"平明"，"夜未半"早于"鸡鸣"。〔6〕"一编书"，古代的书籍多写在竹简上，用皮条或绳子编联，故以编称。"一编书"犹今言一册书。〔7〕"济北"，即济水之北，这里指谷城山一带。 〔8〕"谷城山"，亦称黄山，在今山东省平阴县西南。 〔9〕"《太公兵法》"，相传为姜太公吕尚所作的兵书。梁阮孝绪《七录》曾有著录，云"《太公兵法》一帙三卷"，今亡。

【译文】张良曾在闲暇时从容信步在下邳桥上游逛，有一个老翁，穿着粗布短衣，走到张良的身边，故意把他的鞋掉到桥下，回过头来对张良说："小伙子，下去把鞋拿上来。"张良感到惊讶，想打他一顿。因为他年老，就强忍着下去取上鞋来。老翁说："给我穿上。"张良想既已为他取上鞋来，因此也就跪下为他穿上。老翁把脚伸出来让张良穿好，然后笑着走了。张良很吃惊，望着老人离去。老翁离开一里多路后又返了回来，说："小伙子可以教导。五天以后平明时，和我在这里相会。"张良感到他很奇怪，跪下说："是。"五天以后平明时，张良前往赴约。老翁已经先到了，他生气地说："与老年人约会为什么迟到？"老翁扬长而去，并说："五天以后早点来相会。"五天以后鸡鸣时张良前往。老翁又已经先到了，他又生气地说："为什么又迟到？"扬长而去，并说："五天以后再早点来。"五天以后，张良在夜未半时就前往赴约。过了一会儿，老翁也来了，高兴地说："应当像这样。"于是拿出一本书，说："读了这本书就可以做帝王的老师。十年以后就会有所成就。十三年以后你到济北来见我，谷城山下的黄石就是我。"说完就走了，也没有再说其他话，从此也没有再见过他。天亮后张良看老翁给的书，是《太公兵法》。张良很珍贵它，并经常学习诵读它。

居下邳，为任侠。〔1〕项伯常杀人，〔2〕从良匿。

【注释】〔1〕"任侠"，互相信赖为任，同情援助为侠。古代把打抱不平，负气仗义的行为称为任侠。 〔2〕"项伯"，秦末下相（今江苏省宿迁县西南）人，名缠，字伯。楚贵族的后裔，项羽的叔父。在项羽军中任左尹。因在鸿门宴上救刘邦有功，西汉王朝建立后刘邦封他为射阳侯，赐刘姓。"常"，同尝。

【译文】张良住在下邳，爱打抱不平。项伯曾杀过人，依从张良隐藏起来。

后十年，〔1〕陈涉等起兵，〔2〕良亦聚少年百余人。景驹自立为楚假王，〔3〕在留。良欲往从之，道遇沛公。〔4〕沛公将数千人，略地下邳西，遂属焉。沛公拜良为厩将。〔5〕良数以《太公兵法》说沛公，沛公善之，常用其策。良为他人言，皆不省。良曰："沛公殆天授。"故遂从之，不去见景驹。

【注释】〔1〕"后十年"，指博浪沙狙击后的十年，即二世元年（公元前二〇九年）。〔2〕"陈涉"，即陈胜（字涉），阳城（今河南省登封县东南）人。二世元年（公元前二〇九年）和吴广等在蕲县大泽乡（今安徽省宿县东南刘村集）起兵反秦，是我国历史上第一次农民大起义的领袖。后在陈县（今河南省淮阳县）建立张楚政权，他被推为王。旋即派兵攻取赵、魏之地，又派周文率兵进攻关中，后周文战败，秦将章邯以优势兵力进行反扑，围攻陈县，他率起义军英勇奋战，失利后退至下城父（今安徽省涡阳县东南）为叛徒庄贾杀害。事详本书《陈涉世家》。〔3〕"景驹"，楚国贵族的后裔，秦二世时秦嘉立他为楚王。"假王"，暂时代理为王。〔4〕"沛公"，即刘邦。刘邦在沛县起兵，被拥立为沛公。〔5〕"厩将"，军中管理马匹的官。

【译文】十年以后，陈涉等起义，张良也聚集了一百多年轻人。景驹自立为楚假王，住在留县。张良打算去归属景驹，在路上遇见了沛公。沛公率领着几千人马，占领了下邳以西的地区，于是张良就去归属了沛公。沛公任张良为厩将。张良曾多次用《太公兵法》给沛公讲说，沛公很欣赏他，经常采纳他的计策。张良向他人讲说《太公兵法》，都不能听明白。张良说："沛公大概是天授予的聪明。"所以就跟从了沛公，不再离去见景驹了。

及沛公之薛，〔1〕见项梁。〔2〕项梁立楚怀王。〔3〕良乃说项梁曰："君已立楚后，而韩诸公子横阳君成贤，〔4〕可立为王，益树党。"项梁使良求韩成，立以为韩王。以良为韩申徒，〔5〕与韩王将千余人西略韩地，得数城，秦辄复取之，往来为游兵颍川。〔6〕

【注释】〔1〕"薛"，古县名，治所在今山东省滕县南。〔2〕"项梁"，下相（今江苏省宿迁县西南）人。楚国贵族的后裔，楚将项燕的儿子。秦二世元年（公元前二〇九年）陈胜起义后，他与其侄子项羽杀死秦会稽郡守殷通，在吴县（今江苏省苏州市）起兵反秦。后任张楚上柱国。陈胜失败后，立楚怀王的孙子熊心为王，仍称楚怀王。后与秦将章邯作战，因轻敌，在定陶（今山东省定陶县西北）战死。〔3〕"楚怀王"，指战国时楚怀王（名槐）的孙子熊心。项梁拥立他为楚王，仍称楚怀王。〔4〕"横阳君成"，即韩王成。韩成封于横阳，故称横阳君成。横阳，古地名，战国时属韩，在今河南省商丘县西南。〔5〕"申徒"，即司徒，官名，本为掌教化之官。王伯祥认为此处相当于楚之令尹，为执政之官。〔6〕"颍川"，战国时韩地，秦灭韩后属秦，秦王政十七年（公元前二三〇年）置颍川郡，治所在今河南省禹县。

【译文】等到沛公到了薛县时，见到了项梁。项梁拥立熊心为楚怀王。张良于是劝项梁说："你已经立了楚国的后代，而韩国公子中的横阳君成很贤能，可以立他为王，来增加盟党。"项梁派张良寻找韩成，立韩成为韩王，任张良为韩国的申徒，与韩王率领一千多人向西攻取原来韩国的领地，夺取了好几座城邑，不久秦国又夺了回去，于是他们就在颍川一带往来打游击。

沛公之从雒阳南出轘辕，〔1〕良引兵从沛公，下韩十余城，击破杨熊军。〔2〕沛公乃令韩王成留守阳翟，〔3〕与良俱南，攻下宛，〔4〕西入武关。〔5〕沛公欲以兵二万人击秦峣下军，〔6〕良说曰：“秦兵尚强，未可轻。臣闻其将屠者子，贾竖易动以利。〔7〕愿沛公且留壁，使人先行，为五万人具食，益为张旗帜诸山上，为疑兵，令郦食其持重宝啖秦将。”〔8〕秦将果畔，〔9〕欲连和俱西袭咸阳，〔10〕沛公欲听之。良曰：“此独其将欲叛耳，恐士卒不从。不从必危，不如因其解击之。”〔11〕沛公乃引兵击秦军，大破之。逐北至蓝田，〔12〕再战，秦兵竟败。遂至咸阳，秦王子婴降沛公。〔13〕

【注释】〔1〕“雒阳”，古都邑名。周时称成周，战国时改称雒阳，因在雒水之北而得名。秦置县，为三川郡治。汉改河南郡，又置雒阳县为郡治。故址在今河南省洛阳市东北。“轘辕”，音 huán yuán，山名，在今河南省偃师县东南。因山路周回盘旋而得名。　〔2〕“杨熊”，秦军将领。　〔3〕“阳翟”，古邑名。相传夏禹都此。春秋时为郑栎邑，战国时属韩，改名阳翟。秦置县，为秦颍川郡治所。故址在今河南省禹县。　〔4〕“宛”，古县名。战国时属楚，秦灭楚后秦昭襄王置县，治所在今河南省南阳市。　〔5〕“武关”，古关名，故址在今陕西省丹凤县西北。〔6〕“峣”，即峣关，因临峣山而得名。自古为关中平原通往南阳盆地的交通要隘。故址在今陕西省商县西北。　〔7〕“贾竖”，古代对商人的一种蔑称。　〔8〕“郦食其”，陈留高阳（今河南省杞县）人。本为里监门吏，秦末农民战争中归属刘邦，后为刘邦的谋臣。曾献计克陈留，封为广野君。楚汉战争中，游说齐王田广归汉，韩信乘机袭齐，齐王以为被他出卖，把他烹死。事详本书《郦生陆贾列传》。　〔9〕“畔”，通“叛”。　〔10〕“咸阳”，古都邑名。公元前三五〇年秦孝公自栎阳迁都于此。秦始皇统一六国以后，都城规模更为扩大。故址在今陕西省咸阳市东北。　〔11〕“解”，通“懈”，懈怠。　〔12〕“蓝田”，秦县名。治所在今陕西省蓝田县西。〔13〕“秦王子婴”，秦始皇的孙子，秦始皇长子扶苏的儿子。秦二世三年（公元前二〇七年）赵高杀二世，立子婴，去帝号，称王。刘邦兵至霸上，子婴素车白马以降。为王四十六天即降刘邦，后为项羽所杀。事详本书《秦始皇本纪》。

【译文】沛公从雒阳南面穿过轘辕山时，张良率兵跟随沛公，攻下了韩地的十几座城，打败了杨熊的部队。沛公于是命令韩王成留守阳翟，自己和张良一起南下，攻下宛城，西入武关。沛公打算用两万人马去攻击峣山下的秦军，张良劝说道：“秦军还很强大，不可轻视。我听说他们的将领是屠户的儿子，买卖人容易用利益来动摇。希望沛公暂且坚壁留守，派一部分人先出发，准备好五万人的粮饷，在周围的山上多张挂旗帜，作为疑兵，然后派郦食其带着贵重的财宝去诱惑秦将。”秦军的将领果然反叛，并打算和沛公联合向西袭击咸阳，沛公想听从。张良说：“这只是他们的将领想反叛罢了，恐怕士兵们不会听从。如不听从就一定会有危险，不如乘他们懈怠时去袭击他们。”于是沛公率兵袭击秦军，大败秦军。沛公一直追击败兵到了蓝田，再次交锋，秦军最终大败。于是到了咸阳，秦王子婴投降了沛公。

中華藏書

史记精华

中国书店

六三二

沛公入秦宫，宫室帷帐狗马重宝妇女以千数，意欲留居之。樊哙谏沛公出舍，[1]沛公不听。良曰："夫秦为无道，故沛公得至此。夫为天下除残贼，宜缟素为资。[2]今始入秦，即安其乐，此所谓'助桀为虐'，[3]且'忠言逆耳利于行，毒药苦口利于病'，[4]愿沛公听樊哙言。"沛公乃还军霸上。[5]

中華藏書

世家十五篇（精选）

中国书店

　　【注释】〔1〕"樊哙"，沛县（今江苏省沛县）人。汉初将领。少以屠狗为业。初随刘邦起义，为其部将，以军功封贤成君。汉初随刘邦击破臧荼、陈豨和韩王信的叛乱，任左丞相，封舞阳侯。其妻吕须为吕后的妹妹，因而很得吕后信任。事详《史记》、《汉书》本传。　〔2〕"缟素"，缟和素都是不用文绣的白色丝织品。这里指朴素。"资"，凭借。　〔3〕"助桀为虐"，桀即夏桀，夏朝末代君主，传说为古代的暴君。"助桀为虐"意谓帮助恶人做坏事。　〔4〕"忠言逆耳利于行，毒药苦口利于病"，这两句是古代的成语。亦见本书《淮南衡山列传》。又今本《孔子家语·六本篇》、《说苑·正谏篇》皆载此语，惟"毒药"作"良药"。　〔5〕"霸上"，一作灞上，又名霸头，古地名，因地处霸水以西的高原上而得名，为古代军事要地。故址在今陕西省西安市东。

　　【译文】沛公进入秦宫，宫室、帷帐、狗马、贵重宝物以及美女数以千计，心里想留下来住在这里。樊哙劝沛公出去居住，沛公不听。张良说："秦皇暴虐无道，所以沛公才能来到这里。为天下铲除残贼，应该以简朴为本。现在刚入秦宫，就想耽溺于享乐，这样做就是所谓'助桀为虐'，而且'忠言逆耳利于行，良药苦口利于病'，希望沛公能听樊哙的话。"于是沛公返回驻扎在霸上。

　　项羽至鸿门下，[1]欲击沛公，项伯乃夜驰入沛公军，私见张良，欲与俱去。良曰："臣为韩王送沛公，今事有急，亡去不义。"乃具以语沛公。沛公大惊，曰："为将奈何？"良曰："沛公诚欲倍项羽邪？"[2]沛公曰："鲰生教我距关无内诸侯，[3]秦地可尽王，故听之。"良曰："沛公自度能却项羽乎？"[4]沛公默然良久，曰："固不能也。今为奈何？"良乃固要项伯。项伯见沛公。沛公与饮为寿，结宾婚。令项伯具言沛公不敢倍项羽，所以距关者，[5]备他盗也。及见项羽后解，语在《项羽》事中。[6]

　　【注释】〔1〕"鸿门"，古地名，故址在今陕西省临潼县东北。现在当地人称为项王营。〔2〕"倍"，通"背"，背叛。　〔3〕"鲰生"，浅薄愚陋的小人。　〔4〕"度"，音 duó，估计，推测。　〔5〕"距"，通"拒"，拒守，防御。　〔6〕"《项羽》事中"，即指本书《项羽本纪》中。

【译文】项羽来到鸿门下，准备攻打沛公，于是项伯连夜进入沛公的军营，私下见了张良，打算和张良一起离开。张良说："我为了韩王来护送沛公，现在事情紧急，我逃跑离去是不义。"于是把情况全部告诉了沛公。沛公大吃一惊，说："怎么办呢？"张良说："沛公真的想背叛项羽吗？"沛公说："那小子教我把守住关口不要让诸侯们进来，秦国之地可全归我而称王。所以我听了他的话。"张良说："沛公你自己估量一下能打败项羽吗？"沛公沉默了好久说："当然不能，现在该怎么办呢？"张良于是硬把项伯邀请来。项伯入见沛公。沛公与项伯一起敬酒，为他祝寿，缔结婚姻。让项伯回去说明沛公不敢背叛项羽，沛公所以拒守关口的原因是为了防备其他强盗。等到沛公见项羽后来解脱危难，记载在《项羽本纪》中。

汉元年正月，[1]沛公为汉王，王巴蜀。[2]汉王赐良金百溢，[3]珠二斗，[4]良具以献项伯。汉王亦因令良厚遗项伯，使请汉中地。[5]项王乃许之，遂得汉中地。汉王之国，良送至褒中，[6]遣良归韩。良因说汉王曰："王何不烧绝所过栈道，[7]示天下无还心，以固项王意。"乃使良还。行，烧绝栈道。

【注释】〔1〕"汉元年"，即公元前二〇六年。　〔2〕"巴蜀"，古郡名。巴，古巴国地，秦置巴郡，治所江州，在今重庆市嘉陵江北岸。蜀，古蜀国地，秦置蜀郡，治所成都，在今四川省成都市。　〔3〕"溢"，通"镒"。古代重量单位，古以二十四两为一溢。一说二十四两为一溢。〔4〕"斗"，容量单位。十升为一斗。〔5〕"汉中"，古郡名。公元前三一二年秦惠王置。因地处汉水上游而得名。治所南郑，在今陕西省汉中市东。　〔6〕"褒中"，古褒国地，汉置县，治所在今陕西省勉县东南。　〔7〕"栈道"，古人在悬崖峭壁上凿孔架桥连阁而成的道路。

【译文】汉元年正月，沛公封为汉王，领有巴、蜀地区。汉王赏赐给张良黄金百溢，珍珠二斗，张良全部献给了项伯。汉王因此也派张良去厚赠项伯，使项伯为他请领汉中地区。项王答应了，于是汉王得到了汉中地区。汉王前往封国时，张良送到褒中，后派张良回到韩地。张良因此劝汉王说："大王为什么不烧毁断绝了所经过的栈道，告示天下的人你没有再回来的想法，用这个办法来稳住项王的心。"于是派张良回去。他一边走，一边烧绝了栈道。

良至韩，韩王成以良从汉王故，项王不遣成之国，从与俱东。良说项王曰："汉王烧绝栈道，无还心矣。"乃以齐王田荣反，书告项王。[1]项王以此无西忧汉心，而发兵北击齐。

【注释】〔1〕"齐王田荣"，齐国贵族的后裔。田广的父亲。陈胜起义之后，他随从其堂兄田儋起兵反秦。田儋死后，田荣又立田儋之子田市为王。因与项梁、项羽有矛盾，故未随之西下破秦。项羽恨田荣，故分封时乃命随其入关的田都为齐王，而命田市改王胶东，田荣不平，故倡言反项羽。事详见本书《田儋列传》。

【译文】张良回到了韩地，韩王成因为张良跟从汉王的缘故，项王不派韩王成到封国，让他跟从自己一起东去。张良劝项王说："汉王烧绝了栈道，已无返回之心了。"于是把齐王田荣反叛的事上书告诉了项王。项王因此消除了西面对汉王的忧心，而向北发兵去攻打齐王。

项王竟不肯遣韩王，乃以为侯，又杀之彭城。[1]良亡，间行归汉王，汉王亦已还定三秦矣。[2]复以良为成信侯，[3]从东击楚。至彭城，汉败而还。至下邑，[4]汉王下马踞鞍而问曰：[5]"吾欲捐关以东等弃之，谁可与共功者？"良进曰："九江王黥布，[6]楚枭将，与项王有郄；[7]彭越与齐王田荣反梁地：[8]此两人可急使。而汉王之将独韩信可属大事，[9]当一面。即欲捐之，捐之此三人，则楚可破也。"汉王乃遣随何说九江王布，[10]而使人连彭越。及魏王豹反，[11]使韩信将兵击之，因举燕、代、齐、赵。[12]然卒破楚者，此三人力也。

【注释】〔1〕"彭城"，春秋时宋邑，秦置县。治所在今江苏省徐州市。项羽建都于此。〔2〕"三秦"，秦朝灭亡之后，项羽三分秦关中故地，封秦降将章邯为雍王，司马欣为塞王，董翳为翟王，合称三秦。〔3〕"成信侯"，张良的封号。王伯祥说："嘉其去楚归汉，能守信义。"〔4〕"下邑"，秦县名。治所在今安徽省砀山县。〔5〕"踞"，踞坐，坐时两脚底和臀部着地，两膝上耸。或谓依靠。〔6〕"九江王黥布"，本名英布，因犯法黥面，故又称黥布。六县（今安徽省六安县东北）人。秦末率骊山刑徒起兵，先属项羽，因有战功，被封为九江王。楚汉战争中归汉，被封为淮南王。汉初，以彭越、韩信相继为刘邦所杀，因此举兵反叛，战败后逃往江南，被长沙王（吴芮子成王臣）诱杀。事详《史记》、《汉书》本传。〔7〕"郄"，通"隙"。间隙。这里指裂痕，矛盾。黥布和项羽不和的经过，详见本书《项羽本纪》、《黥布列传》。〔8〕"彭越"，字仲，昌邑（今山东省金乡县西北）人。秦末聚众起兵，楚汉战争中将兵三万余归属刘邦，略定梁地（今河南省东南部地区）。曾率兵跟从刘邦击灭项羽于垓下（今安徽省灵璧县南），被封为梁王。高祖十一年（公元前一九六年）因被告发谋反，被刘邦所杀。事详本书《魏豹彭越列传》。"梁地"，指战国时魏国管辖的地区，因魏国的国都在大梁（今河南省开封市），所以称为梁地。大概相当于今天河南省的东南部。〔9〕"韩信"，淮阴（今江苏省清江县西南）人。秦末农民起义中初属项羽，后归刘邦，被任为大将。楚汉战争中因军功被封为齐王。后与刘邦会合，击灭项羽于垓下（今安徽省灵璧县南）。汉朝建立后改封为楚王。后有人告他谋反，降为淮阴侯，后又被告发与陈豨勾结在长安谋反，为吕后所杀。事详本书《淮阴侯列传》。〔10〕"随何"，当时的辩士，与陆贾齐名。刘邦派他去劝黥布归汉。曾任护军中尉。〔11〕"魏王豹"，即魏豹，魏公子宁陵君咎的弟弟。陈胜率兵攻占魏地后立咎为魏王。后咎被秦将章邯打败自杀。豹又再起收复魏地，继立为魏王。项羽分封诸侯时，他被徙封为西魏王，建都平阳。后他背楚归汉，后又叛汉，刘邦派韩信将他击败俘虏。事详《史记》、《汉书》本传。〔12〕"燕、代、齐、赵"，指项羽分封的臧荼、陈余、田荣、赵歇四个诸侯国。事详本书《淮阴侯列传》。

【译文】项王到底不肯派韩王去封国，于是封他为侯，后又在彭城杀死他。张良逃跑了，从小路偷偷归依汉王，这时汉王也已经返回关中平定了三秦。又封张良为成信侯，让他跟从自己向东去攻打楚军。到了彭城，汉军战败而还。到了下邑，汉王下马蹲踞着坐在马鞍上问："我打算把函谷关以东地区捐送给别人，不知谁可以和我共建功业？"张良进言说："九江王黥布是楚军的猛将，他和项王有隔阂，彭越和齐王田荣在梁地反叛，这两个人马上就可以使用。而汉王的将领只有韩信可以委任大事，独当一面。如果打算捐弃关东之地，就送给这三个人，楚军就可以打败了。"于是汉王便派随何去劝说九江王黥布，又派人去联合彭越。到了魏王豹反叛时，汉王派韩信率兵去讨伐他，顺势攻下了燕、代、齐、赵。而最后击败楚军的，正是靠了这三个人的力量。

张良多病，未尝特将也，〔1〕常为画策臣，时时从汉王。

【注释】〔1〕"特将"，单独领兵。

【译文】张良体弱多病，不曾单独领兵，经常作为谋臣，时时跟从在汉王身边。

汉三年，〔1〕项羽急围汉王荥阳，〔2〕汉王恐忧，与郦食其谋桡楚权。食其曰："昔汤伐桀，〔3〕封其后于杞。〔4〕武王伐纣，〔5〕封其后于宋。〔6〕今秦失德弃义，侵伐诸侯社稷，〔7〕灭六国之后，〔8〕使无立锥之地。陛下诚能复立六国后世，〔9〕毕已受印，此其君臣百姓必皆戴陛下之德，莫不乡风慕义，〔10〕愿为臣妾。德义已行，陛下南乡称霸，〔11〕楚必敛衽而朝。"〔12〕汉王曰："善。趣刻印，先生因行佩之矣。"

【注释】〔1〕"汉三年"，指汉高祖三年，即公元前二〇四年。〔2〕"荥阳"，古县名。治所在今河南省荥阳县东北。〔3〕"汤"，即商汤王，又称武汤、武王、成汤、天乙，或称成唐。甲骨文称唐、大乙，又称高祖乙。原为商族的部落首领，约在公元前一七〇〇年左右消灭了夏朝的末代君主夏桀，建立了商朝。"桀"，名履癸，夏朝末代君主。后被商汤所败，出奔南方而死。〔4〕"杞"，古国名。公元前十一世纪时周分封的诸侯国。姒姓。据《史记·陈杞世家》记载：周武王克殷纣，求禹之后，得东楼公，封之于杞，以奉夏后氏祀。此处则谓封杞为汤时所封，与《世家》记载不合。王伯祥云："盖策士随口凑说，不一定符合事实。"〔5〕"武王"，姬姓，名发。西周王朝的建立者。建都于镐（今陕西省西安市西南沣水东岸）。"纣"，一作受，亦称帝辛。商代最后的君主。后周武王会合西南各族向商进攻，在牧野（今河南省淇县西南）之战中，他因"前徒倒戈"，兵败自焚。〔6〕"宋"，古国名。子姓，始封君为商王纣的庶兄微子启。据《史记·宋微子世家》记载，公元前十一世纪，周公平定武庚的反叛后，把商的旧都周围地区分封给微子，建都商丘（今河南省商丘县南）。此处谓宋为武王所封，与《世家》所纪不合。〔7〕"社稷"，土地神和谷神，此为国家的代称。〔8〕"六国"，指战国时的齐、楚、燕、韩、赵、魏六国。〔9〕"陛下"，对帝王的尊称。周寿昌云："高帝五年即位，此三年犹为汉王，'陛下'之称，史臣追书之。"下文记张良所言仍称"大王"，"陛下"之称当为史臣所改，周说为是。〔10〕"乡"，同向。〔11〕"南乡"，即南向，面朝南。古代帝王南向临朝，故称帝位为南向。〔12〕"敛衽"，整理衣襟，表示尊敬。

【译文】汉高祖三年，项羽在荥阳紧急包围了汉王，汉王又害怕又发愁，于是和郦食其商量如何削弱楚军的策略。郦食其说："从前商汤伐夏桀，分封他的后代于杞。武王伐纣，分封他的后代于宋。现在秦朝失德弃义，侵略诸侯国家，消灭六国的后嗣，使他们无立锥之地。陛下真能重新封立六国的后代，全部授予他们印玺，这样他们的君臣百姓一定都会对陛下感恩戴德，无不仰慕陛下的德义，希望做陛下的臣妾。德义推行之后，陛下就可以南向称霸，楚王一定会整理衣冠前来朝见陛下。"汉王说："很好。赶快刻制印玺，趁先生此行就给他们带去。"

食其未行，张良从外来谒。汉王方食，曰："子房前！〔1〕客有为我计桡楚权者。"具以郦生语告，曰："于子房何如？"良曰："谁为陛下画此计者？陛下事去矣。"汉王曰："何哉？"张良对曰："臣请借前箸为大王筹之。"曰："昔者汤攻桀而封其后于杞者，度能制桀之死命也。今陛下能制项籍之死命乎？"曰："未能也。""其不可一也。武王伐纣封其后于宋者，度能得纣之头也。今陛下能得项籍之头乎？"曰："未能也。""其不可二也。武王入殷，〔2〕表商容之间，〔3〕释箕子之拘，〔4〕封比干之墓。〔5〕今陛下能封圣人之墓，表贤者之间，式智者之门乎？"〔6〕曰："未能也。""其不可三也。发巨桥之粟，〔7〕散鹿台之钱，〔8〕以赐贫穷。今陛下能散府库以赐贫穷乎？"〔9〕曰："未能也。""其不可四矣。殷事已毕，偃革为轩，〔10〕倒置干戈，覆以虎皮，以示天下不复用兵。今陛下能偃武行文，不复用兵乎？"曰："未能也。""其不可五矣。休马华山之阳，〔11〕示以无所为。今陛下能休马无所用乎？"曰："未能也。""其不可六矣。放牛桃林之阴，〔12〕以示不复输积。今陛下能放牛不复输积乎？"曰："未能也。""其不可七矣。且天下游士离其亲戚，弃坟墓，去故旧，从陛下游者，徒欲日夜望咫尺之地。〔13〕今复六国，立韩、魏、燕、赵、齐、楚之后，天下游士各归其主，从其亲戚，反其故旧坟墓，陛下与谁取天下乎？其不可八矣。且夫楚唯无强，六国立者复桡而从之，陛下焉得而臣之？诚用客之谋，陛下事去矣。"汉王辍食吐哺，骂曰："竖儒，[14]几败而公事！"令趣销印。

中華藏書

史记精华

中国书店

六三八

【注释】〔1〕"子房"，张良的字。 〔2〕"殷"，即商朝。商朝第十代君主盘庚迁都于殷（今河南省安阳小屯村），因此亦称商朝为殷。〔3〕"商容"，相传为纣时贤人。纣暴虐，他曾欲感化纣而没能实现，于是离开了纣而隐居于太行山中。〔4〕"箕子"，纣王的同宗伯叔，曾封于箕，故称箕子。纣暴虐，他曾谏纣王，纣王不听，于是他装狂为奴，纣将他囚禁，周武王灭商后才释放他回了镐京。王念孙《读书杂志》及王先谦《汉书补注》都认为此句当作"式箕子之门"始与下文"式智者之门"句相应。疑近是。《汉书·张良传》此句正作"式箕子之门"。〔5〕"比干"，纣王的叔伯父（一说为纣的庶兄）。传说纣淫乱，比干犯颜强谏，纣怒，比干被剖腹挖心而死。周武王灭商后为他重新修建坟墓。〔6〕"式"，同轼。车前横木。古人乘车路过长者或贤者门前时俯身按车前横木，表示尊敬。〔7〕"巨桥"，王伯祥云"纣积粟之仓"，故址在今河北省曲周县东北。"发巨桥之粟"事见本书《周本纪》。〔8〕"鹿台"，王伯祥云："亦称南单台，为纣储财之所。"故址在今河南省淇县。〔9〕"府库"，储存财物和兵甲的仓库。〔10〕"偃革为轩"，废弃了战车改为有帷帘的载人车。表示今后不再打仗。 〔11〕"华山"，五岳之中的西岳，在今陕西省华阴县。"阳"，山的南面称阳。〔12〕"桃林"，古地区名，亦称桃林塞，范围大致相当于今河南省灵宝县以西、陕西省潼关以东地区。"阴"，山的北面称阴。〔13〕"咫"，古代长度单位，八寸为咫。"咫尺"，表示很近的意思。〔14〕"竖儒"，骂儒生的话。意思是没有见识的人。

【译文】郦食其还没有出发，张良从外地回来拜见汉王。汉王正在吃饭，说："子房到我跟前来！食客中有为我谋划削弱楚军计策的人。"于是把郦食其的话全部告诉了张良，说："在你看来怎么样？"张良说："谁给陛下谋划这个计策？（如果您这样做，）陛下的事就全完了。"汉王说："为什么呢？"张良回答说："请让我借用面前的筷子为大王筹算一下。"接着说："从前商汤讨伐夏桀而在杞分封他的后代，是估计到能置桀于死地。现在陛下能置项籍于死地吗？"汉王说："不能。"张良说："这是第一个不能做到的。武王伐纣而在宋分封他的后代，是估计到能够得到纣王的头。现在陛下能够得到项籍的头吗？"汉王说："不能。"张良说："这是第二个不能做到的。武王入商之后，表彰商容的门里，释放了禁拘的箕子，修建比干的坟墓。现在陛下能修建圣人的坟墓，表彰贤者的门里，尊重智者的门第吗？"汉王说："不能。"张良说："这是第三个不能做到的。武王曾发放巨桥的粮食，散发鹿台府的钱财，用来赐给贫穷的人。现在陛下能散发府库里的钱粮来赐给贫穷的人吗？"汉王说："不能。"张良说："这是第四个不能做到的。武王灭商以后，把战车改为载人的车，倒置干戈，用虎皮蒙盖起来，以此告示天下不再用兵。现在陛下能废武行文，不再用兵吗？"汉王说："不能。"张良说："这是第五个不能做到的。武王曾把战马放在华山之南去牧养，表示不再打仗。现在陛下能让战马休息不再使用吗?"汉王说:"不能。"张良说:"这是第六个不能做到的。武王曾把牛放在桃林的北面去牧养,表示不再运输粮草。现在陛下能让牛去放牧而不再运输粮草吗?"汉王说:"不能。"张良说:"这是第七个不能做到的。况且现在天下的游士离开他们的亲戚,远弃祖墓,告别故旧,跟从陛下走南闯北,只是日夜盼望得到一块封地。如今恢复六国,封立韩、魏、燕、赵、齐、楚的后代,天下的游士都各自回去事奉他们的君主,和他们的亲戚团聚,返回他们的故里祖坟,陛下和谁一起去夺取天下呢? 这是第八个不能做到的。况且楚国当今强大无比,重新封立的六国后代就会再被削弱而屈从楚国,陛下怎么能够得到他们并使他们臣服呢? 如真的采用了食客的计谋,陛下的事就全完了。"汉王停止了吃饭,并把嘴里的饭吐了出来,骂道:"这个书呆子,差点儿败坏了老子的大事!"命令立即销毁印玺。

汉四年,[1]韩信破齐而欲自立为齐王,汉王怒。张良说汉王,汉王使良授齐王信印,语在《淮阴》事中。[2]

【注释】〔1〕"汉四年",指汉高祖四年,即公元前二〇三年。 〔2〕"《淮阴》事中",指在本书《淮阴侯列传》中。

【译文】汉高祖四年,韩信打败齐国以后想自立为齐王,汉王非常生气。张良劝说汉王,汉王才派张良前去授予齐王韩信王印。这件事记载在《淮阴侯列传》中。

其秋,汉王追楚至阳夏南,[1]战不利而壁固陵,[2]诸侯期不至。[3]良说汉王,汉王用其计,诸侯皆至。语在《项籍》事中。[4]

【注释】〔1〕"阳夏",秦县名。治所在今河南省太康县。 〔2〕"固陵",古聚名。故址在今河南省太康县南。 〔3〕"诸侯",指韩信、彭越。 〔4〕"《项籍》事中",指在本书《项羽本纪》中。

【译文】这年秋天,汉王追击楚军到了阳夏的南面,因战斗失利而坚守固陵,诸侯们到了约定的时间还没到。张良劝说汉王,汉王采用了他的计谋,诸侯们才都来到。这件事记载在《项羽本纪》中。

汉六年正月,[1]封功臣。良未尝有战斗功,高帝曰:"运筹策帷帐中,决胜千里外,子房功也。自择齐三万户。"良曰:"始臣起下邳,与上会留,此天以臣授陛下。陛下用臣计,幸而时中,臣愿封留足矣,不敢当三万户。"乃封张良为留侯，与萧何等俱封。[2]

【注释】〔1〕"汉六年"，汉高祖六年，即公元前二〇一年。 〔2〕"萧何"，沛县丰邑（今江苏省丰县）人。曾为沛县吏。秦末与刘邦一起起兵，是刘邦的重要谋臣。楚汉战争中，曾荐韩信为大将，自己以丞相的身份留守关中，补兵馈粮，支援作战，对刘邦战胜项羽，建立汉王朝起了重要作用。后封侯。后又协助刘邦消灭了韩信、陈豨、英布等异姓诸侯王。事详本书《萧相国世家》、《汉书·萧何传》。

【译文】汉高祖六年正月，封赏有功之臣，张良未曾立过战功，高帝说："运筹谋划于帷帐之中，决战取胜在千里之外，是子房的功劳。你自己在齐地选择三万户作为封地。"张良说："当初我在下邳起兵，与陛下在留县会合，这是上天把我授给了陛下。陛下采用我的计策，幸而时常料中，我希望封在留就满足了，不敢接受三万户的封地。"于是封张良为留侯，和萧何等人一同分封。

上已封大功臣二十余人，其余日夜争功不决，未得行封。上在雒阳南宫，从复道望见诸将往往相与坐沙中语。[1]上曰："此何语？"留侯曰："陛下不知乎？此谋反耳。"上曰："天下属安定，[2]何故反乎？"留侯曰："陛下起布衣，以此属取天下，[3]今陛下为天子，而所封皆萧、曹故人所亲爱，[4]而所诛者皆生平所仇怨。今军吏计功，以天下不足遍封，此属畏陛下不能尽封，恐又见疑平生过失及诛，故即相聚谋反耳。"上乃忧曰："为之奈何？"留侯曰："上平生所憎，群臣所共知，谁最甚者？"上曰："雍齿与我故，[5]数尝窘辱我。我欲杀之，为其功多，故不忍。"留侯曰："今急先封雍齿以示群臣，群臣见雍齿封，则人人自坚矣。"于是上乃置酒，封雍齿为什方侯，[6]而急趣丞相、御史定功行封。[7]群臣罢酒，皆喜曰："雍齿尚为侯，我属无患矣。"

【注释】〔1〕"复道"，宫中阁道。 〔2〕"属"，音zhǔ，适才，刚刚。 〔3〕"此属"，此辈。 〔4〕"萧、曹"，萧指萧何，曹指曹参。曹参，沛县（今江苏省沛县）人。曾为沛县狱吏，秦末从刘邦起义，后屡建战功，汉朝建立后，封他为平阳侯。任齐相九年。后曾协助刘邦平定陈豨、英布等异姓诸侯。惠帝时继萧何为丞相。事详本书《曹相国世家》、《汉书·曹参传》。 〔5〕"雍齿"，沛县（今江苏省沛县）人。秦末随刘邦起义。公元前二〇八年刘邦命他守丰邑。魏人周市攻丰邑，他投降了魏国，而且为魏守丰以抗拒刘邦。后刘邦从项羽借兵攻破丰邑，他逃跑到魏国。后又复归刘邦。事见本书《高祖本纪》。 〔6〕"什方"，或作汁邡、汁方、什邡等，汉县名，治所在今四川省什邡县。高祖封雍齿于此，故称雍齿为什方侯。 〔7〕"御史"，官名，此当指御史大夫，掌监察。

【译文】汉高祖已封赏了有大功的臣子二十多人，其余的因日夜争功不决，未能进行封赏。高祖在雒阳南宫里，从复道上望见将领们纷纷互相坐在沙地上谈说。高祖问道："这些人在说什么？"留侯说："陛下不知道吗？这些人在密谋反叛哩。"高祖说："天下刚刚安定下来，为什么要反叛呢？"留侯说："陛下出身于平民，用这些人夺取了天下，现在陛下做了天子，而所封赏的都是萧何、曹参这些陛下的故旧亲朋，而所诛杀的都是陛下平时所怨恨有仇的。现在军吏在计算战功，因天下的土地不够全部封赏，这帮人怕陛下不能都封赏，又害怕平时的过失被陛下怀疑而受到诛杀，所以就相聚在一起密谋反叛。"高祖忧愁地说："怎么办呢？"留侯说："陛下平时所憎恨的，而且是大家所共知的，谁最厉害呢？"高祖说："雍齿和我有旧仇，他曾多次使我受困受辱。我想杀掉他，因为他的功多，所以又不忍心。"留侯说："现在赶快先封雍齿来让群臣看，群臣看到雍齿受到封赏，那么人人都会心情稳定。"于是高祖设酒宴，封雍齿为什方侯，并赶紧催促丞相、御史定功行封。群臣吃完酒宴后，都高兴地说："雍齿尚且能封为侯，我们就没有什么可担心的了。"

刘敬说高帝曰：[1]"都关中。"[2]上疑之。左右大臣皆山东人，[3]多劝上都雒阳："雒阳东有成皋，[4]西有殽黾，[5]倍河，[6]向伊雒，[7]其固亦足恃。"留侯曰："雒阳虽有此固，其中小，不过数百里，田地薄，四面受敌，此非用武之国也。夫关中殽函，[8]右陇蜀，[9]沃野千里，南有巴蜀之饶，北有胡苑之利，[10]阻三面而守，独以一面东制诸侯。诸侯安定，河渭漕挽天下，[11]西给京师；诸侯有变，顺流而下，足以委输。此所谓金城千里，天府之国也，刘敬说是也。"于是高帝即日驾，西都关中。

【注释】〔1〕"刘敬"，本姓娄，汉初齐人。高祖五年（公元前二〇二年）以戍卒求见刘邦，建议入都关中有功，赐姓刘。拜郎中，号奉春君。后刘邦在白登被匈奴打败后，他主张与匈奴和亲，被刘邦采纳，并派他出使匈奴缔结和约。后又建议刘邦徙山东诸侯后代及豪强充实关中，以削弱关东旧贵族豪强势力。事详《史记》、《汉书》本传。〔2〕"关中"，古地区名。旧注所指范围不一。一般指函谷关以西，散关以东。秦统一六国以前长期占据关中一带，因此亦称故秦地为关中。〔3〕"山东"，战国时泛指秦以外的六国领土。因当时六国都在崤山或华山以东，故称山东。当时汉帝左右大臣多丰、沛故旧及齐、楚之人，故云"皆山东人"。〔4〕"成皋"，汉县名，治所在今河南省荥阳县汜水镇。〔5〕"殽"，即崤山，在今河南省西部。"黾"，即渑池水，发源于河南省熊耳山，向东流入洛水。〔6〕"倍"，同背。"河"，指黄河。〔7〕"伊"，指伊水。在今河南省西部。发源于栾川县外方山北麓。流向东北，在偃师县入洛河。"雒"，洛水，指今河南省境内的洛河。〔8〕"函"，指函谷关。在今河南省灵宝县东北。〔9〕"陇"，指陇山，在今陕西省陇县西北。"蜀"，当指四川省和甘肃省境内的岷山。〔10〕"胡苑之利"，当时上郡、北地郡和匈奴相连接，可以牧养牲畜，得到马匹，所以称之为"胡苑之利"。〔11〕"河",指黄河。"渭",指渭水。"漕挽",漕运,指从水上运输物资。

【译文】刘敬劝高帝说:"建都关中。"高帝对此事犹豫不决。左右大臣都是山东六国人,多数人劝高帝建都雒阳,说:"雒阳东面有成皋,西面有崤山、黾池,背靠黄河,面向伊水、雒水,它的地势很坚固足以凭借。"留侯说:"雒阳虽然有此险固,但它地区狭小,不过数百里,土地也硗薄,若四面受敌,这里不是用武之地。至于关中,左有崤山、函谷关,右有陇蜀大山,沃野千里,南面有巴蜀一带的富饶资源,北有畜牧之利,凭借三面的险阻来防守,只用东边一面来控制诸侯。诸侯安定的话,黄河、渭水可以运输天下的物资,向西供给京师,若诸侯有变,出兵可顺流而下,足以靠它运输军需。这正是所谓金城千里,天府之国啊。刘敬所说是正确的。"于是高帝当天就准备车马起驾,西行定都关中。

留侯从入关。留侯性多病,即道引不食谷,〔1〕杜门不出岁余。

【注释】〔1〕"道引",即导引。道家养生之术。"不食谷",不吃谷物熟食。亦称辟谷。

【译文】留侯跟从高帝进入关中。留侯身体多病,于是就练导引健身术,不食谷物,闭门不出一年多。

上欲废太子,〔1〕立戚夫人子赵王如意。〔2〕大臣多谏争,〔3〕未能得坚决者也。吕后恐,〔4〕不知所为。人或谓吕后曰:"留侯善画计策,上信用之。"吕后乃使建成侯吕泽劫留侯,〔5〕曰:"君常为上谋臣,今上欲易太子,君安得高枕而卧乎?"留侯曰:"始上数在困急之中,幸用臣策。今天下安定,以爱欲易太子,骨肉之间,虽臣等百余人何益。"吕泽强要曰:"为我画计。"留侯曰:"此难以口舌争也。顾上有不能致者,天下有四人。〔6〕四人者年老矣,皆以为上慢侮人,故逃匿山中,义不为汉臣。然上高此四人。今公诚能无爱金玉璧帛,令太子为书,卑辞安车,因使辩士固请,宜来。来,以为客,时时从入朝,令上见之,则必异而问之。问之,上知此四人贤,则一助也。"于是吕后令吕泽使人奉太子书,卑辞厚礼,迎此四人。四人至,客建成侯所。

【注释】〔1〕"太子",指刘盈,吕后所生,即后来的孝惠帝。 〔2〕"戚夫人",定陶人,刘邦的宠姬。"赵王如意",戚夫人所生。高祖九年(公元前一九八年)封于赵。刘邦死后,吕后设计骗如意入都,将他毒死。事见《吕后本纪》。 〔3〕"争",通"诤",谏止。 〔4〕"吕后",刘邦的妻子,名雉,字娥姁。秦末单父(今山东省单县)人。刘邦即帝位后立她为皇后。

其子（惠帝）即位后她掌握实权。惠帝死后，她临朝称制，主政八年。分封诸吕为王侯，控制南北军。她死后，周勃、陈平等尽灭诸吕，拥立文帝，恢复了刘汉政权，事详《史记》、《汉书》本纪。〔5〕"建成侯吕泽"，据《史记·高祖功臣侯年表》记载，建成侯是吕释之，吕泽被封为周吕侯，前人曾多次指出此处误以"释之"为"泽"。吕释之、吕泽都是吕后之兄，同在高祖六年（公元前二〇一年）受封。下文提到的吕泽都当为吕释之。〔6〕"天下有四人"，即指下文提到的东园公、角里先生、绮里季、夏黄公。此四人是汉初的隐士，曾隐居于商山（今陕西省商县东南），时称"商山四皓"。

【译文】高帝打算废掉太子，立戚夫人的儿子赵王如意，大臣们很多人进谏劝阻，但未能得到最后的决定。吕后恐慌，不知该怎么办。有人对吕后说："留侯善于出谋划策，皇上信任重用他。"于是吕后就派建成侯吕泽去强求留侯，说："你曾是皇上的谋臣，现在皇上打算更换太子，你怎么能够高枕而卧呢？"留侯说："当初皇上曾多次处于困难危急之中，侥幸采用了我的计策。现在天下安定了，由于偏爱的缘故而想更换太子，这是骨肉之间的事情，纵然臣下一百多人但又有什么用呢？"吕泽强求说："一定要为我出谋划策。"留侯说："此事难以用口舌相争。天下有四个人，连皇上也不能招致。这四人年纪老了，都因为皇上轻视侮辱人，所以逃避藏匿在山中，坚守节操不做汉朝臣子。然而皇上很尊重这四人。现在你真能不吝惜金玉璧帛，让太子写一封信，言辞卑躬，用安适的车子，派遣辩士去坚决邀请，应当会来。来了之后，以为宾客，时常跟从你上朝，让皇上看见他们，皇上一定会感到惊异而询问他们。问了他们，皇上知道这四个人贤能，对太子是一大帮助。"于是吕后让吕泽派人送去太子的信，用谦卑的言辞，丰厚的礼物，迎接这四个人。四个人到了，客居建成侯家。

汉十一年，〔1〕黥布反，〔2〕上病，欲使太子将，往击之。四人相谓曰："凡来者，将以存太子。太子将兵，事危矣。"乃说建成侯曰："太子将兵，有功则位不益太子；无功还，则从此受祸矣。且太子所与俱诸将，皆尝与上定天下枭将也，今使太子将之，此无异使羊将狼也，皆不肯为尽力，其无功必矣。臣闻'母爱者子抱'，今戚夫人日夜侍御，赵王如意常抱居前，上曰'终不使不肖子居爱子之上'，〔3〕明乎其代太子位必矣。君何不急请吕后承间为上泣言：'黥布，天下猛将也，善用兵，今诸将皆陛下故等夷，〔4〕乃令太子将此属，无异使羊将狼，莫肯为用，且使布闻之，则鼓行而西耳。上虽病，强载辎车，〔5〕卧而护之，诸将不敢不尽力。上虽苦，为妻子自强。'"于是吕泽立夜见吕后，吕后承间为上泣涕而言，如四人意。上曰："吾惟竖子固不足遣，而公自行耳。"于是上自将兵而东，群臣居守，皆送至灞上。留侯病，自强起，至曲邮，〔6〕

见上曰："臣宜从，病甚。楚人剽疾，愿上无与楚人争锋。"因说上曰："令太子为将军，监关中兵。"上曰："子房虽病，强卧而傅太子。"是时叔孙通为太傅，[7]留侯行少傅事。[8]

【注释】〔1〕"汉十一年"，汉高祖十一年，即公元前一九六年。 〔2〕"黥布反"，黥布时为淮南王，都寿春（今安徽省寿县）。刘邦杀死韩信、彭越以后，黥布恐慌，故畏祸而反。事详本书《黥布列传》。〔3〕"不肖"，秦汉之前，专指不如其父，后泛指子弟不贤。 〔4〕"等夷"，同等地位，同辈。 〔5〕"辒车"，古代的一种有帷帐的车。 〔6〕"曲邮"，古聚名，故址在今陕西省临潼县东。 〔7〕"叔孙通"，薛县（今山东省滕县东南）人。曾为秦博士，秦末先为项羽部属，后归刘邦，任博士，称稷嗣君。汉初，与儒生共立朝仪，后任太子太傅。事详《史记》、《汉书》本传。"太傅"，官名，即太子太傅，是辅佐太子的官。叔孙通为太傅在高祖九年（公元前一九八年）。 〔8〕"少傅"，位次于太傅的官。

【译文】汉高祖十一年，黥布反叛，皇帝生了病，打算派太子领兵前往攻击叛军。四个老人互相商量说："我们来这里是为了保全太子。太子率兵，事情就危险了。"于是就劝建成侯说："太子率兵打仗，有了功劳地位也不会再提高，若无功返回，那么从此就会受到祸害。况且和太子一起出征的众将领，都是曾经和皇帝一起平定天下的猛将，现在派太子去统率他们，这无异于让羊去统率狼，他们都不肯为太子效力，太子不能立功是必定的了。我听说'母亲受宠爱，儿子常被抱'，现在戚夫人日夜侍候皇帝，赵王如意常常被抱在胸前，皇帝曾说'终究不能让不肖之子居于爱子之上'，这就很明白，赵王如意取代太子地位是必定的了。你为什么不赶快请吕后乘机向皇帝哭诉说：'黥布是天下的猛将，而且善于用兵，现在众将都是陛下过去的同辈人，让太子去统率这帮人，无异于让羊去统率狼，没有人肯被太子所用，而且让黥布知道此事，就会击鼓向西进军。皇帝虽然生病，但只要勉强乘坐辒车，躺着统领军队，诸位将领就不敢不效力。皇帝虽然辛苦，但为了妻子儿女也要努力坚持。'"于是吕泽当夜去见吕后，吕后乘机在皇帝面前按照四人的意思哭诉了一番。皇帝说："我想这小子本来就不足派遣，老子自己去吧。"于是皇帝亲自率兵向东进发，留守的大臣们都送到灞上。留侯有病，也勉强起来，到了曲邮，拜见皇帝说："我应当随从您去，但病很重。楚人勇猛敏捷，希望皇帝不要和楚人硬拼。"乘机劝皇帝说："让太子为将军，监领关中的军队。"皇帝说："子房虽然有病，也要勉力躺着辅佐太子。"这时叔孙通为太傅，留侯兼任少傅的事务。

汉十二年，[1]上从击破布军归，疾益甚，愈欲易太子。留侯谏，不听，因疾不视事。叔孙太傅称说引古今，以死争太子。上详许之，[2]犹欲易之。及燕，[3]置酒，太子侍。四人从太子，年皆八十有余，须眉皓白，衣冠甚伟。上怪之，问曰："彼何为者?"四人前对，各言名姓，曰东园公，角里先生，绮里季，夏黄公。上乃大惊，曰："吾求公数岁，公辟逃我，[4]今公何自从吾儿游乎？"四人皆曰："陛下轻士善骂，臣等义不受辱，故恐而亡匿。窃闻太子为人仁孝，恭敬爱士，天下莫不延颈欲为太子死者，故臣等来耳。"上曰："烦公幸卒调护太子。"

【注释】〔1〕"汉十二年"，汉高祖十二年，即公元前一九五年。〔2〕"详"，通"佯"，假装。〔3〕"燕"，通"宴"，安闲，休息。〔4〕"辟"，通"避"。

【译文】汉高祖十二年，皇帝从击败黥布的军队那里回来，病情益发严重，更加想改立太子。留侯进谏，没有被采用，因此就称病不再管事。太傅叔孙通引用古今事例称说，拼死为保全太子力争。皇帝假装答应了他，但还是打算改立太子。到皇上设置酒宴时，太子在旁侍奉。有四个人随从太子，年龄都有八十多岁，胡子眉毛雪白，衣冠非常奇特。皇帝很奇怪，问道："他们是干什么的？"四个人上前回话，各自报告姓名，分别叫东园公、角里先生、绮里季、夏黄公。皇帝于是大为吃惊，说："我寻了你们多年，你们躲避我，今天你们为什么和我儿子交往呢？"四人都说："陛下轻待士人善于骂人，我们守义不愿受辱，所以害怕而逃亡躲藏起来。听说太子为人仁慈孝顺，恭敬爱士，天下没有人不伸长脖子想为太子而死，所以我们来了。"皇帝说："麻烦诸位善始善终，好好地照应太子吧。"

四人为寿已毕，趋去。上目送之，召戚夫人指示四人者曰："我欲易之，彼四人辅之，羽翼已成，[1]难动矣。吕后真而主矣。"戚夫人泣，上曰："为我楚舞，吾为若楚歌。"歌曰："鸿鹄高飞，一举千里。羽翮已就，[2]横绝四海。横绝四海，当可奈何！虽有矰缴，[3]尚安所施！"歌数阕，[4]戚夫人嘘唏流涕，上起去，罢酒。竟不易太子者，留侯本招此四人之力也。

【注释】〔1〕"羽翼"，比喻左右辅佐的人。君之有臣，如鸟之有羽翼。〔2〕"羽翮"，羽翼。〔3〕"矰"，射鸟的短箭。"缴"，系箭的绳子。"矰缴"，指射具。〔4〕"阕"，音què。古代一首乐曲为一阕。

【译文】四个人向皇帝祝寿完毕，小步急走离去。皇帝目送他们，招来戚夫人指着四个人给她看，说："我想改立太子，那四个人却辅佐他，羽翼已成，难以变动了。吕后真的要做你的主人了。"戚夫人痛心落泪，皇帝说："你为我跳楚舞，我为你唱楚歌。"于是他唱道："鸿鹄高高飞，一举腾千里。羽翼已丰满，横越绝四海。横越绝四海，还有何法想？虽然有弓矢，还往哪里用？"唱了几遍以后，戚夫人痛哭流涕，皇帝起身离去，结束酒宴。最终没有改立太子，原本靠了留侯招来这四个人出山的力量。

留侯从上击代，[1]出奇计马邑下，[2]及立萧何相国，所与上从容言天下事甚众，非天下所以存亡，故不著。留侯乃称曰："家世相韩，及韩灭，不爱万金之资，为韩报仇强秦，天下振动。今以三寸舌为帝者师，封万户，位列侯，此布衣之极，于良足矣。愿弃人间事，欲从赤松子游耳。"[3]乃学辟谷，道引轻身。会高帝崩，[4]吕后德留侯，乃强食之，曰："人生一世间，如白驹过隙，[5]何至自苦如此乎！"留侯不得已，强听而食。

中華藏書

史记精华

中国书店

六四六

【注释】〔1〕"代"，汉初诸侯国名，治所在今河北省蔚县东北。"击代"，在高祖十年（公元前一九七年）秋。当时代相陈豨反叛，自立为代王，刘邦亲自率兵前往平叛。事见本书《高祖本纪》、《韩信卢绾列传》。〔2〕"马邑"，古县名。治所在今山西省朔县。〔3〕"赤松子"，传说中的仙人。或谓神农氏时的雨师。〔4〕"高帝崩"，高帝崩在公元前一九五年。古代天子死曰崩。〔5〕"白驹过隙"，古代成语。形容时间过得很快。

【译文】留侯跟从皇帝去攻打代国，出奇计攻下马邑，以及立萧何为相国，留侯和皇帝从容地谈了很多天下大事，因为和天下存亡无关，所以没有记载。留侯常称说："我家世代相韩，到韩国灭亡之后，不惜万金家产，为韩向强秦报仇，震动了天下。现在凭三寸之舌成为皇帝的老师，分封万户，位居列侯，这是平民百姓所企求的富贵之巅，对我张良来说很满足了。我希望丢开人间的事情，打算跟从赤松子交游。"于是学起辟谷、导引、轻身的养生之术。恰逢高帝驾崩，吕后感激留侯的恩德，就强让他吃饭，说："人生一世，如白驹过隙那样短促，何必自找苦吃到如此地步呢？"留侯不得已，勉强听从吕后的话而进食。

后八年卒，[1]谥为文成侯。[2]子不疑代侯。

【注释】〔1〕"后八年"，指高祖死后八年。但据《高祖功臣侯年表》记载，张良卒于吕后二年，距高帝崩为九年，此云"后八年卒"，当有误。〔2〕"谥"，古代帝王、贵族、大臣、士大夫死后，依其生前事迹给予的称号。

【译文】八年以后，留侯去世，谥为文成侯。他的儿子不疑继承了侯爵。

子房始所见下邳圮上老父与《太公书》者，[1]后十三年从高帝过济北，果见谷城山下黄石，取而葆祠之。[2]留侯死，并葬黄石。每上冢伏腊，[3]祠黄石。

【注释】[1]"《太公书》"，即前《太公兵法》。 [2]"葆"，同"宝"。"葆祠"，作为宝而祭祀。 [3]"伏腊"，两种祭祀的名称。古代分别在夏季的伏天和冬季的腊月行祭祀之礼，所以称"伏腊"。

【译文】子房当初在下邳桥上见到的那个给他《太公书》的老人（曾经预言过），十三年以后他跟从高帝路过济北，（后来）果然看到在谷城山下有块黄石，留侯把它取回去作为珍宝供奉起来。留侯死了以后，和黄石葬在一起。每逢冬夏到坟上祭祀留侯，同时也祭祀黄石。

　　留侯不疑，孝文帝五年坐不敬，[1]国除。[2]

【注释】[1]"孝文帝五年"，即公元前一七五年，孝文帝，名恒，刘邦的庶妻薄姬所生，初封为代王。吕后死后，大臣以他为人仁厚，故迎立为帝。在位二十三年（公元前一七九年至前一五七年）。 [2]"国除"，削去封爵，废除封国。据《高祖功臣侯年表》云："不疑坐与门大夫谋杀故楚内史，当死，赎为城旦，国除。"与此异。

【译文】留侯不疑，在孝文帝五年时因犯了不敬之罪，被削去了封爵，废除了封国。

　　太史公曰：学者多言无鬼神，然言有物。[1]至如留侯所见老父予书，亦可怪矣。高祖离困者数矣，[2]而留侯常有功力焉，岂可谓非天乎？上曰："夫运筹策帷帐之中，决胜千里外，吾不如子房。"余以为其人计魁梧奇伟，至见其图，状貌如妇人好女。盖孔子曰："以貌取人，失之子羽。"[3]留侯亦云。

【注释】[1]"物"，在汉代有些思想家，不信有鬼神，但却认为有一种精灵、神怪的物质。如王充在《论衡·论死》中说："夫物未死，精神依倚形体，故能变化，与人交通。"就反映了汉朝人的这种认识。 [2]"离"，通"罹"，遭遇。 [3]"子羽"，姓澹台，名灭明，字子羽。孔子的弟子。相传此人相貌丑陋而有贤德。本书《仲尼弟子列传》、《韩非子·显学篇》有记载。

【译文】太史公说：学者们多数认为没有鬼神，然而认为有精灵。至于像留侯所见到的给他书的老人，也可以说是件怪事了。高祖曾多次遭遇困厄，而留侯经常出力立功，难道可以说不是天意吗？高祖说："运筹谋划于帷帐之中，而夺取胜利在千里之外，我不如子房。"我原以为他人长得大概魁梧雄伟，到看见他的画像，相貌就像妇人美女一般。正如孔子所说："以貌取人，就会错看了子羽。"对于留侯也可以这么说。

陈丞相世家

陈丞相平者，阳武户牖乡人也。[1]少时家贫，好读书，有田三十亩，独与兄伯居。[2]伯常耕田，纵平使游学。[3]平为人长大美色。人或谓陈平曰："贫何食而肥若是？"其嫂嫉平之不视家生产，[4]曰："亦食糠覈耳。[5]有叔如此，不如无有。"伯闻之，逐其妇而弃之。

【注释】〔1〕"阳武"，县名，治所在今河南原阳东南。"户牖乡"，在今河南兰考东北。〔2〕"伯"，古人有以排行为表字的，"伯"犹今称"老大"。〔3〕"纵"，听任。"游学"，外出求学。〔4〕"嫉"，憎恨，讨厌。"视"，治，治理。"生产"，谋生产业。〔5〕"覈"，通"籺"、"籺"，米麦的粗屑。

【译文】陈丞相平，阳武县户牖乡人。少年时家境贫穷，喜好读书，有田地三十亩，独自和哥哥陈伯一起生活。陈伯常年在家种田，听任陈平外出游学。陈平身材高大，仪容俊美。有人议论他说："这么穷，吃了些什么而长得这样胖？"他的嫂嫂恨他毫不关心家里的谋生之业，说道："也是吃些糠里的粗屑罢了。有这样的小叔，还不如没有的好。"陈伯听到这些话后，把她赶出家门，休弃了她。

及平长，可娶妻，富人莫肯与者，贫者平亦耻之。久之，户牖富人有张负，[1]张负女孙五嫁而夫辄死，人莫敢娶。平欲得之。邑中有丧，平贫，侍丧，以先往后罢为助。张负既见之丧所，独视伟平，平亦以故后去。负随平至其家，家乃负郭穷巷，[2]以弊席为门，[3]然门外多有长者车辙。[4]张负归，谓其子仲曰："吾欲以女孙予陈平。"张仲曰："平贫不事事，[5]一县中尽笑其所为，独奈何予女乎？"负曰："人固有好美如陈平而长贫贱者乎？"卒与女。为平贫，乃假贷币以聘，[6]予酒肉之资以内妇。[7]负诫其孙曰："毋以贫故，事人不谨。事兄伯如事父，事嫂如母。"〔8〕平既娶张氏女，赍用益饶，〔9〕游道日广。

【注释】〔1〕"张负"，"负"，通"妇"，"张负"犹今称"张老大娘"、"张老太"。一说张负为男子，"负"，乃其名。〔2〕"负"，倚，背靠。"郭"，外城。"负郭"，靠着外城城墙。"穷巷"，偏僻的小巷。〔3〕"弊"，通"敝"，破旧。"弊席"，破席。〔4〕"长者"，此指显贵者，有地位有名望的人。"长"，音 zhǎng。〔5〕"事事"，做事。上"事"为动词，下"事"为名词。〔6〕"假贷"，借给。"币"，币帛，此指行聘时所用的礼物。如据《仪礼·士昏礼》所记，纳征时需致送玄纁、束帛、俪皮为礼。"聘"，此指订婚。〔7〕"内妇"，娶妻。"内"，通"纳"。〔8〕"事嫂如母"，《史记集解》认为，"兄伯已逐其妇，此嫂疑后娶也"。一说此乃泛指礼当如是。〔9〕"赍"，音 zī，通"资"。"赍用"，资财。

【译文】等到陈平长大，可以娶妻了，有钱人家没有人肯把姑娘嫁给他；娶穷人家的姑娘，他又感到羞耻。过了好久，户牖乡有个富人张负，张负的孙女五次嫁人，次次死了丈夫，没有人再敢娶她。陈平却想得到她。乡邑中有人死了，陈平因为家境贫穷，就去帮着操办丧事，早去晚歇，以此来贴补家用。张负在办丧事人家见到陈平后，独独对他十分看重，陈平也因为想获得张负的好感而很晚离开那里。张负尾随陈平来到他家，陈家原来在靠近城郭的偏僻小巷里，用破席当门，可是门外却有不少有身份人的车轮的印迹。张负回到自己家里，对她儿子张仲说："我想把孙女嫁给陈平。"张仲说："陈平贫穷，又不事生产，全县的人都耻笑他的所作所为，为什么偏偏要把女儿嫁给他呢？"张负说："人难道会有像陈平这样俊美出众而总是贫穷卑贱的吗？"结果把孙女嫁给了他。因为陈平穷，就借币帛给他作聘礼，还给他办酒席的钱来娶妻。张负告诫她的孙女说："不要因为他穷，侍奉人家就不恭敬。侍奉他哥哥陈伯要像侍奉父亲一样，侍奉嫂嫂要像侍奉母亲一样。"陈平娶了张家姑娘后，资财日益充裕，交游一天天广泛。

里中社，〔1〕平为宰，〔2〕分肉食甚均。父老曰："善，陈孺子之为宰！"〔3〕平曰："嗟乎，使平得宰天下，亦如是肉矣！"

【注释】〔1〕"里"，古代乡以下的行政基层单位。据《太平御览》卷五三二所引蔡邕《陈留东昏库上里社碑》，陈平所居之里为库上里。"社"，土地神，此指祭祀社神。〔2〕"宰"，此指主持切割分配祭肉的人。〔3〕"孺子"，对年少者的通称。

【译文】里中祭祀社神，陈平当主持人，分配祭肉分得很公平。父老们都说："好啊，陈平这孩子主持分肉！"陈平说："唉，如果让我能有机会治理天下，也就会像分这祭肉一样的了！"

陈涉起而王陈，[1]使周市略定魏地，[2]立魏咎为魏王，[3]与秦军相攻于临济。[4]陈平固已前谢其兄伯，[5]从少年往事魏王咎于临济。魏王以为太仆。[6]说魏王不听，[7]人或谗之，陈平亡去。

【注释】〔1〕"陈涉"，名胜，字涉，阳城（今河南登封东南）人，秦末农民起义领袖。秦二世元年（公元前二〇九年）七月，与吴广在蕲县大泽乡（今安徽宿州市东南）率领戍卒九百人起义，占领陈县，自立为王，号为张楚。四方闻风响应。秦二世二年被害。详见本书《陈涉世家》。"陈"，县名，治所在今河南淮阳。〔2〕"周市"，陈涉将领，魏人，曾奉命略定魏地，迎魏咎为王，自任魏相。后被秦将章邯所击杀。"市"，音 fú。"略定"，攻占平定。"魏地"，战国时魏国地区，约当今河南北部和山西南部一带。〔3〕"魏咎"，战国魏之诸公子，被封为宁陵君。陈涉起义称王后，魏咎投奔陈涉。陈涉派周市略定魏地，受周市之请，立魏咎为魏王。后魏咎被秦将章邯围于临济，兵败自杀。〔4〕"临济"，邑名，在今河南封丘东。〔5〕"谢"，辞别。〔6〕"太仆"，官名，主管车马之事。〔7〕"说"，音 shuì，劝说别人听从自己的意见。

【译文】陈涉起兵在陈县称王以后，派周市去攻占平定魏地，立魏咎为魏王，和秦军在临济交锋。在这之前陈平原已辞别了哥哥陈伯，和一些年轻人到临济投奔魏王咎了。魏王任命他为太仆。陈平向魏王进言，魏王不听，有人还说陈平坏话，陈平就逃离了那里。

久之，项羽略地至河上，[1]陈平往归之，从入破秦，赐平爵卿。[2]项羽之东王彭城也，[3]汉王还定三秦而东，[4]殷王反楚。[5]项羽乃以平为信武君，将魏王咎客在楚者以往，击降殷王而还。项王使项悍拜平为都尉，[6]赐金二十溢。[7]居无何，[8]汉王攻下殷。[9]项王怒，将诛定殷者将吏。陈平惧诛，乃封其金与印，使使归项王，[10]而平身间行杖剑亡。[11]渡河，船人见其美丈夫独行，疑其亡将，要中当有金玉宝器，[12]目之，欲杀平。平恐，乃解衣裸而佐刺船。[13]船人知其无有，乃止。

【注释】〔1〕"河上"，黄河边。〔2〕"赐平爵卿"，赐给陈平卿一级的高级爵秩，然非实职。〔3〕"彭城"，县名，治所在今江苏徐州市。〔4〕"三秦"，项羽灭秦，三分秦关中故地，封秦降将章邯为雍王，领有今陕西中部咸阳以西和甘肃东部地区，都废丘（今陕西兴平东南）；封司马欣为塞王，领有今陕西咸阳以东至黄河之地，都栎阳（今陕西临潼北）；封董翳为翟王，领有今陕西西北部地区，都高奴（今陕西延安市东北）。合称"三秦"。〔5〕"殷王"，殷王司马卬，原为赵将，项羽灭秦后被封为殷王，领有黄河以北今河南部分地区，都朝歌（今河南淇县）。〔6〕"项悍"，项羽部将，与项羽同族。"都尉"，比将军略低的武官。〔7〕"溢"，通"镒"，古代重量单位。二十两为一镒。一说二十四两为一镒。〔8〕"无何"，不久。〔9〕"汉王攻下殷"，汉二年三月，刘邦俘虏殷王司马卬，设置河内郡。〔10〕"使使"，派遣使者。

上"使"为动词，下"使"为名词。〔11〕"间行"，从小路走。"间"，音 jiàn。"杖剑"，拿着剑。"杖"，通"仗"。〔12〕"要"，"腰"的本字。〔13〕"裸"，赤身露体。"刺船"，撑船。

【译文】隔了很长时间，项羽攻占土地到黄河边上，陈平前去投奔他，跟随他入关破秦，项羽赐给他卿一级的爵位。后来项羽东归在彭城称西楚霸王的时候，汉王刘邦回军平定了三秦，向东挺进，殷王司马卬反叛楚王。于是项羽封陈平为信武君，率领魏王咎客居在楚的部下前去讨伐，陈平攻打降服殷王后班师回楚。项王派项悍任命陈平为都尉，赐金二十镒。不久，汉王攻下了殷国。项王发怒，要杀以前平定殷国的将领官员。陈平害怕被杀，就把项王的赏金和官印封包起来，派使者送还项王，自己只身从小路带了宝剑逃走。在渡河的时候，船夫见他这样一个美男子独身赶路，怀疑他是逃亡的将领，腰里一定藏着金玉宝器，眼睛老盯着他，想谋害陈平。陈平害怕了，便把衣服脱去，光着身子帮助撑船。船夫知道他实在没有什么财物，才作罢。

　　平遂至修武降汉，〔1〕因魏无知求见汉王，〔2〕汉王召入。是时万石君奋为汉王中涓，〔3〕受平谒，〔4〕入见平。平等七人俱进，赐食。王曰："罢，就舍矣。"平曰："臣为事来，所言不可以过今日。"于是汉王与语而说之，〔5〕问曰："子之居楚何官？"曰："为都尉。"是日乃拜平为都尉，使为参乘，〔6〕典护军。〔7〕诸将尽谨，〔8〕曰："大王一日得楚之亡卒，〔9〕未知其高下，而即与同载，反使监护军长者！"〔10〕汉王闻之，愈益幸平。遂与东伐项王。至彭城，为楚所败。引而还，收散兵至荥阳，〔11〕以平为亚将，〔12〕属于韩王信，〔13〕军广武。〔14〕

【注释】〔1〕"修武"，县名，治所在今河南获嘉。〔2〕"因"，凭借，通过。"魏无知"，汉王近臣。《汉书·循吏传》称其为"魏倩"。〔3〕"万石君奋"，即石奋，十五岁时为小吏，侍候汉王。汉文帝时官至太中大夫、太子太傅。至景帝时，石奋及其四子皆官至二千石，五人合为万石，故称石奋为万石君。详见本书《万石张叔列传》。陈平降汉时，石奋尚未为万石君。司马迁写作时，用当时的习惯称呼称他，故曰"万石君奋"。"中涓"，主管宫内清洁洒扫之事并传送书谒，是帝王亲近侍臣。〔4〕"谒"，名刺，名帖。〔5〕"说"，通"悦"。〔6〕"参乘"，音 cān shèng。古代乘车，尊者在左，御者居中，另有一人在右陪乘。陪乘之人称为参乘或车右，负责警卫。〔7〕"典"，主领，掌管。"护军"，督统军队，调节诸将间的关系。〔8〕"谨"，喧哗。〔9〕"一日"，一旦，极言时间之短。〔10〕"监护"，督察。"长者"，指军队中资历深的将领。〔11〕"荥阳"，县名，治所在今河南荥阳东北。〔12〕"亚将"，次将，副将。〔13〕"韩王信"，战国韩襄王后裔，将兵随刘邦入武关。刘邦为汉王，信又从入汉中。刘邦还定三秦，许诺以信为韩王而先拜信为韩太尉，令其领兵略定韩地。汉二年，信击降项羽所立的韩王郑昌后，被正式立为韩王。后降匈奴。汉十一年被杀。详见本书《韩信卢绾列传》。
〔14〕"广武"，邑名，在今河南荥阳东北广武山上。

【译文】陈平于是到修武降汉，通过魏无知求见汉王。汉王召他进去。其时万
石君石奋任汉王的中涓，接受了陈平的名帖，领他进去见汉王。陈平等七人一起去
进见，汉王赏赐他们酒食，说："吃完后，诸位到客舍休息吧。"陈平说："我有事
才来，我要说的话不可以过今天。"于是汉王跟他交谈起来，很喜欢他，问道："你
在楚国做什么官？"回答说："做都尉。"汉王当天就任命他为都尉，让他担任自己
的参乘，并负责监督军队。众将都喧哗起来，说："大王刚刚得到一名楚国的逃兵，
还不知他才能的高下，就和他同乘一辆车，反让他监督军队里的老将！"汉王听了，
更加宠信陈平。于是和他一起向东攻伐项王。到了彭城，被楚军打败。汉王退军而
还，沿途收编失散的士兵，到达荥阳，任命陈平为亚将，隶属于韩王信，驻扎在广
武。

绛侯、灌婴等咸谗陈平曰：〔1〕"平虽美丈夫，如冠玉耳，〔2〕其中未
必有也。臣闻平居家时，盗其嫂；〔3〕事魏不容，亡归楚；归楚不中，〔4〕
又亡归汉。今日大王尊官之，令护军。臣闻平受诸将金，〔5〕金多者得善
处，金少者得恶处。平，反覆乱臣也，〔6〕愿王察之。"汉王疑之，召让魏
无知。〔7〕无知曰："臣所言者，能也；陛下所问者，行也。今有尾生、孝
己之行而无益处于胜负之数，〔8〕陛下何暇用之乎？楚汉相距，臣进奇谋
之士，〔9〕顾其计诚足以利国家不耳。〔10〕且盗嫂受金又何足疑乎？"汉王
召让平曰："先生事魏不中，遂事楚而去，〔11〕今又从吾游，〔12〕信者固多
心乎？"〔13〕平曰："臣事魏王，魏王不能用臣说，故去事项王。项王不能
信人，其所任爱，非诸项即妻之昆弟，〔14〕虽有奇士不能用，平乃去楚。
闻汉王之能用人，故归大王。臣裸身来，不受金无以为资。诚臣计画有
可采者，愿大王用之；使无可用者，金具在，请封输官，〔15〕得请骸
骨。"〔16〕汉王乃谢，〔17〕厚赐，拜为护军中尉，〔18〕尽护诸将。诸将乃不敢
复言。

【注释】〔1〕"绛侯"，即周勃，沛县（今江苏沛县）人，早年随刘邦起兵，以军功赐爵威
武侯，拜为将军，汉六年封为绛侯。汉高祖、吕后时曾为太尉，文帝时为丞相。文帝三年免相，
十一年卒。详见本书《绛侯周勃世家》。"灌婴"，睢阳（今河南商丘县）人，随刘邦转战各地，
汉六年封为颍阴侯。文帝时曾为太尉、丞相。文帝四年卒。详见本书《樊郦滕灌列传》。〔2〕
"冠玉"，帽子上装饰玉石。〔3〕"盗其嫂"，与其嫂私通。〔4〕"不中"，不相合。〔5〕
"金"，此与下文之"黄金"皆指铜。〔6〕"反覆"，反来覆去，言变化无常。〔7〕"让"，责

备。〔8〕"尾生",古代传说中坚守信约的人。他与女子约会于桥下,女子未至,河水上涨,尾生原地不移,抱桥柱而死。"孝己",殷高宗武丁之子,传说有孝行。"胜负之数",决定胜负的谋略。〔9〕"奇谋",出奇制胜的计谋。〔10〕"顾",关心,考虑。"不",义同"否"。〔11〕此句《汉书·陈平传》作"吾闻先生事魏不遂,事楚而去",语意较显。〔12〕"游",交往,交游。〔13〕"信者",诚实不欺的人,守信义的人。"多心",有异心,不忠实。〔14〕"昆弟",兄弟。〔15〕"输官",送缴官府。〔16〕"请骸骨",古人事君,认为应以身许君,进退不该自主。因此想辞官,便要请求君王赏还身体。骸骨即指身体。〔17〕"谢",道歉。〔18〕"护军中尉",督统军务的高级武官。

【译文】这时绛侯周勃、灌婴等都说陈平的坏话,道:"陈平尽管是个美男子,却像在帽子上装饰美玉,(表面好看)内里未必有什么真本事。我们听说他在家里时,跟他嫂嫂私通;侍奉魏王,待不下去,逃出来投楚;投楚不合,又逃出来投汉。如今大王您尊重他,让他做官,命他监督军队。我们听说陈平接受将领们的金子,送金多的得好去处,送金少的得坏去处。陈平,是个反复无常的乱臣,愿大王明察。"汉王对陈平产生了怀疑,召见魏无知并责备了他。魏无知说:"我所介绍的是他的才能,陛下所问的是他的品行。假如一个人有尾生、孝己那样的品行,但对决定战争胜负的谋略毫无益处,陛下哪有工夫任用他呢?楚汉相争,我推荐奇谋之士,我所考虑的只是他的计谋是否真正足以有利于国家而已。再说,和嫂嫂私通、受人金钱,这又有什么值得您疑虑的呢?"汉王又召来陈平,责备他说:"先生您侍奉魏王不能相合,就去侍奉楚王,然而也离开了,现在又跟我交往,讲信义的人难道该是这样三心二意的吗?"陈平回答道:"我侍奉魏王,魏王不能采用我的建议,所以我离开了,去侍奉项王。项王不能信任人,他所信任宠爱的不是项氏宗族便是妻子的兄弟,尽管有奇谋之士,却不能任用,我才又离开了楚。听说汉王您能用人,所以来投奔大王。我赤身而来,不接受别人的金钱就没有资产。如果我的计谋确有可采用的,愿大王采用;如果无可采用,诸将的贿金都在,请封存充公,愿您赏还我这把骨头让我离去。"汉王听完这番话后便向他道歉,还重重地赏赐了他,任命他为护军中尉,监督全体将领。将领们这才不敢再说什么了。

其后,楚急攻,绝汉甬道,〔1〕围汉王于荥阳城。久之,汉王患之,请割荥阳以西以和。〔2〕项王不听。汉王谓陈平曰:"天下纷纷,何时定乎?"陈平曰:"项王为人,恭敬爱人,士之廉节好礼者多归之。〔3〕至于行功爵邑,〔4〕重之,〔5〕士亦以此不附。今大王慢而少礼,〔6〕士廉节者不来;然大王能饶人以爵邑,〔7〕士之顽钝嗜利无耻者亦多归汉。〔8〕诚各去其两短,袭其两长,〔9〕天下指麾则定矣。〔10〕然大王恣侮人,〔11〕不能得廉节之士。顾楚有可乱者,彼项王骨鲠之臣亚父、钟离眜、龙且、周殷之属,〔12〕不过数人耳。大王诚能出捐数万斤金,〔13〕行反间,〔14〕间其君臣,以疑其心，项王为人意忌信谗，[15]必内相诛。汉因举兵而攻之，破楚必矣。"汉王以为然，乃出黄金四万斤，与陈平，恣所为，不问其出入。

【注释】〔1〕"甬道"，两侧筑墙的通道。荥阳有甬道通敖仓，汉军用以运送粮食。项羽多次夺取甬道，致使汉军乏食。敖仓是秦代在敖山上所建的谷仓，故址在今河南郑州西北邙山上。〔2〕"请割荥阳以西以和"，本书《高祖本纪》作"汉王请和，割荥阳以西者为汉"，《项羽本纪》所记略同，则此句意谓汉王请求割荥阳以西者为汉，以此条件与项羽讲和。〔3〕"廉节"，端方不苟而有节操。"好礼"，重视礼节。〔4〕"行功爵邑"，论功行赏，赐爵封邑。〔5〕"重"，看重，爱惜。此指吝啬。〔6〕"慢"，傲慢，轻视他人。〔7〕"饶"，增益。此指舍得给。〔8〕"顽钝"，贪婪圆滑。〔9〕"袭"，重叠。此指兼有。〔10〕"指麾"，同"指挥"，一指手、一挥手，形容时间短暂。〔11〕"恣"，任意。"侮"，轻慢。〔12〕"骨鲠之臣"，正直的臣子。骨鲠比喻正直。"亚父"，敬称，表示对他的尊敬仅次于父。此指范增。范增，秦末居鄛（今安徽桐城南）人，善出奇计，年七十，为项梁、项羽谋士，辅佐项羽称霸诸侯，被尊为亚父。"钟离眜"，姓钟离，名眜，项羽部将。项羽死后，逃归故友韩信。刘邦下令捕眜，眜自杀。"眜"，音 mò。"龙且"，项羽骁将，后被韩信所杀。"且"，音 jū。"周殷"，原为楚大司马，被汉王诱降反楚，与汉军共击项羽于垓下。〔13〕"斤"，汉代一斤约等于今天的二百五十八克。〔14〕"反间"，离间敌方使起内讧。"间"，音 jiàn。〔15〕"意忌"，猜疑妒忌。

【译文】后来，楚军加紧进攻，截断了汉军的运粮甬道，把汉王围困在荥阳城里。日子一长，汉王忧虑起来，请求割据地荥阳之西来与楚讲和。项王不答应。汉王对陈平说："天下乱纷纷的，什么时候才能够安定下来呢？"陈平说："项王为人，恭敬爱人，廉节好礼的士人多去投奔他。等到要评功劳、赏爵邑了，他却十分看重，（总舍不得给）士人因此不亲附于他。如今大王您对人轻慢少礼，廉节的士人不来；但是大王您能用爵邑重赏下人，那些圆滑、嗜利而不讲廉耻的士人大多来投奔您。如果大王能分别除去两人的短处，兼有两人的长处，那么天下在挥手之间就能平定了。然而大王您随意侮慢人，是不能得到廉节之士的。但楚国存在可以致乱的因素，那项王身边正直的臣子如亚父、钟离眜、龙且、周殷之类，只不过几个人罢了。大王您如果能拿出几万斤金，用来实施反间计，离间其君臣，使他们产生疑忌之心，项王为人好猜忌，听信谗言，必然会引起内部互相诛杀。汉乘机兴兵攻打，破楚是必定无疑的了。"汉王认为他说得对，便拿出黄金四万斤给陈平，任凭他支配，不过问开支情况。

陈平既多以金纵反间于楚军，宣言诸将钟离眜等为项王将，[1]功多矣，然而终不得裂地而王，[2]欲与汉为一，以灭项氏而分王其地。项羽果意不信钟离眜等。项王既疑之，使使至汉。汉王为太牢具，[3]举进。见楚使，即详惊曰：[4]"吾以为亚父使，乃项王使！"复持去，更以恶草具进楚使。[5]楚使归，具以报项王。项王果大疑亚父。亚父欲急攻下荥阳城，项王不信，不肯听。亚父闻项王疑之，乃怒曰："天下事大定矣，君王自为之！愿请骸骨归！"归未至彭城，疽发背而死。[6]陈平乃夜出女子二千人荥阳城东门，楚因击之，陈平乃与汉王从城西门夜出去。遂入关，收散兵复东。

【注释】[1]"宣言"，扬言，宣扬。[2]"裂地"，分割土地。[3]"太牢具"，丰盛的宴席。古代宴会并用牛羊豕三牲者称为太牢，这是待客的最尊敬的礼数。[4]"详"，通"佯"，假装。[5]"更"，换。"恶草具"，粗劣的食物。[6]"疽"，音 jū，痈疽，一种毒疮。

【译文】陈平用大量黄金在楚军中放手进行离间活动后，便在诸将中扬言：钟离眜等人在项王部下为将，功劳很多，但始终不能分封土地而称王，他们想和汉联合在一起，灭掉项氏，分他的土地，各自为王。项王听了，果然心怀猜忌，对钟离眜等不信任起来。在起了疑心之后，项王派使者到汉王那里。汉王让人备了丰盛的宴席送进去，见到楚国使者，就假装惊讶道："我以为是亚父的使者，却原来是项王的使者！"又把宴席撤走，换上粗劣的饭菜送进来给楚王使者。楚王使者回去，把情况统统报告项王。项王果然对亚父大起疑心。亚父想赶快把荥阳城攻下来，项王不信任他，不肯接受他的建议。亚父听到项王对他有怀疑，就生气地说："天下的事大局已定了，君王您自己干吧！愿您赏还我这把老骨头，让我回家！"他回去还没到彭城，就因背上痈疽发作而死了。陈平于是在夜间从荥阳城东门放出二千名女子，楚军受诱出击，陈平就和汉王在夜色中乘机从城西门出去，于是进入函谷关，收集散兵再向东进。

其明年，淮阴侯破齐，[1]自立为齐王，使使言之汉王。汉王大怒而骂，陈平蹑汉王。[2]汉王亦悟，乃厚遇齐使，[3]使张子房卒立信为齐王。[4]封平以户牖乡。用其奇计策，卒灭楚。常以护军中尉从定燕王臧荼。[5]

【注释】[1]"淮阴侯"，即韩信，淮阴（今江苏清江市西南）人，先从项梁、项羽，后归刘邦，拜为大将。汉四年，立为齐王。汉五年，徙为楚王。汉六年，降封为淮阴侯。汉十一年，反汉被杀。详见本书《淮阴侯列传》。韩信破齐在汉四年，尚未为淮阴侯。司马迁写作时，用当时的习惯称呼称呼他，故曰"淮阴侯"。"齐"，当时的诸侯国，齐王为田广，都临淄（今山东淄博市东北）。[2]"蹑"，踩，踏。[3]"遇"，接待。[4]"张子房"，即张良，字子房，家五世相韩。秦灭韩，良结纳刺客，椎击秦始皇于博浪沙（在今河南原阳），误中副车。亡匿下邳

（今江苏睢宁西北），学兵法，后归刘邦。刘邦称赞他说："运筹策帷帐中，决胜千里外，子房功也。"因功封为留侯。详见本书《留侯世家》。 〔5〕"常"，通"尝"，曾经。"燕王臧荼"，初为燕王韩广部将，曾率军援赵，随项羽入关。项羽分封诸侯，徙燕王韩广为辽东王，封臧荼为燕王，都蓟（今北京市西南）。臧荼击杀韩广，并王其地。后背楚归汉。汉五年，反叛被俘。"荼"，音 tú。

中華藏書

史记精华

中国书店

六五六

【译文】第二年，淮阴侯韩信攻破齐国，自立为齐王，派使者报告汉王。汉王大怒而骂了起来，陈平踩了踩汉王的脚。汉王也醒悟过来了，于是厚待齐使并派张子房出使，结果封立韩信为齐王。汉王又把户牖乡封赏给陈平。汉王采用陈平的神机妙算，终于灭掉了楚王。后来陈平还曾作为护军中尉跟随汉王平定了燕王臧荼。

汉六年，〔1〕人有上书告楚王韩信反。高帝问诸将，〔2〕诸将曰："亟发兵阬竖子耳。"〔3〕高帝默然。问陈平，平固辞谢，〔4〕曰："诸将云何？"上具告之。陈平曰："人之上书言信反，有知之者乎？"曰："未有。"曰："信知之乎？"曰："不知。"陈平曰："陛下精兵孰与楚？"上曰："不能过。"平曰："陛下将用兵有能过韩信者乎？"上曰："莫及也。"平曰："今兵不如楚精，而将不能及，而举兵攻之，是趣之战也，〔5〕窃为陛下危之。"〔6〕上曰："为之奈何？"平曰："古者天子巡狩，〔7〕会诸侯。南方有云梦，〔8〕陛下弟出伪游云梦，〔9〕会诸侯于陈。陈，楚之西界，信闻天子以好出游，〔10〕其势必无事而郊迎谒。谒，而陛下因禽之，〔11〕此特一力士之事耳。"〔12〕高帝以为然，乃发使告诸侯会陈，"吾将南游云梦"。上因随以行。行未至陈，楚王信果郊迎道中。高帝豫具武士，〔13〕见信至，即执缚之，载后车。信呼曰："天下已定，我固当烹！"高帝顾谓信曰：〔14〕"若毋声！〔15〕而反，〔16〕明矣！"武士反接之。〔17〕遂会诸侯于陈，尽定楚地。还至雒阳，〔18〕赦信以为淮阴侯，而与功臣剖符定封。〔19〕

【注释】〔1〕"汉六年"，公元前二〇一年。 〔2〕"高帝"，汉五年，刘邦灭项羽后称皇帝。刘邦死后，群臣认为他"起微细，拨乱世反之正，平定天下，为汉太祖，功最高"，上尊号为高皇帝，故称"高帝"。这里，司马迁是以当时的习惯称呼称刘邦。 〔3〕"亟"，音 jí，赶快，急速。"竖子"，对人的鄙称，犹言"小子"。 〔4〕"辞谢"，推辞。 〔5〕"趣"，通"促"，催促，加速。 〔6〕"窃"，谦指自己，犹言"私下"。 〔7〕"巡狩"，古代帝王巡视境内诸侯所守的地方。帝王所至，附近诸侯皆应来朝见述职。 〔8〕"云梦"，古泽名，在南郡华容（今湖北潜江县西南）南。 〔9〕"弟"，只管。 〔10〕"好"，指善意。 〔11〕"禽"，通"擒"，捉住。 〔12〕"特"，仅仅，只。 〔13〕"豫"，预先。"具"，准备好。 〔14〕"顾"，回头。 〔15〕"若"，你。"声"，喊叫。 〔16〕"而"，你。 〔17〕"反接之"，反绑他的双手。〔18〕"雒阳"，邑名，在今河南洛阳市东。 〔19〕"剖符定封"，古代帝王分封功臣爵邑时，把符剖分为二，双方各执其半，作为信守的凭证。符是古代的信物，用铜或竹、木制成，上刻有文字。

【译文】汉六年，有人上书告发楚王韩信谋反。高帝问将领们如何处置，将领们说："马上发兵活埋这小子算了！"高帝没作声。高帝问陈平，陈平一再推辞不答，问道："将领们说什么？"高帝把将领们的话统统告诉了他。陈平问："有人上书告发韩信谋反，这件事别人有知道的吗？"答："没有。"问："韩信本人知道吗？"答："不知道。"陈平问："陛下的精兵，和楚王相比怎样？"高帝答道："不能超过他。"陈平又问："陛下的将领用兵，有能胜过韩信的吗？"高帝答道："没有人及得上他。"陈平说："现在兵既不如楚精，将领用兵又不及韩信，却想兴兵进攻，这无异是在催促韩信起兵作战，我私下为陛下感到危险。"高帝说："那怎么办呢？"陈平说："古时候天子外出巡视，要会见诸侯。南方有大湖云梦，陛下只管出去装作巡游云梦，在陈县会见诸侯。陈县，在楚国西界。韩信听说天子以善意出游，料想必然不会发生什么意外之事而出郊远迎谒见。在他谒见的时候，陛下乘机捉住他，这不过是一名力士就能办到的事罢了。"高帝认为这办法好，便派出使者通知诸侯在陈县相会，说道："我要到南方去巡游云梦了。"派出使者后，高帝也就跟着动身了。还没到达陈县，楚王韩信果然在郊外大道上迎接。高帝预先准备好武士，看见韩信到来，马上把他捆绑起来，装在后面车子里。韩信大声喊道："天下已定，我本该烹杀！"高帝回过头去对韩信说："你别嚷！你谋反，已经很明显了！"武士反绑住韩信的双手。高帝于是在陈县会见诸侯，全部平定了楚地。回到雒阳，高帝赦免了韩信，改封为淮阴侯，又和功臣们剖符为凭，确定各人的封爵。

于是与平剖符，世世勿绝，为户牖侯。平辞曰："此非臣之功也。"上曰："吾用先生谋计，战胜克敌，[1]非功而何？"平曰："非魏无知臣安得进？"上曰："若子可谓不背本矣。"[2]乃复赏魏无知。其明年，以护军中尉从攻反者韩王信于代。[3]卒至平城，[4]为匈奴所围，[5]七日不得食。高帝用陈平奇计，使单于阏氏，[6]围以得开。高帝既出，其计秘，世莫得闻。

【注释】〔1〕"克"，制胜，取胜。 〔2〕"若子"，像你这个人。 〔3〕"代"，诸侯国名，都代（今河北蔚县东北），辖境有今河北西北部、山西北部地区。 〔4〕"卒"，通"猝"，音cù，匆忙，仓促。"平城"，县名，治所在今山西大同市东北。 〔5〕"匈奴"，我国古代北方民族之一，散居于大漠南北，游牧为生，善骑射。 〔6〕"单于"，音chán yú，匈奴君主的称号。"阏氏"，音yān zhī，匈奴王后的称号。

【译文】于是高帝和陈平剖符，子子孙孙永不断绝，封他为户牖侯。陈平推让说："这不是我的功劳。"高帝说："我用先生的计谋，克敌制胜，这不是你的功劳又是什么？"陈平说："如果没有魏无知，我怎么能被进用呢？"高帝说："像你这样，可以说是不忘本了。"于是又赏魏无知。下一年，陈平以护军中尉的身份跟随高帝在代地攻伐反叛者韩王信。他们仓促中到达平城，被匈奴围困，断食七天。高帝采用陈平的奇计，派使者到单于阏氏那里活动，由此得以解围。高帝出围城后，这个计策一直秘而不宣，世上无人知晓。

高帝南过曲逆，[1]上其城，望见其屋室甚大，曰："壮哉县！吾行天下，独见洛阳与是耳。"顾问御史曰：[2]"曲逆户口几何？"对曰：[3]"始秦时三万余户，间者兵数起，[4]多亡匿，今见五千户。"于是乃诏御史，更以陈平为曲逆侯，尽食之，[5]除前所食户牖。

【注释】〔1〕"曲逆"，县名，治所在今河北完县东南。 〔2〕"顾问"，回头询问。"御史"，御史大夫的属官，内掌图籍秘书，外司弹劾纠察。 〔3〕"对"，回答长辈或上级的提问。〔4〕"间者"，近来。 〔5〕"尽食之"，指把曲逆县现存五千户的赋税全部赏给陈平。"食"，音sì。

【译文】高帝南行经过曲逆县，登上城墙，望见城里的房屋都很高大，赞叹道："壮观啊，曲逆！我走遍天下，只见到洛阳和这里有如此景象而已。"回头问御史："曲逆户口多少？"回答说："当初秦朝时有三万多户，近来屡经战乱，百姓大多逃离躲避起来，现在还剩五千户。"于是高帝下诏给御史，把陈平改封为曲逆侯，享用曲逆的全部赋税，收回过去所享用的户牖封地。

其后常以护军中尉从攻陈豨及黥布。[1]凡六出奇计，[2]辄益邑，凡六益封。奇计或颇秘，世莫能闻也。

【注释】〔1〕"陈豨"，宛朐（今山东曹县西北）人。汉七年，韩王信叛入匈奴，高祖封陈豨为列侯，以赵相国身份监领赵、代边兵。赵相周昌向高祖告发陈豨招致宾客，多年拥兵在外，怕有不测。豨恐。汉十年，高祖召见陈豨，陈豨称病不至，自立为代王。汉十二年（公元前一九五年）冬，陈豨被樊哙军所杀。详见本书《韩信卢绾列传》所附《陈豨传》。"豨"，音xī。"黥布"，即英布，六县（今安徽六安市东北）人，因受过黥刑，故又称黥布。秦末率刑徒起兵，依附项羽，封九江王。后归汉，封淮南王。汉十一年，举兵反汉，高祖亲自领兵讨伐。汉十二年，黥布被杀。详见本书《黥布列传》。"黥"，音qíng。 〔2〕"凡"，总共。

【译文】这之后，陈平又曾作为护军中尉跟随高帝攻伐谋反的陈豨和黥布。陈平一共六次献出奇计，每次总要增加封邑，共加封了六次。这些奇计有的相当隐秘，世上无人能知晓。

高帝从破布军还，病创，[1]徐行至长安。[2]燕王卢绾反，[3]上使樊哙以相国将兵攻之。[4]既行，人有短恶哙者。[5]高帝怒曰："哙见吾病，乃冀我死也。"[6]用陈平谋而召绛侯周勃受诏床下，曰："陈平亟驰传载勃代哙将，[7]平至军中即斩哙头！"二人既受诏，驰传未至军，行计之曰：[8]"樊哙，帝之故人也，功多，且又乃吕后弟吕媭之夫，[9]有亲且贵，帝以忿怒故，欲斩之，则恐后悔。宁囚而致上，上自诛之。"未至军，为坛，以节召樊哙。[10]哙受诏，即反接载槛车，[11]传诣长安，[12]而令绛侯勃代将，将兵定燕反县。

【注释】〔1〕"创"，创伤。高帝征黥布时，中流矢受伤。〔2〕"长安"，西汉国都，故地在今陕西西安市西北，汉七年高帝迁都于此。〔3〕"燕王卢绾"，与刘邦同县同里，又同日出生。后随刘邦起兵，汉五年被封为燕王。汉十一年，卢绾暗中结交陈豨、匈奴以自固。汉十二年，高帝派樊哙征伐卢绾。高祖崩，卢绾入降匈奴，为东胡卢王，死在匈奴。详见本书《韩信卢绾列传》。"绾"，音 wǎn。〔4〕"樊哙"，沛县（今江苏沛县）人，随刘邦起兵，屡战有功。鸿门之会，掩护刘邦脱险。后以功封舞阳侯。详见本书《樊郦滕灌列传》。"哙"，音 kuài。"相国"，辅佐皇帝综理全国政务的最高行政长官。其时汉相国为萧何。樊哙以相国将兵，是给樊哙特加相国的称号，以提高他的身份。〔5〕"短恶"，揭短处，说坏话。"恶"，音 wù。〔6〕"冀"，希望。〔7〕"驰传"，驾乘传车急行。传车，古代驿站的专用车辆。"传"，音 zhuàn。〔8〕"行计"，在路上商议。〔9〕"弟"，此指女弟，即妹。"媭"，音 xū。"吕媭"，吕后执政时被封为临光侯。〔10〕"节"，符节，古代使臣执以为凭证的信物。〔11〕"槛车"，周围有栅栏的车，用以囚禁运送罪犯。〔12〕"传诣长安"，用驿站的车马递解到长安。"诣"，音 yì，往，到。

【译文】高帝从击破黥布的军中返回时，箭伤发作，只得缓行回到长安。这时燕王卢绾谋反，高帝派樊哙以相国身份领兵讨伐。军队出发后，有人说樊哙的坏话，高帝忿怒地说道："樊哙见我病重，就盼望我早点死掉。"他采用陈平的计谋，召绛侯周勃到病榻前受诏，说道："陈平赶快乘传车急行，载着周勃去代樊哙领兵，陈平到军中后立即斩下樊哙的头来！"陈平、周勃受诏后，乘传车急行还没到达樊哙军中，在路上计议道："樊哙是皇帝的老朋友，功多，而且又是吕后妹妹吕媭的丈夫，和皇帝有亲，地位又尊贵，皇帝出于一时的忿怒，要斩他，恐怕日后会懊悔。我们宁可把樊哙囚禁起来送交皇上，让皇上自己去诛杀他。"他们没有进入军营，在外面筑起土坛，用节召来樊哙。樊哙受诏后，立即被反绑双手关进囚车，通过驿站送到长安，同时传令绛侯周勃代樊哙为将，领兵平定燕国反叛的各县。

平行闻高帝崩，〔1〕平恐吕太后及吕嬃谗怒，乃驰传先去。逢使者诏平与灌婴屯于荥阳。平受诏，立复驰至宫，哭甚哀，因奏事丧前。吕太后哀之，曰："君劳，出休矣。"平畏谗之就，〔2〕因固请得宿卫中。太后乃以为郎中令，〔3〕曰："傅教孝惠。"〔4〕是后吕嬃谗乃不得行。樊哙至，则赦复爵邑。

【注释】〔1〕"崩"，按照封建等级制，皇帝死称"崩"。〔2〕"就"，成，成功。〔3〕"郎中令"，汉九卿之一，掌管守卫皇宫，侍从皇帝。〔4〕"孝惠"，即汉惠帝刘盈，汉高祖之子，吕后所生，在位七年（公元前一九四年至前一八八年）。

【译文】陈平在回来的路上听到高帝去世，生怕吕太后听信吕嬃进谗而发怒，就乘传车急驰，离队先行。途中遇见使者下达诏令，命陈平和灌婴屯兵荥阳。陈平受诏后，立即又急驰至宫中，哭得十分悲哀，并在高帝灵前向吕太后奏明此事。吕太后哀怜他，说道："你辛苦了，出去休息吧。"陈平害怕谗言及身，就一再请求能在宫中值宿守卫。太后便任命他为郎中令，说道："辅佐教导孝惠帝吧。"这样之后吕嬃进谗才没能行通。樊哙押到后，就被赦免而恢复了爵位封邑。

孝惠帝六年，〔1〕相国曹参卒，〔2〕以安国侯王陵为右丞相，〔3〕陈平为左丞相。

【注释】〔1〕"孝惠帝六年"，公元前一八九年。〔2〕"曹参"，沛县（今江苏沛县）人，秦末曾为沛县狱吏，佐刘邦起兵，屡有功，封平阳侯。曾任齐相九年，用黄老之术，齐国安集。汉惠帝二年，继萧何为相国，"举事无所变更，一遵萧何约束"，时人称之。详见本书《曹相国世家》。曹参死后，汉惠帝改相国为左右丞相。〔3〕"安国侯"，安国，县名，治所在今河北安国县东。

【译文】孝惠帝六年，相国曹参去世，朝廷任命安国侯王陵为右丞相，陈平为左丞相。

王陵者，故沛人，始为县豪，高祖微时，〔1〕兄事陵。陵少文，〔2〕任气，〔3〕好直言。及高祖起沛，入至咸阳，〔4〕陵亦自聚党数千人，居南阳，〔5〕不肯从沛公。及汉王之还攻项籍，陵乃以兵属汉。项羽取陵母置军中，陵使至，则东乡坐陵母，〔6〕欲以招陵。陵母既私送使者，泣曰："为老妾语陵，谨事汉王。汉王，长者也，无以老妾故，持二心。妾以死送使者。"遂伏剑而死。〔7〕项王怒，烹陵母。陵卒从汉王定天下。以善雍齿，[8]雍齿，高帝之仇，而陵本无意从高帝，以故晚封，[9]为安国侯。

【译文】王陵原是沛县人，当初是县里的富豪，高祖贫贱时，对他以兄长相待。王陵不讲究仪节，任性使气，喜欢直言。等到高祖在沛起兵，入关至咸阳时，王陵也自己聚集党徒数千人，驻扎在南阳，不肯跟从沛公。直到汉王回师攻伐项籍时，王陵才把自己的部队归属汉王。项羽把王陵的母亲捉来安置在军营里，在王陵的使者到来时，就让她朝东坐着以示尊崇，想以此来招降王陵。王陵的母亲在私下里送别使者的时候，呜咽着说道："替老身传语王陵，好好侍奉汉王。汉王是位长者，不要因为我在项籍军中的缘故对汉王有二心。我现在以死来送别使者。"说完就拔剑自刎而死。项王发怒，烹了王陵的母亲。王陵终于跟随汉王平定了天下。但因为他和雍齿交好，而雍齿则是高帝所痛恨的人，再加上王陵自己本来又无意跟从高帝，所以受封较晚，被封为安国侯。

安国侯既为右丞相，二岁，孝惠帝崩。高后欲立诸吕为王，问王陵，王陵曰："不可。"问陈平，陈平曰："可。"吕太后怒，乃详迁陵为帝太傅，[1]实不用陵。陵怒，谢疾免，[2]杜门竟不朝请，[3]七年而卒。

【译文】安国侯做了右丞相后，第二年，孝惠帝去世。高后要立吕氏族人为王，问王陵，王陵说："不可以。"问陈平，陈平说："可以。"吕太后生王陵的气，于是假意提升王陵做皇帝的太傅，实际上不再用他。王陵很生气，托病辞职，闭门居家，一直不进宫去朝见天子，七年后去世。

陵之免丞相，吕太后乃徙平为右丞相，以辟阳侯审食其为左丞相。[1] 左丞相不治，[2] 常给事于中。[3]

【注释】〔1〕"辟阳"，治所在今河北冀县东南。"食其"，音 yì jī。 〔2〕"不治"，不在丞相官府治事。 〔3〕"给事"，供职，办事。"中"，指宫中。

【译文】 王陵免去丞相后，吕太后就调任陈平为右丞相，任命辟阳侯审食其为左丞相。左丞相不在官府治事，经常在宫中侍奉。

食其亦沛人。汉王之败彭城，西，[1] 楚取太上皇、吕后为质，[2] 食其以舍人侍吕后。[3] 其后从破项籍为侯，幸于吕太后。[4] 及为相，居中，百官皆因决事。

【注释】〔1〕"西"，指向西撤退。 〔2〕"太上皇"，皇帝的父亲。此指刘邦的父亲。汉六年，高帝尊其父太公为太上皇，此为生时之称，与死后之追尊不同。"质"，人质。 〔3〕"舍人"，在身边侍从的亲近门客。 〔4〕"幸"，受宠爱。

【译文】 审食其也是沛县人。汉王兵败彭城向西撤退时，楚军捉住汉王的父亲和吕后作人质，审食其以舍人身份侍奉吕后。后来他跟随汉王打败项籍而被封侯，很得吕太后的宠幸。等做了左丞相后，常在宫中，百官都通过他来决定政事。

吕嬃常以前陈平为高帝谋执樊哙，数谗曰："陈平为相非治事，日饮醇酒，[1] 戏妇女。"陈平闻，日益甚。吕太后闻之，私独喜。面质吕嬃于陈平曰：[2] "鄙语曰'儿妇人口不可用'，[3] 顾君与我何如耳。无畏吕嬃之谗也。"[4]

【注释】〔1〕"醇酒"，酒质厚的酒，美酒。 〔2〕"面质吕嬃"，当着吕嬃的面。"质"，对。 〔3〕"鄙语"，俗语。 〔4〕"无"，通"毋"，不要，别。

【译文】 吕嬃常常因以前陈平为高帝出谋逮捕樊哙而屡屡在吕后面前说陈平的坏话："陈平身为丞相，不理政事，天天饮美酒，玩女人。"陈平听说后，日益纵情于酒色。吕太后得知此事，心里却暗自高兴。她当着吕嬃的面对陈平说："俗话说'小孩、妇人的话不可信'，就看你对我怎样罢了。别怕吕嬃说你坏话。"

吕太后立诸吕为王，[1] 陈平伪听之。及吕太后崩，[2] 平与太尉勃合谋，[3]卒诛诸吕，立孝文皇帝，[4]陈平本谋也。[5]审食其免相。

【注释】[1]"立诸吕为王"，吕太后临朝称制，立吕台为吕王。吕台去世，先立吕嘉（吕台子）、后立吕产（吕台弟）为吕王，后又徙吕产为梁王。此外又立吕禄为赵王，吕通为燕王。[2]"吕太后崩"，时在公元前一八〇年。[3]"太尉"，汉代中央政府掌管军事的最高长官。[4]"孝文皇帝"，即刘恒，汉高祖之子，以代王入为皇帝，在位二十三年（公元前一七九年至前一五七年）。[5]"本谋"，主要策划者。

【译文】吕太后立吕氏族人为王，陈平假意顺从。等吕太后驾崩，陈平和太尉周勃一起设谋，终于把吕姓诸王除掉，拥立孝文皇帝。这件事，陈平是主要出谋的人。这时审食其被免除了相职。

孝文帝立，以为太尉勃亲以兵诛吕氏，功多；陈平欲让勃尊位，乃谢病。孝文帝初立，怪平病，问之。平曰："高祖时，勃功不如臣平。及诛诸吕，臣功亦不如勃。愿以右丞相让勃。"于是孝文帝乃以绛侯勃为右丞相，位次第一；平徙为左丞相，位次第二。赐平金千斤，益封三千户。

居顷之，[1]孝文皇帝既益明习国家事，朝而问右丞相勃曰：[2]"天下一岁决狱几何？"[3]勃谢曰："不知。"问："天下一岁钱谷出入几何？"[4]勃又谢不知，汗出沾背，愧不能对。于是上亦问左丞相平。平曰："有主者。"[5]上曰："主者谓谁？"平曰："陛下即问决狱，[6]责廷尉；[7]问钱谷，责治粟内史。"[8]上曰："苟各有主者，而君所主者何事也？"平谢曰："主臣！[9]陛下不知其驽下，[10]使待罪宰相。[11]宰相者，上佐天子理阴阳，[12]顺四时，下育万物之宜，外镇抚四夷诸侯，[13]内亲附百姓，使卿大夫各得任其职焉。"[14]孝文帝乃称善。右丞相大惭，出而让陈平曰："君独不素教我对！"陈平笑曰："君居其位，不知其任邪？且陛下即问长安中盗贼数，君欲强对邪？"[15]于是绛侯自知其能不如平远矣。居顷之，绛侯谢病请免相，陈平专为一丞相。

【注释】[1]"顷之"，不多久。[2]"朝"，临朝。[3]"决狱"，判决狱讼。[4]"钱谷出入"，指赋税的收入和国家的支出。[5]"主者"，主管其事的人。[6]"即"，表示假设，若，如果。[7]"责"，要求……回答，询问。"廷尉"，汉九卿之一，是掌管刑狱的长官。[8]"治粟内史"，汉九卿之一，是掌管赋税钱谷盐铁和国家财政收支的长官。[9]"主臣"，惶恐的意思。或谓主管众臣。[10]"驽下"，才能低下。"驽"，音 nú，原指劣马。[11]"待罪"，听候治罪，为供职的谦词。意谓身居其位而力不胜任，必将因失职而获罪，故称

"待罪"。〔12〕"理阴阳",古人认为阴阳构成万物。阴阳调理好了,就能国富民安,天下太平,所以称"理阴阳"为宰相之大任。〔13〕"四夷",指四方少数民族。〔14〕"任其职",胜任其职,称职。〔15〕"强",音 qiǎng,勉强。

【译文】孝文帝即位后,认为太尉周勃亲自领兵诛吕氏,功多;陈平也想让周勃居于尊位,就托病不管事。孝文帝刚即位,对陈平称病感到奇怪,就问他。陈平说:"高祖时,周勃功劳不如我陈平;等到诛杀吕姓诸王,我的功劳不如周勃。我愿把右丞相的职位让给周勃。"于是孝文帝就任命绛侯周勃为右丞相,官位排在第一;陈平改任左丞相,官位排在第二。另赏赐陈平金千斤,加封食邑三千户。

不久,孝文帝对国家政事已经日益明了熟习,一次临朝时问右丞相周勃说:"全国一年判决多少案件?"周勃推辞说:"不知道。"又问:"全国一年钱谷收入支出多少?"周勃又推辞说不知。周勃汗流浃背,对自己不能回答感到羞愧。于是皇帝又问左丞相陈平。陈平答道:"各有主管的人。"上又问:"主管的人是谁?"答道:"陛下如果问判决案件,可责成廷尉回答;问钱谷出入,可责成治粟内史回答。"文帝问:"如果各有主管者,那么你主管的是什么事呢?"陈平回答说:"惶恐得很!陛下不知道我能力低下,让我担任宰相。宰相的职责,对上辅佐天子调理阴阳,顺应四时;对下抚育万物,使各得其宜;对外镇抚四方各族和诸侯;对内使百姓亲附,使各级官员都能胜任其职。"孝文帝称赞他回答得好。右丞相周勃大感惭愧,下朝出来责备陈平说:"你偏偏平素不肯把这些答对的话教给我!"陈平笑着说:"你身居其位,还不知其职责吗?再说,陛下如果问起长安城中有多少盗贼,你也打算勉强回答吗?"到这时周勃自知才能不如陈平很远。不久,周勃托病请求免去丞相之职,由陈平一人专任丞相。

孝文帝二年,丞相陈平卒,谥为献侯。[1]子共侯买代侯。二年卒,子简侯恢代侯。二十三年卒,子何代侯。二十三年,何坐略人妻,[2]弃市,[3]国除。

【注释】〔1〕"谥",音 shì,帝王、贵族、大臣等死后,依其生前事迹给予称号。如"献侯"的"献"及下文"共侯"的"共"(一作"恭")、"简侯"的"简"都是谥号。〔2〕"坐",获罪。"略",抢夺。〔3〕"弃市",在市集上执行死刑,陈尸街头,取与众人共弃之意,故称"弃市"。

【译文】孝文帝二年,丞相陈平去世,谥为献侯。他的儿子共侯陈买继承侯位。过了二年陈买去世,陈买的儿子简侯陈恢继承侯位。过了二十三年陈恢去世,陈恢的儿子陈何继承侯位。又过了二十三年,陈何因夺人之妻而获罪,在市上被公开处死,所封侯国废除。

始陈平曰："我多阴谋，[1]是道家之所禁。[2]吾世即废，亦已矣，终不能复起，[3]以吾多阴祸也。"[4]然其后曾孙陈掌以卫氏亲贵戚，[5]愿得续封陈氏，然终不得。

【注释】〔1〕"阴谋"，秘密的计谋。 〔2〕"道家"，当时的学术流派之一，据本书《太史公自序》所载《论六家要指》，"道家无为，又曰无不为，其实易行，其辞难知。其术以虚无为本，以因循为用"。〔3〕"起"，兴起，此指继续被封为侯。 〔4〕"阴祸"，暗中积下的祸因。〔5〕"陈掌以卫氏亲贵戚"，陈掌之妻卫少儿，为汉武帝皇后卫子夫及大将军卫青之姊，故陈掌身份显贵。"亲贵戚"，《汉书·陈平传》作"亲戚贵"。

【译文】当初陈平说过："我出了很多诡秘的计谋，这是道家所禁忌的。我这一代如果被废掉爵位，就算完了，以后终究不会再度兴起的，因为我暗中积下的祸因已经很多了。"后来他的曾孙陈掌因为是卫氏亲戚而身份显贵，希望能续封陈氏后代为侯，但始终没有得到。

太史公曰：陈丞相平少时，本好黄帝、老子之术。[1]方其割肉俎上之时，[2]其意固已远矣。倾侧扰攘楚魏之间，[3]卒归高帝。常出奇计，救纷纠之难，振国家之患。[4]及吕后时，事多故矣，[5]然平竟自脱，定宗庙，[6]以荣名终，称贤相，岂不善始善终哉！非知谋孰能当此者乎？[7]

【注释】〔1〕"黄帝、老子之术"，指道家的学说。道家以黄帝、老子为祖。黄帝是传说中的中原各族的祖先。本书《五帝本纪》说他姓公孙，名轩辕，战胜炎帝，擒杀蚩尤，被诸侯尊为天子。因有土德之瑞，故号黄帝。实际上黄帝是当时中原地区的部落联盟领袖。老子，本书《老子韩非列传》说他姓李，名耳，字聃，楚苦县厉乡曲仁里人，曾为周藏书室之史官。著《道德经》五千言。其学说主张无为自化，清净自正，以自隐无名为务。 〔2〕"俎"，音 zǔ，切肉用的砧板。 〔3〕"倾侧扰攘"，彷徨不定。 〔4〕"振"，救，消除。 〔5〕"故"，变故，意外发生的变化。 〔6〕"宗庙"，帝王祭祀祖宗的处所，是统治的象征，所以把宗庙作为国家的代称。〔7〕"知"，通"智"。

【译文】太史公说：陈丞相平少年时，本来喜好黄帝、老子的学说。当他在砧板上割肉的时候，他的志向原本已经很远大了。后来在楚魏之间彷徨不定，最后归附高帝。他常出奇计，解救纷乱的灾难，消除国家的忧患。到吕后当政时，事情多变故，然而陈平竟能自免于祸，安定刘氏宗庙，以荣耀的声名终其一生，人称贤相，这岂不是善始善终了吗！若不是足智多谋，哪一个人能做到这点呢？

绛侯周勃世家

绛侯周勃者，[1]沛人也。[2]其先卷人，[3]徙沛。勃以织薄曲为生，[4]常为人吹箫给丧事，材官引强。[5]

【注释】〔1〕"绛侯"，周勃生前的封号。"绛"，县名，治所在今山西省侯马市东北。〔2〕"沛"，县名，治所在今江苏省沛县。〔3〕"卷"，音 quān，古邑名，战国时属魏，故址在今河南省原阳县西南。〔4〕"薄曲"，即箔（音 bó）曲，用竹子或苇子编织成的一种养蚕工具。〔5〕"材官"，武卒名。"引强"，能拉强弓的武卒。

【译文】绛侯周勃是沛县人，他的祖先是卷人，后来迁到沛县。周勃靠编织蚕箔为生，经常给别人去吹箫帮助办理丧事，后来也充当材官中拉强弓的射手。

高祖之为沛公初起，[1]勃以中涓从攻胡陵，[2]下方与。[3]方与反，与战，却适。[4]攻丰。[5]击秦军砀东。[6]还军留及萧。[7]复攻砀，破之。下下邑，[8]先登。赐爵五大夫。[9]攻蒙、虞，[10]取之。击章邯车骑，[11]殿。[12]定魏地。[13]攻爰戚、东缗，[14]以往至栗，[15]取之。攻啮桑，[16]先登。击秦军阿下，[17]破之。追至濮阳，[18]下甄城。[19]攻都关、定陶，[20]袭取宛朐，[21]得单父令。[22]夜袭取临济，[23]攻张，[24]以前至卷，破之。击李由军雍丘下。[25]攻开封，[26]先至城下为多。后章邯破杀项梁，[27]沛公与项羽引兵东如砀。自初起沛还至砀，一岁二月。楚怀王封沛公号安武侯，[28]为砀郡长。[29]沛公拜勃为虎贲令，[30]以令从沛公定魏地。攻东郡尉于城武，[31]破之。击王离军，[32]破之。攻长社，[33]先登。攻颍阳、缑氏，[34]绝河津。[35]击赵贲军尸北。[36]南攻南阳守齮，[37]破武关、峣关。[38]破秦军于蓝田，[39]至咸阳，[40]灭秦。

【注释】〔1〕"高祖"，刘邦的庙号。〔2〕"中涓"，主掌宫中打扫卫生，为皇帝亲近的侍臣。"胡陵"，县名，治所在今山东省鱼台县东南。〔3〕"方与"，县名，治所在今山东省鱼台县西北。〔4〕"适"，通"敌"。《汉书·周勃传》作"敌"。〔5〕"丰"，县名，治所在今江苏省丰县。〔6〕"砀"，县名，治所在今河南省永城县东北。〔7〕"留"，县名，治所在今江苏省沛县东南。"萧"，县名，治所在今安徽省萧县西北。〔8〕"下邑"，县名，治所在今安徽省砀山县西。　〔9〕"五大夫"，功爵名，秦、汉时根据军功的大小定爵为二十等，五大夫是第九级爵位。　〔10〕"蒙"，邑名，故址在今河南省商丘县东北。"虞"，县名，治所在今河南省虞城县。　〔11〕"章邯"，秦末将领，曾率兵镇压过陈胜、项梁领导的农民起义军，后在巨鹿（今河北省平乡县西南）为项羽所破，投降项羽，被封为雍王。楚、汉战争中，被刘邦围困，兵败自杀。　〔12〕"殿"，古代考核功绩或军功，上等称"最"，下等称"殿"。　〔13〕"魏地"，指战国时魏国之地，辖境大约在今河南省北部和山西省西南部。　〔14〕"爰戚"，县名，治所在今山东省嘉祥县南。"东缗"，县名，治所在今山东省金乡县境。　〔15〕"栗"，县名，治所在今河南省夏邑县。　〔16〕"啮桑"，亭名，在今江苏省沛县西南。　〔17〕"阿"，即东阿，县名，治所在今山东省阳谷县东北。　〔18〕"濮阳"，县名，治所在今河南省濮阳县西南。　〔19〕"甄"，县名，治所在今山东省鄄城县北。　〔20〕"都关"，县名，治所在今山东省鄄城县东北。"定陶"，县名，治所在今山东省定陶县西北。　〔21〕"宛朐"，县名，治所在今山东省菏泽县西南。　〔22〕"单父"，县名，治所在今山东省单县。　〔23〕"临济"，城名，故址在今河南省封丘县境。　〔24〕"张"，即寿张，邑名，故址在今山东省阳谷县东南。　〔25〕"李由"，秦朝丞相李斯的儿子，秦三川郡郡守。"雍丘"，县名，治所在今河南省杞县。　〔26〕"开封"，县名，治所在今河南省开封市南。　〔27〕"项梁"，下相（今江苏省宿迁县西南）人，楚国贵族后裔，楚国将领项燕的儿子。秦二世元年（公元前二〇九年）陈胜起义后，他和侄子项羽起兵反秦，后任张楚上柱国，陈胜失败以后，立楚怀王的孙子心为楚王，仍称楚怀王。自号武信君。曾率军击败秦将章邯，后因轻敌，在定陶（今山东省定陶县西北）战死。　〔28〕"楚怀王"，秦末项梁起义后所拥立的楚王，熊氏，名心。战国时楚怀王（槐）之孙。建都于盱台（今江苏省盱眙县东北）。公元前二〇六年，项羽自立为西楚霸王，表面上尊他为义帝，让他迁都长沙，暗中却命英布追杀于郴县（今湖南省郴县）。"安武侯"，《史记》古钞本作武安侯。本书记载楚怀王封刘邦的事共出现四次，除此处外，其余三处（《项羽本纪》、《高祖本纪》、《秦楚之际月表》）皆作"武安侯"，《汉书》亦作武安侯，疑作"武安侯"是。　〔29〕"砀郡"，郡名，治所在砀县（今河南省永城县东北）。　〔30〕"虎贲令"，统率警卫部队的将领。　〔31〕"东郡"，郡名，治所濮阳，在今河南省濮阳县西南。"尉"，郡尉。秦时每郡设郡守、郡尉和郡监三个主要官吏。郡尉的职责是辅佐郡守并掌全郡军事。"城武"，县名，治所在今山东省成武县。　〔32〕"王离"，秦将，秦国著名将领王翦的孙子。封武城侯。　〔33〕"长社"，邑名，故址在河南省长葛县东北。　〔34〕"颍阳"，县名，治所在今河南省许昌市西南。"缑氏"，县名，治所在今河南省偃师县东南。　〔35〕"河津"，指平阴津，是黄河的渡口之一。在今河南省孟津县东。　〔36〕"赵贲"，秦将。"尸"，即尸乡，一作尸氏，即西亳，故址在今河南省偃师县西。　〔37〕"南阳"，郡名，治所在宛县（今河南省南阳市）。"齮"，《史记》未载其姓，据荀悦《汉纪》云姓吕。　〔38〕"武关"，关名，故址在今陕西省商县东。"峣关"，又名蓝田关，故址在今陕西省蓝田县东南。这两个关都是古代关中通向中原的交通要道。　〔39〕"蓝田"，县名，治所在今陕西省蓝田县西。　〔40〕"咸阳"，秦王朝的都城，故址在今陕西省咸阳市东北二十里。

【译文】高祖自称沛公刚起义时，周勃以中涓的身份跟从高祖攻打胡陵，打下方与。方与反叛后，周勃参加战斗打退敌人。攻打丰。在砀县东面打击秦军。回来的时候驻扎在留县和萧县。又进攻砀县，攻下了砀县。攻克下邑，周勃最先登上城楼。高祖赐给他五大夫的爵位。攻打并夺取了蒙、虞二县。攻击章邯战车骑兵，周勃的战功最大。平定魏地。攻打爰戚、东缗两县，一直到栗县，都攻了下来。进攻啮桑，周勃先登上城楼。在东阿城下打败了秦军，追击到濮阳，攻下了甄城。攻打都关、定陶，偷袭占领了宛朐，俘获了单父的县令。乘夜偷袭夺取了临济，进攻寿张县，周勃先到达卷县，攻破了卷城。在雍丘城下进攻李由的军队。进攻开封，周勃的士卒先到达城下的人数最多。后来章邯击败了楚军，杀了项梁，沛公与项羽领兵向东到了砀县。从开始在沛起义到返回砀县，前后一年两个月。楚怀王封沛公为安武侯，委任他为砀郡长官。沛公拜周勃为虎贲令，周勃以虎贲令的身份跟随沛公平定了魏地。在城武进攻东郡的郡尉，打败了他。又攻击王离的军队，打败了他们。进攻长社，周勃先登城。进攻颍阳、缑氏，切断了黄河的渡口。在尸乡北面打击赵贲的军队。向南进攻南阳郡守吕齮，攻下了武关、峣关。在蓝田大破秦军，一直进攻到咸阳，消灭了秦王朝。

项羽至，以沛公为汉王。[1]汉王赐勃爵为威武侯。从入汉中，[2]拜为将军。还定三秦，[3]至秦，赐食邑怀德。[4]攻槐里、好畤，[5]最。[6]击赵贲、内史保于咸阳，[7]最。北攻漆。[8]击章平、姚卬军。[9]西定汧。[10]还下郿、频阳。[11]围章邯废丘。[12]破西丞。[13]击盗巴军，[14]破之。攻上邽。[15]东守峣关。转击项籍。攻曲逆，[16]最。还守敖仓，[17]追项籍。籍已死，因东定楚地泗水、东海郡，[18]凡得二十二县。还守雒阳、栎阳，[19]赐与颍阴侯共食钟离。[20]以将军从高帝击反者燕王臧荼，[21]破之易下。[22]所将卒当驰道为多。[23]赐爵列侯，剖符世世勿绝。[24]食绛八千一百八十户，号绛侯。

【注释】〔1〕"汉王"，公元前二〇六年，沛公率军攻入秦都咸阳，推翻了秦王朝的统治。同年，项羽入关，大封诸侯王，沛公被封为汉王。　〔2〕"汉中"，郡名，因地处汉水上游而得名，治所在南郑（今陕西省汉中东）。　〔3〕"三秦"，秦亡以后，项羽三分秦故地关中，封秦降将章邯为雍王，领有今陕西省中部咸阳以西和甘肃省东部地区；司马欣为塞王，领有今陕西省咸阳以东地区；董翳为翟王，领有今陕西省北部地区，合称三秦。　〔4〕"怀德"，县名，治所在今陕西省大荔县东南。　〔5〕"槐里"，县名，治所在今陕西省兴平县东南。"好畤"，县名，治所在今陕西省乾县东。　〔6〕"最"，古代考核军功或政绩，上等曰最。　〔7〕"内史"，秦官名，掌治京畿地区的行政长官。　〔8〕"漆"，县名，治所在今陕西省彬县。　〔9〕"章平"，项羽部属将领。章邯的弟弟。"姚卬"，项羽部属将领。　〔10〕"汧"，县名，治所在今陕西省陇县南。　〔11〕"郿"，邑名，故址在今陕西省眉县东北。"频阳"，邑名，故址在今陕西省富平县东北。　〔12〕"废丘"，邑名，或称犬丘，故址在今陕西省兴平县东南。　〔13〕"西"，县名，治所在今甘肃省天水市西南。　〔14〕"盗巴"，秦军将领章邯的部下。《史记》仅此一见。　〔15〕"上邽"，县名，治所在今甘肃省天水市。　〔16〕"曲逆"，县名，因曲逆水而得名。治所在今河北省完县东南。　〔17〕"敖仓"，秦时大粮仓，故址在今河南省荥阳县西北的敖山上，所以称为

"敖仓"。〔18〕"泗水"，秦郡名，治所在相县（即今安徽省宿县西北）。"东海郡"，楚、汉之际也称郯郡，治所郯县，在今山东省郯城县西南。〔19〕"雒阳"，都名，故址在今河南省洛阳市东。"栎阳"，县名，治所在今陕西省临潼县东北。〔20〕"颍阴侯"，即灌婴。睢阳（今河南省商丘县南）人。秦末从刘邦起义，转战各地，后从韩信击破齐军，并攻杀项羽。刘邦称帝后，任车骑将军，封为颍阴侯。事详《史记》、《汉书》本传。"颍阴"，县名，治所在今河南省许昌市。"钟离"，治所在今安徽省凤阳县东北。〔21〕"臧荼"，原为燕王韩广的部将，曾随项羽救赵，后又跟从项羽入关。被项羽封为燕王。后臧荼背楚归汉。高祖五年，因反叛被俘。〔22〕"易"，即易水。在今河北省西部，是大清河上游的一条支流，发源于易县境内，向东流入南拒马河。〔23〕"驰道"，专供帝王车马行驶的道路。〔24〕"符"，古代帝王分封诸侯或功臣的一种凭证。"剖符"，即把表示凭证的符分成两半，一半存帝王处，一半由受封人所执。

【译文】项羽到达（咸阳后），封沛公为汉王。汉王赐周勃为威武侯。周勃跟随汉王进入汉中，汉王拜周勃为将军。回师平定三秦之后，到了秦地，汉王把怀德赐给周勃作为食邑。攻打槐里、好畤，周勃立上等功。在咸阳攻击赵贲、内史保部，周勃立上等功。北攻漆县。攻击章平、姚卬的部队。向西平定汧县。回师攻下了郿县和频阳。在废丘包围了章邯。打败了西县县丞。击败了盗巴的军队。攻打上邽，东行守卫峣关。转兵攻击项籍。攻打曲逆，立上等功。回师守卫敖仓，追击项籍。项籍死后，就率军平定楚地的泗水、东海郡，共收复了二十二个县。回师守卫雒阳、栎阳，高祖又把钟离县赏赐给他与颍阴侯作为共同的食邑。周勃以将军的身份跟随高帝在易水附近打败了举兵反叛的燕王臧荼。周勃率领士卒在驰道上阻击叛兵，立功最多，赏赐给他列侯的爵位，并剖分符节为信，使世世相传，永不断绝。把绛县八千一百八十户作为他的食邑，封号为绛侯。

以将军从高帝击反韩王信于代，〔1〕降下霍人。〔2〕以前至武泉，〔3〕击胡骑，〔4〕破之武泉北。转攻韩信军铜鞮，〔5〕破之。还，降太原六城。〔6〕击韩信胡骑晋阳下，〔7〕破之，下晋阳。后击韩信军于砥石，〔8〕破之，追北八十里。还攻楼烦三城，〔9〕因击胡骑平城下，〔10〕所将卒当驰道为多。勃迁为太尉。〔11〕

【注释】〔1〕"韩王信"，战国韩襄王的后裔，曾率兵随刘邦入武关。刘邦封为汉王后，又随刘邦到汉中。刘邦还定三秦之后，授为韩太尉，击败韩王郑昌以后被封为韩王。高祖七年投降匈奴。一般称他为韩王信，以区别于淮阴侯韩信。事详《史记》、《汉书》本传。"代"，郡名，治所代县在今河北省蔚县西南。〔2〕"霍人"，县名，治所在今山西繁峙县北。〔3〕"武泉"，邑名，故址在今内蒙古呼和浩特东。〔4〕"胡"，古代泛称居住在我国北方和西北方的少数民族。这里指匈奴。〔5〕"铜鞮"，县名，治所在今山西省沁县南。〔6〕"太原"，郡名，治所晋阳在今山西省太原市西南。〔7〕"晋阳"，县名，故址在今山西省太原市南面晋源镇。〔8〕"后"，王先谦曰："后当作复。下文复击绾军沮阳，即其证。"当作"复"为是。《册府元龟》卷三百八十四引"后"正作"复"。"碣石"，邑名，故址在今山西省静乐县东北。〔9〕"楼烦"，县名，治所在今山西省宁武县。〔10〕"平城"，县名，治所在今山西省大同市东北。〔11〕"太尉"，官名，秦、汉时主管全国军政事，与丞相、御史大夫并称三公。

【译文】周勃以将军的身份跟随高帝在代地讨伐反叛的韩王信，降服了霍人。又率领军队先前到达武泉攻打匈奴的骑兵，在武泉的北面击败了他们。转兵铜鞮打败了韩信。回师时降服了太原六城。在晋阳城下打败了韩信的匈奴骑兵，攻下了晋阳。又在碣石打败了韩信的军队，并追击败兵八十里。回师时攻打楼烦三城，顺便在平城下攻击匈奴的骑兵，周勃所率领的士卒在驰道上阻击匈奴骑兵，立功最多，被提升为太尉。

击陈豨，〔1〕屠马邑。〔2〕所将卒斩豨将军乘马缔。〔3〕击韩信、陈豨、赵利军于楼烦，〔4〕破之。得豨将宋最、雁门守圂。〔5〕因转攻得云中守遫、丞相箕肆、将勋。〔6〕定雁门郡十七县，云中郡十二县。因复击豨灵丘，〔7〕破之，斩豨，得豨丞相程纵、将军陈武、都尉高肆。〔8〕定代郡九县。

【注释】〔1〕"陈豨"，宛句（今山东省菏泽县西南）人。刘邦的将领，汉初任赵国的相国，统帅赵、代的军队。曾与王黄勾结匈奴发动武装叛乱，高祖十年（公元前一九七年）自立为代王。高祖十二年（公元前一九五年）战败被杀。〔2〕"马邑"，县名，治所在今山西省朔县东北。〔3〕"乘马缔"，陈豨的部将。事迹不详，《史记》仅此一见。《汉书》作"乘马降"，亦只一见。〔4〕"赵利"，据本书《韩王信列传》云"赵苗裔"，原赵国将领。〔5〕"宋最"，事迹不详，《史记》仅此一见。"雁门"，郡名，治所善无在今山西省右玉县南。"圂"，事迹不详，《史记》仅此一见。〔6〕"云中"，郡名，治所云中在今内蒙古自治区托克托县东北。"遫"，云中郡守。事迹不详，《史记》仅此一见。"箕肆"，人名事迹不详。"勋"，陈豨将领名，事迹不详，《史记》仅此一见。〔7〕"灵丘"，县名，治所在今山西省灵丘县东。〔8〕"都尉"，官名，比将军略低的武官。

【译文】（周勃率兵）讨伐陈豨，屠杀马邑吏民。他所率领的士卒斩杀了陈豨的将领乘马缔。在楼烦打败了韩信、陈豨、赵利的军队，俘获了陈豨的将领宋最、雁门郡守圂。接着转攻云中，俘获云中郡守遫、丞相箕肆、将领勋。平定了雁门郡的十七个县，云中郡的十二个县。乘势又在灵丘进攻陈豨，并打败了他的部队，斩杀了陈豨，抓获了陈豨的丞相程纵、将军陈武、都尉高肆。平定了代郡的九个县。

燕王卢绾反，〔1〕勃以相国代樊哙将，〔2〕击下蓟，〔3〕得绾大将抵、丞相偃、守陉、太尉弱、御史大夫施，〔4〕屠浑都。〔5〕破绾军上兰，〔6〕复击破绾军沮阳。[7]追至长城，[8]定上谷十二县，[9]右北平十六县，[10]辽西、辽东二十九县，[11]渔阳二十二县。[12]最从高帝得相国一人，[13]丞相二人，将军、二千石各三人；[14]别破军二，下城三，定郡五，县七十九，得丞相、大将各一人。

【注释】〔1〕"卢绾"，沛（今江苏省沛县）人，刘邦的同乡，曾跟随刘邦起义，汉高祖五年（公元前二〇二年）被封为燕王。后投降匈奴，匈奴单于封他为东胡卢王，后死于匈奴。〔2〕"樊哙"，沛（今江苏省沛县）人。初随刘邦起义，后以军功封为贤成君。汉初，随刘邦击破臧荼、陈豨和韩王信的叛乱，任左丞相，封为舞阳侯。事详本书《樊哙列传》。〔3〕"蓟"，县名，治所在今北京市西南。〔4〕"御史大夫"，官名，秦、汉时仅次于丞相的中央最高长官，主要职务为监察、执法，兼掌重要文书图籍。与丞相、太尉合称三公。〔5〕"浑都"，县名，或作"军都"，治所在今北京市昌平县东。〔6〕"上兰"，地名，或称为马兰溪，故址在今河北省怀来县东北。〔7〕"沮阳"，县名，治所在今河北省怀来县南。〔8〕"长城"，指今河北省怀来县北面的长城。〔9〕"上谷"，郡名，治所沮阳。〔10〕"右北平"，郡名，秦时治所在无终（今天津市蓟县）。汉时移治平刚（在今辽宁省凌源县西南）。〔11〕"辽西"，郡名，治所在阳乐（今辽宁省义县西）。"辽东"，郡名，治所在襄平（今辽宁省辽阳市）。〔12〕"渔阳"，郡名，治所在渔阳（今北京市密云县西南）。〔13〕"最"，总计。〔14〕"二千石"，泛指俸禄为二千石的官吏。

【译文】燕王卢绾反叛时，周勃以相国的身份代替樊哙率领大军，攻下蓟县，抓获了卢绾的大将抵、丞相偃、郡守陉、太尉弱、御史大夫施，血洗浑都，在上兰打败了卢绾的军队，又在沮阳打败了卢绾的军队。一直追击到长城，平定了上谷郡的十二个县，右北平郡的十六个县，辽西、辽东二郡的二十九个县，渔阳郡的二十二个县。跟随高帝征战总共俘获了相国一人，丞相二人，将军、二千石官吏各三人。另外还打败了两支军队，攻下三座城，平定了五个郡、七十九个县，抓获丞相、大将各一人。

勃为人木强敦厚，[1]高帝以为可属大事。[2]勃不好文学，每召诸生说士，东乡坐而责之：[3]"趣为我语。"其椎少文如此。[4]

【注释】〔1〕"木强"，指性格耿直刚强。〔2〕"属"，托付。〔3〕"东乡坐"，面向东坐。"乡"通"向"。汉礼以东向坐为尊。〔4〕"椎"，质朴，"文"，文饰，客套话。

【译文】周勃为人质朴刚强忠厚，高帝认为可以委托大事。周勃不喜爱文学，每次召见儒生和说士时，总是不客气地东向而坐，并且命令他们说："快给我说。"他那质朴无文的性格就像这样。

勃既定燕而归，高祖已崩矣，[1]以列侯事孝惠帝。[2]孝惠帝六年，[3]置太尉官，以勃为太尉。十岁，高后崩。[4]吕禄以赵王为汉上将军，[5]吕产以吕王为汉相国，[6]秉汉权，欲危刘氏。勃为太尉，不得入军门。陈平为丞相，[7]不得任事。于是勃与平谋，卒诛诸吕而立孝文皇帝。[8]其语在《吕后》、《孝文》事中。[9]

【注释】〔1〕"崩"，古代称皇帝和太后死为崩。 〔2〕"列侯"，亦称通侯、彻侯，爵位名，秦时二十等爵的最高一级。汉沿用。《汉书·高帝纪下》颜师古注曰："应劭曰：'旧曰彻侯，避武帝讳曰通侯，通亦彻也。通，言其功德通于王室也。'张晏曰：'后改为列侯，列者，见序列也。'"可参阅《汉书·百官公卿表上》。"孝惠帝"，即刘盈，刘邦嫡长子。公元前一九四年至前一八八年在位。 〔3〕"孝惠帝六年"，即公元前一八九年。 〔4〕"高后"，即吕后，刘邦的嫡妻。姓吕，名雉，字娥姁。楚、汉战争时为项羽所俘，数年后被释还。曾助汉高祖刘邦杀韩信、彭越等异姓诸侯王。后其子（惠帝）即位，她实际掌握政权。惠帝死后，她临朝称制，并分封诸吕为王侯，控制南北军。又以审食其为左丞相，掌握实权，公卿皆因而决事。她死后，诸吕拟发动叛乱，为太尉周勃等所平定。共掌握政权十六年。 〔5〕"吕禄"，吕后的侄子，吕后时封为赵王，吕后死后，被周勃等诛杀。 〔6〕"吕产"，吕后的侄子，吕后时封为梁王，后被周勃等诛杀。"相国"，即丞相，汉高祖十一年更名曰相国。 〔7〕"陈平"，阳武（今河南省原阳县）人。陈胜起义后，他投靠魏王咎，为太仆。后从项羽入关，任都尉。后归刘邦，任护军中尉，是刘邦的重要谋臣之一。曾帮助刘邦统一天下，后封为曲逆侯。惠帝即位后任左丞相。吕后时任右丞相。文帝时任丞相。事详《史记》、《汉书》本传。 〔8〕"孝文皇帝"，即刘恒，刘邦之子，薄姬所生。高祖平代地后立为代王。吕后死后，周勃、陈平等平诸吕之乱，迎立为帝。在位二十三年（公元前一七九年至前一五七年）。 〔9〕"《吕后》、《孝文》事"，指本书《吕太后本纪》、《孝文本纪》。

【译文】周勃平定燕地回来时，高祖已经驾崩，他以列侯的身份事奉孝惠帝。孝惠帝六年，设置太尉官，任命周勃为太尉。十年以后，高后驾崩。吕禄以赵王的身份任汉朝上将军，吕产以吕王的身份担任汉朝相国，掌握汉朝的大权，想颠覆刘氏政权。周勃身为太尉，却不能进入军营的大门。陈平身为丞相，却不能处理国事。于是周勃与陈平密谋，终于诛灭了诸吕而拥立了孝文皇帝。这些事都记载在《吕太后本纪》、《孝文本纪》中。

文帝既立，以勃为右丞相，[1]赐金五千斤，食邑万户。[2]居月余，人或说勃曰："君既诛诸吕，立代王，[3]威震天下，而君受厚赏，处尊位，以宠，久之即祸及身矣。"勃惧，亦自危，乃谢请归相印。上许之。岁余，丞相平卒，上复以勃为丞相。十余月，上曰："前日吾诏列侯就国，或未能行，丞相吾所重，其率先之。"乃免相就国。

【注释】〔1〕"右丞相"，汉时设左、右丞相，是国家最高的行政长官。右丞相在左丞相之上。〔2〕"食邑"，古代帝王、诸侯封赐给臣下作为世禄的封地。〔3〕"代王"，指孝文皇帝刘恒。高祖平代地以后，曾立刘恒为代王。

【译文】文帝即位之后，任命周勃为右丞相，赏赐他黄金五千斤，食邑一万户。过了一个多月，有人劝周勃说："你已经诛杀了诸吕，拥立代王做了皇帝，威震天下，你又受到丰厚的赏赐，处于尊贵的地位，受到皇帝的尊宠，时间长了就会灾祸临头。"周勃听了感到害怕，也感到自己的处境危险，于是就向皇帝请求辞职并归还相印。皇帝答应了他的请求。一年多以后，丞相陈平去世，皇帝又任命周勃为丞相。十多个月以后，皇帝说："前些日子我下诏让列侯们都回到自己的封国去，有的人还没能走，丞相是我所器重的人，你带头先回到自己的封国去。"于是周勃免除了丞相的职务回到自己的封国。

岁余，每河东守尉行县至绛，〔1〕绛侯勃自畏恐诛，常被甲，令家人持兵以见之。其后人有上书告勃欲反，下廷尉。〔2〕廷尉下其事长安，〔3〕逮捕勃治之。勃恐，不知置辞。吏稍侵辱之。勃以千金与狱吏，狱吏乃书牍背示之，〔4〕曰"以公主为证"。公主者，孝文帝女也，勃太子胜之尚之，〔5〕故狱吏教引为证。勃之益封受赐，尽以予薄昭。〔6〕及系急，薄昭为言薄太后，〔7〕太后亦以为无反事。文帝朝，太后以冒絮提文帝，〔8〕曰："绛侯绾皇帝玺，将兵于北军，〔9〕不以此时反，今居一小县，顾欲反邪！"文帝既见绛侯狱辞，乃谢曰："吏方验而出之。"于是使使持节赦绛侯，〔10〕复爵邑。绛侯既出，曰："吾尝将百万军，然安知狱吏之贵乎！"

【注释】〔1〕"河东"，郡名，治所在安邑（今山西省夏县西北）。"守尉"，指郡守、郡尉。〔2〕"廷尉"，汉代掌管刑狱的最高长官。〔3〕"长安"，汉高帝五年（公元前二〇二年）置县，七年定都于此。故址在今陕西省西安市西北。〔4〕"牍"，木牍，古代书写公文的木板。〔5〕"胜之"，周勃的儿子。"尚"，古代娶帝王的女儿叫尚。《史记集解》韦昭曰："尚，奉也。不敢言娶。"〔6〕"薄昭"，薄太后的弟弟。曾参加迎立文帝，被封为轵侯。后因罪自杀。〔7〕"薄太后"，汉高祖刘邦的妃子，汉文帝刘恒的母亲。〔8〕"冒絮"，古人覆额的一种头巾。"提"，掷。〔9〕"北军"，汉代守卫京城驻扎城北的卫戍部队。〔10〕"节"，即符节。

【译文】一年多以后，每当河东郡守、尉巡行到绛县的时候，绛侯周勃害怕自已被诛杀，经常身披盔甲，命令家人拿着武器来和郡守、郡尉相见。后来有人上书告发周勃想要造反，（皇帝把这件事）交给廷尉处理。廷尉又把这件事交给长安，逮捕了周勃进行审讯。周勃心里害怕，不知说什么话。狱吏渐渐欺凌、侮辱他。周勃将黄金千斤送给狱吏，狱吏就在公文简牍的背面写字给他看，上面写着"以公主为证"。公主是孝文帝的女儿，周勃的长子周胜之娶她为妻，所以狱吏教他引公主作证。周勃把加封受赏所得全部给了薄昭。及至关押审讯紧急的时候，薄昭为周勃向薄太后说情，薄太后也认为周勃没有反叛的事情。当文帝来朝见时，太后拿冒絮掷文帝，说："绛侯曾挂着皇帝的玉玺在北军统率军队，他没有在那时反叛，如今居住在一个小县，反而打算造反吗？"文帝看了绛侯的狱辞以后，就告诉说："狱吏正在核验而准备释放他。"于是派了使者带着符节去赦免了绛侯，恢复了他的爵位和封邑。绛侯出狱以后，说："我曾率领过百万大军，然而怎么能知道狱吏的重要呢？"

绛侯复就国。孝文帝十一年卒，[1]谥为武侯。[2]子胜之代侯。六岁，尚公主，不相中，坐杀人，[3]国除。绝一岁，文帝乃择绛侯勃子贤者河内守亚夫，[4]封为条侯，[5]续绛侯后。

【注释】〔1〕"孝文帝十一年"，即公元前一六九年。 〔2〕"谥"，我国古代帝王、贵族、大臣、士大夫死后，依其生前事迹，评定褒贬，给予的称号。帝王的谥号由礼官议上，臣下的谥号由朝廷赐予。 〔3〕"坐"，犯罪，因……犯罪。 〔4〕"河内"，郡名，治所在怀县（今河南省武陟县西南）。 〔5〕"条"，县名，治所在今河北省景县南。

【译文】绛侯又回到了封国。在孝文帝十一年时周勃去世，谥号为武侯。他的儿子胜之继代为侯。六年以后，胜之娶公主为妻，不和睦，又因为犯了杀人罪，被废除了封国。绝封一年后，文帝才选择了绛侯周勃的儿子中贤能的河内郡守周亚夫，封为条侯，继承了绛侯的爵位。

条侯亚夫自未侯为河内守时，许负相之，[1]曰："君后三岁而侯。侯八岁为将相，持国秉，贵重矣，于人臣无两。其后九岁而君饿死。"亚夫笑曰："臣之兄已代父侯矣，有如卒，子当代，亚夫何说侯乎？然既已贵如负言，又何说饿死？指示我。"许负指其口曰："有从理入口，[2]此饿死法也。"居三岁，其兄绛侯胜之有罪，孝文帝择绛侯子贤者，皆推亚夫，乃封亚夫为条侯，续绛侯后。

【注释】〔1〕"许负"，汉初河内温地（今河南省温县西南）人。善相术，据《楚汉春秋》

记载，高祖曾封其为鸣雌亭侯。"相"，相面。〔2〕"从理入口"，指面部有竖纹进入口中。"从"，通"纵"。

【译文】条侯周亚夫在未封为侯而做河内郡守的时候，许负给他相面说："你三年以后将封为侯。封侯八年以后将为将相，掌握国家大权，位贵权重，在大臣中独一无二。在这九年后你将会饿死。"周亚夫笑着说："我的哥哥已继承父亲的爵位为侯了，如果他死了，他的儿子当代他为侯，怎么说我周亚夫得到封侯呢？然而如你所说的我既已富贵了，又怎么能说我会饿死呢？请指给我看。"许负指着他的口说："你的嘴边有竖着的纹理进入口中，这就是饿死的相法。"过了三年，他的哥哥绛侯胜之犯了罪，孝文帝选择绛侯周勃儿子中的贤能者，大家都推举周亚夫，于是封周亚夫为条侯，继承了绛侯的爵位。

文帝之后六年，〔1〕匈奴大入边。〔2〕乃以宗正刘礼为将军，〔3〕军霸上；〔4〕祝兹侯徐厉为将军，〔5〕军棘门；〔6〕以河内守亚夫为将军，军细柳：〔7〕以备胡。上自劳军。至霸上及棘门军，直驰入，将以下骑送迎。已而之细柳军，军士吏被甲，锐兵刃，彀弓弩，持满。天子先驱至，不得入。先驱曰："天子且至！"军门都尉曰："将军令曰'军中闻将军令，不闻天子之诏'。"居无何，上至，又不得入。于是上乃使使持节诏将军："吾欲入劳军。"亚夫乃传言开壁门。壁门士吏谓从属车骑曰："将军约，军中不得驱驰。"于是天子乃按辔徐行。〔8〕至营，将军亚夫持兵揖曰："介胄之士不拜，〔9〕请以军礼见。"天子为动，改容式车。〔10〕使人称谢："皇帝敬劳将军。"成礼而去。既出军门，群臣皆惊。文帝曰："嗟乎，此真将军矣！曩者霸上、棘门军，若儿戏耳，其将固可袭而虏也。至于亚夫，可得而犯邪！"称善者久之。月余，三军皆罢。乃拜亚夫为中尉。〔11〕

【注释】〔1〕"文帝之后六年"，即文帝后元六年，公元前一五八年。〔2〕"匈奴"，古代生活在我国北方的一个游牧民族。"匈奴大入边"事详见本书《孝文本纪》。〔3〕"宗正"，九卿之一，掌管王室亲族事务的长官。此职多由皇族中的人来担任。"刘礼"，楚元王子，景帝元年封为平陆侯。景帝三年，封刘礼为楚王。详见本书《楚元王世家》。〔4〕"霸上"，或作灞上、霸头。古地名，故址在今陕西省西安市东。因地处霸水以西的高原上而得名，为古代咸阳、长安附近的军事要地。〔5〕"祝兹侯"，一作"松兹侯"，谥"夷"。曾以舍人从沛公，以郎中入汉。高后四年封为祝兹侯。文帝六年死。〔6〕"棘门"，古地名，故址在今陕西省咸阳市东北。〔7〕"细柳"，古地名，故址在今陕西省咸阳市西南渭河北岸。〔8〕"辔"，音 pèi，驾驭牲口的缰绳。〔9〕"介胄"，古代将士穿戴的铠甲和头盔。"介胄之士"即指穿戴着盔甲的将士。〔10〕"式车"，即轼车，式同轼。"轼车"指将身子俯在车前的横木上表示尊敬意。〔11〕"中尉"，武官名，掌管京城的治安。

　　【译文】文帝后元六年，匈奴大举侵犯边境。于是文帝任命宗正刘礼为将军，驻扎在霸上；任命祝兹侯徐厉为将军，驻扎在棘门；任命河内郡守周亚夫为将军，驻扎在细柳；来防备匈奴的侵犯。皇帝亲自慰劳军队。到了霸上及棘门的军营，一直驰入军营，将军用下马之礼迎送。过后到了细柳军营，军营的士吏都穿着盔甲，拿着锋利的兵器，剑拔弩张。皇帝的先驱部队到达，未能进入。先驱部队的官吏说："天子将到。"营门都尉说："将军有令说'军中听将军的命令，不听天子的诏令'。"过了一会儿，皇帝到达，又不得进入军营。于是皇帝就派遣使者拿着符节诏令将军说："我要进入军营慰劳部队。"于是周亚夫才传令打开营门。营门的士吏对皇帝随从的车骑说："将军有规定，军营中不准车马奔跑。"于是天子就拉着缰绳慢慢地行走。到了军营，将军周亚夫拿着兵器行礼说："穿着盔甲的将士不能下拜，请允许用军礼拜见。"天子为之感动，改变面容，俯身扶着车前的横木表示致敬。派人称谢说："皇帝敬劳将军。"劳军的仪式完成后就离去。出了军营之后，群臣都感到惊讶。文帝说："啊！这才是真正的将军。前面经过的霸上、棘门军营就像儿戏一般，他们的将军必可袭击俘获的。至于周亚夫，难道可以侵犯他吗？"文帝赞美好久。一个多月以后，三支军队都撤了回来。文帝便任命周亚夫为中尉。

　　孝文且崩时，诫太子曰：〔1〕"即有缓急，周亚夫真可任将兵。"文帝崩，拜亚夫为车骑将军。〔2〕

　　【注释】〔1〕"太子"，指刘启。即位后称孝景帝。公元前一五七年至前一四一年在位。〔2〕"车骑将军"，地位仅次于上卿的高级将领。

　　【译文】孝文帝快死的时候，告诫太子说："如果有了危急之事，周亚夫是真正可以统率军队的。"文帝驾崩，景帝任命周亚夫为车骑将军。

　　孝景三年，〔1〕吴楚反。〔2〕亚夫以中尉为太尉，东击吴楚。因自请上曰："楚兵剽轻，难与争锋。愿以梁委之，〔3〕绝其粮道，乃可制。"上许之。

　　【注释】〔1〕"孝景三年"，即公元前一五四年。〔2〕"吴楚反"，指西汉时刘邦分封的吴、楚、胶东、胶西、济南、淄川、赵七国在景帝三年以吴王刘濞为首发动的武装叛乱。〔3〕"梁"，梁国。汉高帝五年（公元前二○二年）改砀郡为梁国，都睢阳，在今河南省商丘市南。

【译文】孝景三年，吴、楚等国反叛，周亚夫从中尉升为太尉，率兵东进攻打吴、楚。因而亲自向皇帝请示说："楚军剽悍轻捷，难与他们正面交锋。希望把梁国委弃给他们，断绝他们的粮道，这样就可以制服他们。"皇帝答应了他的请求。

太尉既会兵荥阳，[1]吴方攻梁，梁急，请救。太尉引兵东北走昌邑，[2]深壁而守。梁日使使请太尉，太尉守便宜，不肯往。梁上书言景帝，景帝使使诏救梁。太尉不奉诏，坚壁不出，而使轻骑兵弓高侯等绝吴楚兵后食道。[3]吴兵乏粮，饥，数欲挑战，终不出。夜，军中惊，内相攻击扰乱，至于太尉帐下。太尉终卧不起。顷之，复定。后吴奔壁东南陬，太尉使备西北。已而其精兵果奔西北，不得入。吴兵既饿，乃引而去。太尉出精兵追击，大破之。吴王濞弃其军，[4]而与壮士数千人亡走，保于江南丹徒。[5]汉兵因乘胜，遂尽虏之，降其兵，购吴王千金。月余，越人斩吴王头以告。[6]凡相攻守三月，而吴楚破平。于是诸将乃以太尉计谋为是。由此梁孝王与太尉有郤。[7]

【注释】〔1〕"荥阳"，县名，治所在今河南省荥阳县东北。是古代的军事要地。 〔2〕"昌邑"，县名，治所在今山东省金乡县西北。 〔3〕"弓高侯"，即韩王信的儿子韩颓当。汉文帝时从匈奴投汉。文帝十六年封为弓高侯。弓高在今河北省景县西北。 〔4〕"吴王"，即刘濞，西汉时诸侯王，刘邦的侄子，封吴王。吴、楚七国反叛的发动者，不久失败，逃到东越，为东越人所杀。详见本书《吴王濞列传》。 〔5〕"丹徒"，县名，治所在今江苏省丹徒县。 〔6〕"越"，秦汉时分布在长江中下游以南的部族名，部落很多，此指东越。 〔7〕"梁孝王"，即文帝的二儿子刘武。窦太后所生，景帝的同母弟。详见本书《梁孝王世家》。

【译文】太尉周亚夫在荥阳会合了各路军队后，吴军正在攻打梁国，梁国告急，请求援救。太尉率兵向东北直奔昌邑，深沟高垒，坚守不出。梁国天天都派遣使者来请求太尉援助，太尉为坚持认定的有利策略不肯前往援救。梁国上书景帝，景帝派遣使者去下诏援救梁国。太尉不执行诏令，坚守不出，而派轻骑兵弓高侯等去断绝吴楚部队后方的粮道。吴国的军队缺乏粮食，士兵饥饿，几次打算挑战，（但周亚夫的军队）始终不出来应战。一天夜晚，太尉军中突然惊乱，内部互相攻击扰乱，闹到太尉的帐下。太尉始终卧床不起。过了一会儿，又安定下来。后来吴军跑到营壁的东南角，太尉却派人去防备西北角。过了一会儿，吴军精兵果然奔向西北角，没能攻入。吴军已经饥饿，于是退兵离去。太尉派出精锐部队前往追击，结果大破吴军。吴王濞离弃了他的军队，而与壮士数千人逃跑，到了江南丹徒县坚守自保。汉军因此乘胜出击，全部俘虏了他们，使他们投降了汉军，并悬赏千金来捉拿吴王。一个多月以后，越人斩杀了吴王并拿着头前来报告。一共交战三个月，吴楚叛军溃败平定。到这时众将领才认为太尉的计谋是正确的。从此梁孝王与太尉之间产生了矛盾。

归,复置太尉官。五岁,迁为丞相,景帝甚重之。景帝废栗太子,[1]丞相固争之,不得。景帝由此疏之。而梁孝王每朝,常与太后言条侯之短。[2]

【注释】〔1〕"栗太子",景帝的二儿子刘荣,栗姬所生。景帝四年立刘荣为太子,七年废为临江王。 〔2〕"太后",即指景帝刘启的母亲窦太后。

【译文】周亚夫回来以后,朝廷又设置太尉官。五年以后,周亚夫升为丞相,景帝很器重他。景帝废栗太子时,丞相周亚夫坚持力争,但没有成功。景帝因此疏远了他。而梁孝王每次朝见,常和太后说条侯的短处。

窦太后曰:"皇后兄王信可侯也。"[1]景帝让曰:"始南皮、章武侯先帝不侯,[2]及臣即位乃侯之。信未得封也。"窦太后曰:"人主各以时行耳。自窦长君在时,[3]竟不得侯,死后乃其子彭祖顾得侯。吾甚恨之。帝趣侯信也!"景帝曰:"请得与丞相议之。"丞相议之,亚夫曰:"高皇帝约'非刘氏不得王,非有功不得侯。不如约,天下共击之'。今信虽皇后兄,无功,侯之,非约也。"景帝默然而止。

【注释】〔1〕"王信",景帝皇后(王美人)的哥哥。后被封为盖侯。 〔2〕"南皮",即南皮侯窦彭祖,窦太后的侄子。南皮,古县名,治所在今河北省南皮县北。"章武侯",即窦太后的弟弟窦广国。章武,古县名,治所在今河北省黄骅县西南。 〔3〕"窦长君",窦太后的哥哥,南皮侯窦彭祖的父亲。

【译文】窦太后说:"皇后的哥哥王信可以封侯。"景帝推辞说:"当初南皮、章武侯先帝都没有封他们为侯,到了我即位才封他们为侯。王信还不能封。"窦太后说:"为人君主各以当时的情况行事。窦长君在世时,结果没能封侯,他死了以后他的儿子彭祖反而得以封侯。我很悔恨这件事情。你赶快封王信为侯吧。"景帝说:"请允许我和丞相商议一下这件事。"和丞相商议这件事时,周亚夫说:"高皇帝曾经约定'非刘氏不得封王,没有功不得封侯。如不守约,天下共讨之'。现在王信虽然是皇后的哥哥,但他没有功劳,封他为侯,是不遵守高祖之约。"景帝默默不语,只好作罢。

其后匈奴王唯徐卢等五人降，[1]景帝欲侯之以劝后。丞相亚夫曰："彼背其主降陛下，陛下侯之，则何以责人臣不守节者乎？"景帝曰："丞相议不可用。"乃悉封唯徐卢等为列侯。亚夫因谢病。景帝中三年，[2]以病免相。

【注释】〔1〕"唯徐卢"，姓唯徐，名卢。景帝中三年（公元前一四七年）封为容成侯。据本书《惠景间侯者年表》记载，中三年有七位匈奴王投降封侯。据《资治通鉴》记载有六人，即容成侯唯徐卢、桓侯赐、遒侯隆强、易侯仆黥、范阳侯范代、翕侯邯郸。〔2〕"景帝中三年"，即公元前一四七年。

【译文】后来匈奴王唯徐卢等五人投降了汉朝，景帝打算封他们为侯以鼓励后来的人。丞相周亚夫说："他们背叛了他们的君主来投降陛下，陛下封他们为侯，那怎么来责备那些不守节操的人臣呢？"景帝说："丞相的议论不可采用。"于是全部封唯徐卢等人为列侯。周亚夫因此告病。景帝中三年，以生病为理由免去了他的丞相职务。

顷之，景帝居禁中，召条侯，赐食。独置大胾，[1]无切肉，又不置箸。条侯心不平，顾谓尚席取箸。[2]景帝视而笑曰："此不足君所乎？"条侯免冠谢。上起，条侯因趋出。景帝以目送之，曰："此怏怏者非少主臣也！"[3]

【注释】〔1〕"胾"，音 zì，未切开的大块肉。〔2〕"尚席"，管酒席的人。〔3〕"怏怏"，心中不满而郁郁不乐的样子。"少主"，指太子刘彻。周亚夫既反对立太子刘彻，又反对封王皇后的哥哥王信为侯，所以景帝担心周亚夫不会成为太子刘彻的大臣。

【译文】不久以后，景帝在宫中召见条侯，赐他食物。只放了一块大肉，没有切开的肉，又不放筷子。条侯心中忿忿不平，回过头来告诉主管酒席的人去取筷子。景帝看着他笑着说："这难道还不够你吃吗？"条侯脱帽谢罪。景帝起身，条侯就此快步退出门外。景帝目送他出去，说："这个怏怏不乐的人不是少主的臣子啊！"

居无何，条侯子为父买工官尚方甲楯五百被可以葬者。[1]取庸苦之，不予钱。庸知其盗买县官器，[2]怒而上变告子，事连污条侯。书既闻上，上下吏。吏簿责条侯，[3]条侯不对。景帝骂之曰："吾不用也。"召诣廷尉。廷尉责曰："君侯欲反邪？"亚夫曰："臣所买器，乃葬器也，何谓反邪？" 吏曰："君侯纵不反地上，即欲反地下耳。" 吏侵之益急。初，吏捕条侯，条侯欲自杀，夫人止之，以故不得死，遂入廷尉。因不食五日，呕血而死。国除。

【注释】〔1〕"工官"，掌管制作各种供皇室使用器具的官署。"尚方"，亦作上方，官署名，掌管制造兵器、玩好器物。〔2〕"县官"，官家，此指皇帝。〔3〕"簿责"，根据文书所列举的罪状加以责问审理。

【译文】过了不多久，条侯的儿子为父亲从工官尚方那里买了五百具可作为殉葬品的甲楯，搬运甲楯的雇工很累，又不给钱。雇工知道他是偷买皇帝用的器物，于是怀怒上言以叛变事告发了条侯的儿子，事情牵连到条侯。皇帝看了上书以后，就交给下面的官吏来处理。官吏拿着文书去责问条侯，条侯不回答。景帝骂他说："我不用你了。" 于是召条侯到廷尉那里。廷尉责问他说："你想要造反吗？" 周亚夫说："我所买的器物都是随葬品，怎么说造反呢？" 官吏说："你即使不在地上造反，也是想在地下造反罢了。" 官吏威逼他更加厉害。当初，官吏逮捕条侯时，条侯想自杀，他的妻子劝阻了他，因此没有能死了，于是就进入廷尉那里。因为他五天不吃饭，最后因吐血而死。他的封国也就废除了。

绝一岁，景帝乃更封绛侯勃他子坚为平曲侯，〔1〕续绛侯后。十九年卒，谥为共侯。子建德代侯，〔2〕十三年，为太子太傅。〔3〕坐酎金不善，〔4〕元鼎五年，〔5〕有罪，国除。

【注释】〔1〕"坚"，即周坚。周坚为平曲侯在景帝后元年（公元前一四三年）。"平曲"，古地名，故址在今江苏省东海县东南。〔2〕"建德"，即周建德。建德代侯在武帝元朔五年（公元前一二四年）。〔3〕"太子太傅"，辅导太子的官员。周建德为太子太傅在武帝元鼎五年（公元前一一二年）。〔4〕"酎金"，古时诸侯在宗庙祭祀时献金助祭叫酎金。据本书《高祖功臣侯者年表》记载，周建德坐酎金失侯在元鼎五年，所以此处"坐酎金不善"与下文"有罪国除"当都在元鼎五年。据《武帝本纪》记载，元鼎五年，列侯坐献黄金酎祭宗庙不如法夺爵者百余人。〔5〕"元鼎"，汉武帝的年号。元鼎五年即公元前一一二年。

【译文】绝封一年以后，景帝才又封绛侯周勃的另一个儿子周坚为平曲侯，继承了绛侯的爵位。十九年以后平曲侯去世，谥号为共侯。他的儿子建德继承了侯爵，十三年后担任了太子太傅。元鼎五年，因为犯了"酎金不善"的罪过，废除了他的封国。

条侯果饿死。死后，景帝乃封王信为盖侯。[1]

【注释】〔1〕"盖"，县名，治所在今山东省沂水县西北。王信封盖侯在景帝中五年（公元前一四五年）。

【译文】条侯果然饿死了。死后，景帝就封王信为盖侯。

太史公曰：绛侯周勃始为布衣时，[1]鄙朴人也，才能不过凡庸。及从高祖定天下，在将相位，诸吕欲作乱，勃匡国家难，复之乎正。虽伊尹、周公，[2]何以加哉！亚夫之用兵，持威重，执坚刃，穰苴曷有加焉！[3]足己而不学，守节不逊，终以穷困。悲夫！

【注释】〔1〕"布衣"，平民。 〔2〕"伊尹"，商朝初期的大臣，名伊，一说名挚，尹是官名。曾辅佐商汤攻灭夏桀，被尊为阿衡（宰相）。商汤死后又辅佐卜丙（即外丙）、仲壬二王。"周公"，姬姓，周武王之弟，名旦，亦称叔旦。因采邑在周（今陕西省岐山县北），称为周公。曾助武王灭商。武王死后，成王年幼，由他摄政。详见本书《鲁周公世家》。 〔3〕"穰苴"，春秋时齐国大夫，姓田，名穰苴。因做过司马，所以又称为司马穰苴。他精通兵法，曾奉齐景公命令击退晋、燕军队，收复失地。战国时齐威王命大夫整理司马兵法，称为《司马穰苴兵法》。详见本书《司马穰苴列传》。

【译文】太史公说：绛侯周勃当初是百姓的时候，是一个粗鄙质朴的人，才能也超不过平常的人。到了跟随高祖平定天下时，位在将相，诸吕企图作乱，周勃拯救了国家的危难，使国家恢复了正常。即使是伊尹、周公，也不能超过他的功绩。周亚夫的用兵，守威持重，坚毅沉着，司马穰苴也不能超过他。（然而他）自己满足而不学习，遵守节操而不谦让，终于陷入困境。可悲啊！

五　列传二十五篇（精选）

伯夷列传

　　夫学者载籍极博[1]，犹考信于六蓺[2]。《诗》、《书》虽缺，[3]然虞夏之文可知也。[4]尧将逊位，[5]让于虞舜，舜禹之间，[6]岳牧咸荐，[7]乃试之于位，典职数十年，[8]功用既兴，[9]然后授政。示天下重器，[10]王者大统，[11]传天下若斯之难也。[12]而说者曰尧让天下于许由，[13]许由不受，耻之逃隐。及夏之时，有卞随、务光者。[14]此何以称焉？[15]太史公曰：余登箕山，[16]其上盖有许由冢云。孔子序列古之仁圣贤人，如吴太伯、伯夷之伦详矣。[17]余以所闻由、光义至高，其文辞不少概见，何哉？[18]

【注释】〔1〕"载籍"，书籍。〔2〕"考信"，经考察、考核而得以确认。"六蓺"，指《诗》、《书》、《礼》、《乐》、《易》、《春秋》六部经典。"蓺"是"艺"的本字。〔3〕"《诗》、《书》虽缺"，后世所传《诗》、《书》皆有缺佚，已非完本，《孔子世家》说，古者《诗》三千余篇，至孔子删为三百零五篇。《尚书纬》说，孔子求《书》，得三千三百三十篇，乃删以一百篇为《尚书》。此处《诗》、《书》同称，实则是指《尚书》而言。〔4〕"虞夏之文"，《尚书》中有《尧典》、《舜典》、《大禹谟》等篇，记载了虞、夏禅让之事。〔5〕"逊"，退。〔6〕"舜禹之间"，上承尧让位于虞舜而言，指舜让位于禹，舜、禹继位之时。〔7〕"岳"，四岳，分掌四方诸侯的官。"牧"，州牧，州的行政长官。传说舜分置十二州，有十二州牧。尧、舜、禹之间禅让事，参见《五帝本纪》。〔8〕"典职"，主持职务。"典"，主管。〔9〕"功用"，功劳，成就。〔10〕"重器"，指祭祀用的最重要的礼器，在古代是国家与宗族的象征。〔11〕"统"，一脉相传的系统。〔12〕"斯"，代词，这，这样。〔13〕"尧让天下于许由"，相传尧想让位给许由，许由逃到中岳颍水之阳，箕山之下隐居。尧又想让他担任九州长，许由讨厌听到这种话，跑到颍水之滨去洗耳朵。事见《庄子·让王篇》。〔14〕"卞随、务光"，相传汤将伐桀，找卞随、务光谋议，卞随、务光都不肯参与。汤得天下后又要让给卞随，卞随认为这是对他的污辱，自投椆（音 chóu）水而死。汤又要让给务光，务光认为汤的行为不仁不义，不愿久处无道之世，抱着石头自沉于卢水。事见《庄子·让王篇》。〔15〕"称"，称颂，赞许。〔16〕

"箕山",在今河南登封东南。因许由葬于此山,又名"许由山"。 〔17〕"吴太伯",周太王之长子。周太王想传位给中子季历及季历的儿子昌,于是,太伯同他的小弟弟仲雍一起逃奔到今江苏南部,自号其地曰句吴,受当地人民拥戴,为吴太伯。孔子称赞他三让天下,"可谓至德"。事迹详本书《吴太伯世家》。 〔18〕"少",通"稍"。"概",大略。

【译文】世上记事的书籍虽然很多,但学者们仍然以"六艺"——《诗》、《书》、《礼》、《乐》、《易》、《春秋》等经典为征信的凭据。《诗经》、《尚书》虽有缺损,但是记载虞、夏两代的文字都是可以见到的。尧将退位,让给虞舜,还有舜让位给禹的时候,都是由四方诸侯长和州牧们推荐出来的,于是,让他们先试着任职工作,主持事务数十年,做出了成就,建立了功绩,然后再把大政交给他们。这是表示天下是极贵重的宝器,帝王是最大的统领者,把天下移交给继承者就是如此的困难。然而,也有人说过,尧要把天下让给许由,许由不肯接受,以为是一种耻辱而逃走隐居起来。到了夏代的时候,又有卞随、务光等人。这些人又为什么要受到称许呢? 太史公说:我登过箕山,相传山上有许由之墓。孔子依次评论古代的仁人、圣人、贤人,对吴太伯和伯夷等讲得很详细。我听说许由、务光等节义品德至为高尚,而经书中有关他们的文辞却一点儿也见不到,这是为什么呢?

孔子曰:"伯夷、叔齐,不念旧恶,〔1〕怨是用希。"〔2〕"求仁得仁,〔3〕又何怨乎?"余悲伯夷之意,睹轶诗可异焉。〔4〕其传曰:

伯夷、叔齐,孤竹君之二子也。〔5〕父欲立叔齐,及父卒,叔齐让伯夷。伯夷曰:"父命也。"遂逃去。叔齐亦不肯立而逃之。国人立其中子。于是伯夷、叔齐闻西伯昌善养老,〔6〕盍往归焉。〔7〕及至,西伯卒,武王载木主,〔8〕号为文王,东伐纣。〔9〕伯夷、叔齐叩马而谏曰:〔10〕"父死不葬,爰及干戈,〔11〕可谓孝乎? 以臣弑君,〔12〕可谓仁乎?"左右欲兵之。〔13〕太公曰:"此义人也。"扶而去之。武王已平殷乱,〔14〕天下宗周,〔15〕而伯夷、叔齐耻之,义不食周粟,隐于首阳山,〔16〕采薇而食之。〔17〕及饿且死,作歌。其辞曰:"登彼西山兮,〔18〕采其薇矣。以暴易暴兮,不知其非矣。神农、虞、夏忽焉没兮,〔19〕我安适归矣?〔20〕于嗟徂兮,〔21〕命之衰矣!"遂饿死于首阳山。

由此观之,怨邪非邪?〔22〕

【注释】〔1〕"恶",罪恶,过错,音è。 〔2〕"是",指示代词。"用",因。"希",同"稀"。孔子这句话见于《论语·公冶长》。 〔3〕"求仁得仁",语见《论语·述而》。孔子的学生子贡问,伯夷、叔齐是否后来有"怨"的情绪,孔子以此作答。"仁"是孔子理想中的政治道德标准,他曾作过多方面的阐述,如"己欲立而立人,己欲达而达人","出门如见大宾,使民如承大祭；己所不欲，勿施于人；在邦无怨，在家无怨”等等。 〔4〕“轶诗”，指下文所引伯夷、叔齐采薇之歌。因未收入《诗》集中，故称“轶诗”。“轶”，通“佚”，“逸”，散失。“可异焉”，孔子云伯夷、叔齐无怨，而佚诗实有怨辞，因此说“可异”。 〔5〕“孤竹君”，商代北方地区的一个诸侯国的君主。相传是商汤三月丙寅日所封，至伯夷、叔齐之父，名初，字子朝。“孤竹国”故地传在今河北省庐龙县一带。“伯夷”，名允，字公信。“叔齐”，名致，字公达。 〔6〕“西伯昌”，即周文王，姓姬，名昌。“西伯”，即西方诸侯之长。 〔7〕“盍”，音 hé，同“合”。 〔8〕“武王”，文王之子，名发。事详本书《周本纪》。“木主”，木制的牌位，用以代表死者受祭。 〔9〕“纣”，商朝的末代帝王，国破兵败，自焚而死。 〔10〕“叩马”，一作“扣马”，牵住马。 〔11〕“爰”，句首语气词。“及”，涉及。 〔12〕“弑”，下杀上叫“弑”，音 shì。 〔13〕“兵之”，对他们动用兵器，即杀掉他们。“兵”用为动词。 〔14〕“武王已平殷乱”，这句话是站在周的立场上讲的，所以把推翻殷的统治称为“平殷乱”。 〔15〕“宗”，尊奉，归顺。 〔16〕“首阳山”，传说为伯夷、叔齐饿死的首阳山有多处，如甘肃陇西、山西永济、河南偃师等，今已不可详考。 〔17〕“薇”，一种野菜，形似豌豆。 〔18〕“西山”，即首阳山。 〔19〕“神农”，传说中上古时代的帝王，曾教民农耕，故称“神农”。“忽焉”，很快的样子。“没”，去世，后写作“殁”，音 mò。 〔20〕“适”，往，去。 〔21〕“于嗟”，叹词。“徂”，往，此指死去，音 cú。 〔22〕“邪”，疑问助词，音 yé。

【译文】 孔子说：“伯夷、叔齐，不是老记着人家以前的过错，因此怨恨他们的人就少。”“追求仁德而得到仁德，又有什么可怨恨的呢？”我对伯夷兄弟的用意深感悲痛，但看到那些逸诗又（不免对孔子说的话）感到诧异。他们的传记说道：

伯夷、叔齐是孤竹君的两个儿子。父亲想把王位传给叔齐，到了父亲去世以后，叔齐要让位给伯夷。伯夷说：“这是父亲的遗命啊！”于是便逃走了。叔齐也不肯即位而逃走。国人只好立孤竹君的第二个儿子为王。这时，伯夷、叔齐听说西伯昌能关心老人，扶养老人，便一起去归附他。等到达那里，西伯已去世了。武王用车载着西伯的神主，追谥为文王，率军东进去征伐商纣。伯夷、叔齐拉住武王的马而谏阻道：“父亲死了却不安葬，大动干戈去打仗，这难道是孝的行为吗？身为臣子，却要去杀害国君，这难道可以算做仁德吗？”周王左右的人准备杀掉他们，太公说：“他们是义人啊！”扶着他们离开了。武王摧毁了殷商的暴虐统治，天下都归附了周朝，而伯夷、叔齐却认为这是很可耻的事，为了表示对殷商的忠义，不肯再吃周朝的粮食，隐居在首阳山中，靠着采食薇菜充饥。到了由于饥饿而将死的时候，作了一首歌，歌辞说：“登上那西山啊，采些那薇菜呀！以暴臣啊代暴王，他还不知多荒唐！神农、虞舜和夏禹，授政仁人相禅让，圣人倏忽辞世去，我辈今日向何方？啊，别啦，永别啦！命运衰薄令人哀伤！”终于饿死在首阳山中。

从这些记载来看，伯夷、叔齐是怨呢，还是不怨呢？

或曰：“天道无亲，常与善人。”〔1〕若伯夷、叔齐，可谓善人者非邪？积仁絜行如此而饿死！〔2〕且七十子之徒，〔3〕仲尼独荐颜渊为好学。〔4〕然回也屡空，[5] 糟糠不厌，[6] 而卒蚤夭。[7] 天之报施善人，其何如哉？盗蹠日杀不辜，[8] 肝人之肉，[9] 暴戾恣睢，[10] 聚党数千人横行天下，[11] 竟以寿终。是遵何德哉？[12] 此其尤大彰明较著者也。[13] 若至近世，操行不轨，[14] 专犯忌讳，[15] 而终身逸乐，富厚累世不绝。或择地而蹈之，[16] 时然后出言，[17] 行不由径，[18] 非公正不发愤，[19] 而遇祸灾者，不可胜数也。余甚惑焉，傥所谓天道，[20] 是邪非邪？

【注释】〔1〕"天道无亲，常与善人"，语见《老子》七十九章。"亲"，亲近，偏爱。"与"，赞许，赞助。〔2〕"积仁"，指不断地行仁德之事。"积"，聚积。"絜行"，把自己的品行修养得十分高洁。"絜"，通"洁"，用为动词。〔3〕"七十子之徒"，传孔子弟子三千，身通六艺者七十二人，此处是举其大概。"徒"，指同一类的人。〔4〕"颜渊"，孔子弟子，名回，字子渊，少孔子三十岁。孔子称赞颜渊好学，见《论语·雍也》。〔5〕"空"，一无所有，贫穷。〔6〕"糟"，酿酒所余渣滓。"糠"，舂米所余谷壳。"糟糠"喻粗劣的食物。"厌"，饱。〔7〕"蚤"，通"早"。"夭"，少壮而死。〔8〕"盗蹠"，传说中的大盗。《庄子·盗蹠篇》说他从卒九千人，横行天下，侵暴诸侯，驱人牛马，取人妇女，不顾父母兄弟，不祭先祖。"蹠"，同"跖"，音 zhí。"不辜"，无罪。"辜"，罪。〔9〕"肝人之肉"，疑此句有脱漏讹误。《庄子·盗蹠篇》说"脍人肝而脯之"。"脍"，肉丝，此用为动词，切成肉丝。音 kuài。〔10〕"暴戾"，残暴凶恶。"戾"，音 lì。"恣睢"，任意胡为，音 zī suī。〔11〕"党"，同类，同伙。〔12〕"遵"，遵行、遵循。〔13〕"彰"、"明"、"较"、"著"，都是明的意思。〔14〕"不轨"，不守法度。"轨"，本是车子两轮之间的距离，引申为法则、法度。〔15〕"忌讳"，禁忌。〔16〕"择地而蹈之"，典出《论语·里仁》："子曰：'里仁为美，择不处仁，焉得知？'"孔子说，居住的地方以仁德所在之处为美；不选择仁德所在之处，怎能算聪明呢？所以要"择地而蹈之"。"蹈"，踏，踩。〔17〕"时然后出言"，典出《论语·宪问》："夫子时然后言。""时"，合适的时机、机会。〔18〕"行不由径"，典出《论语·雍也》："有澹台灭明者，行不由径。""径"，指不通车辆的步行小道。〔19〕"非公正不发愤"，假如不是为了主持公正，便不感情激动，发泄愤懑。〔20〕"傥"，通"倘"，如，若。

【译文】 有人说："天道并不对谁特别偏爱，但通常是帮助善良人的。"像伯夷、叔齐，总可以算得上是善良的人了吧！难道不是吗？他们行善积仁，修养品行，这样的好人竟然给饿死了！再说孔子的七十二位贤弟子这批人吧，仲尼特别赞扬颜渊好学。然而颜回常常为贫穷所困扰，连酒糟谷糠一类的食物都吃不饱，终于过早地去世了。上天对于好人的报偿，到底是怎样的呢？盗蹠天天在屠杀无辜的人，割人肝，吃人肉，凶暴残忍，胡作非为，聚集党徒数千人，横行天下，竟然能够长寿而终。他又究竟积了什么德，行了什么善呢？这几个例子是最典型，最能说明问题的了。若要说到近代，那种品行不遵循法度，专门违法乱纪的人，反倒能终身安逸享乐，富贵优裕，一代一代地传下去；而有的人（诚如孔子教诲的那样，）居住的地方要精心地加以选择；说话要待到合适的时机才启唇；走路只走大路，不抄小道；不是为了主持公正，就不表露愤懑，结果反倒遭遇灾祸。这种情形多得简直数也数不清。我实在感到非常困惑，倘若这就是所谓的天道，那么，这天道究竟是对，还是错呢？

子曰"道不同不相为谋"，[1]亦各从其志也。故曰："富贵如可求，虽执鞭之士，吾亦为之。如不可求，从吾所好。"[2]"岁寒，然后知松柏之后凋。"[3]举世混浊，清士乃见。[4]岂以其重若彼，[5]其轻若此哉？[6]

【注释】〔1〕"道不同不相为谋"语见《论语·卫灵公》。 〔2〕"富贵如可求……"，语见《论语·述而》。"执鞭之士"，王侯贵族外出之时，执鞭开路以为前驱，此处指卑贱低级的职务。 〔3〕"岁寒，然后知松柏之后凋"，语出《论语·子罕》。"凋"，凋谢，零落。 〔4〕"见"，通"现"。 〔5〕"其重若彼"，指重视修养德行，洁身自好。 〔6〕"其轻若此"，指轻视富贵安乐与苟且偷生。

【译文】孔子说"主义不同的人，不互相商议谋划"，都各自按照自己的意志去做事。孔子又说："富贵如果能够求得，就是要干手拿鞭子的卑贱的职务，我也愿意去干；如果不能求得，那还是按照我自己的喜好去干吧！""天气寒冷以后，才知道松树、柏树是最后落叶的。"世间到处混浊龌龊，那清白高洁的人就显得格外突出。这岂不是因为他们是如此重视道德和品行，又是那样鄙薄富贵与苟活啊！

"君子疾没世而名不称焉。"[1]贾子曰：[2]"贪夫徇财，[3]烈士徇名，[4]夸者死权，[5]众庶冯生。"[6]"同明相照，同类相求。"[7]"云从龙，风从虎，圣人作而万物睹。"[8]伯夷、叔齐虽贤，得夫子而名益彰。颜渊虽笃学，[9]附骥尾而行益显。[10]岩穴之士，[11]趣舍有时若此，[12]类名堙灭而不称，[13]悲夫！闾巷之人，[14]欲砥行立名者，[15]非附青云之士，[16]恶能施于后世哉？[17]

【注释】〔1〕"君子疾没世而名不称焉"，语出《论语·卫灵公》。"称"，称颂。 〔2〕"贾子"，贾谊，雒阳人（今河南洛阳），少年即通诸子百家之书，汉文帝时召为博士，升任太中大夫，为更定礼仪制度事，为人不容，贬为长沙王太傅。后任梁怀王太傅。怀王骑马，堕地而死，遂自伤失职，哭泣而死。时年三十三岁。事详本书《贾生列传》。 〔3〕"贪夫徇财"，以下四句话见贾谊《鵩鸟赋》。"徇"，为某种目的而死，通"殉"。 〔4〕"烈士"，胸怀大志，视死如归的人。 〔5〕"夸者"，喜好矜夸的人。 〔6〕"冯"，通"凭"，恃，靠。"冯生"，是顾惜生命的意思。 〔7〕"同明相照，同类相求"，语出《易·乾卦》。原文作："同声相应，同气相求。水流湿，火就燥；云从龙，风从虎，圣人作而万物睹。" 〔8〕"圣人作而万物睹"，言圣人出现，发微探幽，著述立说，方使万物得以为人睹见。"作"，兴起。 〔9〕"笃"，专一，音

dǔ。"笃学",指专心好学。〔10〕"骥",千里马。"附骥尾",旧说"苍蝇附骥尾而致千里",此喻颜渊因孔子而名声更大。〔11〕"岩穴",山洞。古代隐士多住在山洞中,故称"岩穴之士"。〔12〕"趣舍",趋向与舍弃,指做官与退隐。"趣",通"趋。"〔13〕"类",大抵,大都。〔14〕"闾巷之人",身居里巷的平民百姓。"闾",里巷的门,音 lǘ。〔15〕"砥行",修炼品行。"砥",磨练,音 dǐ。〔16〕"青云之士",比喻声名显赫或身居高位的人。〔17〕"恶",疑问代词,哪里,音 wū。"施",延续,音 yì。

【译文】"君子感到痛心的是到死而名声不被大家所称颂。"贾谊说:"贪得无厌的人为追求钱财而不惜一死,胸怀大志的人为追求名节而不惜一死,作威作福的人为追求权势而不惜一死,芸芸众生只顾惜自己的生命。""同是明灯,方能相互辉照;同是一类,方能相互亲近。""飞龙腾空而起,总有祥云相随;猛虎纵身一跃,总有狂风相随;圣人一出现,万物的本来面目便都被揭示得清清楚楚。"伯夷、叔齐虽然贤明,由于得到了孔子的赞扬,名声才更加响亮;颜渊虽然好学,由于追随孔子,品德的高尚才更加明显。那些居住在深山洞穴之中的隐士们,他们出仕与退隐也都很注重原则,有一定的时机,而他们的名字(由于没有圣人的表彰),就大都被埋没了,不被人们所传颂,真可悲啊!一个下层的平民,要想磨练品行,成名成家,如果不依靠德高望重的贤人,怎么可能让自己的名声流传于后世呢?

管晏列传

管仲夷吾者,颍上人也。〔1〕少时常与鲍叔牙游,〔2〕鲍叔知其贤。管仲贫困,常欺鲍叔,鲍叔终善遇之,不以为言。已而鲍叔事齐公子小白,〔3〕管仲事公子纠。〔4〕及小白立为桓公,公子纠死,管仲囚焉。鲍叔遂进管仲。管仲既用,任政于齐,齐桓公以霸,九合诸侯,一匡天下,管仲之谋也。

【注释】〔1〕"颍上",地名,在今安徽颍上县一带。〔2〕"鲍叔牙",春秋时齐国大夫,以知人著称,又叫"鲍叔"。事迹详见本篇及《左传》庄公九年。〔3〕"齐公子小白",即齐桓公,春秋时齐国国君,五霸之一,姜姓,小白乃其名,公元前六八五年至前六四三年在位。周庄王十一年(公元前六八六年),以兄襄公暴虐,去国奔莒。襄公被杀,归国即位。任管仲为相,尊周室,攘夷狄,九合诸侯,一匡天下,终其身为盟主。后管仲死,用竖刁、易牙、开方等,急于政事。详见本书《齐世家》。〔4〕"公子纠",齐襄公之弟。与公子小白争夺君位,失败后被杀。

【译文】管仲，名夷吾，是颍上人。他年轻时曾与鲍叔牙交游，鲍叔知道他很有才能。管仲生活贫困，常常占鲍叔的便宜，但鲍叔始终对他很好，没有怨言。后来鲍叔侍奉齐国的公子小白，管仲侍奉公子纠。等到小白立为齐桓公，公子纠被杀死，管仲也被囚禁起来了。鲍叔于是向桓公推荐管仲。管仲被任用以后，执掌齐国的政事，齐桓公的霸业因此得以成功，九次会集诸侯，使天下一切得到匡正，都是根据管仲的计谋。

管仲曰：“吾始困时，尝与鲍叔贾，[1]分财利多自与，鲍叔不以我为贪，知我贫也。吾尝为鲍叔谋事而更穷困，鲍叔不以我为愚，知时有利不利也。吾尝三仕三见逐于君，鲍叔不以我为不肖，知我不遭时也。吾尝三战三走，鲍叔不以我为怯，知我有老母也。公子纠败，召忽死之，[2]吾幽囚受辱，鲍叔不以我为无耻，知我不羞小节而耻功名不显于天下也。生我者父母，知我者鲍子也。”

【注释】〔1〕“贾”，音 gǔ。坐地经商。 〔2〕“召忽”，齐人，与管仲同事公子纠，纠被杀后，召忽自杀。“召”，音 shào。

【译文】管仲说：“我当初贫困的时候，曾经和鲍叔一起经商，分财利时自己常常多拿一些，但鲍叔并不认为我贪财，知道我是由于生活贫困的缘故。我曾经为鲍叔办事，结果使他更加穷困，但鲍叔并不认为我愚笨，知道这是由于时机有利和不利。我曾经三次做官，三次都被君主免职，但鲍叔并不认为我没有才干，知道我是由于没有遇到好时机。我曾三次作战，三次都战败逃跑，但鲍叔并不认为我胆小，知道这是由于我还有老母的缘故。公子纠失败，召忽为他而死，我被囚禁起来受屈辱，但鲍叔并不认为我不知羞耻，知道我不拘泥于小节，而以功名不显扬于天下为羞耻。生我的是父母，但了解我的却是鲍叔啊！”

鲍叔既进管仲，以身下之。子孙世禄于齐，有封邑者十余世，[1]常为名大夫。天下不多管仲之贤而多鲍叔能知人也。

【注释】〔1〕“十余世”，指鲍叔的子孙后世。《史记索隐》认为指管仲子孙，似误。

【译文】鲍叔在推荐管仲辅佐齐桓公之后，甘愿身居管仲之下。鲍叔的子孙世代都在齐国享受俸禄，十几代人都得到了封地，往往都成为有名的大夫。所以天下人不称赞管仲的贤能，却称颂鲍叔能够识别人才。

管仲既任政相齐，以区区之齐在海滨，通货积财，富国强兵，与俗同好恶。故其称曰：[1]"仓廪实而知礼节，衣食足而知荣辱，上服度则六亲固。[2]四维不张，[3]国乃灭亡。下令如流水之原，令顺民心。"故论卑而易行。俗之所欲，因而予之；俗之所否，因而去之。

【注释】〔1〕"称曰"，以下引自《管子·牧民篇》，引文与今本《管子》稍有出入。〔2〕"上"，指君主或尊长。"服度"，遵守法度。"六亲"，指父、母、兄、弟、妻、子。〔3〕"四维"，指礼、义、廉、耻。"维"，纲纪。

【译文】管仲已经担任齐国丞相，因为齐国临近海滨，所以他发展贸易，积累货币，加强国家军备建设，顺从风俗的好恶。他说："仓廪充足人们就懂得礼节了，衣食不缺人们就懂得荣辱了，君长遵守法度则六亲地位巩固。纲纪如果坏了，国家也就灭亡了。下达命令像流水经过平原，是因为命令得到了民心的拥护。"所以言论谦卑容易实行。是风俗所希望的，顺从；不是，则去除。

其为政也，善因祸而为福，转败而为功。贵轻重，[1]慎权衡。[2]桓公实怒少姬，南袭蔡，[3]管仲因而伐楚，责包茅不入贡于周室。[4]桓公实北征山戎，[5]而管仲因而令燕修召公之政。[6]于柯之会，桓公欲背曹沫之约，[7]管仲因而信之，诸侯由是归齐。故曰：[8]"知与之为取，政之宝也。"

【注释】〔1〕"轻重"，指物价的高低。 〔2〕"权衡"，本指秤，这里指理财。 〔3〕"袭蔡"，齐桓公二十九年（公元前六五七年），桓公与夫人少姬戏于船中，少姬因摇荡船而惊吓了桓公，被送回蔡国。后蔡国使少姬另嫁，桓公恼怒，遂于三十年（公元前六五六年）兴师伐蔡。"蔡"，古国名，在今河南上蔡、安徽凤台一带。 〔4〕"包茅"，古代祭祀时，用束束的青茅，滤去酒渣，故称此青茅为包茅。 〔5〕"北征山戎"，齐桓公二十三年（公元前六六三年）山戎伐燕，齐桓公救燕而伐山戎。"山戎"，古族名，又称"北戎"，春秋时分布在今河北北部一带。〔6〕"召公"，又称召康公。姓姬，名奭（音 shì），周代燕国的始祖，周成王时任太保。 〔7〕"曹沫之约"，齐桓公五年（公元前六八一年），齐桓公与鲁庄公会盟于柯（今山东东阿西南），鲁将曹沫以匕首挟持齐桓公，要求归还被侵占的土地，桓公应允。不久，桓公想背约，管仲劝他实践诺言，于是归还了鲁国的土地。 〔8〕"故曰"，下文出自《管子·牧民篇》。

【译文】管仲为政，善于转祸为福，把失败变为成功。重视控制物价，谨慎地处理财政。桓公实际上是由于怨恨少姬，南下袭击蔡国，但管仲却借这个机会，责备楚国不向周天子进贡包茅。桓公实际上是北伐山戎，但管仲却借这个机会，命令燕国恢复召公的政令。桓公在柯地与鲁国会盟，后来又想违背同曹沫的盟约，但管仲借助这个盟约使桓公建立了信义，因此诸侯都来归附齐国。所以说："懂得给予就是索取的道理，这是治理国政的法宝。"

管仲富拟于公室，有三归、反坫，[1]齐人不以为侈。管仲卒，[2]齐国遵其政，常强于诸侯。后百余年而有晏子焉。

【注释】〔1〕"三归"，三座高台，供游赏之用。"反坫"，堂屋两柱间设有土台，供放置酒器之用。"坫"，音 diàn。按礼所规定，诸侯才有三归和反坫，管仲是大夫，不应享有。　〔2〕"管仲卒"，管仲卒于齐桓公四十一年（公元前六四五年）。

【译文】管仲的财富足以和公室相比，他有三归高台，又有反坫，但齐国人并不认为他奢侈。管仲死后，齐国仍然遵循他制定的政令法规，常比各国诸侯都强大。经过一百多年以后，齐国又出现了一位晏子。

晏平仲婴者，莱之夷维人也。[1]事齐灵公、庄公、景公，[2]以节俭力行重于齐。既相齐，食不重肉，妾不衣帛。其在朝，君语及之，即危言；语不及之，即危行。国有道，即顺命；无道，即衡命。以此三世显名于诸侯。

【注释】〔1〕"莱"，古国名，今山东黄县东南有莱子城，即古莱国。"夷维"，地名，故地在今山东高密。　〔2〕"齐灵公"，春秋时齐国君，顷公子，名环。公元前五八一年至前五五四年在位。"庄公"，齐国君，灵公子，名光。公元前五五三年至前五四八年在位。"景公"，齐国君，庄公异母弟，名杵臼。大夫崔杼杀死庄公后，立其为君。公元前五四七年至前四九○年在位。

【译文】晏平仲，名婴，是古莱国的夷维人，历事齐灵公、齐庄公、齐景公三朝，由于节俭和勤于政事而受到齐国人民的推重。他担任齐相，不吃两样的肉食，妻妾不穿丝绸衣裳。他在朝廷，国君有话问他，他就严肃地回答；不向他问话，他就严肃地办事。当国家有道的时候，就顺命行事，无道的时候，就权衡度量着去行事。他由于这样做，而能够三朝都在诸侯之中显扬名声。

越石父贤，在缧绁中。[1]晏子出，遭之涂，解左骖赎之，[2]载归。弗谢，入闺。[3]久之，越石父请绝。晏子愀然，[4]摄衣冠谢曰："婴虽不仁，免子于厄，[5]何子求绝之速也？"石父曰："不然。吾闻君子诎于不知己而信于知己者。[6]方吾在缧绁中，彼不知我也。夫子既已感寤而赎我，是知己；知己而无礼，固不如在缧绁之中。"晏子于是延入为上客。

【注释】〔1〕"缧绁"，音 léi xiè。拘系犯人的绳索。这里作囚禁解。〔2〕"骖"，指一车三马或四马中两旁的两匹马。〔3〕"闺"，内室。后特指女子的卧室。〔4〕"憬然"，惊讶的样子。"憬"，音 jué。〔5〕"厄"，音 è。受困，遭难。同"厄"。〔6〕"诎"，通"屈"。"信"，通"伸"。

【译文】越石父是个贤能的人，犯了罪被拘禁。晏子外出，在路上遇见他，就解下坐车左边的马，赎出了石父，并让他上车，一同回了家。晏子没有向石父告辞，就进入内室，许久不出来，于是越石父请求断绝交往。晏子大吃一惊，整理自己的衣冠郑重道歉说："我虽然没有仁德，但也帮助您摆脱了困境，您为什么这样快就要断绝交往呢？"石父说："不能这样说。我听说君子在不了解自己的人那里受屈，在知己人那里受到尊敬。当我在囚禁期间，那些人是不了解我的。您既然了解我，并且把我赎出来，这就是知己了，知己而待我无礼，那还不如被囚禁着。"晏子于是请他进来待为上宾。

晏子为齐相，出，其御之妻从门间而窥其夫。[1]其夫为相御，拥大盖，策驷马，意气扬扬，甚自得也。既而归，其妻请去。夫问其故。妻曰："晏子长不满六尺，身相齐国，名显诸侯。今者妾观其出，志念深矣，常有以自下者。今子长八尺，乃为人仆御，然子之意自以为足，妾是以求去也。"其后夫自抑损。晏子怪而问之，御以实对。晏子荐以为大夫。[2]

【注释】〔1〕"御"，驾驶车马。这里指驾车的人。〔2〕"大夫"，职官等级名。三代时，官分卿、大夫、士三等。

【译文】晏子担任齐国的宰相，一次外出，他车夫的妻子从门缝偷看她的丈夫。她的丈夫为宰相驾车，坐在大车盖下边，鞭打着四匹马，意气昂扬，特别得意。车夫回家以后，他的妻子就要求离去，车夫问他为什么。妻子说："晏子身长不满六尺，却做了齐国的宰相，名声显扬于诸侯。今天我看他出来，意志深远，常常流露出甘居人下的情态。现在你身长八尺，却给人家当车夫，但看你那样子却是心满意足，因此我要求离去。"从此以后，她丈夫就变得谨慎谦虚了。晏子感到奇怪，就问他，车夫如实作了回答。晏子推荐他做了大夫。

太史公曰：吾读管氏《牧民》、《山高》、《乘马》、《轻重》、《九府》，[1]及《晏子春秋》，[2]详哉其言之也。既见其著书，欲观其行事，故次其传。至其书，世多有之，是以不论，论其轶事。

【注释】〔1〕"《牧民》、《山高》、《乘马》、《轻重》、《九府》"，皆为《管子》一书中的篇名。〔2〕"《晏子春秋》"，书名。旧题春秋齐晏婴撰。所述皆晏婴遗事，当为后人摭集而成。书名始见于本篇。今本共八卷。

【译文】太史公说：我读管氏的《牧民》、《山高》、《乘马》、《轻重》、《九府》，以及《晏子春秋》，书中说得详细极了。看了他们所著的书以后，还想了解他们的所作所为，所以，编写了他们的传记。至于他们的著作，世上流传很多，所以不再论述，传中只讲他们的轶事。

管仲，世所谓贤臣，然孔子小之。岂以为周道衰微，桓公既贤，而不勉之至王，乃称霸哉？语曰"将顺其美，匡救其恶，故上下能相亲也"。[1]岂管仲之谓乎？

【注释】〔1〕"语曰"，以下引文见于《孝经·事君章》。

【译文】管仲，世人都称他是贤臣，但孔子却轻视他。难道是因为周室衰微，桓公很贤明，而管仲却不勉励他去扶持王室，而辅佐他成就霸主了吗？古语说："帮助发扬君主的美德，纠正他的过错，所以上下就能互相亲近。"说的就是管仲吧？

方晏子伏庄公尸哭之，成礼然后去，[1]岂所谓"见义不为无勇"者邪？[2]至其谏说，犯君之颜，此所谓"进思尽忠，退思补过"者哉！[3]假令晏子而在，余虽为之执鞭，所忻慕焉。

【注释】〔1〕"成礼然后去"，据《左传》襄公二十五年记载，齐大夫崔杼杀庄公，晏婴进去抱着庄公的尸体痛哭，尽了君臣之礼，然后才离去。〔2〕"见义不为无勇"，引文出自《论语·为政》。〔3〕"进思尽忠，退思补过"，引文出自《孝经·事君章》。

【译文】当晏子伏在齐庄公尸体上痛哭，尽到为臣的礼仪之后才肯离去，难道这就是所说的"表现出大义来就不能说是没有勇气"的人吗？至于他进谏上书，冒犯君主的威严，这就是人们所说的"在朝廷上想着要尽忠，下朝就想着要补救过失"的人吧？假如晏子至今还活着，我即使是替他执鞭效劳，也是我喜欢和羡慕的事啊！

老子韩非列传

老子者，楚苦县厉乡曲仁里人也，[1]姓李氏，名耳，字聃，[2]周守藏室之史也。[3]

【注释】〔1〕"苦县"，县名。春秋时属楚，故地在今河南鹿邑东。 〔2〕"聃"，音 dān。〔3〕"守藏室之史"，管理藏书的史官。

【译文】老子是楚国苦县厉乡曲仁里人，姓李，名耳，字聃，在周朝做管理藏书的史官。

孔子适周，将问礼于老子。老子曰："子所言者，其人与骨皆已朽矣，独其言在耳。且君子得其时则驾，不得其时则蓬累而行。[1]吾闻之，良贾深藏若虚，君子盛德，容貌若愚。去子之骄气与多欲，态色与淫志，是皆无益于子之身。吾所以告子，若是而已。"孔子去，谓弟子曰："鸟，吾知其能飞；鱼，吾知其能游；兽，吾知其能走。走者可以为罔，[2]游者可以为纶，[3]飞者可以为矰。[4]至于龙吾不能知，其乘风云而上天。吾今日见老子，其犹龙邪！"

【注释】〔1〕"蓬"，草名，细叶，风吹则根断而随风飘转。"累"，转行貌。 〔2〕"罔"，同"网"。 〔3〕"纶"，音 lún。钓鱼用的丝线。 〔4〕"矰"，音 zēng，系丝绳的射鸟用的短箭。

【译文】孔子到周朝国都雒邑，打算向老子请教礼的知识。老子说："你所说的，他本人和骨骸都已腐朽了，只有他的言论还在。况且君子遭遇时运好，就坐上车子去做官；不逢其时，就像蓬草一样随风转移，可止则止。我听说：'会做生意的商人把货物囤藏起来，外表上好像没有货物一样。君子具有高尚的品德，但容貌谦恭就像愚蠢的人。'去掉你的骄气与多欲，故意做作的姿态和过大不实际的志向，这些对于你自身都没有好处。我要告诉你的，就是这些而已。"孔子离去，对弟子们说："鸟儿，我知道它能飞；鱼儿，我知道它能游；兽类，我知道它能跑。会跑的可以使用网（捉住它），会游的可以使用丝线（钓住它），会飞的可以使用箭

（射中它）。至于龙，我就不能知道了。它乘着风云而上升到天空。我今天见到老子，他大概像一条龙吧！"

老子修道德，其学以自隐无名为务。居周久之，见周之衰，乃遂去。至关，[1]关令尹喜曰：[2]"子将隐矣，强为我著书。"[3]于是老子乃著书上下篇，言道德之意五千余言而去，莫知其所终。

【注释】[1]"关"，指散关，在今陕西宝鸡西南大散岭上。一说指函谷关，在今河南灵宝西南。 [2]"关令尹喜"，守关的官吏，姓尹名喜。一说"关令尹"是守关的官名，其名为喜。[3]"强"，勉力。

【译文】老子讲修道德，他的学说以深自韬隐，不求闻达为主旨。久住周京，看到周朝衰微下去，于是就离开了。经过散关，关令尹喜说："你将要隐居了，请尽力为我著书吧！"于是老子便著述《老子》上下二篇，论述"道"与"德"之意五千多字，然后离去，没有人知道他后来怎么样了。

或曰：老莱子亦楚人也，[1]著书十五篇，言道家之用，与孔子同时云。

【注释】[1]"老莱子"，春秋时楚隐士。避乱世，耕于蒙山下。楚王闻其贤，欲用之，老莱子遂与其妻至江南，隐居不出。著书十五篇。《汉书·艺文志》著录有《老莱》十六篇，久佚。事迹见《史记正义》引《列仙传》、晋皇甫谧《高士传》。

【译文】有人说，有个叫老莱子的，也是楚国人，著书十五篇，论述道家的体用。与孔子生活在同一时代。

盖老子百有六十余岁，或言二百余岁，以其修道而养寿也。

自孔子死之后百二十九年，而史记周太史儋见秦献公曰：[1]"始秦与周合，合五百岁而离，离七十岁而霸王者出焉。"或曰儋即老子，或曰非也，世莫知其然否。老子，隐君子也。

【注释】[1]"周太史儋见秦献公"，本书《周本纪》与《秦本纪》均载此事，时为秦献公十一年（公元前三七四年），距孔子之死计一百零五年。上文云"自孔子死之后百二十九年"推算有误。"秦献公"，秦国国君，名师隰，秦灵公之子。公元前三八四年至前三六二年在位。

【译文】老子大概活了一百六十多岁，有人说活了二百多岁，由于讲修道德，所以养得高寿。

在孔子死后一百二十九年，史书上记载周太史儋见过秦献公，并说："开始秦与周是合并的，大约合五百年后分离，分离七十年后，就会出现霸王。"有人说儋就是老子，有人说不是，世人没有人知道是对还是不对。老子是一个隐士。

老子之子名宗，宗为魏将，封于段干。宗子注，注子宫，宫玄孙假，假仕于汉孝文帝。而假之子解为胶西王卬太傅，〔1〕因家于齐焉。〔2〕

【注释】〔1〕"胶西王卬"，胶西为西汉王国名，故都高苑（今山东邹平东北苑城）。"卬"，音 áng，汉高祖庶子齐悼惠王子，汉文帝封为胶西王，后因参预吴楚七国之乱被杀。"太傅"，官名。古三公之一，周始置，职辅佐君主。汉高后元年（公元前一八七年）置太傅，位次太师。西汉时各地封国建制类中央，故亦设太傅。〔2〕"齐"，地名。今山东泰山以北黄河流域及胶东半岛地区。

【译文】老子的儿子名宗，曾做过魏国的将领，封在段干这个地方。宗的儿子叫注。注的儿子叫宫。宫的玄孙叫假，假曾在汉文帝朝做官。假的儿子解是胶西王卬的太傅，因此定居于齐地。

世之学老子者则绌儒学，〔1〕儒学亦绌老子。"道不同不相为谋"，〔2〕岂谓是邪？李耳无为自化，清静自正。

【注释】〔1〕"绌"，同"黜"，排斥。"儒学"，以孔子为代表的学派。〔2〕"道不同不相为谋"，孔子语，出《论语·卫灵公》。

【译文】世上学习老子学说的人，往往贬斥儒学，而研究儒学的人，也贬斥老子的学说。大概这就是所谓"道不同不相为谋"的原故吧！李耳主张无为而听任自然的变化，清静而自得事理之正。

庄子者，蒙人也，〔1〕名周。周尝为蒙漆园吏，与梁惠王、齐宣王同时。〔2〕其学无所不窥，〔3〕然其要本归于老子之言。故其著书十余万言，大抵率寓言也。作《渔父》、《盗跖》、《胠箧》，〔4〕以诋訿孔子之徒，〔5〕以明老子之术。畏累虚、亢桑子之属，〔6〕皆空语无事实。然善属书离辞，〔7〕指事类情，用剽剥儒、墨，〔8〕虽当世宿学不能自解免也。其言洸洋自恣以适己，〔9〕故自王公大人不能器之。

【注释】〔1〕"蒙"，邑名。战国时属宋，在今河南商丘东北。"漆园"，地名。古属蒙县。此地一说在今山东曹县。 〔2〕"梁惠王"，战国时魏君，姓姬，魏氏，名䓨，公元前三七〇年至前三一九年在位。"齐宣王"，战国时齐君，姓妫，田氏，名辟疆，公元前三二〇年至前三〇一年在位。 〔3〕"窥"，探视。这里是钻研、浏览之意。 〔4〕"《渔父》、《盗跖》、《胠箧》"，均为《庄子》中的篇名。 〔5〕"诋訾"，音 dǐ zǐ。毁辱。 〔6〕"畏累虚、亢桑子"，《庄子·庚桑楚》篇提到的地名与人名。畏累虚即畏垒之山，"虚"同"墟"；亢桑子即庚桑楚。 〔7〕"属"，音 zhǔ。连属。"离"，音 lí。附丽。 〔8〕"剽剥"，攻击。 〔9〕"洸洋"，水势浩大的样子，犹"汪洋"。此以水的无边无际喻议论恣肆。

【译文】庄子是蒙地人，名周。曾做过蒙地漆园的官吏，与梁惠王、齐宣王是同一时代的人。他的学说无所不及，但要旨却源于老子的理论。所以他写的书虽有十多万字，但大多都是寓言文字。作《渔父》、《盗跖》、《胠箧》，来毁辱孔子的学生，以表明老子的道术。至于他写的畏累虚、亢桑子之类，都是没有其事的杜撰。但他善于连缀文字以成辞章，表达事理，形容情状，来攻击儒家和墨家的学说，即使是当世饱学的学者，也都不能免于遭受攻击。他的文章汪洋恣肆，以适应自己的论证目的，所以当时从王公大人以下，没有一个能够像器皿似的使用他。

楚威王闻庄周贤，〔1〕使使厚币迎之，许以为相。庄周笑谓楚使者曰："千金，重利；卿相，尊位也。子独不见郊祭之牺牛乎？〔2〕养食之数岁，衣以文绣，以入大庙。〔3〕当是之时，虽欲为孤豚，〔4〕岂可得乎？子亟去，无污我。我宁游戏污渎之中自快，无为有国者所羁，〔5〕终身不仕，以快吾志焉。"

【注释】〔1〕"楚威王"，楚国国君，楚宣王子，名商，公元前三三九年至前三二九年在位。 〔2〕"郊祭"，祭祀天地。"牺牛"，祭祀用的牛。 〔3〕"大庙"，即太庙，天子的祖庙。 〔4〕"孤豚"，小猪。 〔5〕"羁"，管束。

【译文】楚威王听说庄周贤能，派人去重金聘请，答应让他做卿相。庄周笑笑对楚使说："千金的确是重利，卿相的确是尊位，但你没见过天子祭祀天地时所用的牺牛吗？这些牛被饲养好几年，然后被披上彩绣的衣服，送进太庙去作祭品，在这个时候，即使想做一只自由的小猪，还能办得到吗？你赶快走吧，不要玷污我的人格！我宁愿在有着污泥的小河沟里自由自在，也不愿被国君所约束，终身不做官，使我的心志快乐。"

申不害者，京人也，〔1〕故郑之贱臣。学术以干韩昭侯，〔2〕昭侯用为相。内修政教，外应诸侯，十五年。终申子之身，国治兵强，无侵韩者。

【注释】〔1〕"京"，邑名，战国时属郑，故城在今河南荥阳东南。 〔2〕"韩昭侯"，战国时韩国国君，韩懿侯子，公元前三五八年至前三三三年在位。

【译文】申不害是京县人，原来是郑国的一个小官。后来学了刑名之术来求见韩昭侯，昭侯任用他为相，对内整饰政治教化，对外应付诸侯之国，达十五年。一直到申子去世之时，韩国国治兵强，没有敢于侵犯的。

申子之学本于黄老而主刑名。〔1〕著书二篇，号曰《申子》。〔2〕

【注释】〔1〕"黄老"，黄帝和老子。先秦儒家只谈尧、舜而不提黄帝，道家为了和儒家争夺学术地位，捧出传说较尧、舜更早的黄帝来，与老子并尊为道家的创始人，故汉时有"黄老之学"的称呼。"刑名"，"刑"同"形"。刑名指实与名。 〔2〕"《申子》"，书早佚，有《大体篇》保存于《群书治要》中。

【译文】申子之学，源于黄帝和老子，而主张循名责实。著书二篇，叫做《申子》。

韩非者，韩之诸公子也。喜刑名法术之学，而其归本于黄老。非为人口吃，不能道说，而善著书。与李斯俱事荀卿，〔1〕斯自以为不如非。

【注释】〔1〕"李斯"，楚上蔡（今河南上蔡西南）人，战国末年入秦，先后任廷尉、丞相等职，后为赵高所忌，被杀。详见本书《李斯列传》。"荀卿"，即荀况，战国赵人，当时的著名学者，其学以孔子为宗，主人性恶，与孟子性善说相反。今传《荀子》三十二篇。详见本书《荀卿列传》。

【译文】韩非，是韩国的贵族子弟。爱好刑名法术的学说，这种学说源于黄老。韩非生来口吃，不善于言说，却善于著书。与李斯同时求学于荀卿，李斯自认为才能不及韩非。

非见韩之削弱，数以书谏韩王，〔1〕韩王不能用。于是韩非疾治国不务修明其法制，执势以御其臣下，富国强兵而以求人任贤，反举浮淫之蠹而加之于功实之上。〔2〕以为儒者用文乱法，而侠者以武犯禁。宽则宠名誉之人，急则用介胄之士。今者所养非所用，所用非所养。悲廉直不容于邪枉之臣，观往者得失之变，故作《孤愤》、《五蠹》、《内外储》、《说林》、《说难》十余万言。[3]

【注释】[1]"韩王"，指韩王安，韩国的最后一个君主。韩桓惠王子，公元前二三八年至前二三○年在位。详见本书《韩世家》。 [2]"浮淫之蠹"，指文学游说之士。"蠹"，蛀虫。韩非认为文学游说之士于国无益，故称之为"蠹"。 [3]"《孤愤》、《五蠹》、《内外储》、《说林》、《说难》"，均为《韩非子》中的篇名。"说"，音 shuì。游说。

【译文】韩非看到韩国国势渐渐削弱，屡次上书规谏韩王，但韩王都不加采纳。因此韩非痛心国君治国不致力于讲求法制，不能用权势来驾驭臣下，不能使国家富强，兵力强大，不求贤任能，反而举任一些文学游说之士，使他们位居于专务功利实际的人之上。韩非认为儒生搬弄文辞来扰乱法术，而任侠的人又用武力干犯禁忌。平安时就恩宠那些有浮名虚誉的文人，危急时则要用披甲带胄的武士。现在平时培养的人不是所要使用的人，而所使用的人却不是平日所培养的人。他又悲愤那些清廉正直的臣子不为奸邪之臣所容，考察历史上治国得失的演变之迹，因此写下了《孤愤》、《五蠹》、《内外储》、《说林》、《说难》等十余万字的文章。

然韩非知说之难，为《说难》书甚具，终死于秦，不能自脱。

《说难》曰：

凡说之难，非吾知之有以说之难也；又非吾辩之难能明吾意之难也；又非吾敢横失能尽之难也。[1]凡说之难，在知所说之心，[2]可以吾说当之。

【注释】[1]"横失"，横佚，横逸，指辩说的纵横驰骋，口才无碍。"失"，同"佚"，音yì。 [2]"所说"，指所要游说的君主。

【译文】然而韩非尽管深知游说之道甚难，写下《说难》一文特别详备，但最终还是被害死在秦国，未能以身自免。

《说难》写道：

大凡对君主游说的难处，不是难在用我具有的知识来向君主游说，也不是难在我的口才难以表达我的意思，更不是难在我不敢把自己的意思毫无顾忌地充分讲出来。游说的难处，是在于了解游说对象的心理，方可使我的言论适合他的口味。

所说出于为名高者也，而说之以厚利，则见下节而遇卑贱，必弃远矣。所说出于厚利者也，而说之以名高，则见无心而远事情，必不收矣。

所说实为厚利而显为名高者也，而说之以名高，则阳收其身而实疏之；[1]若说之以厚利，则阴用其言而显弃其身。此之不可不知也。

【注释】〔1〕"阳"，表面上。与上文"显"义近。

【译文】如果君主希望博取很高的名望，而游说者却对他说如何博取厚利，那么就会被君主看成为志节卑下，而以卑贱的待遇来对待他，这样，游说者必定要被君主远远抛弃了。如果君主希望获取厚利，而游说者却拿怎样获得高名去劝说他，那就会被君主看成是一个没有头脑的人，而且和他所计划的事相去太远，结果游说者必定不会被收用了。如果君主暗地里想获得厚利，而外表却装做好高名的样子，游说者若以获得高名的言论去劝说他，君主就会表面上同意游说者的意见，任用游说者，实际上却对他疏远；游说者若以获取厚利的言论去劝说他，君主就会暗中采用他的言论，表面上却要抛弃游说者。这是不可不省察的。

夫事以密成，语以泄败。未必其身泄之也，而语及其所匿之事，如是者身危。贵人有过端，而说者明言善议以推其恶者，则身危。周泽未渥也而语极知，说行而有功则德亡，[1]说不行而有败则见疑，如是者身危。夫贵人得计而欲自以为功，说者与知焉，则身危。彼显有所出事，乃自以为也故，[2]说者与知焉，则身危。强之以其所必不为，止之以其所不能已者，身危。故曰：与之论大人，则以为间己；与之论细人，[3]则以为粥权。[4]论其所爱，则以为借资；[5]论其所憎，则以为尝己。[6]径省其辞，则不知而屈之；[7]泛滥博文，则多而久之。[8]顺事陈意，则曰怯懦而不尽；虑事广肆，则曰草野而倨侮。[9]此说之难，不可不知也。

【注释】〔1〕"亡"，通"忘"，忘记。〔2〕"也"，通"他"，其他。〔3〕"细人"，这里指君主身边的亲近小臣。〔4〕"粥权"，卖权，盗用权力。"粥"，同"鬻"，音 yù，卖。〔5〕"借资"，因依，凭借。〔6〕"尝己"，试探君主。〔7〕"屈"，通"诎"，卷曲，指不得舒展。〔8〕"久"，陈奇猷《韩非子集释》认为是"弃"字之误。〔9〕"草野而倨侮"，粗野傲慢。

【译文】事情由于保密而成功，由于语言的泄漏而失败。未必是游说者泄漏的，只是游说者无意中说破了君主秘藏着的心事，这样游说者就有生命危险。显贵有了错误的苗头，而游说者却公开用大道理去推测他的不良行为，那么游说者就有生命危险。君主对游说者的亲密恩泽还没有达到深厚的程度，而游说者却讲出极知心的话，游说者的主张被采用并获得成功，他的功德就会被君主遗忘。游说者的主张没有被实行因而遭致失败，他就要引起君主的怀疑，这样游说者就有生命危险。显贵计划了一件事情，感到很得意，想自己表功，但游说者也曾参预，知道这件事，那么游说者就有生命危险。君主表面上号召做某一件事，而实际上却是为了成就另一件事，游说者参预并知道底细，那么游说者就有生命危险。如果勉强对方去做他不愿做的事情，或者勉强他中止他所不愿意罢手的事情，就有生命危险。所以说，游说者要是同君主议论大臣的事，便会被认为是离间君臣关系；要是同君主议论近臣的事，便会被认为是冒犯君主的权威。谈论君主所宠爱的人，便会被认为是拿君主宠爱的人作靠山；谈论君主所厌恶的人，便会被认为是试探君主对自己的看法。要是游说者说话简单直捷，就会被认为缺少才智而得不到重用；要是滔滔不绝说得不着边际，就会被认为啰哩啰嗦浪费时间。要是简略地陈述大意，就会被说成是懦弱不敢大胆尽言；要是把考虑的事情毫无顾忌尽情谈出来，又会被说成是粗野傲慢。这一切都是游说者的难处，是不可不知道的。

凡说之务，在知饰所说之所敬，而灭其所丑。彼自知其计，则毋以其失穷之；自勇其断，则毋以其敌怒之；[1]自多其力，则毋以其难概之。[2]规异事与同计，誉异人与同行者，则以饰之无伤也。有与同失者，则明饰其无失也。大忠无所拂悟，[3]辞言无所击排，[4]乃后申其辩知焉。此所以亲近不疑，知尽之难也。[5]得旷日弥久，而周泽既渥，深计而不疑，交争而不罪，乃明计利害以致其功，直指是非以饰其身，以此相持，此说之成也。

【注释】〔1〕"敌"，通"谪"，音 zhé，过失。 〔2〕"概"，恼恨。 〔3〕"忠"，顾广圻认为此字误，当从《道藏》本《韩非子》作"忤"；王先谦认为当从《太平御览》卷四六二引作"怒"。今从王说。"拂"，通"咈"，违。"悟"，通"牾"，逆。 〔4〕"击排"，碰撞反驳。 〔5〕"知"，一作"得"。"难"，一作"辞"。

【译文】 游说者所应注意的重要问题，就在于如何去美化君主最自负的地方，而掩盖他最自惭形秽之处。对方如果以为自己的计谋高明，就不要指责他过去的失败而使他受窘；要是他认为自己的果断很勇敢，就不要拿他由于考虑不周造成的过错去激怒他；要是他夸耀自己的能力很强，就不要拿他感到棘手的问题非难他。规划不同的事与君主有同样打算的，赞美别人的行事和君主相同的。对这些事和人，游说者就要注意文饰自己的观点不要刺伤他们。有人和君主做了同样失败的事，一定要表面上说他没有错。君主大怒时不要违抗，言辞不要有锋芒，然后发挥自己的口辩智慧。这就是游说者得以亲近君主，不被怀疑，而可以充分说出自己言论主张的办法。如果得以与君主长期共事，感情和恩泽很深厚，替君主深谋远虑而不受怀疑，互相争论也不获罪，遇事便可以公开地论断利害，使他获得成功，直截了当地指出君主的是非，使他能够改正。彼此的关系如能像这样维持下去，那游说就算是成功了。

伊尹为庖，[1]百里奚为虏，[2]皆所由干其上也。故此二子者，皆圣人也，犹不能无役身而涉世如此其污也，则非能仕之所设也。[3]

【注释】〔1〕"伊尹"，名挚，商汤的大臣。原为汤妻陪嫁的奴隶，后佐汤伐夏桀，被尊为阿衡（宰相）。相传他曾为汤的厨师，借烹调之事劝喻汤。〔2〕"百里奚"，春秋时秦穆公相。原为虞大夫。晋献公灭虞，虏之，作为秦穆公夫人的陪嫁。后委以国政，助秦穆公建成霸业。〔3〕"设"，《韩非子》作"耻"，当是。

【译文】伊尹曾做过厨子，百里奚曾做过奴仆，他们都从自己从事的工作的角度请求君主采用他们的主张。这两个人都是古代的圣人，尚不能不亲自去从事卑贱的事以求进用。像这样卑躬屈节，也并不是贤能之士感到耻辱的事。

宋有富人，天雨墙坏。其子曰"不筑且有盗"，其邻人之父亦云，暮而果大亡其财，其家甚知其子而疑邻人之父。昔者郑武公欲伐胡，[1]乃以其子妻之。因问群臣曰："吾欲用兵，谁可伐者？"关其思曰："胡可伐。"乃戮关其思，曰："胡，兄弟之国也，子言伐之，何也？"胡君闻之，以郑为亲己而不备郑。郑人袭胡，取之。此二说者，其知皆当矣，然而甚者为戮，薄者见疑。非知之难也，处知则难矣。

【注释】〔1〕"郑武公"，春秋时郑国国君，郑桓公之子，名掘突，公元前七七〇年至前七四四年在位。"胡"，春秋时国名，故地在今安徽阜阳一带。

【译文】宋国有个富翁，天下大雨冲塌了他家的墙壁。他儿子说："如果不快修好这堵墙，就要有盗贼来。"他邻人的父亲也说了同样的话。到了晚上，他家果然被盗，丢失了不少钱财，他家的人都说自己的儿子聪明，却怀疑邻人的父亲。从前郑武公想讨伐胡国，便把自己的女儿嫁给胡君做妻子。接着他问群臣说："我想对外用兵，哪一国可以攻打呢？"大夫关其思回答说："胡国可以攻打。"郑武公便杀了关其思，说道："胡国是兄弟国家，你说可以攻打，居心何在？"胡国国君听到这件事，认为郑君和自己关系密切，便不防备郑国了。郑国乘机袭击胡国，把它吞灭了。邻人之父和关大夫的话都对，但重的遭受到杀戮，轻的被人所怀疑。可见认识某一事理并不困难，但如何处理这种认识就困难了。

　　昔者弥子瑕见爱于卫君。[1]卫国之法，窃驾君车者罪至刖。[2]既而弥子之母病，人闻，往夜告之，弥子矫驾君车而出。[3]君闻之而贤之曰："孝哉，为母之故而犯刖罪！"与君游果园，弥子食桃而甘，不尽而奉君。君曰："爱我哉，忘其口而念我！"及弥子色衰而爱弛，[4]得罪于君。君曰："是尝矫驾吾车，又尝食我以其余桃。"[5]故弥子之行未变于初也，前见贤而后获罪者，爱憎之至变也。故有爱于主，则知当而加亲；见憎于主，则罪当而加疏。故谏说之士不可不察爱憎之主而后说之矣。

　　【注释】〔1〕"弥子瑕"，春秋时卫灵公幸臣。事迹尚见于《左传》定公六年、《韩非子·内储》上、《难》四。　〔2〕"刖"，音 yuè。古代砍掉脚的酷刑。　〔3〕"矫"，假称君命。〔4〕"色衰而爱弛"，容貌衰老，宠爱减弱。　〔5〕"食"，音 sì，给人吃。

　　【译文】从前弥子瑕很受卫君的宠爱。卫国的法律，凡是私自驾用君主车子的人就要受断足的刑罚。有一次，弥子瑕的母亲病了，有人闻讯，连夜去告诉了他，弥子瑕就假称君主的命令，私自驾了卫君的车子出去。卫君知道后，反而称赞他说："真是一个孝子啊，为了母亲甘愿受断足之刑。"弥子瑕和卫君游果园，弥子瑕摘一个桃子吃，觉得又香又甜，没有吃完，就把剩下的让给卫君吃了。卫君说："弥子瑕真是爱我啊，不顾自己爱吃却想着我。"等到后来弥子瑕老态龙钟，卫君对他的宠爱消减了，他得罪了卫君，卫君就说："弥子瑕曾经假称我的命令，私自驾用我的车子，又曾经给我吃剩的桃子吃。"所以说弥子瑕的行为和以前并没有什么不同，可当初为卫君所赞许，而后来却变成了罪过，其原因就是卫君心中的爱和憎起了变化。所以一个人被君主宠爱的时候，他的智谋合乎君主的口味，君主就对他更加亲近。当他被君主厌恶的时候，他的过失与君主的厌恶心理相应，君主就对他更加疏远。因此游说谏诤的人必须事先仔细观察君主爱憎如何，然后再进言。

　　夫龙之为虫也，[1]可扰狎而骑也。[2]然其喉下有逆鳞径尺，[3]人有婴之，[4]则必杀人。人主亦有逆鳞，说之者能无婴人主之逆鳞，则几矣。

　　【注释】〔1〕"虫"，古代把虫作为动物的总称。把龙也看作是虫类。　〔2〕"扰"，通"柔"，音 róu。"狎"，习，驯服。　〔3〕"逆鳞"，倒逆而长的鳞甲。"径尺"，尺把长。　〔4〕"婴"，触动。

　　【译文】龙作为一种虫类，可以亲近它，骑它，但它的喉咙下倒生着尺把长的鳞，如果有人触动了它，就必定要丧命。君主也同样生有逆鳞，游说者能够不触犯君主的逆鳞，就差不多成功了。

人或传其书至秦。秦王见《孤愤》、《五蠹》之书，[1]曰："嗟乎，寡人得见此人与之游，死不恨矣！"李斯曰："此韩非之所著书也。"秦因急攻韩。韩王始不用非，及急，乃遣非使秦。秦王悦之，未信用。李斯、姚贾害之，[2]毁之曰："韩非，韩之诸公子也。今王欲并诸侯，非终为韩不为秦，此人之情也。今王不用，久留而归之，此自遗患也，不如以过法诛之。"[3]秦王以为然，下吏治非。李斯使人遗非药，[4]使自杀。韩非欲自陈，不得见。秦王后悔之，使人赦之，非已死矣。[5]

【注释】〔1〕"秦王"，指秦王嬴政，统一六国后称始皇帝。 〔2〕"姚贾"，时为秦上卿。〔3〕"过"，罪过。 〔4〕"遗"，音 wèi。送给。 〔5〕"非已死矣"，韩非死于秦王政十四年（公元前二三三年）。

【译文】有人把韩非的书传到秦国。秦王看了《孤愤》、《五蠹》等书，慨叹说："唉，我要是能见到这个人，并与他交往，即使是死了也不遗憾了。"李斯说："这几卷书是韩非写的。"秦国因此加紧攻打韩国。韩王最初不任用韩非，等到形势危急，便派韩非出使秦国。秦王很高兴，尚未任用他时，李斯、姚贾妒忌韩非，就诋毁他说："韩非是韩国的贵族子弟，现在大王要吞并诸侯，韩非最终还是要为韩国效力，而不会为秦国效力，这是人之常情。现在大王不任用他，久留于秦，将来再放他回去，这是自己留下后患，不如加以罪名，依法处死他。"秦王认为有道理，就派人将韩非关押起来。李斯派人送毒药给韩非，让他自杀。韩非想要向秦王申诉，未能见到。秦王后来悔悟了，使人去赦免韩非，但是韩非已经死了。

申子、韩子皆著书，传于后世，学者多有。余独悲韩子为《说难》而不能自脱耳。

太史公曰：老子所贵道，虚无，因应变化于无为，故著书辞称微妙难识。庄子散道德，[1]放论，[2]要亦归之自然。[3]申子卑卑，[4]施之于名实。韩子引绳墨，切事情，明是非，其极惨礉少恩。皆原于道德之意，而老子深远矣。

【注释】〔1〕"散"，推演。 〔2〕"放论"，放言高论。 〔3〕"要"，要旨。"自然"，自然无为。 〔4〕"卑卑"，自我勉励之意。

【译文】申子、韩子都有著作留传到后世，不少学者都有他们的著作。我暗自悲伤韩非写了《说难》一文，自己却未能逃脱死路。

太史公说：老子看重道、虚无，听任事物自然变化，因此他写的书人们认为语义微妙难于理解。庄子推演老子关于道德的学说，放言高论，而要旨最终也归宗于自然之道。申子常常勉励自己，实践循名责实的理论。韩非以法律为准绳，判断事情，明察是非，到了极端便是惨急苛刻，残酷无情。申子、韩子的理论都源于"道德"学说，但老子原来的学说那是深远多了。

司马穰苴列传

司马穰苴者，[1] 田完之苗裔也。[2] 齐景公时，[3] 晋伐阿、甄，[4] 而燕侵河上，[5] 齐师败绩。[6] 景公患之。晏婴乃荐田穰苴曰：[7] "穰苴虽田氏庶孽，[8] 然其人文能附众，武能威敌，愿君试之。"景公召穰苴，与语兵事，大说之，[9] 以为将军，[10] 将兵扞燕晋之师。[11] 穰苴曰："臣素卑贱，君擢之间伍之中，[12] 加之大夫之上，士卒未附，百姓不信，人微权轻，愿得君之宠臣，国之所尊，以监军，[13] 乃可。"于是景公许之，使庄贾往。穰苴既辞，与庄贾约曰："旦日日中会于军门。"[14] 穰苴先驰至军，立表下漏待贾。[15] 贾素骄贵，以为将己之军而己为监，[16] 不甚急。亲戚左右送之，留饮。日中而贾不至。穰苴则仆表决漏，[17] 入，[18] 行军勒兵，[19] 申明约束。[20] 约束既定，夕时，[21] 庄贾乃至。穰苴曰："何后期为？"贾谢曰：[22] "不佞大夫亲戚送之，[23] 故留。"穰苴曰："将受命之日则忘其家，临军约束则忘其亲，援枹鼓之急则忘其身。[24] 今敌国深侵，邦内骚动，士卒暴露于境，君寝不安席，食不甘味，百姓之命皆悬于君，何谓相送乎！"召军正问曰：[25] "军法期而后至者云何？"[26] 对曰："当斩。"庄贾惧，使人驰报景公，请救。既往，未及反，于是遂斩庄贾以徇三军。[27] 三军之士皆振慄。[28] 久之，景公遣使者持节赦贾，[29] 驰入军中。穰苴曰："将在军，君令有所不受。"[30] 问军正曰："驰三军法何？"正曰："当斩。"使者大惧。穰苴曰："君之使不可杀之。"乃斩其仆，[31] 车之左驸，[32] 马之左骖，[33] 以徇三军。遣使者还报，然后行。士卒次舍井灶饮食问疾医药，[34] 身自拊循之。[35] 悉取将军之资粮享士卒，[36] 身与士卒平分粮食，最比其羸弱者。[37] 三日而后勒兵，病者皆求行，争奋出为之赴战。晋师闻之，为罢去。燕师闻之，度水而解。[38]于是追击之，遂取所亡封内故境而引兵归。[39]未至国，释兵旅，解约束，誓盟而后入邑。[40]景公与诸大夫郊迎，[41]劳师成礼，然后反归寝。既见穰苴，尊为大司马。[42]田氏日以益尊于齐。[43]

中華藏書

列传二十五篇（精选）

中国书店

七〇五

【注释】〔1〕"司马穰苴"，穰苴音 ráng jū，以司马为氏，名穰苴。穰苴本为田氏（下文称田穰苴），齐景公尊为大司马后，以官职为氏。《战国策·齐六》记齐湣王杀司马穰苴，与此不同。〔2〕"田完"，陈厉公他之子，见《田敬仲完世家》。穰苴是其后世子孙。〔3〕"齐景公"，齐庄公异母弟杵臼，见《齐太公世家》。〔4〕"阿"，音 ē，在今山东阳谷东北；"甄"，音 juàn，通"鄄"，在今山东鄄城北，皆齐邑。〔5〕"河上"，燕、齐交界处的黄河南岸地，约在今河北沧州、德州一带。〔6〕"败绩"，溃败。〔7〕"晏婴"，齐景公相，见《管晏列传》。〔8〕"庶孽"，"孽"音 niè，庶出子孙。〔9〕"说"，同悦。〔10〕"将军"，军队统帅。〔11〕"扞"，抵御。〔12〕"擢"，音 zhuó，提拔。"闾伍"，"闾"音 lǘ，里门，亦代指里，古代的里大小不一，为二十五家，或五十家，或一百家；伍只有五家。闾伍是居民的基层居住单位，这里指民间下层。〔13〕"监军"，监察军队。〔14〕"旦日"，明天。"日中"，正午。"军门"，又叫和门，是军营的正门。〔15〕"表"，日表，古代测日影计时的标竿。"漏"，滴漏，古代用滴水计时的工具。〔16〕"监"，军监，监察军队的官吏。〔17〕"仆"，音 pū，放倒，与上文"立"相反。"决"，截断，与上文"下"相反。〔18〕"入"，指入军门。〔19〕"勒"，控制，驾驭。这里指整顿军队。〔20〕"约束"，规定。〔21〕"夕"，傍晚以后。〔22〕"谢"，道歉。〔23〕"佞"，音 nìng，巧言。"不佞"谦词，犹言不才。"大夫"，即上文"左右"，指庄贾的僚属。〔24〕"援"，执、持。"枹"，音 fú，字亦作"桴"，鼓槌。〔25〕"军正"，军中执法之官。〔26〕"军法"，古代治军之法，包括军队编制、官吏设置以及爵赏诛罚等规定。〔27〕"徇"，巡行示众。"三军"，古代军队往往分上、中、下或左、中、右三军。〔28〕"振慄"，"振"同"震"，"慄"音 lì，震惊战慄。〔29〕"节"，符节，传达君命的凭证。〔30〕这是古代兵家的一种成说，《孙子·九变》："君命有所不受。"〔31〕"仆"，驾车的人，即驭手，驭手在车上居左。〔32〕"驸"，通"辅"，辅是附于车辐的立木，用以加固。〔33〕"骖"，音 cān，驾车时位于两旁的马。〔34〕"次舍"，驻扎，《左传》庄公三年："凡师一宿为舍，再宿为信，过信为次。"〔35〕"拊循"，"拊"音 fǔ，同"抚"；"循"同"揗"，音 xún，义为摩，本指抚摩，这里是安抚之义。〔36〕"资粮"，"资"同"粢"音 zī，与粮同义。〔37〕"最比"，标准最接近于。"羸弱"，"羸"音 léi，瘦弱。古代廪食制度（口粮配给制度）是按年龄、性别、体力定等次，体弱者口粮标准最低。〔38〕渡黄河解兵而去。〔39〕"封内"，封指封疆，疆界之内。〔40〕今本《司马法·天子之义》："古者国容不入军，军容不入国。"这里所说"至国"、"入邑"，是说返回国都，进入城里。"入国"必须解除武装，这是古代军礼所要求。〔41〕军队回来，国君要迎接于郊，这也是古代军礼所要求。〔42〕"大司马"，东周时期最高的军事长官。〔43〕齐景公时，田釐子乞以小斗进大斗出，深得民心，参看《田敬仲完世家》。

【译文】司马穰苴是田完的后世子孙。齐景公时，晋国进犯阿和甄，燕国也入侵黄河南岸地，齐国军队大溃败。景公为此忧虑，晏婴因而推荐田穰苴说："穰苴虽为田氏的庶出子孙，但他这个人，文德可使部下亲附，武略可使敌人畏惧，希望您能验试一下他。"景公召见穰苴，同他讨论军事，大加赞赏，任他为将军，率兵抵御燕晋两国的军队。穰苴说："臣下出身卑贱，是您把我从民间提拔上来，地位放在大夫之上，士兵并未亲附，百姓也无信任，资望既浅，缺乏权威，希望得到您的宠臣、国内有威望的人来监察军队，只有这样才能办到。"于是景公答应了他的条件，派庄贾前往。穰苴告辞之后，与庄贾约定说："明天正午在军门外相会。"第二天，穰苴先驰车到达军营，树立日表，打开滴漏，等待庄贾。庄贾一向傲慢自大，喜欢摆架子，认为率领自己的军队而由自己来当军监，不大着急。亲戚僚属为他送别，留下宴饮。直到正午庄贾仍未来。穰苴便放倒日表，截断滴漏，先入"军门"，整顿军队，反复说明各项规定。规定既经确立，到了傍晚，庄贾才到。穰苴问："为什么迟到？"庄贾道歉说："本人因为大夫和亲戚相送，所以耽搁了。"穰苴说："将领从接受任命之日就不顾家庭，从亲临军营申明号令就不顾亲戚，从拿起鼓槌指挥作战就不顾个人安危。现在敌国深入我地，举国骚动，士兵暴露于境内，国君睡不安稳，食不香甜，百姓之命皆系于您一身，还谈得上什么相送呢！"召军正来问："按照军法，按期不到者应如何处置？"回答是："应当斩首。"庄贾害了怕，派人驰车报告景公，请求救命。人走了，还没来得及返回，庄贾已被斩首示众于三军。三军士兵皆震惊战慄。过了好一会儿，景公派使者持节来赦免庄贾，车子闯入营垒之中。穰苴说："将在军中，国君的命令可以不必完全照办。"问军正说："闯入营垒依法当如何处置？"军正说："应当斩首。"使者大惊失色。穰苴说："国君的使者不可以杀。"便斩了驾车的驭手，砍断车子的左辅，杀死左边的马，示众于三军。派使者回报，然后开拔。士兵安营扎寨，打井砌灶，饮水吃饭，看病抓药，皆亲自过问，以示关怀。把将军的粮食全部拿来与士兵共享，本人与士兵平分粮食，标准最接近于身体瘦弱者。三天之后集合待发，病弱的人都要求前往，奋勇争先要去作战。晋国的军队听说，撤兵而去。燕国的军队听说，也渡河而溃散。于是乘胜追击，收复境内失去的国土率师而归。进入国都之前放下武器，解除规定，盟誓之后才敢进城。景公与众大夫迎之于郊，依礼慰劳军队完毕，然后才返回休息。见到穰苴之后，把他晋升为大司马。田氏从此在齐国日益显赫。

已而大夫鲍氏、高、国之属害之，[1]谮于景公。[2]景公退穰苴，苴发疾而死。田乞、田豹之徒由此怨高、国等。[3]其后及田常杀简公，[4]尽灭高子、国子之族。[5]至常曾孙和，[6]因自立为齐威王，[7]用兵行威，大放穰苴之法，[8]而诸侯朝齐。[9]

【注释】〔1〕"鲍氏"，齐贵族，据《国语·齐语》韦昭注为"姒姓之后"。"高"、"国"，高氏、国氏，也是齐贵族，《潜夫论·志氏姓》以为姜姓。〔2〕"譖"，音 zèn，说坏话。〔3〕"田乞"，即田釐子乞。"田豹"，田氏庶族。俱见《田敬仲完世家》。〔4〕"田常"，即田成子常（"常"字是避汉文帝刘恒讳改字，《左传》作"恒"），见《田敬仲完世家》。"简公"，齐景公子壬，见《齐太公世家》。〔5〕"高子"、"国子"，即高氏、国氏。《田敬仲完世家》记田常杀简公之后，"尽诛鲍、晏、监止及公族之彊者"。〔6〕"和"，即齐太公和，为田常曾孙，见《田敬仲完世家》。〔7〕和非齐威王。齐威王名因齐，是和之曾孙。此文有误。〔8〕"放"，音 fǎng，通仿，仿效。〔9〕《田敬仲完世家》记齐败魏桂陵之后，"于是齐最强于诸侯，自称为王，以令天下"。

【译文】不久大夫鲍氏、高氏、国氏一伙陷害他，向景公进谗言。景公罢退穰苴，穰苴发病而死。田乞、田豹一伙从此怨恨高氏、国氏等。后来田常杀齐简公，全部灭掉高子、国子之族。到田常的曾孙和，便自立为齐威王，用兵作战，显示武力，极力仿效穰苴的兵法，当时诸侯都来朝见齐国。

齐威王使大夫追论古者《司马兵法》而附穰苴于其中，〔1〕因号曰《司马穰苴兵法》。〔2〕

【注释】〔1〕"穰苴"，这里指穰苴的兵法。〔2〕"《司马穰苴兵法》"，是由齐大夫追论的古《司马兵法》和穰苴的兵法合并而成。《汉书·艺文志》著录《军礼司马法》百五十五篇，入《六艺略》礼类，古书征引《司马法》佚文内容往往与《周礼》相合，可能即出自该书。《隋书·经籍志》以来著录《司马兵法》皆三卷，可能是节本。今本共包括三卷五篇，即《仁本》、《天子之义》、《定爵》、《严位》、《用众》。

【译文】齐威王命大夫们追论古代的《司马兵法》而把穰苴的兵法也附在里面，因此号称《司马穰苴兵法》。

太史公曰：余读《司马兵法》，闳廓深远，〔1〕虽三代征伐，〔2〕未能竟其义，如其文也，亦少褒矣。〔3〕若夫穰苴，区区为小国行师，〔4〕何暇及《司马兵法》之揖让乎？〔5〕世既多《司马兵法》，以故不论，著穰苴之列传焉。

【注释】〔1〕"闳廓"，"闳"通"宏"，博大。〔2〕"三代"，夏、商、西周三代。〔3〕"少褒"，褒训大，是稍微有些夸大之义。〔4〕"区区"，狭小不足道。〔5〕"何暇及"，哪里赶得上。"揖让"，拱手相让，指讲求礼仪规定。

【译文】太史公说：我读《司马兵法》，内容宏大深远，即使夏、商、西周三代的征伐也未能穷尽其义，从文字上看，未免有点夸大。至于穰苴，仅仅是为小国行师用兵，哪里赶得上《司马兵法》的讲求礼仪规定呢？世上流传的《司马兵法》既然很多，所以不复详论，只为穰苴写了传记。

孙子吴起列传

孙子武者，[1]齐人也。[2]以兵法见于吴王阖庐。[3]阖庐曰："子之十三篇，[4]吾尽观之矣，可以小试勒兵乎？"[5]对曰："可。"阖庐曰："可试以妇人乎？"曰："可。"于是许之，出宫中美女，得百八十人。孙子分为二队，[6]以王之宠姬二人各为队长，皆令持戟。[7]令之曰："汝知而心与左右手背乎？"[8]妇人曰："知之。"孙子曰："前，则视心；[9]左，视左手；右，视右手；后，即视背。"妇人曰："诺。"约束既布，[10]乃设铁钺，[11]即三令五申之。[12]于是鼓之右，[13]妇人大笑。孙子曰："约束不明，申令不熟，将之罪也。"复三令五申而鼓之左，妇人复大笑。孙子曰："约束不明，申令不熟，将之罪也；既已明而不如法者，吏士之罪也。"[14]乃欲斩左右队长。吴王从台上观，见且斩爱姬，大骇。趣使使下令曰：[15]"寡人已知将军能用兵矣。寡人非此二姬，食不甘味，愿勿斩也。"孙子曰："臣既已受命为将，将在军，君命有所不受。"[16]遂斩队长二人以徇。[17]用其次为队长，于是复鼓之。妇人左右前后跪起皆中规矩绳墨，[18]无敢出声。于是孙子使使报王曰："兵既整齐，王可试下观之，唯王所欲用之，虽赴水火犹可也。"吴王曰："将军罢休就舍，寡人不愿下观。"孙子曰："王徒好其言，不能用其实。"于是阖庐知孙子能用兵，卒以为将。西破强楚，入郢，[19]北威齐晋，[20]显名诸侯，孙子与有力焉。

【注释】[1]"孙子武"，本篇为两个孙子作传，先叙孙武，故称孙子武。孙是氏，子是尊称，武是名。其事迹除本书，还见于银雀山汉简《见吴王》和《吴越春秋·阖闾内传》等。宋代《新唐书·宰相世系表》和《古今姓氏书辩证》称孙武字长卿，是齐大夫田书（《左传》昭公十九年作"孙书"）之孙；因田鲍四族作乱，奔吴。但所述世系和史实与《左传》有出入。[2]《新唐书·宰相世系表》和《古今姓氏书辩证》称田书伐莒有功，齐景公赐姓孙氏，食采于乐安（在今山东博兴北）。孙武初为齐人，但后来入吴为将，食采于富春（在今浙江富阳），子孙世居富春。　[3]"兵法"，用兵之法，这里指孙武的兵书。汉唐时期，人们往往把《孙子兵法》简称为《兵法》。"吴王阖庐"，阖庐音 hé lú，亦作阖闾，寿梦之孙，初名光，见《吴太伯世家》。 〔4〕"十三篇"，古人往往称孙武的兵书为"十三篇"，今本《孙子兵法》包括《计》、《作战》、《谋攻》、《形》、《势》、《虚实》、《军争》、《九变》、《行军》、《地形》、《九地》、《火攻》、《用间》十三篇。出土银雀山汉简《孙子兵法》与今本篇次不同，并包含若干佚篇，但十三篇也是独立成峡。 〔5〕"勒兵"，勒是控制、驾驭之义。古代用兵作战以队形（阵法）训练最为重要，这里所谓"勒兵"主要是指队形操练。 〔6〕"队"，汉代军制以一百人为一队，这里是以九十人为一队。 〔7〕"戟"，一种合戈、矛为一体的兵器。 〔8〕"而"，你们，与"汝"同。 〔9〕"心"，指心口，即胸所向。 〔10〕"约束"，指上述规定。 〔11〕"铁钺"，音 fū yuè，铁同斧，钺是一种大斧。古代将军受命出军，依礼要由国君亲赐斧钺。斧钺是征伐之权的象征，也是用来执法的刑具。 〔12〕"三"、"五"，是三番五次之义，乃虚用数字。"申"，是重复命令的意思，古代册命把二次命令叫做"申命"。 〔13〕古代作战是用金鼓旌旗指挥动作。这里"鼓之右"是说用鼓来指挥宫女向右。下"鼓之左"同。 〔14〕"吏士"，即上"队长"的别名，上孙家寨汉简称队的长官为"士吏"，应即此"吏士"。 〔15〕"趣"，急忙。 〔16〕这是古代兵家的一种成说，《孙子九变》："君命有所不受。" 〔17〕"徇"，巡行示众。 〔18〕古代队形操练的基本动作是所谓"坐作进退"，坐是坐姿，作是由坐姿变为立姿，进是前进，退是后退。这里的"跪起"即指"坐作"。"规矩"，圆规和矩尺。"绳墨"，准绳和用准绳画线的墨。规矩绳墨是木匠用以制器的工具，这里指队形训练的规定和要求。 〔19〕公元前五〇六年冬，吴、楚战于柏举（在今湖北麻城东北），楚师败，吴乘胜追击，长驱直入，攻进楚都郢（在今湖北江陵西北）。案吴先后多次伐楚，据《左传》是出于伍子胥之谋，《史记》和《吴越春秋》则记为伍子胥和孙武二人之谋。 〔20〕公元前四八五、前四八四年，吴曾两次伐齐，大败齐师。公元前四八二年，吴与晋会于黄池（在今河南封丘南），争为长。

【译文】孙子叫做武的，是齐国人。他以所著兵法求见于吴王阖庐。阖庐说："您的十三篇我已全部拜读，可以试着为我操演一番吗？"孙子说"可以。"阖庐问："可用妇女来操演吗？"孙子说："可以。"于是答应孙子，选出宫中美女，共计一百八十人。孙子把她们分为两队，派王的宠姬二人担任两队的队长，让她们全部持戟。命令她们说："你们知道你们的心口、左手、右手和背的方向吗？"妇女们说："知道。"孙子说："前方是按心口所向，左方是按左手所向，右方是按右手所向，后方是按背所向。"妇女们说："是。"规定宣布清楚，便陈设斧钺，当场重复了多遍。然后用鼓声指挥她们向右，妇女们大笑。孙子说："规定不明，申说不够，这是将领的过错。"又重复了多遍，用鼓声指挥她们向左，妇女们又大笑。孙子说："规定不明，申说不够，是将领的过错；已经讲清而仍不按规定来动作，就是队长的过错了。"说着就要将左右两队的队长斩首。吴王从台上观看，见爱姬将要被斩，大惊失色。急忙派使者下令说："寡人已知道将军善于用兵了。但寡人如若没有这两个爱姬，吃饭也不香甜，请不要斩首。"孙子说："臣下既已受命为将，将在军中，国君的命令可以不必完全照办。"于是将队长二人斩首示众。用地位在她们之下的人担任队长，再次用鼓声指挥她们操练。妇女们向左向右向前向后，跪下起立，全都合乎要求，没有一个人敢出声。然后孙子派使者回报吴王说："士兵已经阵容整齐，大王可下台观看，任凭大王想让她们干什么，哪怕是赴汤蹈火也可以。"吴王说："将军请回客舍休息，寡人不愿下台观看。"孙子说："大王只不过喜欢我书上的话，并不能采用其内容。"从此阖庐才知道孙子善于用兵，终于任他为将。吴国西面击破强楚，攻入郢，北威齐、晋，扬名于诸侯，孙子在其中出了不少力。

　　孙武既死，[1]后百余岁有孙膑。[2]膑生阿鄄之间，[3]膑亦孙武之后世子孙也。[4]孙膑尝与庞涓俱学兵法。庞涓既事魏，得为惠王将军，而自以为能不及孙膑，乃阴使召孙膑。膑至，庞涓恐其贤于己，疾之，[5]则以法刑断其两足而黥之，[6]欲隐勿见。[7]

　　【注释】〔1〕孙武据说死在吴地，《越绝书·外传·记吴地传》："巫门外大冢，吴王客齐孙武冢也，去县十里，善为兵法。" 〔2〕"孙膑"，膑音 bìn，可能是因受膑刑（挖去膝盖骨之刑）而得名。本书《太史公自序》："孙子膑脚，而论兵法。" 〔3〕"阿"，音 ē，在今山东阳谷东北；"鄄"，音 juàn，在今山东鄄城北，皆齐邑。孙武的这支后裔可能是在吴灭国后回到齐国。〔4〕《新唐书·宰相世系表》和《古今姓氏书辩证》称孙武有三子驰、明、敌，孙膑是孙明之子和孙武之孙。 〔5〕"疾"，读为嫉，嫉妒。 〔6〕"断其两足"，即古刖刑（刖音 yuè）；"黥之"，黥音 qíng，刺面染以墨，又叫墨刑。此与《太史公自序》"孙子膑脚"之说稍异。 〔7〕"见"，读如现。是说欲使孙膑不得见人。

　　【译文】孙武死后，过了一百多年又有孙膑。孙膑出生在阿、鄄之间，也是孙武的后世子孙。孙膑曾与庞涓一起学习兵法。庞涓为魏国做事因而当上魏惠王的将军，但自认才能不如孙膑，便暗地派人召见孙膑。孙膑到了魏国，庞涓唯恐孙膑超过自己，嫉妒他，而以刑罚砍去他的双脚并施以墨刑，想使他埋没于世不为人知。

　　齐使者如梁，[1]孙膑以刑徒阴见，[2]说齐使。[3]齐使以为奇，窃载与之齐。齐将田忌善而客待之。[4]忌数与齐诸公子驰逐重射。[5]孙子见其马足不甚相远，[6]马有上、中、下辈。[7]于是孙子谓田忌曰："君弟重射，[8]臣能令君胜。"田忌信然之，与王及诸公子逐射千金。[9]及临质，[10]孙子曰："今以君之下驷与彼上驷，取君上驷与彼中驷，取君中驷与彼下驷。"[11]既驰三辈毕，而田忌一不胜而再胜，卒得王千金。于是忌进孙子于威王。威王问兵法，[12]遂以为师。[13]

　　【注释】〔1〕"齐"，此时的齐已非姜齐而为田齐，在位者为齐威王。"梁"，即大梁，在今河南开封西北，魏惠王三十一年（公元前三三九年）自安邑（在今山西夏县西北）徙都至此，从此魏亦称梁，但此时魏尚未称梁。〔2〕"刑徒"，因犯罪而被判罚服劳役的人。 〔3〕

"说"，音 shuì，以言辞打动人。 〔4〕"田忌"，齐之宗族，威王时任为将，荐孙膑于威王。〔5〕"驰逐"，用马车竞赛；"重射"，设重金赌胜。 〔6〕"孙子"，古代孙武和孙膑皆称孙子，此指孙膑。 〔7〕"辈"，等。 〔8〕"弟"，同第，是"但"的意思。 〔9〕"逐射"，即上"驰逐重射"；"千金"，金是古代的货币单位，秦以一镒（音 yì，重二十四两）为一金，战国时期的金可能与之接近。千金是很大的数目。 〔10〕"临质"，箭靶叫质，临质本指临射，这里指比赛即将开始。 〔11〕"驷"，音 sì，驾车的四马。这里是劝田忌选择自己三套乘马中的下等对对方的上等，上等对对方的中等，中等对对方的下等。 〔12〕银雀山汉简《孙膑兵法》有〔《见威王》〕、《威王问》等篇。 〔13〕"师"，军师。

【译文】 齐国使者到大梁来，孙膑以刑徒的身份暗地来见，用言辞打动齐国使者。齐国使者觉得此人不同凡响，暗地用车把他载到齐国。齐国的将军田忌欣赏孙膑而以客礼待之。田忌多次与齐国的诸公子赛马，下重金赌胜。孙子注意到他们的马奔跑能力不相上下，并且都分上、中、下三等。因此孙子对田忌说："您只管下大注，臣下必能使您获胜。"田忌相信并答应了他，与齐王和诸公子用千金来赌胜，到了临比赛时，孙子说："请用您的下等乘马对付他们的上等乘马，请用您的上等乘马对付他们的中等乘马，请用您的中等乘马对付他们的下等乘马。"三等乘马全部比赛完毕，结果田忌一场不胜而两场胜，终于得到王的千金之赏。所以田忌把孙子推荐给齐威王。威王向他请教兵法，因而任他为军师。

其后魏伐赵，赵急，请救于齐。[1]齐威王欲将孙膑，膑辞谢曰："刑余之人不可。"[2]于是乃以田忌为将，而孙子为师，居辎车中，[3]坐为计谋。田忌欲引兵之赵，孙子曰："夫解杂乱纷纠者不控卷，[4]救斗者不搏撠，[5]批亢捣虚，[6]形格势禁，[7]则自为解耳。今梁赵相攻，[8]轻兵锐卒必竭于外，[9]老弱罢于内。[10]君不若引兵疾走大梁，[11]据其街路，[12]冲其方虚，[13]彼必释赵而自救。是我一举解赵之围而收弊于魏也。"田忌从之，魏果去邯郸，[14]与齐战于桂陵，[15]大破梁军。

【注释】〔1〕魏惠王十七年（《六国年表》当赵成侯二十一年、齐威王二十五年，据《纪年》则当赵成侯二十二年、齐威王四年，绝对年代为公元前三五三年，比本书迟一年），魏围赵都邯郸（在今河北邯郸市西南），赵求援于齐，齐未即出兵救赵。 〔2〕"刑余之人"，受过刑的人。 〔3〕"辎车"，辎音 zī，一种驾牛的载重车。古代军将皆乘战车亲战，孙膑残废，不能乘战车亲战，所以只能居辎车中指挥。 〔4〕"杂乱纷纠"，《孙子·势》"纷纷纭纭，斗乱而不可乱也"，指搏斗的混乱状态。"控卷"，握拳，卷同拳。或以理丝为说，恐非。 〔5〕"搏撠"，搏有击义，撠音 jǐ，是击刺之义。 〔6〕"批"有排除之义，"亢"可训极，这里指敌之盛气，"捣"是击义，"虚"是虚懈之义。其义与避实击虚略同。 〔7〕"形"、"势"，是指客观或人为造成的军事态势；"格"、"禁"，是指用这种态势去牵制和阻止敌人的行动。 〔8〕"梁"，指魏。此时魏尚未称梁，称梁是后人追述之言。〔9〕"外"，国外。〔10〕"罢"，同疲；"内"，国内。〔11〕"大梁"，在今河南开封西北。此时魏尚未徙都大梁。〔12〕"街路"，指四通八达的战略要冲。〔13〕"衝"，同冲。"方虚"，恰好是虚懈的地方。〔14〕"邯郸"，赵都，在今河北邯郸市西南。魏围邯郸在魏惠王十七年，次年魏拔邯郸（《田敬仲完世家》作"十月"，《战国策·齐一》作"七月"），齐袭魏而救赵在魏拔邯郸后，至此魏始解围而去。〔15〕"桂陵"，魏地，在今河南长垣西。桂陵之战，齐不直接出兵救赵，而引兵攻魏，直扑魏都大梁，迫使魏军放弃新占的邯郸，兼程赶回救援。桂陵地近大梁，正当魏军自邯郸返回大梁的途中。齐设兵于此邀击，大败魏军。

【译文】后来魏国攻打赵国，赵国危急，向齐国求援。齐威王想任孙膑为将，孙膑谢绝说："受过刑的人是不可以的。"所以任田忌为将，而任孙子为军师，让他坐在辎车中筹画计谋。田忌打算率军前往赵国，孙子说："劝解纠纷不能挥拳相加，平息争斗不能亲自上手，避实击虚，利用形势来牵制敌人，危难自可解除。现在魏国和赵国正在交战，精锐部队必定全部开往国外，留在国内疲于应付的都是老弱病残。您不如率兵迅速前往大梁，占据要津，冲击敌人正好虚懈的地方，他们必定会放下赵国赶回救援。这样我们就能同时解除赵国之围又使魏国遭受打击。"田忌照他的计谋去做，魏军果然离开邯郸，与齐国会战于桂陵，结果大破魏军。

后十三岁，〔1〕魏与赵攻韩，韩告急于齐。〔2〕齐使田忌将而往，〔3〕直走大梁。魏将庞涓闻之，〔4〕去韩而归，齐军既已过而西矣。孙子谓田忌曰："彼三晋之兵素悍勇而轻齐，〔5〕齐号为怯，善战者因其势而利导之。〔6〕兵法，百里而趣利者蹶上将，〔7〕五十里而趣利者军半至。〔8〕使齐军入魏地为十万灶，明日为五万灶，又明日为三万灶。"〔9〕庞涓行三日，大喜，曰："我固知齐军怯，入吾地三日，士卒亡者过半矣。"〔10〕乃弃其步军，〔11〕与其轻锐倍日并行逐之。〔12〕孙子度其行，〔13〕暮当至马陵。〔14〕马陵道狭，而旁多阻隘，可伏兵，乃斫大树白而书之曰"庞涓死于此树之下"。〔15〕于是令齐军善射者万弩，〔16〕夹道而伏，期曰"暮见火举而俱发"。〔17〕庞涓果夜至斫木下，见白书，乃钻火烛之。〔18〕读其书未毕，齐军万弩俱发，魏军大乱相失。〔19〕庞涓自知智穷兵败，乃自刭，〔20〕曰："遂成竖子之名！"〔21〕齐因乘胜尽破其军，虏魏太子申以归。〔22〕孙膑以此名显天下，世传其兵法。〔23〕

【注释】〔1〕《史记》记桂陵之战在魏惠王十八年，记马陵之战在魏惠王三十年，相去十三年。《纪年》记桂陵之战在魏惠王十七年，记马陵之战在魏惠王二十八年，相去十二年。〔2〕据《田敬仲完世家》，马陵之役起因于魏伐赵，赵与韩共击魏，赵不利，韩求救于齐。与此说异。〔3〕齐威王在位期间任田忌为将，邹忌为相，二人不合，田忌曾被邹忌排挤出亡。《田敬仲完世家》记其事于威王三十五年，谓田忌率其徒袭攻临淄，求邹忌，不胜而奔，至此始召复故位。《战国策·齐一》则记此事于马陵之役后，谓孙膑劝田忌不可解兵入齐，田忌不听，果不入齐，被迫亡走楚国，楚封田忌于江南。二说不同。〔4〕银雀山汉简《孙膑兵法·擒庞涓》记庞涓被擒是在桂陵之役，《战国策·齐一》也记庞涓被擒，但是在马陵之役，本书于桂陵之役不提庞涓，而于马陵之役记庞涓被杀。〔5〕"三晋"，韩、赵、魏，这里主要是指魏。案《荀子·议兵》曾比较齐、魏两国军队，谓齐人重视技击（军事技巧），但只凭斩获首级赐金，如同雇佣兵，"兵莫弱是矣"；魏人选取武卒，考试极为严格，一经中试，则可连续数年免除税役，战斗力要远远超过齐国军队，所谓"齐之技击不可以遇魏氏之武卒"。〔6〕是说既然魏兵素轻齐兵，不妨伪示以怯。〔7〕"趣利"，趣同趋，是速进争利之义，利指会战的先机之利，即先敌到达会战地点，取得战势之便。"蹶"，音 jué，折损。"上将"，即上将军，战国以来，上将军是最高的军事统帅。〔8〕今本《孙子·军争》述军争之法曰："是故卷甲而趋，日夜不除，倍道兼行，百里而争利，则擒三将军，劲者先，疲者后，其法十一而至；五十里而争利，则蹶上将军，其法半至；三十里而争利，则三分之二至。"述蹶上将于五十里而争利，与此不同。这段话的意思是说两军争利，距离愈长，速度愈快，愈难保持行军动作的协调一致，掉队的人愈多。〔9〕孙膑为了迷惑魏军，故意仿照军争之法，逐日减少做饭用的灶炊，让魏军以为齐军大量掉队。〔10〕"过半"，孙膑减灶从十万至五万又至三万，似其兵力已仅存不足三分之一，故谓"过半"。〔11〕战国时期，往往采取车兵、骑兵和步兵混同作战，车兵和骑兵行进速度较快而步兵较慢。庞涓以为齐军到达会战地点，兵力尚余不足三分之一，所以敢于丢下行进速度较慢的步兵与齐军争利。〔12〕"轻锐"，轻兵锐卒，指速度快、体力好的士兵；"倍日并行"，缩短日期加快行程。〔13〕"度"，音 duó，揣度，估计。〔14〕"马陵"，齐地，在今河北大名东南，一说在今山东莘县西南（二说地点相近）。〔15〕"斫"，音 zhuó，用斧斤砍削；"白"，指削去树皮露出的白木。〔16〕"弩"，一种用弩机控制发射的弓。〔17〕"期"，约定。〔18〕钻木取火照明，看白木上所书之字。〔19〕"相失"，指队形被打乱，士兵失去各自的相对位置，彼此不相连属。古代行军、宿营、作战皆有固定队形，失去队形则不能作战。〔20〕"自刭"，刭音 jǐng，割颈自杀。〔21〕"竖子"，是骂人话，犹言小子。〔22〕"魏太子申"，魏惠王之太子，太子申被虏死于齐。〔23〕《汉书·艺文志·兵书略》著录《齐孙子》八十九篇即孙膑的兵法，出土银雀山汉简也有孙膑的兵法。

【译文】 又过了十三年，魏国和赵国攻打韩国，韩国向齐国告急。齐国派田忌率兵前往，直奔大梁。魏将庞涓听到消息，放下韩国赶回，但齐军已经越过齐境而西进。孙子对田忌说："他们三晋的军队素来慓悍勇武而看不起齐国，齐国有怯懦的名声，善于作战的人只能因势利导。兵法上说，行军百里与敌争利会损失上将军，行军五十里而与敌争利只有一半人能赶到。（为了让魏军以为齐军大量掉队，）应使齐军进入魏国境内后先设十万个灶，过一天设五万个灶，再过一天设三万个灶。"庞涓行军三天，见到齐军所留灶迹，非常高兴，说："我本来就知道齐军怯懦，入我境内三天，士兵已经逃跑了一大半。"所以丢下步兵，只率轻兵锐卒，用加倍的速度追赶齐军。孙子估计魏军的行军速度，天黑应当赶到马陵。马陵道路狭窄，旁多险阻，可以埋伏兵马，于是把一棵大树削去树皮，露出白木，在上面写上"庞涓死于此树之下"。然后命齐军善射者持上万张弩，埋伏在道路两旁，约定好"天黑见到点着的火就一起放箭"。庞涓果然于夜晚来到削去树皮的大树下，看见树上写着字，便钻木取火来照明。字还没有读完，齐军万弩齐发，魏军大乱失去队形。庞涓自知无计可施，军队已彻底失败，只好自刎，临死说："总算叫这小子成了名！"齐国乃乘胜全歼魏军，俘虏了魏太子申回国。孙膑因此而名扬天下，世人皆传习他的兵法。

吴起者，卫人也，[1]好用兵。尝学于曾子，[2]事鲁君。[3]齐人攻鲁，鲁欲将吴起，吴起取齐女为妻，而鲁疑之。吴起于是欲就名，遂杀其妻，以明不与齐也。鲁卒以为将。将而攻齐，大破之。

【注释】〔1〕《韩非子·外储说右上》："吴起，卫左氏中人也。" 〔2〕"曾子"，据《经典释文叙录》，即曾申。曾申从子夏受《毛诗》，传李克；从左丘明受《左传》，传吴起。曾申是曾参之子，字子西。 〔3〕吴起事鲁为将伐齐，年数无可考。

【译文】吴起，是卫国人，喜欢用兵。曾向曾子求学并臣事鲁国国君。齐人攻打鲁国，鲁国想任吴起为将，但吴起娶了齐国女子为妻，而鲁国人怀疑他。当时吴起为了成就功名，竟杀了自己的妻子，以表白自己与齐国没关系。鲁国终于任他为将，率兵攻打齐国，大破齐国。

鲁人或恶吴起曰："起之为人，猜忍人也。[1]其少时，家累千金，游仕不遂，[2]遂破其家。乡党笑之，[3]吴起杀其谤己者三十余人，而东出卫郭门。[4]与其母诀，[5]啮臂而盟曰：[6]'起不为卿相，不复入卫。'遂事曾子。居顷之，其母死，起终不归。曾子薄之，而与起绝。起乃之鲁，学兵法以事鲁君。鲁君疑之，起杀妻以求将。夫鲁小国，而有战胜之名，则诸侯图鲁矣。且鲁卫兄弟之国也，[7]而君用起，则是弃卫。"鲁君疑之，谢吴起。[8]

【注释】〔1〕"猜忍"，猜忌残忍。 〔2〕"游仕"，出外找官做。"不遂"，不遂愿。 〔3〕"乡党"，《周礼》所记乡遂居民组织以五族即五百家为党，五州即一万二千五百家为乡，这里是泛指吴起的同乡。 〔4〕"郭门"，外城的城门。鲁在卫之东，所以说东出卫郭门。 〔5〕"诀"，诀别。 〔6〕"啮"，音 niè，咬。"盟"，发誓。 〔7〕鲁的始封君周公旦和卫的始封君康叔封为同胞兄弟，所以称"兄弟之国"。 〔8〕"谢"，辞退。

【译文】鲁国有人说吴起的坏话："吴起的为人，属于猜忌残忍之人。他年轻时，家有千金，出外求仕不顺利，弄得倾家荡产。乡里人都笑话他，吴起竟杀死毁谤自己的三十多人，出卫的郭门东去。临行向他的母亲告别，咬着自己的胳臂发誓说：'我吴起不做卿相，决不再回卫国。'这样吴起求学于曾子。但过了不久，他的母亲去世，吴起却始终也没有回去。曾子看不起他，而与吴起断绝关系。吴起只好去鲁国，学习兵法，求事于鲁国国君。鲁国国君怀疑他（与齐国有关系），吴起又杀妻求将。像鲁国这样的小国而有打胜仗的名声，那么诸侯就要打鲁国的主意了。而且鲁国和卫国是以兄弟相称，我们的国君若起用吴起，那么就等于抛弃卫国。"鲁国国君因而疑心，辞退吴起。

吴起于是闻魏文侯贤，〔1〕欲事之。文侯问李克曰：〔2〕"吴起何如人哉?"李克曰："起贪而好色，然用兵司马穰苴不能过也。"〔3〕于是魏文侯以为将，击秦，拔五城。〔4〕

【注释】〔1〕"魏文侯"，是魏正式立为诸侯的第一代国君。文侯师事子夏（孔子弟子）、田子方（子贡弟子）、段干木（子夏弟子），并任用李克和吴起（曾是子夏弟子曾申的学生）等人担任要职，魏因此强盛一时。〔2〕"李克"，曾从子夏弟子曾申授《诗》，魏克中山后，李克任中山相，辅佐魏所封中山君子击（《韩非子·外储说左下》、《史记·魏世家》、《说苑·臣术》、《韩诗外传》卷三）。〔3〕"司马穰苴"，司马是以官得氏，穰苴是名，亦称田穰苴，是田完的后裔，事齐景公，善用兵，见《司马穰苴列传》。〔4〕时事均无可考。

【译文】当时吴起听说魏文侯贤明，想去投靠他。魏文侯问李克说："吴起是个什么样的人?"李克说："吴起贪财好色，但用兵即使司马穰苴也超不过他。"因此魏文侯任吴起为将，进攻秦国，拔取秦的五座城池。

起之为将，〔1〕与士卒最下者同衣食。卧不设席，〔2〕行不骑乘，亲裹赢粮，〔3〕与士卒分劳苦。卒有病疽者，〔4〕起为吮之。〔5〕卒母闻而哭之。人曰："子卒也，而将军自吮其疽，何哭为?"母曰："非然也。往年吴公吮其父，其父战不旋踵，〔6〕遂死于敌。吴公今又吮其子，妾不知其死所矣。〔7〕是以哭之。"

【注释】〔1〕据《韩非子·外储说左上》，此所述为吴起参加魏攻取中山之事。魏攻中山，前后共三年，当魏文侯三十六到三十八年（公元前四一〇至前四〇八年），《史记》排列文侯之年有误，此从《纪年》）。〔2〕"席"，是用蒲草编的卧垫，比较讲究。〔3〕"裹"，用囊来包裹。《诗·大雅·公刘》："乃裹餱粮，于橐于囊。""赢粮"，赢通擩，是担负之义，《方言》卷七：“嬴，儋也。”《广雅·释言》：“嬴，负也。”《荀子·议兵》：“嬴三日之粮。”《庄子·胠箧》：“嬴粮而趋。”　〔4〕“疽”，音 jū，脓疮。　〔5〕“吮”，音 shǔn，吸。　〔6〕“旋”，旋转。“踵”，音 zhǒng，脚跟。“战不旋踵”，是说决不退逃。《管子·小匡》：“平原广牧，车不结辙，士不旋踵，鼓之而三军之士视死如归。”　〔7〕“妾”，妇女自称的谦辞。

【译文】吴起担任将领，与士兵最下层吃饭穿衣同一标准。睡觉不铺卧席，走路不乘车子，亲自捆扎和担负粮食，与士兵分担劳苦。有个士兵长了脓疮，吴起为他吸脓，士兵的母亲听说后就哭了。别人对他说：“你的儿子不过是普通士兵，而将军却亲自为你的儿子吸脓，你为什么要哭呢？”这位母亲说：“我并不是哭这个。前些年吴公曾为孩子的父亲吸脓，他的父亲打起仗来勇往直前，绝不后退，结果被敌人杀死。吴公现在又来给他的儿子吸脓，贱妾真不知道他会死在哪里，所以才哭。”

　　文侯以吴起善用兵，廉平，〔1〕尽能得士心，乃以为西河守，〔2〕以拒秦、韩。〔3〕

【注释】〔1〕“廉平”，廉洁公平。　〔2〕“西河”，魏文侯所置郡，地在黄河之西，辖境有今陕西华阴以西，黄河以南，洛河以东。“守”，郡守，郡的长官。据本书《魏世家》，翟璜曾向魏文侯推荐西河郡守，应即吴起。　〔3〕西河与秦、韩相近。

【译文】魏文侯因吴起善于用兵，廉洁公平，能取得士兵的拥戴，所以任他为西河郡守，命他防御秦、韩两国的进攻。

　　魏文侯既卒，起事其子武侯。〔1〕武侯浮西河而下，〔2〕中流，〔3〕顾而谓吴起曰：“美哉乎山河之固，此魏国之宝也！”起对曰：“在德不在险。昔三苗氏左洞庭，〔4〕右彭蠡，〔5〕德义不修，禹灭之。〔6〕夏桀之居，左河济，〔7〕右泰华，〔8〕伊阙在其南，〔9〕羊肠在其北，〔10〕修政不仁，汤放之。〔11〕殷纣之国，左孟门，〔12〕右太行，〔13〕常山在其北，〔14〕大河经其南，〔15〕修政不德，武王杀之。〔16〕由此观之，在德不在险。若君不修德，舟中之人尽为敌国也。”武侯曰：“善。”

【注释】〔1〕“武侯”，名击，见本书《魏世家》。今本《吴子》多载武侯与吴起问答之辞。　〔2〕“西河”，指今陕西、山西之间的黄河。　〔3〕“中流”，水流当中。　〔4〕“三苗氏”，上古南方古部族名，传说是缙云氏之后。“洞庭”，今之洞庭湖。　〔5〕“彭蠡”，蠡音ǁ，今之鄱阳湖。《战国策·魏一》记，武侯浮西河吴起所对，这两句作“左彭蠡之波，右洞庭之水”，下并有“文山在其南，而衡山在其北”二句，表示三苗氏的活动范围，左、右与此相反。案古人习惯以前为南，后为北，左为东，右为西，洞庭湖在西，鄱阳湖在东，应以《战国策》所述方位为是。 〔6〕禹灭三苗，见《墨子·非攻》。 〔7〕“河济”，黄河东段和济水，在夏中心活动区的东面，故称“左”。 〔8〕“泰华”，泰应指今山西境内的霍山，霍山古亦名霍太山或霍泰山，若指为今山东境内的泰山，则应称“左”而不应称“右”；华指华山。霍山和华山在夏中心活动区的西面，故称“右”。 〔9〕“伊阙”，伊阙山，在河南洛阳市南，亦名龙门。 〔10〕“羊肠”，羊肠坂，太行山古道名，在今山西晋城南。 〔11〕本书《夏本纪》：“汤遂率兵以伐夏桀。桀走鸣条，遂放而死。” 〔12〕“孟门”，山名，在今河南辉县西。 〔13〕“太行”，太行山。 〔14〕“常山”，即恒山，在今河北曲阳西北与山西接壤处。常字是汉代避汉文帝刘恒讳所改。 〔15〕“大河”，指黄河中游。 〔16〕周武王伐纣，纣奔鹿台自焚而死。

【译文】魏文侯死后，吴起又臣事他的儿子武侯。武侯乘船顺西河而下，行至水流当中，回头对吴起说：“山河险固多么壮丽，这真是魏国最宝贵的东西呀！”吴起回答说：“重要的是道德而不是险固。从前三苗氏左有洞庭，右有彭蠡，因为不讲求道德礼义，禹灭亡了他。夏桀的国土，左有黄河济水，右有泰山、华山，伊阙在他的南面，羊肠在他的北面，不行仁政，汤放逐了他。殷纣的国土，左有孟门山，右有太行山，恒山在他的北面，大河流经他的南面，不行德政，武王杀了他。从这些看来，重要的是道德而不是险固。如果您不讲求道德，今天船上的人将来都会变成敌国的人。”武侯说：“讲得好。”

吴起为西河守，甚有声名。魏置相，[1]相田文。[2]吴起不悦，谓田文曰：“请与子论功，可乎？”田文曰：“可。”起曰：“将三军，[3]使士卒乐死，敌国不敢谋，子孰与起？”文曰：“不如子。”起曰：“治百官，亲万民，实府库，子孰与起？”文曰：“不如子。”起曰：“守西河而秦兵不敢东乡，[4]韩赵宾从，[5]子孰与起？”文曰：“不如子。”起曰：“此三者，子皆出吾下，而位加吾上，何也？”文曰：“主少国疑，大臣未附，百姓不信，方是之时，[6]属之于子乎？属之于我乎？”起默然良久，曰：“属之子矣。”文曰：“此乃吾所以居子之上也。”吴起乃自知弗如田文。

【注释】〔1〕“相”，相邦，战国以来辅佐国君的最高官职。 〔2〕“田文”，以下采《吕氏春秋·执一》，但《吕氏春秋》作“商文”。 〔3〕“三军”，古代军队往往分上、中、下或左、中、右三军。 〔4〕“乡”，同向。 〔5〕“宾从”，归顺服从。 〔6〕“方是”，当此。

【译文】吴起任西河郡守，很有名气。魏国选任相邦，以田文为相。吴起不高兴，对田文说：“请让我与您比比功劳，行不行？”田文说：“可以。”吴起说：“率领三军，使士兵乐于效死拼命，敌国不敢打我国的主意，您比得上我吗？”田文说：

"不如您。"吴起说:"治理百官,亲和万民,充实府库,您比得上我吗?"田文说:"不如您。"吴起说:"守西河,令秦兵不敢东向,韩、赵归顺,您比得上我吗?"田文说:"不如您。"吴起说:"这三点,您都在我之下,而职位反而在我之上,是何道理?"田文说:"国君年幼,国人疑虑,大臣尚未亲附,百姓尚未信任,当此之时,是把国政交给您呢?还是交给我呢?"吴起沉默了半天,说:"应该交给您。"田文说:"这就是为什么我的地位会在您之上。"吴起这才知道自己不如田文。

　　田文既死,公叔为相,[1]尚魏公主,[2]而害吴起。[3]公叔之仆曰:"起易去也。"公叔曰:"奈何?"其仆曰:"吴起为人节廉而自喜名也。君因先与武侯言曰:'夫吴起贤人也,而侯之国小,又与强秦壤界,[4]臣窃恐起之无留心也。'武侯即曰:'奈何?'君因谓武侯曰:'试延以公主,[5]起有留心则必受之,无留心则必辞矣。以此卜之。'君因召吴起而与归,即令公主怒而轻君。吴起见公主之贱君也,则必辞。"[6]于是吴起见公主之贱魏相,果辞魏武侯。武侯疑之而弗信也。吴起惧得罪,遂去,即之楚。

　　【注释】〔1〕"公叔",《索隐》以为韩之公族,《史记志疑》以为即《战国策·魏一》帅师与韩、赵战于浍北之公叔痤(痤音 cuó)。 〔2〕"尚",娶公主叫尚。"公主",国君之女。〔3〕《吕氏春秋·长见》谓害吴起去魏入楚的是王错。 〔4〕"壤界",接壤连界。 〔5〕"延",介绍,指使吴起尚公主。 〔6〕谓吴起见公叔所尚公主贱公叔,则必不受公主,而不受公主则表明他没有留下之心。

　　【译文】田文死后,公叔任丞相,娶魏国公主,而陷害吴起。公叔的仆人说:"吴起很容易除掉。"公叔说:"如何下手?"他的仆人说:"吴起为人廉洁自爱。您可以先对武侯去讲:'吴起是个贤人,而您的国土太小,又与强秦国为邻,臣下担心吴起不会有久留之心。'武侯会说:'那么怎么办呢?'您就对武侯说:'可把公主嫁给他作为试探,吴起愿意留下就会接受,不愿留下就会拒绝,用这种办法考验他。'您再召吴起一起回家。然后让您那位公主对您发脾气表示看不起您。吴起见您那位公主看不起您,便一定会拒绝娶公主。"后来吴起看到这位公主看不起魏国的相邦,果然拒绝了魏武侯。武侯也起了疑心,不再信任他。吴起害怕因此而获罪,只好离开到楚国去。

　　楚悼王素闻起贤,[1]至则相楚。[2]明法审令,捐不急之官,废公族疏远者,[3]以抚养战斗之士。要在强兵,破驰说之言从横者。[4]于是南平百越;[5]北并陈蔡,[6]却三晋;西伐秦。诸侯患楚之强。故楚之贵戚尽欲害吴起。[7]及悼王死，宗室大臣作乱而攻吴起，吴起走之王尸而伏之。击起之徒因射刺吴起，并中悼王。悼王既葬，太子立，[8]乃使令尹尽诛射吴起而并中王尸者。[9]坐射起而夷宗死者七十余家。[10]

【注释】〔1〕吴起入楚应在楚悼王七年，即魏武侯元年（公元前三九五年，《六国年表》作魏文侯三十年，此从《纪年》）之后，估计是在楚悼王在位期间的后半期。　〔2〕楚相称令尹。　〔3〕"公族"，指楚王的宗族。这种宗族随着世代的增加，分支愈来愈多，成为国家财政的重要负担。吴起主张废去其中比较疏远的分支。　〔4〕"纵横"，合纵连横，合纵是联合众弱以攻一强，连横是事一强以攻众弱。　〔5〕"百越"，古代南方以越为名的族群系统，如东越、闽越、瓯越、西越、骆越等。百越主要分布在今江浙闽粤等省。　〔6〕楚并陈为楚惠王十一年，并蔡为楚惠王四十二年，均在此之前。此说亦见《战国策·秦三》。　〔7〕"故"，旧时的。〔8〕"太子"，即楚肃王。　〔9〕"令尹"，楚国执政大臣称令尹。　〔10〕"坐"，获罪；"夷宗"，灭宗。

【译文】楚悼王一向听说吴起贤能，一到楚国就让他当上楚国的相邦。吴起申明法令，裁撤多余的官吏，废除楚公族中的疏远子孙，把节省下的经费用于养兵。目的在于使军队强大，打击用纵横之说游说的人。因此南平百越；北并陈、蔡，迫使三晋退却；西伐秦。诸侯都忧虑楚国的强大。原来楚国的贵族都想害死吴起。等到悼王死后，宗室大臣作乱，讨伐吴起，吴起跑到悼王停尸的地方，趴在悼王身上。讨伐吴起的人由于射、刺吴起，也击中悼王的尸体。悼王被埋葬之后，太子即位，命令尹把射、刺吴起而连带击中悼王的尸体的人全部处死。因射、刺吴起而被灭族的人有七十多家。

太史公曰：世俗所称师旅，[1]皆道《孙子》十三篇，[2]吴起《兵法》，[3]世多有，故弗论，论其行事所施设者。语曰：[4]"能行之者未必能言，能言之者未必能行。"孙子筹策庞涓明矣，[5]然不能蚤救患于被刑。[6]吴起说武侯以形势不如德，[7]然行之于楚，以刻暴少恩亡其躯。[8]悲夫！

【注释】〔1〕"师旅"，军旅之事。　〔2〕即今《孙子兵法》十三篇。　〔3〕《汉书·艺文志·兵书略》著录《吴起》四十八篇，《隋书·经籍志》、《新唐书·艺文志》所录则仅一卷今本《吴子》，《郡斋读书志》云"唐陆希声类次"，是后人整理过的一种删节本，分三卷，包括《图国》、《料敌》、《治兵》、《论将》、《应变》、《励士》六篇。　〔4〕"语"，谚语。　〔5〕"孙子"，指孙膑。"筹策"，是古人用来计数的工具，多用竹木小棍做成，古人行师用兵多用此种工具计算敌我优劣，叫做定计、运筹、决策等等，这里指算计、预料。　〔6〕"被刑"，指受膑刑。〔7〕即上武侯浮西河吴起所对。　〔8〕"刻暴少恩"，刻薄残暴，缺少仁爱之心。

【译文】太史公说：只要世人一讲起行师用兵，都要称道《孙子》十三篇，吴起的《兵法》，世上也流传得很多，所以不复详论，只谈他们的作为建树。谚语说："能实际去做的人未必能高谈阔论，能高谈阔论的人未必能实际去做。"孙子料算庞涓是相当机智的，但却不能使自己从一开始就免遭刑罚。吴起为魏武侯论说山川形势不如道德重要，但用之于楚国，却是以刻薄残暴、缺乏仁爱而丧命。太可悲了！

伍子胥列传

伍子胥者，楚人也，[1]名员。[2]员父曰伍奢。员兄曰伍尚。其先曰伍举，[3]以直谏事楚庄王，[4]有显，故其后世有名于楚。

【注释】〔1〕"楚"，周的诸侯国，春秋时的疆域，西北到武关（今陕西商县东），东南到昭关（今安徽含山北），北到今河南南阳一带，南到今洞庭湖以南地区，都城在郢（今湖北江陵）。〔2〕"员"，音 yún。〔3〕"先"，先祖。《左传》昭公十九年注云，伍举为伍奢之父。〔4〕"楚庄王"，楚穆王之子熊侣，公元前六一三年至前五九一年在位。伍举直谏楚王事，参见本书《楚世家》。据考证，伍举事楚灵王，"事楚庄王"者则为伍举之父伍参。

【译文】伍子胥是楚国人，名叫员。他的父亲叫伍奢，他的哥哥叫伍尚。他们的祖上有个叫伍举的，是楚庄王的大臣，以敢于直言劝谏，声望显赫，所以他的后代在楚国也就很有名气。

楚平王有太子名曰建，[1]使伍奢为太傅，费无忌为少傅。[2]无忌不忠于太子建。平王使无忌为太子取妇于秦，[3]秦女好，[4]无忌驰归报平王曰："秦女绝美，[5]王可自取，而更为太子取妇。"平王遂自取秦女而绝爱幸之，[6]生子轸。[7]更为太子取妇。

【注释】〔1〕"楚平王"，楚共王之子，康王、灵王之弟熊居（弃疾），公元前五二八年至前五一六年在位。〔2〕"太傅"、"少傅"，职官名，太子的师傅。"费无忌"，《左传》作"费无极"。〔3〕"取"，通"娶"。〔4〕"好"，貌美。〔5〕"绝"，极。〔6〕"幸"，专指君王的宠爱。〔7〕"轸"，《楚世家》作"珍"，《左传》又作"壬"。

【译文】楚平王的太子名叫建，平王派伍奢做他的太傅，费无忌做他的少傅。

然而费无忌却不忠于太子建。平王让费无忌到秦国去为太子建娶亲，那位秦国的女子长得很漂亮，费无忌跑回来报告平王说："那位秦国的女子实在是绝顶的美貌，大王可以自己娶过来，另外再替太子娶个妻子。"平王便自己娶了那位秦国的女子，对她极为宠爱，后来生了一个儿子，名叫轸。平王又另外给太子娶了一个妻子。

无忌既以秦女自媚于平王，因去太子而事平王。[1]恐一旦平王卒而太子立，杀己，乃因谗太子建。建母，蔡女也，[2]无宠于平王。平王稍益疏建，使建守城父，[3]备边兵。

【注释】[1]"去"，离开。 [2]"建母，蔡女也"，楚平王为大夫时出使蔡国，蔡国郹阳（郹，音 jú，今河南新蔡一带）地方封人（官名，掌疆界标志）的女儿，同他私奔，生太子建。此时已失宠。 [3]"城父"，故地在今安徽亳县东南。

【译文】费无忌既然用那位秦国的女子向平王献媚讨好，因此就离开了太子而去侍奉平王。他担心有朝一日平王死了而太子继位为王，会杀掉自己，所以就极力诋毁太子建。太子建的母亲是蔡国人，平王本来就不喜欢她。渐渐地平王越来越疏远太子建，将他派去驻守城父，守卫边疆。

顷之，[1]无忌又日夜言太子短于王曰：[2]"太子以秦女之故，不能无怨望，[3]愿王少自备也。[4]自太子居城父，将兵，[5]外交诸侯，且欲入为乱矣。"平王乃召其太傅伍奢考问之。[6]伍奢知无忌谗太子于平王，因曰："王独奈何以谗贼小臣疏骨肉之亲乎？"[7]无忌曰："王今不制，其事成矣。王且见禽。"[8]于是平王怒，囚伍奢，而使城父司马奋扬往杀太子。[9]行未至，奋扬使人先告太子："太子急去，不然将诛。"太子建亡奔宋。[10]

【注释】[1]"顷之"，不久，一会儿。 [2]"短"，过错，缺点。 [3]"望"，怨，怨恨。 [4]"少"，稍。 [5]"将"，统率，率领，音 jiàng。 [6]"考问"，审问，核查。 [7]"独"，表示反问的副词，有"难道"、"却"的意思。"谗贼"，指诋毁、陷害好人。《荀子·修身》："伤良曰谗，害良曰贼"。 [8]"见"，表示"被"的助词。"禽"，通"擒"。 [9]"城父司马"，职官名，城父的军事长官。"奋扬"，《左传》昭公二十年记楚平王追问奋扬，为何放走太子建。奋扬答道，君王曾命令我，侍奉太子要像侍奉我一样；有了这前一个命令，我就不忍心去执行后一个命令，所以放走了太子建。楚王终于赦免奋扬，让他担任原职。 [10]"宋"，周的诸侯国，始封的国君是商纣王的庶兄微子启，建都商丘（今河南商丘）。春秋时疆域包括今河南东部及山东、江苏、安徽三省交界处。

【译文】不久，费无忌又一天到晚地在平王面前讲太子的坏话。他说："太子建因为那秦国女子的缘故，不能没有怨恨，希望大王多少要自己防备着一点。自从太子到了城父，统领着军队，对外又与诸侯各国结交往来，他是准备着将要回都城来作乱呢！"平王就召来太子太傅伍奢审问。伍奢知道是费无忌在平王面前说了太子的坏话，因此便说："大王为什么竟要相信那心黑口毒、拨弄是非的小臣，疏远了至亲的骨肉之情呢？"费无忌说："大王如果现在不制裁他们，他们的阴谋就要成功了。大王将很快被他们捉起来的。"于是，平王大为恼怒，把伍奢关进了监牢，又派城父司马奋扬去杀太子。奋扬在还没有到城父之前，就派人先去告诉太子，说："太子赶快走，不然将被杀。"太子建便逃到宋国去了。

无忌言于平王曰："伍奢有二子，皆贤，不诛且为楚忧。可以其父质而召之，不然且为楚患。"王使使谓伍奢曰："能致汝二子则生，〔1〕不能则死。"伍奢曰："尚为人仁，呼必来。员为人刚戾忍诟，〔2〕能成大事，彼见来之并禽，其势必不来。"王不听，使人召二子曰："来，吾生汝父；〔3〕不来，今杀奢也。"伍尚欲往，员曰："楚之召我兄弟，非欲以生我父也，恐有脱者后生患，故以父为质，诈召二子。二子到，则父子俱死。何益父之死？往而令仇不得报耳。不如奔他国，借力以雪父之耻，〔4〕俱灭，无为也。"〔5〕伍尚曰："我知往终不能全父命。然恨父召我以求生而不往，后不能雪耻，终为天下笑耳。"〔6〕谓员："可去矣！汝能报杀父之仇，我将归死。"尚既就执，〔7〕使者捕伍胥。伍胥贯弓执矢向使者，〔8〕使者不敢进，伍胥遂亡。闻太子建之在宋，往从之。奢闻子胥之亡也，曰："楚国君臣且苦兵矣。"〔9〕伍尚至楚，楚并杀奢与尚也。

【注释】〔1〕"致"，招来，使……到来。 〔2〕"刚戾"，勇猛坚强。"忍诟"，能忍受屈辱。"诟"，同"诟"，耻辱，音 gòu。 〔3〕"生汝父"，使你们的父亲活下去。"生"，是使动用法。 〔4〕"雪"，洗掉。 〔5〕"无为"，无所作为，指无法为父报仇雪耻。一说读如"毋为"，亦通。 〔6〕"恨"，感到遗憾。以下全句都是"恨"的内容。 〔7〕"就执"，犹言"就擒"，接受吏人逮捕。 〔8〕"贯弓"，张满了弓，是一种立即要发射的姿势。 〔9〕"苦兵"，为战争所苦，指蒙受战争的痛苦。

【译文】费无忌对平王说："伍奢有两个儿子，都很有本事，如果不把他们杀掉，将是楚国的祸害。可以拿他们的父亲作人质，把他们召来，不然的话将是楚国的后患。"平王派人对伍奢说："你要是能把你的两个儿子叫来，就饶你一命；要是不能的话，就把你处死。"伍奢说："我的长子伍尚为人仁慈善良，叫了他，他一定会来的。我的次子伍员为人坚韧不拔，忍辱负重，能干大事，他知道来了会一道给抓起来，势必是不会来的。"楚王不听这些，派人去召伍尚、伍员，说："你们来了，我就饶你们的父亲活命；你们不来，我现在就杀了你们的父亲。"伍尚准备要去，伍员说："楚王之所以要召我们兄弟去，并不是真的让我们的父亲活命，只不过是怕我们逃脱了，以后留下祸患，因此用父亲作人质，把我们两个骗去。我们两个一到，就父子一块儿处死。这对于父亲又有什么益处呢？应召而去，只能使得我们无法报仇。不如去投奔别的国家，借他们的力量为父亲报仇雪恨。现在一起去死掉，就什么也干不成了。"伍尚说："我也知道，我们即使去了也终究不能保全父亲的性命。然而现在父亲为了保全性命而召我前去，我却不去；以后又不能报仇雪恨，结果被天下人耻笑，这将使我非常痛苦。"伍尚对伍员说："你就逃走吧！你能够报杀父之仇，我就去死了吧！"伍尚已被捕，使者又要捕捉伍子胥。伍子胥拉开了弓，搭上了箭对准使者，使者不敢上前，伍子胥便逃走了。他听说太子建在宋国，就到了宋国，和太子建在一起。伍奢听说子胥逃走了，就说道："楚国的君臣从此以后将要为战争而吃苦头了。"伍尚到了国都，平王便把伍奢和伍尚一齐给杀掉了。

伍胥既至宋，宋有华氏之乱，[1]乃与太子建俱奔于郑。[2]郑人甚善之。太子建又适晋，[3]晋顷公曰：[4]"太子既善郑，郑信太子。太子能为我内应，而我攻其外，灭郑必矣。灭郑而封太子。"太子乃还郑。事未会，[5]会自私欲杀其从者，[6]从者知其谋，乃告之于郑。郑定公与子产诛杀太子建。[7]建有子名胜。伍胥惧，乃与胜俱奔吴。[8]到昭关，[9]昭关欲执之。伍胥遂与胜独身步走，几不得脱。追者在后。至江，[10]江上有一渔父乘船，知伍胥之急，乃渡伍胥。伍胥既渡，解其剑曰："此剑直百金，[11]以与父。"父曰："楚国之法，得伍胥者赐粟五万石，爵执珪，[12]岂徒百金剑邪！"不受。伍胥未至吴而疾，止中道，[13]乞食。至于吴，吴王僚方用事，[14]公子光为将。[15]伍胥乃因公子光以求见吴王。

【注释】〔1〕"华氏之乱"，鲁昭公二十年（公元前五二二年）宋元公与执政大臣华定、华亥、向宁等矛盾加剧，发生内乱。华定等杀公子寅等六人，并拘禁太子等为人质。宋元公则拘禁华氏等人之子为质。冬，宋元公杀掉人质，攻打华氏，华、向等逃亡陈国。〔2〕"郑"，周的诸侯国。春秋时的郑国，都城在新郑（今河南新郑），疆域在今河南省中部一带。〔3〕"晋"，周的诸侯国，始封的国君是周成王的弟弟唐叔虞。当时，国都在新绛（今山西侯马西南），疆域包括今山西大部，河北西南部，河南北部及陕西一角。〔4〕"晋顷公"，姓姬名去疾，公元前五二五年至前五一二年在位。〔5〕"会"，机会，时机。指未准备就绪。〔6〕"会自私欲杀其从者"，恰巧遇到因为个人的私事想要杀掉一个跟随他的人。"会"，适逢，正好。〔7〕"郑定公"，姓姬名宁，公元前五二九年至前五一四年在位。"子产"，即公孙侨，春秋时著名的政治家。自郑简公时为执政大臣，经历数朝，声公五年（公元前四九六年）卒。〔8〕"吴"，周的诸侯国，周太王之子太伯、仲雍为让位于文王而出走，其后建立吴国。都城在吴（今江苏苏州），疆域包括今江苏大部及安徽、浙江一部。〔9〕"昭关"，楚国东部边境的关卡，故址在今安徽省含山县北小岘山上。〔10〕"江"，长江。〔11〕"直"，通"值"。〔12〕"执珪"，楚国的爵位名。"珪"是一种尖头的长方形的玉石礼器。〔13〕"中道"，半路上。〔14〕"吴王僚"，吴王余眜之子，公元前五二六年至前五一五年在位。"用事"，当权，执政。〔15〕"公子光"，吴王诸樊之子，即后来的吴王阖庐。吴王诸樊有弟三人，余祭、余眜、季札，王位兄弟相传，至季札，让位逃去。吴人乃立余眜之子僚。公子光认为，如果季札不立，自己当立。所以后来发生了杀吴王僚，抢夺王位的事件。

【译文】伍子胥到宋国之后，正遇上宋国发生内乱，宋元公与执政大臣华氏等相互攻打。伍子胥就和太子建一道跑到郑国。郑国对他们很好。太子建又到晋国去，晋顷公说："太子既然与郑国相友善，郑国也很信任太子，如果太子能为我做内应，我从外面来进攻，那我们一定能够把郑国灭掉。灭掉郑国，就封给太子。"太子便回到了郑国，事情还没有准备就绪，适逢太子因为一件私事要杀掉他的一个随从。这个随从知道他们的密谋，就把这件事报告了郑国。郑定公和子产杀了太子建。太子建有个儿子名叫胜。事发后，伍子胥害怕了，便与胜一起逃往吴国。到了昭关，昭关的守吏想捉住他们。伍胥只好与胜独身步行，几乎不能逃脱。追捕他们的人紧跟在后，伍子胥逃到江边上，江上恰有一位渔翁划船而来，知道伍子胥情势紧急，就将子胥摆渡过江。伍子胥过江以后，解下佩剑说："这柄剑价值百金，就送给您老吧！"渔翁说："楚国的法令规定，捉到伍子胥的人赐给粟米五万石，封予执珪之爵，那又何止一把值百金的宝剑呢！"不肯接受伍子胥的剑。伍子胥还没有走到吴国都城就生起病来，只好半道上停下来，讨饭度日。到了吴国都城，正是吴王僚在掌权，公子光做将军。伍子胥便通过公子光的关系求见了吴王僚。

久之，楚平王以其边邑钟离与吴边邑卑梁氏俱蚕，〔1〕两女子争桑相攻，乃大怒，至于两国举兵相伐。吴使公子光伐楚，拔其钟离、居巢而归。〔2〕伍子胥说吴王僚曰：〔3〕"楚可破也。愿复遣公子光。"公子光谓吴王曰："彼伍胥父兄为戮于楚，而劝王伐楚者，欲以自报其仇耳。伐楚未可破也。"伍胥知公子光有内志，〔4〕欲杀王而自立，未可说以外事，乃进专诸于公子光，〔5〕退而与太子建之子胜耕于野。

【注释】〔1〕"钟离"、"卑梁氏"，皆以地名为氏。"钟离"故地在今安徽省凤阳县东；"卑梁"故地在今安徽省天长县西。〔2〕"居巢"，故地在今安徽省巢县以北。〔3〕"说"，说服，音shuì。〔4〕"内志"，内图之志，指夺取王位。〔5〕"专诸"，吴堂邑（今江苏六合北）人，后为公子光刺杀吴王僚，自己亦被吴王左右杀死。事详本书《刺客列传》。

【译文】过了较长的时候，楚、吴边境发生了冲突。楚国边境地方的钟离与吴国边境地方的卑梁氏，都以养蚕为业，两个女子采桑时相互争抢打了起来，楚平王对此大为气愤，以至于闹到两国动用军队厮杀起来。吴派公子光进攻楚国，攻克了钟离、居巢两地，收兵回国。伍子胥对吴王僚说："现在正可以一举攻破楚国，希望再派公子光率军伐楚。"公子光却对吴王僚说："那伍子胥因为父兄都被楚王杀了，所以劝说大王攻打楚国，他只不过是想替自己报仇而已。进攻楚国并不能一举攻破。"伍子胥知道公子光在国内有自己的谋划，想杀掉吴王僚而自己立为王，在这种情形下不便向他讲对外采取行动的事，便推荐了一位名叫专诸的勇士给公子光，自己与太子建之子胜隐退到乡下种田去了。

　　五年而楚平王卒。初，平王所夺太子建秦女生子轸，及平王卒，轸竟立为后，是为昭王。[1]吴王僚因楚丧，使二公子将兵往袭楚。[2]楚发兵绝吴兵之后，不得归。吴国内空，而公子光乃令专诸袭刺吴王僚而自立，是为吴王阖庐。阖庐既立，得志，乃召伍员以为行人，[3]而与谋国事。[4]

【注释】〔1〕"及平王卒，轸竟立为后，是为昭王"，楚平王在位十三年去世，将军子常欲立平王庶弟、令尹子西，子西不肯，乃立太子轸，即昭王。　〔2〕"二公子"，指公子盖余（一作掩余）、烛庸。　〔3〕"行人"，职官名。周官有大行人、小行人，掌诸侯朝觐、宾客礼仪事务。　〔4〕"与"，参预，音 yù。

【译文】过了五年，楚平王死了。当初，平王从太子建那里夺走的秦国女子生下的儿子叫轸，等到平王死了，轸便即位为王，这就是昭王。吴王僚趁着楚国有丧事，派遣两位公子率军去偷袭楚国。楚国派军队堵住了吴军的后路，使吴军无法退回。吴国国内空虚，公子光就让专诸突然袭击刺杀了吴王僚。公子光自立为王，这就是吴王阖庐。阖庐做了吴王，志满意得，就召回伍员任命他为"行人"之官，参与国家大政的谋划。

　　楚诛其大臣郤宛、伯州犁，伯州犁之孙伯嚭亡奔吴，[1]吴亦以嚭为大夫。前王僚所遣二公子将兵伐楚者，道绝不得归。后闻阖庐弑王僚自立，遂以其兵降楚，楚封之于舒。[2]阖庐立三年，乃兴师与伍胥、伯嚭伐楚，拔舒，遂禽故吴反二将军。因欲至郢，将军孙武曰：[3]"民劳，未可，且待之。"乃归。

【注释】〔1〕"郤宛"，伯州犁之子。"伯州犁"，晋伯宗之子。"伯嚭"，郤宛之子。郤，音 xī。噽，音 pǐ。楚昭王元年（公元前五一五年），因费无忌陷害，令尹子常将兵攻郤氏。郤宛自杀，郤氏族党尽为杀灭。此处衍"伯州犁"三字。 〔2〕"舒"，故地在今安徽省舒城县一带。〔3〕"孙武"，春秋时齐人，著名军事家，以兵法见于吴王阖庐，为吴将军，有《孙子兵法》十三篇传世。事迹详本书本传。

【译文】楚国杀掉了它的大臣郤宛和伯州犁。伯州犁的孙子伯噽逃出了楚国，投奔了吴国。吴王也任命伯噽做大夫。前吴王僚派遣两位公子率领军队进攻楚国，被切断了后路而不能撤回。后来，他们听说阖庐杀了吴王僚自立为王，就带着军队投降了楚国，楚国将他们封在舒。阖庐为王三年，出动军队与伍子胥、伯噽进攻楚国，攻克了舒地，活捉了以前叛吴降楚的两个将军。本来准备乘胜进军郢都，将军孙武说："人民已经很疲劳了，不能再继续作战了，暂且等一等吧！"于是吴军便返回国中。

四年，〔1〕吴伐楚，取六与灊。〔2〕五年，伐越，〔3〕败之。六年，楚昭王使公子囊瓦将兵伐吴。〔4〕吴使伍员迎击，大破楚军于豫章，〔5〕取楚之居巢。

【注释】〔1〕"四年"，阖庐四年，公元前五一一年。 〔2〕"六"，故地在今安徽省六安县一带，音 lù。古六国传为皋陶之后所封之地。"灊"，一作"潜"，故地在今安徽省霍山县一带，音 qián。 〔3〕"越"，古国名，传夏后帝少康封其庶子于越，都会稽（今浙江绍兴）。春秋末，国势强盛，一度称雄中国。 〔4〕"囊瓦"，即令尹子常，楚庄王子子囊之孙，后因与吴军作战屡失利，出奔郑。 〔5〕"豫章"，古地域名，包括今长江以北、淮河以南、汉水以东的地区。

【译文】阖庐四年，吴国又进攻楚国，占领了六与灊两地。五年，吴国进攻越国，又打败了越国。六年，楚昭王派公子囊瓦率军进攻吴国。吴国派伍员迎战，在豫章把楚军打得大败，攻占了楚国的居巢。

九年，吴王阖庐谓子胥、孙武曰："始子言郢未可入，今果何如?"二子对曰："楚将囊瓦贪，而唐、蔡皆怨之。〔1〕王必欲大伐之，必先得唐、蔡乃可。"阖庐听之，悉兴师与唐、蔡伐楚，与楚夹汉水而陈。〔2〕吴王之弟夫概将兵请从，王不听，遂以其属五千人击楚将子常。子常败走，奔郑。于是吴乘胜而前，五战，遂至郢。己卯，〔3〕楚昭王出奔。庚辰，〔4〕吴王入郢。

【注释】〔1〕"唐"，周诸侯国，故地在今湖北省随县西北唐河镇。因参与伐楚，公元前五〇五年为楚所灭。"蔡"，周诸侯国。春秋时因受楚国威胁，屡次迁都。蔡昭侯迁都于州来，即下蔡（今安徽寿县西北）。唐成公至楚，有两骏马，子常欲得之，弗与，子常止成公返国。蔡昭侯至楚，有好佩好裘，子常欲得之，弗与，子常亦止蔡侯返国。及唐人献马而蔡人献佩玉，始得遣返。〔2〕"陈"，同"阵"，列阵。〔3〕"己卯"，据《左传》定公四年，时为十一月己卯日。〔4〕"庚辰"，己卯之翌日。

【译文】阖庐九年，吴王阖庐对伍子胥、孙武说："先前你们说过不能去攻打郢都，现在能行了吗？"两人答道："楚国的将军囊瓦很贪婪，（由于向唐侯和蔡侯勒索财物，）唐国和蔡国都很恨他。大王一定要大举进攻楚国，必须先取得唐国和蔡国的支持。"阖庐听了他们的话，动员了全部军队，联合了唐、蔡两国，进攻楚国。吴军与楚军在汉水两岸沿江对阵。吴王的弟弟夫概带兵要求参加战斗，吴王不同意，夫概便率领他手下的五千兵士向楚将子常发动进攻。子常战败而逃，跑到郑国去了。于是，吴国的大军乘胜前进，一连打了五仗，兵临郢都。己卯这一天，楚昭王逃离郢都。第二天庚辰，吴王进入郢都。

昭王出亡，入云梦；〔1〕盗击王，王走郧。〔2〕郧公弟怀曰：〔3〕"平王杀我父，我杀其子，不亦可乎！"郧公恐其弟杀王，与王奔随。〔4〕吴兵围随，谓随人曰："周之子孙在汉川者，〔5〕楚尽灭之。"随人欲杀王，王子綦匿王，已自为王以当之。〔6〕随人卜与王于吴，不吉，乃谢吴不与王。

【注释】〔1〕"云梦"，古泽薮名。古云梦泽在今湖北省武汉市以西、江陵县以东的大片地区。〔2〕"郧"，古国名，故地在今湖北省安陆县一带。〔3〕"郧公"，指斗辛。其父斗成然，曾有德于楚王，后以贪求无厌于公元前五二八年为楚平王所杀。楚王另封斗辛于郧，表示不忘旧勋。〔4〕"随"，古国名，故地在今湖北省随县。〔5〕"汉川"，指汉水流域的广大地区。〔6〕"王子綦"，一作"子期"，因与楚昭王容貌相像，故得以冒充昭王。时为昭王随从大臣。

【译文】昭王逃离郢都后，来到云梦，不料受到强盗的袭击，昭王又逃到郧。郧公的弟弟怀说道："是楚平王杀了我们的父亲，我们把他的儿子杀了，这不也是理所当然的吗！"郧公担心他的弟弟杀昭王，就与昭王一道逃到随。吴国的军队包围了随，对随人说："周朝的子孙封国在汉水流域的，全都被楚国灭掉了。（楚国也是你们的敌人。）"随人准备杀掉昭王，王子綦把昭王藏匿起来，自己冒充昭王来承当灾难。但随人占卜的结果却说把昭王交给吴国不吉利，便借故推托，而没有把昭王交给吴国。

始伍员与申包胥为交，〔1〕员之亡也，谓包胥曰："我必覆楚。"包胥曰："我必存之。"及吴兵入郢，伍子胥求昭王。既不得，乃掘楚平王墓，出其尸，鞭之三百，然后已。申包胥亡于山中，使人谓子胥曰："子之报仇，其以甚乎！吾闻之，人众者胜天，天定亦能破人。[2]今子故平王之臣，亲北面而事之，[3]今至于僇死人，[4]此岂其无天道之极乎！"伍子胥曰："为我谢申包胥曰，吾日莫途远，[5]吾故倒行而逆施之。"于是申包胥走秦告急，求救于秦。秦不许。包胥立于秦廷，[6]昼夜哭，七日七夜不绝其声。秦哀公怜之，[7]曰："楚虽无道，有臣若是，可无存乎！"乃遣车五百乘救楚击吴。[8]六月，[9]败吴兵于稷。[10]会吴王久留楚求昭王，而阖庐弟夫概乃亡归，自立为王。阖庐闻之，乃释楚而归，击其弟夫概。夫概败走，遂奔楚。楚昭王见吴有内乱，乃复入郢。封夫概于堂谿，[11]为堂谿氏。楚复与吴战，败吴，吴王乃归。

【注释】〔1〕"申包胥"，《楚世家》作"申鲍胥"，楚大夫。"为交"，为友。〔2〕"人众者胜天，天定亦能破人"，意思是虽然人多势众逞一时凶暴能够胜天，但天最终仍将击破众人，战胜凶暴。申包胥是要伍子胥尊重天意，不要违背天道，干伤天害理的事。〔3〕"北面而事之"，古时帝王坐北朝南，以临臣子，故大臣朝见帝王面向北方。〔4〕"僇"，通"戮"，侮辱，惩罚，音 lù。〔5〕"莫"，通"暮"。〔6〕"秦廷"，指秦君坐朝的宫殿。〔7〕"秦哀公"，景公子，公元前五三六年至前五○一年在位。〔8〕"乘"，古时车辆的单位。春秋时常例战车一乘，配甲士三人，步卒七十二人。〔9〕"六月"，时在楚昭王十一年，即公元前五○五年。〔10〕"稷"，楚地名，故地在今河南省桐柏县东。〔11〕"堂谿"，楚地名，故地在今河南省西平县西。

【译文】当初，伍员与申包胥是好朋友，伍员从楚国出逃的时候对申包胥说："我一定要颠覆楚国。"申包胥说："我必定能使楚国存在下去。"等到吴国大军入郢，伍子胥到处搜寻昭王，没有找到，他就掘开楚平王的墓，拖出尸骨，抽打了三百鞭，方才住手。申包胥这时也逃出郢都，躲在山中，派人对伍子胥说："你这样报仇，未免也太过分了吧！我听说，虽然人多势众，一时或许能胜过天理，但天理最终还是要获胜的。你从前是平王的臣子，曾经面朝北亲自侍奉过他，现在竟然鞭打死人，这岂不是不讲天理到极点了吗！"伍子胥对来人说："替我向申包胥致歉吧，就说我因为年事已高，而报仇心切，就像眼看要日落西山，却仍路途遥遥，所以才做出这种倒行逆施的事情来。"于是，申包胥就跑到秦国去告急，请求秦国发兵救楚。秦国不肯出兵。申包胥站在秦国的宫廷中日夜不停地痛哭，哭了七天七夜，哭声始终没有中断。秦哀公很受感动，说："楚王虽然无道，但是有这样的臣子，怎么能不保全楚国呢！"他就派遣了五百辆兵车援救楚国，抗击吴国。六月，在稷打败了吴军。这时，由于吴王阖庐到处搜寻楚昭王，在楚国停留已经很久，阖庐的弟弟夫概乘机偷偷回到吴国，自立为王。阖庐听到这个消息，便丢下楚国赶回国内，攻打他的弟弟夫概。夫概兵败逃走，就投奔了楚国。楚昭王看到吴国发生内乱，又重返郢都。他将夫概封在堂谿，夫概就叫做堂谿氏。楚国继续与吴国作战，打败了吴军，吴王便撤军回到国内。

后二岁，阖庐使太子夫差将兵伐楚，取番。[1]楚惧吴复大来，乃去郢，徙于鄀。[2]当是时，吴以伍子胥、孙武之谋，西破强楚，北威齐晋，南服越人。

【注释】〔1〕"番"，楚地名，故地在今江西省波阳县一带。"番"，音 bō。 〔2〕"鄀"，故地在今湖北省宣城县东南。"鄀"，音 ruò。

【译文】两年以后，吴王阖庐派太子夫差率军进攻楚国，占领了番。楚国害怕吴军又要大举入侵，就迁离了郢都，迁都到鄀。这时期，吴国由于有伍子胥、孙武出谋划策，西面打败了强大的楚国，北面威震齐、晋等国，南面降伏了越人，最为强盛。

其后四年，[1]孔子相鲁。
后五年，伐越。越王勾践迎击，[2]败吴于姑苏，[3]伤阖庐指，军却。阖庐病创将死，[4]谓太子夫差曰："尔忘勾践杀尔父乎?"夫差对曰："不敢忘。"是夕，阖庐死。夫差既立为王，[5]以伯嚭为太宰，[6]习战射。二年后伐越，败越于夫湫。[7]越王勾践乃以余兵五千人栖于会稽之上，[8]使大夫种厚币遗吴太宰嚭以请和，[9]求委国为臣妾。[10]吴王将许之。伍子胥谏曰："越王为人能辛苦。今王不灭，后必悔之。"吴王不听，用太宰嚭计，与越平。[11]

【注释】〔1〕"其后四年"，据《左传》，鲁定公十年（公元前五○○年），孔子为鲁相。〔2〕"勾践"，越王允常之子。公元前四九六年，勾践在檇李（今浙江嘉兴西南）抗击吴军。公元前四六五年卒。事迹详本书《越王勾践世家》。"勾"，一作"句"，音 gōu。 〔3〕"姑苏"，今江苏苏州。但此处"姑苏"实为"檇李"之误，《左传》及本书《吴世家》、《越王勾践世家》皆作"檇李"。 〔4〕"病创"，指因伤口恶化而病得厉害。"病"，指病情严重，与今义有异。"创"，伤。 〔5〕"夫差既立为王"，夫差公元前四九五年至前四七三年在位。 〔6〕"太宰"，职官名，为辅佐君王治理国政的大臣。 〔7〕"夫湫"，旧说指今在太湖中的湫山（江苏吴县）。〔8〕"栖"，山处曰栖。"会稽"，指会稽山，在今浙江省绍兴市东南。"会"，音 guì。 〔9〕"大夫种"，越大夫文种，姓文名种，字子禽，楚国郢人，与范蠡一同辅佐勾践复仇灭吴，胜利后被勾践赐剑自杀身死。事迹详本书《越王勾践世家》。"币",财礼。"遗",给予,赠送,音 wèi。〔10〕"委",交托,付托。"臣妾",奴婢,男曰奴,女曰妾。 〔11〕"平",讲和。

【译文】此后四年,孔子担任了鲁国的宰相。

五年以后,吴国进攻越国。越王勾践迎战吴军,在姑苏打败了吴军,阖庐的脚趾负了伤,吴军只得退却。阖庐的创伤恶化,病情严重,临死之前对太子夫差说:"你会忘记是勾践杀了你的父亲吗?"夫差回答说:"不敢忘记。"当晚,阖庐就去世了。夫差即位为王,便任用伯嚭为太宰,加紧操练兵士。两年后,吴国进攻越国,在夫湫打败越军。越王勾践带领余部五千人退往会稽山屯驻,派大夫文种带着厚礼送给吴国的太宰伯嚭,请求讲和,愿意交出国家大权,和妻子一起给吴王去当奴仆。吴王准备答应越国的请求,伍子胥劝谏道:"越王勾践为人吃苦耐劳,现在大王不消灭他,以后一定要后悔的。"吴王不听伍子胥的话,而采纳了太宰嚭的意见,宽恕了越国,与它讲了和。

其后五年,〔1〕而吴王闻齐景公死而大臣争宠,〔2〕新君弱,〔3〕乃兴师北伐齐。伍子胥谏曰:"勾践食不重味,〔4〕吊死问疾,〔5〕且欲有所用之也。〔6〕此人不死,必为吴患。今吴之有越,犹人之有腹心疾也。而王不先越而乃务齐,〔7〕不亦谬乎!"吴王不听,伐齐,大败齐师于艾陵,〔8〕遂威邹鲁之君以归。〔9〕益疏子胥之谋。

【注释】〔1〕"其后五年",据《左传》,齐于鲁哀公六年,即公元前四八九年后内乱数年。〔2〕"齐景公",齐庄公之子,名杵臼,公元前五四七年即位,公元前四九〇年卒。 〔3〕"新君",指晏孺子,名荼。因其母受宠于景公而得立,齐诸公子因出奔他国。田乞、鲍牧发动政变,改立阳生(悼公),杀晏孺子。 〔4〕"重味",数种菜肴。"重",音 chóng。 〔5〕"吊死",祭奠死者,慰问家属。 〔6〕"且",将要。 〔7〕"务",指致力于某事。 〔8〕"艾陵",齐地名,故地在今山东省莱芜县东北。据《左传》,吴、齐战于艾陵在鲁哀公十一年(公元前四八四年),吴军俘齐将国书等,获革甲八百乘,甲首三千。 〔9〕"邹",《左传》作"郑",古国名,故都在今山东省邹县东南。"鲁",周的诸侯国,周武王封其弟周公旦于鲁,都曲阜(今山东曲阜)。春秋后期政权已落入季孙氏手中。《吴太伯世家》云,吴王夫差九年(公元前四八七年),吴"为驺(即邹)伐鲁,至,与鲁盟乃去"。

【译文】此后五年,吴王听说齐景公死了,大臣们争权夺位,新立的国君地位虚弱,便出动军队,北伐齐国。伍子胥劝谏说:"勾践现在吃饭只吃一个菜,生活朴素,关心百姓,吊唁死者,慰问病人,这正是想着将要用到老百姓的缘故呀!此人不死,必定成为吴国的隐患。现在对于吴国来说,越国的存在就好像人的腹心的疾病一样。而大王不先消灭越国,反倒去致力攻打齐国,不是全搞错啦!"吴王不听伍子胥的劝告，进攻齐国，在艾陵大败齐军，威名大震，使得邹、鲁等国的国君大为慑服，然后班师回国。从此以后吴王就更加不听伍子胥出谋划策了。

其后四年，吴王将北伐齐，越王勾践用子贡之谋，[1]乃率其众以助吴，而重宝以献遗太宰嚭。太宰嚭既数受越赂，其爱信越殊甚，日夜为言于吴王。吴王信用嚭之计。伍子胥谏曰："夫越，腹心之病，今信其浮辞诈伪而贪齐。破齐，譬犹石田，[2]无所用之。且《盘庚之诰》曰：[3]'有颠越不恭，劓殄灭之，俾无遗育，无使易种于兹邑。'[4]此商之所以兴。愿王释齐而先越；若不然，后将悔之无及。"而吴王不听，使子胥于齐。[5]子胥临行，谓其子曰："吾数谏王，[6]王不用，吾今见吴之亡矣。汝与吴俱亡，无益也。"乃属其子于齐鲍牧，[7]而还报吴。[8]

【注释】〔1〕"子贡"，孔子的弟子端木赐，字子贡，少孔子三十一岁。子贡为勾践谋划，发士卒佐吴伐齐，献重宝以悦其心，卑辞以尊其礼，怂恿吴王伐齐。事详本书《仲尼弟子列传》。〔2〕"石田"，多石而不可耕作之田。〔3〕"《盘庚之诰》"，即《尚书·盘庚篇》，记载商王盘庚迁都前后对百姓的告诫。〔4〕"有颠越不恭"，以下数语今本《尚书·盘庚》作："乃有不吉不迪，颠越不恭，暂遇奸宄，我乃劓殄灭之，无遗育，无俾易种于兹新邑。""颠越"，指破坏礼法。"不恭"，指违抗上命。"劓"，古代割鼻之刑。此泛指割、杀等刑罚。"殄"，灭绝，音tiǎn。"俾"，使，音bǐ。"遗育"，遗余生存。"易种"，指变易其种类而得繁衍滋生。〔5〕"使"，使动用法，让……作使节。〔6〕"数"，多次，音shuò。〔7〕"属"，委托，音zhǔ。"鲍牧"，齐大夫，鲍叔牙之后。时鲍牧已死，应是"鲍氏"之误。〔8〕"报"，奉命办事完毕后报告情况。

【译文】此后四年，吴王准备北伐齐国，越王勾践采用了子贡的计谋，率领他的军队协助吴国作战，又给太宰嚭进献了贵重的宝物。太宰嚭既然屡次接受越国的贿赂，便越来越信任和喜欢越国，一天到晚在吴王面前替越国说好话。吴王十分信任伯嚭，采纳他的计谋。伍子胥劝谏道："越国是吴国的心腹之患，现在却偏偏相信他们的虚伪的谎言和骗人的行为，又贪图伐齐的功利。然而，吴国即使能够攻占齐国，也好像得到了一块石田，（既不能耕，又不能种，）毫无用处，毫无意义。况且《盘庚之诰》说过：'有叛逆不顺从的，就把他们全部彻底地消灭掉，让他们断子绝孙，决不许他们在这块土地上种下祸根。'这正是商朝能够兴盛起来的原因。希望大王能放下齐国而先攻打越国；如果不这样去做，以后将会悔恨的，那就来不及了。"但吴王仍然不听，派伍子胥出使齐国。伍子胥临行之前，对他的儿子说："我屡次劝谏我们的大王，但大王不肯听从我的意见，我们很快就要看到吴国的灭亡了。你和吴国一起灭亡，那是没有什么意义的。"于是，便把他的儿子托付给齐国的鲍牧，自己回到吴国交差。

吴太宰嚭既与子胥有隙，[1]因谗曰："子胥为人刚暴，少恩，猜贼，其怨望恐为深祸也。前日王欲伐齐，子胥以为不可，王卒伐之而有大功。子胥耻其计谋不用，乃反怨望。而今王又复伐齐，子胥专愎强谏，[2]沮毁用事，[3]徒幸吴之败以自胜其计谋耳。[4]今王自行，悉国中武力以伐齐，而子胥谏不用，因辍谢，[5]详病不行。[6]王不可不备，此起祸不难。且嚭使人微伺之，[7]其使于齐也，乃属其子于齐之鲍氏。夫为人臣，内不得意，外倚诸侯，自以为先王之谋臣，今不见用，常鞅鞅怨望。[8]愿王早图之。"吴王曰："微子之言，[9]吾亦疑之。"乃使使赐伍子胥属镂之剑，[10]曰："子以此死。"伍子胥仰天叹曰："嗟乎！谗臣嚭为乱矣，王乃反诛我。我令若父霸。自若未立时，[11]诸公子争立，我以死争之于先王，几不得立。若既得立，欲分吴国予我，我顾不敢望也。[12]然今若听谀臣言以杀长者。"乃告其舍人曰："必树吾墓上以梓，令可以为器；[13]而抉吾眼县吴东门之上，[14]以观越寇之入灭吴也。"乃自刭死。吴王闻之大怒，乃取子胥尸盛以鸱夷革，[15]浮之江中。吴人怜之，为立祠于江上，因命曰胥山。[16]

【注释】〔1〕"隙"，嫌隙，隔阂。〔2〕"专愎"，专横任性，一意孤行。"愎"，音 bì。"强谏"，竭尽全力地劝谏。〔3〕"沮毁"，诋毁，诽谤。"用事"，行事。〔4〕"徒"，只。"幸"，希望。〔5〕"辍"，止，废止，音 chuò。"谢"，推辞，拒绝。〔6〕"详"，通"佯"，假装。〔7〕"微"，暗暗地。"伺"，探察。〔8〕"鞅鞅"，通"怏怏"，不满的样子。〔9〕"微"，非。〔10〕"属镂"，剑名，或作"属卢"、"属鹿"等。〔11〕"若"，你。〔12〕"顾"，却，反。〔13〕"必树吾墓上以梓，令可以为器"，《左传》哀公十一年记伍子胥语说："树吾墓槚，槚可材也，吴其亡乎！"是说等墓上的树长大成材，可以有用时，吴国也该亡国了。〔14〕"抉"，挖出，剜出，音 jué。"县"，同"悬"。〔15〕"鸱夷革"，以皮革制成的鸱鸟形状的盛酒的容器。〔16〕"胥山"，在今江苏省吴县西南。

【译文】吴太宰嚭早就与伍子胥有嫌隙，因而毁谤子胥说："伍子胥为人生硬凶暴，没有感情，好猜疑，爱嫉恨，他对大王的怨恨不满恐怕早晚要成为大祸害的。前次大王准备伐齐的时候，伍子胥就认为不能伐，但大王终于出兵向齐国发动了进攻，结果大获成功。伍子胥对自己的计谋未被采纳感到羞辱，反而因此怨恨大王。现在大王准备再次伐齐，伍子胥刚愎自用，强词夺理地进行拦阻，不惜诋毁和诽谤大王，一意孤行，他只不过是在幸灾乐祸地希望以吴国的失败来证实自己的计谋的高明。如今大王亲自率领大军，出动国内全部军队去伐齐，而伍子胥由于谏议未被采用，便不再来上朝，他假装生病而不跟大王一道北上，大王不可不防备呀！

这个时候他要惹祸闹事可太容易了。况且我派人暗中注意着伍子胥，他出使齐国的时候，已经把他的儿子托付给了齐国的鲍氏了。伍子胥身为臣子，在国内不得意，便到国外去投靠诸侯，他自以为是先王的谋臣，如今不被重用，就常常心怀不满地怨恨大王。希望大王及早采取措施。"吴王说："你不说这些话，我也早就在怀疑他了。"于是，吴王派人给伍子胥送去一把"属镂"宝剑，说："你拿它去死！"伍子胥仰天长叹道："啊！奸臣伯嚭在作乱了，大王却反而要杀掉我。是我曾经使你的父亲成为称雄诸侯的霸主；当你还没有被立为太子的时候，各公子争抢着要当太子，又是我用生命在先王面前为你争取，差一点就不能把你立为太子。你做了国王之后，要把吴国分一部分给我，我倒也并不指望着那样。然而，你今天竟然听信奸臣的恶语中伤要杀害你的长辈。"伍子胥便告诉他的舍人说："我死了以后，一定要在我的墓上种上梓树，让它长成之后可以派用场，把我的眼睛摘下来悬挂在都城东门之上，我要亲眼看到越寇的入侵、吴国的灭亡。"说罢便自刭而死。吴王听说了伍子胥的话后，大为愤怒，将伍子胥的尸体装在用皮革做的袋子里，让它在长江中漂浮。吴国的百姓敬重伍子胥，为他在长江边上建立了祠堂，这个地方因此就叫做胥山。

吴王既诛伍子胥，遂伐齐。齐鲍氏杀其君悼公而立阳生。[1] 吴王欲讨其贼，不胜而去。[2] 其后二年，[3] 吴王召鲁卫之君会之橐皋。[4] 其明年，因北大会诸侯于黄池，[5] 以令周室。[6] 越王勾践袭杀吴太子，[7] 破吴兵。吴王闻之，乃归，使使厚币与越平。后九年，[8] 越王勾践遂灭吴，杀王夫差；而诛太宰嚭，以不忠于其君，而外受重赂，与己比周也。[9]

【注释】〔1〕"齐鲍氏杀其君悼公而立阳生"，此处文字有误，悼公即阳生，当是杀其君悼公而立壬。"壬"，即齐简公。本文及《吴太伯世家》所记吴、齐关系，多有错误失实之处。〔2〕"吴王欲讨其贼，不胜而去"，《吴太伯世家》云，吴王"乃从海上攻齐，齐人败吴，吴王乃引兵归"。"贼"，指乱臣。 〔3〕"其后二年"，据《左传》，事在鲁哀公十二年，即公元前四八三年。〔4〕"橐皋"，故地在今安徽省巢县西北拓皋镇。 〔5〕"黄池"，故地在今河南省封丘县西南。 〔6〕"以令周室"，黄池会盟时，吴人称："于周室，我为长。"企图号令姬姓各诸侯国。由于吴国是周太王长子太伯之后，故得以"长"自居。 〔7〕"越王勾践袭杀吴太子"，越王勾践趁吴王夫差北上会盟之机，偷袭吴国，俘获吴太子友等，大败吴军。〔8〕"后九年"，据《左传》，越灭吴在鲁哀公二十二年，即公元前四七三年。 〔9〕"比周"，结党营私。

【译文】吴王杀了伍子胥以后，便向齐国发动了进攻。齐国的鲍氏杀了他的国君悼公而立阳生做齐王。吴王打算以杀君之罪讨伐鲍氏，但没有打赢，只好撤军。此后二年，吴王召鲁国和卫国的国君到橐皋相会。第二年，又北上与各国诸侯聚会于黄池，想以盟主的身份在周室诸侯中发号令。这时，越王勾践却乘机偷袭吴国，杀了吴国的太子，击败了吴军。吴王听到这个消息，便赶回国内，派遣使者送了厚礼，与越国讲了和。九年以后，越王勾践终于灭掉了吴国，杀了吴王夫差，并处决了太宰嚭，认为太宰嚭不忠于他的国君，在外接受大量的贿赂，私自与越国交结，替越国办事。

伍子胥初所与俱亡故楚太子建之子胜者，在于吴。吴王夫差之时，楚惠王欲召胜归楚。[1]叶公谏曰：[2]"胜好勇而阴求死士，[3]殆有私乎！"惠王不听。遂召胜，使居楚之边邑鄢，[4]号为白公。[5]白公归楚三年而吴诛子胥。

【注释】〔1〕"楚惠王"，昭王之妾所生之子，名章，公元前四八八年至前四七五年在位。〔2〕"叶公"，即沈诸梁，字子高，因受封于叶邑而名"叶公"。"叶"，故地在今河南省叶县南。音 shè。〔3〕"死士"，不怕牺牲，勇于献身的人。〔4〕"鄢"，故地在今河南省鄢城县一带。〔5〕"白公"，因食邑封于白，故名"白公"。

【译文】当初与伍子胥一起逃亡的楚太子建的儿子胜，居住在吴国。吴王夫差的时候，楚惠王想把胜召回楚国。叶公劝谏道："胜为人勇武，暗中搜罗亡命之徒，他恐怕是有自己的打算呢！"惠王不听叶公的话，还是召回了胜，安置他住在楚国的边境城邑鄢，号称白公。白公回到楚国三年，吴王夫差杀了伍子胥。

白公胜既归楚，怨郑之杀其父，乃阴养死士求报郑。归楚五年，请伐郑，楚令尹子西许之。[1]兵未发而晋伐郑，郑请救于楚。楚使子西往救，与盟而还。白公胜怒曰："非郑之仇，乃子西也。"胜自砺剑，人问曰："何以为？"胜曰："欲以杀子西。"子西闻之，笑曰："胜如卵耳，何能为也。"[2]

【注释】〔1〕"令尹子西"，子西为楚平王之子，名申。"令尹"，职官名，是楚国的执政大臣。〔2〕"胜如卵耳，何能为也"，《左传》哀公十六年记令尹子西语云："胜如卵，余翼而长之。楚国第，我死，令尹、司马，非胜而谁？"（"白公胜好比鸟卵，全靠我的羽翼庇护而得生存。在楚国论资排辈，我死了以后，令尹、司马这些职务，不就该由白公胜来担任了吗？"）可供参考。

【译文】白公胜既已回到楚国，怨恨郑国杀害了他的父亲，便暗地里收罗那些愿意为他舍身的勇士，准备伺机报复郑国。白公回到楚国五年后，请求讨伐郑国，楚国的执政大臣令尹子西同意了。军队还没有出动，晋国出兵攻打郑国，郑国请求楚国救援。楚国派了子西去救助，与郑国订立了盟约后回到国内。白公胜气愤地说："我的仇人不是郑国，而是子西！"白公胜自己磨着宝剑，有人问道："你磨剑干什么呀？"胜说："准备用来杀子西。"子西听到这话，笑笑说："胜就像那鸟卵一样，（全靠我的羽翼才得以生存，）哪里会那样干呢？"

其后四岁，[1]白公胜与石乞袭杀楚令尹子西、司马子綦于朝。[2]石乞曰："不杀王，不可。"乃劫王如高府。[3]石乞从者屈固负楚惠王亡走昭夫人之宫。[4]叶公闻白公为乱，率其国人攻白公。白公之徒败，亡走山中，自杀。而虏石乞，而问白公尸处，不言将亨。[5]石乞曰："事成为卿，[6]不成而亨，固其职也。"终不肯告其尸处。遂亨石乞，而求惠王复立之。

【注释】〔1〕"其后四岁"，据《左传》，事在鲁哀公十六年，即公元前四七九年。〔2〕"石乞"，白公胜所收罗的勇士。"司马子綦"，即王子綦，楚平王之子，名结。"綦"，一作"期"。"司马"，楚国军事长官的官名。〔3〕"高府"，楚王的别宫。〔4〕"石乞从者屈固"，本文此处有误，《集解》引徐广说"一作'惠王从者'"，《楚世家》亦作"惠王从者"。《左传》记此事说："石乞尹门，圉公阳穴宫，负王以如昭夫人之宫。"（石乞把住了大门，圉公阳在宫墙上打了洞，背着惠王逃到昭王夫人的宫中。）圉公阳是楚大夫，与屈固不是同一人。据考证，屈固应是《左传》所记之"箴尹固"，其人本欲参与白公之乱，经劝说改从叶公。"昭夫人"，昭王之妾，惠王之母。〔5〕"亨"，通"烹"，一种将人抛入汤镬中烧煮而死的刑罚。〔6〕"卿"，指国家的执政大臣。

【译文】此后四年，白公胜与石乞在朝廷发动突然袭击，杀了令尹子西和司马子綦。石乞说："不杀掉国王不行。"于是将惠王劫持到高府中。石乞的随从屈固背着惠王逃到昭夫人的宫里躲了起来。叶公听到白公作乱的消息，率领他的部属来打白公。白公的人被打败，逃到山里，白公胜自杀身死。石乞被俘虏了，追问他白公的尸体藏在哪里，如果不讲出来就把他扔进汤镬处以烹刑。石乞说："大功告成我作卿相，不能成功我进汤镬，本来就应当如此。"终于不肯讲出白公胜的尸体到底在哪里。结果就将石乞处以烹刑。叶公又找回了惠王，重新立为国王。

太史公曰：怨毒之于人甚矣哉！[1]王者尚不能行之于臣下，况同列乎！向令伍子胥从奢俱死，[2]何异蝼蚁。弃小义，雪大耻，名垂于后世，悲夫！方子胥窘于江上，道乞食，志岂尝须臾忘郢邪？故隐忍就功名，非烈丈夫孰能致此哉？[3]白公如不自立为君者，[4]其功谋亦不可胜道者哉！

【注释】〔1〕"怨毒",仇恨,憎恶。 〔2〕"向",假如,假使。 〔3〕"烈丈夫",指胸怀抱负,视死如归的壮士。 〔4〕"白公如不自立为君者",《楚世家》记载,白公胜逐走楚惠王后,曾自立为王。《左传》不记此事。

【译文】太史公说:仇恨对于人的影响实在是太大了。即使是做国王的人都不能让仇恨之心在臣子身上萌生,何况是地位相同的人之间呢!假如当初伍子胥跟着伍奢一道死了的话,那与蝼蚁之死又有什么区别呢?但他能够放弃小意气,洗雪大耻辱,使名声流传后世。可悲啊!当子胥在长江边困顿窘迫之时,在道路上乞讨糊口之时,心中难道会在一瞬之间忘掉对郢都、对楚王的仇恨吗?不会的。所以说克制忍耐成就功名,不是抱负远大的壮士又有谁能做得到呢?白公如果不是自己去当国君的话,那么他的功业也是很可称道的呢!

仲尼弟子列传

孔子曰"受业身通者七十有七人",〔1〕皆异能之士也。〔2〕德行:〔3〕颜渊,闵子骞,冉伯牛,仲弓。政事:〔4〕冉有,季路。言语:〔5〕宰我,子贡。文学:〔6〕子游,子夏。师也辟,〔7〕参也鲁,〔8〕柴也愚,〔9〕由也喭,〔10〕回也屡空。〔11〕赐不受命而货殖焉,〔12〕亿则屡中。〔13〕

【注释】〔1〕"孔子",名丘,字仲尼,氏孔,殷人后裔,宋国贵族后代,鲁国昌平乡陬邑(今山东曲阜东南)人。曾在鲁国从政,先后担任委吏、乘田、中都宰、司空、司寇等职,但不得重用。周游列国,宣扬自己的政治主张,同样没有各国诸侯采用。致力于教育,整理《诗》、《书》、《春秋》等古典文献和周代的礼仪音乐,被奉为儒家始祖。汉以后,孔子儒学成为中国文化的正统,影响极为深广。由其弟子编纂的《论语》,较集中地保存了他的言行和思想。生于公元前五五一年,死于公元前四七九年。详见本书《孔子世家》。"受业身通者",按本书《孔子世家》云"身通六艺者",又泷川资言《史记会注考证》引郑环曰:"宋大观四年议礼局言:《史记·弟子传》曰受业身通六艺者……",则此"身通"当指六艺而言。"六艺",或为省略,或系脱夺。"七十有七人",关于孔子高足弟子的人数,有不同记载。《汉书·地理志下》云"弟子受业而通者七十有七人",与此同。又《孔子家语·七十二弟子》,名为七十二人,实也是七十七人。另有作"七十二人"者,如本书《孔子世家》及文翁《礼殿图》、《后汉书·蔡邕传》、《水经注》八、汉鲁峻《冢壁像》、《魏书·李平传》等。还有作"七十人"者,本书《伯夷列传》,《孟子·公孙丑上》、《韩非子·五蠹》、《吕氏春秋·遇合》、《淮南子·泰族》、《要略》、《汉书·艺文志》、《楚元王传》等。所谓"七十",当系举成数而言。 〔2〕"异能",特殊才能,才能出众。 〔3〕"德行",道德行为。"行",音 xíng,旧读 xìng,行为。按自"德行"至"子夏"，当是孔子对这十个弟子的评价。"德行"、"政事"、"言语"、"文学"皆为对他们十人特长所作的分类归纳。〔4〕"政事"，行政事务。〔5〕"言语"，言辞口才。〔6〕"文学"，文献典籍。〔7〕"师"，颛孙师，详后。"辟"，音 pì，通"僻"，偏僻，偏激。〔8〕"参"，曾参，详后。"鲁"，钝挫，迟钝。〔9〕"柴"，高柴，详后。"愚"，愚笨。〔10〕"由"，仲由，即季路，详后。"喭"，音 àn，粗鲁。〔11〕"回"，颜回，即颜渊，详后。"屡"，常，经常。"空"，空乏，贫穷。〔12〕"赐"，端沐赐，即子贡，详后。"命"，教命，教诲。或谓天命，或谓官命。"货殖"，居积货物，经营增值。即经商。〔13〕"亿"，通"臆"，预料，揣度。"中"，音 zhòng，适中，猜中，算中。按自"德行"以下至此，见《论语·先进》。

【译文】孔子说"接受学业兼通六艺的弟子有七十七人"，都是才能出众之士。其中德行突出的是：颜渊，闵子骞，冉伯牛，仲弓。擅长政事的是：冉有，季路。擅长言语的是：宰我，子贡。擅长文献的是：子游，子夏。颛孙师偏激，曾参迟钝，高柴愚笨，仲由粗鲁，颜回啊经常穷乏。而端沐赐不接教命而去经商谋利，预测市场行情总是屡猜屡中。

孔子之所严事：〔1〕于周则老子；〔2〕于卫，〔3〕蘧伯玉；〔4〕于齐，〔5〕晏平仲；〔6〕于楚，〔7〕老莱子；〔8〕于郑，〔9〕子产；〔10〕于鲁，〔11〕孟公绰。〔12〕数称臧文仲、〔13〕柳下惠、〔14〕铜鞮伯华、〔15〕介山子然，〔16〕孔子皆后之，不并世。〔17〕

【注释】〔1〕"严"，尊敬。"事"，服事，对待。〔2〕"周"，朝代名，公元前十一世纪周武王灭商后所建，姬姓，建都于镐（今陕西西安西南沣水东岸）。公元前七七〇年，周平王向东迁徙，建都于洛邑（今河南洛阳）。平王东迁以前史称西周，东迁以后称东周。东周习惯上依司马迁的《十二诸侯年表》、《六国年表》，以公元前四七六年为界划分为春秋和战国前后两个时期。公元前二五六年被秦国所灭。此"周"当指东周京都洛邑。"老子"，春秋时思想家，道家学派的创始人。关于他的姓名、身世，传说不一。本书《老子列传》即有三说。一说氏李，名耳，字聃，楚国苦县（今河南鹿邑东）人，当过周王室管理藏书的官员，孔子曾向他问礼，后隐居，著《道德经》。或谓即楚人老莱子。或谓即周太史儋。详见本传。〔3〕"卫"，国名，西周初周公平定武庚反叛后所封诸侯国，姬姓，始封君为周武王之弟康叔，建都朝歌（今河南淇县），为当时大国。公元前六六〇年被翟人击败，迁都楚丘（今河南滑县），沦为小国。又迁都帝丘（今河南濮阳）。公元前二五四年被魏国所灭。后一度复国，都于野王（今河南沁阳）。公元前二〇九年被秦所灭。〔4〕"蘧伯玉"，氏蘧（音 qú），"蘧"或作"璩"，名瑗，字伯玉，谥成，蘧庄子无咎之子，卫国大夫。〔5〕"齐"，国名，西周初年所封异姓诸侯国，姜姓，始封君吕尚，建都营丘，改称临淄（在今山东淄博东北），领有今山东北部。春秋初年齐桓公任用管仲改革，国力强盛，称霸诸侯。春秋后期君权逐渐转入大臣田（亦作"陈"）氏家族。公元前三八六年，周安王承认田和为齐侯。公元前二二一年被秦国所灭。〔6〕"晏平仲"，即晏婴，氏晏，名婴，字平仲，或谓谥平，夷维（今山东高密）人，齐卿晏弱之子，袭父职任齐卿，历仕齐灵公、齐庄公、齐景公三朝，卒于公元前五〇〇年。有《晏子春秋》一书传世，系后人撰作，集中记载了他的言行。详见本书《管晏列传》。〔7〕"楚"，国名，芈姓，原为古代南方部族。西周初，其首领熊鬻归附周文王，立国于荆山一带。熊鬻后裔熊绎于周成王时受封子爵，建都丹阳（今湖北秭归东南）。疆土向长江中游拓展。公元前七〇四年，楚君熊通自号武王，其子熊赀迁都于郢（今湖北江陵西北纪南城）。楚庄王时称霸，辖境西北至武关（今陕西商南西北），东南到昭关（今安徽含山北），北至今河南南阳，南到洞庭湖以南，是当时领土最大的国家。公元前五〇四年迁都郢，亦称鄢郢（今湖北宜城东南）。战国时疆域东北到达今山东南部，西南及于今广西东北。公元前二七八年迁都于陈（今河南淮阳）。公元前二四一年又迁都寿春（今安徽寿县）。公元前二二三年被秦国所灭。〔8〕"老莱子"，楚人，隐居耕作蒙山下，楚王闻其贤，打算起用，他又至江南隐居，终身不仕，撰作十五篇。《汉书·艺文志》道家有《老莱子》十六篇，其逸已久。参看本书《老子韩非列传》。〔9〕"郑"，国名，姬姓，始封君为周宣王弟友，即郑桓公，公元前八〇六年受封于郑（今陕西华县东）。周幽王时，郑桓公将财产、部族向东转移到东虢和郐之间。郑武公时，先后攻灭郐和东虢，建都新郑（今河南新郑），领有今河南中部之地。郑武公、郑庄公相继为周王室卿士，春秋初强盛一时。后逐渐衰落，于公元前三七五年被韩国灭亡。〔10〕"子产"，名侨（或作"乔"）；字子产，又字子美，谥成；郑穆公之孙，故氏公孙；子国之子，故又氏国。亦称"公孙侨"、"国侨"、"公孙成子"等。公元前五五四年为郑卿。公元前五四三年执政，实行改革。于公元前五二二年去世。〔11〕"鲁"，国名，西周初年所封诸侯国，姬姓，始就封君为周公旦之子伯禽，建都曲阜（今山东曲阜），领有今山东泰山以南的汶、泗、沂、洙水流域。春秋后期公室被鲁大夫季孙氏、叔孙氏、孟孙氏所瓜分。公元前二五六年被楚国灭亡。〔12〕"孟公绰"，鲁国大夫。按《论语·宪问》云："子曰：'孟公绰为赵、魏老则优，不可以为滕、薛大夫。'"《左传》襄公二十五年载孟公绰语。〔13〕"数"，音shuò，屡次，频繁。"称"，称道，称赞。"臧文仲"，氏臧，名辰，字文仲，亦称"臧孙"，鲁孝公后裔，任鲁卿大夫，历仕鲁庄公、鲁闵公、鲁僖公、鲁文公四朝，卒于公元前六一七年。〔14〕"柳下惠"，氏展，名获，字禽，亦称"展获"、"展禽"；谥惠，食邑于柳下，故称"柳下惠"，鲁国大夫，曾任士师。〔15〕"铜鞮伯华"，即羊舌赤，氏羊舌，名赤，字伯华，晋卿羊舌职之子，食邑于铜鞮（今山西沁县南），故称"铜鞮伯华"，晋国大夫。〔16〕"介山子然"，即"介之推"（或作"介子推"），名推（或作"绥"），字然，晋文公未即位前流亡时的侍臣。晋文公结束流亡登上君位后，赏赐随从人员，未及于他，他便和母亲隐居绵上（今山西介休东南）山中。后晋文公寻找而不获，将绵上作为其封田，本书《晋世家》云："于是文公环绵上山中而封之，以为介推田，号曰介山。"故后人以"介"或"介山"称呼他，又称"介子"、"介推"、"介山子推"。"介山子然"的"子"和"介之推"的"之"，当如《左传·僖公二十四年》杜预注所云，系语助词。另《庄子·盗跖》云："介子推至忠也，自割其股以食文公。文公后背之，子推怒而去，抱木而燔死。"《楚辞·九章·惜往日》亦云："介子忠而立枯兮，文公寤而追求。"所传有异，但均以"介之推"为忠臣贤士。〔17〕"并世"，同世，同时代。按《大戴礼记·卫将军文子》云："孔子曰：'……其为人之渊泉也，多闻而难诞也，不内辞，足以没世，国家有道，其言足以生，国家无道，其默足以容，盖桐提伯华之行也。外宽而内直，自设于隐括之中，直己而不直于人，以善存，亡汲汲，盖蘧伯玉之行也。孝子慈幼，允德禀义，约货去怨，盖柳下惠之行也。其言曰：'君虽不量于臣，臣不可以不量于君。是故君择臣而使之，臣择君而事之，有道顺君，无道横命。'晏平仲之行也。德恭而行仁，终日言，不在尤之内，贫而乐也，盖老莱子之行也。易行以俟天命，居下位而不援其上，观于四方也，不忘其亲，苟思其亲，不尽其乐，以不能学为己终身之忧，盖介山子推之行也。'"较集中地汇录了所谓孔子对铜鞮伯华、蘧伯玉、柳下惠、晏平仲、老莱子、介山子推的评说，可参看。

【译文】孔子一生中所尊奉的人：在周京洛邑是老子；在卫国是蘧伯玉；在齐国是晏平仲；在楚国是老莱子；在郑国是子产；在鲁国是孟公绰。多次称道臧文仲、柳下惠、铜鞮伯华、介山子然，孔子都后于他们，不在同一年代。

颜回者，[1]鲁人也，字子渊。少孔子三十岁。[2]

【注释】[1]"颜回"，氏颜，名回，孔子最得意的弟子，后被尊为"亚圣"、"复圣"。[2]"少孔子三十岁"，依此推算，则颜回生于公元前五二一年。按泷川资言《史记会注考证》云："枫山、三条本'岁'上有'七'字。"阎若璩《四书释地又续》云："回少孔子三十岁，三十下脱'七'字。"依此，则颜回生于公元前五一四年。又按毛奇龄《论语稽求篇》认为"少孔子三十岁原是'四十'之误"。依此，则颜回生于公元前五一一年。

【译文】颜回是鲁国人，字子渊。比孔子小三十岁。

颜渊问仁。[1]孔子曰："克己复礼[2]，天下归仁焉。"[3]

【注释】[1]"仁"，是孔子学说的核心思想，也是孔子所宣扬的最高道德准则。具体包括多种含义。此处所说的"克己复礼"，即是其中重要的一项。[2]"克"，克制，约束。"复"，归复，归依。"礼"，礼仪制度，此指周代以宗法等级制为核心的一整套社会制度和道德规范。孔子认为由周公所制定的周礼是治国之本，恢复周礼是他的最终政治理想。"克己复礼"，按《左传》昭公十二年云："仲尼曰：'古也有志："克己复礼，仁也。"……'"可知"克己复礼"为古语，且为"仁"的一项内容。[3]"归"，与，称许。"焉"，句末语气词，表叙述。按语见《论语·颜渊》。原作："颜渊问仁。孔子曰：'克己复礼为仁。一日克己复礼，天下为仁焉。为仁由己，而由人乎哉？'……"司马迁此处约取其语。

【译文】颜渊询问仁的含义。孔子说："克制自己的欲望言行，一切归依周礼，那么天下的人都会称许你是仁人。"

孔子曰："贤哉，回也！一箪食，[1]一瓢饮，[2]在陋巷，[3]人不堪其忧，[4]回也不改其乐。"[5]"回也如愚；退而省其私，[6]亦足以发，[7]回也不愚。"[8]"用之则行，舍之则藏，[9]唯我与尔有是夫！"[10]

中華藏書

列传二十五篇（精选）

中国书店

【注释】〔1〕"箪"，音 dān，古代一种竹制的盛饭容器。 〔2〕"瓢"，音 piáo，剖开葫芦做成的舀水器或盛酒器。"饮"，饮料，汤水。 〔3〕"陋"，狭小，狭窄。 〔4〕"堪"，音 kān，承当，忍受。 〔5〕按此语见《论语·雍也》。 〔6〕"省"，音 xǐng，省察，考察。 〔7〕"发"，发明，发挥。 〔8〕按语见《论语·为政》。"回也如愚"，原作："子曰：'吾与回言终日，不违，如愚。……'"语意较显豁。 〔9〕"舍"，舍弃，此指不用。 〔10〕"尔"，你。"是"，此，这。指称上面所说"用之则行，舍之则藏"。按语见《论语·述而》。

【译文】孔子说："贤人哪，颜回啊！一碗饭，一瓢汤，住在简陋的小巷里，别人受不了穷苦的忧愁，颜回却不改变自己的乐趣。""颜回听讲时如同蠢人；但退回去后再考察他的言行举止，也足以发明讲学的内容，颜回可不愚蠢。""任用的话就身体力行，舍弃不用的话就隐藏起来，只有我和你能这样啊！"

回年二十九，发尽白。蚤死，〔1〕孔子哭之恸，〔2〕曰："自吾有回，门人益亲。"〔3〕鲁哀公问：〔4〕"弟子孰为好学？"〔5〕孔子对曰："有颜回者好学，不迁怒，〔6〕不贰过。〔7〕不幸短命死矣，今也则亡。"〔8〕

【注释】〔1〕"蚤"，通"早"。按颜回的享年及卒年，说法不一。颜回年寿，《孔子家语·七十二弟子》作"三十一"；《史记索隐》、《文选·辨命论》《注》所引《家语》和《列子·力命》，均作"三十二"；而钱穆《先秦诸子系年考辨》卷一《孔鲤颜回卒年考》则以为当作"四十一"。关于颜回的卒年，分别有公元前四九〇、前四八三、前四八一年三说。颜回的生卒年，主要有以下四说：1. 公元前五一二至前四九〇年。依《史记》颜回小孔子三十岁，与别本《家语》颜回寿"三十二"而作的推算。此说流行较广，如《辞源》、《辞海》均采此说。其实最不可信。前人据《论语》本身材料已有驳正，可参看《史记志疑》。2. 公元前五一四年至前四八三年。此为阎若璩说（见《四书释地又续》）。3. 公元前五一一年至前四八一年。此为毛奇龄说（见《论语稽求篇》）。4. 公元前五二一年至前四八一年。此为钱穆说。后三说皆有可能，但目前无法论定。〔2〕"恸"，音 tòng，极其悲痛，悲痛之极。按语见《论语·先进》。 〔3〕"门人"，门徒，弟子。"益"，更，更加。按《尚书大传》云："自吾得回也，门人加亲。" 〔4〕"鲁哀公"，名蒋（或作"将"），鲁定公之子，母定姒，公元前四九四年至前四六七年在位。详见本书《鲁周公世家》。 〔5〕"孰"，谁，哪个。"好"，音 hào，爱好。 〔6〕"迁"，迁徙，转移。 〔7〕"贰"，再，重复。"过"，过失，过错。 〔8〕"亡"，通"无"。按自"哀公问"至此见《论语·雍也》。"今也则亡"下，《论语》还有"未闻好学者也"一句。

【译文】颜回二十九岁那年，头发全部变白。颜回过早死去，孔子哭得极为悲痛，说："自从我有了颜回，门人就更加亲密无间。"鲁哀公询问："弟子中谁最好学？"孔子回答说："有个叫颜回的最好学，他从不把怒气转移到别人身上，不犯同样的过失。可不幸短命死了，如今就没有像他这样的了。"

闵损，[1]字子骞。[2]少孔子十五岁。[3]

【注释】〔1〕"闵损"，氏闵，名损，鲁国人。 〔2〕"骞"，音 qiān。 〔3〕"少孔子十五岁"，依此推算，则闵损生于公元前五三六年。

【译文】闵损，字子骞，比孔子小十五岁。

孔子曰："孝哉，闵子骞！人不间于其父母昆弟之言。"[1]不仕大夫，不食污君之禄。[2]"如有复我者，[3]必在汶上矣。"[4]

【注释】〔1〕"间"，音 jiàn，非间，非议。"昆弟"，兄弟。按语见《论语·先进》。 〔2〕"污君"，污秽的君主。"禄"，俸禄，古代多以粮食作为俸禄。按《论语·雍也》云："季氏使闵子骞为费宰。闵子骞曰：'善为我辞焉！如有复我者，则吾必在汶上矣。'"则此"不仕大夫，不食污君之禄"当指闵子骞拒绝季氏任用之事。 〔3〕"复"，再，此指再次征召。 〔4〕"汶"，音 wèn，水名，即今大汶河。源出今山东莱芜北，向西南流，经东平南，至梁山东南流入济水。"汶上"，即汶阳，汶水之北。汶阳之地原为鲁地，后被齐国夺占。则此"汶上"实指齐国。

【译文】孔子说："孝顺啊，闵子骞！人们对他父母兄弟称赞他的言语没有非议。"他不到卿大夫那里做家臣，不吃昏君的俸粮。（他拒绝季氏的委任，说：）"如果再来征召我的话，我就必定在汶水之北的齐国了。"

冉耕，[1]字伯牛。孔子以为有德行。

【注释】〔1〕"冉耕"，氏冉，名耕，鲁国人，比孔子小七岁，生于公元前五四四年。据《论衡·自纪篇》云："鲧恶禹圣；叟顽舜神；伯牛寝疾，仲弓洁全……"则冉耕为冉雍之父。而《史记索隐》引《家语》云冉雍"为伯牛之宗族"。

【译文】冉耕，字伯牛，孔子认为他有德行。

伯牛有恶疾，[1]孔子往问之，自牖执其手，[2]曰："命也夫！斯人也而有斯疾，[3]命也夫！"[4]

【注释】〔1〕"恶疾"，痛苦难治的疾病。《公羊传》昭公二十年何休注云："恶疾谓瘖、聋、盲、疬、秃、跛、伛，不逮人论之属也。"《淮南子·精神》云"冉伯牛为厉"。《论衡·自纪篇》云"伯牛寝疾"。按"厉"通"疬"，为麻风病。"寝疾"，为卧床不起之病。 〔2〕

"牖"，音 yǒu，窗户。"执"，持，握。〔3〕"斯"，这，这样的。〔4〕按语见《论语·雍也》。

【译文】伯牛得了恶病，孔子前往探望他，从窗口握住他的手，说："命啊！这样的人而有这样的病，是命啊！"

　　冉雍，〔1〕字仲弓。

【注释】〔1〕"冉雍"，氏冉，名雍，鲁国人，比孔子小二十九岁，生于公元前五二二年。

【译文】冉雍，字仲弓。

　　仲弓问政。〔1〕孔子曰："出门如见大宾，〔2〕使民如承大祭。〔3〕在邦无怨，〔4〕在家无怨。"〔5〕

【注释】〔1〕"仲弓问政"，按自此以下语见《论语·颜渊》。"问政"，《颜渊》作"问仁"。〔2〕"大宾"，重要宾客，贵宾。"出门如见大宾"，按泷川资言《史记会注考证》引枫山本、三条本在"出"字前有"仁之道"三字。〔3〕"使"，役使，使用。"承"，承受，承当。〔4〕"邦"，国，国家。"在邦"，指在诸侯国中任职。按"在邦无怨"前，《论语》有"己所不欲，勿施于人"八字。〔5〕"家"，当时称卿大夫为家。"在家"，指在卿大夫家中任职。或谓在自己家中。

【译文】仲弓询问为政。孔子说："出门办事如同去会见贵宾，役使百姓如同承当重大祭祀。在国中没有怨恨，在家中也没有怨恨。"

　　孔子以仲弓为有德行，曰："雍也可使南面。"〔1〕

【注释】〔1〕"南面"，面南，面向南。坐北朝南，为古人尊位，因此"南面"常用以指称天子、诸侯、卿大夫等各级尊长。按语见《论语·雍也》。

【译文】孔子认为仲弓有德行，说："冉雍这个人，可以让他独当一面，统领一方。"

　　仲弓父，贱人。〔1〕孔子曰："犁牛之子骍且角〔2〕，虽欲勿用，〔3〕山川其舍诸？"〔4〕

【注释】〔1〕"贱"，地位低下。 〔2〕"犁牛"，耕牛。或谓毛色不纯的牛。"子"，子女，此指牲口的下一代。"骍"，音 xīn，毛色纯赤。"角"，指牛角长得周正。 〔3〕"虽"，纵然，即使。"用"，使用，此指用作牺牲（祭祀的供品）。 〔4〕"山川"，此指山川神灵。"其"，通"岂"，难道。"诸"，之乎。按语见《论语·雍也》。

【译文】仲弓的父亲，是个地位低下的人。孔子说："耕牛的儿子毛色纯赤而且双角齐整，即使想不用它作为祭祀的供品，但山川神灵难道会舍弃它吗？"

冉求，〔1〕字子有。少孔子二十九岁。〔2〕为季氏宰。〔3〕

【注释】〔1〕"冉求"，氏冉，名求，《孔子家语·七十二弟子》云"仲弓之族"，鲁国人。〔2〕"少孔子二十九岁"，据此推算，则生于公元前五二二年。 〔3〕"季氏"，即季孙氏，鲁国世卿。"宰"，家宰，家臣之长。"为季氏宰"，按《孟子·离娄上》云"求也为季氏宰"。

【译文】冉求，字子有。比孔子小二十九岁。曾任季孙氏的家宰。

季康子问孔子曰：〔1〕"冉求仁乎？"曰："千室之邑，〔2〕百乘之家〔3〕，求也可使治其赋。〔4〕仁则吾不知也。"复问："子路仁乎？"〔5〕孔子对曰："如求。"

【注释】〔1〕"季康子"，氏季孙，名肥，谥康，故亦称"季孙肥"，季桓子之子，鲁国卿大夫，公元前四九一年至前四六八年执政。按以下对话，见《论语·公冶长》，文字有较大出入。且此"季康子"，《论语》作"孟武伯"。 〔2〕"室"，家室，民户。"邑"，都邑，古代居民聚居的地方，通常也为一级居民组织的行政单位。此指卿大夫的采邑。采邑经国君封赐后，由卿大夫派人管理，所收租税，归卿大夫享用。 〔3〕"乘"，音 shèng，车乘，兵车，古时以一车四马为一乘。"百乘之家"，指拥有兵车一百辆的卿大夫之家。 〔4〕"赋"，赋税，指军赋、田税。按鲁国于鲁宣公十五年（公元前五九四年）"初税亩"，于鲁成公元年（公元前五九〇年）"作丘甲"，于鲁哀公十二年（公元前四八三年）实行"用田赋"。"求也可使治其赋"，按《论语·先进》云："季氏富于周公，而求也为之聚敛而附益之。"《孟子·离娄上》云："求也为季氏宰，无能改于其德，而赋粟倍他日。"由此可见冉求"可使治其赋"的具体含义。 〔5〕"子路"，即仲由，仲由字子路。详下。

【译文】季康子询问孔子道："冉求称得上仁吗？"孔子说："千户人家的都邑，百辆兵车的封地，冉求呀，可以让他去管理那里的赋税。至于称不称得上仁，我就不知道了。"季康子又问："子路称得上仁吗？"孔子回答说："如同冉求一样。"

求问曰："闻斯行诸?"[1]子曰："行之。"子路问："闻斯行诸?"子曰："有父兄在，如之何其闻斯行之?"[2]子华怪之;[3]"敢问问同而答异?"[4]孔子曰："求也退,[5]故进之;[6]由也兼人,[7]故退之。"[8]

【注释】〔1〕"斯"，则，就。"诸"，之乎。 〔2〕"如之何"，如何，怎么。 〔3〕"子华"，即公西赤，公西赤字子华，孔子弟子。详后。 "怪"，奇怪，此用作动词，感到奇怪。〔4〕"敢"，胆敢，自言冒昧之词。 〔5〕"退"，退缩，拘谨。 〔6〕"进"，促进，鼓励。〔7〕"兼人"，胜过人，此指做事好胜争强。 〔8〕"退"，贬退，抑制。按此节文字本《论语·先进》而有所缩略。

【译文】冉求问道："事情一听到就行动吗?"孔子说："听到了就行动。"子路问道："事情一听到就行动吗?"孔子说："有父亲兄长健在，怎么能一听到就行动呢?"子华对此感到奇怪，说："我冒昧地提个问题，为什么问题相同而回答各异?"孔子说："冉求呀退缩拘谨，所以我鼓励他;仲由呢好胜争强，所以我抑制他。"

仲由,[1]字子路,[2]卞人也。[3]少孔子九岁。[4]

【注释】〔1〕"仲由"，氏仲，名由。 〔2〕"子路"，《史记索隐》引《家语》云一字季路。按"季"当系仲由排行，故可与字连称，犹如孔子字尼，而常称仲尼。 〔3〕"卞"，或作"弁"，鲁国邑名，在今山东泗水东。 〔4〕"少孔子九岁"，依此计算，则仲由生于公元前五四二年。卒于公元前四八〇年。

【译文】仲由，字子路，是卞邑人。比孔子小九岁。

子路性鄙,[1]好勇力，志伉直,[2]冠雄鸡,[3]佩豭豚,[4]陵暴孔子。[5]孔子设礼,[6]稍诱子路,[7]子路后儒服委质,[8]因门人请为弟子。[9]

【注释】〔1〕"鄙"，鄙朴，质朴。 〔2〕"伉"，音 kàng，通"亢"，刚强。"直"，直率。〔3〕"冠雄鸡"，戴形似雄鸡的冠。 〔4〕"豭"，音 jiā，公猪。"豚"，音 tún，小猪。"豭豚"，公猪。按《庄子·盗跖》《释文》引李颐云作"豭斗"。此为佩带之物。洪颐煊《读书丛录》释为用豭豚皮制成的剑饰，可备一说。按《庄子·盗跖》有"使子路去其危冠，解其长剑"，《史记集解》云："冠以雄鸡，佩以豭豚。"则"豭豚"也有可能为长剑之名。 〔5〕"陵暴"，欺侮，欺压。 〔6〕"设礼"，设施礼教。 〔7〕"稍"，逐渐。 〔8〕"儒服"，儒生穿戴的衣帽。

"委"，致送。"质"，通"贽"，古代初次求见时所送的礼物，也可专指致送老师的礼物。"委贽"，致送见面礼。这里指致送拜师礼。 〔9〕"因"，通过。"门人"，门徒，即弟子。

【译文】子路生性质朴，喜好勇猛武力，心地刚强直率，头带雄鸡样式的帽子，身佩叫做猳豚的长剑，曾经冒犯欺凌过孔子。孔子设施礼教，逐渐诱导子路，子路后来改穿儒服，送上拜师的礼物，通过孔子的门人请求做弟子。

子路问政。孔子曰："先之，〔1〕劳之。"〔2〕请益。〔3〕曰："无倦。"〔4〕

【注释】〔1〕"先之"，为百姓之先，即带头示范。 〔2〕"劳"，旧读 lào，慰劳。 〔3〕"请益"，请求增益，此指请求多回答一些。 〔4〕"倦"，疲倦，懈怠。按语见《论语·子路》。

【译文】子路询问为政。孔子说："先给百姓作出样子，并慰劳关心百姓。"子路要求多说几句。孔子说："永远不要懈怠。"

子路问："君子尚通乎?"〔1〕孔子曰："义之为上。〔2〕君子好勇而无义，则乱；小人好勇而无义，〔3〕则盗。"〔4〕

【注释】〔1〕"君子"，这里指有身份地位的人，即当时的贵族官僚。"尚"，崇尚。 〔2〕"义"，指行为合乎礼法和道德规范。"义之为上"，按《论语·阳货》作"义以为上"。"上"，通"尚"。 〔3〕"小人"，这里指相对于"君子"而言的没有身份地位的平民百姓。〔4〕按语见《论语·阳货》。

【译文】子路问道："君子崇尚勇武吗?"孔子说："义是至高无上的。君子爱好勇武而没有义理，就会作乱造反；小人爱好勇武而没有义理，就会偷盗抢劫。"

子路有闻，未之能行，〔1〕唯恐有闻。〔2〕

【注释】〔1〕"未之能行"，即未能行之。 〔2〕"有"，又。按语见《论语·公冶长》。

【译文】子路听到一件事，还没能去做，就唯恐又听到别的事。

孔子曰："片言可以折狱者，〔1〕其由也与!"〔2〕"由也好勇过我，无所取材。"〔3〕"若由也，不得其死然。"〔4〕"衣敝缊袍与衣狐貉者立而不耻者，〔5〕其由也与!"〔6〕"由也升堂矣，〔7〕未入于室也。"〔8〕

【注释】〔1〕"片言"，半言，片言只语。或谓即"单辞"，指一面之词。"折"，断，判决。"狱"，讼事，诉讼案件。 〔2〕"其"，副词，大概，恐怕。"与"，通"欤"，语气词，表示推测。 〔3〕"材"，材料，此指制造渡海木筏的材料。按此语见《论语·公冶长》。原文为："子曰：'道不行，乘桴浮于海。从我者，其由与？'子路闻之喜。子曰：'由也好勇过我，无所取材。'"或谓"材"通"裁"，或谓通"哉"。 〔4〕"不得其死"，不得好死。"然"，句末语气词，用法同"焉"。按语见《论语·先进》。 〔5〕"衣"，音 yì，动词，穿。"敝"，坏，破旧。"缊袍"，以乱麻作絮的破袍。"貉"，音 hé，亦称"狗獾"。其毛皮可做皮衣。"衣狐貉者"，穿着用狐貉之皮做的袍子。 〔6〕按语见《论语·子罕》。 〔7〕"堂"，厅堂。 〔8〕"室"，内室。按先进门，次登堂，后入室，孔子以此表示学问道德由低到高的几个阶段。入室为最高阶段。按语见《论语·先进》。

【译文】孔子说："根据片言只语就可以判决诉讼案件的，大概只有仲由吧！""仲由喜好勇武超过了我，但没地方取得制造渡海木筏的材料。""像仲由这样，将会不得好死。""穿着用乱麻作絮的旧袍同穿着狐貉皮大衣的人站在一起而不以为耻的，大概只有仲由吧！""仲由的学问吗，已到了登堂的地步，但还没达入室的境界。"

季康子问：〔1〕"仲由仁乎？"孔子曰："千乘之国可使治其赋，〔2〕不知其仁。"

【注释】〔1〕"季康子"，按此节见《论语·公冶长》，原文所问者为孟武伯。 〔2〕"千乘之国"，拥有一千辆兵车的国家。千乘之国在春秋时代为大国。

【译文】季康子问道："仲由称得上仁吗？"孔子说："有千辆兵车的大国可以让他去管理赋税，但不知道他的仁德。"

子路喜从游，〔1〕遇长沮、桀溺、荷蓧丈人。〔2〕

【注释】〔1〕"从"，跟从，随从。此指跟随孔子。 〔2〕"长沮、桀溺"，二隐者名。见《论语·微子》，云："长沮、桀溺耦而耕，孔子过之，使子路问津焉。……"金履祥《论语集注考证》云："此盖以物色名之，如荷蒉、晨门、荷蓧丈人之类。盖二人耦耕于田，其一人长而沮洳，一人桀然高大而涂足，因以名之也。"可备一说。"荷"，音 hè，扛，"蓧"，音 diào，古时耘田的一种竹器。"丈人"，老人。"荷蓧丈人"，扛着蓧的老人。按《论语·微子》，云："子路从而后，遇丈人，以杖荷蓧。……"

【译文】子路喜好跟随孔子出游，途中遇到过长沮、桀溺、荷蓧丈人。

子路为季氏宰，[1]季孙问曰：[2]"子路可谓大臣与？"[3]孔子曰："可谓具臣矣。"[4]

【注释】〔1〕"季氏宰"，季氏家宰，季氏家臣之长。〔2〕"季孙"，按《论语·先进》作"季子然"，季孙氏族人。〔3〕"大臣"，重臣，辅佐大臣。〔4〕"具臣"，备位充数之臣，指一般的臣僚。按语见《论语·先进》。

【译文】子路担任季氏的家宰，季孙询问孔子道："子路可以说是辅佐大臣吗？"孔子说："可以说是备位充数的臣子罢了。"

子路为蒲大夫，[1]辞孔子。孔子曰："蒲多壮士，又难治。然吾语汝：[2]恭以敬，可以执勇；[3]宽以正，可以比众；[4]恭正以静，可以报上。"[5]

【注释】〔1〕"蒲"，卫国邑名，在今河南长垣。"蒲大夫"，蒲邑行政长官。〔2〕"语"，音 yù，告诉，告诫。〔3〕"执"，控制，驾驭。按《说苑·政理》、《孔子家语·致思》作"摄"。〔4〕"比"，亲近，安抚。按《说苑·政理》作"容"。〔5〕"报"，回报，报答。《说苑·政理》作"亲"。按本节可参看《说苑·政理》、《孔子家语·致思》。

【译文】子路出任蒲邑大夫，向孔子辞行。孔子说："蒲邑有许多壮汉勇士，而且难于治理。但我告诉你几句话：谦恭敬谨，可以驾驭勇士；宽厚中正，可以安抚民众；恭敬中正而清静，就可以回报君上了。"

初，卫灵公有宠姬曰南子。[1]灵公太子蒉聩得过南子，[2]惧诛出奔。[3]及灵公卒而夫人欲立公子郢。[4]郢不肯，曰："亡人太子之子辄在。"[5]于是卫立辄为君，是为出公。出公立十二年，其父蒉聩居外，[6]不得入。子路为卫大夫孔悝之邑宰。[7]蒉聩乃与孔悝作乱，[8]谋入孔悝家，遂与其徒袭攻出公。出公奔鲁，而蒉聩入立，是为庄公。方孔悝作乱，[9]子路在外，闻之而驰往。遇子羔出卫城门，[10]谓子路曰："出公去矣，[11]而门已闭，子可还矣，[12]毋空受其祸。"[13]子路曰："食其食者不避其难。"[14]子羔卒去。[15]有使者入城，城门开，子路随而入。造蒉聩，[16]蒉聩与孔悝登台。[17]子路曰："君焉用孔悝？[18]请得而杀之。"[19]蒉聩弗听。于是子路欲燔台,[20]蒉聩惧,乃下石乞、壶黡攻子路,[21]击断子路之缨。[22]子路曰:"君子死而冠不免。"[23]遂结缨而死。[24]

【注释】〔1〕"卫灵公",卫国国君,名元,卫襄公之子,母婤姶,公元前五三四年至前四九三年在位。详见本书《卫康叔世家》。"南子",亦称"釐夫人",宋女。〔2〕"蒉聩",音kuǎi kuì,亦作"蒯聩",即卫庄公。因与南子构恶,于公元前四九六年出奔宋国。于公元前四八〇年返回卫国国都即位,于公元前四七八年被戎州人己氏所杀。详见本书《卫康叔世家》。"得过",得罪。〔3〕"惧诛出奔",按《左传》定公十四年和本书《卫康叔世家》,蒉聩于卫灵公三十九年(公元前四九六年)因谋杀南子不成而出奔宋国。〔4〕"公子郢",卫灵公庶子,名郢,或作"逞",字子南,谥昭。〔5〕"亡人太子",指太子蒉聩,当时逃亡在外。"辄",卫灵公之孙,卫庄公之子,于公元前四九二年至前四八一年、公元前四七六年至前四六九年两度在位。详见本书《卫康叔世家》。〔6〕"出公立十二年,其父蒉聩居外",卫出公第一次在位十二年(公元前四九二年至前四八一年),其间蒉聩一直居住在卫国戚邑。〔7〕"孔悝",氏孔,名悝,排行叔,亦称"孔叔",孔文子圉之子,母孔伯姬为蒉聩之姊,卫国执政大夫,于公元前四八〇年拥立蒉聩即位,不久出奔宋。"悝",音kuī。"孔悝之邑宰",即孔悝采邑之宰。〔8〕"蒉聩乃与孔悝作乱",指蒉聩与其姊孔伯姬及浑良夫合谋,胁迫孔悝做内应,驱逐卫出公以夺取君位。详见《左传》哀公十五年和本书《卫康叔世家》。〔9〕"方",当,正方。〔10〕"子羔",即高柴,高柴字子羔,孔子弟子,时为卫国大夫。详后。"卫城门",指卫都城门。〔11〕"出公",《史诠》曰:"'出公'当作'卫君'。"子羔当时不可能以谥号相称,当系追述之词。"去",离开。〔12〕"还",返回。〔13〕"毋",不要。"空",白白,徒然。〔14〕"食其食",吃孔悝的粮食,即得到孔悝发给的俸禄,指子路做孔悝的家臣。〔15〕"卒",终于,结果。〔16〕"造",往,到。"造蒉聩",到蒉聩处。当时蒉聩在孔悝家。〔17〕"台",指孔悝家中之台。〔18〕"焉",安,哪里。〔19〕"得",得到,获得。〔20〕"燔",音fán,焚烧。〔21〕"下",使动用法,让……下台。"石乞、壶黡",二人均为蒉聩侍臣。按"壶黡",《左传》哀公十五年和本书《卫康叔世家》作"盂黡",《汉书·古今人表》作"狐黡"。"黡",音yǎn。〔22〕"缨",系在领下的冠带。〔23〕"免",脱。〔24〕"遂",就,于是。"结",打结。

【译文】 当初,卫灵公有宠爱的姬妾叫做南子。卫灵公的太子蒉聩得罪了南子,因为惧怕诛杀而出国逃奔宋国。等到卫灵公去世,夫人南子想立公子郢为国君。但公子郢不肯,说:"流亡人太子的儿子辄在此。"于是卫人拥立辄为国君,这就是卫出公。卫出公在位十二年,他的父亲蒉聩居住外地,不能进入卫国都城。子路担任卫国大夫孔悝的采邑之宰。蒉聩于是与孔悝发动叛乱,设法进入孔悝家中,接着和他的党徒袭击进攻卫出公。卫出公逃奔鲁国,从而蒉聩进入国都即位,这就是卫庄公。当孔悝发动叛乱时,子路正在国外,闻讯后飞驰前往卫国。子路遇到子羔出卫都城门,子羔对子路说:"卫出公已经离去了,而城门也已关闭,你可以返回了,不要白白遭受那里的祸害。"子路说："我吃孔悝的饭就不能躲避孔悝的危难。"子羔结果离去。有使者进入卫都城中，城门打开，子路跟随而进入。子路赶到蒉聩处，蒉聩和孔悝登上孔宅内的高台。子路说："国君哪里用得着孔悝？请求让我得到孔悝而杀死他。"蒉聩不听从。于是子路准备焚烧高台，蒉聩恐惧，就命令石乞、壶黡下台攻打子路，打断了子路系帽的带子。子路说："君子死了但帽子不能脱掉。"于是结好帽带而被杀死。

孔子闻卫乱，曰："嗟乎，〔1〕由死矣！"已而果死。〔2〕故孔子曰："自吾得由，恶言不闻于耳。"〔3〕是时子贡为鲁使于齐。〔4〕

【注释】〔1〕"嗟"，音 juē，感叹声。"乎"，语助词。 〔2〕"已而"，事后，不久。按自上节"初……"至此，见《左传》哀公十五年及本书《卫康叔世家》。 〔3〕"恶言"，诽谤中伤的话。按《尚书大传》云："孔子曰：'……自吾得由也，恶言不至于耳，……'"当为司马迁所本。 〔4〕"是时子贡为鲁使于齐"，按张文虎《校史记札记》曰："此与上下文皆不相涉。《索隐》本出此九字于子贡传'好废举与时转货赀'条后。疑今本错简。"

【译文】孔子听说卫国内乱，说："唉，仲由要死了。"不久果真接到子路的死讯。所以孔子说："自从我得到仲由后，恶言恶语就不再进入耳朵。"这时子贡正为鲁国出使在齐国。

宰予，〔1〕字子我，利口辩辞。〔2〕既受业，问："三年之丧不已久乎？〔3〕君子三年不为礼，〔4〕礼必坏；三年不为乐，〔5〕乐必崩。旧谷既没，〔6〕新谷既升，〔7〕钻燧改火，〔8〕期可已矣。"〔9〕子曰："于汝安乎？"曰："安。""汝安则为之。君子居丧，食旨不甘，〔10〕闻乐不乐，〔11〕故弗为也。"宰我出。子曰："予之不仁也！子生三年，然后免于父母之怀。〔12〕夫三年之丧，天下之通义也。"〔13〕

【注释】〔1〕"宰予"，氏宰，名予，鲁国人。 〔2〕"利口辩辞"，即口利辞辩，嘴快而言辞雄辩。按宰成以善于谈说而被列为具有"言语"特长。 〔3〕"三年之丧"，儒家主张父母死亡，子女应当服丧三年。"已"，太。 〔4〕"为"，行，举行。"礼"，礼仪。 〔5〕"乐"，音乐。 〔6〕"旧谷"，旧粮，陈粮。"没"，尽，此指吃尽。 〔7〕"新谷"，新粮。"升"，登场，收获。 〔8〕"钻燧"，古时取火的一种方法。分别用木制成钻和燧，然后以钻木钻燧木，通过强烈摩擦取得火种。按揭子宣《璇玑遗述》云："如榆刚取心一段为钻，柳刚取心方尺为盘，中凿眼，钻头大旁，取窦寸许，用绳力牵如车，钻则火星飞爆出窦，薄煤成火矣。""改火"，更火，更换火种。古代有每年定时更换火种的习俗。按《史记集解》云："马融曰：'《周书·月令》有更火之文。春取榆柳之火，夏取枣杏之火，季夏取桑柘之火，秋取柞楢之火，冬取槐檀之火。一年之中，钻火各异木，故曰改火。'" 〔9〕"期"，音jī，一年，一周年。"已"，止，停止。 〔10〕"旨"，味美，此指美味食物。 〔11〕"闻乐不乐"，前一个"乐"，音yuè，音乐；后一个"乐"，音lè，快乐，高兴。 〔12〕"免"，脱离。"怀"，怀抱。 〔13〕"通义"，即"通仪"，通行的丧仪。按自"问"以下至此，见《论语·阳货》。

【译文】 宰予，字子我，尖嘴利舌，能言善辩。接受孔子教授的学业后，问道："为父母服三年之丧，这丧期不也太长了吧？君子三年不举行礼仪，礼仪必定败坏；三年不演奏音乐，音乐必定毁弃。陈粮既已吃尽，新谷就又登场，钻木取火，更换火种，（全都一年轮回一周，）丧期一年就可以了。"孔子说："这样做对你来说心安吗？"宰予说："心安。"孔子说："你心安就那样做吧。君子居丧期间，吃美味不觉得甘甜，听音乐不觉得快乐，所以不这样做啊。"宰我出去。孔子说："宰予不仁啊！孩子生下来三年，然后才脱离父母的怀抱。那三年之丧，是天下通行的礼仪啊！"

宰予昼寝。〔1〕子曰："朽木不可雕也，〔2〕粪土之墙不可圬也。"〔3〕

【注释】 〔1〕"昼"，白天。"寝"，睡，睡觉。 〔2〕"朽"，腐朽，腐烂。"雕"，雕琢。〔3〕"粪土"，秽土，脏土。"圬"，音wū，通"杇"，涂饰墙壁的工具，即镘，俗称瓦刀。此用作动词，意为用杇涂饰墙壁。按语见《论语·公冶长》。

【译文】 宰予白天睡觉。孔子说："腐朽的木头无法再雕琢了，污秽的墙壁无法再粉刷了。"

宰我问五帝之德。〔1〕子曰："予非其人也！"〔2〕

【注释】 〔1〕"五帝"，指黄帝、颛顼、帝喾、唐尧、虞舜，远古传说中的五位圣王。详见本书《五帝本纪》。"德"，道德，德行，此泛指有关情况。 〔2〕"予非其人也"，言宰予不是能修明五帝之德的人。按关于宰予和孔子就五帝德的问对，详见《大戴礼记·五帝德》。

【译文】 宰我询问五帝的德行。孔子说："宰予不是问这问题的人。"

宰我为临菑大夫，〔1〕与田常作乱，〔2〕以夷其族，〔3〕孔子耻之。〔4〕

【注释】 〔1〕"临菑"，即临淄，齐国都城，在今山东淄博市东北旧临淄。"临淄大夫"，临菑行政长官。 〔2〕"与"，音yù，参预。"田常"，氏田，亦作"陈"；名常，亦作"恒"；谥成，故亦称"田常"、"陈恒"、"田成子"、"陈成子"等。齐国大夫，陈釐子乞之子。继承其父大斗出、小斗进的做法，争取民心。公元前四八一年，杀死齐简公，拥立齐平公，任相国，铲除公族中强者，扩大自己封邑，开创田氏专擅齐国权柄的局面。详见本书《田敬仲完世家》。〔3〕"夷"，夷灭，杀灭。"族"，家族。 〔4〕"耻之"，以此为耻。按前人多不信宰予参预田常作乱而死之事，认为司马迁误记。《史记索隐》云："按《左氏传》无宰我与田常作乱之文；然有阚止字子我，而因争宠，遂为陈恒所杀。恐字与宰予相涉，因误云然。"清代不少学者也力辩其无。今人钱穆《先秦诸子系年考辨·宰我死齐考》认为此说出于战国田氏对宰予的仇恨和诬陷。考本书《李斯列传》云："田常为简公臣，爵列无敌于国，私家之富与公家均，布惠施德，下得百姓，上得群臣，阴取齐国，杀宰予于庭，即弑简公于朝，遂有齐国。"又《田敬仲完世家》云："田常成子与监止俱为左、右相，相简公。田常心害监止，监止幸于简公，权弗能去。……子我者，监止之宗人也，常与田氏有郤。……田常于是击子我。子我率其徒攻田氏，不胜，出亡。田氏之徒追杀子我及监止。"所言与此各有牴牾，可见司马迁所述必有讹误。

【译文】宰我担任临菑大夫，与齐国大臣田常发动叛乱，因而诛灭他的家族，孔子为此感到耻辱。

端沐赐，〔1〕卫人，字子贡。〔2〕少孔子三十一岁。〔3〕

【注释】〔1〕"端沐赐"，氏端沐，或作"端木"，名赐。 〔2〕"子贡"，或作"子赣"。按钱大昕《廿二史札记》云："古人名字必相应，《说文》'赣，赐也。''贡，献功也'。则端木子之字当为子赣无疑。"可备一说。 〔3〕"少孔子三十一岁"，按此推算，则端沐赐生于公元前五二〇年。

【译文】端沐赐，是卫国人，字子贡，比孔子小三十一岁。

子贡利口巧辞，孔子常黜其辩。〔1〕问曰："汝与回也孰愈？"〔2〕对曰："赐也何敢望回！〔3〕回也闻一以知十，赐也闻一以知二。"〔4〕

【注释】〔1〕"黜"，通"绌"，屈，亏屈。 〔2〕"愈"，胜，胜过。 〔3〕"望"，通"方"，比。 〔4〕按自"问曰"至此，见《论语·公冶长》。

【译文】子贡快嘴利口，巧于言辞，孔子经常被他辩得理屈词穷。孔子问道："你和颜回比哪个强？"子贡回答说："我怎么敢同颜回相比！颜回听到一件事可以推知十件，我听到一件事只能推知两件。"

子贡既已受业，问曰："赐何人也？"孔子曰："汝器也。"〔1〕曰："何器也？"曰："瑚琏也。"〔2〕

【注释】〔1〕"器"，器物，器具。　〔2〕"瑚琏"，音 hú liǎn，即"簠簋"，古代祭祀时盛放粮食的器皿，簠形方，簋形圆，属于宗庙重器。《史记集解》云："包氏曰：'瑚琏，黍稷器。夏曰瑚，殷曰琏，周曰簠簋，宗庙之贵器。'"按自"问曰"至此，见《论语·公冶长》。

【译文】子贡接受学业完毕后，问道："我是什么样的人？"孔子说："你好比是器皿。"子贡又问："什么样的器皿呢？"孔子说："宗庙祭祀时盛放黍稷的容器——瑚琏。"

陈子禽问子贡曰：〔1〕"仲尼焉学？"〔2〕子贡曰："文武之道未坠于地，〔3〕在人。贤者识其大者，〔4〕不贤者识其小者。莫不有文武之道。夫子焉不学？〔5〕而亦何常师之有！"〔6〕又问曰："孔子适是国必闻其政。〔7〕求之与？抑与之与？"〔8〕子贡曰："夫子温、良、恭、俭、让以得之。〔9〕夫子之求之也，其诸异乎人之求之也。"〔10〕

【注释】〔1〕"陈子禽"，即陈亢，名亢，字子禽。按《论语》郑玄《注》、《礼记·檀弓》均以陈亢为孔子弟子。《孔子家语·七十二弟子》云："陈亢，陈人，字子亢，一字子禽，少孔子四十岁。"但本传无陈亢。臧庸《拜经日记》谓陈亢即本传之原亢籍，不足信。按以下问对见《论语·子张》，问者为"卫公孙朝"，而非"陈子禽"。　〔2〕"焉"，安，哪里。　〔3〕"文、武"，指周文王、周武王。"文武之道"，周文王、周武王的修身治国之道。"坠"，坠落，失落。〔4〕"识"，音 zhì，通"志"，记住。　〔5〕"夫子"，对孔子的尊称。　〔6〕"常师"，固定的老师。"何常师之有"，即"有何常师"。　〔7〕"适"，往，到。　〔8〕"抑"，还是。　〔9〕"温"，温和。"良"，善良。"恭"，恭敬。"俭"，俭朴。"让"，谦让。　〔10〕"其诸"，表示推测、不肯定的语气，为当时齐鲁习用语，意为恐怕，或者。按自"又问"至此，见《论语·学而》。

【译文】陈子禽问子贡道："仲尼的学问是从哪里学来的？"子贡说："周文王、周武王的仁义之道并没有失落于地，而是保存在人间。贤能的人记住了其中的大道理，不贤能的人记住了其中的小道理。无处没有周文王、周武王的仁义之道。夫子哪里不能学习？而且何必要有固定的老师呢！"陈子禽又问："孔子到达一个国家，必定知道那里的政事。这是向人索求来的呢？还是别人提供给他的呢？"子贡说："夫子是用温和、善良、恭敬、俭仆、谦让得来的。夫子求索的方法不同于一般人求索的方法。"

子贡问曰："富而无骄，贫而无谄，〔1〕何如？"〔2〕孔子曰："可也。不如贫而乐道，富而好礼。"〔3〕

【注释】〔1〕"谄",音 chǎn,谄媚,巴结奉承。 〔2〕"何如",如何,怎么样。 〔3〕按本节见《论语·学而》。

【译文】子贡问道:"富有而不骄傲,贫穷而不谄媚,怎么样?"孔子说:"可以啊。但比不上贫穷而乐于求道,富有而谦逊好礼。"

田常欲作乱于齐,惮高、国、鲍、晏,〔1〕故移其兵,欲以伐鲁。孔子闻之,谓门弟子曰:"夫鲁,坟墓所处,父母之国。国危如此,二三子何为莫出?"〔2〕子路请出,孔子止之。子张、子石请行,〔3〕孔子弗许。子贡请行,孔子许之。

【注释】〔1〕"惮",音 dàn,害怕,畏惧。"高",即高氏,姜姓,齐国公族,受周天子策命,世代为齐国上卿。"国",即国氏,姜姓,齐国公族,受周天子策命,世代为齐国上卿。"鲍",即鲍氏,姒姓,齐国大夫世家。"晏",即晏氏,姜姓,齐国大夫世家。 〔2〕"二三子",诸子,各位。"何为",即为何,为什么。"莫",没有谁。 〔3〕"子张",即颛孙师,子张为其字,孔子弟子。详后。"子石",即公孙龙,子石为其字,孔子弟子。详后。

【译文】田常打算在齐国发动叛乱,但又害怕大臣高氏、国氏、鲍氏、晏氏的势力,所以就调遣齐国的军队,准备攻伐鲁国。孔子闻讯,对门下弟子说:"鲁国,是祖宗坟墓的所在地,是父母生活的国度。国家的危难到了如此地步,诸位为什么没人挺身而出?"子路请求出去活动,孔子阻止了他。子张、子石请求出行,孔子不允许。子贡请求出行,孔子应许了他。

遂行,至齐,说田常曰:"君之伐鲁过矣。夫鲁,难伐之国,其城薄以卑,〔1〕其地狭以泄,〔2〕其君愚而不仁,大臣伪而无用,其士民又恶甲兵之事,此不可与战。君不如伐吴。〔3〕夫吴,城高以厚,地广以深,〔4〕甲坚以新,〔5〕士选以饱,〔6〕重器精兵尽在其中,〔7〕又使明大夫守之,〔8〕此易伐也。"田常忿然作色曰:〔9〕"子之所难,人之所易;子之所易,人之所难。而以教常,何也?"子贡曰:"臣闻之,忧在内者攻强,忧在外者攻弱。今君忧在内。吾闻君三封而三不成者,大臣有不听者也。今君破鲁以广齐,战胜以骄主,破国以尊臣,而君之功不与焉,〔10〕则交日疏于主。〔11〕是君上骄主心,下恣群臣,〔12〕求以成大事,难矣。夫上骄则恣,臣骄则争,是君上与主有郤,〔13〕下与大臣交争也。如此,则君之立于齐危矣。故曰不如伐吴。伐吴不胜，民人外死，大臣内空，是君上无强臣之敌，下无民人之过，〔14〕孤主制齐者唯君也。"田常曰："善。虽然，吾兵业已加鲁矣，〔15〕去而之吴，〔16〕大臣疑我，奈何？"子贡曰："君按兵无伐，臣请往使吴王，令之救鲁而伐齐，君因以兵迎之。"田常许之，使子贡南见吴王。〔17〕

【注释】〔1〕"以"，而。"卑"，低，矮。 〔2〕"地"，按《越绝书·陈恒传》、《吴越春秋·夫差内传》作"池"，当是。"泄"，按《越绝书·陈恒传》、《吴越春秋·夫差内传》作"浅"，与下文"广以深"之"深"相对，当是。 〔3〕"吴"，国名，亦称"句吴"、"攻吴"。姬姓，始祖为周太王之子太伯、仲雍。太伯、仲雍因太王欲立少子季历，避奔荆蛮。太伯自号句吴，被拥立为吴太伯。太伯去世，仲雍继位。周武王灭商后，正式封仲雍曾孙周章为吴君，列为诸侯。建都吴（今江苏苏州），辖境约有今江苏南部、上海及浙江北部、安徽东南部一带。春秋时，寿梦称王，国力渐强。公元前五〇六年吴王阖闾曾击败楚国。公元前四九四年吴王夫差领兵攻入越国，迫使越王勾践臣服，并北上与晋争霸。公元前四七三年被越国所灭。 〔4〕"地广以深"，按此"地"亦当作"池"。 〔5〕"甲"，铠甲，此指武器装备。 〔6〕"士"，士卒。"选"，挑选，选拔，这里是精良的意思。 〔7〕"重器"，宝器。"精兵"，精良的武器。 〔8〕"明"，贤明。 〔9〕"忿"，音 fèn，通"愤"，愤怒。"作色"，改变脸色。 〔10〕"与"，音 yù，参与，存在。"焉"，于是，于此。"与焉"，在其中。 〔11〕"日"，日益。"疏"，疏远。 〔12〕"恣"，音 zì，恣肆，放纵。 〔13〕"郤"，音 xì，通"隙"，缝隙，隔阂。 〔14〕"过"，责备，怪罪。 〔15〕"业"，既，已。 〔16〕"之"，往，到。 〔17〕"南"，向南行，南下。"吴王"，指吴王夫差，吴王阖闾之子，曾一度大败齐、越，与晋争霸，后被越灭国，自杀身亡。于公元前四九五年至前四七三年在位。详见本书《吴太伯世家》。

【译文】子贡于是出行，到达齐国，进言劝说田常道："您攻伐鲁国的计划是失误了。那鲁国，是难以攻伐的国家，鲁都的城墙薄而矮，鲁都的护城河窄而浅，鲁国的君主愚蠢而不仁，大臣虚伪而无用，鲁国的士人百姓又厌恶武器军队之事，这样的国家不可与它交战。您不如攻打吴国，那吴国，城墙高而厚，护城河宽而深，武器装备坚固而崭新，士卒精良而充足，贵重的器物、精良的兵器全都在都城之中，又选派贤明的大夫守城，这样的国家容易攻伐呀。"田常愤怒变了脸色说："你所说的难，是一般人所说的易；你所说的易，是一般人所说的难。居然用这来教我，是什么道理呢？"子贡说："臣下听说过这样的话，忧患存在于内部的就进攻强大的国家，忧患存在于外部的就进攻弱小的国家。如今您的忧患就在内部。我听说您三次求封而三次不成，其原因是因为有的大臣不听从啊。如今您将攻破鲁国来扩张齐国的领土，征战取胜来使君主骄傲，打败敌国来尊崇大臣，但您的功劳却不在其中，那就会与君主的关系日益疏远。这样您上面让君主的心思骄傲自大，下面让群臣肆无忌惮，以此企求成全夺取国政的大事，就困难了。君上骄傲就会随心所欲，臣下骄傲就会争权夺利，这样您上面与君主有矛盾，下面与大臣互相争斗。像这样的话，您要在齐国站住脚就危险了。所以说攻伐鲁国不如攻伐吴国。攻伐吴国不能获胜，百姓在外战死，大臣在内空虚，这样您在上面没有强大的群臣相对抗，下面没有百姓的责难，孤立国君、控制齐国的只有您了。"田常说："好。尽管如此，但我们的军队已经开赴鲁国了，现在离开而前往吴国，大臣们会怀疑我，怎么办？"子贡说："您按兵不动不要发起进攻，臣下请求前往出使吴王，叫他救援鲁国而攻伐齐国，您就乘机领兵迎击吴军。"田常答应所请，派子贡南下面见吴王。

说曰："臣闻之，王者不绝世，[1]霸者无强敌，千钧之重加铢两而移。[2]今以万乘之齐而私千乘之鲁，[3]与吴争强，窃为王危之。且夫救鲁，显名也；伐齐，大利也。以抚泗上诸侯，[4]诛暴齐以服强晋，[5]利莫大焉。名存亡鲁，实困强齐，智者不疑也。"吴王曰："善。虽然，吾尝与越战，[6]栖之会稽。[7]越王苦身养士，[8]有报我心。[9]子待我伐越而听子。"子贡曰："越之劲不过鲁，吴之强不过齐，王置齐而伐越，[10]则齐已平鲁矣。且王方以存亡继绝为名，夫伐小越而畏强齐，非勇也。夫勇者不避难，仁者不穷约，[11]智者不失时，王者不绝世，以立其义。今存越示诸侯以仁，救鲁伐齐，威加晋国，诸侯必相率而朝吴，[12]霸业成矣。且王必恶越，[13]臣请东见越王，令出兵以从，此实空越，名从诸侯以伐也。"吴王大说，[14]乃使子贡之越。

【注释】〔1〕"王者"，实行王道的人。王道为儒家所鼓吹的政治主张，即用所谓仁义之道治理国家统一天下。"王者"与下"霸者"相对，以武力强权治理国家，统一天下，被儒家称为"霸道"。《孟子·公孙丑》曰："以力假仁者霸，……以德行仁者王……""绝世"，断绝世系，即灭亡国家。按《孔子家语·屈节》作"灭国"。〔2〕"钧"，古代重量单位，三十斤为一钧。"千钧"，比喻巨大的重量。"铢两"，均为古代很小的重量单位。《汉书·律历志上》云："二十四铢为两，十六两为斤。"比喻极小的重量。〔3〕"万乘"，一万辆兵车，这原是天子拥有的军事力量。这里用来指齐国，当是战国的情形。战国时代万乘之国为大国。"私"，私有，占为己有。"千乘"，一千辆兵车。千乘之国在春秋时代为大国，至战国时代仅为中等国家。〔4〕"抚"，安抚。"泗上"，泗水之滨。"泗上诸侯"，指泗水之滨的十二个诸侯小国。按《战国策·楚策一》有"泗上十二诸侯"之语。一般认为指邹、鲁、陈、蔡、宋、卫、滕、薛、费、任、郯、邳。〔5〕"晋"，国名，西周初年所封诸侯国。姬姓，始封君为周成王弟叔虞，建都于唐（今山西翼城西），辖境有山西西南部。春秋初，晋昭侯封叔父成师于曲沃（今山西闻喜西北），出现分裂局面，后曲沃武公取代公室，统一晋国。晋献公时迁都于绛（今山西翼城东南）。晋文公改革内政，称霸诸侯。晋景公时迁都新田，亦称新绛（今山西曲沃西北），疆域不断扩展，成为中原强国。春秋后期，执政的六卿势力日益强大，逐渐侵夺君权。在六卿的互相争斗中，赵氏、魏氏、韩氏三家兼并了范氏、中行氏、知氏。公元前四〇三年，周威烈王策命魏文侯、韩景侯、赵烈侯为诸侯。晋国从此正式分裂为魏、韩、赵三国。〔6〕"尝"，曾，曾经。"越"，国名，亦称"于越"。姒姓，相传为夏禹的后裔，始祖为夏后少康庶子无余，被封于会稽（今浙江绍兴），奉守对禹的祭祀。春秋时，常与吴国发生争战。公元前四九四年被吴王夫差打败。越王勾践卧薪尝胆，积蓄力量，于公元前四七三年灭亡吴国。此后向北扩张，称霸诸侯，辖境有今江苏北部运河以东、江苏南部、浙江北部、安徽南部、江西东部之地。战国时衰落，约于公元前三〇六年被楚国所灭。〔7〕"栖"，栖身，居住。"会稽"，即会稽山，原名苗山（或作"茅山"、"防山"），在今浙江绍兴、嵊县、诸暨、东阳间。相传禹到此大会诸侯，计功封爵，始命名"会稽"，取会计之意。〔8〕"越王"，即越王勾践，越王允常之子，亦称"菼执"，公元前四九七年至公元前四六五年在位。详见本书《越王勾践世家》。〔9〕"报"，报复、报仇。〔10〕"置"，放下，放过。〔11〕"穷"，止，废弃。"约"，规约，礼法。"穷约"，废弃礼法。或解为穷困潦倒，亦通。〔12〕"相率"，相从，相继。〔13〕"且"，句首语助词，表示提起下文。"必"，一定，实在。"恶"，音 wù，憎恨，讨厌，这里是担心的意思。〔14〕"说"，音 yuè，通"悦"，喜悦，高兴。

【译文】子贡劝说吴王夫差道："臣下听说这样的话：实行王道的人不绝灭别的国家，实行霸道的人没有强大的对手，互相抗衡的千钧重量双方，即使只在其中一方增加一铢一两就会出现重心的转移。如今拥有万辆兵车的齐国私下兼并千辆兵车的鲁国，来和吴国争强斗胜，臣下暗中替大王感到危难。况且那救援鲁国，有显赫的名声；攻伐齐国，有巨大的利益。以此安抚泗水之滨的十二诸侯国，诛伐残暴的齐国来制服强大的晋国，得到的利益没有比这更大的。名义上保存行将灭亡的鲁国，实际上使强大的齐国受困，聪明的人对此坚信不疑。"吴王夫差说："讲得好。尽管如此，但我已经与越王交战，使之栖息于会稽山上。越王勾践自己吃苦来供养士人，对我存有进行报复的心思。你等我攻伐越国后再来听从你的安排。"子贡说："越国的力量超不过鲁国，吴国的强大超不过齐国，大王放下齐国而攻伐越国，那么齐国马上就可平定鲁国了。况且大王正在用救存危亡复兴灭国作为号召，但那攻伐弱小的越国而畏惧强大的齐国，不是勇者的行为。勇者不回避危难，仁者不废弃礼法，智者不丧失时机，王者不灭亡诸侯，以此来建立自己的道义。如今大王能保存越国来向诸侯显示仁义，救援鲁国进攻齐国，威力施加到晋国，各国诸侯必定相继前来吴国朝见，那么霸业就建成了。同时大王一定担心越国的话，臣下请求东进面见越王，叫他出兵相从，这实际上是空虚越国的力量，名义上则是使诸侯相从而讨伐齐国。"吴王夫差非常高兴，于是派遣子贡前往越国。

越王除道郊迎，〔1〕身御至舍而问曰：〔2〕"此蛮夷之国，〔3〕大夫何以俨然辱而临之？"〔4〕子贡曰："今者吾说吴王以救鲁伐齐，其志欲之而畏越，曰'待我伐越乃可'。如此，破越必矣。且夫无报人之志而令人疑之，拙也；〔5〕有报人之志，使人知之，殆也；〔6〕事未发而先闻，危也。三者，举事之大患。"勾践顿首再拜曰：〔7〕"孤尝不料力，〔8〕乃与吴战，吏。此亦如上文"左右"，指代吴王夫差，表示越王的谦卑。〔14〕"悉"，尽。〔15〕"从"，随从，跟从。这里为使动用法，使……相从。〔16〕"币"，帛，此泛指礼品。〔17〕"谢"，谢绝，辞退。〔18〕"郡"，古代地方行政区划名。春秋时"郡"小于"县"，战国时"郡"大于"县"。"九郡"，泛指各郡，即全国各地。按《孔子家语·屈节》作"国内"。

【译文】子贡回报吴王夫差说："臣下恭敬地把大王的话告诉越王，越王大为恐惧，说：'我很不幸，从小失去父亲，内心不自量力，冒犯得罪了吴国，以致军队战败自己受辱，栖身在会稽山，国家变为一片废墟，依赖大王的恩赐，使我得以捧上俎豆礼器而举行宗庙社稷的祭祀，这一切我死都不敢忘记，还有什么别的谋略敢考虑！'"过了五天，越王勾践派大夫文种向吴王夫差叩头上言道："东海服役之臣孤家勾践的使者臣下文种，冒昧修书给左右官吏谨向大王致以问候。近日私下听说大王将要振兴大义，诛伐强暴、拯救弱小，围困残暴的齐国而安抚周朝王室，请求全部出动境内的三千士卒，我请求亲自身披坚固的铠甲，手持锐利的武器，来冲锋陷阵，首先承受飞矢流石。通过越国卑贱的臣子文种奉献先人收藏的兵器，铠甲二十套，斧子，屈卢矛，步光剑，来向大王表示祝贺。"吴王夫差非常高兴，把文种的话告诉子贡，说："越王勾践准备自己随从我攻伐齐国，可以吗？"子贡说："不可以。使他人的国家空虚，让他人的部众全部出动，又让他的国君随从，不合乎义。国君接受越国的礼物，应许越国的出兵，而谢绝越君出征。"吴王答应，于是谢绝越王勾践亲自随从出征的要求。到这时吴王夫差就马上征发吴国九郡的兵马攻伐齐国。

子贡因去之晋，谓晋君曰：〔1〕"臣闻之，虑不先定不可以应卒，〔2〕兵不先辨不可以胜敌。〔3〕今夫齐与吴将战，彼战而不胜，越乱之必矣；与齐战而胜，必以其兵临晋。"晋君大恐，曰："为之奈何？"子贡曰："修兵休卒以待之。"晋君许诺。

【注释】〔1〕"晋君"，晋国国君，此当指晋定公，名午，晋顷公之子，公元前五一一年至前四七五年在位。详见本书《晋世家》。〔2〕"虑"，思考，谋划。"应"，应付。"卒"，音 cù，通"猝"，突然，此指突发情况。〔3〕"辨"，音 bàn，通"办"，治理。

【译文】子贡乘机离开吴国前往晋国，对晋君说："臣下听说这样的话：谋划不事先确定就不能够应付突发事件，军队不事先准备就不能够战胜敌人。如今那齐国和吴国将要开战，吴国战而不胜的话，越国大乱吴国是一定的了；但吴王和齐国交战而获胜的话，必定会把吴国军队开向晋国。"晋君大为惊恐，说："对这该怎么办？"子贡说："修缮武器、休养士卒来等待吴国军队。"晋君答应。

子贡去而之鲁。吴王果与齐人战于艾陵，[1]大破齐师，获七将军之兵而不归，[2]果以兵临晋，与晋人相遇黄池之上。[3]吴、晋争强。晋人击之，大败吴师。越王闻之，涉江袭吴，[4]去城七里而军。[5]吴王闻之，去晋而归，与越战于五湖。[6]三战不胜，城门不守，[7]越遂围王宫，杀夫差而戮其相。[8]破吴三年，东向而霸。[9]

中華藏書

史记精华

【注释】〔1〕"艾陵"，齐国地名，在今山东莱芜东北。或谓在今山东泰安东南。按《左传》，艾陵之战在鲁哀公十一年，即公元前四八四年。〔2〕"获七将军之兵"，按《左传》哀公十一年云："获国书、公孙夏、闾丘明、陈书、东郭书，革车八百乘，甲首三千。"与此有异。〔3〕"黄池"，鲁国地名，在今河南封丘西南。按《左传》，黄池之会在鲁哀公十三年，即公元前四八二年。〔4〕"涉"，渡水。"江"，松江，即今吴淞江，亦称苏州河。〔5〕"城"，指吴国都城。"军"，驻军，驻扎。〔6〕"五湖"，即今太湖。或谓泛指太湖流域一带的湖泊。〔7〕"不守"，失守。〔8〕"相"，国相，指太宰嚭。按《左传》，越灭吴在鲁哀公二十二年，即公元前四七三年。〔9〕"东向而霸"，面向东而称霸。按本书《越王勾践世家》云："勾践已平吴，乃以兵北渡淮，与齐、晋诸侯会于徐州，致贡于周。周元王使人赐勾践胙，命为伯。……当是时，越兵横行于江、淮东，诸侯毕贺，号称霸王。"

【译文】子贡离开晋国前往鲁国。吴王夫差果真在艾陵与齐人交战，大败齐军，俘获七名将军所辖的部队而不返回，果真又率领军队开赴晋国，与晋人在黄池之上相遇。吴、晋双方争强斗胜。晋军攻击吴军，大败吴军。越王勾践闻讯，领兵渡过松江而袭击吴国，在离吴国都城七里的地方安营扎寨。吴王夫差得知情报，离开晋国而返回，与越军在五湖地区交战。吴军三次交战都没有取胜，都城大门失守，越军于是包围王宫，杀死吴王夫差而将他的国相太宰嚭斩首示众。攻破吴国三年后，越王勾践在江、淮之东称霸。

故子贡一出，存鲁，乱齐，破吴，强晋而霸越。子贡一使，使势相破，[1]十年之中，五国各有变。[2]

【注释】〔1〕"使势相破"，使各国形势相继发生变化，打破旧格局。〔2〕"五国"，指鲁、齐、吴、晋、越。按自"田常欲作乱于齐"至此，亦见《孔子家语·屈节》、《越绝书·陈恒传》、《吴越春秋·夫差内传》。许多学者历辨其中谬讹，认为这是战国纵横家的假托之语，司马迁误信而加以采入。这种看法大致正确。

【译文】所以子贡一次出使，保存了鲁国，大乱了齐国，灭亡了吴国，加强了晋国而使越国称了霸。子贡一次出使，使得各国形势的旧格局相继打破，十年之中，鲁、齐、吴、晋、越五个国家各有重大变化。

困于会稽，痛入于骨髓，〔9〕日夜焦唇干舌，徒欲与吴王接踵而死，〔10〕孤之愿也。"遂问子贡。子贡曰："吴王为人猛暴，群臣不堪；国家敝以数战，〔11〕士卒弗忍；百姓怨上，大臣内变；子胥以谏死，〔12〕太宰嚭用事，〔13〕顺君之过以安其私：是残国之治也。〔14〕今王诚发士卒佐之以徼其志，〔15〕重宝以说其心，卑辞以尊其礼，其伐齐必也。彼战不胜，王之福矣。战胜，必以兵临晋，臣请北见晋君，令共攻之，弱吴必矣。其锐兵尽于齐，重甲困于晋，〔16〕而王制其敝，此灭吴必矣。"越王大说，许诺。送子贡金百镒，〔17〕剑一，良矛二。子贡不受，遂行。

中華藏書

列传二十五篇（精选）

中国书店

【注释】〔1〕"除道"，缮治打扫道路。"郊迎"，到郊外迎接。〔2〕"身"，亲身，亲自。"御"，驾车。"舍"，客舍，馆舍。〔3〕"蛮夷"，古代对东南各族的称呼。相对于中原而言，蛮夷地区一般来说经济文化尚处较为落后阶段。越王自称"蛮夷之国"，表示谦恭。〔4〕"俨"，音 yǎn，恭敬庄重。"俨然"，庄重的样子。"辱"，受辱，屈尊。"临"，光临，来到。〔5〕"拙"，音 zhuō，笨拙，拙劣。〔6〕"殆"，音 dài，危险，失败。〔7〕"顿首"，头叩地而拜。"再拜"，连拜两次。〔8〕"料"，量，估量。〔9〕"髓"，音 suǐ，骨中的凝脂。"骨髓"，这里比喻最深的地方。〔10〕"徒"，只。"踵"，音 zhǒng，脚后跟。"接踵"，足踵相接，即跟随，随从的意思。〔11〕"敝"，困，困乏。"数"，音 shuò，屡次，频繁。〔12〕"子胥"，即伍子胥，氏伍，名员，字子胥。楚大夫伍奢次子。公元前五二二年，伍奢在楚被杀，他出逃进入吴国。帮助阖闾夺权治国，成为吴国重臣。后攻破楚国，以功封于申，又称申胥。吴王夫差时，进谏反对接受越国求和与进攻齐国，渐受冷落。公元前四八四年吴王夫差赐剑命他自杀。详见本书《伍子胥列传》。〔13〕"太宰嚭"，氏伯，名嚭（音 pǐ），故亦称伯嚭（或作"帛喜"、"白喜"、"帛否"、"伯喜"），字子余。楚大夫伯州犁之孙，出亡奔吴，以功任吴国太宰。善于逢迎，深得吴王夫差宠信。吴破越后，他接受贿赂，许越媾和，并进谗言杀害伍子胥。吴亡后，降越为臣。本篇说他被越王勾践所杀。"用事"，主事，执政。〔14〕"残"，残余，将尽，将要灭亡。〔15〕"诚"，确实，果真。"徼"，音 yāo，通"邀"，迎候，迎合。〔16〕"重甲"，重兵。〔17〕"镒"，音 yì，古代重量单位，二十两为一镒。或说二十四两为一镒。

【译文】越王勾践修缮打扫道路，到郊外迎接子贡，亲自为子贡驾车到馆舍而询问道："这里是不开化的蛮夷之邦，大夫为何恭敬庄重地屈尊光临此地？"子贡说："如今我劝说吴王救援鲁国攻伐齐国，他心里愿意而畏惧越国的复仇，说'等我攻伐越国以后就可以'。像这样的话，攻破越国是必定的了。况且没有报复他人之心却使人怀疑，是笨拙；存有报复他人之心而让人知道，是失败；事情没有发作而消息先传出去，是危险。这三种情况是举行事情的重大祸患。"勾践伏地叩头连拜两次说："我曾经自不量力，便与吴军作战，因而被困在会稽山，痛恨刻骨铭心，日夜唇焦舌干，只想和吴王相随死去，这就是我的愿望啊。"勾践于是询问子贡如何是好。子贡说："吴王夫差为人凶猛残暴，朝中群臣不堪承受；国家困于频繁战争，军队士卒无法忍耐；百姓怨恨君上，大臣内部变心；伍子胥因为直言进谏而死，太宰嚭执掌政事，顺从国君的过错来保证自己的私利：这是行将灭亡国家的政治啊。如今大王果真能调发军队帮助吴国来迎合吴王的意旨，献纳重器珍宝来讨他的欢心，用谦卑的言辞来尊崇对他礼仪，吴王攻伐齐国就必定无疑了。他出战不胜，就是大王的福运了。出战取胜，他必定率领军队进攻晋国，臣下请求北上面见晋君，让他出兵共同攻打吴军，削弱吴国那就是必然的了。吴国的精锐士卒在齐国消耗殆尽，主力部队在晋国疲惫困乏，从而大王便掌握了吴国的致命弱点，这样灭亡吴国就必定无疑了。"越王勾践听了大为高兴，答应按子贡的计策出兵。越王赠送子贡金子一百镒，剑一把，好矛两杆。子贡不接受，接着上路。

报吴王曰："臣敬以大王之言告越王，越王大恐，曰：'孤不幸，少失先人，[1]内不自量，抵罪于吴，[2]军败身辱，栖于会稽，国为虚莽，[3]赖大王之赐，使得奉俎豆而修祭祀，[4]死不敢忘，何谋之敢虑！'"后五日，越使大夫种顿首言于吴王曰：[5]"东海役臣孤勾践使者臣种，[6]敢修下吏问于左右。[7]今窃闻大王将兴大义，诛强救弱，困暴齐而抚周室，请悉起境内士卒三千人，孤请自被坚执锐，[8]以先受矢石。因越贱臣种奉先人藏器，[9]甲二十领，[10]铁、屈卢之矛，[11]步光之剑，[12]以贺军吏。"[13]吴王大说，以告子贡曰："越王欲身从寡人伐齐，可乎？"子贡曰："不可。夫空人之国，悉人之众，[14]又从其君，[15]不义。君受其币，[16]许其师，而辞其君。"吴王许诺，乃谢越王。[17]于是吴王乃遂发九郡兵伐齐。[18]

【注释】〔1〕"少"，年少，年幼。"先人"，即先父，指已故去的父亲。〔2〕"抵"，抵冒，冒犯。〔3〕"虚"，大丘，土山，废墟。"莽"，草丛。〔4〕"奉"，捧。"俎豆"，均为古代祭祀时盛放食物的礼器。"俎"，音 zǔ，载放牲体的长方形容器。"豆"，形似高足盘的容器。"修"，修行，举行。"祭祀"，指祭祀宗庙社稷。〔5〕"文种"，氏文，名种，字少禽（一作子禽）。楚国郢（今湖北江陵西北）人。越王勾践困栖会稽时，他献计向吴国太宰嚭行贿，得免亡国，并辅助勾践东山再起，灭亡吴国。后因勾践听信谗言，被赐剑而自杀。〔6〕"东海"，指今黄海及东海北部。越国东临大海，故勾践自称"东海"云云。"役臣"，徒役臣隶。此为越王勾践自我谦称。〔7〕"修"，修书，写信。"下吏"，手下官吏，低级官吏。"问"，问候。"左右"，指吴王左右侍臣。"问于左右"，问候吴王左右侍臣。是向吴王问候的一种委婉说法。表示自己不敢直接问候吴王，请左右侍臣转致。也是越王勾践自谦的说法。〔8〕"被"，音 pī，通"披"。"被坚执锐"，身披坚固的铠甲，手执锐利的兵器。〔9〕"因"，通过。"奉"，献纳。〔10〕"领"，件。〔11〕"铁"，音 fū，通"斧"。按《史记索隐》引刘氏云："一本无此字。""屈卢"，矛名。原为善制矛戟的工匠名。按《史记·商君列传》《索隐》云："屈卢、干将并古良匠造矛戟者名。"〔12〕"步光"，剑名。〔13〕"贺"，庆贺，道喜。"军吏"，军中执法官

【注释】〔1〕"师",即颛孙师。 〔2〕"过",超过,指过分,过头。 〔3〕"不及",没有赶上,没有达到。 〔4〕"愈",胜,胜过。 〔5〕"犹",如,如同。按本节语见《论语·先进》。

【译文】子贡问道:"颛孙师和卜商,谁贤能?"孔子说:"颛孙师做事过头,卜商做事达不到要求。""那么颛孙师强一些吗?"孔子说:"做事过头和达不到要求是一样的。"

子谓子夏曰:"汝为君子儒,〔1〕无为小人儒。"〔2〕

【注释】〔1〕"儒",春秋时代,从巫、史、祝、卜中分化出来的专为贵族人家相礼的一批知识分子。原为一种职业,后来形成一个学派,再后泛指读书人。"君子儒",具有君子气质的儒。按"君子"和"小人"原指贵族和平民,到春秋后期又成为"有德者"与"无德者"的称谓。本节的"君子"、"小人"当是后一种涵义。 〔2〕按本节语见《论语·雍也》。

【译文】孔子对子夏说:"你要做君子式的儒者,不要做小人式的儒者。"

孔子既没,〔1〕子夏居西河教授,〔2〕为魏文侯师。〔3〕其子死,哭之失明。〔4〕

【注释】〔1〕"没",音 mò,通"殁",死。 〔2〕"西河",魏国地区名,在今河南安阳,其时黄河流经安阳之东,西河意即河西。或谓在今陕西东部黄河西岸,魏文侯在此设置西河郡,亦称河西郡。"教授",教学授业。"子夏居西河教授",按《后汉书·徐防传》李贤注引《史记》云:"子夏居西河,教弟子三百人。" 〔3〕"魏文侯",氏魏,名斯,谥文,晋国世卿魏氏后裔,魏桓子驹之孙(或谓子),战国魏国创建者,公元前四四五年至前三九六年在位。详见本书《魏世家》。"为魏文侯师",按本书《魏世家》云:"文侯受子夏经艺。" 〔4〕"其子死,哭之失明",按事亦见《礼记·檀弓上》、《淮南子·精神》。

【译文】孔子死后,子夏居住在西河教学授业,担任魏文侯的老师。他的儿子死去,哭得瞎了眼睛。

颛孙师,〔1〕陈人,〔2〕字子张。少孔子四十八岁。〔3〕

【注释】〔1〕"颛孙师",氏颛孙,名师。其后学形成子张儒一派,见《韩非子·显学》、《荀子·非十二子》。 〔2〕"陈",国名,周武王灭商后所封诸侯国,妫姓,始封公满,相传是舜的后代,建都宛丘(今河南淮阳),领有今河南东部和安徽一部分。公元前四七九年被楚国所灭。"陈人"，按《吕氏春秋·尊师》云："子张，鲁之鄙家也。"考《左传》庄公二十二年云："陈公子完与颛孙奔齐。颛孙自齐来奔。"梁玉绳《史记志疑》云："张盖其后，故又为鲁人。"可信。〔3〕"少孔子四十八岁"，依此推算，颛孙师生于公元前五〇三年。

【译文】颛孙师是陈国人，字子张，比孔子小四十八岁。

子张问干禄。〔1〕孔子曰："多闻阙疑，〔2〕慎言其余，则寡尤；〔3〕多见阙殆，〔4〕慎行其余，则寡悔。言寡尤，行寡悔，禄在其中矣。"〔5〕

【注释】〔1〕"问"，按《论语·为政》作"学"。"干"，求，干求。"禄"，俸禄，此指官职。〔2〕"阙"，音 què，通"缺"，空缺，这里是放弃、避开的意思。"阙疑"避开疑点，也就是存疑不论的意思。〔3〕"寡"，少。"尤"，过失，失误。〔4〕"殆"，疑，疑惑。〔5〕按本节见《论语·为政》。

【译文】子张询问如何谋求官职。孔子说："多听，对疑惑的地方存而不论，谨慎地谈论其余明白无误的地方，就可以减少过失；多看，对疑惑的地方存而不论，谨慎地实行其余明白无误的地方，就可以减少悔恨。言语少过失，行动少悔恨，那么官职俸禄便在其中了。"

他日从在陈、蔡间，〔1〕困，〔2〕问行。〔3〕孔子曰："言忠信，行笃敬，〔4〕虽蛮貊之国，〔5〕行也。言不忠信，行不笃敬，虽州里，〔6〕行乎哉？立则见其参于前也，〔7〕在舆则见其倚于衡，〔8〕夫然后行。"子张书诸绅。〔9〕

【注释】〔1〕"蔡"，国名，西周初年所封诸侯国。姬姓，始封君是周武王弟叔度，因参与武庚反叛而被周公流放，后改封其子蔡仲胡于此。建都于上蔡（今河南上蔡西南）。春秋时，蔡平侯迁新蔡（今河南新蔡），蔡昭侯迁州来（今安徽凤台），亦称下蔡。公元前四四七年被楚国所灭。〔2〕"困"，困厄，窘困。〔3〕"行"，通行，行得通。〔4〕"笃"，音 dǔ，厚，厚道。〔5〕"貊"，音 mò，同"貉"，古代北方边远部族名。"蛮貊"，南方、北方的边远部族，这里泛指异国他乡。〔6〕"州里"，州、里均为古代地方行政单位，二十五家为里，二千五百家为州。此指乡里、家乡。〔7〕"参"，参与，并列。〔8〕"舆"，车厢。"衡"，车辕头上的横木。〔9〕"书"，写。"诸"，之于。"绅"，音 shēn，古代士大夫系束外衣的大带。按本节见《论语·卫灵公》。

【译文】有一次，子张随从孔子在陈国、蔡国之间，陷入困境，便询问如何行得通。孔子说："言语忠诚可信，行为厚道谨敬，即使在偏远的异国他乡，也能行子贡好废举，[1]与时转货赀。[2]喜扬人之美，[3]不能匿人之过。[4]常相鲁、卫，[5]家累千金，卒终于齐。[6]

【注释】[1]"废"，通"发"，发出，卖出。"举"，按本书《平准书》作"居"，《货殖列传》作"著"。"举"、"居"、"著"音近相通，意为贮蓄。"废举"，即"废居"、"废著"，指高价发出，低价收进，以从中取利，即买卖、经商之意。[2]"与时"，随时。"转"，转手，倒卖。"赀"，同"资"，财物。[3]"扬"，宣扬，褒扬。"美"，美德，长处。[4]"匿"，隐匿，隐藏。"过"，过失，短处。[5]"常"，通"尝"，曾。"相"，国相。此用作动词，为……相。"常相鲁、卫"，按子贡任鲁、卫之相，于史无征。[6]"卒"，最后，结果。"终"，死。

【译文】子贡喜好经商做买卖，根据时机转手货物。喜欢褒扬别人的美德，但不能隐匿别人的过失。曾经出任鲁国、卫国之相，家产积累达到千金，最后死在齐国。

言偃，[1]吴人，字子游。[2]少孔子四十五岁。[3]

【注释】[1]"言偃"，氏言，名偃（《说文解字》作"扸"）。其后学战国时期形成一派，《荀子·非十二子》云："偷儒惮事，无廉耻而耆饮食，必曰君子固不用力，是子游氏之贱儒也。"[2]"子游"，或作"子斿"。[3]"少孔子四十五岁"，依此，则言偃生于公元前五〇六年。

【译文】言偃是吴国人，字子游。比孔子小四十五岁。

子游既已受业，为武城宰。[1]孔子过，闻弦歌之声。[2]孔子莞尔而笑曰：[3]"割鸡焉用牛刀？"[4]子游曰："昔者偃闻诸夫子曰：[5]'君子学道则爱人，小人学道则易使。'"[6]孔子曰："二三子，偃之言是也。[7]前言戏之耳。"[8]孔子以为子游习于文学。[9]

【注释】[1]"武城"，亦称南武城，鲁国邑名，在今山东费县西南。[2]"弦歌"，演奏琴瑟等弦乐器作为伴奏歌唱。[3]"莞尔"，微笑的样子。"莞"，音 wǎn。[4]"割"，宰。"焉"，安，哪里。"牛刀"，宰牛的刀。[5]"诸"，"之于"的合音。[6]"使"，役使，使唤。[7]"是"，对，正确。[8]"戏"，戏弄，开玩笑。按自"为武城宰"至此，见《论语·阳货》。[9]"习"，熟习，熟悉。

【译文】子游完成学业以后，出任武城之宰。孔子经过武城，听到弹奏琴瑟演唱诗歌的声音。孔子微微一笑，说："宰鸡哪里用得着杀牛刀？"子游说："往日我从夫子那里听说：'君子学习道理就会爱护他人，小人学习道理就会容易使唤。'"孔子说："诸位弟子，言偃的话是对的。先前我说的话只是开个玩笑罢了。"孔子认为子游熟悉文献典籍。

卜商，[1]字子夏。少孔子四十四岁。[2]

【注释】[1]"卜商"，氏卜，名商。晋国温（今河南温县西南）人，或说卫国人。对儒学经典的整理、传授起过重要作用。其后学形成一派，《荀子·非十二子》云："正其衣冠，齐其颜色，嗛然而终日不言，是子夏氏之贱儒也。" [2]"少孔子四十四岁"，依此推算，卜商生于公元前五〇七年。

【译文】卜商，字子夏，比孔子小四十四岁。

子夏问："'巧笑倩兮，[1]美目盼兮，[2]素以为绚兮。'[3]何谓也？"子曰："绘事后素。"[4]曰："礼后乎？"[5]孔子曰："商始可与言《诗》已矣。"[6]

【注释】[1]"巧"，美好。"笑"，笑容。"倩"，音qiàn，面颊长得好，笑起来有酒窝。"兮"，音xī，语助词，常用于诗赋中，相当于现在的"啊"。 [2]"盼"，黑白分明，形容眼睛清秀。或谓眼珠转动。按以上两句见《诗·卫风·硕人》。 [3]"素"，白色的生绢。在纸没有发明和推广以前，绢帛常用作绘画的材料。"绚"，音xuàn，华丽多彩的样子。按此句或谓逸诗，或谓鲁诗原有而后来脱夺。 [4]"绘事"，绘画的工作。"后素"，后于素绢的编织。 [5]"礼后乎"，礼仪的产生在后吧？按孔子认为"仁"为"礼"之本，则礼仪当产生于仁之后。[6]按本节见《论语·八佾》。

【译文】子夏问道："'美妙的笑容酒窝深深啊，美丽的眸子黑白分明啊，洁白的素绢上画得绚丽多彩啊。'这几句诗说的是什么意思？"孔子说："绘画的事情原在素绢的编织之后。"子夏说："礼仪的产生在（仁之）后吧？"孔子说："卜商现在可同他谈论《诗》了。"

子贡问："师与商孰贤？"[1]子曰："师也过，[2]商也不及。"[3]"然则师愈与？"[4]曰："过犹不及。"[5]

与处而智不充其辩。故孔子曰：'以容取人乎，失之子羽；以言取人乎，失之宰予。'"《孔子家语·子路初见》同。则与此谓澹台灭明容貌丑恶正相反。又按《大戴礼记·五帝德》云："孔子曰：'吾欲以颜色取人，于灭明邪改之。吾欲以语言取人，于予邪改之。……'"未言澹台灭明容貌丑好。

【译文】澹台灭明南下出游到达长江，随从的弟子有三百人，对待人事的取舍进退公正无私，名声遍及诸侯各国。孔子听说这些情况后，说："我凭言辞来判断人，错看了宰予；凭外貌来判断人，错看了子羽。"

宓不齐，[1]字子贱。少孔子三十岁。[2]

【注释】〔1〕"宓"，音 fú。"宓不齐"，氏宓，名不齐。鲁国人。按《汉书·艺文志》诸子略儒家有《宓子》十五篇，今佚。 〔2〕"少孔子三十岁"，依此推算，宓不齐生于公元前五二一年。或谓宓不齐小孔子四十九岁。

【译文】宓不齐，字子贱。比孔子小三十岁。

孔子谓子贱：[1]"君子哉！鲁无君子，斯焉取斯？"[2]

【注释】〔1〕"谓"，说，谈论，评论。 〔2〕"斯"，这，指宓子贱。"焉"，安，哪里。"斯"，这，指君子的德行。按语见《论语·公冶长》。

【译文】孔子评论子贱说："子贱是君子啊！鲁国没有君子的话，这个人是从哪里取得君子德行的呢？"

子贱为单父宰，[1]反命于孔子，[2]曰："此国有贤不齐者五人，[3]教不齐所以治者。"孔子曰："惜哉！不齐所治者小，所治者大则庶几矣！"[4]

【注释】〔1〕"单父"，音 shàn fǔ，鲁国邑名，在今山东单县。 〔2〕"反命"，复命，报告情况。 〔3〕"国"，按《说苑·政理》、《孔子家语·辨政》作"地"，当是。"贤不齐者"，即"贤于不齐者"，比不齐贤能的人。 〔4〕"庶几"，接近，差不多。按《韩诗外传八》、《说苑·政理》、《孔子家语·辨政》所载，指跟尧舜差不多。

【译文】子贱出任单父邑宰，向孔子报告情况，说："这个地方有比我贤能的五个人，教导我治理都邑的方法。"孔子说："可惜啊！不齐所治理的地方太小，如果所治理的地方大，那就有希望了！"

原宪，[1]字子思。

【注释】〔1〕"原宪"，氏原，名宪。排行仲，或称仲宪（见《礼记·檀弓》）。鲁国人，或谓宋国人。按《史记索隐》所引《孔子家语》及今本《孔子家语》均云"少孔子三十六岁"，则原宪生于公元前五一六年。据《论语·雍也》，原宪做过孔子的管家。

【译文】原宪，字子思。

子思问耻。孔子曰："国有道，谷。[1]国无道，谷，耻也。"

【注释】〔1〕"谷"，粮食。古代以粮食充官俸，故"谷"也常用以指称俸禄。此用为动词，意为领取官俸，即做官。

【译文】子思问什么叫做耻。孔子说："国家政治有道，做官领取俸禄。国家政治无道，也做官领取俸禄，这就叫耻。"

子思曰："克、伐、怨、欲不行焉，[1]可以为仁乎?"[2]孔子曰："可以为难矣，仁则吾弗知也。"[3]

【注释】〔1〕"克"，胜，好胜争强。"伐"，自我夸耀。"怨"，怨恨，怨天尤人。"欲"，贪欲，贪婪。〔2〕"为"，音 wèi，通"谓"。〔3〕按以上两节见《论语·宪问》。

【译文】子思说："好胜争强、自我夸耀、怨天尤人、贪得无厌这四点都没有任何表现，可以称得上仁吗？"孔子说："可以说是难能可贵了，至于仁，那我还不知道。"

孔子卒，原宪遂亡在草泽中。[1]子贡相卫，而结驷连骑，[2]排藜藿入穷阎，[3]过谢原宪。[4]宪摄敝衣冠见子贡。[5]子贡耻之，曰："夫子岂病乎？"[6]原宪曰："吾闻之，无财者谓之贫，学道而不能行者谓之病。若宪，贫也，非病也。"子贡惭，不怿而去，[7]终身耻其言之过也。[8]

得通。言语不忠诚有信，行为不厚道谨敬，即使在老家乡里，能行得通吗？站立时就仿佛看见'忠信笃敬'几个字并列竖在前面，在车厢里就仿佛看见'忠信笃敬'几个字并列挂在横木上，（时刻记着，）这样才能到处行得通。"子张把这些话写在束衣的大带子上。

子张问："士何如斯可谓之达矣？"[1]孔子曰："何哉，尔所谓达者？"子张对曰："在国必闻，[2]在家必闻。"[3]孔子曰："是闻也，非达也。夫达者，质直而好义，[4]察言而观色，虑以下人，[5]在国及家必达。夫闻也者，色取仁而行违，居之不疑，在国及家必闻。"[6]

【注释】[1]"达"，通达。此指明白道理大义，办事行得通，能达到目的。 [2]"国"，指诸侯国。"闻"，闻名，出名。 [3]"家"，指卿大夫之家。或谓指一般人家，亦通。 [4]"质直"，质朴正直。 [5]"虑"，思虑，考虑。或谓即"无虑"，意为大都，大抵。"下人"，甘居人下，指谦虚有礼。 [6]按本节见《论语·颜渊》。

【译文】子张问道："士人怎么做就可以称得上达了？"孔子说："你所说的达，指什么情况？"子张回答说："在诸侯国中必定闻名，在大夫家中必定闻名。"孔子说："这是闻，不是达啊。那达者，质朴正直而爱好道义，对人善于分析言语而观察表情，考虑问题注意谦虚让人，无论在诸侯国中，还是在大夫家里必定通达。至于那闻者，表面上装作仁义而行动上背道而驰，以仁自居而深信不疑，无论在诸侯国中，还是在大夫家里必定闻名。"

曾参，[1]南武城人，[2]字子舆。少孔子四十六岁。[3]

【注释】[1]"曾参"，氏曾，名参。"参"，音 cān。按《史记会注考证》云："方密之曰：曾参当读如参乘之参。王引之曰：参读为骖。名参，字子舆者，驾马所以引车也。"当是。[2]"南武城"，鲁国邑名，亦称"武城"，在今山东费县西南。或谓在山东嘉祥。 [3]"少孔子四十六岁"，依此推算，曾子出生于公元前五〇五年。

【译文】曾参是南武城人，字子舆。比孔子小四十六岁。

孔子以为能通孝道，[1]故授之业。作《孝经》。[2]死于鲁。

【注释】[1]"通"，通晓。 [2]"《孝经》"，儒家经典之一，今存十八章，当成于战国时代孔门后学之手。《汉书·艺文志》著录："《孝经古孔氏》一篇。二十二章。""《孝经》一篇。十八章。长孙氏、江氏、后氏、翼氏四家。"云："《孝经》者，孔子为曾子陈孝道也。夫孝，天之经，地之义，民之行也。举大者言，故曰《孝经》。"按《汉书·艺文志》诸子略儒家著录"《曾子》十八篇"。此书已佚。《大戴礼记·曾子立事》等十篇，后人谓《曾子》中文；又谓《礼记·祭义》也为《曾子大孝》篇中文。

【译文】 孔子认为他能通晓孝道，所以向他传授学业。曾参撰作《孝经》。曾参最后死在鲁国。

澹台灭明，[1]武城人，[2]字子羽。少孔子三十九岁。[3]

【注释】〔1〕"澹"，音tán。"澹台灭明"，氏澹台，名灭明。 〔2〕"武城"，即"南武城"。或谓"东武城"，见《大戴礼记·卫将军文子》卢辩注。 〔3〕"少孔子三十九岁"，依此推算，澹台灭明生于公元前五一二年。

【译文】 澹台灭明是武城人，字子羽。比孔子小三十九岁。

状貌甚恶。[1]欲事孔子，[2]孔子以为材薄。[3]既已受业，退而修行，[4]行不由径，[5]非公事不见卿大夫。

【注释】〔1〕"状貌"，容貌，长相。"恶"，音è，丑恶，难看。 〔2〕"事"，师事，拜孔子为师。 〔3〕"材"，资质，才能。"薄"，浅薄，低下。 〔4〕"修行"，修习实行。 〔5〕"行"，行事，做事。"由"，经由，从。"径"，小路，邪路。

【译文】 澹台灭明容貌非常丑恶。他想拜孔子为师，但孔子认为他天资低下。澹台灭明接受学业完毕后，退回家中而修习实践孔子教授的学业，做事从不走歪门邪道，不是公事就不拜见卿大夫。

南游至江，[1]从弟子三百人，设取予去就，[2]名施乎诸侯。[3]孔子闻之，曰："吾以言取人，失之宰予；[4]以貌取人，失之子羽。"[5]

【注释】〔1〕"江"，长江。"南游至江"，按今江苏苏州吴县东南有澹台湖，相传曾是澹台灭明旧宅所在。 〔2〕"设取予去就"，此语费解，疑有讹夺。按《孔子家语·七十二弟子》云："然其为人公正无私以取与去就，以诸为名。"则此似谓澹台灭明待人处事、取舍进退都公正无私，讲究信用。 〔3〕"施"，音yì，延及，普及。 〔4〕"宰予"，在孔门弟子中以善于言辞出名。 〔5〕"吾以言取人，失之宰予，以貌取人，失之子羽"，按《韩非子·显学》云："澹台子羽，君子之容也，仲尼几而取之，与处久而行不胜其貌。宰予之辞，雅而文也，仲尼几而取之，

【译文】公皙哀，字季次。

孔子曰：“天下无行，[1]多为家臣，仕于都；[2]唯季次未尝仕。”[3]

【注释】[1]“天下无行”，意谓天下士人没有德行。[2]“仕”，出仕，做官。“都”，都邑，此当指卿大夫采邑。[3]按本书《游侠列传》云：“及若季次、原宪，闾巷人也，读书怀独行君子之德，义不苟合当世，当世亦笑之。故季次、原宪终身空室蓬户，褐衣疏食不厌。”《孔子家语·七十二弟子》云：“鄙天下多仕于大夫者，是故未尝屈节人臣。孔子特叹赏之。”可与此参看。又《淮南子·氾论》云：“季襄、陈仲子立节抗行，不入洿君之朝，不食乱世之食，遂饿而死。”王念孙云“襄”为“哀”字之误，季哀即此季次。可信。

【译文】孔子说：“天下的士人没有德行，大多成为卿大夫的家臣，在都邑做官；只有季次不曾做官。”

曾蒇，[1]字皙。[2]

【注释】[1]“曾蒇”，氏曾，名蒇（音 diǎn），亦作“点”。曾参之父。[2]“字皙”，按《孔子家语》作“字子皙”。

【译文】曾蒇，字皙。

侍孔子，[1]孔子曰：“言尔志。”蒇曰：“春服既成，[2]冠者五、六人，[3]童子六、七人，浴乎沂，[4]风乎舞雩，[5]咏而归。”孔子喟尔叹曰：[6]“吾与蒇也！”[7]

【注释】[1]“侍”，侍奉。“侍孔子”，按《论语·先进》作：“子路、曾皙、冉有、公西华侍坐。”[2]“成”，定。按《论语·先进》于“春服既成”前有“暮春者”三字，语意更明确。暮春为春三月，天气转暖，气温趋高之势已定，故春服也确定了。[3]“冠”，音 guàn，古代男子到二十岁时加冠之称，标志已经成年。“冠者”，指成年人。[4]“浴”，洗澡。“沂”，水名，发源于山东邹县东北，西流经曲阜与洙水合，入于泗水。[5]“风”，吹风。“舞雩”，古代求雨之祭叫“雩”，因有舞蹈，故亦称“舞雩”。此指举行雩祭之处，旧称“雩台”，在今山东曲阜南。[6]“喟”，音 kuì，叹声。“喟尔”，叹息的样子。[7]“与”，心许，赞成。按本节见《论语·先进》。

【译文】曾蒇侍奉孔子，孔子说：“谈谈你的志向。”曾蒇说：“春天的服装穿定了，我和成年人五、六位，儿童六、七个，在沂水边洗洗澡，在舞雩台吹吹风，最后唱着歌儿回家。"孔子叹了一口气说："我赞同曾蒇的志趣啊！"

颜无繇，[1]字路。[2]路者，颜回父。父子尝各异时事孔子。

【注释】〔1〕"颜无繇"，氏颜；名无繇，按《孔子家语·七十二弟子》作"由"。又《家语》云"少孔子六岁"，则生于公元前五四六年。鲁国人。 〔2〕"路"，按《家语》作"季路"。"季"当为颜无繇排行。

【译文】颜无繇，字路。颜路是颜回的父亲。父子曾经各在不同的时候师事孔子。

颜回死，颜路贫，请孔子车以葬。[1]孔子曰："材不材，[2]亦各言其子也。鲤也死，[3]有棺而无椁，[4]吾不徒行以为之椁，[5]以吾从大夫之后，[6]不可以徒行。"[7]

【注释】〔1〕"请孔子车以葬"，按《论语·先进》作"请子之车以为之椁"，即此"以葬"，具体含义是"以为之椁"。 〔2〕"材"，通"才"，才能。 〔3〕"鲤"，孔子的儿子，字伯鱼，生于公元前五三二年，死于公元前四八三年。 〔4〕"椁"，音 guǒ，古代贵族官僚的棺木一般有两重，里面的叫棺，外面的叫椁。 〔5〕"徒行"，步行。"之"，其。 〔6〕"从大夫之后"，随从大夫之后，意即为大夫。这是一种委婉自谦的说法。孔子曾任鲁司寇等职，级别相当于大夫。 〔7〕按本节见《论语·先进》。

【译文】颜回死去，颜路贫穷，请求孔子卖掉车子来帮助安葬颜回。孔子说："不管有才能还是没才能，说起来也各是自己的儿子啊。鲤儿死了，只有内棺而无外椁，我不能卖掉车子徒步行走来为他置办外椁，因为我曾忝列大夫之后，所以不可以卖掉车子而徒步行走。"

商瞿，[1]鲁人，字子木。少孔子二十九岁。[2]

【注释】〔1〕"商瞿"，氏商，名瞿。 〔2〕"少孔子二十九岁"，依此推算，当生于公元前五二二年。

【译文】商瞿是鲁国人，字子木。比孔子小二十九岁。

孔子传《易》于瞿，[1]瞿传楚人馯臂子弘，[2]弘传江东人矫子庸

【注释】〔1〕"草泽",荒野之地。 〔2〕"驷",音 sì,古代一车套四马,因以驷指马车。"骑",马匹。"结驷连骑",随从车马接连不断,前呼后拥,指出行排场盛大。 〔3〕"排",披,分开。"藜藿",王念孙《读书杂志》云当作"藜藋",即灰藋,一种高过人的野草。"穷",陋。"阎",巷门,此指里巷。 〔4〕"过",过访,探望。"谢",告谢,问候。 〔5〕"摄",整理。"敝",败,破。 〔6〕"夫子",对人的尊称。"岂",难道。"病",辱,耻辱。 〔7〕"怿",音 yì,喜悦,高兴。 〔8〕按本节所言事,亦见《庄子·让王》、《韩诗外传一》、《新序·节士》、《高士传》。

【译文】孔子去世,原宪就流亡隐居在荒郊野地之中。子贡出任卫国之相,随从的车马前呼后拥,分开高过人头的野草,进入僻陋的里巷,探望问候原宪。原宪整理好所穿戴的破旧衣帽会见子贡。子贡为此感到羞耻,说:"夫子难道也病了吗?"原宪说:"我听说这样话:没有财产叫做贫,学习道义而不能实行才叫做病。像我这样,是贫,而不是病啊。"子贡觉得惭愧,不高兴地离去,一生都因为这次言语的过失而感羞耻。

公冶长,〔1〕齐人,〔2〕字子长。〔3〕

【注释】〔1〕"公冶长",氏公冶,名长,或谓名芝,又谓名芝。 〔2〕"齐人",或谓鲁人。 〔3〕"字子长",或谓字子张。

【译文】公冶长,齐国人,字子长。

孔子曰:"长可妻也。〔1〕虽在累绁之中,〔2〕非其罪也。"以其子妻之。〔3〕

【注释】〔1〕"妻",音 qì,以女嫁人。 〔2〕"累绁",音 léi xiè,亦作"缧绁",栓缚囚犯的绳索,此指代监狱。 〔3〕"子",古代儿子、女儿皆可称子,此指代女儿。按语见《论语·公冶长》。

【译文】孔子说:"公冶长,可以把女儿嫁给她。虽然他曾在监狱中关押过,但不是他的罪过啊。"就把自己的女儿嫁给公冶长。

南宫括,〔1〕字子容。

【注释】〔1〕"南宫括",氏南宫,名括(或作"适"),一名绦(或作"韬")。鲁国人。

【译文】南宫括，字子容。

问孔子曰："羿善射，[1]奡荡舟，[2]俱不得其死然；[3]禹、稷躬稼而有天下。"[4]孔子弗答。容出，孔子曰："君子哉若人！[5]上德哉若人！"[6]"国有道，不废；[7]国无道，免于刑戮。"[8]三复"白珪之玷"，[9]以其兄之子妻之。[10]

【注释】〔1〕"羿"，音 yì，人名，即后羿，亦称夷羿，夏代东夷有穷国的君主。善于射箭，曾一度夺取夏朝的王位，旋即因沉湎狩猎，不理政事，而被臣子寒浞杀死。 〔2〕"奡"，音 ào，亦作"浇"、"敖"、"傲"，后羿臣子寒浞的儿子。寒浞杀死后羿当政，派他领兵攻灭斟灌氏、斟寻氏，受封于过。极有力量，传说能陆地行船。后被少康所杀。"荡舟"，疑即《楚辞·天问》"覆舟斟寻"之"覆舟"，指奡在攻打斟寻氏时曾倾覆对方船只。或谓"荡"为冲杀之意，"荡舟"，言以舟师冲锋陷阵。 〔3〕"不得其死"，不得好死。"然"，句末语助词。 〔4〕"禹"，亦称夏禹、大禹、戎禹，姒姓，或谓名文命，鲧之子，夏后氏部落首领。曾奉舜命治水，取得成功，亲自劳作，发展农业生产。后被舜选为继承人，舜死后继任部落联盟首领。其子启建立夏朝。详见本书《五帝本纪》。"稷"，即后稷，名弃，周人的先祖。传说在尧、舜时任农官，教民耕种。被周族奉为开始种植稷、麦的人。详见本书《周本纪》。"躬"，身，亲身，亲自。"稼"，种植，耕种。 〔5〕"若"，此，这。 〔6〕"上"，通"尚"，崇尚。按以上见《论语·宪问》。 〔7〕"废"，废弃，废黜。 〔8〕按此句见《论语·公冶长》。 〔9〕"复"，重复，此指反复诵读。"珪"，同"圭"，长条形玉器。此泛指玉器。"玷"，音 diàn，玉上的斑点。"白珪之玷"，此为《诗·大雅·抑》中句子。原诗为："白珪之玷，尚可磨也；斯言之玷，不可为也。"意为：白玉上的污点，还可以磨掉；但言语中的污点，便无法去掉。旨在规劝人们说话谨慎小心，合于礼法，以免遭受祸患。 〔10〕"其兄之子"，孔子有异母兄孟皮，此当指孟皮之女。按此语见《论语·先进》。

【译文】南宫括问孔子道："羿善于射箭，奡能倾覆船只，都不得好死；大禹、后稷亲自种植庄稼，结果享有天下。（应当如何理解？）"孔子没有回答。子容出去，孔子说："君子啊，这个人！崇尚道德啊，这个人！"（孔子称赞南宫括说：）"国家政治有道，能够不被废黜；国家政治无道，能够免于刑罚杀戮。"南宫括多次诵读"白圭之玷，尚可磨也；斯言之玷，不可为也"的诗句，孔子便把他兄长的女儿嫁给南宫括。

公皙哀，[1]字季次。[2]

【注释】〔1〕"公皙哀"，氏公皙（或作"析"），名哀（或作"克"、"剋"）。齐国人。〔2〕"季次"，或作"季沈"。

孔子使开仕。对曰："吾斯之未能信。"[1]孔子说。[2]

【注释】[1]"斯之未能信"，即"未能信斯"。"之"为使宾语"斯"置前的结构助词。[2]按语见《论语·公冶长》。

【译文】孔子让漆雕开做官。漆雕开回答说："我对这做官没有信心。"孔子高兴。

公伯缭，[1]字子周。

【注释】[1]"公伯缭"，氏公伯，名缭（音liáo，亦作"僚"、"寮"、"辽"、"寏"）。鲁国人。按《孔子家语·七十二弟子》无公伯缭。后人多认为公伯缭是鲁国大夫，不是孔子弟子，司马迁所见弟子籍似有误审。

【译文】公伯缭，字子周。

周愬子路于季孙。[1]子服景伯以告孔子，[2]曰："夫子固有惑志，[3]缭也，吾力犹能肆诸市朝。"[4]孔子曰："道之将行，命也；道之将废，命也。公伯缭其如命何！"[5]

【注释】[1]"愬"，音sù，同"诉"，进谗言，毁谤。"季孙"，季孙氏，鲁国世卿，执掌国政。[2]"子服景伯"，氏子服，名何，谥景，子服昭伯回之子，鲁国大夫，系鲁国世卿孟孙氏之族。[3]"夫子"，指季孙。"固"，本来，原来。"惑志"，疑心。[4]"犹"，还。"肆"，陈尸。古代有处死罪犯后将其尸体陈列示众的做法。"诸"，"之于"的合音。"市朝"，市场、朝廷，泛指人众会集之处。[5]按本节语见《论语·宪问》。

【译文】子周对季孙毁谤子路。子服景伯将这情告诉孔子，说："季孙他老人家原来就对子路有疑心，对公伯缭，以我的力量还是能把他陈尸于大庭广众。"孔子说："仁义之道将要实行，那是命啊；仁义之道将要废弃，也是命啊。公伯缭能把命怎么样！"

司马耕，[1]字子牛。

【注释】[1]"司马耕"，氏司马，名耕。前人多以为即《左传》哀公十四年的"司马牛"，为宋人，是宋国司马桓魋的弟弟。《论语》孔安国注云名犁；《孔子家语·七十二弟子》

云："司马黎耕，宋人，……兄桓魋……"但杨伯峻《论语译注》认为孔子弟子的司马牛与宋国桓魋弟弟的司马牛难以混为一人。

【译文】 司马耕，字子牛。

牛多言而躁。[1]问仁于孔子。孔子曰："仁者，其言也讱。"[2]曰："其言也讱，斯可谓之仁乎？"子曰："为之难，言之得无讱乎？"[3]

【注释】〔1〕"牛多言而躁"，按《孔子家语·七十二弟子》云："牛为人性躁，好言语。"〔2〕"讱"，音 rèn，迟钝，慎重。〔3〕"得"，能。按语见《论语·颜渊》。

【译文】 司马牛话多而且急躁。他问孔子什么叫仁。孔子说："仁人，他的说话很慎重。"司马牛说："说话慎重，这就可以称之为仁吗？"孔子说："实行仁很难，谈论仁能不慎重吗？"

问君子。[1]子曰："君子不忧不惧。"曰："不忧不惧，斯可谓之君子乎？"[2]子曰："内省不疚，[3]夫何忧何惧！"[4]

【注释】〔1〕"问君子"，询问怎样才是君子。〔2〕"斯"，这，此。〔3〕"省"，音 xǐng，检察，反省。"疚"，音 jiù，忧虑，内心不安。〔4〕按语见《论语·颜渊》。

【译文】 司马牛问怎样才是君子。孔子说："君子不忧愁，不恐惧。"司马牛说："不忧愁不恐惧，这就可以称之为君子吗？"孔子说："问心无愧，有什么忧愁什么恐惧！"

樊须，[1]字子迟。少孔子三十六岁。[2]

【注释】〔1〕"樊须"，氏樊，名须。齐国人。或说鲁国人。曾为季孙氏家臣。〔2〕"少孔子三十六岁"，依此推算，樊须生于公元前五一五年。或谓小孔子四十六岁。

【译文】 樊须，字子迟。比孔子小三十六岁。

樊迟请学稼，[1]孔子曰："吾不如老农。"请学圃，[2]曰："吾不如老圃。"樊迟出，孔子曰："小人哉，樊须也！上好礼，则民莫敢不敬；上好义，则民莫敢不服；上好信，则民莫敢不用情。[3]夫如是，则四方之疵，〔3〕疵传燕人周子家竖，〔4〕竖传淳于人光子乘羽，〔5〕羽传齐人田子庄何，〔6〕何传东武人王子中同，〔7〕同传菑川人杨何。〔8〕何元朔中以治《易》为汉中大夫。〔9〕

【注释】〔1〕"《易》"，即《周易》，亦称《易经》，被儒家奉为经典之一。此当指今传《周易》的《经》，成于西周时代，内容包括六十四卦和三百八十四爻，卦、爻皆有文字说明的《卦辞》、《爻辞》。本书《孔子世家》云："孔子晚而喜《易》，序《彖》、《系》、《象》、《说卦》、《文言》。"认为解说《易经》的《易传》系孔子所作。但根据后来学者的考证，《易传》应为战国人作品，很可能是商瞿及其后学所撰。〔2〕"馯臂子弘"，氏馯（音 hán），名臂，字子弘。按"弘"或作"弓"，张文虎认为"弘"系"厷"之讹。《汉书·儒林传》谓馯臂为江东人。〔3〕"江东"，长江在今芜湖至南京呈西南、东北走向，古人习惯称此段以下长江南岸地区为江东。"矫子庸疵"，氏矫（或作"蟜"、"桥"），名疵（或作"庇"），字子庸（或作"肩"）。《汉书·儒林传》谓矫疵为鲁人。按《汉书·儒林传》云："商瞿子木受《易》孔子以授鲁桥庇子庸，子庸授江东馯臂子弓。"传授次第正好与此相反，后人多从《汉书》所载。〔4〕"燕"，本作"匽"、"郾"，诸侯国名，西周初年所封，姬姓，始封君是召公奭，辖有今河北北部和辽宁西端，建都蓟（今北京西南隅）。公元前二二二年被秦国所灭。"周子家竖"，氏周，名竖（或作"丑"），字子家（或作"林"）。〔5〕"淳于"，地名，在今山东安丘东北。春秋时为国，后为杞国都城，公元前四四五年杞国被灭，入楚为邑。"光子乘羽"，氏光，名羽，字子乘。按《汉书·儒林传》，子家所传为"东武孙虞子乘"。〔6〕"田子庄何"，姓田，名何，字子庄，秦末汉初间人。〔7〕"东武"，县名，汉代琅邪郡郡治，在今山东诸城。"王子中同"，姓王，名同，字子中（或作"子仲"）。〔8〕"菑川"，西汉侯国名，汉文帝十六年（公元前一六四年）置，都剧（在今山东寿光），辖有今山东淄博市区及寿光、益都等部分地。"杨何"，姓杨，名何，字叔元。〔9〕"元朔"，汉武帝年号，共六年，即公元前一二八年至前一二三年。按本书《儒林传》和《汉书·儒林传》，均作"元光"。元光亦为汉武帝年号，共六年，公元前一三四年至前一二九年。"中大夫"，汉代官名，郎中令属官，职掌议论，秩八百石。

【译文】孔子传授《周易》给商瞿，商瞿传授给楚国人馯臂子弘，馯臂子弘传授给江东人矫子庸疵，矫子庸疵传授给燕国人周子家竖，周子家竖传授给淳于人光子乘羽，光子乘羽传授给齐国人田子庄何，田子庄何传授给东武人王子中同，王子中同传授给菑川人杨何。杨何在汉武帝元朔年间凭研治《周易》担任汉朝的中大夫。

高柴，〔1〕字子羔。〔2〕少孔子三十岁。〔3〕

【注释】〔1〕"高柴"，氏高，名柴。《孔子家语·七十二弟子》云："齐人，高氏之别族。"或谓卫人，又谓郑人。〔2〕"子羔"，"羔"或作"皋"、"高"，当为同音通假。又称"季羔"，排行季。〔3〕"少孔子三十岁"，依此推算，高柴生于公元前五二一年。按《孔子家语》作"少孔子四十岁"。

【译文】高柴，字子羔。比孔子小三十岁。

子羔长不盈五尺，[1]受业孔子，孔子以为愚。[2]

【注释】[1]"五尺"，按《孔子家语·七十二弟子》作"六尺"。[2]"孔子以为愚"，按《论语·先进》云："柴也愚。"

【译文】子羔身高不满五尺，师从孔子接受学业，孔子认为他愚笨。

子路使子羔为费郈宰。[1]孔子曰："贼夫人之子！"[2]子路曰："有民人焉，[3]有社稷焉，[4]何必读书然后为学？"[5]孔子曰："是故恶夫佞者。"[6]

【注释】[1]"费"，音 bì，亦作"鄪"、"胇"，鲁国邑名，在今山东费县西北。"郈"，音 hòu，鲁国邑名，在今山东东平东南。"费郈宰"，按今本《论语》及《史记》别本无"郈"字，故许多学者以为"郈"系衍字。但沈涛《铜熨斗轩随笔》云："盖古本《论语》作'郈宰'不作'费宰'。《论衡·艺增篇》正作郈宰，可见汉以前本皆如是也。《正义》但释'郈'不释'费'，可见所据本无此字。"[2]"贼"，害，毒害。[3]"民人"，人民，百姓。[4]"社稷"，社为土神，稷为谷神。古代都邑亦设社稷坛举行祭祀活动。此指祭祀社稷。[5]"为"，是，算。[6]"恶"，音 wù，厌恶，憎恨。"佞"，音 nìng，善用花言巧语来诡辩或谄媚人。按本节见《论语·先进》。

【译文】子路让子羔出任费郈的邑宰。孔子说："这是坑害了人家的子弟！"子路说："那里有老百姓，有社稷的祭祀，何必要读书然后才算有学问呢？"孔子说："所以我讨厌能言善辩的人。"

漆雕开，[1]字子开。[2]

【注释】[1]"漆雕开"，氏漆雕，名开（或作"启"、"凭"）。鲁国人，或说蔡国人。按《孔子家语·七十二弟子》云"少孔子十一岁"，则生于公元前五四〇年。又《汉书·艺文志》诸子略儒家有"《漆雕子》十三篇"，自注云："孔子弟子漆雕启后。"孔子死后，自成一派，为《韩非子·显学》所云"儒分为八"之一。[2]"子开"，或作"子若"、"子修"。

【译文】漆雕开，字子开。

【译文】公西赤，字子华。比孔子小四十二岁。

子华使于齐，冉有为其母请粟。〔1〕孔子曰："与之釜。"〔2〕请益。〔3〕曰："与之庾。"〔4〕冉子与之粟五秉。〔5〕孔子曰："赤之适齐也，〔6〕乘肥马，〔7〕衣轻裘。〔8〕吾闻君子周急不继富。"〔9〕

【注释】〔1〕"粟"，小米。 〔2〕"与"，予，给。"釜"，也称"鬴"，古代量器名。其容量为六斗四升，亦用作容量单位。 〔3〕"益"，加，增加。 〔4〕"庾"，音 yǔ，古容量单位，一庾为十六斗。 〔5〕"秉"，古容量单位，一秉为一百六十斗。 〔6〕"适"，往，去到。〔7〕"乘肥马"，指乘坐由体肥膘壮马匹所驾的车。 〔8〕"衣"，音 yì，穿。"轻裘"，轻暖的皮衣。 〔9〕"周"，通"赒"，救济。"急"，急难，困乏。"继"，接济，增益。按本节见《论语·雍也》。

【译文】子华出使到齐国去，冉有为他的母亲请求给些小米。孔子说："给她一釜。"冉有请求增加。孔子说："给她一庾。"结果冉子给了五秉小米。孔子说："公西赤前往齐国，乘着肥马驾的车，穿着轻暖的皮衣。我听说君子救济急难穷困，而不接济富人。"

巫马施，〔1〕字子旗。〔2〕少孔子三十岁。〔3〕

【注释】〔1〕"巫马施"，氏巫马，名施，鲁国人，或说陈国人。 〔2〕"子旗"，按《论语》及《孔子家语》，"旗"作"期"。 〔3〕"少孔子三十岁"，依此推算，则巫马施生于公元前五二一年。

【译文】巫马施，字子旗。比孔子小三十岁。

陈司败问孔子曰：〔1〕"鲁昭公知礼乎？"〔2〕孔子曰："知礼。"退而揖巫马旗曰：〔3〕"吾闻君子不党。〔4〕君子亦党乎？鲁君娶吴女为夫人，命之为孟子。〔5〕孟子姓姬，〔6〕讳称同姓，〔7〕故谓之孟子。鲁君而知礼，〔8〕孰不知礼！"施以告孔子。孔子曰："丘也幸，苟有过，〔9〕人必知之。臣不可言君亲之恶，〔10〕为讳者，礼也。"〔11〕

【注释】〔1〕"陈司败"，人名，氏陈，名司败。或谓指陈国的司败。司败，即司寇，职掌刑法的官员。 〔2〕"鲁昭公"，名裯（或作"稠"、"袑"），鲁襄公之子，母齐归，公元前五四一年至前五一〇年在位。〔3〕"退"，指孔子退出。"揖"，拱手为礼，作揖，揖请。〔4〕"党"，偏私，偏袒。〔5〕"命"，叫，称。"孟子"，《论语》作"吴孟子"。春秋时代，对诸侯夫人的一般称谓，为所生国之名加她的本姓。鲁昭公娶吴女为夫人，当称为吴姬。这里隐去了她的姓。"孟"为其排行。〔6〕"孟子姓姬"，孟子为吴国之女，吴国系太伯之后，姬姓，故云"孟子姓姬"。按鲁国系周公旦之后，亦为姬姓。〔7〕"讳"，回避。"讳称同姓"，当时有"同姓不婚"的礼法，为掩饰鲁昭公违反礼法的婚姻，就设法避言夫人称谓中所包含的同姓——姬。〔8〕"而"，如，如果。〔9〕"苟"，假如，如果。〔10〕"君亲"，君主、父亲。此指君主。"恶"，丑，丑恶。〔11〕按本节见《论语·述而》。

【译文】陈司败问孔子道："鲁昭公知礼吗?"孔子说："知礼。"孔子退出去后，陈司败揖请巫马旗上前，说："我听说君子不偏袒任何人。难道君子也偏袒人吗? 鲁君娶了吴国女子作为夫人，称她为孟子。孟子本姓姬，为了回避称同姓，所以叫她孟子。如果说鲁君知礼的话，那还有谁不知礼!"巫马施把陈司败的话告诉孔子。孔子说："我幸运啊，倘若有过错，人家必定知道。臣子不可谈论君主的丑事，为鲁君避讳，是礼啊。"

梁鳣，〔1〕字叔鱼。少孔子二十九岁。〔2〕

【注释】〔1〕"梁鳣"，氏梁，名鳣（音 zhān，或作"鲤"）。齐国人。〔2〕"少孔子二十九岁"，依此推算，则梁鳣生于公元前五二二年。

【译文】梁鳣，字叔鱼。比孔子小二十九岁。

颜幸，〔1〕字子柳。少孔子四十六岁。〔2〕

【注释】〔1〕"颜幸"，氏颜，名幸（或作"辛"）。鲁国人。〔2〕"少孔子四十六岁"，依此推算，则颜幸生于公元前五〇五年。按《史记索隐》引《孔子家语》云"少三十六岁"。

【译文】颜幸，字子柳。比孔子小四十六岁。

冉孺，〔1〕字子鲁。〔2〕少孔子五十岁。〔3〕

【注释】〔1〕"冉孺"，氏冉，名孺（或作"儒"）。鲁国人。〔2〕"子鲁"，或作"子曾"、"子鱼"。〔3〕"少孔子五十岁"，依此推算，则冉孺生于公元前五〇一年。

【译文】冉孺，字子鲁。比孔子小五十岁。

民襁负其子而至矣，[4]焉用稼！"[5]

【注释】〔1〕"稼"，种庄稼，种粮食。 〔2〕"圃"，种植蔬菜、花果或苗木的地。此用作动词，指种植蔬菜水果。 〔3〕"情"，实，真实情况，此指真心实意。 〔4〕"襁"，音qiǎng，背负婴儿用的布带。 〔5〕按本节语见《论语·子路》。

【译文】樊迟请求学习种庄稼，孔子说："我这方面不如老农民。"樊迟请求学习种蔬菜，孔子说："我这方面不如老菜农。"樊迟退下出去。孔子说："小人呀，樊迟！上面执政的人喜好礼仪，老百姓就没有人敢不恭敬；上面执政的人喜好义理，老百姓就没有人敢不服从；上面执政的人喜好信用，老百姓就没有人敢不用真心实意。像这样的话，四面八方的老百姓都会背着他们的子女而来投奔了，哪里用得着自己去种庄稼！"

樊迟问仁，子曰："爱人。"问智，[1]曰："知人。"[2]

【注释】〔1〕"智"，按《论语·颜渊》作"知"。 〔2〕按本节语见《论语·颜渊》。

【译文】樊迟询问什么是仁，孔子说："就是爱护人。"又问什么是智，孔子说："就是了解人。"

有若少孔子四十三岁。[1]有若曰："礼之用，和为贵。[2]先王之道，斯为美。小大由之，[3]有所不行；[4]知和而和，不以礼节之，[5]亦不可行也。""信近于义，[6]言可复也。[7]恭近于礼，远耻辱也。因不失其亲，[8]亦可宗也。"[9]

【注释】〔1〕"有若"，氏有，名若，字子有，鲁国人，常称作"有子"。"少孔子四十三岁"，依此推算，则有若生于公元前五○八年。按《孔子家语·七十二弟子》云"少孔子三十三岁"。 〔2〕"和"，和谐，适中，恰到好处。 〔3〕"由"，经由，依从。"之"，指礼。 〔4〕"有所不行"，有行不通的地方。 〔5〕"节"，节制，规范。 〔6〕"信"，信用，信约。"近"，接近，符合。"义"，义理，道义，指行为处事适宜。 〔7〕"言"，诺言。"复"，实践，履行。〔8〕"因"，依靠，依仗。 〔9〕"宗"，宗仰，尊崇。按本节有若的两段话均见《论语·学而》。

【译文】有若比孔子小四十三岁。有若说："礼的作用，以和谐适中最为可贵。在先王的治国之道里，这是其中最美好的。事无巨细都要依从礼，但也有行不通的地方；只知道和谐适中而去求和谐适中，不用礼来调节，也是不可行的。""信用符合道义，说的话就能履行。恭敬符合道义，便能远离耻辱。有依仗而不失去自己的亲族，也就值得尊崇了。”

孔子既没，弟子思慕。有若状似孔子，弟子相与共立为师，[1]师之如夫子时也。[2]他日，弟子进问曰：“昔夫子当行，使弟子持雨具，[3]已而果雨。弟子问曰：‘夫子何以知之？’夫子曰：‘《诗》不云乎：[4]月离于毕，[5]俾滂沱矣。[6]昨暮月不宿毕乎？’[7]他日，月宿毕，竟不雨。[8]商瞿年长无子，其母为取室。[9]孔子使之齐，[10]瞿母请之。孔子曰：‘无忧，[11]瞿年四十后当有五丈夫子。’[12]已而果然。[13]敢问夫子何以知此？”有若默然无以应。弟子起曰：“有子避之，此非子之座也！”[14]

【注释】〔1〕“相与”，相互、共同。 〔2〕“师之”，师从他。此指师从有若。“夫子”，指孔子。按《孟子·滕文公上》云：“昔者孔子没，……子夏、子张、子游以有若似圣人，欲以所事孔子事之。”当为司马迁上述所本。 〔3〕“持”，拿，带。 〔4〕“《诗》不云乎”，按以下诗句见《诗·小雅·渐渐之石》。 〔5〕“离”，音lí，通“丽”，依附，附着。“毕”，星宿名，二十八宿之一，因形状像毕网而得名。 〔6〕“俾”，通“比”，从，随。“滂沱”，音pāng tuó，雨下得很大的样子。 〔7〕“宿”，住，在。 〔8〕“竟”，最终，结果。按自“昔夫子当行”至此，亦见《论衡·明雩》及《孔子家语·七十二弟子》。 〔9〕“取”，通“娶”。“室”，妻室。 〔10〕“使”，让，派。 〔11〕“无”，通“毋”，不要。 〔12〕“丈夫子”，男孩子。 〔13〕按自“商瞿年长无子”至此，亦见《孔子家语·七十二弟子》。 〔14〕关于本节文字，有人认为系战国杂说而不足信，可备一说。

【译文】孔子去世后，弟子们十分思念仰慕。有若的长相像孔子，弟子们一起共同立他为老师，如同孔子在世时那样对待他。有一天，弟子进来问道：“昔日夫子要出门上路，让弟子带上雨具，后来果真下了雨。弟子问道：‘您凭什么知道会下雨？’夫子说：‘《诗》中不是这样说吗：月亮附着在毕宿，接着就要下滂沱大雨了。昨天晚上月亮不就在毕宿吗？’有一天，月亮在毕宿，结果却没有下雨。商瞿年纪很大仍没有孩子，他的母亲要为他另娶妻室。孔子派商瞿前往齐国，他的母亲请求暂不要派商瞿。孔子说：‘不要担心，商瞿四十岁以后当会有五个儿子。’后来果真如此。冒昧相问，夫子凭什么知道这些？”有若沉默无语，没法回答。弟子起身说：“有子避开此位，这不是你该坐的地方啊！”

公西赤，[1]字子华。少孔子四十二岁。[2]

【注释】〔1〕“公西赤”，氏公西，名赤，鲁国人。 〔2〕“少孔子四十二岁”，依此推算，公西赤生于公元前五〇九年。

漆雕徒父。[1]

【注释】〔1〕"漆雕徒父"，氏漆雕，名徒父。按《孔子家语·七十二弟子》云："名徒，字子文。"《史记索隐》引《家语》云字固。或谓鲁人。

【译文】漆雕徒父。

壤驷赤，[1]字子徒。[2]

【注释】〔1〕"壤驷赤"，氏壤驷，名赤。秦国人。〔2〕"子徒"，按今本《孔子家语》作"子从"。

【译文】壤驷赤，字子徒。

商泽。[1]

【注释】〔1〕"商泽"，氏商，名泽。《史记集解》所引《家语》字子季，《史记索隐》所引《家语》字季，今本《孔子家语》字子秀。或谓鲁国人。

【译文】商泽。

石作蜀，[1]字子明。

【注释】〔1〕"石作蜀"，氏石作（或作"石子"、"石之"），名蜀。

【译文】石作蜀，字子明。

任不齐，[1]字选。[2]

【注释】〔1〕"任不齐"，氏任，名不齐（或作"子齐"），楚国人。〔2〕"选"，按《孔子家语》作"子选"。

【译文】任不齐，字选。

公良孺，[1]字子正。

【注释】[1]"公良孺"，氏公良（或作"公襄"），名孺（或作"儒"）。陈国人。按本书《孔子世家》云："弟子有公良孺者，以私车五乘从孔子。其为人长贤，有勇力，谓曰……"《孔子家语》亦云："贤而有勇，孔子周行，常以家车五乘从。"且列在前三十五人之中。而司马迁将公良孺列于所谓"无年及不见书传者"的四十二人，有误。

【译文】公良孺，字子正。

后处，[1]字子里。[2]

【注释】[1]"后处"，氏后，名处。齐国人。[2]"子里"，今本《孔子家语》作"里之"。

【译文】后处，字子里。

秦冉，[1]字开。[2]

【注释】[1]"秦冉"，氏秦，名冉（或作"宁"、"寮"）。按今本《孔子家语·七十二弟子》无秦冉。[2]"开"，或作"子开"。

【译文】秦冉，字开。

公夏首，[1]字乘。[2]

【注释】[1]"公夏首"，氏公夏，名首（或作"守"）。鲁国人。[2]"乘"，或作"子乘"。

【译文】公夏首，字乘。

奚容箴，[1]字子皙。[2]

【注释】[1]"奚容箴"，氏奚容，名箴（"箴"当依《史记》别本作"箴"，梁玉绳《史记志疑》有辨正）。卫国人，或谓鲁国人。[2]"子皙"，或作"子楷"。

【译文】奚容箴，字子皙。

曹恤，[1]字子循。少孔子五十岁。[2]

【注释】〔1〕"曹恤"，氏曹，名恤。或谓蔡国人。〔2〕"少孔子五十岁"，依此推算，曹恤生于公元前五〇一年。

【译文】曹恤，字子循。比孔子小五十岁。

伯虔，[1]字子析。[2]少孔子五十岁。[3]

【注释】〔1〕"伯虔"，氏伯，名虔（或作"处"）。或谓鲁国人。〔2〕"子析"，或作"子皙"。〔3〕"少孔子五十岁"，依此推算，伯虔生于公元前五〇一年。

【译文】伯虔，字子析。比孔子小五十岁。

公孙龙，[1]字子石。少孔子五十三岁。[2]

【注释】〔1〕"公孙龙"，氏公孙，名龙（或作"宠"、"耆"）。楚国人，或谓卫国人。〔2〕"少孔子五十三岁"，依此推算，公孙龙生于公元前四九八年。

【译文】公孙龙，字子石。比孔子小五十三岁。

自子石已右三十五人，[1]显有年名及受业闻见于书传。[2]其四十有二人，无年及不见书传者，纪于左：[3]

【注释】〔1〕"已"，通"以"。"已右"，以右。古代书写格式，一般采用竖行，书写顺序为从上到下，自右至左。则此"已右"相当于今言"以上"、"以前"。〔2〕"显"，明显，明确。《史记》别本或作"颜"。"年"，年岁，年龄。"名"，此指姓氏名字。"闻"，《史记》别本作"问难"，于义长。"书传"，书籍传记。按梁玉绳《史记志疑》云："三十五人中无年者十二人，不见书传者五人。"则今本《史记》或有脱夺、讹误。〔3〕"纪"，通"记"，记录。"左"，相当于今天所说的下、后。按梁玉绳《史记志疑》云："四十二人中有年及见书传者，若颜骄、公良儒、秦商、申枨、叔仲会五人。"

【译文】从子石以上共三十五人，他们的年龄、姓名以及受业情况明确见于文献记载。其他四十二人，不知年岁以及不见于文献记载的，著录于下：

冉季，[1]字子产。

【注释】〔1〕"冉季"，氏冉，名季，鲁国人。

【译文】冉季，字子产。

公祖句兹，[1]字子之。

【注释】〔1〕"公祖句兹"，氏公祖，名句兹（按《孔子家语·七十二弟子》作"兹"）。或谓鲁国人。

【译文】公祖句兹，字子之。

秦祖，[1]字子南。[2]

【注释】〔1〕"秦祖"，氏秦，名祖。秦国人。〔2〕"子南"，或作"南"。

【译文】秦祖，字子南。

漆雕哆，[1]字子敛。

【注释】〔1〕"漆雕哆"，氏漆雕，名哆（音 chǐ）。鲁国人。

【译文】漆雕哆，字子敛。

颜高，[1]字子骄。[2]

【注释】〔1〕"颜高"，氏颜，名高。按本书《孔子世家》、《汉书·古今人表》和今本《孔子家语·七十二弟子》，"高"均作"刻"，或有作"亥"、"尅"者，另《史记索隐》所引《家语》作"产"。此"颜高"当作"颜刻"，说详梁玉绳《史记志疑》。又《孔子家语·七十二弟子》云："少孔子五十岁。"〔2〕"子骄"，《通典》卷五十三作"子精"。

【译文】颜高，字子骄。

【译文】县成,字子祺。

左人郢,〔1〕字行。〔2〕

【注释】〔1〕"左人郢",氏左人(或作"左"),名郢。鲁国人。 〔2〕"行",或作"子行"。

【译文】左人郢,字行。

燕伋,〔1〕字思。〔2〕

【注释】〔1〕"燕伋",氏燕,名伋(音 jí)。鲁国人。 〔2〕"思",或作"恩"、"子思"。

【译文】燕伋,字思。

郑国,〔1〕字子徒。〔2〕

【注释】〔1〕"郑国",氏郑,名国。鲁国人。按一些学者认为即《孔子家语》的"薛邦","薛"与"郑"系字误,"国"与"邦"系避汉高祖刘邦名讳而改。也有个别学者主张是两人。 〔2〕"子徒",或作"徒"、"子从"。

【译文】郑国,字子徒。

秦非,〔1〕字子之。

【注释】〔1〕"秦非",氏秦,名非。鲁国人。

【译文】秦非,字子之。

施之常,〔1〕字子恒。〔2〕

【注释】〔1〕"施之常",氏施,名之常(或作"常")。或谓鲁国人。 〔2〕"子恒",或作"思"。

【译文】 施之常，字子恒。

颜哙，[1]字子声。

【注释】 [1] "颜哙"，氏颜，名哙（音 kuài，或作"会"）。鲁国人。

【译文】 颜哙，字子声。

步叔乘，[1]字子车。

【注释】 [1] "步叔乘"，氏步叔（或作"少叔"），名乘。齐国人。

【译文】 步叔乘，字子车。

原亢籍。[1]

【注释】 [1] "原亢籍"，氏原，名亢（或作"抗"、"忼"、"冗"），字籍（或作"子籍"）。鲁国人。

【译文】 原亢籍。

乐欬，[1]字子声。

【注释】 [1] "乐欬"，氏乐，名欬（音 ké，或作"欣"、"颀"、"颜"）。鲁国人。

【译文】 乐欬，字子声。

廉絜，[1]字庸。[2]

【注释】 [1] "廉絜"，氏廉，名絜。卫国人。 [2] "庸"，或作"子庸"。

【译文】 廉絜，字庸。

公肩定，[1]字子中。[2]

【注释】〔1〕"公肩定"，氏公肩（或作"公坚"、"公齐"），名定。鲁国人，或谓晋国人，又谓卫国人。〔2〕"子中"，或作"子仲"。

【译文】公肩定，字子中。

颜祖，[1]字襄。[2]

【注释】〔1〕"颜祖"，氏颜，名祖（或作"相"）。鲁国人。〔2〕"襄"，或作"子襄"。

【译文】颜祖，字襄。

鄡单，[1]字子家。[2]

【注释】〔1〕"鄡单"，氏鄡（音 qiāo，或作"邬"、"县"），名单（音 shàn，或作"亶"）。按卢文弨《龙城札记》、梁玉绳《史记志疑》谓此"鄡单"即今本《孔子家语·七十二弟子》之"县亶"，是。〔2〕"子家"，或作"子象"。

【译文】鄡单，字子家。

句井疆。[1]

【注释】〔1〕"句井疆"，氏句（或作"钩"），名井疆（或作"疆"）。卫国人。其字，或云子界，或云子野，或云子孟。

【译文】句井疆。

罕父黑，[1]字子索。[2]

【注释】〔1〕"罕父黑"，氏罕父（按今本《孔子家语》作"宰父"，梁玉绳《史记志疑》谓《史记》误，可从），名黑。〔2〕"子索"，或作"索"。

【译文】罕父黑，字子索。

秦商，[1]字子丕。[2]

【注释】[1]"秦商"，氏秦，氏商，鲁国大夫秦堇父之子。按《孔子家语·七十二弟子》有传，云："秦商，鲁人，字丕兹，少孔子四岁。其父堇父，与孔子父叔梁纥俱力闻。"[2]"子丕"，或作"丕兹"、"丕慈"、"不慈"、"不慈"。当以作"丕慈"为是。

【译文】秦商，字子丕。

申党，[1]字周。[2]

【注释】[1]"申党"，氏申，名党（或作"倪"、"棠"、"枨"）。按《孔子家语》，其名作"续"，又有作"绩"、"缋"、"缭"者。梁玉绳《史记志疑》云："盖申子有枨、续二名。"而"党"、"倪"、"棠"均系"枨"之音近通假字，"绩"，"缋"、"缭"系"续"之形近通假字。可备一说。鲁国人。又《论语·公冶长》云："子曰：'吾未见刚者。'或对曰：'申枨。'子曰：'枨也欲，焉得刚?'""申枨"即此"申党"。[2]"周"，或作"子周"。

【译文】申党，字周。

颜之仆，[1]字叔。[2]

【注释】[1]"颜之仆"，氏颜，名之仆。鲁国人。[2]"叔"，或作"子叔"。

【译文】颜之仆，字叔。

荣旂，[1]字子祈。[2]

【注释】[1]"荣旂"，氏荣，名旂（或作"祈"、"祁"）。鲁国人。[2]"子祈"，或作"子旗"、"子祺"、"子期"。

【译文】荣旂，字子祈。

县成，[1]字子祺。[2]

【注释】[1]"县成"，氏县，名成（或作"成父"）。鲁国人。[2]"子祺"，或作"子谋"、"子横"、"子期"、"子旗"。